Wolf Schneider
Essen – Abenteuer einer Stadt

Wolf Schneider

Essen – Abenteuer einer Stadt

ECON Verlag
Düsseldorf · Wien · New York

Bildquellennachweis: Sofern nicht anders angegeben, stammen die Abbildungen von der Stadtbildstelle Essen.

CIP-Titelaufnahme der Deutschen Bibliothek
Schneider, Wolf:
Essen – Abenteuer einer Stadt / Wolf Schneider
Düsseldorf; Wien; New York: ECON Verl., 1991
ISBN 3-430-18009-0

Ergänzte Neuauflage,
mit freundlicher Unterstützung
der Sparkasse Essen
Copyright © 1991 by ECON Verlag GmbH, Düsseldorf, Wien und New York.
Alle Rechte der Verbreitung, auch durch Film, Funk, Fernsehen, fotomechanische
Wiedergabe, Tonträger jeder Art, auszugsweisen Nachdruck oder Einspeicherung
und Rückgewinnung in Datenverarbeitungsanlagen aller Art, sind vorbehalten
Autor der Ergänzung: Dr. Peter Gödeke
Autor Sparkassengeschichte: Prof. Dr. Dr. Josef Wysocki
Gesetzt aus der Baskerville der Firma Berthold
Satz: Dörlemann-Satz, Lemförde
Papier: Papierfabrik Schleipen GmbH, Bad Dürkheim
Druck und Bindearbeiten: Bercker Graphischer Betrieb GmbH, Kevelaer
Printed in Germany
ISBN 3-430-18009-0

Inhaltsverzeichnis

Vorwort: Kohlen und Kanonen?   7

I. Das alte Essen

1. *Die Burg am Hellweg*   11
2. *Das tausendjährige Damenstift*   15
3. *Die Odyssee der silbernen Bibel*   23
4. *Das Städtchen der Theophanu*   31
5. *Die Kölnischen kommen*   40

II. Der vierhundertjährige Krieg

1. *Die unfreie Reichsstadt*   51
2. *Der schwarze Bernstein*   58
3. *Die Büchsenmacher und Mijnher Krop*   64
4. *Wein, Kühe und Gesang*   69
5. *Essen contra Essen*   76
6. *Die Spanier kommen*   82
7. *Das Ringelspiel um die Macht*   91
8. *Zwei verwunschene Zwerge*   101

III. Schächte und Schlote

1. *Die Preußen kommen*   113
2. *Dinnendahls Feuermaschine*   120
3. *Krupps Bankrott*   129
4. *Der Aufbruch: 1826 bis 1843*   137
5. *Der Besessene*   153
6. *Die Geburt des Ruhrgebiets*   159
7. *Der Kohlenpott*   173
8. *Goldrausch*   188
9. *Katzenjammer*   197

IV. Geburt und Tod einer Metropole

1. Zwischen Stadt und Steppe — 215
2. Das Chaos wird gebändigt — 228
3. Teer, Krupp und der Kaiser — 238
4. Die Franzosen kommen — 247
5. Die Bomber kommen — 261

V. Das Ruhrwunder

1. Der Schrei nach der Kohle — 279
2. Essen muß nachsitzen — 287
3. Die Stadt wächst empor* — 299
4. Essen macht mobil* — 324
5. Vom Hammerschlag zur Zukunftstechnologie* — 334
6. Zentrum von Kultur und Wissenschaft* — 360

Anhang

Essens Einwohnerzahl — 391
Die Eingemeindungen — 391
Zeittafel zur Essener Geschichte — 393
Literaturverzeichnis — 397
Namen- und Sachregister — 403

* Autor: Dr. Peter Gödeke

Vorwort
Kohlen und Kanonen?

Wirklich treffend scheint der Name »Essen« für eine Stadt gewählt, die durch ihre Essen, Schlote und Fördertürme, durch ihre Kohlen und Kanonen in der Welt berühmt geworden ist. Nur daß der Name mit den Fabrikschornsteinen gar nichts zu tun hat; er ist nämlich tausend Jahre älter als sie.

»1100-Jahr-Feier – ist das nicht ein Druckfehler für 100-Jahr-Feier?« Solche Anfragen erreichten 1952 die Stadtverwaltung, und zwar auch von prominenten Bundesbürgern. Denn daß im Ruhrgebiet alle Städte ähnlich entstanden seien wie Oberhausen oder Gelsenkirchen – nämlich durch recht willkürliche Zusammenfassung etlicher Dörfer und Kohlenzechen zu einer Stadtgemeinde –, ist ein verbreitetes Vorurteil. Nein, Essen zählt, ähnlich wie Dortmund und Duisburg, zu den frühen Gründungen nach der Römerzeit; es ist weit älter als Berlin, München, Stuttgart oder Düsseldorf; es hatte viele Jahrhunderte einer bunten und oft abenteuerlichen Geschichte als deutsches Fürstentum hinter sich, ehe der erste Schlot aus der Erde wuchs und der Name Krupp Schlagzeilen machte.

Der Weg Essens vom Frauenstift, in dem nach der Unterwerfung Sachsens durch Karl den Großen die Töchter des sächsischen Hochadels in christlichem Geist erzogen wurden, zu einer der zeitweilig größten Industriestädte der Welt ist faszinierend – und er ist zugleich ein Stück deutscher Geschichte, ja seit der industriellen Revolution ein Stück Weltgeschichte in der Nußschale. Zum uralten Münster von Essen gehört einer der reichsten Kirchenschätze Deutschlands. In Werden, dem noch älteren Nachbarn Essens (1929 eingemeindet), wurde acht Jahrhunderte lang der *Codex argenteus* aufbewahrt, die berühmte silberne Bibel der Goten. Drei Äbtissinnen des Stifts Essen stammen aus dem deutschen Kaiserhaus.

Später wurde die Stadt eine berühmte Waffenschmiede – im 16. Jahrhundert nämlich. Zur Reichsarmee hatte das Stift Essen um diese Zeit zwei Mann zu Roß und dreizehn Mann zu Fuß beizusteuern. Als Essen 1802 preußisch wurde, war es ein Landstädtchen von 4000 Einwohnern. Den heutigen Essener Stadtteil Steele nannte der Fürst Hermann von Pückler-Muskau 1826 »einen Ort, für den gemacht, der sich vom Getümmel des Lebens in heitere Einsamkeit zurückzuziehen wünscht«.

Spät erst, mehr als ein halbes Jahrhundert nach England, erlebte die Ruhr den

Anbruch des Industriezeitalters. 1838 wurde die Kohlenförderung im Tiefbau aufgenommen, 1849 aus Ruhrkohle Koks gewonnen, 1851 machte der bis dahin größte Gußstahlblock der Welt die Namen Krupp und Essen über Nacht berühmt. Aber gleichzeitig grasten noch Wildpferde im Norden des heutigen Stadtgebiets, noch 1850 genügte der Stadt ein einziger Briefträger, und gar erst 1862 erhielt sie Eisenbahnverbindung. Aber da war das Goldgräberfieber schon ausgebrochen. 1871 trafen in Essen auf 100 Männer nur 78 Frauen.

Trotz zweier Weltkriege mit Besetzung, Bomben, Demontagen ist Essen heute größer denn je: die fünftgrößte Stadt Deutschlands, die größte Energiestadt des Kontinents – und dazu die Metropole des Ruhrgebiets, der größten Ballung von Produktionskraft auf Erden neben dem englischen Industrierevier um Manchester. Essens Blüte hängt nicht an den Kanonen.

Und Essens Ruß fällt keineswegs so dicht hernieder, daß man den Mädchen den Mund abwaschen müßte, ehe man sie küßt – wie ein Spötter einst bemerkte. Natürlich kannte er Essen nur vom Hörensagen, wie alle, die sich eine schwarze Stadt vorstellen. Essen ist grüner als manche andere Stadt; es hat prächtige Parkanlagen, schöne Wohnviertel inmitten dichter Wälder und einen großen See. Daß die Ruhr bei Essen sich lieblich zwischen Wäldern schlängelt und das Ruhrgebiet viel treffender »Emschergebiet« hieße, sei nur am Rande erwähnt.

Kurz: Essen ist voller Überraschungen. Vergangenheit und Zukunft durchdringen sich hier wie kaum an einem anderen Platz. Aus mittelalterlicher Kultur und Idylle – im Süden der Stadt an steilen Gassen noch zu finden – ist eines der bedeutendsten Wirtschaftszentren der Erde gewachsen; es wuchs auf den versteinerten Resten riesiger Wälder, die vor 300 Millionen Jahren blühten, 700 Kilometer lang ist das Netz der Stollen, die tief unter der Stadt in die Kohle getrieben worden sind. Essen ist nicht häßlich. Es mag schönere Städte geben. Eine interessantere wird sich nicht leicht finden lassen.

Der Stadt Essen sei dafür gedankt, daß sie ihre Archive weit geöffnet hat – auch in solchen Fällen, wo es sich mehr um interessante als um schöne Dinge handelte.

I
Das alte Essen

1. Kapitel
Die Burg am Hellweg

Früher einmal lag der Ort, der heute Essen heißt, am Nordhang der *Variskischen Alpen*. Nicht daß die Stadt inzwischen umgezogen wäre. Nur die Variskischen Alpen sind fast verschwunden. Das alles ist freilich ziemlich lange her.

Es spielte sich in der Karbonzeit ab (von lateinisch *carbo*, Kohle), jenem rund 300 Millionen Jahre zurückliegenden Erdzeitalter, auf das der heutige Reichtum des Ruhrgebiets zurückgeht. Damals faltete sich zwischen den Ardennen, Vogesen und Südengland im Westen sowie den Sudeten im Osten ein mächtiges Gebirge auf, das an Ausdehnung und Höhe anscheinend den heutigen Alpen nicht nachstand. Der Wiener Geologe Eduard Sueß (1831 bis 1914) bezeichnete diesen Gebirgszug als die Variskischen Alpen, benannt nach den *Variskern*, einem germanischen Volksstamm, der in der Gegend des heutigen Erzgebirges lebte.

Im Verlaufe dieser während des ganzen Karbons fortschreitenden Gebirgsfaltung entstand an deren Nordrand zwischen Meer und Gebirgsfuß ein Tieflandbecken, eine »Saumtiefe«, in deren feuchtwarmem Klima Waldmoore mit den ältesten Wäldern der Erdgeschichte gediehen. Sie bestanden vor allem aus Siegel- und Schuppenbäumen, bis zu 30 Meter hohen Bärenlappgewächsen, die wir heute nur noch als kriechende Formen kennen. Hinzu kamen Baum- und »Samenfarne«, viele den heutigen vergleichbare Farne und bis zu 12 Meter hohe Schachtelhalme, ferner die etwa zwischen Nadelbäumen und Ginkgogewächsen stehenden Kordaiten und frühe Formen von diesen selbst. Je nach den tektonischen Vorgängen des sich weiter auffaltenden Gebirges ertranken diese Wälder zeitweilig im steigenden Grundwasser und wurden durch Feinstoffe, Sande und Gerölle zugedeckt, die die Flüsse aus dem Gebirge im Süden herantrugen. Diese bildeten später die Ton-, Schiefer-, Sandstein- und Konglomeratschichten zwischen den Flözen. Die ertrunkenen Wälder selbst wurden zu Torf, später in wachsender Tiefe durch zunehmenden Druck und steigende Wärme über Braunkohle zur Steinkohle, deren Alter etwa ihrem Gasgehalt von den ältesten Anthrazit- und Magerkohlenschichten bis zu Fett- und Gasflammkohlen entspricht.

Zeitweilig wurden die Senken sogar vom Meer überflutet und »marine«

Wie die Kohle entstand

Schichten abgelagert, die sich deutlich von den »limnischen« Süßwasserhorizonten durch die darin enthaltene Meeresfauna unterscheiden. Diese Vorgänge wiederholten sich vielfach und spiegeln sich in der Zahl der Flöze wider, deren jedes einen versunkenen Wald darstellt. Zugleich wurden diese Schichten von der Faltung im Süden mit ergriffen, denn die Faltung schritt nach Norden fort und bewirkte, daß die Schichten nach Norden zu in immer größere Tiefe abkippten und die oberen Horizonte nur dort, etwa in der Steinkohle Ibbenbürens, vertreten sind.

Durch diese Faltung entstand ein unterirdisches Gebirge mit Mulden und Sätteln der flacher oder steiler aufgestellten Schichten, die mit ihren Flözen nach Norden immer tiefer absanken, im Süden aber später durch die Erosion der Ruhr in den Talhängen angeschnitten wurden und hier zum Stollenbergbau führten, der dem Ruhrgebiet seinen Namen gab. In dieser Zeit war aber auch das Variskische Gebirge im Ruhrgebiet bis auf die letzten das Bodenrelief bestimmenden Züge der Ruhrberge oder die angrenzenden Teile des Rheinischen Schiefergebirges im Westen und zum Beispiel das Sauerland im Osten abgetragen.

Der jüngere Abschnitt der Kreidezeit, die »Obere Kreide«, die vor etwa 100 Millionen Jahren begann, deckte die Ablagerungen mehrerer Meeresvorstöße als heutiges »Deckgebirge« über die Schichten des Karbons. Die vielen, bei allen Schachtungen darin gefundenen Ammoniten, Schnecken und Muscheln führen die marine Herkunft dieser Schichten deutlich vor Augen. Unter diesen Ablagerungen bildet ein Gemisch aus Kalk und Ton den Mergel. Diese Schichten stellten dem nach Norden fortschreitenden Bergbau, der hier die Flöze nur in immer größerer Tiefe erreichen konnte, ernsthafte technische Hindernisse in den Weg, die erst in der Mitte des vorigen Jahrhunderts – im Zuge der sich rasant entwickelnden Industrialisierung – bewältigt werden konnten und den Tiefbau entstehen ließen, der das Ruhrgebiet und mit ihm die Stadt Essen zu ihrer industriellen Bedeutung brachte.

Die Eiszeit brachte dann durch eine Klimaverschlechterung in vier großen Vorstößen polares und alpines Gletschereis über große Teile Deutschlands, von denen vor allem der zweite und dritte Eisvorstoß seine Gletscher jeweils von Skandinavien her auch über das Essener Gebiet bis südlich der Ruhr vorschob. In den wärmeren Zwischeneiszeiten schmolz das Eis wieder ab und wurde das Land zur Tundra, dann Steppe und schließlich teilweise wieder vom Wald zurückerobert. Die Knochen der eiszeitlichen Großsäugetiere Wollnashorn und Mammut kamen vor allem bei der Vertiefung und Verlegung des Emscherlaufs vielfach zum Vorschein, daneben aus Tundra- und Steppenzeiten die von Ren und Moschusochsen, Riesenhirsch und Elch, Steppenwisent und Ur, Höhlenlöwe und -hyäne und im Bergland die vom Höhlenbär. Aus den Zwischeneiszeiten stammen auch die Funde der frühesten Geräte, wie sie vor einiger Zeit zwischen Essen und Bottrop aus dem Kanalbett in großer Zahl geborgen werden konnten, als Hinweis auf die ersten menschlichen Bewohner; Steinwerkzeuge des Neandertalers und wahrscheinlich auch seines Vorgängers, des Steinheimer Menschen.

Nach der letzten Eiszeit, vor etwa 12 000 Jahren, war zwischen den drei Neben- flüssen des Rheins, die das heutige Industrierevier begrenzen und gliedern – der Ruhr im Süden, der Emscher in der Mitte, der Lippe im Norden – nur eine karge Tundra zurückgeblieben, die sich bei weiterem Zurückweichen des Eises allmählich in eine grasbewachsene Steppe verwandelte. Mit fortschreitender Erwärmung siedelten sich dann Birken, Kiefern, Haselsträucher, Eichen und schließlich Hainbuchen und andere Laubbäume an. Funde von Steinbeilen, Topfscherben, Hausgrundrissen und Gräbern zeigen, daß sich der Mensch schon im 4. Jahrtausend hie und da in diesem lichten Waldgebiet ansiedelte. Genauere Kunde über diesen Raum geben später die römischen Quellen. Mitte des 1. Jahrhunderts v. Chr. eroberte Caesar Gallien, als dessen Grenze der Rhein galt. Die Römer begannen sich bald für das rechtsrheinische Gebiet zu interessieren und stießen von ihrem befestigten Lager Castra Vetera (dem heutigen Xanten) lippeaufwärts mehrfach vor, wobei sie sogar die Elbe erreich- ten und auch das spätere Ruhrgebiet vorübergehend zur römischen Provinz machten. Freilich nur für wenige Jahre, denn mit der Niederlage des Varus im Teutoburger Wald (9 n. Chr.) wurden die Römer auf den Rhein zurückge- worfen. Die rechtsrheinischen Germanenstämme haben in den folgenden Jahr- hunderten ihrerseits mehrfach Einfälle in die römische Provinz am Niederrhein unternommen. Als dann im 4. Jahrhundert innere und äußere Schwierigkeiten den römischen Staat schwächten und schließlich zum Zusammenbruch brach- ten, war es ein Bund germanischer Stämme, der als Franken das römische Erbe übernahm. Einer der zum Stammesverband der Franken gehörenden Teil- stämme waren die Brukterer, die mehrere Jahrhunderte auch das Essener Stadtgebiet besiedelten. Reste eines ihrer Dörfer wurden in Essen-Überruhr vor nicht allzu langer Zeit ausgegraben.

Zu der römischen Erbschaft, die die Franken übernahmen, gehörte auch die christliche Religion. Als nach langen Kämpfen schließlich das Frankenreich im Gebiet des heutigen Frankreich fest begründet dastand, wandte sich die fränki- sche Politik dem rechtsrheinischen Germanien zu, das inzwischen vom sächsi- schen Stammesbund beherrscht wurde. Das fränkische Vordringen war ver- bunden mit einer Missionierung der noch heidnischen Sachsen. Da jedoch letztere weder die fränkische Oberherrschaft anerkennen noch die christliche Religion annehmen wollten, kam es zu langen, wechselvollen Kämpfen. In dieser Zeit wurde auf einem steilen Felsplateau über dem linken Ruhrufer, südlich der späteren Stadt Werden, die Alteburg angelegt, wohl als Bollwerk der fränkischen Eroberer gegen die Sachsen. Die Alteburg kann als das älteste Bauwerk im Essener Raum gelten. Ausgrabungen zeigen, daß diese mächtige Verteidigungsanlage stellenweise drei Wälle und Gräben aufwies. Die inneren waren durch bis zu zwei Meter dicke und vier Meter hohe Mauern aus Ruhr- sandstein geschützt. Doch scheint die Alteburg ihren Zweck nicht lange erfüllt zu haben. Rotgeglühter Sandstein und Schiefer sowie Reste verkohlter Eichen- balken zeigen, daß sie erobert, niedergebrannt und eingerissen worden ist, und zwar spätestens wohl fünfzig Jahre nach der Erbauung. Wenig später wurde unmittelbar östlich der Alteburg eine weitere umwallte Verteidigungsanlage

Germanen und Römer an der Ruhr

errichtet, die »Herrenburg«. Es scheint jedoch nicht, daß sie jemals in Funktion getreten ist, denn nach dem Sieg Karls des Großen über die Sachsen bei Verden an der Aller im Jahre 804 gehörte auch das gesamte heutige Essener Gebiet fest dem Frankenreiche an.

In die Zeit der Auseinandersetzungen zwischen Franken und Sachsen mag auch die Anlage eines durch Palisaden und Gräben, später durch Mauern befestigten Platzes auf einem sanften Höhenrücken westlich der Bernequelle fallen, die als Gründungskern der Stadt Essen anzusehen ist. Südlich dieser Burganlage führte der Hellweg, die wichtigste Ost-West-Verbindungsstraße dieser Zeit, vorüber – wie ihr heutiger Nachfolger, die B 1 – und wurde dort von einer aus Norden kommenden Handelsstraße gekreuzt. Entlang dieser Straße drangen die fränkischen Eroberer nach Osten vor. Ihnen folgten Missionare und Mönche, die alsbald allenthalben Kirchen und Klöster gründeten, die heidnischen Bewohner zum Christentum bekehrten, den Anbau der Feldfrüchte intensivierten und das Handwerk förderten.

2. Kapitel
Das tausendjährige Damenstift

Am Anfang der Geschichte Essens steht, nach Karl Martell und Karl dem Großen, die Gestalt eines bedeutenden, kraftvollen geistlichen Mannes aus sächsischem Hochadel: des Bischofs *Altfrid* von Hildesheim. Altfrid kam um das Jahr 800, also kurz nach der Unterwerfung Sachsens durch Karl den Großen, vermutlich auf dem fränkischen Reichshof Asnidhi zur Welt. Das kleine Landgut, das dazu gehörte, war möglicherweise im Besitz seiner Eltern.

Zwischen 845 und 847 dürfte Altfrid in Rom gewesen sein, um im Auftrag seines Vorgängers auf dem Hildesheimer Bischofsstuhl, des Bischofs Ebo, dessen Ansprüche auf das Erzbistum Reims zu verfechten. Bei Papst Sergius II., vermutet man, erwarb er Reliquien der wundertätigen Brüder Kosmas und Damian, die bei den Christenverfolgungen des römischen Kaisers Diokletian den Märtyrertod starben; sie sind die Schutzheiligen des Essener Münsters.

851 wurde Altfrid Bischof des jungen sächsischen Bistums Hildesheim – ein Sachse nun auf dem Bischofsstuhl in dem von den Franken unterworfenen Land; wie es scheint, ein gelungener Versuch Ludwigs des Deutschen, die sächsische Aristokratie an das Frankenreich zu binden. In Hildesheim begann Altfrid sogleich mit dem Bau eines Domes. Ein Jahr später legte er an seinem Geburtsort Asnidhi, da, wo sich die nun überflüssige Burganlage Karl Martells befunden hatte, den Grundstein zu der Münsterkirche, die nach drei Zerstörungen (946, 1275 und 1943) und vielen Verwandlungen heute die Kathedrale des Ruhrbischofs ist. Beide Kirchenbauten bestritt Altfrid aus eigenen Mitteln.

Das Münster war die Stiftskirche einer Frauenkongregation, die Altfrid wahrscheinlich zur gleichen Zeit in Essen gründete. Er wollte damit seiner Arbeit eine private Initiative hinzufügen, nämlich den Töchtern seiner adligen Stammesgenossen zu einer frommen und standesgemäßen Erziehung und zu einem ebensolchen Unterhalt verhelfen; dazu kam wohl der Wunsch, für sich und seine Verwandten Eigentum und eine würdige Grabstätte zu schaffen. Nur »Jungfrauen aus edelfreien Geschlechtern«, das heißt aus dem sächsischen Hochadel, konnten in das Stift aufgenommen werden. Das blieb so die ganzen nahezu tausend Jahre lang, in denen es existierte. Die Höchstzahl der Stiftsdamen (oder Kanonissen) wurde von Altfrid auf fünfzig festgesetzt, doch scheinen es mehr als 27 (im 13. Jahrhundert) nie gewesen zu sein.

Es handelte sich bei alldem nicht um ein Nonnenkloster, sondern um ein sogenanntes freiweltliches Stift, eine im Frankenreich verbreitete Einrichtung. Die Stiftsdamen legten kein Gelübde ab und lebten nicht nach einer Ordensregel. Wohl gab es eine strenge Hausordnung und in der Frühzeit eine gewisse Abtrennung von der Außenwelt. Aber die Stiftsdamen trugen keine geistliche Tracht; nur zum Gottesdienst und bei Prozessionen erschienen sie in einem weißen Chorrock mit einem schwarzen Seidenmantel darüber. Sie konnten ihr Privateigentum behalten. Sie durften sogar, wiewohl dies nicht erwünscht war, die Stiftsgemeinschaft jederzeit wieder verlassen und in diesem Fall auch heiraten.

Nur die Äbtissin, die an ihrer Spitze stand – zur ersten ernannte Altfrid seine Schwester *Gerswida* –, legte das Gelübde der Keuschheit und Ehelosigkeit ab. Die Seelsorge und den Gottesdienst versahen Kleriker (auch Kanoniker genannt), deren Zahl später auf zwanzig festgesetzt wurde (zwölf Priester und acht Diakone).

Der Zehnte für die Äbtissin

Materiell wußte Altfrid das Stift dadurch zu sichern, daß er seinen bedeutenden kirchlichen und politischen Einfluß zugunsten seiner Gründung aufbot. Erzbischof Gunthar von Köln (Amtszeit 858 bis 863) wies dem Stift »den Zehnten« in einem Gebiet zu, das im Norden und Süden von Emscher und Ruhr, im Westen

Altfrids Unterschrift

und Osten von der heutigen Stadt Oberhausen und dem Leithebach am Ostrand des jetzigen Stadtgebiets begrenzt wurde. Mit anderen Worten: Der seit dem 6. Jahrhundert von der Kirche erhobene und von Karl dem Großen bestätigte Anspruch auf ein Zehntel aller landwirtschaftlichen Erträge kam in diesem Gebiet dem Stift Essen zugute. Die Äbtissin übte in dem gleichen Areal die geistlichen Hoheitsrechte aus.

Von besonderem Nutzen für das Stift war es, daß Ludwig der Deutsche, König des Ostfränkischen Reiches von 843 bis 876, Altfrid zu seinen nächsten Vertrauten zählte. Etwa seit 860 war Altfrid der wichtigste Ratgeber und Unterhändler des Königs, sein Begleiter und Bevollmächtigter. Er bewerkstelligte die Verständigung zwischen Ludwig und seinem Bruder Karl dem Kahlen, König des Westfrankenreiches, wobei die östliche Hälfte Lothringens an Ludwig fiel. Der Vertrag zu Meerssen (870) trägt Altfrids Unterschrift. Bischof Hinkmar von Reims, der bedeutendste Ratgeber Karls des Kahlen, sagte über Altfrid, dieser sei ihm an Schlagfertigkeit überlegen, denn er sei ein Sachse und dadurch mit natürlichem Scharfsinn begabt.

Ludwig der Deutsche (oder sein Sohn Ludwig III.) bedachten Altfrids Frauenstift mit großzügigen Schenkungen an Grund und Boden, die teilweise weit von Essen entfernt lagen. Gegen Ende des 9. Jahrhunderts besaß das Stift auf diese Weise zahlreiche Güter am Hellweg (im Westen bis nach Duisburg, im Osten bis nach Unna), bei Recklinghausen, bei Hamm, in der Eifel, an der Lahn und sogar in der heutigen holländischen Provinz Overijssel (östlich der Zuidersee). Dazu kamen zehn Weingüter an Rhein, Ahr und Mosel, darunter Godesberg und Königswinter.

Die holländischen Güter lieferten Eier, Käse und Fisch, besonders Heringe, von denen in der Fastenzeit pro Woche 1800 Stück verzehrt wurden. Von den westfälischen Besitzungen kamen Roggen und Braugerste, Schweine und Hammel, Honig (der einzige Süßstoff) und Wachs (die einzige Lichtquelle); aus dem Erftland (westlich von Köln) schließlich Weizen.

Der Boden war Eigentum des Stifts, verteilt auf Einzelhöfe (Hufen) in einer Größe von 20 bis 40 Morgen, die von hörigen Bauern in Erbpacht bewirtschaftet wurden. Gegen genau festgesetzte Abgaben und Dienstleistungen konnte der Bauer über Haus und Hof verfügen. Wenn er starb, verfiel die Hälfte seiner »fahrenden Habe« (Möbel, Kleider, Waffen) dem Stift.

Zwanzig bis hundert solcher Einzelhöfe unterstanden der Aufsicht eines Oberhofs, in dem ein Schultheiß die Aufsicht führte. Er saß über die Bauern zu Gericht, und er hatte dafür zu sorgen, daß die Wagen mit den Lebensmitteln und die Herden pünktlich nach Essen in Marsch gesetzt wurden. Dem Stift waren (nach einer späteren Statistik) wöchentlich im Winter zwölf Schweine, im Sommer vierundzwanzig Hammel zu liefern – woraus folgt, daß es den ganzen Sommer über Tag für Tag Hammelfleisch zu essen gab, außer freitags und mit seltenen Abwechslungen durch Wild und Geflügel oder durch Lachse, Hechte und Aale, die in der Ruhr gefangen wurden. Die anderen Hauptnahrungsmittel waren Roggenbrot und Grütze oder Fladen, aus Hafer und Gerste bereitet.

Die Stiftsdamen, denen dieser eintönige Überfluß zugute kam, wohnten in einem Gebäudekomplex, der sich nördlich an die Münsterkirche anschloß. Der noch heute vorhandene Kreuzgang führte zum gemeinsamen Schlafsaal (dem *dormitorium*) und dem Speisesaal (*refectorium*). Daneben lagen die Vorratsräume, die Schule, der Karzer (mit dem besonders junge Kanonissen bei Verstößen gegen die Zucht Bekanntschaft machten) und die Wohnungen der leitenden Stiftsdamen. Dies waren neben der Äbtissin die *Pröpstin* (ihre Stellvertreterin), die *Dechantin* (die das religiöse und sittliche Leben der Kanonissen überwachte, die Aufsicht über das Dormitorium führte, leichtere Strafen verhängen, aber auch Urlaub bis zu sechs Wochen gewähren konnte) sowie die *Scholastikerin*, die die Schule leitete. Dieser engere Wohnbereich und geweihte Raum, das *claustrum*, war von einer Mauer umschlossen.

Außerhalb dieser Mauer gab es zwei Backhäuser, ein Brauhaus, ein Schlachthaus, einen Gemüsegarten und eine Wassermühle, die von der Berne getrieben wurde, einem in der Innenstadt jetzt unterirdisch verlaufenden Nebenflüßchen der Emscher. Im Mühlenteich wurden Fische gehalten. Dazu kamen noch die Häuser der Kleriker, des Gesindes und der adeligen Dienstmannen, die die militärische Bewachung versahen. Die ganze Siedlung war von einem Befesti-

Leben hinter doppelten Mauern

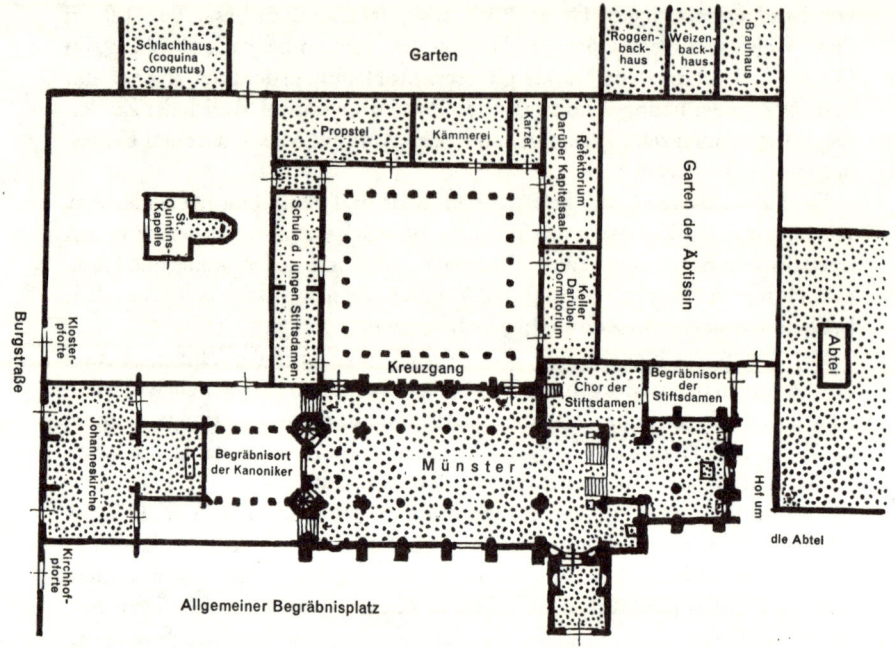

Grundriß des Essener Stiftsbezirks im frühen Mittelalter

gungswall, später von einer Mauer umgeben und wurde daher volkstümlich als »die Burg« bezeichnet.

Die Urzelle des Stifts war die kleine *St.-Quintins-Kapelle*, die zwischen 835 und 852 als Gotteshaus des Landguts Asnidhi entstanden sein muß und in der Frühzeit der Altfrid-Gründung, bis zur Fertigstellung des Münsters, als Stiftskirche diente. Die erste Äbtissin, Altfrids Schwester Gerswida, wurde in ihr beigesetzt. 1817 wurde die Kapelle abgebrochen.

Das Münster selbst war nach achtzehnjähriger Bauzeit vollendet. Am 8. Juli 870 wurde es geweiht, und am 26. September des gleichen Jahres berichtete Altfrid in Köln den dort versammelten drei rheinischen Erzbischöfen, er habe auf seinem kleinen Landgut Essen eine Kirche gebaut, die der Jungfrau Maria und den Märtyrern Kosmas und Damian gewidmet sei. Ebenso unterrichtete Altfrid die Erzbischöfe von der Gründung des Stifts.

Altfrids Münster Wie sah sie nun aus, die *Münsterkirche*, die zu den ältesten und kunsthistorisch merkwürdigsten Kirchen Deutschlands zählt und die nach mancherlei Wandlungen tausend Jahre später noch Ausstrahlung genug besaß, um das wärmende Herz der Industriemetropole Essen zu werden? Sie war für heutige Begriffe von bescheidenen Maßen und gedrungener, robuster Gestalt, für damalige aber ein mächtiger Bau, ja eine Prunkkirche, zu deren Errichtung es geschulter Statiker, Steinsetzer und Bauleute bedurfte.

In seinem Grundriß war das Münster eine dreischiffige Kreuzbasilika. Dazu kamen zwei Nebenchöre, die sich zum Querschiff öffneten. Der gesamte Kirchenraum, der sich dem Auge beim Eintritt aus der Vorhalle darbot, war einschließlich der Altarnische 34 Meter lang und etwas über 19 Meter (im Querschiff 20 Meter) breit, wovon 8,70 Meter auf die Breite des Mittelschiffs entfielen.

Dem schon verhältnismäßig reich gegliederten Innenraum stand, wie im frühchristlichen Kirchenbau üblich, eine wenig durchgebildete, vergleichsweise grobe Außenfront mit kleinen Rundbogenfenstern gegenüber. Die klobigen Mauern, aus Bruchsteinen und Ruhrsandstein gefügt, waren an den Fundamenten in Lehm gepackt, weiter oben durch einen gelblichen Mörtel verbunden und zwischen 85 und 125 Zentimeter dick. Über 1100 Jahre, drei Zerstörungen und zahlreiche Umbauten hinweg haben sich Reste der Grundmauern so weit erhalten, daß eine Rekonstruktion der alten Stiftskirche möglich ist. An der Breite des karolingischen Kirchenbaus hat sich bis heute nichts geändert, in der Länge sind nur der Ost- und der Westchor hinzugekommen.

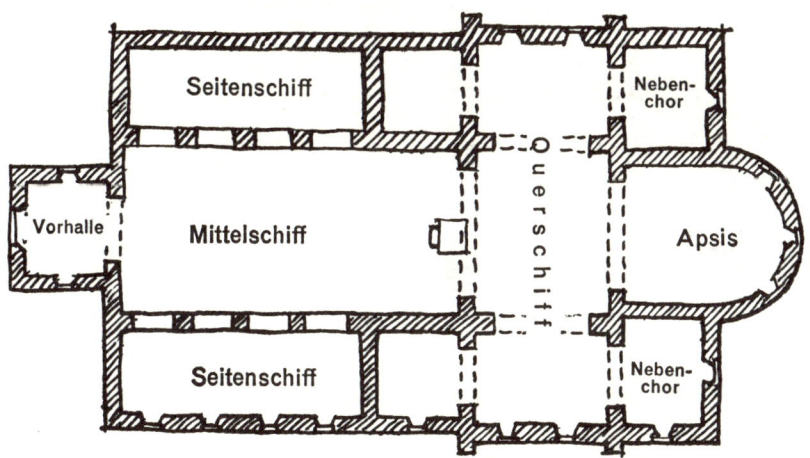

Das erste Münster zu Essen

Im Jahre 946 zerstörte ein Brand das Münster mit Ausnahme der Grundmauern, wobei auch das in der Kirche aufbewahrte Stiftsarchiv vernichtet wurde. Zwischen 947 und 965 wurde die Kirche wieder aufgebaut und gleichzeitig nach Ost und West erweitert (der sogenannte frühottonische Erweiterungsbau; die ottonische Zeit heißt nach den Kaisern Otto I., Otto II. und Otto III., die von 936 bis 1002 regierten). Im Westen trat an die Stelle der kleinen Vorhalle ein mächtiger Vorbau mit einem gedrungenen, quadratischen Mittelturm, an den sich, ihn überragend, zu beiden Seiten zwei schlanke, runde Treppentürme anlehnten. Die bis dahin turmlose Kirche war nun auf einmal mit drei Türmen, wenn auch von mäßiger Höhe, versehen und hatte ihr Schwergewicht nach

Westen, der heutigen Kettwiger Straße zu, verlagert. In den Treppentürmen wurden Glocken aufgehängt – eine Neuerung, die aus den Klöstern Nordafrikas nach Norden im 8. Jahrhundert erstmals nach Deutschland vorgedrungen war; nun hallten die Glocken auch über Asnidhi und riefen zum Gebet.

Das Meisterwerk der Theophanu In dieser zweiten Form nach dem Brand von 946 war dem Münster indessen ebenfalls kein langes Leben beschieden. Die in den Wiederaufbau einbezogenen Mauern des 9. Jahrhunderts wurden langsam morsch, Teile der Kirche stürzten ein. Für die tatkräftige Äbtissin *Theophanu* (Amtszeit 1039 bis 1058), eine Enkelin Kaiser Ottos II. und der aus Byzanz stammenden Kaiserin Theophanu, scheint dies ein willkommener Anlaß gewesen zu sein, unter Verwendung der alten Fundamente einen Neubau von unerhört kompliziertem Grundriß aufzuführen und den sterbenden ottonischen Baustil aufs höchste zu verfeinern. Über diesen spätottonischen Neubau, die dritte Gestalt des Münsters (Bauzeit etwa 1040 bis 1055), schreibt Walther Zimmermann in seinem

Das Münster der Theophanu (Rekonstruktionsversuch)

Spezialwerk über Essens alte Kirche: »Der Architekt gehört zu den bedeutendsten deutschen Baumeistern. Er geht auf Rhythmisierung der Raumfolgen aus und verbindet mit ihr eine Klarheit der geometrischen Ordnung in einem Erfindungsreichtum, wie er nur den großen Meistern beschieden ist. Seine Lösungen sind von der Sauberkeit einer schwierigen Fuge oder mathematischen Formel. Dies zeigen vor allem Westbau und Krypta, die in ihrem Reichtum der Raumerscheinung in der damaligen Baukunst nicht ihresgleichen haben.« Und vom Westwerk meint der Freiburger Kunsthistoriker Hans Jantzen, es sei »eines der seltensten Architekturgebilde des Abendlandes«.

Das Westwerk, das schon im 10. Jahrhundert aus drei Türmen bestanden hatte, verlor seinen Charakter als bloßer Eingangsbau; es wurde, nach dem Vorbild der karolingischen Pfalzkapelle in Aachen, zu einem weiteren Chor umgestaltet, der mit einem halben Sechseck den Petersaltar umschloß. Darüber erhob sich eine Empore und noch eine im nächsthöheren Geschoß, bis der Mittelturm in ein achteckiges Glockengeschoß überging. Auch die früher runden Treppentürme wurden jetzt achteckig ausgeführt; an Höhe blieben sie im Gegensatz zum Bau des 10. Jahrhunderts hinter dem Mittelturm zurück. Der charakteristische Westbau der Theophanu überstand den Brand von 1275 und die Bombenzerstörungen des Zweiten Weltkriegs. Er bestimmt noch heute, 900 Jahre später, das Gesicht des Münsters und zeugt im Herzen der brausenden Ruhrmetropole stumm von der Kultur und dem Lebensgefühl einer versunkenen Zeit.

Der spannungsreichen Raumverschachtelung des Kircheninnern entsprach nun auch eine reichgegliederte Außenfront, die besonders in den großen Fenstern des 12,65 Meter hohen Mittelschiffs schon ein wenig von der Durchbrechung und Auflösung der Fassaden vorwegnahm, wie sie vom 12. Jahrhundert an die Gotik zu einem ihrer Stilmittel machte.

Der Neubau von 1050 zeigte 200 Jahre später wieder Zeichen des Verfalls. Im Jahre 1246 bat der Kölner Erzbischof Konrad von Hochstaden um Almosen für den Wiederaufbau des Essener Münsters, das vom Einsturz bedroht sei. Zwei Jahre später legte Konrad den Grundstein zum Kölner Dom.

Die Kirche

Im Jahre 1275, während sich die Restaurierungsarbeiten in Essen mühsam voranschleppten, brannte das Münster zum zweitenmal aus. Erhalten blieben der Westbau und wiederum Altfrids Grundmauern. Auf ihnen wurde die vierte Münsterkirche errichtet: die gotische, wie wir sie heute kennen. Sie bestand aus Bruchstein, außen grau bemalt, mit weißen Fugen, die den Eindruck von Quadern erwecken sollten.

Aus der karolingisch-ottonischen Basilika wurde nun eine Hallenkirche nach dem Vorbild der 1283 eingeweihten Elisabethkirche in Marburg an der Lahn; wie überhaupt Meister *Martin*, der den Bau bis 1304 leitete, in Marburg und Köln geschult worden zu sein scheint. Während bei der Basilika das Mittelschiff die Seitenschiffe überragt, so daß es sein Licht aus hochgelegenen Fenstern erhalten kann, werden bei der Hallenkirche die Seitenschiffe zur Höhe des Mittelschiffs angehoben. Alle drei Schiffe haben nun ein gemeinsames Dach, und in den Hauptraum strömt Tageslicht nur noch aus den Seitenräumen.

Warum Meister Martin die Bauleitung im Jahre 1304 niederlegte, wissen wir nicht. Sein namentlich nicht bekannter Nachfolger hat den im Stil der französisch-rheinischen Gotik begonnenen Neubau in westfälischer Tradition karg und gedrungen fortgesetzt. Robert Jahn spricht in seiner *Essener Geschichte* von einer »großen Halle von schwerem, gleichmäßigem Gang in den untersetzten Proportionen eines erdgebundenen Körpers; einem Bau, der im Vergleich zu dem sprühend lebendigen Westwerk ein ausgesprochen westfälisches Raumgefühl zeigt«.

So hat sich Essens Grenzlage – einst zwischen Franken und Sachsen, später, bis heute, zwischen dem Rheinland und Westfalen, schließlich zwischen dem Kohlenpott im Norden und den lieblichen Hügeln des Rheinischen Schiefergebirges im Süden – auch in seinem Herzstück, dem Münster, ausgeprägt, das spätottonische, frühgotische und bäuerlich-westfälische Elemente zu einer spannungsreichen und reizvollen Einheit bindet.

Die Bischofs-kathedrale

Nach dem gotischen Neubau von 1300 fanden an der Stiftskirche keine einschneidenden Veränderungen mehr statt. 1439 wurde über der Vierung ein hoher hölzerner Turm mit spitzer Haube und Uhr errichtet. Er wurde 1650 »mit Blei renoviert und darauf die Uhrglock, ad drei Mann hoch ungefähr, eleviert«. Seit 1955 ragt er wieder, wiewohl ohne Uhr, schmal an seinem alten Platz auf.

In der Bombennacht vom 5. zum 6. März 1943, fast genau tausend Jahre nach der ersten Zerstörung, brannte die Kirche zum drittenmal aus. Dem Wiederaufbau nach dem Krieg gingen von 1951 bis 1953 umfangreiche Grabungen zur Erforschung der Baugeschichte voraus, ehe die alten Fundamente wieder zugebaut oder beseitigt wurden. Bei der Inthronisation des Ruhrbischofs am 1. Januar 1958 war das Münster zum erstenmal wieder in seiner ganzen Ausdehnung zugänglich.

Es hat heute die gleiche Gestalt wie zu Beginn des 14. Jahrhunderts, mit dem achteckigen Turm der Theophanu aus dem 11. Jahrhundert und Mauerresten von Altfrids Stiftskirche aus dem 9. Jahrhundert, an deren Grundriß sich in den drei Schiffen nichts geändert hat.

Altfrid, der Bischof von Hildesheim, der Gründer des Stifts Essen, der große sächsische Ratgeber des Frankenkönigs Ludwig der Deutsche, starb 874 am Tage Mariä Himmelfahrt. In seinem Münster zu Asnidhi, dessen Vollendung er vier Jahre zuvor hatte erleben können, wurde er beigesetzt. Sein Hochsarg steht noch heute in der Krypta.

Viel hat das Münster in diesen 1100 Jahren erlebt: Andacht und Entweihung, Brände und Kriege, in seinem Bannkreis Aufstieg, Verfall und neue Blüte. Fränkische Krieger, kölnische, clevische, spanische, brandenburgische, burgundische, italienische, niederländische und hessische Landsknechte, französische, pfälzische, preußische, amerikanische und englische Soldaten haben es teils besichtigt, teils bewundert, teils geplündert. Der Qualm des Kohlenpotts hat seine Mauern gebeizt. Nicht mehr seine Türme, sondern weit höhere Bürohäuser bestimmen die Stadtsilhouette. Aber es ragt durch die Zeiten und kündet von der Beständigkeit im Wandel. Essen weiß, wo sein Herz schlägt.

3. Kapitel
Die Odyssee der silbernen Bibel

Aber das Münster ist nicht die älteste Kirche im jetzigen Essen und das Frauenstift nicht die früheste geistliche Gründung. Der südlichste Stadtteil der heutigen Metropole, *Werden* an der Ruhr, hat als Burg und als Stift eine noch längere Geschichte.

Wie Essen eine Stiftung des Bischofs Altfrid von Hildesheim, so ist Werden eine Gründung des späteren Bischofs *Liudger* von Münster. Liudger (auch Ludger oder Ludgerus) kam zwischen 742 und 744 als Sohn eines friesischen Edelings im holländischen Utrecht zur Welt und genoß seine Erziehung an der dortigen Klosterschule, an der schon Bonifatius gewirkt hatte. Die Jahre 769 bis 772 verbrachte er an der Missionsschule im englischen York und war dann bei den Friesen (die Bonifatius im Jahre 754 erschlagen hatten) in der Mission tätig. 777 wurde Liudger in Köln zum Priester geweiht. 784 zog er nach Rom, anschließend verbrachte er zwei Jahre im Benediktinerkloster Monte Cassino. 792 ernannte Karl der Große ihn zum Leiter der Missionsarbeit im »westlichen Sachsen« (das heißt in Westfalen), 804 oder 805 verlieh ihm der Kaiser das Bistum Münster.

In dem Bestreben, seine Arbeit durch ein bleibendes Werk zu krönen, suchte Liudger, ähnlich wie ein halbes Jahrhundert nach ihm Altfrid, einen geeigneten Platz für eine Klostergründung. Die Mittel dazu erhielt er durch Schenkungen und Opfergaben sowie aus dem Erlös der Ausstellung der Reliquien, die er aus Italien und England mitgebracht hatte.

Nach längerem Suchen erwarb Liudger 796 Grund »auf dem Werd«, was soviel wie »Uferland« (nämlich an der Ruhr) bedeutet und bald in die lateinische Form *Werethina* umgewandelt wurde. Dort, unweit der Ruine der Altenburg von Werden (vgl. Seite 13), errichtete er zwischen 796 und 800 ein Kloster, das Missionare für die Sachsen heranbilden sollte. Die Mönche waren anfänglich vor allem Friesen und Sachsen; erzogen wurden sie in angelsächsischer Tradition.

801 begann Liudger mit dem Bau der Klosterkirche, die später meist *Abteikirche* genannt wurde. Ursprünglich hieß sie Salvator- oder Erlöserkirche, denn sie war Jesus sowie Maria und Petrus geweiht, von denen Liudger

Liudgers Kirche

Reliquien aus Rom mitgebracht hatte. Nach ihrem Stifter wurde und wird sie auch Ludgeruskirche genannt (die heutige kirchenamtliche Bezeichnung lautet *Propsteikirche St. Ludgerus*). Das Gotteshaus war, wie später seine Schwesterkirche in Essen, eine dreischiffige Basilika, jedoch ohne Querhaus. Den Zeitgenossen fiel es vor allem dadurch auf, daß es bunte Glasfenster erhielt – im 9. Jahrhundert eines der frühesten Zeugnisse der Glasmalerei.

Liudger starb im Jahre 809. Schon bald wurde der Bischof als Heiliger verehrt. Wie Altfrid von Hildesheim hatte er den Wunsch, nicht an seinem Bischofssitz, sondern in seinem selbstgeschaffenen geistlichen Zentrum bestattet zu werden. In der Abteikirche wurde um 830 das Grabgewölbe fertig. Es ist noch heute erhalten, und Liudgers Steinsarg steht in ihm.

Die erste Weihe der Kirche ist aus dem Jahre 875 überliefert; der Bau wäre demnach erst fünf Jahre nach dem Essener Münster vollendet worden, obwohl dieses ein halbes Jahrhundert später begonnen wurde. Offenbar handelt es sich 875 aber schon um die Einweihung eines Erweiterungsbaus. Von einer Fertigstellung läßt sich andererseits auch 875 nicht sprechen, da von 877 bis 943 im Westen ein großer Anbau unternommen wurde. Er bestand aus dem in Liudgers Plan schon vorgesehenen gedrungenen, burgähnlichen Marienturm mit zwei niedrigeren seitlichen Treppentürmen und darüber hinaus aus einem weiteren, zunächst völlig selbständigen Kirchenraum, der einen eigenen Namen – *Peterskirche* – erhielt. Die Peterskirche, 943 geweiht, diente als Pfarrkirche für die Bewohner des Sprengels Werden und zugleich als Gerichtsstätte.

In den Jahren 1119 und 1256 wurde die Abteikirche durch Brände schwer beschädigt. Nach dem zweiten Brand wurde sogleich mit einem Neubau begonnen, der die im wesentlichen unversehrte Peterskirche unter dem Marienturm hinweg in das Lagerhaus der Abteikirche einbezog, womit ein einheitlicher Innenraum von 43 Metern Länge und 19 Metern Breite entstand. Außerdem kam ein Querhaus hinzu, mit einem achteckigen Turm auf der Vierung, der den alten Marienturm weit überragte. Die neue Abteikirche, wie wir sie noch heute sehen, war das letzte große Bauwerk der Spätromanik im Rheinland, wobei sich in den Gewölben und an der Westfassade schon gotischer Einfluß geltend machte.

1275, als das Essener Münster zum zweitenmal ausbrannte, das dann im gotischen Stil wiedererstand, wurde die neue Werdener Abteikirche konsekriert. Die Weihe vollzog im Auftrag des Erzbischofs von Köln der *Doctor universalis* Graf Albert von Bollstädt, genannt *Albertus Magnus*, ehemaliger Bischof von Regensburg, Lehrer des Thomas von Aquin und bedeutendster Philosoph und Naturwissenschaftler seiner Zeit.

Im 19. und im 20. Jahrhundert wurde die Abteikirche renoviert. Den Zweiten Weltkrieg überstand sie unbeschädigt; dadurch wirkt sie weit älter als Essens Münster. Wuchtiger ist sie ohnehin.

Schutzkloster des Königs Die Leitung des Klosters Werden übernahm nach Liudgers Tod sein Bruder, dem weitere Mitglieder der Familie nachfolgten. Erbstreitigkeiten verstärkten das Bestreben der Mönche, das Eigentumsrecht der Liudger-Familie abzuschütteln. Auf ihr Drängen hin nahm der ostfränkische König Ludwig III., meist Ludwig der Jüngere genannt (Regierungszeit 876 bis 882 als Nachfolger Ludwigs des Deutschen), das Benediktinerkloster Werden im Jahre 877 unter die königlichen Schutzklöster auf. Damit genoß das Kloster Immunität und Gerichtsbarkeit (vgl. S. 33 f.), und seit 931 durften die Mönche ihren Abt selbst wählen.

Auch als Kulturzentrum schuf sich Werden einen bedeutenden Ruf. Schon Liudger scheint mit der Anlage einer Klosterbibliothek begonnen zu haben, zu der er vermutlich neun angelsächsische Handschriften des 8. Jahrhunderts beisteuerte (sie sind teilweise erhalten). Die Mönche unterhielten eine weithin berühmte Schreibstube. Noch 1939 gab es in deutschen und ausländischen Bibliotheken 80 Werdener Handschriften, überwiegend aus dem 9. bis 12. Jahrhundert.

Das Prunkstück der Klosterbibliothek war der *Codex argenteus*, die silberne Bibel der Westgoten. Es gibt nicht viele Bücher auf der Welt, deren Entstehung und deren Weg so viele historische und religiöse Verflechtungen widerspiegeln: die germanische Völkerwanderung, die Christianisierung der Goten, den Zusammenbruch des Weströmischen Reiches, die Missionierung der Sachsen, den Dreißigjährigen Krieg. Entstanden auf dem Balkan, abgeschrieben in Norditalien, von dort wahrscheinlich nach England verschlagen, heute aufbewahrt in Schweden und dazwischen acht Jahrhunderte lang in der Klosterbibliothek zu Werden an der Ruhr – auf kein Buch trifft wohl mehr die Weisheit des lateinischen Grammatikers Terentianus Maurus zu, daß Bücher ihre Schicksale haben: Habent sua fata libelli.

Es lohnt sich, den Weg des Codex argenteus genauer nachzuzeichnen. Im 2. Jahrhundert n. Chr. zog der große germanische Stamm der Goten von seiner Heimat an der Ostsee bis ans Schwarze Meer. An der Nordwestküste dieses Meeres, in der Gegend der heutigen Stadt Odessa, ließen sich die Westgoten, weiter östlich in Südrußland die Ostgoten nieder. Im 3. Jahrhundert eroberten und plünderten die Goten die Balkanhalbinsel und die heutige Türkei. In deren Ostteil, damals Kappadozien genannt, kam etwa im Jahr 311 als Sohn eines Goten und einer in gotischer Gefangenschaft aufgewachsenen Kappadozierin ein Knabe zur Welt, der den Namen *Wulfila* (griechisch Ulfilas) erhielt. In der römischen Großstadt Nikomedia (heute Ismid, unweit Istanbul) wurde er 341 zum Bischof der gotischen Christen geweiht. Vierzig Jahre lang missionierte und lehrte er unter den Westgoten auf dem Balkan. Im Jahre 383 starb er (vermutlich) in Konstantinopel.

Wulfilas Leben und Werk

Einen großen Teil seines Lebens hatte Wulfila in den Dienst eines gewaltigen Werkes gestellt: Er übersetzte die Bibel aus dem Griechischen in die gotische – und damit zum erstenmal in eine germanische – Sprache. Dazu mußte er überhaupt erst eine Schrift erfinden, ein Alphabet, das er aus griechischen und lateinischen Buchstaben sowie aus einigen Runenzeichen ableitete.

Mit der Fixierung ihrer Sprache spielte Wulfila für die Goten eine ähnliche Rolle wie Luther für die Deutschen am Beginn der Neuzeit. Über die Auslegung einzelner Bibelstellen stand er in Korrespondenz mit dem Kirchenlehrer Hieronymus, der 382 damit begann, die frühlateinischen Bibelübersetzungen zusammenzufassen und zu revidieren (woraus die *Vulgata* entstand).

Als Wulfila starb, waren die Hunnen in das Land der Goten eingefallen. Die Ostgoten unterwarfen sich ihnen, die Westgoten wurden nach Westen abgedrängt: 401 waren sie in Italien, 414 zogen sie nach Spanien weiter. 489 fielen auch die Ostgoten in Italien ein. Von 471 bis 526 herrschte über sie *Theoderich*. Wahrscheinlich geschah es im Auftrag oder zu Ehren dieses Königs, daß Wulfilas Bibeltext im 6. Jahrhundert in Oberitalien in einer Prunkausgabe abgeschrieben wurde: in silbernen und goldenen Buchstaben auf purpurrot gefärbtem Pergament, mit einem kunstvollen Silbereinband versehen – die silberne Bibel. Dieser Codex argenteus ist das älteste überlieferte Schriftdenkmal einer germanischen Sprache. Das Gotische muß damals durch Missionare übrigens auch ins heutige Deutschland vorgedrungen sein: Unsere Wörter *Kirche* und *Samstag* sind gotischen Ursprungs.

Über York nach Werden

Auf eine nicht mehr zu klärende Weise, vermutlich jedoch schon durch Vermittlung Liudgers, der ihn aus Monte Cassino oder, wahrscheinlicher, von der angelsächsischen Missionsschule York mitgebracht haben könnte, kam der Codex argenteus nach Werden. So merkwürdig wie diese Tatsache ist die weitere, daß die Werdener Mönche im Laufe des Mittelalters offenbar vergessen haben, welchen Schatz ihre Bibliothek enthielt. Vielleicht spielte dabei der Umstand mit, daß Wulfila dem arianischen Christentum anhing, das im Jahr 325 auf dem Konzil zu Nizäa zugunsten der Lehre des Athanasius von der Göttlichkeit Christi verworfen wurde und sich nur noch bei einigen germanischen Stämmen bis ins 7. Jahrhundert hielt; die Werdener Mönche mögen Wulfila also als einen Ketzer betrachtet haben. Jedenfalls wurde die gotische Bibel, in stark beschädigtem Zustand, erstmals 1542 wieder an das Tageslicht gezogen.

Aber schon bald darauf, jedenfalls noch vor 1600, verkaufte das Kloster den Codex argenteus an Kaiser Rudolf II., einen leidenschaftlichen Kunstsammler, so daß die silberne Bibel nach Prag in den Hradschin kam. Dort erbeuteten sie 1648 die Schweden und sandten sie mit anderen Schätzen an ihre Königin Christine nach Stockholm. Der königliche Bibliothekar schickte den Codex nach Holland zu seinem Onkel, dem dort lebenden Heidelberger Germanisten Franciscus Junius, der das Werk 1665 mit wissenschaftlichen Anmerkungen publizierte.

Auf dem Rücktransport nach Schweden sank das Schiff, und die Gotenbibel lag in ihrem Holzkasten längere Zeit im Meer. 1669 endlich, nach einer Odyssee von über 1100 Jahren, erreichte die silberne Bibel die Universitätsbibliothek der mittelschwedischen Stadt Uppsala, wo sie noch heute liegt – ein Fragment von 187 Blättern (statt ursprünglich 336), das vor allem aus umfangreichen Bruchstücken der vier Evangelien besteht. Die Purpurfarbe ist blaß geworden, die Silberschrift weithin zersetzt.

Daß der Codex argenteus im 9. Jahrhundert ausgerechnet nach Werden kam, ist für die damaligen Verhältnisse durchaus nicht so absonderlich, wie man heutzutage glauben möchte – heute, da Werden ein idyllischer Stadtteil von Essen ist, der es vor seiner Eingemeindung (1929) als Stadt nie über 14000 Einwohner brachte. Vor 1100 Jahren war Werden eine der großen Abteien während der Herrschaft der Karolinger, das Mutterkloster von Helmstedt, eines der wenigen geistlichen und geistigen Zentren in Deutschland, eine Pflanzstätte des nach Osten vordringenden Christentums.

Manche Anzeichen sprechen dafür, daß ein anderes berühmtes Zeugnis für die Christianisierung der Germanen in Werden nicht nur aufbewahrt worden, sondern dort sogar entstanden ist: der *Heliand*. Seiner lateinischen Vorrede zufolge erhielt ein nicht genannter und bis heute nicht identifizierter Dichter um das Jahr 830 von Kaiser Ludwig dem Frommen (Regierungszeit 814 bis 840), dem Vater Ludwigs des Deutschen, die Anregung, die Bibel in ein altsächsisches Gedicht zu verwandeln. Der Verfasser übersetzte also die Bibel nicht einfach in die altsächsische Sprache, sondern er erzählte sie in Stabreimversen nach, wobei er auch die Charaktere und die Verhältnisse veränderte, um die Heilsgeschichte dem ungelehrten Volk nahezubringen, das mit Begriffen wie etwa Palästina keine Vorstellung verband. So wurden Christus zu einem germanischen König und seine Jünger zu dessen adligen Gefolgsmännern.

Der Heliand

Für Werden als Entstehungsort dieses bedeutendsten Denkmals der altsächsischen Sprache gibt es wohl Anhaltspunkte, aber keine Beweise: Das Kloster Werethina wurde drei Jahrzehnte vor dem Entstehungsjahr des Heliand (830) gegründet, Liudger war durch die Missionsschule von York gegangen, und der Heliand-Dichter hat sich vermutlich auf ein angelsächsisches Vorbild gestützt. Mit großer Wahrscheinlichkeit sind jedoch mindestens die Handschriften des Heliand in Werden entstanden; dies läßt sich aus gewissen, in anderen Quellen überlieferten Schreibgewohnheiten der dortigen Mönche schließen. Die beiden erhaltenen Handschriften werden in London und München aufbewahrt. Der Münchner Germanist Johann Andreas Schmeller war es auch, der dem Heliand (altsächsisch für Heiland) 1830 erst diesen Namen gab und ihn der Öffentlichkeit zugänglich machte.

Werden war nicht nur ein Mittelpunkt der Mission und der religiösen Literatur, es wurde bald auch die bedeutendste Kirchenstätte im Ruhrland. Neben die Abteikirche mit ihrem Anbau, der Peterskirche, traten bald die *Clemenskirche* (volkstümlich Borner Kirche), geweiht 957, ein schlichter Bau, der in den Berghang eingeschnitten war (im 19. Jahrhundert abgerissen), und gut hundert Jahre später die *Luciuskirche* (oder Neue Kirche). Sie wurde im Jahre 1063 konsekriert und im 12. wie im 15. Jahrhundert umgebaut: eine gedrungene Hallenkirche mit einem westlichen Hauptturm und zwei östlichen Flankentürmen, ein nicht großes, aber klobiges Bauwerk mit harten Konturen – das trutzigste und in mancher Hinsicht eindrucksvollste Stück Mittelalter, das auf Essener Boden erhalten ist.

Lucius von Chur

Der Name Luciuskirche macht noch einmal den starken englischen Einfluß

27

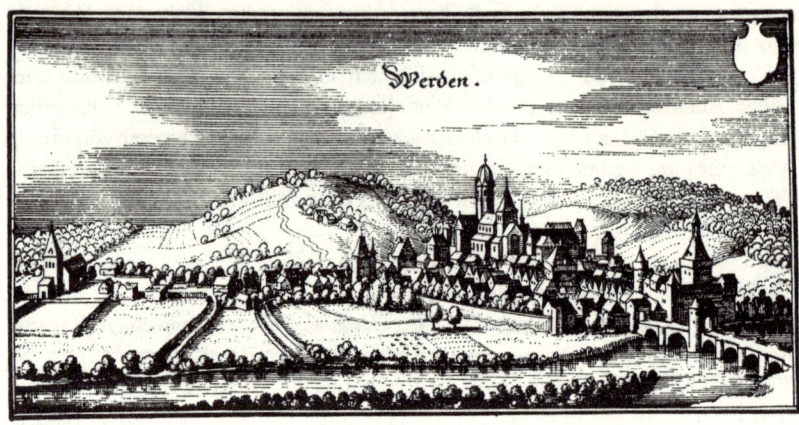
Werden an der Ruhr (Stich von Merian 1646)

auf die Sachsenmission im allgemeinen und auf das Kloster Werden im besonderen deutlich: Sie trägt ihn nach dem legendären angelsächsischen König Lucius (um 200 n. Chr.), angeblich demselben, der später der erste Bischof von Chur in Graubünden wurde und dort den Märtyrertod starb. Die Werdener Luciuskirche kann ferner für sich in Anspruch nehmen, das älteste Kirchengebäude in Deutschland zu sein, das ausschließlich für den Pfarrgottesdienst erbaut wurde; verglichen mit den Bischofs-, Märtyrer- und Klosterkirchen ist die Pfarrkirche, die Hauptkirche der Gemeinde eines Sprengels, eine relativ späte Einrichtung.

Steele und Rellinghausen   Aber es sind im heutigen Essener Raum nicht nur Essen und Werden, die auf eine über tausendjährige Vergangenheit zurückblicken. Als Dörfer des 1. Jahrtausends sind unter anderen bezeugt: im Stift Essen *Altenessen* (im Norden an der Emscher), *Altendorf* (im Westen, einst am Hellweg) und *Karnap* (jenseits der Emscher im äußersten Norden des heutigen Areals); im Stift Werden *Heisingen* (auf der Halbinsel, die die Ruhr östlich des heutigen Baldeneysees bildet) und *Fischlaken* (am Südufer dieses Sees).

Im Osten, südlich des alten Dorfes *Kray* und unweit einer alten Burg in *Steele-Horst* (am Ostrand des jetzigen Essen), hielt der fünfundzwanzigjährige König Otto I. im Mai 938 einen Hoftag »auf dem Steele«, das heißt auf einem Steilhang, ab, der vermutlich der Kirchberg war und im Herzen der späteren Gewerbestadt *Steele* lag, die 1929 zu Essen kam. Dort saß Otto, der zwei Jahre zuvor den Thron bestiegen hatte, zu Gericht über Herzog Eberhard von Franken, der sich seiner Herrschaft nicht hatte fügen wollen. Eberhard erhielt Vergebung – erwies sich aber als undankbar, denn ein Jahr später beteiligte er sich an einem Aufstand gegen Otto und fiel im Gefecht von Andernach am Rhein. Außerdem wurde auf dem Hoftag zu Steele eine Frage des sächsischen Erbrechts entschieden, und zwar durch die damals nicht seltene Methode eines Zweikampfs. Um aber die streitenden Adligen nicht der Gefahr des Getötetwerdens auszusetzen, hielten sich die Hauptbeteiligten zurück: Das Duell wurde von gemieteten Kämpfern ausgetragen.

In *Rellinghausen* an der Ruhr (südöstlich von Essen), einem erstmals im 9. Jahrhundert erwähnten Dorf, gründete die Essener Äbtissin Mathilde 998 ein Jungfernstift für die Töchter des niederen Adels (da Asnidhi ja den Fürstinnen und Gräfinnen vorbehalten war). Die Äbtissin von Essen stand auch dem Stift Rellinghausen vor, während später eine Essener Stiftsdame dort das Amt der Pröpstin versah.

Als Filialkirche des Essener Münsters erbaute die Äbtissin Schwanhild auf dem *Stoppenberg* (Stufenberg) nordöstlich von Essen die Nikolauskapelle, eine romanische Basilika, die 1073 geweiht und seit dem 12. Jahrhundert kaum noch verändert wurde. Sie ist klein, aber wuchtig und durch ihre Hügellage weithin sichtbar; das Mittelalter spiegelt sich in ihr heute so unmittelbar wie nur noch in der Luciuskirche zu Werden.

Der Streit von Stoppenberg

Im 12. Jahrhundert gründete der 1120 entstandene Orden der Prämonstratenser in Stoppenberg ein Doppelkloster für Männer und dienende Frauen. Im 13. Jahrhundert wurde es ein reines Nonnenkloster, im 15. Jahrhundert gaben die Frauen die Nonnenregel auf und erklärten sich zu Stiftsdamen. Sie hatten ihre Rechnung freilich ohne die Äbtissin von Essen gemacht, die 1460 einen drastischen Versuch unternahm, diese Überheblichkeit ihrer geistlichen Untertanen zu durchkreuzen.

Am 14. September 1460, dem Fest der Kreuzerhöhung, pflegte auf dem Stoppenberg eine Umtragung der Reliquien stattzufinden, die »Stoppelheiligenprozession«. Dazu erschien die Äbtissin *Sophia von Gleichen* und forderte die Klosterfrauen auf, den Nonnenschleier anzulegen. Als die Mehrzahl der eigenmächtigen Stoppenberger Stiftsdamen dies ablehnte, setzte sich die Äbtissin mit denjenigen Jungfrauen, die noch den Schleier trugen, gewaltsam an die Spitze der Prozession. Beim anschließenden Gottesdienst ließ es sich der Prediger, ein Essener Kanoniker aus dem Gefolge der Äbtissin, nicht nehmen, gegen die Entschleierten zu wettern, worauf ihm zugerufen wurde, er solle endlich aufhören, niemand habe ihn hergebeten. »Tacete!« donnerte der Kanonikus zurück. »Fatuae estis, ad posteriora virgis corrigendae essetis!« (Was zu deutsch heißt: »Schweigt, ihr Albernen! Man sollte euch den Hintern versohlen.«)

Da sie an Ort und Stelle nichts ausrichten konnte, verklagte die Äbtissin die selbstherrlichen Stiftsdamen vor einem päpstlichen Gericht. 1488 erreichten die Damen jedoch in Rom ihre Anerkennung als Kanonissen gleich denen von Essen, allerdings unter der Bedingung, daß sie ihr weißes Prämonstratenserinnen-Gewand beibehielten. Vorsichtshalber vernichteten die Jungfrauen von Stoppenberg alle Urkunden, die an ihre klösterliche Vergangenheit hätten erinnern können.

So war der Raum der heutigen Metropole Essen schon vor tausend Jahren vielfältig besiedelt, landwirtschaftlich wie geistlich erschlossen und mit Klöstern, Stiften und bedeutenden Kirchen versehen. Das sächsische Stift Essen

Die Bredeneyer Prozession

und die fränkische Abtei Werden waren religiöse Mittelpunkte, Vorposten des Christentums am Westrand des Sachsenlands, zu dessen Christianisierung und damit Eingliederung ins Frankenreich sie entscheidende Beiträge leisteten.

Obwohl früher zeitweilig durch die Stammesgrenze zwischen Sachsen und Franken, noch heute durch die Sprach- und Volkstumsgrenze zwischen Westfalen und dem Rheinland getrennt (denn nur juristisch und erst seit der preußischen Zeit wird auch Essen dem Rheinland zugezählt), bestand zwischen Essen und Werden seit alters ein innerer Zusammenhang und ein herzlicher Kontakt. Essen feierte Werdens Gründer Liudger (dessen Sippe möglicherweise mit der Altfrids verschwägert war), Werden das Fest der Essener Schutzpatrone Kosmas und Damian.

Ja, regelmäßig einmal im Jahr fand zwischen Essen und Werden eine förmliche und feierliche Begegnung statt, und zwar jeweils am Montag vor Himmelfahrt. An diesem Tage unternahmen die Stiftsdamen, Kanoniker und Scholaren von Essen und Rellinghausen und die Mönche von Werden eine Bittprozession, bei der die Essener das silberne Altarkreuz aus dem Münster und die Goldene Madonna, das Symbol des Stifts (vgl. Seite 38), mit sich führten. Die drei Gruppen trafen sich auf Werdener Territorium vor der Markuskapelle in *Bredeney* über der Ruhr (heute Essens renommierteste Wohngegend) und sangen gemeinsam ein Hochamt. Nach dem Gottesdienst bewirtete die Essener Äbtissin die Mönche und Kanoniker, der Abt von Werden die Stiftsdamen.

Am Markuspfad in Bredeney steht seit 1962 ein Granitblock mit einer Kupfertafel, die die Goldene Madonna von Essen und Bischof Liudger, den Gründer von Werden, zeigt. Sie sind von der Inschrift umrahmt: IN UNITATE PAX ESSEN – WERDEN (In Einigkeit Essen – Werden).

Die Einigkeit war, wenn auch nicht ohne Schmerzen, vollends 1929 hergestellt, als die Städte *Werden* und *Steele* zusammen mit zahlreichen weiteren Gemeinden der Stadt Essen angeschlossen wurden. Das heutige Essener Areal deckt sich fast genau mit den einstigen Hoheitsgebieten des Stifts Essen und der Abtei Werden. Nur daß es die beiden geistlichen Fürstentümer jahrhundertelang nicht über zusammen 12 000 bis 14 000 Einwohner brachten, während 1929 im großen Essen 650 000 Menschen lebten; heute sind es noch 625 000. In der Industriemetropole aber ruhen in ihren elfhundertjährigen Kirchen noch heute Bischof Altfrid von Hildesheim und Bischof Liudger von Münster, die Väter dieser Stadt.

4. Kapitel
Das Städtchen der Theophanu

Von Kirchen, Stiften und Klöstern war bisher viel die Rede. Wann und wie ist aber eigentlich *die Stadt* Essen entstanden? Nun, sie hat sich zunächst recht langsam und mühselig von einem bloßen Anhängsel des Stifts zu einer Marktsiedlung und noch später zu städtischer Selbständigkeit entwickelt, die sie dem Stift in zum Teil erbitterten Auseinandersetzungen abtrotzen mußte. Standen Essen und Werden religiös und kulturell im mittelalterlichen Deutschland in vorderer Reihe, ja gehörte Essen um das Jahr 1000 zu den mächtigsten Stiften des Reiches – als Siedlung und Handelsplatz nahm Essen keinen allzu schwungvollen Anlauf.

Freilich gab es noch im 11. Jahrhundert in Deutschland eigentlich nur zwei bedeutende Städte: die Römergründungen, Bischofssitze und Kaiserpfalzen Köln und Regensburg. Aber größer als Essen waren auch Handelsplätze wie Dortmund, Soest, Hamburg und Haithabu (eine Wikinger-Niederlassung beim heutigen Schleswig, die 1050 zerstört wurde), die Pfalzen Aachen, Duisburg, Speyer, Worms und Frankfurt, Heinrichs I. Burgen Goslar und Merseburg, Bischofssitze wie Mainz und Trier, auch Münster und Hildesheim. Dortmund beispielsweise war 1005 und 1016 die Stätte von Reichsversammlungen.

Deutschlands Städte

Ein Marktrecht ist für Essen erst für das Jahr 1041 bezeugt. Damals verlieh König Heinrich III. bei einem Besuch in Essen der Äbtissin *Theophanu* das Recht, einen sechstägigen Markt abzuhalten, und zwar alljährlich vor und nach dem Fest der Schutzpatrone Kosmas und Damian am 27. September. Allerdings scheint es sich dabei nicht um die erstmalige Verleihung, sondern um die Bestätigung eines schon älteren Marktrechts gehandelt zu haben, dessen Ursprung uns nicht exakt überliefert, wahrscheinlich aber schon im 10. Jahrhundert zu suchen ist. Werden erhielt das Marktrecht im Jahre 974.

Der älteste Essener Jahrmarkt war anscheinend die neuntägige »freie Kirmes« zum Kirchweihtag des Münsters, dem 8. Juli, dem Tag des heiligen Kilian. Der sechstägige Jahrmarkt zum Fest von Kosmas und Damian Ende September wäre demnach dank der Gunst Heinrichs III. als zweiter Markt hinzugekommen. Vom 13. Jahrhundert an traten daneben noch die Märkte zum Fest der 11 000 Jungfrauen (dem 21. Oktober), zu Sankt Georg und zu Mariä Himmelfahrt.

All diese Jahrmärkte fanden auf dem Burgplatz statt, also innerhalb der Stiftsummauerung. Dennoch gaben sie einen entscheidenden Anstoß dazu, daß außerhalb dieser Mauern aus der kleinen Siedlung der stiftshörigen Handwerker eine Art städtischen Gemeinwesens wurde. Zunächst, im 10. Jahrhundert, lebten in der »Vorstadt« nur die Bäcker und Metzger, die Schuhmacher, Sattler, Gerber und Kürschner, die Schreiner und die Schmiede, die das Stift zur Befriedigung seiner eigenen Bedürfnisse brauchte, die auf seinem ummauerten Grund von fünf Hektar (50000 Quadratmeter) jedoch keinen Platz mehr fanden. Allmählich wurden diese Handwerker darüber hinaus für die Bewohner der Umgebung und für durchreisende Kaufleute tätig.

Von Flandern zur Ostsee Essen lag ja am Durchgangsweg vom Rheinland und von Flandern nach Sachsen und zur Ostsee, und auch der Handel des Ostseeraums mit Italien lief zum Teil über den alten Hellweg. Nach Osten brachten die Kaufleute Tuche, Südfrüchte, Wein und Weihrauch, nach Westen als Rückfracht Pelze, Hanf, Kupfer und Silber. Für diese durchreisenden Händler entstanden in der Vorstadt Herbergen, gerade auf halbem Weg zwischen den bedeutenderen Plätzen Duisburg und Dortmund. Auf den Essener Jahrmärkten machten die Kaufleute gute Geschäfte, denn zu den kirchlichen Festen, an denen die Märkte stattfanden, strömte das Volk von weit her auf den Burgplatz. Das Münster war berühmt, das Stift war reich – so reich, daß beispielsweise die von den Stiftsbesitzungen gelieferten Lebensmittel bei weitem nicht verzehrt werden konnten und die Äbtissin die Überschüsse auf dem Markt verkaufen ließ.

So wurde es allmählich für mehr und mehr Kaufleute – unter ihnen Juden, Italiener und Friesen – interessant, im Schatten der Stiftsmauern seßhaft zu werden. Sie zogen weitere Handwerker nach sich. Auch außerhalb der Burg, auf dem Hügel am Knick des Hellwegs, entstand ein Marktplatz, auf dem nunmehr Wochenmärkte veranstaltet wurden. Um den Marktplatz herum bildete sich ein Gewirr von engen Gassen und Plätzen, an dem im 11. Jahrhundert schließlich etwa hundert Häuser mit 400 bis 500 Einwohner standen, vielleicht insgesamt von Palisaden umgeben, bewohnt von Kaufleuten, Handwerkern, ihren Knechten und Gesellen und als Oberschicht von den Dienstmannen der Äbtissin, deren Häuser sich dadurch auszeichneten, daß sie einen Hof, einen Viehstall und einen Kornspeicher besaßen.

Die Marktkirche Der Mittelpunkt dieses Marktfleckens war die *Gertrudiskirche*, geweiht der heiligen Gertrud von Nivelles, die von Reisenden, Wanderern und Kaufleuten als Nothelferin angerufen wurde. Das Kirchlein auf dem Marktberg, ursprünglich eine frühromanische Basilika mit niedrigen Gewölben, ist erstmals im Testament der 1058 verstorbenen Theophanu bezeugt (der Erbauerin des Münsters in seiner dritten, aufs höchste verfeinerten Gestalt); wann es errichtet wurde, läßt sich nicht mehr feststellen, ebensowenig, ob es zunächst für die Gutsherrschaft und die Bauern des stiftischen Viehhofs oder von vornherein für die Marktsiedlung erbaut wurde, die zwischen den Stiftsmauern und dem nördlich gelegenen Viehhof entstand.

Jedenfalls aber wurde die Gertrudiskirche zur eigentlichen Stadt- und Bürgerkirche, zum ersten Mittelpunkt des weltlichen Essens. In ihrem Turm kauerte der Stadtwächter und hielt Ausschau nach Feuer und Feinden. Allmählich führte sich für sie der Name *Marktkirche* ein (den sie 1890 auch offiziell erhielt, weil am Viehofer Platz eine neue Gertrudiskirche entstanden war). Im 13. Jahrhundert wurde sie zu einer gotischen Hallenkirche umgebaut. 1440 erhielt sie eine große Uhrglocke, nach der das ganze Städtchen sich richtete. In der Reformation spielte die Marktkirche eine wichtige Rolle, von der noch ausführlich die Rede sein wird (Seite 76f.). In der gleichen Bombennacht zum 6. März 1943, der das Münster zum Opfer fiel, wurde sie zur Hälfte zerstört, 1952 ein verkleinerter Neubau eingeweiht.

Vor diesem Kirchlein also, auf dem Marktplatz, auf dem auch der Pranger stand sowie ein Brunnen, der an Markttagen lebende Fische aufnahm, schlug das Herz des Handelsstädtchens Essen. Die Kaufleute lebten auf dem Grund und Boden der Äbtissin, in einer Art Erbpacht wie die hörigen Bauern, jedoch zu weit günstigeren Bedingungen – als ein freier Stand, der den besonderen Schutz des Königs genoß.

Speziell während der großen Jahrmärkte wurden den Kaufleuten vom König Privilegien gewährt: Wer den Marktfrieden störte, hatte mit erhöhten Bußen im Schnellgericht zu rechnen. Während der Dauer des Marktes und auch bei der An- und Abreise wurde der Kaufmann vor straf- und zivilrechtlicher Verfolgung durch andere Herren oder für frühere Vergehen geschützt. Damit begann der Aufstieg des neuen Kaufmanns- und Bürgerstandes in Deutschland, der im 12. Jahrhundert schon zu erheblicher Macht gelangte und in der großen Zeit der Hanse schließlich die Feudalherren an Reichtum und Einfluß überflügelte. Auch die Essener Äbtissinnen bekamen dies zu spüren, aber sie wehrten sich mit Feuer und Schwert.

Die Äbtissin war insofern Herrin der Stadtsiedlung, als ihr der gesamte Grund und Boden gehörte und sie kraft königlicher Verleihung die Zoll- und Münzhoheit besaß. Im Namen des Reiches ließ sie für ihr Territorium die Münzen prägen, die am Marktort allein gültig waren. Wer anderes Geld mitbrachte, mußte es umtauschen und dafür eine Wechselgebühr erlegen. Die älteste erhaltene Essener Münze ist ein Silberpfennig, der auf der einen Seite das Wort ASNID, auf der anderen ein Kreuz mit der Aufschrift CONRADUS IMPERATOR zeigt. Damit ist König Konrad II. gemeint, der von 1024 bis 1039 regierte – ein weiterer Anhaltspunkt dafür, daß das von Heinrich III. im Jahre 1041 verliehene Marktrecht offensichtlich nicht das erste war.

Ihre Hoheitsrechte mußte die Äbtissin von Essen ebenso wie der Abt von Werden mit einem *Vogt* teilen, und zwar seit der Übernahme der beiden kirchlichen Korporationen in das Reichseigentum. Zur Reichsabtei wurde Werden 877 (vgl. Seite 25), Essen zu einer nicht überlieferten Zeit, jedoch nicht lange vor oder nach 900. Das bedeutete: Der König machte das Stift oder Kloster zur königlichen Eigenkirche, zum Reichsgut. Für die Äbtissin und den Abt brachte das weitgehende Rechte und Pflichten mit sich. Das Stift unterstand

Des Königs Vögte

dem Schutz des Königs und genoß *Immunität*, das heißt, es hatte seine eigene Gerichtsbarkeit, und es zog die Abgaben seiner Untertanen zu seinen eigenen Gunsten ein. (Das Wort »Immunität« wurde auch noch in einem ganz anderen Sinn verwendet, nämlich für den ummauerten Stiftsbezirk, die Stifts- oder Burgfreiheit, in der die Äbtissin das Hausrecht ausübte.)

Unter den Pflichten standen im Vordergrund, einen Beitrag zum königlichen Heer zu leisten und den König mit seinem Hofstaat kostenlos zu beherbergen und zu bewirten, wenn er sich auf der Durchreise befand: Heinrich I. war 927, wahrscheinlich auch 928 und 935 in Essen, Otto III. 993, Heinrich III. 1041. Für das Heer mußte das Stift eine Mannschaft von schwerbewaffneten Reitern (Reisigen) stellen; ein erheblicher Teil der Dienstmannen der Äbtissin bestand demnach aus Berufssoldaten.

Dieses kleine Heer ins Feld zu führen, in Friedenszeiten seine Aufstellung und Ausrüstung zu überwachen und gleichzeitig für den militärischen Schutz der Stiftsbewohner zu sorgen war eine der beiden Hauptaufgaben der Vögte; ihre andere bestand darin, im Namen des Königs die weltliche Gerichtsbarkeit auszuüben. Der Vogt war also eingesetzt, um die Rechte des Königs wahrzunehmen, ein adliger Mittelsmann zwischen dem Staat und seinen kirchlichen Grundherren; er half die Macht der Kirchen zugunsten des Reiches mobilisieren.

Ursprünglich wurde der Vogt vom König bestellt. Kaiser Otto der Große erweiterte jedoch die Privilegien für Essen 947 und für Werden 983 dahin, daß sie den Vogt selbst wählen durften, zumeist aus der Verwandtschaft von Abt und Äbtissin. In Essen und Werden gab es je zwei Vögte: einen für das zusammenhängende Stiftsgebiet, einen zweiten für den weit verstreuten, bei Essen bis nach Holland und Hessen reichenden auswärtigen Grundbesitz.

Seit der Mitte des 11. Jahrhunderts etwa wurde die Vogtei erblich: Die Familie der Grafen von Berg und Altena stellte die Vögte von Werden, die um die Mitte des 12. Jahrhunderts zugleich Vögte von Essen wurden und damit eine bedeutende Macht erwarben. Den Machtansprüchen der Äbtissin standen sie ähnlich im Wege wie später die aufstrebende Stadtsiedlung vor den Toren der Burg, die sich zeitweilig sogar mit den Vögten gegen die Äbtissin verbündete.

Wie rücksichtslos manche von ihnen schon vorher mit ihrer Macht umgingen, zeigt das Beispiel des lothringischen Pfalzgrafen Ezzo, des Vogtes über die linksrheinischen Güter von Essen. Er forderte von Kaiser Otto III. die Hand seiner Schwester Mathilde, die im Stift Essen erzogen wurde. Als der Kaiser Schwierigkeiten machte, verschwägerte sich Ezzo angeblich gewaltsam mit ihm, indem er Mathilde mit einem Heer aus dem Stift herausholte.

Mathilde war die Tochter der aus Byzanz stammenden deutschen Kaiserin Theophanu und die Mutter der späteren Essener Äbtissin Theophanu. Sie selbst war zur zukünftigen Äbtissin von Essen bestimmt, ehe sie von der Klosterpforte weg geheiratet wurde. Statt ihrer erhielt ihre und Kaiser Ottos III. nicht allzugut beleumundete Schwester *Sophia* dieses Amt, und zwar im Jahre 1011 durch König Heinrich II., der sich auf diese Weise dafür revanchierte, daß die Kaisertochter zu seiner Wahl beigetragen hatte. Heinrich setzte sich damit über das verbriefte Recht der Stiftsdamen hinweg, ihre Äbtissin selbst zu wählen. Die engen Bindungen Essens an das sächsische Kaiserhaus brachten dem Stift also nicht nur Vorteile.

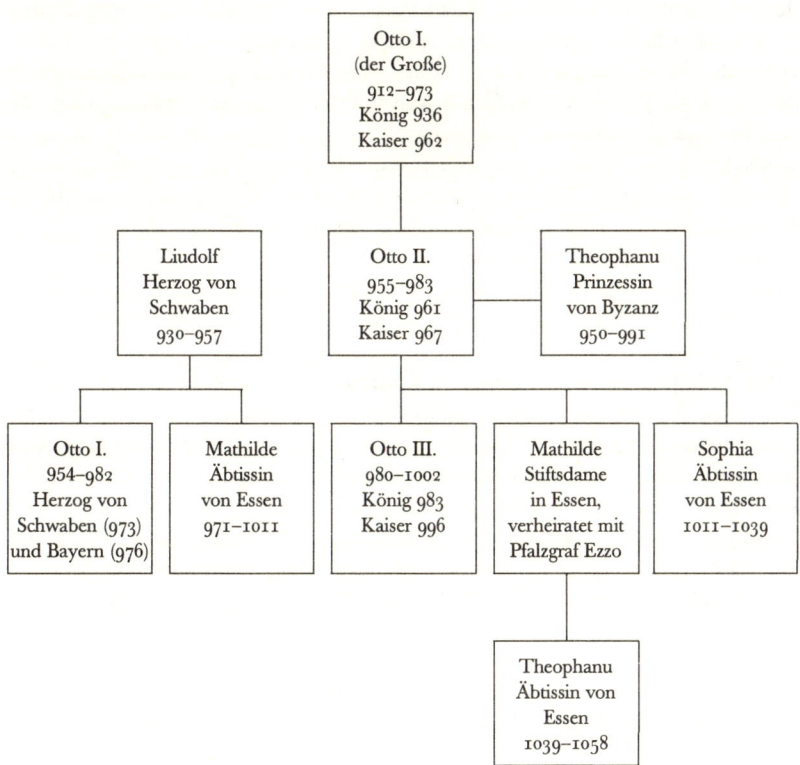

Wenn die Wahl der Äbtissin frei war, ging sie so vor sich: Im Münster versammelten sich alle Kanonissen und Kleriker. Vertrauenspersonen stellten geheim die Meinung der Wähler fest. Kam eine Einigung zustande, so wurde eine »Wählerin« ernannt, die im Namen des ganzen Stiftskapitels die Äbtissin zu benennen hatte. Stimmte die Gewählte zu, so wurde sie zu einem Sessel vor dem Hochaltar geleitet und versprach dort unter Eid, die Rechte und Besitztümer der Kirche treu zu wahren. Daraufhin wurde dem Volk die Wahl verkündet.

Ihr geistliches Amt ausüben konnte die Äbtissin indessen erst, wenn der Papst die Rechtmäßigkeit der Wahl festgestellt, von der Gewählten einen besonderen Gehorsamseid gefordert und einen Bischof angewiesen hatte, ihr das Gelübde der Ehelosigkeit abzunehmen und ihr Schleier und Hirtenstab zu überreichen. Die unmittelbare Einschaltung des Papstes ging auf die sogenannte *Exemtion* (»Herausnahme«) zurück, das heißt auf die erstaunliche Tatsache, daß es dem Frauenstift Essen gelungen war, keinen Bischof über sich zu haben, sondern direkt der päpstlichen Jurisdiktion zu unterstehen.

Direkt dem Papst unterstellt

947 (oder 951) schied Essen aus dem Bistum Hildesheim aus, dessen Eigenkirche es bis dahin gewesen war, wie dies der Absicht Altfrids entsprochen hatte. Das führte jedoch häufig zu Schwierigkeiten mit den Erzbischöfen von Köln, in deren Diözese Essen lag. 1182 wurde dem Abt von Werden die Befreiung von der erzbischöflichen Jurisdiktion erteilt. Der Anspruch der Äbtissin von Essen, ebenfalls eine bischofsähnliche Stellung zu erhalten, war insofern schwerer durchzusetzen und in hohem Grade ungewöhnlich, als nach kirchlichem Recht eine Frau die Jurisdiktion – das Recht zur Ordnung des kirchlichen Gemeinschaftslebens – weder erhalten noch ausüben kann. Es mußte also ein Mann als »Jurisdiktionsträger« dazwischengeschaltet werden. Diese Funktion erfüllte ein Kanoniker des Frauenstifts, der daraufhin den Titel *Hofkaplan* führte.

Ein solcher Hofkaplan ist erstmals für 1164 bezeugt. 1307 focht der Kölner Erzbischof die Sonderstellung der Äbtissin an, die nun vom Papst eine schriftliche Bestätigung ihres Ausnahmerechts erbat. Sie wurde 1382 mit einer Bulle Papst Urbans VI. gewährt.

Die Gräfinnen und Fürstinnen, ja Kaisertöchter, denen diese bischofsähnliche Äbtissin vorstand, führten, mit Nonnen verglichen, ein freies Leben. Sie hatten meist Vermögen und bezogen eine ständige kirchliche Zuwendung von auskömmlicher Höhe, die Präbende oder Pfründe. Später erwarben sie das Recht, ein eigenes Haus zu bewohnen, Ferien zu machen, aus der Stiftsgemeinschaft auszutreten. Dennoch war nach heutigen Vorstellungen ihr Tageslauf hart. Er begann um drei Uhr morgens mit der Frühmette und endete um neun Uhr abends mit dem letzten der Meß- und Stundengebete, für die sich im Lesen, Singen und Psalmodieren zu üben eine der wichtigsten Tätigkeiten der Kanonissen war.

Der Katalog der Sünden Wie ernst sie ihr Leben führen sollten, zeigt auch ein erhaltener Essener Beichtspiegel, vermutlich aus dem 10. Jahrhundert. Dieser Katalog häufig vorkommender Sünden, anhand dessen sich die Stiftsdamen und anderen Bewohner Essens auf die Beichte vorbereiteten, reicht vom Totschlag bis zum bloßen Übermut. Sünder sind die Kanonissin, die ihre Gebetszeiten nicht einhält, der Priester, der geweihte Speise verschüttet, der Lehrer, der seine Schüler vernachlässigt, der Schüler, der seinen Meister nicht ehrt, der Bauer, der seinen Zehnten nicht pünktlich oder nicht ehrlich abliefert. Zahlreich sind die Möglichkeiten, gegen das Fastengebot, die Sonntagsheiligung, die Andacht im Gottesdienst, die Ehrfurcht gegenüber dem Priester zu verstoßen. Verpönt sind Jähzorn, Haß und Übermut, das Schreien und das Fluchen, Völlerei, Trunkenheit und Fleischeslust.

Mit einer Schinkenkeule als Sinnbild der Sünde ließ sich die Äbtissin alljährlich in der Weihnachtszeit aufwiegen – ein seltsamer, wohl aus dem alten Germanien stammender Brauch, der vielleicht als ein Opfer für die Seelen der Toten zu verstehen ist. Denn der Waagebalken stand auf dem Friedhof der Kanonissen, und die Äbtissin sprach Gebete für die Seelen der Abgeschiedenen.

Am Silvesterabend versammelten sich die Kanonissen nacheinander bei der Pröpstin, in der Kämmerei, im Speisesaal und bei der Äbtissin und wurden jedesmal mit Kuchen und Wein bewirtet. Die Küchenknechte des Stifts zogen vor die Häuser der Stiftsdamen und Kanoniker und baten um Gaben. Durch die Straßen der Marktsiedlung tobten unterdessen Sänger und Tänzer.

Die farbigsten Feierlichkeiten gab es zum Osterfest: Aus Essen stammt das älteste geistliche Spiel unter Mitwirkung von Frauen, das uns in Deutschland überliefert ist. Am Karfreitag wurde auf der Empore des Westwerks ein Zelt errichtet, in dem ein Schrein als Sinnbild des Heiligen Grabes stand. Darin lagen Reliquien Jesu, die Karfreitagshostie und ein Evangelienbuch mit einem Deckel aus Elfenbein und Gold, das die Leidensgeschichte enthielt. Auf den Schrein wurde ein verhülltes silbernes Kreuz gelegt. In der Nacht zum Ostersonntag versammelten sich Stiftsdamen und Kanoniker im Münster, entzündeten Kerzen und zogen, nachdem das Kreuz aufgerichtet und das Grab geöffnet worden war, in einer Schreitprozession durch Kirche und Abtei, wobei an sieben Stellen Bußpsalmen gebetet wurden. Nach der Frühmesse liefen zwei als Engel gekleidete Kanoniker, zwei weitere als Petrus und Johannes und drei Stiftsdamen als Marien auf die Orgelbühne im Westchor und stimmten einen Wechselgesang über die Auferstehung Jesu an.

Prozessionen wie die zu Ostern führten durch das Atrium, »Paradies« genannt, auch in die benachbarte *Johanneskirche*, die nach dem Münsterbrand von 946 zunächst als Notkirche errichtet wurde, vielleicht unter dem Namen St.-Walburgis-Kapelle. Im 13. Jahrhundert wurde die Kirche St. Johann Baptist erweitert und zur Pfarrkirche für die weltlichen Stiftsbewohner gemacht. Im 15. Jahrhundert erhielt sie durch einen völligen Umbau (beendet 1471) ihre heutige, ein wenig grobschlächtige Form. Ihre Sandsteinquader sind brüchig geworden und mit Ziegelsteinen ausgeflickt. Da sie dem Münster unmittelbar vorgelagert ist und einen höheren Turm als dieses hat, wird sie von Fremden oft für das Münster selbst gehalten.

Der Münsterschatz

Bei großen Prozessionen wurden die vier vergoldeten, reich mit Perlen und Edelsteinen geschmückten Vortragekreuze mitgeführt, die zu den Prachtstükken des *Münsterschatzes* gehören und an Kostbarkeit und künstlerischem Wert »ohne Parallele in den Schatzkammern des christlichen Abendlandes sind« (Victor Elbern, *Der Münsterschatz in Essen*). Ist das Münster selbst eine zwar altehrwürdige, baugeschichtlich ungewöhnlich interessante, im Detail bewundernswerte, aber doch keine überragend große und berühmte Kathedrale – der Münsterschatz mit seinem verschwenderischen Goldreichtum hat in Europa nicht viele Gegenstücke. Weit mehr als im Münster spiegelt sich in ihm die Tatsache, daß drei Kaisertöchter und -enkelinnen Äbtissinnen von Essen waren und eine vierte dort Stiftsdame, daß sie viel von der Kultur und dem Reichtum ihrer deutschen und byzantinischen Verwandtschaft in das Stift zwischen Ruhr und Emscher trugen und in den Wäldern Westfalens einen Abglanz kaiserlicher Macht hinterließen.

Die Prunkstücke des Münsterschatzes gehen auf die Äbtissinnen *Mathilde* (971 bis 1011), eine Kusine der von Pfalzgraf Ezzo entführten Kanonisse Mathilde, und *Theophanu* (1039 bis 1058) zurück, die Enkelin der gleichnamigen

Prinzessin von Byzanz. Unter ihnen hatte das Stift auch seinen größten Grundbesitz und seinen stärksten politischen Einfluß. Zeitlich zwischen ihnen stand Theophanus schon erwähnte Tante Sophia (1011 bis 1039), die sich jedoch um ihr Stift wenig kümmerte. Nach Theophanu waren es nicht mehr die ersten Familien des Reiches, aus denen die Essener Äbtissinnen hervorgingen.

Mathilde, Enkelin Ottos des Großen, wurde schon mit zweiundzwanzig Jahren Äbtissin, obwohl sie nach den Stiftsstatuten vierzig hätte sein müssen, und versah ihr Amt vierzig Jahre lang. Als sie starb, wurde in den Annalen des Frauenstifts Quedlinburg, einer Gründung ihres Großvaters, eingetragen: »Der Tod raffte einen Edelstein aus dem Diadem des Königshauses dahin.«

Von den vier Vortragekreuzen mit ihrem reichen Goldfiligran ist mindestens das älteste und wertvollste, das sogenannte *Otto-Kreuz*, unter Mathilde entstanden. Es trägt als Inschrift ihren Namen und den ihres Bruders Otto, Herzog von Schwaben und Bayern. Am 1. Januar 1958 wurde es dem Ruhrbischof bei seiner Inthronisation vorangetragen.

Mathilde stiftete dem Münster ferner den monumentalen *siebenarmigen Leuchter*, eine Nachbildung jenes Leuchters, der seit 100 v. Chr. den Tempel Salomons in Jerusalem schmückte, 70 n. Chr. von den Römern geraubt wurde und auf dem Triumphbogen des Titus in Rom abgebildet ist. Er besteht aus Bronze, die einst vergoldet und mit Bergkristallen verziert war. Zwei Meter breit und über zwei Meter hoch, stand und steht er im Mittelschiff des Münsters. Seine Ornamente deuten auf einen byzantinisch geschulten Künstler. Mathildes Tante, die Kaiserin Theophanu, und ihr griechisches Gefolge hatten ja das deutsche Kaiserhaus nicht nur im Lebensstil, sondern auch künstlerisch, musikalisch und liturgisch mit byzantinischen Einflüssen durchdrungen.

Die Goldene Madonna Ebenfalls aus Mathildes Zeit dürfte Essens berühmte *Goldene Madonna* stammen, die älteste erhaltene Madonnenfigur des Abendlandes. Die Holzskulptur der sitzenden Muttergottes mit dem Jesuskind ist mit funkelndem Goldblech überzogen. Aus ihren emaillierten Augen blickt sie ein wenig starr, eine strenge Himmelskönigin, das Herrschaftssymbol des Münsters. Bei großen Prozessionen wie der nach Bredeney (vgl. Seite 29 f.) wurde sie mitgeführt. Die Madonna trägt eine mit Perlen und Edelsteinen besetzte goldene Lilienkrone, eines der größten Meisterwerke der ottonischen Goldschmiedekunst. Alljährlich am Lichtmeßtag wurde sie einst damit gekrönt.

Schließlich geht auf Mathilde wahrscheinlich die goldene, reich verzierte Scheide zu dem Schwert zurück, mit dem einst Kosmas und Damian enthauptet worden sein sollen; es wurde der Äbtissin bei feierlichen Anlässen als Herrschaftszeichen vorangetragen und ist in Essens Wappen eingegangen.

Als die größte Kostbarkeit des Münsterschatzes galt der große *Goldschrein* für die Gebeine des heiligen Markus. Mathilde ließ den Schrein beginnen, Theophanu ihn vollenden. 1794 sollte er vor den anrückenden Franzosen gerettet werden: Die Goldplatten wurden vom Holzgehäuse abgerissen und nach Steele gebracht, dabei unsachgemäß behandelt und schließlich eingeschmolzen.

Erfreulich und erstaunlich genug, daß die anderen Schätze des Münsters die zahllosen Kriege und Plünderungen überstanden, denen Essen, wie so viele deutsche Städte, unterworfen war – auch die Monstranzen und Reliquienschreine, die Kreuze, Kelche und Broschen, die Theophanu und einige ihrer Nachfolgerinnen in gotischer Zeit dem Münsterschatz hinzufügten; auch das Westwerk des Münsters, mit dem Theophanu sich ein ins 20. Jahrhundert hineinragendes Denkmal setzte. So reich war das Stift zu ihrer Zeit – so ärmlich noch das Städtchen vor den Toren, für das Heinrich III. der Theophanu 1041 das erweiterte Marktrecht verlieh.

Aber das Städtchen holte auf. Nach zahllosen Spannungen und Streitigkeiten, ja sogar bewaffneten Auseinandersetzungen zwischen Stadt und Stift wuchs es über das Stift hinaus, und im 19. Jahrhundert entfaltete es sich so mächtig, daß es die Geschichte des geistlichen Fürstentums Essen aus dem öffentlichen Bewußtsein in Deutschland fast völlig verdrängt hat. Sein erster Verbündeter gegen den Machtanspruch der Äbtissin war der Erzbischof von Köln.

5. Kapitel
Die Kölnischen kommen

Das Stift Essen hatte Köln zum Feind – das heißt die Stadt, die im ganzen Mittelalter Deutschlands größte und lange Zeit auch seine prächtigste und mächtigste war; zum Feind jedenfalls den Kölner Erzbischof, dessen Jurisdiktion sich die Äbtissin mit Erfolg entzogen hatte und dessen territorialen Ansprüchen das Stift im Wege stand. Reihum mit dem großen Köln, mit den eigenen Vögten und mit der Stadtsiedlung Essen oder mit zwei von den dreien auf einmal in Zwietracht zu leben, war zuviel des Risikos. Das Stift bekam es zu spüren.

1114 erhob sich das nördliche Rheinland unter Führung Kölns gegen Kaiser Heinrich V. Die Kölnischen und ihre Verbündeten verheerten bestimmt Dortmund und wahrscheinlich Essen. Der Krieg zwischen Kaiser und Erzbischof war erst 1121 beendet.

1225 ließ der Vogt von Essen und Werden, Graf Friedrich von Berg-Altena-Isenberg, den Erzbischof von Köln und Reichsverweser, *Graf Engelbert von Berg*, in einem Hohlweg bei Gevelsberg (in der Nähe des heutigen Wuppertal) ermorden. Die Essener Äbtissin war diesmal mit dem Erzbischof von Köln, also nicht mit dem Mörder, sondern mit dem Ermordeten, verbündet. Sie hatte sich vermutlich mit der Bitte um Schutz vor den Übergriffen des Vogts an den Erzbischof gewandt, der gern die Gelegenheit wahrnahm, die Macht des Vogts zu brechen.

Köln hatte seine Augen schon lange auf die geistlichen Territorien an der unteren Ruhr gerichtet, weil sie die Landverbindung zwischen den rheinischen und den westfälischen Besitzungen des Erzbischofs unterbrachen. Auch beanspruchte Engelbert selbst die Vogtei über sämtliche Stifte und Klöster in seiner Diözese. In Soest verhandelte der Erzbischof im November 1225 drei Tage lang mit dem Vogt, dem Sohn eines Vetters von ihm, um eine gütliche Einigung herbeizuführen. Dies mißlang, und auf der Rückreise wurde Engelbert erschlagen.

In Nürnberg feierte der vierzehnjährige deutsche König Heinrich VII. gerade seine Hochzeit mit Margareta von Österreich, als ihn die Kunde vom gewaltsamen Tod des Erzbischofs und Reichsverwesers, seines Erziehers und Vormunds, ereilte. Er hielt sofort Gericht über den Vogt, der in Abwesenheit des

Totschlags für schuldig befunden und geächtet wurde. Als ein Ritter aus Heinrichs Gefolge dagegen Einspruch erhob, weil es sich um Tötung im Handgemenge handle, entstand ein Tumult, bei dem achtundvierzig Menschen von einer einstürzenden Treppe erschlagen wurden. Graf Friedrich von Isenberg, Vogt von Essen, wurde später gefaßt und hingerichtet, seine Burgen dem Erdboden gleichgemacht, seine Besitztümer von den Nachbarherren an sich gerissen. Sein Opfer, Graf Engelbert von Berg, einer der bedeutendsten Männer seiner Zeit, wird in Köln als Heiliger verehrt.

Heinrich VII. setzte für Essen und Werden einen Vogtei-Verweser ein, womit er verhinderte, daß Köln die Oberhoheit über sie gewann. Sechs Jahre später, im Jahre 1231, erließ er im Einvernehmen mit seinem fast ständig in Italien residierenden Vater Friedrich II. das sogenannte *Fürstenprivileg*, das den weltlichen und geistlichen Fürsten die uneingeschränkte Gerichtsbarkeit übertrug und damit auch die Landeshoheit der Reichsabteien Essen und Werden anerkannte. Die Vogtei wurde als Institution zwar beibehalten, der Vogt verlor aber sein wesentlichstes Vorrecht, nämlich die weltliche Gerichtsbarkeit (die ihm in Essen die Äbtissin teilweise allerdings schon vorher entwunden hatte). Die Äbtissin von Essen und der Abt von Werden, kirchlich nur dem Papst unterstellt, waren nun Reichsfürsten und weltlich niemandem als dem König oder Kaiser untertan. Fast 600 Jahre lang gab es zwei deutsche Staaten mit Namen Essen und Werden, 110 Quadratkilometer und 70 Quadratkilometer groß. Sie bedeckten zusammen das Areal, das heute Essen heißt.

Die Reichsmacht schrumpft

Der formell bestätigten Unabhängigkeit konnte sich die Essener Äbtissin zunächst freilich nur dreizehn Jahre lang erfreuen. Denn es kam der Erzbischof von Köln mit seinen Truppen. Er hieß *Konrad von Hochstaden*, amtierte von 1238 bis 1261, half im Zusammenspiel mit dem Papst drei deutschen Gegenkönigen in den Sattel und krönte sie, war der mächtigste Mann in Deutschland und legte den Grundstein zum Kölner Dom, in dem er begraben liegt. Eine Aufgabe wie die Unterwerfung des Stifts Essen erledigte er mit der linken Hand.

1239 wurde Kaiser Friedrich II. von Papst Gregor IX. in Bann erklärt. Die Reichsgewalt in Deutschland schrumpfte noch weiter zusammen. Im gleichen Jahr stellte der Vogt von Werden dem Erzbischof ein Haus zur Stationierung kölnischer Soldaten zur Verfügung. Konrad von Hochstaden verfolgte das von dem ermordeten Erzbischof Engelbert angestrebte Ziel, eine Landverbindung zu den kölnischen Besitzungen in Westfalen herzustellen, mit rücksichtsloser Machtpolitik weiter und dehnte es auf die totale Einverleibung der beiden Ruhrstaaten in den kölnischen Herrschaftsbereich aus.

Im Frühjahr 1244 brach der Erzbischof mit seinen Truppen zum Feldzug gegen Essen und Werden auf. Er zwang die Neu-Isenburg bei Bredeney über der Ruhr, errichtet von den Söhnen des hingerichteten Vogts Friedrich von Isenberg, zur Übergabe und zog in Essen ein. Der Äbtissin stellte er als Vogt und Platzkommandanten einen kölnischen Grafen zur Seite. Im Laufe des Sommers

Konrad von Hochstaden zieht gegen Essen

besetzte er die restlichen Teile Westfalens, die noch nicht in kölnischer Hand gewesen waren.

1245 erklärte Papst Innozenz IV., der Nachfolger Gregors IX., den bereits gebannten Kaiser Friedrich II. für abgesetzt. 1246 wurde mit Hilfe Konrads von Hochstaden der neunzehnjährige Heinrich Raspe, Landgraf von Thüringen, zum Gegenkönig gewählt. Schon 1247 krönte Konrad, unermüdlich in der Zerstörung der restlichen Kaisermacht, den zwanzigjährigen Wilhelm von Holland zum nächsten Gegenkönig. Im gleichen Jahr übernahm der Kölner Erzbischof, als der von ihm eingesetzte kölnische Vogt starb, selbst die Vogtei von Essen. Das Land Essen hatte seine Unabhängigkeit damit praktisch eingebüßt.

1248 trat der Abt von Werden seinen gesamten Grund und Boden mit Ausnahme seiner Wohnung und seines Gartens an den Erzbischof ab. Die Unterwerfung der Ruhrstaaten war besiegelt. Im gleichen Jahr, auf der Höhe seiner Macht, begann Konrad in Köln mit dem Bau eines Doms von so riesigen Dimensionen, daß er nach 200jähriger Bauzeit 400 Jahre lang ein Torso blieb.

Als Aufsichtsbehörde für Essen und Werden setzte Konrad einen kölnischen Drost (eine Art Amtmann oder Landrat) ein, der auf der Neu-Isenburg residierte und Gerichts-, Polizei-, Militär- und Münzgewalt ausübte. Der mächtige Erzbischof von Köln starb 1261, nicht ohne vier Jahre zuvor noch einem dritten deutschen Gegenkönig, Richard von Cornwall, zur Macht verholfen und ihn gekrönt zu haben. Unter Konrads beiden Nachfolgern änderte sich an der Herrschaft Kölns über Essen nichts.

Ein Hoffnungsschimmer für die Äbtissin war die Wahl des Grafen *Rudolf von Habsburg* zum deutschen König im Jahre 1273. Damit endete eine Epoche, die historisch als das Interregnum, in Schillers Ballade über Rudolf I. *(Der Graf von Habsburg)* als »die kaiserlose, die schreckliche Zeit« bezeichnet wird. Die Äbtissin und ihr Kapitel wählten Rudolf 1275 – dem Jahr, in dem das Münster zum zweitenmal ausbrannte – eilends zum Vogt von Essen; der König delegierte jedoch die ihm dadurch zugewachsene Befugnis – auf den Erzbischof von Köln.

Der Erste Äbtissinnenstreit

Dessen Macht wurde erst 1288 in der Schlacht bei Worringen (heute einem Stadtteil Kölns) gebrochen: Die Bürger der Reichsstadt Köln schlugen im Bunde mit dem rheinischen und westfälischen Adel das Heer ihres machtgierigen Erzbischofs entscheidend und erkämpften sich ihre städtische Freiheit.

Graf Eberhard von der Mark, Herr über Hamm und Altena und Erzfeind der Kölner Erzbischöfe, stürmte und schleifte die Neu-Isenburg, den Sitz des kölnischen Drosten.

König Rudolf I. übertrug dem Grafen Eberhard daraufhin die Vogtei über Essen auf Lebenszeit; sie blieb in seiner Familie bis zu deren Aussterben (1495). Der Vertrag von 1290, der die Einzelheiten regelte, gab der Äbtissin die Gerichtsbarkeit, die Polizei-, Militär- und Münzhoheit und damit die Landesherrschaft zurück. Der greisen Äbtissin *Bertha von Arnsberg*, die ein Jahr nach Antritt ihres Amtes den kölnischen Einmarsch erlebt hatte, widerfuhr sechsundvierzig

Jahre später, zwei Jahre vor ihrem Tod, die Genugtuung, sich wieder in ihre alten Rechte eingesetzt zu sehen.

Schon 1291 allerdings holte Köln zu einem neuen Schlag gegen Essen aus: Auf Betreiben des Erzbischofs wurde gegen die noch amtierende Bertha von Arnsberg die Äbtissin *Mathilde von Rennenberg* eingesetzt. Sie residierte in Köln und übte keine tatsächliche Macht aus, erreichte jedoch, daß Berthas 1292 rechtmäßig gewählte Nachfolgerin *Beatrix von Holte* auf ihre Bestätigung durch den Papst siebzehn Jahre warten mußte (der sogenannte *Erste Äbtissinnenstreit*). Erst als in der *Soester Fehde* Cleve 1449 über Köln siegte und Köln durch seinen Verzicht auf Soest das Interesse an einer Landbrücke nach Westfalen verlor, erlosch der kölnische Drang nach Essen.

Ein Ärgernis für das Stift jedoch, das in der kölnischen Zeit seinen Anfang nahm, wirkte weiter, auch als Köln längst ungefährlich geworden war: das Bestreben der Stadt Essen, sich von der Äbtissin unabhängig zu machen. Konrad von Hochstaden hatte der Stadt eine mächtige Starthilfe gegeben.

Kaum war er nämlich in Essen eingerückt, als er die Bewohner der Marktsiedlung sei es ermunterte, sei es zwang, ihr Städtchen mit einer Befestigung zu umgeben. Für ihn wurde es dadurch zu einer kölnischen Feste, für die Einwohner zu einer Burg, wie es sich damals für eine Stadt gehörte, und darüber hinaus zu einer sichtbar umschlossenen Gemeinde, die gegenüber dem Stift damit an Macht gewann.

Essen wird befestigt

In der überlieferten Urkunde von 1244 beruft sich »die Gesamtheit der Dienstmannen und Bürger von Essen« allerdings ausdrücklich auf die Zustimmung der Äbtissin (wie auch des Vogts, der freilich schon ein Kölner war). Der Stadtwall zog sich um ein Areal, das sechsmal so groß war wie die Marktsiedlung des 11. Jahrhunderts – teils weil das Städtchen im 12. Jahrhundert, wie viele seiner Art in Deutschland, einen beträchtlichen Aufschwung genommen hatte und räumlich entsprechend gewachsen war, teils um Platz für künftige Einwohner und wohl auch für kölnische Truppen freizuhalten. Die Stiftsfreiheit lag innerhalb der Stadtbefestigung, jedoch zu ihrem Ostrand und so, daß die östliche Stiftsmauer zugleich einen Teil des Stadtwalls bildete.

Essen hatte nun von Norden nach Süden etwa einen Kilometer, von Westen nach Osten 600 Meter Ausdehnung. Dieses Areal hieß später die *Altstadt*. Sie wurde im Zweiten Weltkrieg fast völlig zerstört, hat aber manche ihrer engen Gassen und manche reizvolle Platzverschachtelung (etwa Markt – Kornmarkt – Flachsmarkt – Kopstadtplatz) bis heute bewahrt – und damit etwas von einer alten, gewachsenen Stadt, deren Atmosphäre sich wohltuend auf die Menschen legt. Ja die Altstadt ist, über alle Umwälzungen des 19. Jahrhunderts hinweg, das Zentrum von Essen geblieben, obwohl eine Verlagerung der geographischen, geschäftlichen oder kulturellen Stadtmitte in stürmisch wachsenden Großstädten sehr häufig ist (am bekanntesten die »West-Wanderung« in Berlin, die lange vor dem Ersten Weltkrieg einsetzte).

Dem städtischen Recht unterstand nicht nur das umwallte Gebiet von knapp einem halben Quadratkilometer, sondern auch das umliegende Ackerland im

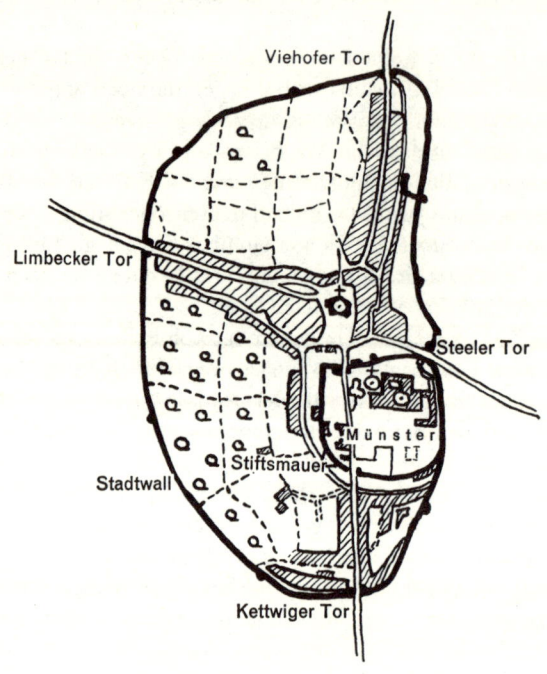

Grundriß Essens nach der Befestigung von 1244

Umkreis von 1,1 Kilometern um die Marktkirche, das sogenannte Weichbild, rund 3,8 Quadratkilometer groß. (Es wurde im Laufe der Jahrhunderte auf 8,8 Quadratkilometer erweitert, jene bescheidene Größe, auf die das amtliche Essen bis 1897 beschränkt blieb.) Etwa ein Drittel der Bürger besaß Acker- oder Gartenland vor den Toren, das meist kleiner als zehn Morgen war und vor allem der Selbstversorgung mit Milchprodukten und Gemüse diente.

Die Stadtbefestigung scheint anfänglich aus hölzernen Palisaden bestanden zu haben, wie sie vielleicht die kleine Marktsiedlung des 11. Jahrhunderts schon einmal umschlossen. Ihren Verteidigungswert bezogen die Palisaden vor allem aus der Hügellage des Städtchens und den rundum fließenden Bächen, die der Stadt zu teilweise Steilufer hatten und nun zu einem Stadtgraben verbunden wurden.

Der Stadtwall war von vier Toren durchbrochen: im Westen vom Limbecker, im Norden vom Viehofer, im Osten vom Steeler und im Süden vom Kettwiger Tor. Die Tore waren die Mündungen der vier Hauptstraßen, die sich auf dem Marktplatz kreuzten und das Stadtinnere in vier Quartiere einteilten, zwei große, aber zunächst nur teilweise bebaute im Westen und zwei schmale, aber dichtbesiedelte im Osten. Die Stadtviertel wurden *Bauerschaften* genannt. An ihrer Spitze stand der Bauermeister, der für Ordnung und Reinlichkeit zu sorgen und bei Geburten, Hochzeiten und Todesfällen die Stadt zu vertreten hatte. Die vier alten Tore spiegeln sich noch heute in vier Essener Straßennamen wider.

Ein weiteres Tor, im Volksmund schnöde *arslock* genannt, wurde auf Kosten der Bürger eigens für die Dienstmannen der Äbtissin, die außerhalb der Stiftsfreiheit wohnten, errichtet, um ihnen einen kurzen Zugang zum Stift zu ermöglichen. Wie überhaupt die Urkunde von 1244 anschaulich die damaligen Standesunterschiede schildert. Von ihrem lateinischen Original ist nur der Anfangssatz erhalten: »Nos universitas ministerialium et civium Asnidensium...« Das Stadtarchiv besitzt jedoch eine plattdeutsche Version aus dem 15. Jahrhundert, die in Übersetzung folgendermaßen lautet:

»Wir, die Gesamtheit der Dienstmannen und der Bürger zu Essinde, bezeugen und tun kund allen Leuten, daß wir, angesichts des Status dieses Landes, mit Zustimmung unserer Frau Berta, der Äbtissin, und ihres Konvents und der Dienstmannen und Bürger, vermittels des guten Willens des Vogtes, eins geworden sind, daß die Stadt Essinde soll befestigt werden, zu Ehren der heiligen Jungfrau Maria und der heiligen Märtyrer Kosmas und Damian, zum Nutzen der Äbtissin und des Konvents, vorbehaltlich der Rechte der Dienstmannen und Bürger, in dieser Weise, daß ein jeglicher Dienstmann möge in der Stadt eine Wohnung haben frei von allen Abgaben, solange er selbst oder sein Gesinde darin wohnen.

Dienstmannen und Bürger

Und die Bürger sollen auf ihre Kosten den Dienstmannen eine Pforte bauen, nicht schlechter als die anderen Pforten, zum Nutzen der Kirche und der Dienstmannen, zwischen unserer Frau der Äbtissin Teich und der Mühle vom hohlen Stein, davon die Dienstmannen die Schlüssel haben sollen, da ein- und auszugehen nach ihrem Willen.

Und wenn die Bürger oder Dienstmannen von ihren Feinden geschädigt würden, diesen Schaden ist die eine Partei der anderen nicht zu beheben schuldig, doch sonst soll einer dem anderen Rat, Hilfe und Gunst beweisen. Fortmehr, falls Zwietracht wegen einiger Sachen zwischen uns entstünde, die sollen die zwölf Geschworenen der Stadt mit kluger Überlegung schlichten, so ihnen nützlich dünkt, und welche Partei der Satzung der Geschworenen ungehorsam wäre, der Partei soll die Gesamtheit in dem Punkte entgegen sein. Und diese Geschworenen sollen sein sechs Dienstmannen und sechs Bürger.

Und falls jemand durch den Graben an seinem Land geschädigt würde, so sollen dieselben Dienstmannen angemessene Entschädigung bewilligen für die, die den Schaden gehabt haben. Ferner, niemand von den Dienstmannen hörigen Leuten soll daran arbeiten ohne seines Herrn Willen...

Und die vorgenannte Festung sollen die Bürger machen auf ihre Kosten und auch die Nachtwache und Hut, also daß die Äbtissin, der Konvent und die Dienstmannen dessen ledig und frei sind. Doch sollen die Dienstmannen gestatten ihren hörigen Leuten, mit dem gemeinen Volk an diesem vorgeschriebenen Werk zu arbeiten, doch so, daß der Dienstmannen Güter und Leute ohne weitere Beschwerung bleiben sollen, wie sie es bis hierhin gewesen sind. Auch die Bürger sollen ihr Recht genießen, daß sie bis auf diese Zeit gehabt haben.

Und auf daß dieser Abmachung, die wir einträchtig zu bewahren und zu halten vorgenommen haben, niemand von uns böslich entgegen sein möge, haben wir diese Urkunde schreiben lassen und mit Anhängung des Siegels unserer Stadt bekräftigt. Auch haben wir dazugetan, daß niemand von den Dienstmannen soll von der Stadt abgestoßen oder daraus vertrieben werden um irgendwelcher Art Schuld, solange er bereit ist, sich vor der Äbtissin gegen die zu rechtfertigen, die über ihn klagen.«

Anfänge der Selbstverwaltung

Es gab also in der Stadt vier Klassen. Als oberste die *Dienstmannen* der Äbtissin, auch Ministerialen genannt: Herren, die ein Gut als Lehen bekamen und den bewaffneten Schutz des Stifts besorgten. Viele von ihnen wurden in den Ritterstand erhoben. In der Stadt wohnten sie kostenlos, brauchten sich weder am Bau der Mauer noch am Wachdienst zu beteiligen, führten aber zusammen mit den Bürgern die Aufsicht, indem sie von den zwölf Geschworenen sechs stellten.

Der zweite Stand war der der *Bürger*, das heißt im wesentlichen der Kaufleute und der Handwerker, soweit die letzteren nicht stiftshörig waren. Die beiden unteren Klassen wurden von dem *gemeinen Volk* (den Knechten, Mägden und Gesellen der Bürger) und von den *Stiftshörigen* (Handwerkern und dem Gesinde der Dienstmannen) gebildet.

Die Bürger werden in der Urkunde zwar erst an zweiter Stelle genannt, durften es aber wohl als einen Fortschritt werten, daß sie in der Zahl der Geschworenen (im übrigen Deutschland damals meist »Ratmannen« genannt) schon gleichberechtigt neben den Rittern standen. Die Rolle der Dienstmannen verringerte sich überdies allmählich: Teils zogen sie sich auf ihre Güter zurück, teils verbanden sie sich durch Heirat mit dem Kaufmannsstand oder nahmen selbst einen Handel auf, während gleichzeitig Kaufherren zu Dienstmannen der Äbtissin aufrückten und die Reichen unter ihnen sich in jedem Fall als Patrizier fühlten, als die eigentliche Oberschicht.

Die zwölf Geschworenen, von denen die Urkunde von 1244 spricht, waren die Gerichts- und Verwaltungsbehörde der Marktsiedlung. Einer solchen bedurfte es nun in der Tat, weil die neue Funktion als kölnische Festung der Stadt eine Reihe strenger Pflichten auferlegte: Wall und Graben mußten gebaut, unterhalten und ständig bewacht werden, Vorräte an Lebensmitteln und Waffen waren anzulegen und zu überwachen, und zu diesem Zweck wurden eine Art städtischen Verpflegungsamts sowie ein Schmiedeamt eingerichtet.

Werdens Kampf mit dem Abt

Während die Bürger von Essen der Urkunde von 1244 zufolge die Oberhoheit der Äbtissin ausdrücklich anerkannten und Kosmas und Damian, die Schutzpatrone des Stifts, im Stadtsiegel führten, benutzte die noch kleinere Marktsiedlung *Werden* zwölf Jahre später die verworrene politische Lage, um sich der Herrschaft des Abts ganz zu entziehen. Hier war der Abt der Parteigänger des Kölner Erzbischofs und der Vogt, Graf Otto von der Mark, sein erbitterter Gegner. Obwohl eigentlich zum Schirmherr der Abtei bestellt, bestätigte der Vogt den Bürgern, daß sie frei und vom Abt unabhängig seien und bei der

Verteidigung ihrer Freiheit auf seine, des Vogts, Hilfe rechnen könnten. Zur Verwaltung setzte der Vogt acht Bürger als Richter und Schöffen ein. 1317 gelang es dem Abt jedoch, mit dem Vogt einen Vertrag abzuschließen, der ihn wieder in seine Rechte als Landesherr einsetzte. Der Vertrag sah ferner die Errichtung einer Stadtbefestigung vor, die aus einer Ringmauer mit Graben bestand.

Essen hatte durch die kölnischen Wirren weniger Unabhängigkeit von der Äbtissin gewonnen als Werden vom Abt und konnte daher auch weniger verlieren, als die Äbtissin 1290 von König Rudolf I. ihre landesherrlichen Rechte zurückerhielt. Die Stadt huldigte dem Vogt des Königs und der Äbtissin des Stifts, die den Schulten vom Viehhof zum Stadtschultheiß bestellte.

Freilich, ganz in die alte Rolle eines bloßen Stiftsanhängsels fiel die Marktsiedlung nicht zurück. Sie hatte sich erheblich vergrößert und mit einer Befestigung umgeben, sie zählte reiche Kaufherren zu ihren Bürgern, sie war eine *Stadt*. Bald rang sie sogar darum, eine Reichsstadt zu werden, aber ganz wurde sie es nie. Zwietracht und Zwist standen zwischen Stift und Stadt und hinderten beide ein halbes Jahrtausend lang, sich frei zu entfalten – bis schließlich Napoleon und Preußen dem Stift den Garaus machten und Männer wie Dinnendahl und Krupp die Stadt, die auf Kohlen stand, ins Industriezeitalter stießen.

II
Der vierhundertjährige Krieg

1. Kapitel
Die unfreie Reichsstadt

Am 18. März 1336 – in Deutschland regierte Kaiser Ludwig der Bayer, in Florenz lebte Boccaccio, vom Gangestal aus kroch die Große Pest auf Europa zu, der bis 1350 mehr als ein Drittel aller Europäer zum Opfer fallen sollte – stellten die Ratmannen der Stadt Essen eine Urkunde aus, die den von der Äbtissin eingesetzten Stadtschultheiß nicht mehr erwähnte, obwohl er bis dahin den Vorsitz im Stadtrat innehatte. An die Spitze der Stadtverwaltung traten zwei von den Ratsherren gewählte Bürgermeister.

Die Stadt hatte es gewagt, sich selbst zu verwalten und sich von einem Instrument der Bevormundung durch die Äbtissin frei zu machen. Die Huldigung an die 1327 gewählte Äbtissin *Kunigunde von Berg* hatte die Stadt bereits stillschweigend unterlassen. In beidem drückte sich nicht nur die steigende Macht der Stadt, sondern auch das sinkende Ansehen des Stifts aus, dessen Äbtissinnen längst nicht mehr aus dem Kaiserhause, sondern aus der Verwandtschaft der umliegenden Landesfürsten stammten und deren Hausmachtpolitik dienen sollten.

Kurz nach diesem selbstherrlichen Akt beschloß die Stadt, ihre Palisaden von 1244 durch eine feste Mauer mit vier Toren und mehreren Türmen zu ersetzen, worüber eine Kostenabrechnung in lateinischer Sprache aus dem Jahre 1347 vorliegt. Eine Mauer zu haben – das war ja bis ins 19. Jahrhundert das entscheidende Abzeichen der Stadt. Unter großen Opfern an Geld und Dienstleistungen brachten die Bürger sie zustande. Mit Tausenden von Karrenladungen wurden die Steine, der Sand, der Kalk herangefahren. Die Maurer und Steinmetzen mußten immer wieder durch Zulagen und Belohnungen für die Arbeit gewonnen werden, und am blauen Montag bekamen sie obendrein Geld zum Vertrinken.

Stadtmauer und Landwehr

Wie schon zur Zeit der Palisaden war jeder Einwohner zum Wachdienst an der Mauer verpflichtet; nur die angesehensten Bürger konnten davon befreit werden. Die Wohlhabenden hatten statt dessen Pferd und Harnisch für Roß und Reiter bereitzuhalten. Die Torwachen waren mit Armbrusten ausgerüstet. Für jedes der vier Stadttore wurde ferner schon 1371 eines jener groben, frühen Pulvergewehre beschafft, die man *Donnerbüchsen* nannte.

Außer der neuen Stadtmauer hatte die Bürgerschaft auch die sogenannte *Landwehr* zu bewachen, einen Wall mit einer Dornenhecke und schlagbaumbewehrten Durchlässen für Mensch und Vieh, der in einem langen Oval den überwiegenden Teil des geistlichen Fürstentums Essen einhegte. Münster und Abtei waren also durch vier Mauern und Wälle von der Außenwelt abgeschirmt: die Landwehr, die Stadtmauer, die Mauer um die Stiftsfreiheit innerhalb der Stadtmauer und die Mauer um das Klaustrum innerhalb der Stiftsfreiheit (vgl. Seite 17f.). Die Stadt Essen wurde von der stiftischen Landwehr umschlossen, schloß aber ihrerseits mit der Stadtmauer den unmittelbaren Hoheitsbereich der Äbtissin ein – eine Verschachtelung der Territorien auf engstem Raum, die allein schon den Kampf der Äbtissin um die Wahrung ihrer Position verständlich macht. Auch politisch und wirtschaftlich wäre das Stiftsland ohne seinen Kern, die Stadt, bedeutungslos geworden.

Karl IV. stiftet Verwirrung

Dreißig Jahre nach dem Bau der Mauer – deren letzter Turm 1865 fiel – gelang der weltlichen Siedlung Essen ein weiterer Sprung nach vorn. Am 24. November 1377 bestätigte Kaiser Karl IV. (Regierungszeit 1346 bis 1378), der auf der Durchreise von Dortmund nach Frankreich Gast der Äbtissin war, er habe aus den ihm vorgelegten Briefen seiner Vorgänger die Erkenntnis gewonnen, daß die Stadt Essen von alters her unmittelbar dem Reich unterstehe. »Nicht unbedachtsam und irrtümlich, sondern mit voller Überlegung, aus sicherer Kenntnis und kaiserlicher Machtvollkommenheit« bestätigt er der Stadt daher ihre Privilegien. Wer die Stadt in der Ausübung ihrer Rechte beeinträchtige, werde sich schwere kaiserliche Ungnade zuziehen. Die benachbarten Landesherren wurden ausdrücklich aufgefordert, die Stadt gegen jeden Angriff auf ihre Reichsunmittelbarkeit zu verteidigen.

Das war ein merkwürdiger und in sich widerspruchsvoller Vorgang. Denn unstreitig war Essen *nicht* von alters her eine Reichsstadt – keine jener Städte also, die es wie Nürnberg, Lübeck, Köln oder Dortmund verstanden hatten, sich als eine Zwergrepublik aus dem Territorium des Landesherrn herauszuheben und als *Reichsstand* gleichberechtigt neben den Kurfürsten und Herzögen zu stehen, niemandem als dem Oberhaupt des Reiches untertan (eine Sonderstellung, wie sie noch heute Hamburg und Bremen genießen). Die Stadt kann keine andere Urkunde vorgelegt haben als die von 1290, in der König Rudolf I. zwar die Huldigung Essens an seinen Vogt würdigte, im übrigen aber die Äbtissin ausdrücklich wieder in ihre Rechte als Landesherrin, also auch als Herrin über die Stadt Essen einsetzte (vgl. Seite 42). Wollte der Kaiser einen früheren Zustand bestätigen, so konnte es sich also nicht um die Reichsunmittelbarkeit handeln; wollte er diese aber der Stadt nunmehr verleihen, so durfte er sich gerade nicht auf frühere Urkunden berufen.

Der Fall wird noch seltsamer dadurch, daß derselbe Karl IV. seiner Gastgeberin, der Äbtissin *Elisabeth von Nassau,* gerade fünf Jahre zuvor auf deren Drängen hin bescheinigt hatte, sie sei Landesherrin mit Gerichts- und Münzhoheit auch über die Stadt Essen; ein Bürger, der die Äbtissin in der Ausübung ihrer Rechte beeinträchtige, könne mit einer Geldstrafe von 100 Mark Feingold belegt werden. Zur Begründung wurde dieselbe Urkunde Rudolfs I. herangezogen, aus der die Stadt Essen mit dem Einverständnis desselben Kaisers das Gegenteil, nämlich ihre Selbständigkeit, herauslas. Ein so krasser Widerspruch – »nicht unbedachtsam und irrtümlich, sondern mit voller Überlegung« – kann wohl keiner Seite verborgen geblieben sein.

Die Stadt konnte sich bei dieser Sachlage kaum einbilden, nun wirklich als Freie Reichsstadt anerkannt zu sein. Aber sie war wohl damit zufrieden, durch die Bestätigung, die sie 1377 vom Kaiser erhielt, den Vorteil wieder durchkreuzt zu haben, den die Äbtissin ihrerseits 1372 durch die gegenteilige Bestätigung Karls IV. erlangt hatte. Denn Elisabeth von Nassau stützte auf ihren Erfolg von 1372 die Forderung, daß die Stadt wieder der Äbtissin huldige, was seit 1327 unterblieben war. Dieses Ansinnen führte zu Empörung und Unruhen in der Bürgerschaft. Als sich nun der Kaiser in Essen aufhielt, wurde er von den Bürgern bedrängt, ihnen eine Urkunde auszustellen, die der Stadt lediglich die Möglichkeit geben sollte, die Huldigung auch in Zukunft zu unterlassen.

Karl IV. seinerseits, der ein guter Rechner war – er hatte 1349 den Gegenkönig Günther von Schwarzburg durch Geld zum Verzicht bewogen und verkaufte in Italien mehrfach den Titel »Reichsvikar« (soviel wie Reichsverweser) –, Karl IV. also hatte keine Bedenken, der Stadt Essen »aus sicherer Kenntnis« und gegen teure Bezahlung ihre Reichsunmittelbarkeit zu bestätigen.

Sein Sohn und Nachfolger, König Wenzel (Regierungszeit 1378 bis 1400), verfuhr noch einmal ebenso. 1379 bescheinigte er den Essener Bürgern auf deren Wunsch und gegen hohe Gebühr in einem Brief aus Prag: »Auf Grund von mancherlei Privilegien, die unsere Vorgänger dem Bürgermeister, den Ratsherren und der Gesamtheit der Bürger der Stadt Essen verliehen haben, erkennen wir an, daß die Bürger und die Stadt unmittelbar dem Heiligen Römischen Reich untertan sind.« 1380, neun Monate später, bestätigte derselbe König der Äbtissin ihre Landesherrschaft über die Stadt.

1398, als Wenzel sich im Rheinland aufhielt, scheint die Äbtissin – noch immer Elisabeth von Nassau – eine Klage gegen die Stadt wegen Erschleichung von Privilegien angestrengt zu haben. Was aus der Klage geworden ist, wissen wir nicht; für die Stadt dürfte sie jedoch ein Grund gewesen sein, im Februar 1399 mit der Äbtissin einen Vergleich abzuschließen, den sogenannten *Scheidbrief*. Darin erkannte die Stadt die Äbtissin als Landes- und Gerichtsherrin an, während die Fürstäbtissin sich nunmehr förmlich bereit erklärte, auf einen Huldigungsakt der Stadt zu verzichten, der diese Anerkennung manifestiert hätte. Im Entwurf des Vertrags ersetzte Elisabeth von Nassau – sie amtierte 42 Jahre lang, von 1370 bis 1412 – die Worte »Bürgermeister und Rat von Essen« durch die Formulierung »Der Rat der Stadt Essen«, weil sie nicht wahrhaben wollte, daß die Bürger seit 1336 ihren eigenen Meister wählten.

Die schriftliche Fixierung einer so geringen Selbständigkeit wurde der Stadt durch kleine wirtschaftliche Zugeständnisse schmackhaft gemacht. So erhielt sie die bis dahin dem Stift vorbehaltene Befugnis, Schankkonzessionen zu erteilen; die dafür vom Magistrat erhobene Gebühr – die Wein-Akzise – wurde eine

Der Kompromiß von 1399

wichtige städtische Einnahmequelle, ja das Rückgrat der Stadtfinanzen. Mehrere Stiftsdamen und Kanoniker hatten in der »Burg« einen Weinausschank aus eigenen Weingütern betrieben, ein Recht, das ihnen auch für die Zukunft verbrieft wurde. Das Stift verminderte ferner seinen Einfluß auf den Lebensmittelmarkt, den die Äbtissin dadurch kontrolliert hatte, daß die Mühlen von ihr als Lehen vergeben wurden; nun belehnte sie einen in der Stadt lebenden Dienstmann mit der »Mühlengerechtigkeit«. 1375 hatten die erbosten Bürger eine abteiliche Mühle Stein für Stein abgetragen. Das war nun überflüssig.

Daß der Einfluß der Äbtissin auch seine Vorteile hatte, erfuhr die Stadt vier Monate nach der Unterzeichnung des Scheidbriefs, im Juni 1399: Papst Bonifatius IX. verlieh dem Essener Münster ein Ablaßprivilegium, wonach jeder, der am Sonntag, Montag oder Dienstag nach Mariä Himmelfahrt in der Kirche seine Beichte ablegte, den gleichen Ablaß erhielt wie die Besucher der Markuskirche in Venedig am Fest der Himmelfahrt Christi. Dem Jahrmarkt, der seit dem 14. oder 15. Jahrhundert mit dem Fest Mariä Himmelfahrt verbunden war, strömten auf diese Weise von weit her viele zusätzliche Kunden zu.

Die Stellung der Äbtissin wiederum wurde dadurch geschwächt, daß die Grafschaften Mark und Cleve, östlich und westlich von Essen, nach dem Tod des letzten Grafen von Cleve im Jahre 1368 zusammenwuchsen, so daß die geistlichen Fürstentümer Essen und Werden nun von einem ungleich mächtigeren weltlichen Territorium umschlossen waren und ihren bis ins 11. Jahrhundert spürbaren politischen Einfluß vollends einbüßten.

Der Zweite Äbtissinnenstreit

1426 kam es überdies zum *Zweiten Äbtissinnenstreit:* Die elf Stiftsgeistlichen (Kanoniker) wählten eine andere Äbtissin als die Stiftsdamen, deren Zahl inzwischen auf zehn zusammengeschrumpft war. (1459 gab es sogar nur noch sieben Stiftsdamen gegenüber sechzehn Klerikern.) Unter den Kanonikern befanden sich bereits mehrere Söhne wohlhabender Essener Bürger. Nach achtjähriger Fehde, bei der es außerhalb der Stadtmauern zu zahlreichen blutigen Überfällen der Parteigänger aufeinander und innerhalb zu einer gewaltsamen Besetzung der Abtei mit Hilfe von Essener Bürgern gekommen war, setzte sich schließlich die von den Stiftsdamen gewählte Äbtissin durch.

1469 gelang es der Stadt, nach Kaiser Karl IV. und König Wenzel auch Kaiser Friedrich III. (Regierungszeit 1440 bis 1493) zur Bestätigung ihrer Reichsunmittelbarkeit zu bewegen. Nach bewährtem Muster bescheinigte der Kaiser drei Jahre später der Äbtissin ebenfalls ihre Privilegien, mit dem Unterschied allerdings, daß von der Stadt Essen darin nicht die Rede war. Als Friedrich III. im Jahre 1475 mit seinem Heer am Rhein stand, eilte die resolute *Sophia von Gleichen* – dieselbe, die den Stiftsdamen von Stoppenberg wieder den Schleier aufzwingen wollte (vgl. Seite 29) – ins kaiserliche Lager und bat um eine Bestätigung ihrer Landeshoheit über die Stadt, »aus Anlaß der Verletzung der Stiftsprivilegien durch Menschen, die sich dabei auf vermeintlich von Kaiser und Reich erworbene Freiheiten stützen«. Was Sophia erlangte, war jedoch nur das Recht, im ganzen Stift Essen einen Wegzoll für Pferde, Kühe und Ochsen zu erheben.

Zweimal nun widerfuhr der Stadt wenigstens die Genugtuung, vom Kaiser wirklich als Reichsstadt behandelt zu werden: 1488 erhielt sie direkt von der kaiserlichen Kanzlei die Ladung, Friedrich III. 32 Gulden zur Finanzierung seines Feldzugs gegen Flandern zu überbringen, und kurz darauf wurde die Stadt zum Reichstag nach Frankfurt eingeladen. Die unmittelbare Beteiligung am Reichsaufgebot von 1488 war für die Stadt Essen die erste über ein Papier hinausgehende Bestätigung ihrer Unabhängigkeit von der Fürstäbtissin und daher ein von der Stadt später noch oft zitiertes Beweismittel. 1493 schickte der Magistrat der Äbtissin einen Brief zurück, weil er »an den Rat *Unserer* Stadt Essen« adressiert war, während es doch »an den Rat *der* Stadt Essen« heißen müsse.

Zu den bis dahin schwersten Unruhen im Stift kam es 1489 mit dem *Dritten Äbtissinnenstreit,* der Mord, Raub und Brand über Essen brachte. Die Mehrzahl der Stiftsdamen wählte *Irmgard von Diepholz,* eine Minderheit zusammen mit den zahlenmäßig überlegenen Kanonikern *Meina von Oberstein* zur Äbtissin, die Schwester eines späteren Erzbischofs von Köln. Meina, die in Borbeck residierte, erhielt bald die Bestätigung durch Kaiser und Papst, Irmgard focht die

Der Dritte Äbtissinnenstreit

Politische Gliederung des heutigen Ruhrgebiets im 15. Jahrhundert

Wahl an und setzte sich mit Gewalt in den Besitz der Abteigebäude und des Münsters. Der Essener Stadtrat verhielt sich neutral, sympathisierte jedoch ebenso wie die Mehrzahl der Bürger mit Irmgard. Die von Kaiser und Papst bestätigte Meina war unbeliebt, weil ihre Wähler, die Kanoniker, als hochmütig galten und einige von ihnen durch eine weltliche und sündhafte Lebensführung – mit Pomp und Weibern – Anstoß erregten.

1491 brachen, wie es im Essener Stadtschreiberbuch heißt, »Aufruhr und unredliche schnöde Händel« aus. Der Erzbischof von Köln verhängte das *Interdikt* über Essen, das heißt das Verbot, Gottesdienste abzuhalten; die Anwendung dieses geistlichen Zuchtmittels zu machtpolitischen Zwecken verstärkte den Haß der Bürger auf Meina und die Kölnischen. Die Anhänger Irmgards, der von der Mehrheit der Stiftsdamen gewählten Äbtissin, zogen unter dem Läuten der Münsterglocken auf den Marktplatz und wiegelten das Volk gegen Meina und ihren Parteigänger auf, den Dechanten Arnold Platte. Dieser war im Auftrag des Kölner Erzbischofs nach Essen gekommen, um die Unruhen beizulegen, wurde vom Volksmund aber als »Straßenschänder und Mordbrenner« gekennzeichnet.

Der Ratmann Johann Schriver schrie: »Wir wollen sie heute nacht heimsuchen, die Herren, die zur Frau Äbtissin (Meina) halten, bis wir im Blute waten. Wer ein guter Bürger ist, der folge mir!« Im Haus des Kölner Abgesandten und dem eines besonders verhaßten Kanonikers wurden Türen und Fenster eingeschlagen – und dann wurde geplündert. Zur Beruhigung der Gemüter ließ eine Tante Irmgard ein großes Faß Bier anfahren, an dem sich das Volk bis drei Uhr morgens auf offener Straße labte.

1493 – Kolumbus war gerade zum zweitenmal nach Amerika unterwegs – stürmte und plünderte ein mit Irmgard verwandter Graf die Residenz der abwesenden Äbtissin Meina, Borbeck. In Essen wütete die Pest. Viele Bürger flohen, Gesindel sammelte sich in der Stadt.

Schließlich rief Meina, die Äbtissin der Kanoniker, den Vogt des Stifts um Hilfe an, Herzog Johann II. von Cleve, bei den Zeitgenossen berühmt wegen seiner dreiundsechzig unehelichen Kinder. Obwohl als Vogt ohnehin zum Schutz des Stifts verpflichtet, gelang es ihm, für seine Hilfe eine teure Bezahlung einzuhandeln: 1495 ernannten Meina und ihr Stiftskapitel Johann und seine Nachkommen zum Erbvogt über Essen. Das Stift und die Stadt (die dem Vertrag beitrat) gewährten dem Herzog das sogenannte Öffnungsrecht, das heißt die Vollmacht, Essen im Kriegsfall als Heerlager zu benutzen; nur mit Mühe konnten sie die noch weitergehende Forderung zurückweisen, eine ständige clevische Besatzung nach Essen zu legen.

Der Vertrag selbst kam allerdings unter dem Druck einer Besatzung zustande: »Anno 1495 ist das Gold verdunkelt und die herrliche Farbe verwandelt«, heißt es in der Stadtchronik; »das Silber ist zu Schlacke geworden. In diesem Jahre ist der Vertrag mit dem Herrn Herzog Johann von Cleve geschlossen worden, auf Druck des Herzogs und eher aus Furcht als aus freiem Willen. Er hatte etwa 400 Reiter und 300 Soldaten zu Fuß in der Stadt, die ließ er bei Paukenschall sich waffnen.«

Der Dritte Äbtissinnenstreit selbst endete erst 1504: Irmgard, die Erwählte der Stiftsdamen, verzichtete auf ihre Ansprüche, wofür ihr Meina einen Teil der Einkünfte zugestand.

Militärisch hatte das Land Essen durch den Vertrag mit Cleve seine Selbständigkeit eingebüßt, auch seine politische Bewegungsfreiheit war auf ein Minimum zusammengeschrumpft. In Deutschland galt das Stift praktisch als ein Bestandteil der clevischen Mark. Die Mark und damit die Vogtei fielen 1609 an Brandenburg. Verwaltung sowie Gerichts- und Münzhoheit blieben jedoch bei der Fürstäbtissin; an ihrer staatsrechtlichen Stellung als einer Landesfürstin änderte sich nichts. Die Stadt verlor im übrigen weniger als das Stift: Im Vertrag von 1495 wurde die Hoheit über die Stadt nicht unter den Rechten der Äbtissin aufgeführt. Der Streit konnte weitergehen.

Unter clevischem Druck

Schon 1496 buchte die Stadt einen weiteren Pluspunkt: Kaiser Maximilian I. (Regierungszeit 1493 bis 1519) stellte beim Reichskammergericht klar, der Vogteivertrag von 1495 ändere nichts daran, daß »sein Stift« und »seine Stadt« Essen der Kaiserlichen Majestät unmittelbar unterworfen seien. So nahm das Durcheinander seinen Fortgang.

»Für zwei Reichsunmittelbarkeiten«, schreibt Robert Jahn, »reichten die bescheidenen Kräfte des kleinen Landes wahrhaftig nicht hin, und ebensowenig besaß das Bürgertum des Städtchens Essen Schwergewicht genug, um seinerseits die Führung des Landes übernehmen zu können ... War schon der Zwergstaat Essen ein Zustand, den die Entwicklung der benachbarten größeren Territorien in eine Sackgasse geführt hatte, so daß er nicht einmal mehr der Anfeindung für wert gehalten wurde, so wäre ein freier Reichsstand des Städtchens Essen innerhalb dieses Zwergstaats erst recht sinnlos gewesen.«

Sinnlos vielleicht – erreichbar trotzdem. Das zeigte, wenigstens einige Jahrzehnte lang, die Reformation.

2. *Kapitel*
Der schwarze Bernstein

Abseits der Politik bereiteten sich in Essen und Werden inzwischen große Dinge im kleinen vor.

Aus dem Jahre 1317 ist zum erstenmal bezeugt, daß man in Essen *Kohle* verwendete: In einer neu errichteten Herberge für Bettelmönche sollten die Brüder »den Winkel vor der Mägdekammer zum Ablegen von Holz und Kohlen haben«. Kohle – das war etwas für die Armen. Mit ihrer Förderung konnte man nicht reich werden; es war mühsam, sie zu entzünden, es stank nach Schwefel, wenn sie endlich brannte; in England wurde ihre Verwendung im 12. Jahrhundert verboten, weil sie die Luft verpestete.

Auch das demgemäß spärliche Interesse an der Kohle war erst spät erwacht. Bergbau gibt es zwar schon seit fünf Jahrtausenden, aber in der Antike galt er nur den Edelerzen: Kupfer, Zinn, Silber, Gold. Kohle war wohl seit dem Altertum bekannt, aber nur in der Form der *Holzkohle,* die mit dem Aufkommen des Eisens eine wichtige Rolle übernahm: Sie war über ein Jahrtausend lang der einzige bekannte Brennstoff, der die für das Schmelzen und das Schmieden des Eisens nötige Hitze lieferte. Zum Heizen wurde in Deutschland im Mittelalter außer Holz nur das früheste Produkt der Verkohlung – Torf – verwendet.

Steinkohle als Brennmaterial scheint, von ungewissen Nachrichten aus dem alten China abgesehen, erstmals im 9. Jahrhundert in England gebraucht worden zu sein. In Mitteleuropa ist die erste Benutzung 1113 durch das Kloster Klosterrode bei Kerkrade in der holländischen Provinz Limburg nachweisbar. Wann in den Ländern Essen und Werden zum erstenmal ein Bauer einen Brocken aus jenen fettigen schwarzen Gesteinsadern brach, die einigen von ihnen das Pflügen erschwerten, wann er entdeckte, daß der Brocken brennbar war und daß es sich lohnen könnte, mehr davon ins Haus zu holen – das ist nicht überliefert. 1317 war die Kohle jedenfalls bereits als Heizmaterial für die Armen eingeführt – es mußte also eine Art Bergbau geben.

Bergbau: Der Begriff besagt ganz wörtlich, daß bis in die Neuzeit lediglich Berge die Chance boten, in ihnen Erz oder Kohle zu finden, weil meist nur die Gesteinsabbrüche von Gebirgsauffaltungen eine Ader zutage treten lassen; er bedeutet ferner, daß auch allein der Berg mit seiner natürlichen Entwässerung zum Tal dem Bergmann den Kampf mit dem Grundwasser ersparte, der in der

Frühzeit der Industrialisierung zu den größten Problemen des Bergbaus gehörte.

Auch im Essener Raum trat das rund 3000 Meter dicke kohleführende Gebirge, über dem sich die heutige Stadt erhebt, nur dort ans Tageslicht, wo das Gelände hügelig war: an den Ruhrhängen. Von dort aus senkt sich das Gebirge, dessen Kohleschichten insgesamt etwa 80 Meter dick sind, mit einer Neigung von 1,5 bis 2 Grad ständig nach Norden ab, so daß es an der Emscher schließlich unter einer bis zu 700 Meter dicken Mergelschicht begraben ist. Sättel und Mulden, die von Südwesten nach Nordosten verlaufen, durchbrechen das sonst regelmäßige Gefälle. Oft begünstigten sie den Bergbau, oft narrten sie den Bergmann.

Eigentümer der Kohle war keineswegs der, auf oder unter dessen Grund und Boden sie gefunden wurde. Vielmehr beanspruchte etwa seit dem 11. Jahrhundert der Kaiser oder König das *Bergregal,* das heißt sein Anrecht auf alle Bodenschätze. Friedrich I. (Barbarossa) kodifizierte dieses neue kaiserliche Hoheitsrecht 1158 (also vor dem Anbruch der Kohlenzeit in Deutschland) in den sogenannten Ronkalischen Beschlüssen (*Constitutio de regalibus,* ausgearbeitet auf den Ronkalischen Feldern, einem deutschen Heerlager am Po). *Bergregal und Bergzehnt*

Vom 13. Jahrhundert an übertrug das Reich das Bergregal auf die Landesherren. Die Äbtissin von Essen wurde 1349 von Kaiser Karl IV. mit diesem Hoheitsrecht beliehen. Das bedeutete, daß der Finder von Kohle bei der Äbtissin erst die Erlaubnis beantragen mußte, sie zu fördern. Er erhielt sie, wenn er sich verpflichtete, den sogenannten *Bergzehnt,* also den zehnten Teil der geförderten Menge, an die Äbtissin abzuführen.

So wurde also spätestens im 14. Jahrhundert im heutigen Essener Raum mit dem Abbau von Kohle begonnen (erste Erwähnung in Werden: 1397) – einem übelriechenden, aber billigen Heizmaterial für die Armen. Der Abbau war zunächst meist ein Nebenerwerb für die Landbevölkerung: Einige Männer, selten mehr als zehn, gruben dort, wo die Kohle zutage trat, einen senkrechten Schacht, ein sogenanntes Pütt, und fuhren die Kohle auf Karren nach Hause oder in die Stadt. Seit 1371 trat neben den Armen auch der Magistrat als Käufer auf, allerdings wohl nur für die Wachstube, während das Ratszimmer mit Holz beheizt wurde. Eine Karrenladung Kohle (vermutlich etwa sechzehn Zentner) kostete vier Schilling, den achten Teil eines Talers. 1386 wurden zum erstenmal Kohlen nach auswärts verfrachtet: in Ruhrkähnen von Essen über Duisburg nach Wesel.

Gegen Ende des 15. Jahrhunderts hatte der Kohlenbergbau schon einen etwas größeren Umfang angenommen: Essener Kohle wurde auch nach Köln (das sich für den Fall einer Belagerung mit Brennstoff eindeckte) und nach Düsseldorf verschifft. Außerdem ergab sich für die Kohle ein zusätzlicher Absatzmarkt: Nicht nur, daß sie als Heizmaterial allmählich in die Bürgerhäuser vordrang – sie eroberte vor allem die Schmieden, in denen bis dahin mit Holzkohle gearbeitet worden war. 1389 unternahmen die Schmiede von Dortmund einen Ausfall aus der belagerten Stadt, um sich Steinkohle zu beschaffen.

Genau hundert Jahre später, 1489, ist zum erstenmal bezeugt, daß die Stadt Essen für den Amboß im Büchsenhaus drei Karrenladungen Steinkohle kaufte.

1556 berichtete der Chemnitzer Mineraloge Georg Bauer unter dem damals beliebten Pseudonym *Agricola* in seinem zu Basel erschienenen Buch *De re metallica* vom Kohlenbergbau »in Vestofalia ad Essenam oppidum«, in Westfalen bei der Stadt Essen.

Die Kohle wird hoffähig

1575 erließ die Essener Äbtissin, 1598 der Rat der Stadt die erste *Bergordnung*. Damit wurden außer dem Bergzehnt, den die Äbtissin schon seit 1349 erhoben hatte, auch das Mutungsrecht, die Lehnsgebühren und das Wegegeld geregelt. 1593 entschloß sich die Äbtissin, in der »Burg« einen Kohlenvorrat anzulegen – womit die Kohle ihre Anrüchigkeit als Brennstoff der Armen endgültig verloren hatte.

Dazu trug der Umstand bei, daß trotz der großen Wälder Westfalens das Holz rar zu werden begann. Im Siegerland wurde seit dem 15. Jahrhundert immer mehr Eisenerz gefördert, weil das Schmiedehandwerk einen mächtigen Aufschwung nahm; sowohl zur Verhüttung wie zum Schmieden des Eisens wurde Holzkohle verwendet – und damit allmählich in solchen Mengen gebraucht, daß das Ende der westfälischen Wälder abzusehen war. Mehr unter dem Druck dieser Notwendigkeit, als weil sie die Steinkohle vorgezogen hätten, stellten sich die Schmiede um. Schmelzöfen anders als mit Holzkohle zu heizen, gelang dagegen erst 1740 in England und 1796 in Oberschlesien.

In Werden machte sich der Abt *Heinrich Duden* (Amtszeit 1573 bis 1601) um die Förderung des Bergbaus verdient. Er versuchte Ordnung in den Kohlenabbau zu bringen und rief zur Bildung von *Gewerkschaften* auf: Nicht ein Bürger, sondern mehrere gemeinsam beantragten beim Landesherrn die Schürferlaubnis, beuteten die Grube genossenschaftlich aus und führten den Bergzehnt ab. Diese Eigentümer hießen *Gewerken* (im Unterschied zu den Bergleuten, Knappen oder »Bergknaben«, die gegen Lohn für sie arbeiteten) und ihr Zusammenschluß »Gewerkschaft« (die im Gegensatz zu dem heute überwiegenden Wortsinn also gerade nicht die Arbeitnehmer, sondern die Arbeitgeber repräsentierte).

Eine Gewerkschaft, deren Gründung für 1566 in Bredeney überliefert ist, hatte als Gewerken den Abt von Werden, einen Kohlenhändler aus Mülheim, einen Bredeneyer Bauern und zwei ehemalige Knappen aus Eschweiler bei Aachen, wo der Kohlenbergbau einen höheren Stand als in Essen hatte. Mit Ausnahme des Abts arbeiteten alle Gewerken selbst in der Kohlengrube. Der Lohn, den sie für sich festsetzten, wurde nicht ausbezahlt, sondern als Kapital in die Genossenschaft eingebracht; Gewinn und Verlust wurden gleichmäßig verteilt. Der Abt erhielt als Landesherr zwar den Zehnten vom Verkaufserlös, mußte aber dem Kapital eine Summe beisteuern, die dem Arbeitslohn entsprach.

Schächte und Göpel

In Werden wie in Essen gingen fortschrittliche Gewerkschaften im 16. und 17. Jahrhundert dazu über, die primitiven Kohlengruben zu tiefen Schächten auszubauen, mit Haspeln, an denen die Kohleneimer heraufgezogen wurden, und teilweise schon mit Abzugsstollen für das Grundwasser, die in Verstümmelung des lateinischen Wortes *aquaeductus* »Ackeldrüft« genannt wurden. Zu den senkrechten *Steilschächten* traten schräg hinabführende *Schleppschächte*. Zur Förderung aus solchen Schächten wurden zunehmend *Pferdegöpel* eingesetzt (von Agricola 1556 beschrieben) – die einzige von der Wasserkraft unabhängige Arbeitsmaschine, die es bis zur Erfindung der Dampfmaschine gab: meist aus einem Balken bestehend, den ein Pferd Stunde um Stunde im Kreis um eine Achse ziehen mußte.

Welchen Stand die Bergbautechnik hatte, wieviel man aber andererseits über das damals noch neuartige Gut »Kohle« ausdrücklich mitteilen zu müssen glaubte, schilderte im Jahre 1616 anschaulich der Essener Bürger Johannes Ursinus in seinem hinterlassenen handschriftlichen Entwurf einer *Historia Westphaliae seu veteris Saxoniae:*

»Kohlgruben oder Kohlberge: deren hat es in Westfalen, sonderlich aber im Stift Essen, der Grafschaft Mark und anderswo unterschiedlich viel. Daraus werden die schwarzen Bernsteine oder, wie man gerechter nennt, Steinkohlen wunderlicher Weise und mit großer Mühe und nicht ohne sonderliche Gefahr der Bergknaben Leben gegraben oder gebrochen.

Ich sahe in meinem Vaterland, dem Stift Essen, nachdem für etlich hundert Jahren unsere Vorfahren das Erdreich dieser Steinkohlen halber eröffnet, daß man dieser Zeit die alten Gruben oder Pütte wieder ausräumet und selbige weiter etliche viel Klafter tiefer hinuntersenket, dieses sie dann ein Unterwerk nennen – welches an etlichen Orten zum dritten Male geschehen, also daß sie diese Steine zum ersten und anderen Male in der Erden, und endlich zum dritten Male oben der Erden und also aus einer schier unglaublichen Tiefe herausarbeiten.«

Über die Gefahr von Grundwassereinbrüchen schreibt Ursinus, sie bestehe

vor allem dann, »wenn die Bergknaben, wenn sie an den Ort geraten, da vor Zeiten ausgekohlt und deshalb voller Wasser steht, mit ihrem Keile da unvorsichtig hindurchhauen oder arbeiten, daß gleichsam in einem Hau das ganze Werk unter Wassers stehet und alle Personen, so unter der Erden arbeiten, im Augenblick zugrund gehen, es sei denn, daß sie ihr Leben durch wunderseltsame Mittel darausbringen«.

Auch Qualitätsunterschiede kannte man schon: »Die Kohlen, welche der Luft am nahesten gebrochen werden, sind nicht so gut als die andern, die man tiefer herausbohrt ... Die allerniedrigsten oftmals allzu schwer und hart sind, also daß sie wie ein Ziegel an dem Feuer stehen und schwerlich verbrennen, und einen unlieblichen Geruch oder Stank und Dampf von sich lassen, der den Alten und denen, so engbrüstig sind, fast übel bekommt, Krankheit und Podagra verursacht – darum die, so zwischen den beiden gegraben werden, sind die besten.«

Schlägereien unter der Erde

Bei alledem konnte noch im 17., ja im 18. Jahrhundert keine Rede von planmäßiger Förderung, exakter Vermessung und geregelten Arbeitsverhältnissen sein. Die Gewerkschaften bauten die Kohle planlos ab, wo sie sie gerade fanden, beschäftigten als »Bergknaben« Bauern oder Landarbeiter, die im Winterhalbjahr Zeit übrig hatten, und waren oft in Streitigkeiten über die Abgrenzung ihrer Anrechte verwickelt. Dabei kam es sogar zu Schlägereien unter Tage, wenn die Stollen zweier Konkurrenten aufeinanderstießen oder wenn ein Mitbewerber um das Flöz, der sich benachteiligt fühlte, gar mutwillig einen Schacht zu dem darunterliegenden Stollen der anderen Gewerkschaften grub.

Stollen, die an den Ruhrhängen waagerecht in die Kohle, in den Berg hineingetrieben wurden – das war ein technischer Fortschritt, der nach dem Dreißigjährigen Krieg aufkam (der seinerseits eine Zeit des Verfalls und des wilden Raubbaus gewesen war). Aus den Stollen wurde zunächst nur diejenige Kohle gefördert, die sich vor und über dem Bergmann befand; der Abbau nach unten hätte ja erschwerten Abtransport und die Gefahr, auf Grundwasser zu stoßen, bedeutet.

Daß ein Kohlenabbau großen Stils erst an der Schwelle des 19. Jahrhunderts in Gang kam, hatte im wesentlichen vier Ursachen:

1. Der Bedarf an Kohle blieb so lange gering, bis sich mit einemmal die Dampfmaschine und die Eisenbahn ausbreiteten, zum anderen die Hochöfen auf Steinkohle umgestellt wurden. Die Industrie verbrauchte später, im 19. Jahrhundert, und verbraucht noch heute – wenn auch in immer geringerem Maße – ungleich mehr Kohle als die privaten Haushaltungen.
2. Wäre der Bedarf indessen größer gewesen, so hätte er gar nicht ohne weiteres gedeckt werden können: Zu einer ergiebigen Ausbeutung der Kohlenflöze bedarf es großer Pumpen zum Absaugen des Grundwassers; solche Pumpen konnten erst mit Hilfe der Dampfmaschine betrieben werden.
3. Selbst wenn die Förderung höher gewesen wäre, so hätte doch eine rationelle Möglichkeit gefehlt, die Kohle abzutransportieren. Die Ruhr konnte nur von

kleinen Kähnen befahren werden, und auch dies nur bei bestimmten Wasserständen; die Wege waren für große Wagenlasten zu schlecht. So wurde die Kohle in Karren oder auf dem Pferderücken befördert. Ein Pferd trug etwa drei Zentner.

4. Die Dürftigkeit der Transportverhältnisse war wiederum kein Zufall, sondern die Folge davon, daß die Zwergstaaten Essen und Werden als Überbleibsel des Hochmittelalters noch jahrhundertelang in eine längst verwandelte Zeit hineinragten. Auch beim damaligen Bedarf und mit den damaligen technischen Mitteln hätte erheblich mehr Kohle gefördert und abgesetzt werden können; Äbtissin und Bürgermeister kamen aber nicht auf die Idee, darin etwas Erstrebenswertes zu sehen.

So wuchs den Städten und Ländern Essen und Werden auch dann noch kein Reichtum zu, als man die Schätze der Karbonzeit endlich entdeckt hatte und zu heben begann. Mehr als ein halbes Jahrtausend lang, in dem der »schwarze Bernstein« schon verwendet wurde, blieb Essen ein Aschenbrödel.

3. Kapitel
Die Büchsenmacher und Mijnher Krop

Was gab es im Jahre 1581 in Essen, worüber sich der Umwelt zu berichten lohnte? Das Stift und das Münster; guten Weizen, Kaufleute, Weber, Schmiede, Büchsenmacher und Kohlen. So jedenfalls sahen es der Kölner Dechant Braun (Bruyn) und der Zeichner Hogenberg im dritten Band ihres 1583 erschienenen Werkes *Civitates orbis terrarum* (Städte des Erdkreises), der frühesten Schilderung Essens durch und für Nicht-Essener, die uns überliefert ist, und zugleich eine Bestandsaufnahme der deutschen Städte, auf die sich der Baseler Kupferstecher Matthäus Merian (1593 bis 1650) bei seinen berühmteren Städtebildern weithin stützte. Braun schreibt:

»Essen, eine Reichsstadt (?) unter dem Schirm des Herzogs von Berg gelegen, ist von wegen ihres Nonnenklosters und Cnönckstifts« (Cnöneken: volkstümlicher Name für die Kanoniker) »fürtrefflich, welches Alfridus, der vierte Bischoff zu Hildesheim, von seinen väterlichen Gütern bauen lassen, daß 52 geweiheter Jungfrauen unter einer gottesfürchtigen Äbtissin darinnen in der Gottesfurcht sollten unterwiesen und angehalten werden; desgleichen auch 20 Canonici, unter dem Abt daselbst, nach der Regel, als Cnöneken zusteht, lebeten. Dieselbe

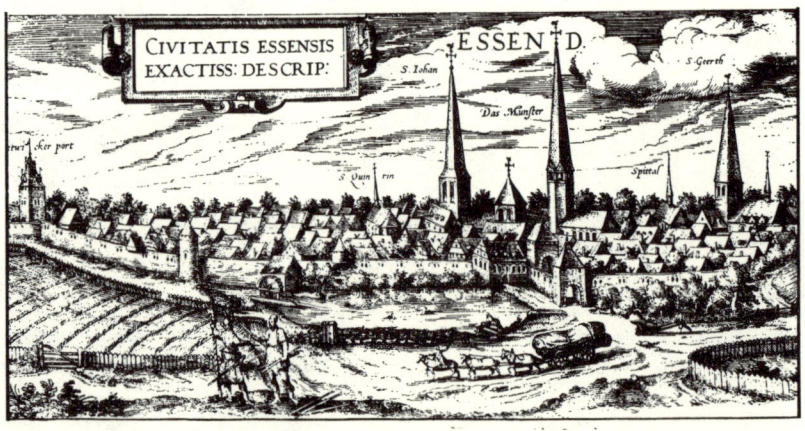

Aus dem Städtebuch von Braun und Hogenberg (1581)

Blick auf eines der historisch bedeutendsten Gebäude des Ruhrgebiets: Die Abteikirche in Essen-Werden. Heute ist in den Abteigebäuden die Folkwang-Musikhochschule untergebracht

Aus dem Schatz der Abteikirche Werden: Die aus dem 6. Jahrhundert stammende Elfenbeinpyxis hat die Geburt Jesu zum Thema und gilt als eine der ältesten Darstellungen der Krippenszene, während der fränkische Reliquienkasten (8. Jh.) sehr wahrscheinlich Tragaltar des heiligen Liudger war

27. September 877. Mit dem Siegel Altfrids wird bekundet: Er stiftet eine Kirche und ein Stift auf seinem Gut zu Essen. Das Siegel ist zwar echt, nur: Die Urkunde ist eine Fälschung. Unten die Münsterkirche, die auf die Grundsteinlegung Altfrids zurückgeht (852)

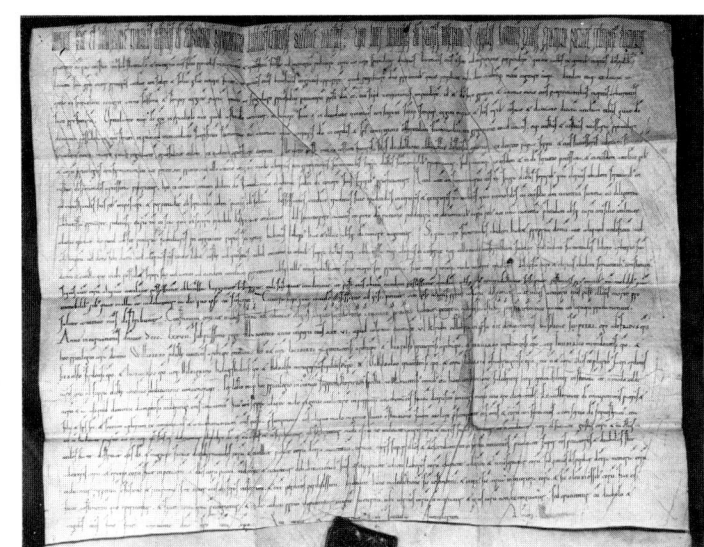

Wie eine Trutzburg des Glaubens: Das ottonische Oktogon der Münsterkirche

Kunstwerk aus ottonischer Zeit (um 1000): Der siebenarmige Leuchter in der Münsterkirche

Das wohl bekannteste Kunstwerk des Münsterschatzes, die Goldene Madonna, entstand um 980. Sie ist die älteste erhaltene vollplastische Madonnenfigur des Abendlandes

Das Otto-Mathilden-Kreuz aus dem 11. Jahrhundert sowie die Essener Krone (10. Jh.) gehören ebenfalls zur Schatzkammer des Münsters. Die mit Edelsteinen, Perlen und Filigran geschmückte Lilienkrone gilt als die älteste erhaltene ihrer Art auf der Welt. Sehr wahrscheinlich ist mit ihr Otto III. im zarten Alter von drei Jahren in Aachen gekrönt worden

*Oben: Petschaft des großen Siegels der Stadt Essen, das vermutlich Anfang des 13. Jahrhunderts entstanden ist und bis 1802 in Gebrauch war. Rechts: Die Stiftskirche Stoppenberg.
Unten: Das Waisenhaus Steele ist eine Stiftung der Fürstäbtissin Franziska Christine*

Abtei hat eine Freistatt inne, vornehmlich der Ort drinnen, so die Burg heißt. Es hat etliche Höfe dabei, welche unter dieser Äbtissin Gebiet gehören. Liegt eine schöne Kirch drinnen ... Der umliegend Boden trägt köstlich gut Getreid und Weizen, daher denn das schöne weiße Brot kommt, das man so hoch hält.

Die Bürger treiben auch in fernen Landen Kaufmannschaft, etliche sind Weber oder treiben Schmiedewerk. Wie dann nicht bald ein Ort zu finden sein soll, da man mehr allerlei Büchsen macht denn eben allhier. Sie haben Brunnen genug, und gibt das Land herum allenthalben die schwarzen Steinkohlen, insonderheit aber bei Steel an der Ruhr.«

Der einzige Superlativ, den die Autoren verwenden, gilt den *Büchsen*. Darunter verstand man ursprünglich sämtliche Feuerwaffen, später Schußwaffen mit gezogenem Lauf, heute ein hochwertiges Gewehr für Jäger und Scharfschützen. Die Büchsen – im Essener Dialekt: Bussen – waren fast dreihundert Jahre lang eine Spezialität der Essener Schmiede, die den Namen des Städtchens bis nach Spanien und nach Rußland trugen. *Arkebusen und Musketen*

Günstige Voraussetzungen für ein blühendes Schmiedehandwerk boten die Eisenerzvorkommen im nahen Sauerland und Siegerland, die zahlreichen Stadtbäche mit der Möglichkeit, Hammerwerke zum Schmieden, Bohren und Schleifen von ihnen treiben zu lassen, und die gute Versorgung mit Schmiedekohlen – erst aus den Wäldern, dann aus den Gruben.

Im Sauerland wurde bereits das hochwertige Osemund-Eisen hergestellt, eine frühe Form des Stahls. In Essen wurde es zu Platten gehämmert, zu Läufen geschmiedet, gebohrt, geschliffen, mit Schlössern und Schäften versehen.

Nach der ersten Erwähnung der Büchsenmacherei im Jahre 1470 – Dortmund bestellte in Essen Arkebusen – und dem Zusammenschluß der Essener Schmiede in einer Gilde, dem Schmiedeamt, wurde 1519 von Bürgermeistern, Stadtrat und Schmiedegilde beschlossen, in Essen dürften nur solche Gewehre »bereitet« werden, die auch in der Stadt geschmiedet worden seien.

Man wollte also unbedingt erreichen, daß der gesamte Arbeitsgang von der Stahlplatte zur fertigen Büchse dem einheimischen Handwerk vorbehalten blieb, während früher auch rohgeschmiedete Läufe von auswärts bezogen worden waren.

In einer Verordnung von 1544 wurde außerdem bestimmt, daß mit jeder Büchse, bevor sie Essen verließ, zweierlei geschehen mußte: Zwei vom Rat der Stadt vereidigte Gewehrprüfer, ein Ratmann und ein Gildebruder der Schmiede, hatten »ohne Ansehung der Person und Sache« ein Probeschießen vorzunehmen, und in den Lauf waren als Gütemarke das Zeichen des Schmiedemeisters und das Schwert des Essener Stadtwappens (»Essend swertteyken«) einzuschlagen. Wer eine Büchse ohne diese amtliche Prüfung verkaufte, war mit Ausstoßung aus der Schmiedegilde und aus der Bürgerschaft bedroht.

Die Produktion lag in den Händen von Werkstattbesitzern, die meist mehrere Schmiede beschäftigten: *Laufschmiede*, die die Läufe schliffen, bohrten und prüften; *Bereiter*, die Schrauben, Gewinde und das Visier anbrachten; *Schloßmacher,* die die Gewehrschlösser herstellten, »stark von Federn, gut und ganz daß sie voll Feuer geben«; und die sogenannten *Ladenmacher,* die den Schaft herstellten und anbrachten. Das gute Eisen, die tüchtigen Schmiede und die rigorose Qualitätskontrolle bewirkten, daß das kleine Städtchen Essen mit den großen Waffenschmieden Nürnberg, Augsburg, Wien in Konkurrenz treten, ja sie mitunter ausstechen konnte.

1581 wurden dem Prinzen von Parma Büchsen für sein Regiment im Wert von 14 090 Talern geliefert.

1592 rüsteten Essener Schmiede die Truppen des spanischen Königs mit Schußwaffen für 35 295 Gulden und noch dazu 15 Fähnlein Landsknechte aus.

1620, zwei Jahre nach Ausbruch des Dreißigjährigen Kriegs, führte Essen 15 000 Arkebusen, Musketen und Pistolen aus. (Die *Arkebuse* oder Hakenbüchse, im 15. Jahrhundert entstanden, war das älteste Infanteriegewehr. Es wog 5 bis 7 Kilogramm und verschoß aus glattem Lauf Bleikugeln von 30 bis 45 Gramm Gewicht. Die *Muskete,* im 16. Jahrhundert eingeführt, war eine schwere Büchse von 7 bis 10 Kilogramm Gewicht, die zum Schießen in einen Gabelstock gelegt werden mußte.)

1646 berichtete ein Zeitgenosse: »So siehet man auch, daß in der Stadt Essen eine unbeschreibliche Menge Gewehr verfertigt werden, welches der Stadt ein großes einbringt« (C. Klock, *Politisch-historischer Traktat*). Da die Stadt auf jede ausgeführte Büchse eine Abgabe (Akzise) erhob, waren ihre Einnahmen aus diesem blühenden Gewerbezweig in der Tat beträchtlich: Sie stiegen von 38 Gulden im Jahre 1565 auf 937 Gulden im Jahre 1620. Andererseits unterstützte der Magistrat die Schmiede durch Handgelder, um ihnen die Finanzierung großer Aufträge zu ermöglichen.

Viel Krieg – viel Gewinn

Solche Einnahmen und das mit der Gewehrproduktion verbundene internationale Ansehen wollte sich auch die Äbtissin nicht entgehen lassen – weshalb sie in ihrem Ländchen, jedoch außerhalb der meist aufsässigen Stadt Essen, von 1618 an eine weitere Büchsenfabrikation durch zahlreiche Privilegien förderte: in *Steele*. Die Steeler Schmiedegilde gewann ebenfalls großen Ruf. Als Gütezeichen schlug sie drei verschlungene Ringe in die Läufe ein – zufällig denen ähnlich, die später das Firmenzeichen von Krupp wurden.

Die Gewehre von Essen und Steele wurden zu den Rheinhäfen transportiert und von dort aus in alle Himmelsrichtungen verschifft. Abnehmer waren vor allem Spanien und die Niederlande (das heißt beide Parteien im Niederländischen Freiheitskrieg zugleich), Rußland und Polen, Dänemark und Brandenburg. In vielen Regimentern dieser Länder waren Essener Schmiede als Waffenmeister tätig.

Es läßt sich nicht leugnen, daß die kriegerischen Zeiten des 16. und 17. Jahrhunderts dem Aufblühen des Essener Gewerbes sehr nützlich waren: 1567 bis 1585 Freiheitskampf der Niederlande, 1618 bis 1648 Dreißigjähriger Krieg, 1655 bis 1660 Nordischer Krieg, 1701 bis 1714 Spanischer Erbfolgekrieg. Dabei sollte man nicht übersehen, daß es in jenen Zeiten kein Volk und keine Glaubensrichtung gab, die im Waffenhandwerk etwas Inhumanes gesehen hätten; die blutigsten Kriege wurden ja gerade im Namen der Religion geführt.

Wenn die plündernde Soldateska durch Essen zog, wie mehrfach während des Dreißigjährigen Krieges, so erlitt auch das Handwerk freilich Rückschläge; 1629 wurden nur 752 Musketen hergestellt. Aber es war wohl so, wie *Johannes Liphausen,* von 1615 bis 1618 Schüler der Essener Stiftsschule und später Pfarrer von Gladbeck, in seinen *Denkwürdigkeiten* sarkastisch berichtet: »Wann schon Essen bei etzlichen tausend Seelen mitnichten eine ausnehmend große Stadt ist, auch die Inwohner sich mehrstenteils vom Äckerbau und von der Viehzucht ernähret, so blühet doch auch das Gewerbe nit schlecht, insonderheit die Werkstätten für Arkebusen und sonstiges Schießgewehr. Solches Gewerbe aber hat der essendischen Bürgerschaft wohl mitnichten harte Bedruckung, aber doch nit selten arge Greuel erspart, angesehen die sauberen Waffengesellen wohl alles mögen ruinieren, nit aber die Waffenschmieden, und wohl alles mögen morden, nit aber jene, so ihnen das Mordsgerät müssen schaffen. Also judizier ich auch getrost, daß die Stadt auch in späteren Tagen mehr Kriegsgewinn denn Kriegsruin wird erfahren.« Wozu anzumerken wäre, daß Liphausen wohl recht weit in die Zukunft, aber kaum bis 1918, geschweige denn bis 1945 blicken konnte.

Nicht alle Schmiede übrigens widmeten sich der Gewehrherstellung. Auch andere Eisenwaren wurden produziert, und die Stadt versuchte, weitere Gewerbe in ihren Mauern heimisch zu machen: Ein Scherenschmied und ein Harnischmacher erhielten städtische Förderung, zogen jedoch wieder fort; ein Färber ließ sich 1456 in Essen nieder, dem das ausschließliche Recht zur Ausübung seines Berufs zugesichert wurde.

In dem Maße, wie das Büchsenmacherhandwerk aufblühte, büßte ein anderer, bis dahin wesentlicher Essener Erwerbszweig an Bedeutung ein: die Spinnerei, Tuchmacherei und Leineweberei. Das städtische Wollamt setzte 1406 seine ersten Statuten fest. Der Meister durfte danach höchstens zwei Webstühle betreiben, an denen er abwechselnd mit Kindern und Knechten arbeitete. Das Spinnen besorgten überwiegend Frauen. Im 16. Jahrhundert breitete sich die Tuchmacherei in Werden aus, das nach dem Dreißigjährigen Krieg Essen in diesem Gewerbezweig weit überflügelte.

Neben dem Handwerk hatte schon seit Jahrhunderten der Handel in Essen die entscheidende Rolle gespielt – die Marktsiedlung war ja vor allem durch die Niederlassung von Kaufleuten entstanden. Zu der alten Bedeutung der Stadt als Warenumschlagplatz am Hellweg kam im 16. Jahrhundert nun der Handel mit den in Essen produzierten Feuerwaffen hinzu, wobei die internationale Kundschaft der Essener Schmiede eine breite Schicht von Kaufleuten ernähren half.

Blühender Handel

Außer auf Waffen und andere Schmiedeerzeugnisse erstreckte sich der Handel vorwiegend auf westfälische Stoffe, feine flandrische Tuche und Rheinwein, der aus Köln und Bonn kam. Handelspartner waren vor allem Köln und Wesel, ferner Brügge, Lübeck und andere Hafenstädte an Nord- und Ostsee bis nach Riga und Reval. Zahlreiche rund um die Ostsee ansässige Kaufmannsgeschlechter, von Lübeck bis Nowgorod, trugen den Namen *van Essende* oder *de*

67

Essende und zeigten damit ihre oder ihrer Ahnen Herkunft an (Braun und Hogenberg: »Die Bürger treiben auch in fernen Landen Kaufmannschaft...«).

Im 14. Jahrhundert wurde Essen Mitglied der *Hanse,* trat jedoch als solches wenig in Erscheinung, da es unter dem »Vorort« Dortmund stand. Immerhin war die Stadt auf diese Weise in das weite Handelsnetz der Hanse einbezogen, das von Schottland bis nach Rußland und Italien reichte.

Die genossenschaftliche Vereinigung der Essener Kaufleute war die seit dem 14. Jahrhundert bezeugte *Kaufgilde*. In Gilden schlossen sich sowohl die Kaufleute wie ursprünglich die Handwerker zusammen. Eine klare sprachliche Scheidung unterblieb dabei häufig. Im 16. Jahrhundert gab es in Essen folgende Gilden und Zünfte: Die Kaufgilde, unterteilt in die große Gilde der reichen Kaufherren, in deren Händen der Fernhandel lag, und die Kleine Gilde der Krämer und handeltreibenden Handwerker; die Fette Gilde der Fetthändler, Fleischer und Kolonialwarenhändler; die Bäckergilde; die Schmiedegilde (auch Schmiedeamt genannt); das Schreineramt, Wollamt, Leinenamt, Schneideramt, Hutmacheramt, Pelzeramt, Schusteramt.

Krupp zieht zu In das Register der Großen Kaufgilde ließ sich 1587 ein gewisser *Arndt Krop* aufnehmen, der sich später Arndt Krupe nannte. Die Krops waren ebenso wie die bald darauf nach Essen zuwandernden Huyssens und Klockes eine alte holländische Kaufmannsfamilie, die vermutlich aus Gendringen (westlich Bocholt) stammte. Die drei Familien scheinen einander schon vor ihrer Ankunft in Essen gekannt zu haben, und dort verschwägerten sich die Krops mit den Huyssens wie mit den Klockes. Die drei Geschlechter waren bald die einflußreichsten der Stadt.

Arndt Krupe handelte mit Kolonialwaren, die über Holland aus Übersee kamen, mit Wein und Schnaps, aber auch mit Vieh und mit Eisenwaren, auf die sich sein Geschäft schließlich konzentrierte, so daß er einen Nagel schmiedete und dem Schmiedeamt beitrat. Krop alias Krupe, von dem man nicht weiß, ob er arm oder reich in Essen ankam, starb 1624 als Ratsherr, Stadtkämmerer, mehrfacher Hausbesitzer und einer der wohlhabendsten Bürger der Stadt.

Gekommen war er, ebenso wie die Huyssens und die Klockes, auf der Flucht vor dem Katholizismus, zu dem die Grafschaft Berg, in der Gendringen lag, zurückgekehrt war. Als überzeugter Lutheraner wanderte er aus und ließ sich dort nieder, wo das Luthertum noch stark war, in der katholischen Äbtissin evangelischer Stadt Essen.

4. Kapitel
Wein, Kühe und Gesang

Das Städtchen, in dem sich all dies abspielte, hatte um 1400 etwa 3000 und zu Beginn des 17. Jahrhunderts, als das Schmiedehandwerk blühte, rund 5000 Einwohner – ein Höchststand, auf den bald der Rückgang durch den Dreißigjährigen Krieg folgte. Er wurde erst zwei Jahrhunderte später wieder erreicht und 1820 endlich übertroffen. Verglichen mit Deutschlands größter Stadt um 1500 – Köln (35 000 Einwohner) –, aber auch neben Lübeck, Augsburg und Nürnberg, neben Hamburg und Danzig, neben Erfurt, Ulm und Breslau war Essen allenfalls eine Mittelstadt. In Westfalen lag es im Schatten von Dortmund, Soest und Münster (mit 12 000 bis 17 000 Einwohnern).

Die Bewohner Essens waren überwiegend Westfalen, mit Zuzug aus dem Rheinland und aus Holland und einem alten Stamm jüdischer Wechsler, wie ihn jede Stadt besaß. Ein Drittel der Männer hieß mit Vornamen *Hinrich* oder *Johann*, die häufigsten Frauennamen waren *Elisabeth* und *Margarete*, Nachnamen unter anderen *Potgeiter*, *Hemelstöter* oder *van Büderike*; von vornehmen Bürgern wurden sie gern ins Lateinische übersetzt. Im übrigen sprach – und schrieb – man westfälisches Platt, das dem Holländischen weit näher als dem Hochdeutschen ist. »Wie hebbet utgeven van der stat gelde...« begann beispielsweise die städtische Haushaltsabrechnung. Das Schriftdeutsche fing erst im 17. Jahrhundert an, sich durchzusetzen, nachdem die Reformation die erste Bekanntschaft mit dieser schwerverständlichen Sprache vermittelt hatte. Wenn der pfiffige Stiftsschüler Johannes Liphausen recht hat, so sprach noch zu seiner Zeit (1618) die Äbtissin ein seltsames Kauderwelsch aus lateinischen, französischen und plattdeutschen Brocken.

Die Oberschicht der Stadt wurde von den Kaufherren gebildet, den Mitgliedern der Großen Kaufgilde, die nicht so sehr ein gewerblicher Zweckverband als vielmehr eine Art Club der Reichen war. Die ehemalige Oberschicht, die *Dienstmannen* der Äbtissin, war im Laufe des 15. Jahrhunderts vollends in der Bürgerschaft aufgegangen. Eine Sonderstellung nahmen nur noch Geistliche und Beamte des Stifts ein, soweit sie außerhalb der Stiftsfreiheit in der Stadt wohnten: Sie waren von allen Abgaben befreit.

Den zweiten Stand bildeten die übrigen Bürger, also im wesentlichen die Handwerksmeister und kleinen Kaufleute. Unter ihnen standen die Handwerksgesellen, Knechte und Mägde; auch sie jedoch frei in dem Sinne, daß sie ihren Herrn verlassen konnten. Daneben wird es noch Hörige gegeben haben: solche, die aus dem stiftischen Umland in die Stadt zogen und keinen Anlaß sahen, ihre Abhängigkeit von der Äbtissin gegen die städtische Freiheit einzutauschen.

Die Macht der Großen Kaufgilde

Die kleinen Bürger setzten eine erstmals für 1409 nachgewiesene Kontrollbefugnis gegenüber dem herrschenden Stand der Kaufherren durch: Sie bildeten den Rat der *Vierundzwanzig,* der bei der Abrechnung über die Stadtfinanzen von Bürgermeistern und Stadtrat hinzugezogen wurde. Das Gremium, das man auch die *Gemeindevorsteher* nannte, konstituierte sich aus den je zwei Aufsehern der vier Stadtviertel, Bauerschaften genannt (vgl. Seite 44), den Meistern der vier damaligen Gilden (Kaufgilde, Fette Gilde, Schmiedegilde, Wollamt) und zwölf Vertretern der übrigen Handwerker. Sie waren Rechnungsprüfer und mußten »in wichtigen Sachen, daran der Stadt und Gemeinde gelegen, insonderheit mit Versetzen, Verpfänden, Einlösen oder Veräußern der Stadtgüter oder was sonsten hochwichtig vorfallen möchte«, *gehört* werden. Seit Mitte des 16. Jahrhunderts gab es nur noch zwölf Gemeindevorsteher, was nichts daran änderte, daß sie weiter »die Vierundzwanzig« genannt wurden.

Weder die Vierundzwanzig noch die Zwölf konnten jedoch verhindern, daß

Das Rathaus von Essen in der Gestalt, die es von 1438 bis 1840 hatte

alle Ratsherren weiterhin aus dem Kreis der Großen Kaufgilde stammten und ihr Amt meist ohne reguläre Wahl lebenslänglich innehatten; nur aus ihrer Mitte wählten sie die beiden Bürgermeister, und zwar ohne Mitwirkung der Gemeindevorsteher.

Die dauernde Herrschaft weniger Familien, auf die das hinauslief, wurde erst 1602 durch eine neue Wahlordnung wenn auch nicht beendet, so doch mit halbwegs demokratischen Vorzeichen versehen. Die Gilden und Zünfte bestimmten neun Wahlmänner, die »Vierundzwanzig« weitere zwei. Dieses elfköpfige Kollegium wählte die vierzehn Ratsmitglieder, zu welchem Zweck es, wie die Kardinäle bei der Papstwahl, so lange in die Ratsstube eingeschlossen wurde, bis eine Einigung zustande gekommen war.

Der Umtrunk, der darauf folgte, gehörte zusammen mit der ausgiebigen Bewirtung wichtiger Gäste in den städtischen Weinhäusern zu den wesentlichen Posten des Stadthaushalts; bis zu einem Sechstel der Jahresausgaben entfielen darauf. Dazu kam die Instandhaltung der Stadtbefestigung, des Straßenpflasters und des Rathauses, die Bezahlung des Stadtschreibers, des Turmwächters und der livrierten Stadtdiener, das gelegentliche Mieten eines Pferdes für Botenritte nach Mülheim oder Köln sowie einige Zinsen und Pachtgebühren. Die Einnahmen bestanden überwiegend aus Vermietungen und Verpachtungen von Häusern, Verkaufsbuden, Weiden und Fischteichen und aus den Gebühren, die neu aufgenommene Bürger zahlen mußten. Seit 1399 bildete dann die Wein-Akzise die wichtigste Einnahmequelle (vgl. Seite 53 f.).

Soziale Belastungen ruhten nicht auf der Stadt. Für Kranke und Bedürftige zu sorgen blieb der Kirche oder der privaten Initiative überlassen. Am Kopstadtplatz stand seit Anfang des 14. Jahrhunderts ein aus Bürgerspenden errichtetes Hospital, das mehr Herberge und Altersheim als Krankenhaus war; es dürfte außerhalb der »Burg« das einzige Gebäude von einiger Größe außer dem Rathaus gewesen sein. Das Rathaus, am selben Platz wie heute, war ein Steinbau mit stark vergitterten Fenstern im Erdgeschoß und sehr hohen Giebeln, seit 1483 auch mit einer Glocke, die die Ratmannen zur Sitzung oder die Bürgerschaft zur Versammlung rief.

Im übrigen bot sich Essen dem Auge zwar von fern mit seinen Mauern und Türmen als eine hübsch gelegene Stadt, im Inneren aber als eine reine Händler- und Handwerkersiedlung dar, nach heutigen Maßstäben eigentlich als ein großes Dorf – mit Fachwerkhäusern und engen, gewundenen Gassen (zwar gepflastert, doch ohne Bürgersteige), durch die der städtische Kuhhirt die Bürgerkühe auf die Gemeindeweiden trieb.

Fachwerk mit Ochsenblut

Die Wohnhäuser hatten ein bis zwei Stockwerke und meist ein Strohdach, das gegen Feuergefahr mit Lehm verstrichen wurde. Nur Amtsgebäude und die Häuser der Reichen besaßen Schieferdächer, nur bei ihnen auch war das meist mit Ochsenblut rot gestrichene Fachwerk mit Stein (statt mit Lehm) gefüllt.

Bei arm und reich diente als zentraler Wohnraum die Diele, in der der Herd mit einem offenen Holzfeuer stand. Im Rauchfang hingen Speckseiten und

Würste. Die Möbel waren grobe Zimmermannsarbeit. Als Geschirr wurden Zinnbecher und Holzteller verwendet. Fast jeder Bürger hatte eine Kuh und dazu Hühner oder Gänse und Enten unterm Dach. Holzstöße, Misthaufen, Schweinekoben zierten das Straßenbild. Nur Kohlenschlacke und Schmiedeabfälle auf die Straße zu werfen, war verboten. Den Straßenabschnitt vor seinem Haus hatte jeder Bürger bei Strafe von 12 Pfennigen (mehr als dem Tagelohn eines Handwerkers) selbst reinzuhalten. Die Stadtverwaltung beschränkte sich darauf, den Marktplatz zu säubern, und auch das nur an Markt- oder Feiertagen.

Inmitten von soviel Schmutz und Enge, wie sie die deutschen Städte des Mittelalters nun einmal kennzeichneten, drängten sich an den Markttagen Hunderte von Menschen, oft von Pferden oder Kühen zur Seite geschoben oder über Mistlachen springend. Gerade die belebtesten Straßen waren noch durch Verkaufsbuden eingeengt, die zu den Märkten von der Stadt gegen ein Standgeld vermietet wurden. Solche Buden drängten sich zumal in den Nischen der Marktkirche. Gegenüber, neben dem Rathaus, lagen die Fleischhalle und die Läden der Bäcker und Fischhändler.

Der Magistrat mischt sich in alles ein

Über die angebotenen Waren übte die Stadt eine strenge Kontrolle aus. Städtische Prüfer untersuchten Güte, Preis und Gewicht von Fleisch und Brot, die Haltbarkeit und Farbbeständigkeit von Tuchen, die Legierung der Zinnwaren. Schlecht legiertes Zinngeschirr wurde ohne Entschädigung beschlagnahmt und eingeschmolzen.

Das Marktleben war ursprünglich an Sonntagen lebhafter als an Werktagen, entsprechend der historischen Herkunft der Märkte von den Kirchweih- und anderen Festen. 1473 entschloß sich der Magistrat, an Sonntagen die Stadttore für die Wareneinfuhr zu schließen und den Verkauf auf Lebensmittel zu beschränken – während gleichzeitig die Bäckergesellen ermahnt wurden, das Raufen, Singen, Springen, Ballschlagen und Steinwerfen zu unterlassen. Seit 1501 blieb der Markt an Sonntagen geschlossen.

An die Tür der Marktkirche wurden die städtischen Bekanntmachungen angeschlagen. An einer Ecke des Marktes stand der Pranger, an dem Übeltäter entweder der spottlustigen Menge zur Schau gestellt oder mit Ruten ausgepeitscht wurden.

Die Wirtshäuser waren meist zugleich Brauereien und Bäckereien. Außer von Durchreisenden wurden sie im allgemeinen nur von Männern besucht, die hier abends ihr Bier tranken und ihre langen Pfeifen schmauchten. An Markttagen mischte sich in das Hämmern der Schmiede und das Schnattern der Gänse der Lärm, den die »Ausrufer« der Wirtshäuser und der Marktbuden vollführten, wenn sie die Güte von Bier und Wein, von Fleisch oder Tuchen anpriesen.

Die Polizeistunde war im Sommer auf 21 Uhr, im Winter gar schon auf 20 Uhr festgesetzt. Wer danach noch ohne Laterne auf der Straße angetroffen wurde, mußte eine Geldstrafe zahlen, ebenso jeder, der sich in trunkenem Zustand in der Öffentlichkeit zeigte, zumal wenn dies am Vormittag geschah. An Sonntagvormittagen blieben die Gasthäuser den Einheimischen versperrt.

Sogar wieviel einer im Wirtshaus verzehrte, war dem Rat der Stadt keineswegs gleichgültig. Hochzeiten durften nicht länger als einen Tag gefeiert werden, bei Taufen mußten sich die Frauen auf Kuchen, die Männer auf Wein »und ein bis zwei Schinken« beschränken, bei einem Leichenschmaus war für jede Schüssel Essen eine Abgabe von 2 Pfennigen an die Stadt zu entrichten.

Viele der beliebtesten Volksvergnügungen, an denen im Mittelalter niemand Anstoß genommen hatte, wurden 1473 verboten: so das Herumziehen und Singen zur Fastnacht, das Aufpflanzen von Maibäumen vor den Fenstern tugendhafter Bürgerstöchter oder die St.-Blasius-Jagd am 3. Februar, bei der Kinder, Knechte und Gesellen ehrbare Bürger umzingelten und nur gegen Geld freiließen. Der Stadtrat fühlte sich nicht nur für die Aufrechterhaltung der Ordnung, sondern auch für die Wahrung von Zucht, Sitte und Herkommen verantwortlich.

Gebilligt war dagegen das große Schützenfest zu Pfingsten, das mit einem Umzug begann. Es gab mehrere, jeweils nach Gilden und Ämtern gegliederte Schützengesellschaften, die, wie damals üblich, im Leben der Stadt eine wichtige Rolle spielten.

Diese kleine Stadt der kleinen Häuser und kleinen Freuden, der starren Zunftregeln und Ratsvorschriften, der wohlhäbigen Kaufleute, der fleißigen Schmiede und der Kuhbesitzer wurde im Schreckensjahr 1438 ein Raub der Flammen. Neben der Pest – sie suchte Essen unter anderem 1439, 1450 und 1483 heim – und plündernden Soldaten war die Feuersbrunst eines der drei großen Schrecknisse der deutschen Stadt im Mittelalter: Aus Holz gebaute, mit Stroh gedeckte, Wand an Wand stehende Häuser mit einem offenen Feuer in der Diele mußten einfach von Zeit zu Zeit abbrennen.

Der große Brand von 1438

Wohl wurde dem Feuerschutz höchste Aufmerksamkeit gewidmet: Der Turm der Marktkirche war Tag und Nacht mit einem Wächter besetzt, der fast soviel wie der Stadtschreiber verdiente; in jeder der vier Bauerschaften gab es einen Nachtwächter, der Alarm schlagen konnte und die Bürger stündlich ermahnte, Feuer und Licht zu verwahren; der Gebrauch von Fackeln statt Laternen bei abendlichem Ausgang war verboten; vor dem Rathaus hielten ständig mehrere Stadtknechte Wache, die sich im Winter an Pfannen mit glühenden Kohlen wärmten; und im Rathaus gab es ein Arsenal von ledernen Wassereimern.

Auch eine Wasserleitung wurde 1434 angelegt, damit in jedem Fall Trink- und Löschwasser vorhanden sei, selbst wenn die Stadtbäche zuwenig Wasser führten oder wegen einer feindlichen Belagerung nicht zugänglich waren: Von einer Quelle auf der Lindenhöhe südlich von Essen wurde das Wasser in ausgehöhlten Erlenstämmen unterirdisch zu fünf Zapfstellen in der Stadt geführt – eine für die damalige Zeit bedeutende und rühmliche Anlage.

Aber auch damit war die Katastrophe nicht zu verhindern. Nachdem 946 und 1275 schon das Münster ausgebrannt war, legte im September 1438, vier Jahre nach dem Bau der Wasserleitung, eine Feuersbrunst etwa die Hälfte von Essen in Asche, zerstörte das Hospital, beschädigte die Marktkirche und das Münster und warf die Stadt in ihrer wirtschaftlichen Entwicklung weit zurück.

Die Stiftsimmunität wurde vom Feuer nur am Rande betroffen. Außer dem Münster und der Johanneskirche mit Paradies und Kreuzgängen enthielt freilich auch die »Burg« keine Gebäude, deren Zerstörung für Essen nach heutigen Maßstäben ein großer Verlust gewesen wäre. Die langgestreckte Abtei im Osten war ein grober Steinbau, um dessen Verschönerung sich die Äbtissinnen gar nicht mehr bemühten, da sie seit 1339 überwiegend im Schloß Borbeck (fünf Kilometer nordwestlich der Altstadt) residierten.

»Die Abtei, allwo in jenen Tagen die Frau Äbtissin Wohnung genommen, schien mir wohl eine schlichte und schier armselige Behausung für eine hochgeborene Fürstin zu sein«, schrieb Liphausen über die Zustände von 1618. »Sonsten bringet insonders der Hof Ihrer fürstlichen Gnaden, das hochadelige Damenkapitel und das ehrwürdige Collegium der zwanzig Kanonichen mancherlei schauwürdig Leben und festlich Gepränge inner und außer der Kirchen.«

Innerhalb der Stiftsfreiheit lagen ferner die meisten der Wohnhäuser der Stiftsdamen und Kleriker, Kurien genannt. Im 19. Jahrhundert, nach der Auflösung des Stifts, wurden sie großenteils von reichen Essener Bürgern bezogen.

Dat arme stetken Werden   Das Städtchen Werden brannte 1498 völlig nieder, sechzig Jahre nach Essen. Braun und Hogenberg wußten 1581 über Werden zu berichten: »Die Bürger zu Werden ziehen viel Viehes, daher auch ihre meiste Nahrung; wie auch aus den fruchtbaren Äckern und Feldern, sehr hohen und waldechten Bergen, auf welchen bisweilen unglaubliche Herden Schweine zu sehen; daher dann die Westphälische Schüncken in der Menge kommen... Die Bächlein, so von den Bergen herunterfallen, geben ein gar lieblich angenehmes Geräusch. So haben sie wegen der vorbey fließenden Ruhr gute Gelegenheiten zu ihren Sachen und bekommen daraus gute Fisch und sonderlich faiste und wohlschmeckende Ael. Beyde Gestad der Ruhr seyn allda mit einer steinern Brücken vereiniget; und hat der Landsfürst daselbst auch ein Schloß.«

Die Einwohnerzahl Werdens dürfte im 16. Jahrhundert rund tausend betragen haben. Doch war Werden eine regelrechte Stadt, seit 1317 mit einer Mauer umgeben, nur ohne Ehrgeiz, es den Reichsstädten gleichzutun. Seine Lage im engen Tal der Ruhr mit seinen steil aufragenden Ufern war und ist zwar malerisch, für Handel und Verkehr aber ein Hemmnis. Keine große Straße berührte den Ort, die Ruhr mit ihren vielen Windungen und dem stark wechselnden Wasserstand ließ nur einen beschränkten Bootsverkehr zu. Führte der Fluß nach der Schneeschmelze Hochwasser, so riß er nicht selten die erstmals im 11. Jahrhundert erwähnte Werdener Ruhrbrücke weg. Demgemäß gab es in der Stadt keinen reichen Kaufmannsstand, sondern überwiegend Handwerker, Krämer und Ackerbürger. In Eingaben an den Vogt pflegte der Rat Werden schüchtern als »dat arme stetken« zu bezeichnen.

Ärmer und kleiner als Essen war es in der Tat, aber Häuser und Menschen waren heller, bunter und fröhlicher, hier im alten Frankenland mit dem rheinischen Dialekt, als sieben Kilometer weiter nördlich in Essen, wo einst die

Sachsen und nun die Westfalen wohnten. Bis heute haben sich ja in Werden, über das die Industrialisierung wie der Bombenkrieg gnädig hinweggegangen sind, viele mittelalterliche Gassen und malerische Häuschen erhalten. Es ist noch immer ein altes und freundliches, ein gleichsam zeitloses Städtchen, das sich da an den Ruhrhängen hinaufzieht; es ist einer der vielen Gründe zum Staunen, die der Fremde im heutigen Essen findet.

5. Kapitel
Essen contra Essen

Am 27. März 1561, vierundzwanzig Jahre nach dem Anschlag der 95 Thesen an die Schloßkirche von Wittenberg und fünfzehn Jahre nach Luthers Tod, überreichte der Rat der Stadt Essen, mit Zustimmung der »Vierundzwanzig«, der Äbtissin *Maria von Spiegelberg* die formelle Erklärung, er gedenke an seinem im Januar gefaßten Beschluß festzuhalten, wonach in der Marktkirche der Kirchengesang in deutscher Sprache eingeführt worden war.

Hinter dieser unscheinbaren Feststellung verbargen sich zwei Entscheidungen von großer Tragweite. Erstens: Die Reformation hatte Essen erobert. Zweitens: Die Stadt nahm in einem kritischen Augenblick der Geschichte für sich das ihr seit zwei Jahrhunderten immer wieder bestätigte und durchkreuzte Recht in Anspruch, eine Reichsstadt zu sein; nur Reichsstände durften ja nach dem Augsburger Religionsfrieden von 1555 die Konfession ihrer Untertanen bestimmen. Religionskampf und weltlicher Machtkampf waren untrennbar verfilzt. Der Krieg zwischen Stadt und Stift ging in die entscheidende Runde.

Die ersten Vorboten der Reformation waren lutherische Prediger gewesen, die 1524 in Essen unbehelligt aufgetreten zu sein scheinen. 1534 predigte in der Stadt der Hofprediger des evangelischen Kurfürsten von Sachsen. 1543, als sich die Reformation in Dortmund und Duisburg durchsetzte, verlangte die Essener Bürgerschaft – vertreten vor allem durch die »geringen Bürger« – die Einsetzung eines Predigers der neuen Lehre in der Marktkirche und belagerte das Rathaus, in dem der widerstrebende Rat tagte, einen vollen Tag lang. Unter dem Druck ihres Hungers erklärten sich die Ratsherren schließlich bereit, Verhandlungen mit den Klerikern des Stifts aufzunehmen. Aber noch im selben Jahr entschied das *Reichskammergericht* auf Grund einer Klage der Äbtissin, es seien »begangene Frevel und gewaltsame thaten, Predicanten, die das Evangelium wie zu Soest und Wesel predigen, in sanct Gertruden Kirch zu setzen, wiederumb abzustellen«.

Die deutschen Weihnachtslieder

Obwohl beim »gemeinen Volk« die Unzufriedenheit mit der noch einmal bewiesenen Vorherrschaft der Äbtissin wie mit dem Lebenswandel ihrer Kanoniker groß war, kehrte in Essen eine Zeitlang Ruhe ein. Vom Weihnachtsabend des Jahres 1560 wird dann vermeldet, »das gemeine, besonders das junge Volk«

habe die Christpsalmen in deutscher Sprache gesungen, »mit solchem Eifer und Ernst, daß sie bis in die späte Nacht darin verharrt und schwerlich aus der Kirche nachhause gehen wollen, weil sie ein besonderes Vergnügen, Freude und Trost in den christlichen Weihnachtsliedern befunden, daß sie die in ihrer Muttersprache hätten und verstünden«, wie es in einer Chronik heißt.

Diesmal war der Rat auf seiten der Neuerer. Zwei Wochen nach Weihnachten, im Januar 1561, wurde der deutsche Gesang in der Marktkirche durch Ratsbeschluß gutgeheißen und formell eingeführt, zwei Monate später der Äbtissin die erwähnte Erklärung dazu übermittelt. Tatkräftig trieb der Magistrat die Reformation weiter voran. Er suchte nach einem lutherischen Prediger und fand ihn nach manchen Widrigkeiten in dem Pfarrer *Heinrich Barenbroch* (auch Kempensis genannt), der im April 1563 in der Kapelle des Hospitals unter ungeheurem Andrang seine erste Predigt hielt und am 2. Mai in der Marktkirche das Abendmahl »in beiderlei Gestalt« austeilte.

Im November 1563 unternahm der im Auftrag der Kanoniker weiterhin in der Marktkirche wirkende Predigermönch zusammen mit dem Küster und dem Schulmeister einen letzen Versuch, das lateinische Tedeum zu singen. Aber der Stadtschreiber *Laurenz Büssenschmid,* seit 1560 die treibende Kraft der Reformation in Essen, und mehrere Ratsherren übertönten ihn mit lautem Gesang des deutschen Tedeums und sperrten den Mönch in die Sakristei, von wo die Äbtissin ihn in die »Burg« führen ließ, ohne etwas gegen den Rat zu unternehmen. In der Stadt Essen hatte die Reformation gesiegt. Die evangelische Stadt umschloß nun eine katholische Stiftsfreiheit und war ihrerseits von katholischem Stiftsland umgeben – denn *das Land* Essen hatte sich ja nach der Religion seiner Landesherrin, der Äbtissin, zu richten.

Der Äbtissin, *Irmgard von Diepholz,* wurde allerdings nachgesagt, sie selbst habe zum Luthertum geneigt. Ihr Vater und ihr Bruder waren eifrige Protestanten, und im Äbtissinnenkatalog heißt es von ihr, sie sei »weder warm noch kalt gewesen und dadurch in schlechte bestaltnüß mit der Religion geraten«. Hätte sie sich jedoch offiziell der neuen Lehre angeschlossen, so hätte sie nach den Bestimmungen des Augsburger Religionsfriedens ihr Amt und ihren Stand verloren.

So geschah es wohl nicht so sehr aus religiöser Überzeugung, wenn Irmgard – streitbar wie ihre gleichnamige Großtante, die im Dritten Äbtissinnenstreit unterlag – sich 1567 entschloß, die Stadt Essen beim Reichskammergericht zu verklagen. Da sie nach außen hin katholisch blieb, mußte sie auch entsprechend handeln. Da sie Landesherrin bleiben wollte, mußte sie ihre Rechte gegen die aufsässige Stadt verteidigen. Zu dem alten Kampf um die Macht im Lande Essen kam die Befürchtung der Äbtissin, in einer evangelischen Reichsstadt eine katholische Gefangene zu sein.

Die Äbtissin klagt in Speyer

1568 lief der Prozeß »wegen strafbarer Verletzung der Privilegien des Stifts« beim Reichskammergericht in Speyer an. Und wer sich unter den Heutigen je über eine schleppende Prozeßführung geärgert oder gewundert haben sollte, der kann in diesem Prozeß »Essen contra Essen« seinen Trost finden. Während er lief, fanden der achtzehnjährige Freiheitskampf der Niederlande, der Dreißigjährige Krieg und die beiden ersten Nordischen Kriege statt; in Deutschland regierten sechs Kaiser, von Maximilian II. bis zu Leopold I.; in Frankreich vier Könige, von Heinrich III. bis zu Ludwig XIV.; in Peru wurde der letzte Inka hingerichtet, auf der Halbinsel Manhattan die Stadt Neu-Amsterdam gegründet, die heute New York heißt; die Engländer faßten in Indien Fuß, die Kosaken eroberten ganz Sibirien; Papst Gregor XIII. führte den nach ihm benannten Kalender ein, Galilei erfand das Fernrohr, Pascal die Addiermaschine, Newton das Spiegelteleskop – der Prozeß des Zwergstaats Essen gegen das Städtchen Essen dauerte an.

Das Stift wurde in dieser Zeit von neun verschiedenen Äbtissinnen regiert, unter denen Irmgards Nachfolgerin, *Elisabeth von Manderscheid-Blankenheim* (1575 bis 1578), allgemein als Calvinistin galt, jedenfalls nichts zur Wiederherstellung des Katholizismus unternahm – obwohl sie bei ihrem Amtsantritt beschworen hatte, zu überlegen, »wie in der statt Essen die alte wahre Religion wieder einzubringen und zu erhalten sey«. Im Gegenteil, unter Brechung ihres Gelübdes schied sie 1578 aus dem Stift aus und heiratete. Die Äbtissin *Margareta-Elisabeth von Manderscheid-Gerolstein* (1598 bis 1604) bekannte sich sogar offen zum Calvinismus, der auch hundert Meter weiter, in der Stadt Essen, etliche Anhänger hatte, von den lutherischen Ratsherren aber weit erbitterter verfolgt wurde als der Katholizismus.

Den Dreißigjährigen Krieg benutzte dagegen die energische Äbtissin *Maria Clara von Spaur* zu dem Versuch, den Katholizismus in der Stadt mit Waffengewalt wieder durchzusetzen (wovon im nächsten Kapitel die Rede ist). Der Prozeß Essen contra Essen nahm unter strengen und lauen Äbtissinnen seinen Fortgang.

Das oberste Gericht des Deutschen Reiches in Speyer, dessen Mitglieder den Rang von Fürsten erhielten, stützte sich nur auf Urkunden und Schriftsätze. Urkunden besaßen die streitenden Parteien ja genug, von den einander ausschließenden Bestätigungen an, die Kaiser Karl IV. 1372 dem Stift und 1377 der Stadt erteilt hatte; und an schreibfreudigen Advokaten fehlte es ebensowenig wie an Versuchen, die Advokaten der Gegenseite und die Richter zu bestechen. Die Wirren des Dreißigjährigen Krieges zwangen das Gericht zu mehreren Umzügen, Akten gingen verloren, immer höher stieg die Flut der unerledigten Prozesse.

Goethe und die Nöte des Kammergerichts

Goethe, der 1772 als dreiundzwanzigjähriger Advokat fünf Monate lang am Reichskammergericht (zu seiner Zeit in Wetzlar) tätig war, berichtet in *Dichtung und Wahrheit* (III. Teil, 12. Buch) anschaulich über die Mühsal des Gerichts im 17. Jahrhundert und seine Anfälligkeit für Bestechungen:

»Bei der bald vermehrten, bald verminderten Anzahl der Assessoren, bei manchen Unterbrechungen, bei Verlegung des Gerichts von einem Ort an den andern mußten ... die Akten ins Unendliche wachsen. Nun flüchtete man in Kriegsnot einen Teil des Archivs von Speyer nach Aschaffenburg, einen Teil nach Worms, der dritte fiel in die Hände der Franzosen, welche ein Staatsarchiv erobert zu haben glaubten und hernach geneigt gewesen wären, sich dieses Papierwusts zu entledigen, wenn nur jemand die Fuhren hätte daran wenden wollen.

Bei den westfälischen Friedensunterhandlungen sahen die versammelten tüchtigen Männer wohl ein, was für ein Hebel erfordert werde, um jene sisyphische Last vom Platze zu bewegen. Nun sollten fünfzig Assessoren angestellt werden, diese Zahl ist aber nie erreicht worden: man begnügte sich abermals mit der Hälfte, weil der Aufwand zu groß schien; allein hätten die Interessenten sämtlich ihren Vorteil bei der Sache gesehen, so wäre das ganze gar wohl zu leisten gewesen. Um fünfundzwanzig Beisitzer zu besolden, waren ungefähr einhunderttausend Gulden nötig; wie leicht hätte Deutschland das Doppelte herbeigeschafft! Der Vorschlag, das Kammergericht mit eingezogenen geistlichen Gütern auszustatten, konnte nicht durchgehen: denn wie sollten sich beide Religionsteile zu dieser Aufopferung verstehen? Die Katholiken wollten nicht noch mehr verlieren und die Protestanten das Gewonnene jeder zu inneren Zwecken verwenden. Die Spaltung des Reichs in zwei Religionsparteien hatte auch hier, in mehrerem Betracht den schlimmsten Einfluß . . .

Denkt man sich aber, was dieses Gericht ohne solche Hindernisse, ohne so störende und zerstörende Bedingungen hätte sein können, so kann man es sich nicht merkwürdig und wichtig genug ausbilden. Wäre es gleich anfangs mit einer hinreichenden Anzahl von Männern besetzt gewesen, hätte man diesen einen zulänglichen Unterhalt gesichert, unübersehbar wäre bei der Tüchtigkeit deutscher Männer der ungeheure Einfluß geworden, zu dem diese Gesellschaft hätte gelangen können . . .

Aber weit entfernt von so großen Wirkungen, schleppte das Gericht, außer etwa eine kurze Zeit unter Karl V. und vor dem Dreißigjährigen Kriege, sich nur kümmerlich hin. Man begreift oft nicht, wie sich nur Männer finden konnten zu diesem undankbaren und traurigen Geschäft. Aber was der Mensch täglich treibt, läßt er sich, wenn er Geschick dazu hat, gefallen, sollte er auch nicht gerade sehen, daß etwas dabei herauskomme. Der Deutsche besonders ist von einer solchen ausharrenden Sinnesart, und so haben sich drei Jahrhunderte hindurch die würdigsten Männer mit diesen Arbeiten und Gegenständen beschäftigt.«

Goethe fährt fort: »Die Beurteilung der Wichtigkeit einer Sache vor der andern ist, bei dem Zudrang von bedeutenden Fällen, schwer, und die Auswahl läßt schon Gunst zu; aber nun trat noch ein anderer bedenklicher Fall ein. Der Referent quälte sich und das Gericht mit einem schweren verwickelten Handel, und zuletzt fand sich niemand, der das Urteil einlösen wollte. Die Parteien hatten sich verglichen, auseinandergesetzt, waren gestorben, hatten den Sinn geändert. Daher beschloß man, nur diejenigen Gegenstände vorzunehmen, welche erinnert wurden. Man wollte von der fortdauernden Beharrlichkeit der Parteien überzeugt sein, und hiedurch ward den größten Gebrechen die Einleitung gegeben: denn wer seine Sache empfiehlt, muß sie doch jemandem empfehlen, und wem empföhle man sie besser als dem, der sie unter Händen hat? Diesen, ordnungsgemäß, geheimzuhalten, ward unmöglich: denn bei soviel mitwissenden Subalternen, wie sollte derselbe verborgen bleiben? Bittet man um Beschleunigung, so darf man ja wohl auch um Gunst bitten: denn eben daß man seine Sache betreibt, zeigt ja an, daß man sie für gerecht hält. Geradezu wird man es vielleicht nicht tun, gewiß aber am ersten durch Untergeordnete; diese müssen gewonnen werden, und so ist die Einleitung zu allen Intrigen und Bestechungen gegeben ...

Seit 166 Jahren hatte man keine ordentliche Visitation zustande gebracht; ein ungeheurer Wust von Akten lag aufgeschwollen und wuchs jährlich, da die siebzehn Assessoren nicht einmal imstande waren, das Laufende wegzuarbeiten. Zwanzigtausend Prozesse hatten sich aufgehäuft, jährlich konnten sechzig abgetan werden, und das Doppelte kam hinzu.«

Seinen historischen Abriß schließt Goethe mit den hintersinnigen Worten: »Es war auffallend, wie der monstrose Zustand dieses durchaus kranken Körpers, der nur durch ein Wunder am Leben gehalten ward, gerade den Gelehrten am meisten zusagte. Denn der ehrwürdige deutsche Fleiß, der mehr auf Sammlung und Entwicklung von Einzelheiten als auf Resultate losging, fand hier einen unversiegbaren Anlaß zu immer neuer Beschäftigung, und man mochte nun das Reich dem Kaiser, die kleineren den größeren Städten, die Katholiken den Protestanten entgegensetzen, immer gab es, nach dem verschiedenen Interesse, notwendig verschiedene Meinungen und immer Gelegenheit zu neuen Kämpfen und Gegenreden.«

Das Urteil von 1670 So also kam es, daß das Urteil im Prozeß Essen contra Essen 102 Jahre lang auf sich warten ließ. Es erging am 4. Februar 1670 und beginnt mit folgenden Sätzen:

»In Sachen weyland Frauen Irmgart, jetzo Frauen Anna Salome, Abtißinnen zu Essen, Klägerinnen an einem

wider Bürgermeisters, Rath und ganze Gemeinheit der Stadt Essen, Beklagten andern Theils, ist zu Recht erkandt:

A. daß gemeldete Frau Klägerinne und ihre nachfolgende Abtißinnen zu Essen vor der Beklagten ordentliche *Obrigkeit* und rechte Landsfürstinne zu erklären

B. und Beklagte, auch gantze Stadt Essen, als *Unterthanen* und ein Glied dessen Fürstlichen Stiffts eine Abtißinne daselbsten davor zu halten und zu erkennen, auch allen gebührenden Gehorsamb in Gebott und Verbott zu leisten, zu condemniren und zu verdammen seye.«

Diese scheinbar klare Entscheidung – die Äbtissin ist die Obrigkeit, die Stadt ist ihr untertan – wurde nun jedoch dadurch verwischt, daß die Stadt »bey ihren hergebrachten Rechten ... zu schützen, zu manuteniren und lassen seyn«. Als hergebrachte Rechte der Stadt wurden unter anderem aufgeführt: Die Stadt braucht der Äbtissin nicht zu huldigen, kann den Magistrat selbst bestimmen und darf über die Religion entscheiden. Die am Kammergericht in 102 Jahren »auffgelauffenen Gerichts-Kösten« wurden beiden Parteien gleichmäßig auferlegt.

Das Ergebnis der über hundertjährigen Anstrengungen also: Es blieb alles so, wie es von 1377 bis 1560 gewesen war. Die Äbtissin wurde als Landesherrin anerkannt, die Stadt zwar als Glied des Stifts bezeichnet, jedoch in ihren hergebrachten Rechten belassen. Ihr Anspruch, eine Reichsstadt zu sein, war zwar verworfen; aber bei Luthers Lehre zu bleiben, um die es 1561 gegangen war, wurde der Stadt zugebilligt, weil es sich um eines ihrer hergebrachten Rechte handelte. So wurde Essen zur *civitas mixta* erklärt, zur *Freistadt* oder eigentlich »gemischten Stadt«, wonach es weniger als eine Reichsstadt, aber mehr als eine Landstadt war, »wegen sonderbarer habender und hergebrachter Oberherrlich- und anderer Gerechtigkeiten denen Reichsstädten beynahe ähnlich zu schätzen«.

Des Heiligen Römischen Reiches Fürstin und Äbtissin in Essen, Frau zu Breisig, Huckard und Rellinghausen (so ihr Titel seit 1661) nahm das Urteil an – die Stadt nicht. Sie legte Revision ein, die nach weiteren hundert Jahren verworfen wurde.

Auch damit war der seit 1377 schwelende Streit aber nicht beendet. Der preußische Beamte Justus Gruner schrieb am Ende des 18. Jahrhunderts: »Den höchsten Schutz erhält das Land von dem König von Preußen, welcher Erbvogt und Schirmherr des Stiftes und der Stadt Essen ist. Beide letztere aber liegen, wegen der Herrschaft und Regierungsweise, in einem zwar längst entschiedenen, aber dennoch immer fortwährenden Streite. Das Stift behandelt nämlich die Stadt als eine Munizipalstadt; diese aber hält sich für reichsfrei. Die langen desfallsigen Streitigkeiten sind durch das Urteil des Reichskammergerichts dahin bestimmt, daß die Äbtissin des Stiftes als Landesfürstin und Obrigkeit der Stadt erklärt ward, diese aber ihre vielen hergebrachten Privilegien behielt, *über deren mehrere oder mindere Ausdehnung nun ein fortwährender Krieg stattfindet.*«

6. Kapitel
Die Spanier kommen

An Kriegen litten Essen und Werden ohnehin nicht Mangel. Schon lange vor dem Dreißigjährigen Krieg führte die Glaubensspaltung fremde Truppen ins Land.

1584 besetzten die Spanier, aus den Niederlanden kommend, diejenigen Teile Westfalens, die zu dem protestantisch gewordenen Erzbischof von Köln hielten, und zogen auch in Essen ein. Wie sie hausten, teilte ein Stiftsfräulein im März 1584 der abwesenden Äbtissin in einem Brief mit, in dem es heißt: »Unser armes Stift und dessen Angehörige werden mit täglichen Plünderungen, Rauben und Brandschatzen in äußerstes Verderben gesetzt, daß wir weder Heller noch Pfennig zu bekommen wissen. Nicht allein wird die Wintersaat verdorben und die Sommersaat verhindert, sondern auch noch unser Haus Borbeck und andre adlige Häuser haben sie inne, verwüsten und verderben alles und haben dergestalt gehauset, als ob wir Unchristen und abgesagte Feinde wären.«

Bis 1609 blieb Westfalen Schauplatz der Kämpfe zwischen Spaniern und Holländern. 1590 wurden Steele und Schloß Borbeck erobert und geplündert. 1592 rüsteten die Essener Schmiede unerschrocken die spanischen Truppen mit Schußwaffen für 35 295 Gulden aus (vgl. Seite 66). 1598 führten die Spanier die Freie Stadt Aachen gewaltsam zum Katholizismus zurück, getreu dem Befehl, »Ihrer Majestät Rebellen zum Gehorsam zu bringen und die Ketzer auszurotten«.

Am 20. Dezember 1598 rückten die Spanier zum zweitenmal in Essen ein. »Sie haben das stifft Essen und Werden gar ausgeplündert und großen Schaden gethan, auch in Essen spanische Reuter gelegt«, heißt es in einem zeitgenössischen Bericht. Die Essener Stadtchronik vermeldet: »Das Stift Essen ist verdorben und verarmt, so zwar, daß ein Teil der Hausleute verlaufen, ein anderer vor Hunger und Angst gestorben ist ... Zwischen Ruhr und Lippe sind solche Schandt und Muthwillen geübt, daß es nicht auszusprechen.«

Vor den Toren lauerten spanische Horden und plünderten Kaufmannszüge aus. In den Emscher-Niederungen raubten sie »300 fette Schweine nebst einer Menge Pferde, Kühe und Schafe«. Als die Spanier im April 1599 abzogen, von den Bürgern mit Zehrgeld für dreizehn Tage ausgestattet, ließen sie die Pest zurück – »daß bei der damaligen betrübten Einsamkeit hin und wieder die

Straßen der Stadt gleich einem Kirchhof, mit grünem Gras oder Rasen bewachsen gewesen«.

Die Äbtissin klagte: »Das hispanisch Kriegsvolk hat in der Stadt den ganzen Winter über gelegen zu meinem und der armen Leut großen Verderb. Diejenigen, so itzo von dem Allmächtigen mit Tod aus diesem Jammerthal abgefordert werden, sein viel glücksamer dann die, welche in dieser elenden Zeit länger in der Welt leben und noch so viel Elend und Jammer, so sich täglich zuträgt, sehen und hören müssen.«

Äußerlich kehrte nun für siebzehn Jahre Ruhe ein, und das Büchsenmacherhandwerk machte bis 1620 immer bessere Geschäfte. Aber der Kampf um den rechten Glauben verschärfte sich. 1605 gelang es den vereinten Bemühungen des päpstlichen Nuntius, des Kurfürsten von Köln und der clevischen Regierung, gegen die durchweg evangelischen Stiftsdamen (es waren nur noch drei) zum erstenmal nach vierundvierzig Jahren wieder die Wahl einer streng katholischen Äbtissin durchzusetzen, der Gräfin *Elisabeth vom Berge*. Die katholische Partei hatte gedroht, die Wahl einer evangelischen Äbtissin würde sie »durch eine spanische Expedition mit großem Beschwer der Untertanen abstellen«. Andererseits war Elisabeth eine Kusine des niederländischen Oberfeldherrn Prinz Moritz von Oranien, der, obwohl Calvinist, im Fall ihrer Wahl das Stift mit Durchzügen und Einquartierungen soweit wie möglich zu verschonen versprach. So fand Elisabeth die Zustimmung beider Parteien, und das Stift wurde zu einem Ausgangspunkt der Gegenreformation.

Die Gegenreformation

1609 starb kinderlos Herzog Johann Wilhelm von Cleve, Vogt über Essen und Werden. Sein Land und damit auch Essen gerieten in den Machtkampf zwischen Protestantismus und Katholizismus: zwischen den Neffen und Erben des verstorbenen Herzogs, des evangelischen Kurfürsten von Brandenburg und des später katholischen Pfalzgrafen von Pfalz-Neuburg; schließlich überhaupt zwischen der Partei der protestantischen deutschen Landesfürsten (im Bunde mit Frankreich und den Niederlanden) und der katholisch-kaiserlichen Liga, die vor allem aus den habsburgischen Landen Spanien und Österreich bestand.

Noch ehe die Gegensätze zum offenen Austrag kamen, errang der Katholizismus in Essen und Werden 1614 einen weiteren bedeutenden Erfolg: Bei der Neuwahl der Äbtissin und des Abtes kamen zwei fanatische Katholiken ins Amt – in Werden *Hugo Preutaeus*, in Essen Gräfin *Maria Clara von Spaur*, deren Bruder General in spanischen Diensten war. Sie berief Kapuziner ins Land, straffte die Verwaltung und hatte das erklärte Ziel, die Stadt Essen politisch und religiös wieder dem katholischen Stift einzuverleiben.

Das Verhältnis der Stadt zu ihr war gleich bei ihrem Regierungsantritt gespannt: Auf dem städtischen Mühlenteich lag ein stiftischer Wäschekahn, was der Magistrat zum Anlaß nahm, der Landesfürstin bürokratische Schwierigkeiten zu machen. »Hette man das Wesen mit dem Schiff bleiben lassen, o wie wol wär geschehen!« schrieb der lutherische Stadtpfarrer Eberhard Wittgen in seine Stadtchronik.

Aber auch bei mehr Entgegenkommen in Sachen Wäschekahn hätte sich ein

83

Zusammenstoß zwischen Stadt und Stift ereignet. Schon im Jahr ihrer Wahl fuhr die Äbtissin häufig ins spanische Feldlager zu Wesel. Als sie bei der Rückkehr einmal in Begleitung von spanischen Reitern in Essen einritt, kam es zu einem Volksauflauf, bei dem zwei Bürger von den Spaniern erschossen wurden.

Im März 1616 erließ Maria Clara eine neue Religionsordnung, die für »alle und jeden ihres Stifts Essen Unterthan« verbindlich sein sollte. Danach war die Abhaltung »unkatholischer« Gottesdienste, der Besuch unkatholischer Schulen, der Besitz unkatholischer Bücher und überhaupt alles Unkatholische bei Strafe von 20 Goldgulden verboten. »Zum 1.ten verbieten wir bey straff und ungnad alle heimliche beisammenkunften mit lesen, lehren und winkelpredigen in den heusern oder sonsten, item, daß sich zu keinen uncatholischen örtern oder kirchen begeben, es sei mit anhörung der predig, oder sonst mit participation oder genießung deren sacramenten.«

Durchsetzen konnte die Äbtissin diese Verordnung freilich nur bei den Bewohnern des Stiftslandes außerhalb der Stadt. Der Legat von Köln, der im Münster eine Firmung vornehmen sollte, mußte mit einem Geleit von katholischen Stiftsbauern durch die lutherische Stadt in die katholische »Burg« geführt werden. Unter dem Schutz von Soldaten aus dem katholischen Steele, die Gebet und Gesang jeweils mit Schüssen umrahmten, wagte Maria Clara auch eine Prozession zu unternehmen, die zum Schluß über den Marktplatz führte – »eine ungewonliche neuwe procession, fürhin niemals so gehalten«, wie Pastor Wittgen schreibt.

Die Lage wurde noch verworrener dadurch, daß in Essen von 1616 bis 1618 eine Handvoll brandenburgisch-holländischer Soldaten gleichzeitig mit vierzehn spanischen Soldaten einquartiert war. Nach fast zweijährigem Waffenstillstand gelang es der siebenfachen spanischen Übermacht, die inzwischen auf zwei Brandenburger zusammengeschmolzene protestantische Heeresgruppe aus der Stadt zu jagen. Die Spanier blieben noch bis 1621.

Der Dreißigjährige Krieg

1618, nachdem Essen schon vierunddreißig Jahre lang in kriegerische Auseinandersetzungen verwickelt gewesen war, brach der *Dreißigjährige Krieg* aus. 1620 erreichte die Essener Gewehrproduktion ihren Höchststand, und bis 1622 blieb die Stadt von den Schrecken des Krieges im großen und ganzen verschont.

1623 lagen von Januar bis Juli spanische Truppen in Essen, was die allzu bekannten Aufregungen, Willkürlichkeiten, Bedrückungen und Kontributionen mit sich brachte. Als sich im Dezember desselben Jahres ein neuer spanischer Heerhaufen auf der Suche nach Winterquartieren durch Westfalen wälzte, faßten die Bürger von Essen den verzweifelten Beschluß, den katholischen Landsknechten die Quartiere zu verweigern. Die Stadttore wurden geschlossen und unter dem Läuten der Glocken die Mauer mit allen waffenfähigen Männern besetzt. Aber die Belagerung dauerte nur wenige Stunden: »Ist Don Cordova mit etlichen Stucken Geschütz und etlichen Regimenter davor geruckt und solche mit Gewalt angefangen zu beschießen; wie nun 14 Schüß hinein geschehen, haben die Bürger angefangen umb Gnad und zu parlamentieren gebetten, also sich gutwillig ergeben; darein dan 11 Company zu Fuß und 6 Company zu Roß gelegt, und vor jedem Schuß 1000 Reichstaler von der Stadt gefordert worden« (*Mitteilungen zur Frankfurter Ostermesse 1624*).

1625 kam die nächste spanische Einquartierung, von 1625 bis 1627 lagen burgundische, also wiederum katholische Truppen in Essen, das dennoch eine lutherische Stadt blieb. 1626 ließ die Äbtissin den Münsterschatz und »zwei Weinfässer voll mit iren principall cantzlaisachen« zu den Jesuiten nach Köln schaffen.

1628 aber, als der Sieg der katholischen Heere nahe schien, holte Maria Clara zum großen Schlag gegen »die zelotisch-evangelische und höchst feindliche Stadt« aus. Sie erwirkte bei Kaiser Ferdinand II. ein sogenanntes *Restitutionsmandat*, wie es damals viele katholische Landesherren erhielten und das 1629 zum allgemeinen kaiserlichen *Restitutionsedikt* erweitert wurde. Danach hatten die Protestanten alle seit 1552 eingezogenen Stifte, Klöster, Kirchen und Kirchengüter herauszugeben, und gleichzeitig wurde den katholischen Landesherren die Rekatholisierung ihrer Untertanen anempfohlen.

Die Äbtissin im Angriff

Nun kam es freilich darauf an, ob die Fürstäbtissin Mittel und Wege fand, das kaiserliche Mandat gegen die aufrührerische Stadt Essen durchzusetzen. »Es war daher keine besondere Bosheit, überhaupt nichts aus dem Rahmen des damals Üblichen Fallendes, sondern der durch die Umstände gebotene und vom kaiserlichen Mandat-Erteiler wohl auch erwartete Schritt« (Jahn), daß Maria Clara zur spanischen Regentin der Niederlande, der Infantin Isabella, nach Brüssel fuhr und um militärische Hilfe bat.

Am 27. April 1628 trafen fünf Kompanien Italiener unter Don Leonardo Mola in Essen ein, mit dem Befehl, »Abbatissae Willen zu confirmieren und deren Befehl zu exercieren«. Die Bürger unter Einschluß der beiden evangelischen Pastoren wurden unter anderem dadurch schikaniert, daß sie den Soldaten Verpflegung und Pferdefutter nicht nur stellen, sondern auch »in eigener Person holen und zutragen« mußten, also nicht ihr Gesinde damit beauftragen durften.

Am 1. Mai ließ Maria Clara allen Bürgern die Waffen abnehmen und verlangte die kirchlichen Geräte zurück, die 1563 aus der Marktkirche ins Rathaus geschafft worden waren. Die beiden lutherischen Prediger wurden aus dem Stiftsland gewiesen, nachdem sie sich geweigert hatten, ihrem Glauben abzuschwören. Viele Bürger gaben ihnen das Geleit bis zur Grenze, wofür sie zu einer gemeinsamen Geldstrafe von 100 Goldgulden verurteilt wurden. Andere Pastoren schlichen sich verkleidet in die Stadt und nahmen in Kellern oder Ställen die verbotene evangelische Taufe vor.

Am 6. Mai schritt die Äbtissin mit ihren Klerikern durch ein Spalier italienischer Landsknechte von der Johanneskirche zur Marktkirche und nahm wieder von ihr Besitz. Die Kanzel wurde ausgepeitscht, auf daß die Ketzerei aus ihr entweiche.

Ein Vierteljahr später, am 27. August 1628, erwirkte der Rat der Stadt seinerseits ein kaiserliches Mandat, wonach die fremde Besatzung abziehen und der Stadt ihr Schaden ersetzt werden sollte, und zwar mit Rücksicht auf den beim Reichskammergericht schwebenden Prozeß. Aber da die Italiener dennoch in der Stadt blieben, gab es für den Magistrat keine Möglichkeit, seine kaiserlich verbrieften Ansprüche durchzusetzen. Im Gegenteil, die Äbtissin ging noch einen Schritt weiter: Am 9. September setzte sie den lutherischen Stadtrat ab und ernannte an seiner Stelle katholische Ratsherren – »da auch sogar alles mußte katholisch sein, daß man auch des Scharfrichters Knecht, dem Abdecker, bei Verlust seines Amtes solches befohlen hat«.

Am 13. November 1628 erlebte die unermüdliche Maria Clara von Spaur ihren größten Triumph: Der katholische Stadtrat verzichtete in aller Form auf den Anspruch, daß Essen eine reichsunmittelbare Stadt sein solle (obwohl der Prozeß beim Reichskammergericht noch zweiundvierzig Jahre weiterlief). Die Bürger wurden bedrängt, zum katholischen Glauben überzutreten. In einer spanisch abgefaßten Bittschrift der lutherischen Bürgerschaft an die Infantin Isabella heißt es: »Die Äbtissin wendet jegliche Gewalt und Impertinenz zum Verderben der erbarmungswürdigen Bittsteller an, mit Hilfe des Kriegsvolks, das sie von Eurer Hoheit mißbräuchlich erlangt hat.« Die Schuldenlast der Stadt durch die spanischen und italienischen Kontributionen war auf 80 000 Reichstaler angestiegen.

Die Holländer kommen Im April 1629 zogen die fünf Kompanien Italiener ab – und am 4. November rückten achtzehn Kompanien Holländer in Essen ein; nach fünfmaliger »papistischer« Besatzung im Dreißigjährigen Krieg zum erstenmal eine protestantische. Die Äbtissin floh nach Köln. Die Stadt selbst hatte, da sie als Verbündete Brandenburgs galt, nur die herkömmlichen Ärgernisse und Gewalttätigkeiten einer Einquartierung von Landsknechten zu erdulden; im katholischen Stiftsland wie im kurz darauf besetzten katholischen Werden aber kamen Abgaben und Erpressungen hinzu, die die Gemeinden an den Rand des Ruins brachten.

1630 zog wieder ein evangelischer Magistrat ins Essener Rathaus ein. In einer Eingabe an den Kaiser klagte er: »Die Stadt ist völlig verarmt, der Kredit erschöpft, der Handel steht still, da allenthalben die Gläubiger der Stadt Bürger in Arrest nehmen lassen. Garnison- und Kontributionskosten dauern fort, wie die grausame Atrocität und unchristliche Härte, so die innegehabten Garnisons mit gründlichem Verderb und Beraubung der ganzen Bürgerschaft leider verübt. Mit bangem Seufzen und blutigen Tränen zu beklagen der Verlust, den die Bürgerschaft durch die Plünderung erlitten an Gold, Silber, Geschmeide ...« Die Gewehrproduktion war auf ein Zehntel des Standes von 1620 zurückgegangen, nahm allerdings von 1632 bis 1646 nochmals einen Aufschwung.

Dazu kamen neue religiöse Mißhelligkeiten: Die Holländer, die die wieder katholische Marktkirche zunächst als Truppenquartier benutzten, gehörten ja dem mit dem Luthertum verfeindeten anderen protestantischen Bekenntnis an, dem Calvinismus. Als die Besatzung sich anschickte, die Marktkirche zu ihrer Garnisonskirche zu machen, bedrängten die lutherischen Bürger den Magistrat, die alte Reformationskirche wieder für die lutherische Gemeinde in Besitz zu nehmen.

Dies gelang. Am 5. Mai 1630 hielt Pastor Wittgen seinen zweiten Einzug in die Marktkirche, »unter dem continuierlichen Läuten des Glöckchens auf dem Chor, in zierlicher Ordnung gefolgt von den beiden Bürgermeistern, dem ganzen Rat, den Herren Vorstehern, Gilde- und Amtsmeistern samt ihren Deputierten«. Seitdem ist die Marktkirche evangelisch geblieben – obwohl 1631 wieder kaiserliche Truppen Essen besetzten, und zwar nicht weniger als siebzehn Kompanien des gefürchteten Reitergenerals Graf Gottfried Heinrich zu Pappenheim, der kurz zuvor zusammen mit dem kaiserlichen Generalissimus Graf Tilly Magdeburg erobert hatte. Maria Clara kehrte sofort aus Köln nach Essen zurück. Am 18. September jedoch zogen die Pappenheimer wieder ab, nachdem sie in der Nacht zuvor »mit Fressen und Saufen und Gelderpressen die Bürger elendig geplagt«. Tags zuvor hatte sich die Äbtissin erneut nach Köln begeben; sie kehrte nie wieder nach Essen zurück und starb in Köln 1644.

In seinem *Deutschen Reisebuch durch Hoch- und Niederdeutschland*, das 1632 in Straßburg erschien, wußte M. Zeiller inmitten so turbulenter Zeiten über Essen nichts anderes zu berichten als: »Essen, Essendia, eine Stadt und kaiserlich freiweltliches Stift im Herzogtum Bergen, und unter selbigen Schutz, dessen Frau Äbtissin ein Stand des Reichs ist. Hat eine Freiung: und sind vor diesem nur Fürstin, Gräfin und Freiinnen in solches Kloster aufgenommen worden, und vielleicht noch, so sich verheiraten mögen. In der Stadt sollen unterschiedliche Religionen sein, und werden allerlei Schußbüchsen allda gemacht; wird auch schönes weißes Brot daselbst gebacken.«

Im Mai 1632 zogen schwedische Abteilungen in die Ruhrgegend, verschonten jedoch die Stadt Essen und richteten sich dafür in Werden häuslich ein. »Bet, Kinder, bet! Morgen kommt der Schwed!« Nicht ohne Grund blieb der alte Kindervers in Werden bis ins 19. Jahrhundert lebendig. Auf den abwesenden Abt von Werden, Hugo Preutaeus, richtete sich der Haß der Schweden, weil er in seinem Glaubenseifer 1631 mit dem Schwert in der Faust an der Eroberung Magdeburgs durch die Kaiserlichen teilgenommen und dann im Dom der rauchenden Stadt zur Feier des Sieges das erste Hochamt zelebriert hatte.

Die Schweden kommen

Obwohl die Schweden mit Hilfe lutherischer Bürger in das Städtchen Werden eindrangen, wüteten sie dort wie nur je ein Landsknechtshaufen. Als sich vierhundert kaiserliche Söldner näherten, ergriffen sie die Flucht. Der Kommandeur der Kaiserlichen drohte den Werdenern furchtbare Vergeltung an, falls sie den Schweden noch einmal Hilfe leisten sollten. Im Januar 1633 wurde Werden zum zweitenmal schwedisch besetzt, doch gelang es diesmal dem einzigen zurückbleibenden Stiftsherrn, sie gegen Zahlung von 60 Reichstalern zum Abzug zu bewegen.

Nachdem der Schwedenkönig Gustav Adolf in der Schlacht bei Lützen (November 1632) gefallen war, ließ 1633 sein Verbündeter, der protestantische Landgraf Wilhelm von Hessen-Kassel, Teile Westfalens sowie die Länder Essen und Werden besetzen. Sämtliche Einkünfte der beiden Stifte nahmen die Hessen für sich in Anspruch. In Werden ließen sie die Bleidächer der Abteikirche und der Luciuskirche abnehmen und zu Gewehrkugeln gießen. Aus der Abteikirche entfernten sie die katholischen Symbole und wiesen das Gotteshaus den Werdener Lutheranern zu. In Essen zerstörten sie das Abteihaus bis auf die Grundmauern. Stadt und Stift Essen mit ihren kaum 10 000 Einwohnern hatten im Sommer 1634 nicht weniger als 4000 hessische Dragoner mit 5000 Pferden zu versorgen. In der Stadt wurde als Gerichtsschreiber *Anton Krupe* eingesetzt, des Zuwanderers Arndt Krupe ältester Sohn.

Im Herbst 1636 endlich räumten die Hessen die beiden Stiftsländer, weil Truppen des kaiserlichen Generals Graf Götz im Anmarsch waren. Im November zogen diese in Essen ein – die siebente katholische Besatzung während des Großen Kriegs und die neunte insgesamt. Es waren zehn Kompanien Fußvolk und zwei Schwadronen Dragoner, die, wie es in der Stadtchronik heißt, »auf Discretion gelebt und nebst täglichem Fressen, Saufen und Banquetieren auch alle neu kleiden und ausmontieren müssen, haben das Hospital und die Münsterkirche geplündert. Und unter dem Vorwand, die Bürger zu disarmieren, mußte man ihnen alle Kisten und Kasten aufschließen, und was ihnen gut, war ihr Raub. Sie teilten die Stadt unter sich, brandschatzten die Bürger ihres Gefallens, und mußte ein jeder geben, was er nur aufbringen konnte. Dazu sie noch einige tausend Gulden von der Stadt gefordert und bis zu deren Bezahlung einige Herren des Rates und des Vorstands als Geiseln gefänglich mit nach Soest geschleppt, als sie im Anfang des 1637. Jahres in festo Epiphaniae ausgezogen.«

Krieg bis 1650 Die letzten Jahre des Dreißigjährigen Krieges verliefen an der Ruhr ein wenig ruhiger. Doch war der Große Krieg, der für Essen eigentlich schon 1584 mit der ersten spanischen Besetzung begonnen hatte, für die Stadt auch mit dem Westfälischen Frieden von 1648 noch nicht beendet. Ein kaiserliches Regiment begehrte Aufnahme – sie wurde ihm verweigert. »Deswegen Graf Woldemar mit seinem ganzen Regiment Reiter samt einigen hundert Mousquetieren und zwei Feuermörsern die Stadt belagert und beschossen und die dahin bezwun-

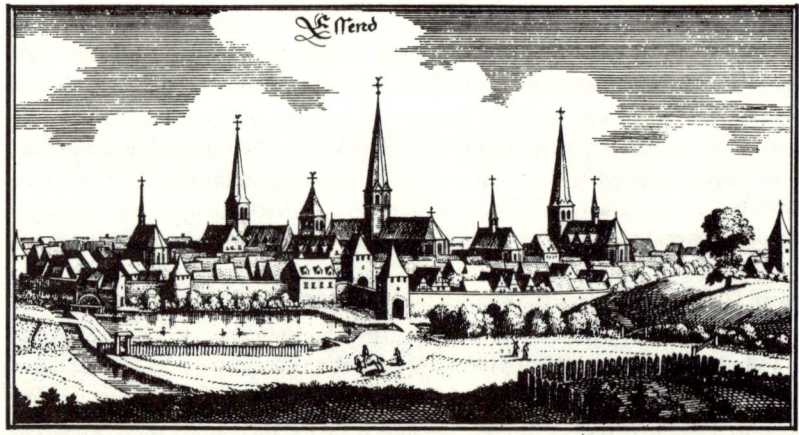

Essen um 1650 (Stich von Merian)

gen, daß sie mit ihnen capitulieren und neben dem Regimentsstab die Leibcompagnie zu Pferd annehmen und die mit Futter und Mehl bis ins Jahr 1650 unterhalten müssen.«

Im August 1650 zogen sogar noch weitere kaiserliche Truppen nach Essen, und zwar diejenigen, die die Stadt Dortmund durch eine Zahlung von 2000 Reichstalern losgeworden war. Erst im September erschienen endlich die kaiserlichen Entlassungskommissare, entlohnten die Landsknechte und schickten sie fort.

Der offizielle Tag der Demobilisierung war der 9. September 1650, der fortan als Feiertag begangen wurde. In der Kirchenordnung von 1664 heißt es dazu: »Wird auch jährlichs und alle Jahre ganz gefeiert der erste Freitag nach dem neunten Tag Monats Septembris, zur immerwährenden Gedächtniß des liebwerthen deutschen Friedens, da dann auch der grundgütigste Gott diese durch vorgewesenen leidigen Krieg leider ganz ruinierte und ausgewesene Stadt und Bürgerschaft im Jahre 1650 den 9. Septembris von der Kriegsdrangsal und Pressur befreit hat.«

Am 10. September 1650 feierte Essen das Friedensfest. Markt und Kirche wurden mit Zweigen und Girlanden, Rathaus, Kirche und Stadttore mit den Fahnen der Gilden geschmückt. Ein Bläserchor im Rathaus spielte abwechselnd mit einem Chor von Zinken und Posaunen auf dem Turm der Marktkirche. Unter Trommelklang marschierten die Bürger mit Gewehren durch die Stadt. Auf dem Markt schossen sie eine Salve und sangen Dankchoräle. Zusammen mit den unzähligen Leuten, die aus Werden und Mülheim, aus Dortmund und Duisburg, aus Bochum und Wesel nach Essen geströmt waren, schwärmten sie in lärmender Fröhlichkeit durch die überfüllten Straßen und feierten bei Bier und Wein im Licht von Teertonnen und Pechkränzen die ganze Nacht hindurch.

Was hatte der Dreißigjährige Krieg für Essen gebracht? *Bilanz des Verfalls*

Von den etwa 800 Häusern der Stadt waren nur noch rund 300 bewohnbar, die übrigen teils mangels Pflege verfallen, teils von Landsknechten demoliert, teils bei den Beschießungen von 1623 und 1649 zerstört. Die Bauern im Stiftsland waren so oft ausgeplündert worden, daß sie kaum noch Saatgut und Vieh besaßen. In den Wäldern gab es große Kahlschläge.

Die Finanzlage des Stifts war erbärmlich und die der Stadt verzweifelt. Die Kosten der Einquartierungen und die Kontributionen konnten nicht aus Vermögen, sie mußten aus Krediten bestritten werden. Anleihen wurden zunächst bei den führenden Familien – Beckmann, Brüning, Leimgard und Krupe – und den städtischen Stiftungen, später in der Form von Stadtobligationen bei Klöstern, Grundherren und Bürgermeistern vor allem im Raum Köln und Wesel aufgenommen.

Daß die Stadt sie überhaupt erhielt, war zum großen Teil dem Ansehen ihres Schmiedehandwerks zu danken, das durch den Krieg ja mehr Vorteile als Nachteile hatte. Für die Schulden haftete die gesamte Bürgerschaft mit Person und Habe. Bei Kriegsende war die Schuld auf 600 000 Reichstaler angewachsen, bei einer jährlichen Gesamteinnahme der Stadt von 3000 Reichstalern – weniger, als allein für den Zinsendienst nötig gewesen wäre.

Dennoch hatten Essen und seine Bewohner an Leib und Gut weit weniger gelitten als viele andere deutsche Städte, ja als der Durchschnitt der deutschen Bevölkerung, die der Große Krieg halbierte. Die Erwerbsbasis der Stadt, das Schmiedehandwerk, war intakt.

Im Konfessionsstreit legte der Westfälische Friede den kirchlichen Besitzstand von 1624 als Norm zugrunde. Da die Stadt nur von 1628 bis 1630 zwangsweise rekatholisiert worden war, blieb sie nun evangelisch, auch ohne daß sie dazu als Reichsstadt hätte anerkannt werden müssen. 1655 mußte Essen unter dem Druck Brandenburgs allerdings auch den bis dahin hart unterdrückten Calvinisten die Freiheit der Religionsausübung und den Zugang zu allen städtischen Ämtern zugestehen. Essen war nun eine lutherische Stadt mit einer calvinistischen und einer katholischen Minderheit.

Politisch hatten sich die Länder Essen und Werden 1648 unter die Schirmherrschaft des Kurfürsten Friedrich Wilhelm von Brandenburg begeben, des Großen Kurfürsten (Regierungszeit 1640 bis 1688). Danach war die Vogtei über die beiden geistlichen Territorien nunmehr im Haus Hohenzollern erblich wie bis 1609 bei den Herzögen von Cleve.

Brandenburg machte von seiner überlegenen Macht einen ungleich stärkeren Gebrauch als früher Cleve; doch nominell und als Verwaltungskörper überlebten die beiden Zwergstaaten an der Ruhr auch den Dreißigjährigen Krieg und fristeten noch weitere anderthalb Jahrhunderte lang ein souveränes, wenn auch kümmerliches Dasein.

7. Kapitel
Das Ringelspiel um die Macht

Auch das Friedensfest von 1650, das für Essen einen sechsundsechzigjährigen Krieg (von 1584 bis 1650) beendet hatte, konnte der Stadt den Frieden nicht länger als fünf Jahre sichern. Zweiundvierzig Jahre lang, von 1646 bis 1688, stand mit Gräfin *Anna Salome von Salm-Reifferscheid* eine Äbtissin an der Spitze des Landes, die den katholischen Glauben und die Macht des Stiftes über die Stadt mit dem gleichen Eifer und der gleichen Härte auszudehnen versuchte wie die 1645 im kölnischen Exil gestorbene Maria Clara von Spaur – wobei sie ebenfalls nicht davor zurückschreckte, die aufsässige Stadt durch fremde Truppen zur Botmäßigkeit zu zwingen.

Schon als Vierundzwanzigjährige, von Stiftsdamen und Kanonikern einstimmig gewählt, ging Anna Salome zielstrebig daran, die Selbständigkeit der Stadt Zug um Zug einzuengen. Daß Essen eine evangelische Mehrheit hatte, konnte sie nach den Bestimmungen des Westfälischen Friedens nicht mehr durch ein Machtwort, sondern nur noch in mühevoller Kleinarbeit zu ändern suchen, und mit der städtischen Selbstverwaltung fand sie sich ab; unerbittlich aber verfolgte sie das Ziel, die Stadt zur Anerkennung der Fürstäbtissin als Landesherrin zu nötigen. Sie verlangte, daß der Stadtrat zur Hälfte aus katholischen Mitgliedern bestehe, damit er die Glaubenszugehörigkeit des ganzen Stiftslandes widerspiegle; sie forderte, daß die Erblichkeit der städtischen Gildemeister abgeschafft würde, weil diese den Zustrom junger Handwerker aus den Dörfern des Stiftslandes unterbanden; sie verlangte Mitsprache bei der Verwaltung des städtischen Hospitals – dies alles zunächst vergebens.

1655 ergriff Anna Salome zum erstenmal eine Gewaltmaßnahme gegen die Stadt: Sie verhängte eine Blockade für alle Kornlieferungen über Essen, nachdem der Magistrat seinerseits die Stiftsdamen hatte zwingen wollen, ihr Korn nur über einen Bezugsschein des städtischen Akzisepächters zu beziehen. Der Kurfürst von Brandenburg kam der Stadt zu Hilfe, wofür er vom Rat der Stadt jedoch die Gleichberechtigung der Calvinisten einhandelte.

Da Lutheraner wie Katholiken den Calvinisten gleichermaßen abgeneigt waren, kam es 1656 zu einem Vergleich zwischen Stadt und Äbtissin, ja sogar zu einer Huldigung der Bürger an die Landesfürstin, die mit zwei Kutschen und achtzehn Reitern feierlichen Einzug in der Stadt hielt. Die frisch Versöhnten versammelten sich zu einem »herrlichen Gastmahl, da dann die Fürstin alle Herren Deputierten der Stadt hierzu einladen lassen und nach vielem Gesundtrinken zu allerseitigem Wohlergehen bei später Nacht geschieden wurde«.

Vierundzwanzig Jahre vor dem Ende des Prozesses, der seit 1568 beim Reichskammergericht schwebte, hatte die Äbtissin also eine Huldigung erhalten, wie die Stadt sie seit langem unterlassen hatte und wie das spätere Urteil des Reichskammergerichts sie von der Stadt auch gar nicht forderte. Der seit über dreihundert Jahren schwelende Zwist zwischen Stadt und Stift, das endlose Wechselspiel von Ansprüchen, Streitigkeiten, Konzessionen und Vergleichen setzte sich mit einem grotesken Intermezzo fort.

Bauernsturm auf Essen

Denn mehr als ein Zwischenspiel war die Versöhnung nicht. Kaum sechs Jahre nach dem Huldigungsfest, im März 1662, kam es dahin, daß die Äbtissin die Stadt von bewaffneten Stiftsbauern stürmen ließ. Den Anlaß dazu bot der Stadtsekretär *Matthias Krupp* (ein Enkel von Arndt Krupe): Er ließ an Anna Salome einen Brief zurückgehen, in dem sie einem in der »Burg« wohnenden Handwerker freies Geleit durch die Stadt versprach, die den Goldschmied wegen Beleidigung eines Bürgermeisters festnehmen wollte. Die Äbtissin forderte den Stadtrat auf, einen Schlichtungsausschuß zu benennen, dem jedoch der beleidigte Bürgermeister nicht angehören dürfe.

Der Rat lehnte das ab und rief die Bürger unters Gewehr. Daraufhin holte Anna Salome die Bauern ihres Landes zu den Waffen; sie zerschlugen die Schlösser der Stadttore mit eisernen Hämmern, verprügelten die Pförtner und Wächter, besetzten das Rathaus und die Marktkirche und schafften Bürgermeister und Stadtsekretär gewaltsam nach Schloß Borbeck. Die Stadtchronik meldet: »Mit Beilen und Hämmern haben sie die Limbecker Pforte geöffnet, die Pförtner jämmerlich zerschlagen. Großen Mutwillen haben sie in der Stadt verübt, auch den Bürgern vielfältige Drangsale und Molesten zugefügt und bedrohlich vernehmen lassen, die Stadt an vier Orten in Brand zu stecken...«

Weder die Stadtmauern von 1347 noch der Anspruch, eine Reichsstadt zu sein, befähigten das Städtchen Essen, sich gegen die Bauern des Ländchens Essen zu verteidigen. Vielleicht war es das Pech der Stadt, daß sie ihren militärisch erfolgreichsten Sohn zu den Holländern hatte ziehen lassen: Es war der 1604 in der Steeler Straße zu Essen geborene *Jan van Galen*, der 1652 das Kommando über die niederländische Mittelmeerflotte erhielt und 1653 den Engländern in der Bucht von Livorno eine schwere Niederlage beibrachte, wobei er tödlich verwundet wurde. Essens zweites Pech dabei ist, daß der einzige Bürger der Stadt, der vor den Familien Baedeker und Krupp lexikonreif wurde, im Großen Brockhaus überhaupt nicht und im Großen Meyer mit einem durch alle Auflagen mitgeschleppten Druckfehler an der für Essen entscheidenden Stelle, nämlich mit dem Geburtsort *Elsen* statt Essen, verzeichnet steht – ein Mißgeschick, das den Essener Chronisten Robert Jahn noch 1957 in eifernden Zorn versetzte. Der Seeheld ist in Amsterdam begraben; auf seinem Marmorsarkophag heißt es richtig: *Galen Essensi*.

Aus ihrer militärischen Hilflosigkeit wurde die unfreie Reichsstadt wiederum durch den Großen Kurfürsten befreit, der vor Schloß Borbeck, der Residenz der Äbtissin, zweihundert Soldaten aufmarschieren ließ und den sofortigen Abzug der Bauern aus Essen verlangte. Er erfolgte noch in der gleichen Nacht, nach einwöchiger schmählicher Besetzung. Statt dessen blieben ein halbes Jahr lang dreißig Brandenburger in der Stadt.

Acht Jahre nach diesem jüngsten Krieg zwischen Städtchen und Ländchen, 1670, erging dann das Urteil des Reichskammergerichts (vgl. Seite 80) – nicht ohne daß die seit 102 Jahren prozessierenden Parteien die Richter in Speyer in letzter Stunde noch mit Streitschriften traktiert hätten: »Summarische, dannoch beständige Remonstration und Beweistum, daß die Stadt Essen ein Immediat-Reichsglied sei«, hieß sie bei der Stadt, »Recht muß doch Recht bleiben« bei der Äbtissin.

Gewonnen war mit dem Urteil nichts; es hatte ja beiden Seiten ihre Rechte verbrieft – und es führte sogar zu neuen kriegerischen Wirren. Da die Äbtissin als Landesherrin bestätigt war und sich somit für die Konfession ihrer Untertanen zuständig fühlte, und da sie dem Großen Kurfürsten ihre Hoheitsansprüche deutlich machen wollte, untersagte sie die Fortsetzung der Bauarbeiten an der in Essen entstehenden calvinistischen Kirche – in diesem Punkt der Unterstützung der überwiegend lutherischen Stadtbevölkerung gewiß. Als die Verhandlungen mit dem calvinistischen Kurfürsten ergebnislos blieben, ließ Anna Salome die Bauarbeiter von bewaffneten Stiftsbauern verjagen, worauf Friedrich Wilhelm Truppen nach Essen schickte.

Brandenburger und Franzosen

Der brandenburgischen Streitmacht kam an der Ruhr ein Trompeter der Fürstäbtissin entgegen und forderte sie zum Rückzug auf. Die Brandenburger zeigten sich davon ebensowenig beeindruckt wie von dem nachfolgenden Aufgebot bewaffneter Bauern und einem Protestbrief des Magistrats. Stadt und Stift bekamen für ein halbes Jahr 330 Mann zur Einquartierung.

Die Fürstäbtissin gab nicht auf. Als Ludwig XIV. 1672 seinen Raubkrieg gegen Holland begann, sah sie eine neue Chance, zugleich gegen Brandenburg und die Stadt Essen vorzugehen. Am 26. März 1673 rückten vierundzwanzig Schwadronen französische Kavallerie von den Truppen des berühmten und berüchtigten Marschalls Henri Vicomte de Turenne in Essen ein; Turenne, der im Dreißigjährigen Krieg auf protestantischer Seite gekämpft hatte, war 1668 zum Katholizismus übergetreten.

Es ist nicht erwiesen, ob die Franzosen von Anna Salome gerufen worden waren wie 1628 die Italiener von Maria Clara von Spaur; nach evangelischer Darstellung wurden die Franzosen von der Äbtissin »listig in die Stadt geholt«. Zweierlei steht jedoch fest: erstens, daß Anna Salome Verbindungen zu den Verbündeten der Franzosen hatte, dem Kurfürsten von Köln und dem Bischof von Münster; zweitens, daß sie die Anwesenheit der französischen Truppen in der Stadt mit wilder Entschlossenheit zur Verfolgung ihrer religiösen und machtpolitischen Ziele ausnutzte. Sie quartierte bei jedem der beiden Bürgermeister eine ganze Schwadron und bei jedem widerspenstigen Bürger zwanzig Reiter ein, und sie setzte die Bürgerschaft derart unter Druck, daß diese nun

Anna Salomes alter Forderung entsprach, einen zur Hälfte katholischen Stadtrat zu wählen.

Der Pfarrer von Rellinghausen berichtete über die französische Besatzung: »Den 12. September (1672) lag Marschall Turenne mit seiner Armee hier herum in den Stiften Essen, Werden und Rellinghausen bei drei Wochen. Damals gingen alle Kornfrüchte darauf, welche teils ausgedroschen und verkauft, teils sonst elendiglich verfuttert und verstreut worden. Im Abzug ruinierten die französischen Völker unsere Kirche, verbrannten die Kanzel, den Altar größtenteils und die Bänke samt den Fenstern ebenfalls. – 1673 auf Palmsonntag kamen die französischen Völker in Essen, tribulierten die Bürger elendiglich, aber sie wurden mit nicht geringer Geldausgebung den Dienstag ihrer wieder los. Im Monat April und Mai zogen siebenmal französische Völker hier durch, welche eine unsägliche Summe Geldes kosteten. Den 17. Mai kam das burgundische Regiment, 30 Kompagnien stark, hier durch, die schlimmsten von allen. Selbige schlugen nicht allein in den Häusern die Fenster ein, sondern brachen das Stroh von den Dächern, schnitten die liben Früchte ums Dorf ab, und was am meisten zu beklagen, sie ruinierten unsere Kirche gänzlich.«

Dem unter Protest zurückgetretenen lutherischen Magistrat von Essen gelang es, bereits am 9. April 1673, zwei Wochen nach dem Einzug der Franzosen, beim Reichskammergericht ein Mandat an die Äbtissin zu erwirken, wonach in der Stadt der frühere Zustand wiederherzustellen und ihr vom Stift Schadenersatz zu leisten sei. Drei Jahre nach dem Urteil in dem hundertzweijährigen Prozeß mußte das Gericht schon wieder sprechen.

1674 waren Stadt und Stift im Zuge des Krieges gegen Ludwig XIV. von brandenburgischen Truppen besetzt. Der Große Kurfürst preßte an Geld aus dem Ländchen, was nur herauszuholen war, wobei er sich der hoffnungslosen Feindschaft zwischen Stadt und Stift geschickt zu bedienen wußte, indem er einen gegen den anderen ausspielte. 1688 starb er, im gleichen Jahr auch seine machtlose, aber ihm an Talent und Entschlossenheit nicht nachstehende Widersacherin Anna Salome.

Die fürstlich-essendische Miliz

Weder der Streit zwischen der Äbtissin und Brandenburg-Preußen noch der zwischen Stift und Stadt war damit beendet. Das Land Essen hatte um diese Zeit zur Reichsarmee vierundvierzig Soldaten beizusteuern, eine Verpflichtung, die bis dahin in Geldzahlungen an Brandenburg abgegolten worden war (350 Reichstaler pro Monat im Jahre 1700). Um sich die Wehrhoheit nicht völlig entwinden zu lassen, rüstete die Äbtissin *Bernardina Sophia von Ostfriesland und Rietberg* (Amtszeit 1691 bis 1726) eine eigene Armee aus, fünfunddreißig Mann stark, da die *Stadt* Essen den Gegenwert der auf sie entfallenden neun Soldaten an Cleve zahlte. Die fürstlich-essendische Miliz in ihren nach dem Modell der bischöflich-münsterschen Truppen geschneiderten Uniformen pflegte freilich nicht nur außerhalb des Stiftslandes, sondern auch innerhalb, nämlich an den Stadttoren von Essen, »schimpflich abgewiesen« zu werden. Wagte sich gar ein Soldat der Äbtissin mit Waffen in die Stadt, so wurde er verhaftet.

Und das Ringelspiel ging weiter: 1727 wurde die neue (die vorletzte) Äbtissin,

Prinzessin *Franziska Christina von Pfalz-Sulzbach,* von Stift und Stadt mit Paraden und Festen feierlich und herzlich eingeholt, als sie aus Thorn (bei Maastricht) kam, wo sie schon Äbtissin des dortigen Frauenstifts war. 1730 schickte sie pfälzisches Militär gegen die Stadt vor, das der König von Preußen durch seine Soldaten vertreiben ließ – »ein empfindliches Denkmal einer fatal- und notorischen Geschichte«.

Der Siebenjährige Krieg brachte neue Nöte über Essen. In einer Denkschrift des Stadtrats an den Schirmherrn des Landes, Friedrich den Großen, heißt es: »Wir können nicht genug klagen, wie erschrecklich unsere arme Stadt bei letzterem Kriege mit- und hergenommen worden. Die französischen Truppen haben die unerhörtesten Lieferungen von Frucht und allerhand Viktualien von Uns erpresset ... Unser Landstädtchen ist nunmehr, nachdem die vormalen darin befindlichen blühenden Tuch- und Gewehrfabriken gänzlich weggezogen sind, fast völlig von seiner Nahrung entblößt und in eine decadence und Ohnmacht geraten ...«

Den Frieden von Hubertusburg im Jahre 1763 feierte die Stadt, dem Preußenkönig von jeher mehr als der Äbtissin zugetan, mit einem mehrtägigen Fest, das zugleich dem 200. Jahrestag der Einführung der Reformation in Essen galt. In einem überlieferten Festgedicht läßt die Bürgerschaft die Kaiserin Maria Theresia, »König Friederich, das Wunder unserer Zeit« und den Magistrat hochleben; die Äbtissin kommt gar nicht vor.

1764 züchtigte Franziska Christina die Essener Kapuzinermönche, weil bei der Einweihung ihrer neuen Kirche der aus Münster gekommene Ordensvorsteher in seiner Festrede von der »kaiserlichen Reichsstadt Essen« sprach. Die Äbtissin ließ es sich nicht nehmen, den Kapuzinern »die vom Hof und vom Lande bishero aus Gnaden zugeflossenen Nutzbarkeiten« zu sperren und zwei Patres, die ihr später in Borbeck eine Bittschrift überreichen wollten, durchnäßt im Schweinestall warten zu lassen. Die Kapuziner erhielten erst dann wieder ihre Zuwendungen, als sie von der Kanzel herab erklärt hatten, Essen sei *keine* kaiserliche Reichsstadt.

1768 kam es zu einem Krieg zwischen Friedrich dem Großen, König von Preußen, und *Anselm Sonius,* Abt von Werden, weil die Bürger und die Preußen eine Pforte in der Mauer zwischen Stadt und Abtei aufheben, der Abt sie aber beibehalten wollte. Schließlich wurde die sechzehnköpfige Stiftsarmee von achtzig preußischen Soldaten überwältigt und in die Festung Wesel geschafft.

Zur letzten der achtundfünfzig Äbtissinnen, die seit Altfrids Schwester Gerswida über Essen herrschten, wurde 1776 *Maria Kunigunde,* Prinzessin von Polen und Litauen, Herzogin von Sachsen, gewählt, eine Enkelin Augusts des Starken und Kaiser Josephs I. Dies war jedoch keine späte Aufwertung des sterbenden Stifts, sondern offenbar der Versuch, einer häßlichen Prinzessin nach etlichen gescheiterten Heiratsplänen wenigstens zu standesgemäßen Einkünften zu verhelfen. Mit Nachhilfe ihres Bruders, des Kurfürsten von Trier, der Kaiserin Maria Theresia und erheblicher Bestechungsgelder wurde die Wahl Maria Kunigundes schließlich durchgesetzt.

Die letzte Äbtissin

Sie residierte weder in Essen noch in Borbeck, sondern meist im Schloß ihres Bruders in Koblenz – was zwar die Durchführung ihrer Verordnungen erschwerte, aber nicht bedeutete, daß sie an ihrem Land kein Interesse genommen hätte. Sie erließ eine Forstordnung zum Schutz der weithin kahlgeschlagenen Wälder; sie zahlte aus eigener Tasche 40000 Reichstaler, um den Bau einer preußischen Landstraße zu ermöglichen, die Essen und Steele berührte; sie verminderte die Vielzahl der kirchlichen Feiertage und nahm sich des Schulwesens an. Maria Kunigundes Oberstofmeister schrieb von ihr: »Wer sie kennt, muß sie achten und lieben.« Mit der Sittlichkeit ihrer Untertanen hielt es die letzte Äbtissin jedoch streng. Für Steele, die größte Gemeinde des Stiftslandes außerhalb der aufsässigen Stadt Essen, erließ sie 1790 »zur Beibehaltung der guten Ordnung« ein neues Statut, das die Arbeit der Stadtverwaltung nicht nur bis ins letzte regelte, sondern während der Sitzungen der Stadträte auch »alles Trinken, Tobackrauchen und unartige Zanken« ausdrücklich verbot.

Emsige Sittenpolizei

Der Essener Magistrat war ihr mit zahlreichen scharfen Verordnungen über die öffentlichen Sitten schon von 1683 bis 1719 vorangegangen. Er bekämpfte den »Geist der Zuchtlosigkeit«, die »Sabbats-Greuel«, worunter vor allem die bei den Bürgern beliebten Sonntagsräusche (mit anschließenden Raufereien) fielen, und den »Unzuchtsteufel«, den noch keine Obrigkeit je hat ausrotten können. Ließen sich Männlein und Weiblein in nicht verheiratetem Zustand in einer gemeinsamen Kammer ertappen, so wurden sie im 16. Jahrhundert »am Prangel alhier uffm Markt öffentlich corrigirt, gegeißelt und mit Ruten gestrichen«; bei mildernden Umständen kamen sie mit dem Kehren des Marktplatzes davon. Im 17. Jahrhundert verhängte der Magistrat nur noch Geldstrafen, die dem Stadtfiskus recht wohltaten. War einer der Partner verheiratet, so wurden beide Ehebrecher zu vierundzwanzig Goldgulden Geldstrafe oder sechs Wochen Gefängnis verurteilt und anschließend aus der Stadt gewiesen. Die Überführung der Sünder fiel dadurch leicht, daß die Gassen eng waren und die Nachbarn seit 1590 sogar die Verpflichtung zur Anzeige hatten.

Heiraten konnten auch Volljährige nur mit Einwilligung ihrer Eltern. 1719 verordnete der Magistrat: »Daß niemand von dieser Stadt Bürgern und Einwohnern und deren Söhne und Töchter sich heimlich verloben oder verheiraten sollen ohne Wissen und Willen ihrer Eltern, Vormünder oder negster Blutsverwandten, bei Straff, daß nicht allein solche Verlöbniß und Trawung vernichtiget, sondern auch, welcher dagegen gehandelt, der Stadt auf Ewig entwehret seyn solle.«

Der Familie wurde in solchen Fällen freigestellt, die Mitgift zu verweigern oder die Enterbung auszusprechen. Wer den heimlich Verlobten zur Trauung außerhalb Essens verhalf, war mit Gefängnis bedroht. Erlangten die Jungvermählten die nachträgliche Einwilligung ihrer Eltern, so mußten sie trotzdem »ihr Unrecht bey dem Magistrat depreciren, sich in hiesiger Kirchen zum dreymahl öffentlich mit anzeigen der ursachen proklamiren, von neuem durch priesterliche copulation einsegnen lassen« und außerdem eine Geldstrafe an den Magistrat zahlen.

Weit rücksichtsloser noch als im späten Mittelalter (vgl. Seite 72 f.) griff die Stadtverwaltung in die nach unseren Begriffen private Sphäre ein; drei Verordnungen aus der ersten Hälfte des 18. Jahrhunderts gegen Verschwendung bei Hochzeitsfesten zeigen, wie weit der Magistrat in seiner Fürsorge ging. Um »bey gegenwärtige nahrlosen Zeiten alle unordnungen, so mit Fressen und Saufen begangen werden, billig zu hindern«, ordnete der Magistrat an, daß nur Eltern, Geschwister, deren Kinder und die unmittelbaren Nachbarn zur Hochzeit geladen werden dürften. Die Namen der Gäste waren vorher im Rathaus einzureichen. Erschienen mehr als auf der Liste vermerkt, so hatte die Hochzeitsgesellschaft fünf Goldgulden Strafe zu zahlen. Musik und Tanz zur Hochzeit waren verboten. Wurden die Beschränkungen durch eine »Nachfeier« im Wirtshaus umgangen, so betrug die Strafe drei Goldgulden.

Solche Strenge wurde aus dem pietistischen Geist gespeist, der um 1700 auch in Essen Eingang fand und den bis dahin unbekümmerten Lebensgenuß der überwiegend lutherischen Bürgerschaft überlagerte. Andererseits betrachtete sich die Stadt, ein halb und halb unabhängiger Staat in Deutschland, nicht nur als die entscheidende weltliche, sondern auch als die höchste kirchliche Instanz: Der Magistrat setzte die Prediger ein und schrieb ihnen bis ins letzte vor, wie sie zu leben, ja sogar wie sie zu predigen hatten. Von aller »weltlichen Hantierung« sollten sie Abstand nehmen; dreimal im Jahr sollten sie alle Bürgerhäuser visitieren und nach der Frömmigkeit, der Sonntagsheiligung, dem Spiel und dem Saufen fragen; bei der Predigt sollten sie »ihre zuhörer zum fleißigen aufmerken und andacht offt mit allen umbständen erinnern und eyffer und andacht zum worte Gottes recommendieren, weil dann so viel sind, die fast immerhin schlaffen oder plaudern oder umbgaffen oder doch frembden und unnützen gedanken nachhängen«.

Pietisten und Jesuiten

Im Stift Essen übten die eigentliche Macht die *Jesuiten* aus, die Anna Salome 1665 ins Land gerufen hatte. Sie waren die Beichtväter der Äbtissinnen. Sie hatten Schlüsselposten der Verwaltung besetzt. Sie besaßen 1750 nicht weniger als fünfundzwanzig Bauernhöfe. Sie verliehen gegen Zinsen Geld, insgesamt an die 14000 Reichstaler. Für 20000 Reichstaler bauten sie sich am Burgplatz als Residenz das schönste und größte Haus von Essen (das spätere Königliche Gymnasium). Als Papst Clemens XIV. den Jesuitenorden 1773 aufhob (Pius VII. stellte ihn 1814 wieder her), berichtete ein kaiserlicher Beamter aus Essen nach Wien: »Der Name Jesuiten ist in der Stadt und in der ganzen Gegend bei Geistlichen und Weltlichen, Katholiken und Protestanten (wenige Stiftsdamen ausgenommen) so verhaßt und kein Übel dieser Welt so groß, welches den die gute Fürstin am Seil führenden, sozusagen despotisch verfahrenden Patern nicht gewünscht wird.«

Ursprünglich war den Jesuiten vor allem die Betreuung der Stiftsschule aufgetragen, die sich seit 1691 als Gymnasium bezeichnete. Die Stadt erhob daraufhin auch ihre schon 1564 gegründete lutherische Lateinschule zum Gymnasium; in ihr wurde mehr Wert auf Geschichte und Erdkunde gelegt als in der Jesuiten-

Latein regiert

97

schule, während die lateinische Sprache an beiden Instituten im Mittelpunkt des Unterrichts stand.

Der Stundenplan des städtischen Gymnasiums umfaßte im 18. Jahrhundert wöchentlich fünfzehn Stunden Latein, neun Stunden Religion, zwei Stunden Griechisch und je eine Stunde Rechnen, Geometrie, Logik, Geographie und Geschichte, dazu eine tägliche Andacht und sonntags den Gottesdienst. 1787 wurde der Lehrplan des städtischen Gymnasiums reformiert: Es gab nun zwei Stunden Naturkunde und statt einer drei Stunden Mathematik. Im Zuge des allgemeinen Verfalls gegen Ende des 18. Jahrhunderts ließen auch der Ruf der Schule und das Interesse der Bürger nach.

Zum jeweiligen Semesterschluß erschien in der lutherischen Schule der Stadtrat, um sich die lateinische Rede eines Schülers anzuhören, im Stiftsgymnasium die Äbtissin mit ihrem Hofstaat, um sich ein von den Schülern in lateinischer Sprache dargebotenes Theaterstück anzusehen, das den Sieg des Guten über das Böse zeigte. (Unter das Böse fielen auch die Protestanten.) Ein Versuch der Äbtissin, 1786 die allgemeine Schulpflicht einzuführen, scheiterte am Widerstand der Bauern.

Die reichen Bürger schickten ihre Söhne auf die Universität, nicht auf die katholische in Köln, sondern auf die lutherische in Rostock oder die calvinistische in Duisburg (das von 1651 bis 1818 Universitätsstadt war). Die Töchter erhielten oft nur Privatunterricht, wobei das Französische dem Lateinischen vorgezogen wurde. In den Essener *Allgemeinen Politischen Nachrichten* stand am 9. Januar 1800 folgende Anzeige zu lesen:

»Auch in diesem Jahre werde ich Privatunterricht im Französischen; in der Physik; Erdbeschreibung; Geschichte; Lehre vom Menschen und anderen nützlichen Kenntnissen ertheilen. – Monatlich wird von jedem, wenn über 2 an einer Privatstunde Theil nehmen, 45 Stbr. bezahlt.   *Heinrich, Prorektor.*«

Die ersten Zeitungen

Die Bedürfnisse desjenigen Teils der Bewohner von Stadt und Land Essen, die des Lesens kundig waren, wurden in Essen selbst durch eine Druckerei, einen Verlag, eine Buchhandlung und eine Zeitung befriedigt. 1614 erschien die erste Auflage des lutherischen Essendischen Gesangbuchs »zu Essen bey Johann Zeisse« – in der noch als schwierig empfundenen hochdeutschen Sprache; der erste Druck in Essen, der erwiesen ist.

1738 unternahm der Druckereibesitzer Johann Henrich Wißmann den ersten Versuch, in Essen eine Zeitung erscheinen zu lassen: Die *Neuesten Essendischen Nachrichten von Staats- und Gelehrten Sachen*. Sie erschien zweimal wöchentlich, enthielt keine Anzeigen und mußte auf Weisung des Magistrats bald von allen Gilden, Ämtern und Vereinigungen gehalten werden. In einer erhaltenen Nummer von 1742 berichtete die Zeitung aus Konstantinopel, Mailand, London und Brüssel sowie aus Bochum und Hattingen, preußischen Städten, in denen gerade die Beendigung des Ersten Schlesischen Kriegs durch Friedrichs Sieg bei Chotusitz »unter Trompeten und Paukenschall und Abfeuerung des groben Geschützes« gefeiert worden war.

Pſalm. 25.
Schlecht vñ recht daß behüte mich/
denn ich harre Dein.

**Gedruckt in des Heili-
gen Reichs Statt Essen / bey
Johann Zeisse/ In Verlegung
Arnold Krupen vnd Tile-
man Leimgarten.**

Mehrfach wechselte die Zeitung den Besitzer und den Namen: Ab 1775 hieß sie *Essendische Zeitung von Kriegs- und Staatssachen,* ab 1799 *Allgemeine Politische Nachrichten,* aus denen 1883 die *Rheinisch-westfälische Zeitung* wurde. 1775 ging das Blatt auf *Zacharias Baedeker* über, der später Fürstlich Essendischer Hofbuchdrucker wurde und 1796 in Essen die erste Leihbücherei gründete. 1798 übernahm sein Sohn Gottschalk Dietrich Baedeker die Zeitung, dessen Firma in Essen noch heute als Buchhandlung existiert. Sein ältester Sohn Karl, geboren zu Essen am 3. November 1801, war der erste Essener, dessen Name weltberühmt geworden ist: Er gab 1829 in Koblenz den ersten jener Reiseführer heraus, die noch heute seinen Namen tragen.

Die Zeitung, die bezüglich ihrer Nachrichten aus Essen einer Zensur durch den Bürgermeister unterworfen war, wurde unter Gottschalk Diedrich Baedeker Gegenstand eines Aufruhrs: Der Redakteur hatte seine Genugtuung darüber ausgedrückt, daß es sich bei denjenigen Essenern, die sich bei den preußischen Soldatenwerbern gemeldet hatten, um »größtenteils leicht entbehrliche junge Leute« handle. Diese Wahrheit mißfiel den Bürgern so, daß sie die Druckerei zu stürmen drohten; die Formulierung wurde daher als ein Mißverständnis hingestellt.

Die Zeitung nahm auch Anzeigen auf. Der Herausgeber selbst inserierte am 3. April 1800:

»Öffentliche Warnung.

Am 1sten September 1798 nahm ich einen Lehrburschen, Namens Heinrich August Berlisky aus Wesel auf 4 Jahre in die Lehre, und setzte zugleich in den Lehrkontrakt fest, weil die Eltern keine hinlängliche Kaution leisten konnten, daß, im Falle er in diesen 4 Jahren seine Lehre verlassen würde, es mir freystehen sollte, ihn in jeder öffentlichen Zeitung als einen pflichtvergessenen Schurken erklären zu können; dieses wurde durch seine eigene und seiner beyderseitigen Eltern Unterschrift bewilligt. Am 23sten März verließ er, nachdem ich grade verreißt war, heimlich meine Offizin ...

G. D. Baedeker
Hochfürstl. Essendischer Hofbuchdrucker.«

Stellenanzeigen sahen um 1800 in Essen folgendermaßen aus:

»Ein Frauenzimmer von katholischer Religion sucht irgendwo bey einer Herrschaft als Kammerjungfer unter annehmlichen Bedingungen unterzukommen. Man kann ihren Nahmen und Wohnort in hiesiger Zeitungs-Expedition erfragen.«

»Wenn jemand einen Mann sucht, der eine Rauch- und Schnupftabaks-Fabrik regelmäßig anzulegen und zu führen versteht, so kann derselbe das Nähere von ihm, in der hiesigen Zeitungs-Expedition erfahren.«

Wie kleinstädtisch die Verhältnisse in Essen waren, zeigen Anzeigen wie etwa diese:

»Es ist ein silberner Löffel, mit den Buchstaben A.M.O. gezeichnet, gefunden worden, der Eigentümer kann ihn in hiesiger Zeitungs-Expedition wieder bekommen.«

Lotterie und Lotto Silberne Löffel, Kaffeekannen, Salzfässer müssen in der Tat sehr begehrt gewesen sein; denn sie gehörten zu den Gewinnen einer Geld- und Silberlotterie, die einem Essener Kaufmann 1781 vom Magistrat genehmigt wurde. Schon vorher gab es die städtische »Erste Neue Lotterie in der Kaiserlichen Freyen Stadt Essen, approbiret, privilegiret und von einem hochachtbaren Magistrat daselbst den 15. Juli 1772 beschlossen«. Der Unternehmer war allerdings ein Schwindler, so daß die Stadt an Stelle des erhofften Beitrags zur Tilgung ihrer Schulden einen Schaden von 12 000 Gulden begleichen mußte. 1798 kam als weiteres konzessioniertes Glücksspiel ein Zahlenlotto nach italienischem Vorbild hinzu: Aus neunzig Zahlen waren fünf auszuwählen; die Ergebnisse der *Stadt Essendischen Zahlen Lotterie* wurden wöchentlich in der Zeitung veröffentlicht. Der Anschluß an Preußen, der so vieles änderte, bedeutete auch das Ende der Essener Lotterien, da Preußen für seine 1763 gegründete Staatslotterie die Konkurrenz nicht wünschte.

8. Kapitel
Zwei verwunschene Zwerge

Mit dem Höchstgewinn in der städtischen Klassenlotterie, 10 000 holländischen Gulden, konnte man immerhin über Nacht ein wohlhabender Mann werden. Bürger, die erheblich reicher waren, als sie selbst mit dem Hauptgewinn hätten werden können, gab es freilich trotz des Dreißigjährigen Krieges, der hoffnungslosen Verschuldung der Stadt und des wirtschaftlichen Niedergangs im 18. Jahrhundert in überraschend hoher Zahl, darunter die Familien Krupp, Huyssen und Waldthausen. *Helene Amalie Krupp,* die Witwe des früh verstorbenen Friedrich Jodocus Krupp (die fünfte Krupp-Generation in Essen), führte die 1732 mit einem Kapital von 615 Reichstalern gegründete Kolonialwarenhandlung unter dem Namen *Wittib Friedr. Jod. Krupp sel.* zu solcher Blüte, daß sie bei ihrem Tode 1810 das für die damalige Zeit unerhörte Vermögen von 121 000 Reichstalern hinterließ.

Schon von Arndt Krupe an hatten die Krupps in Essen ständig eine bedeutende Rolle gespielt. Arndts Sohn Anton war Gerichtsschreiber (vgl. Seite 88), sein Enkel Matthias Stadtsekretär (vgl. Seite 92), ebenso sein Urenkel *Georg Diederich Krupp* (1652 bis 1747). Er wurde der reichste Mann der Stadt, zog sich aber durch die Verquickung der städtischen Schlüsselposition mit großen privaten Finanztransaktionen so viel Feindschaft zu, daß ihn der Rat der Stadt bei der preußischen Bezirksregierung in Cleve wegen Amtsmißbrauchs anzeigte. Georg Diederich Krupp wurde in mehreren Punkten schuldig gesprochen, ohne jedoch sein Amt, seine Macht und seinen Reichtum zu verlieren. Sein Bruder *Arnold Krupp* war Bürgermeister, sein Schwager Huyssen Gildemeister der Kaufgilde, und von den Ratsherren waren nicht weniger als sieben seine Vettern.

Die Krupp-Familie

Henrich Wilhelm Krupp, Sohn des Bürgermeisters und Neffe des umstrittenen Stadtsekretärs, wurde wiederum Stadtsekretär, so daß diese zentrale Stelle der Stadtverwaltung 1748 seit hundert Jahren ununterbrochen in den Händen der Krupp-Familie lag. Sein Bruder Friedrich Jodocus war Stadtkämmerer; dessen Enkel Friedrich errichtete später die Gußstahlfabrik.

Die Brüder Justus und Wilhelm *Waldthausen* gründeten 1779 in Essen ein »Woll-Transito-Geschäft«, dessen Umsatz binnen acht Jahren von 4 auf 213 Ballen stieg. Essens eigene Tucherzeugung war freilich gering (vgl. Seite 67), doch war der Bedarf erheblich und außerdem in Werden eine bedeutende Produktion konzentriert. Dagegen wurde im 18. Jahrhundert Leinen von Essen bis nach Amerika exportiert.

Der Handel, nicht die Produktion, stand im 18. Jahrhundert im Mittelpunkt des Erwerbslebens – wie schon im Städtchen der Theophanu; während im 16. und 17. Jahrhundert und wieder vom 19. Jahrhundert an Essen vor allem für seine Erzeugnisse aus Eisen und Stahl berühmt war. Die Stadt hatte die Funktion eines Verteilerplatzes, an dem die über Wesel, Ruhrort, Köln und Mülheim kommenden niederländischen und überseeischen Importe sich mit den Erzeugnissen des westfälischen Hinterlands kreuzten, vor allem Tuchen, Bändern und Eisenwaren.

Export in Büchsenmeistern

Mit Essens einst berühmter Gewehrproduktion hatte es unterdessen ein trauriges Ende genommen. Nach dem Höchststand von 1620 und einer weiteren Blüte dieses Gewerbes zwischen 1632 und 1646 gab es in der zweiten Hälfte des 17. Jahrhunderts zwar immer noch einen lebhaften Absatz, der jedoch maximal ein Drittel des Umfangs von 1620 hatte, und nach einer letzten Blüte zu Beginn des 18. Jahrhunderts dann nur noch Niedergang.

Um »Handel und Wandel in gedeylichen Lauf zu setzen«, hatte der Magistrat 1669 Kaufleuten und Handwerkern größere Freiheiten gegeben: so den Gewehrhändlern das Recht, »ein oder andere Knecht, um das Gewehr zu bereiden, auch die Schaften oder Laden zu machen, in ihr Haus zu setzen«. Der Händler durfte auch selbst produzieren, und zwar mit Hilfe von Lohnempfängern – ein Schritt in Richtung auf die kapitalistische Produktionsweise.

Die Schmiede freilich waren damit nicht einverstanden. Sie beschweren sich: »Mancher Fürst, Herr oder auch Stadtmagistrat möchten wünschen und neben Verleihung vieler stattlicher Privilegien noch vieles spendieren, wenn sie nur solche wohlbestellte und numeröse Schmiedezunft, als die Essendische ist, in ihren Landen und territoriis haben könnten. Durch Verlierung eines Schmieds verliert die Stadt mehr als einen Kaufmann.«

Die Kaufgilde hielt dem entgegen: »Der geringste Kaufgildebruder bringt der Stadt mehr als vier Schmiede. Bringen vielleicht die Schmiede in Kriegszeiten mehr ein, so ist das doch nur ein Käferleben; ein vornehmer Kaufmann bringt fast ein Viertel des Schmiedeamts ein.«

Aber die Entwicklung zum Unternehmertum war nicht aufzuhalten. Der größere Betrieb setzte sich durch. Bei steigendem Produktionsumfang gab es 1645 in Essen vierzig Gewehrhersteller, 1695 nur noch acht. Ihre Erzeugnisse genossen weiter großen Ruf: Der Große Kurfürst holte sich aus Essen seinen »Hofbüchsenmeister«, der vor allem Prunkwaffen als Geschenke für fremde Monarchen herstellte. Nach Dänemark, nach Wien wurden Essener Schmiede gerufen.

1702 wurde noch »vielfältig geklagt, daß verschiedene von denjenigen so am Gewehr arbeiten, sich des Saufens sehr ergeben«, also nicht schlecht verdient zu haben scheinen. Aber schon 1705 bedauerte der Magistrat das Gegenteil: »Bei dem Gewehrhandel wird nicht das geringste profitiert, die Schmidt und so am Gewehr arbeiten haben müßige Hand, also deswegen abgang an nahrung, weil so sehr verarmet, daß auch diejenigen, so vormahlen bei ihrer Arbeit noch ein stück brot gehabt, etliche Jahre hero, weil garnichts zu tun gewesen, aus der armen mitteln haben erhalten werden müssen ...«

Der härteste Stoß wurde den Essener Büchsenmachern 1722 durch König Friedrich Wilhelm I. von Preußen versetzt: Um die Gewehrproduktion im eigenen Lande zu haben, gründete er in Potsdam eine Gewehrfabrik, zunächst mit Hilfe von Fachleuten aus Lüttich. 1723 holte er sich dazu zwei Meister und zehn Gesellen aus Essen.

Von den Essener Gewehren ist um die Jahrhundertmitte auch noch in der ersten großen deutschen Enzyklopädie lobend die Rede, dem *Großen vollständigen Universallexikon aller Wissenschaften und Künste, welche bishero durch menschlichen Verstand und Witz erfunden und verbessert worden*, nach ihrem Verleger auch kurz *Zedlersches Lexikon* genannt. Es erschien von 1732 bis 1754 in Halle und Leipzig und war mit 68 Bänden damals die größte alphabetische Enzyklopädie der Welt. Über Essen heißt es darin: »Essen, eine mittelmäßig gebaute Stadt ... ist ziemlich klein, genießet aber große Freiheiten ... Sie führt den Titul einer Reichsstadt, hat aber kein Votum und Sessionem auf dem Reichstage. Es wird darinnen gut Gewehr gemacht. Am meisten ist sie berühmt wegen eines ganz nahe darbei befindlichen kaiserlichen freien weltlichen Stifts ...« Es folgen nun Ausführungen über Verfassung und Geschichte der Altfrid-Gründung. Werden ist ausführlicher behandelt, wobei als Besonderheit jedoch nur mitgeteilt wird: »Sonst kommen aus dieser Gegend die Westphälischen Schinken und geräucherten Würste in der Menge.«

Kaffeemühlen statt Gewehre

Mit den Büchsenmachern ging es in dem Maße bergab, wie nach Preußen auch andere Großmächte sich daranmachten, ihre Feuerwaffen selbst herzustellen. 1755 klagte das Schmiedeamt, daß »durchgehends die Profession nur von geringen und schlechten Leuten erlernet« werde. 1764 wird noch einmal von einem »membreusen, aus mehr denn hundert Gliedern bestehenden Schmiedeamt« gesprochen; 1780 meinte der Kanonikus Biesten in seinem *Versuch einer Beschreibung des Kaiserlich freiweltlichen Stifts Essen*: »Die bekannten und beliebten Essendischen Gewehre veranlassen einen vorteilhaften Handel, der aber ehedem besser als jetzt geblüht.«

1803 gab es in Essen noch vier Gewehrproduzenten mit 97 Meistern, Gesellen und Lehrlingen. Pro Tag wurden fünf bis sechs Gewehre erzeugt, die hauptsächlich nach Amerika gingen. Von den ehemals sechzehn Bohrmühlen waren nur noch zwei in Betrieb. Die Gewehr-Akzise, einst neben der Wein-Akzise die wichtigste städtische Einnahmequelle, erbrachte 1803 noch ganze fünf Reichstaler und damit weniger als die Lumpen-Akzise.

Einen kleinen Ausgleich für das verdorbene Gewehrgeschäft bot die um 1700 von einem Holländer in Essen eingeführte Produktion von Kaffeemühlen, für die sich bald Abnehmer in weiten Teilen Deutschlands, Holland, Tirol, der Schweiz und sogar in Amerika fanden – überall dort nämlich, wohin der

Essener Gewehrhandel Geschäftsverbindungen hatte. 1795 stellten über vierzig Meister – Schmiede, Kastenmacher und Kupferschläger – monatlich tausend bis viertausend Mühlen her.

Bergbau wie im Mittelalter

Und der Kohlenbergbau? Seit dem Mittelalter hatte sich daran wenig geändert: Es gab keine Eisenbahn, die Kohlen brauchte und zugleich billig beförderte, und die Schmelzöfen wurden noch immer mit Holzkohle beheizt. Kohle wurde also auch an der Schwelle des 19. Jahrhunderts nur in den Schmieden und in privaten Öfen verfeuert, in Essen ferner zum Brauen und Branntweinbrennen. Während der preußische Staat 1738 in Bochum ein Bergamt errichtete und 1766 den Bergbau technisch, juristisch und finanziell der staatlichen Aufsicht unterstellte, waren die Zustände in den verwunschenen Ländchen Essen und Werden kaum anders als ein halbes Jahrtausend zuvor. Die »Kohlbergordnung«, die der Essener Magistrat 1725 erließ, beschränkte sich im wesentlichen darauf, die Arbeitsbedingungen zu fixieren; so durfte keine Gewerkschaft mehr als vier Knechte beschäftigen, und jeder Knecht war täglich mit dreizehn bis fünfzehn »Stübern« zu entlohnen (1 Stüber = 12 Pfennig, 60 Stüber = 1 Taler). Der einzige staatliche Bergbeamte war der sogenannte Zehntläufer, der für die Äbtissin den Zehnten einzutreiben hatte. Wie es um die Abgrenzungen der Eigentumsrechte stand, zeigte anschaulich ein Inserat in den Essener *Allgemeinen Politischen Nachrichten* vom 2. Januar 1800:

»Warnung
Da der Herr Advokat Sauermilch ... die Anzeige machte, daß gewisse anmaßliche Interessenten Willens wären, die Kohlflöze den Stupert und die Vierfußbank genannt, den 15ten Jenner 1800 öffentlich zu verkaufen so benachrichtiget endsbenannte Gewerkschaft hiemit das Publikum, daß sie mit obengedachten Interessenten in einem beim Wezlarischen Reichskammergericht anhängenden Rechtsstreite befangen sey, und auch daselbst in den Jahren 1792 und 1793 verschiedene unbedingte Strafbefehle, wodurch ihnen die Arbeit verbothen, ausgewirket haben. Man räumet Ihnen diesseits nicht das mindeste Eigenthum ein, warnet deshalb jeden Kauflustigen, und will sich wieder einen allenfalsigen Verkauf alles rechtliche vorbehalten haben.
Gewerkschaft auf dem Kunstwerke bei Billebrink.«
Rellinghausen, den 27sten Dezember 1799

Kohlenschiffe auf der Ruhr

Dennoch wurde der Kohlenbergbau in der zweiten Hälfte des 18. Jahrhunderts etwas lebhafter, vor allem durch ein überfälliges Unternehmen: Die *Schiffbarmachung der Ruhr*. Zwar gibt es schon aus dem 11. Jahrhundert Urkunden über Salztransporte auf dem Fluß, und auch Kohlen wurden bei geeignetem Wasserstand in Kähnen abtransportiert; größeren Verschiffungen standen jedoch die engen Flußschleifen sowie die fünfundzwanzig Stauwehre im Wege, die von Mühlenbesitzern angelegt worden waren. Die Kohlen wurden weiterhin überwiegend auf Pferde- und Eselsrücken oder auf Karren verladen und gingen über Wege, die bei Regen zum Teil mit Knüppeln, Sträuchern oder Stroh passierbar gemacht werden mußten – vor allem nach Mülheim, dem alten Zentrum des Kohlenhandels.

1738 bot der Leiter der preußischen Königlichen Glasmanufaktur in Königssteele, Albert Hünninghausen, an, er wolle die Ruhr auf seine Kosten bis zur Mündung schiffbar machen, falls er dafür fünfundzwanzig Jahre lang das Schiffahrtsprivileg erhielte. Allein der Unterlauf der Ruhr führte aber durch die Territorien von vier verschiedenen Landesherren, und zwei von ihnen verweigerten dem Fabrikanten nach sechzehnjährigen Erwägungen die Erlaubnis. Es waren die Äbtissin von Essen und der Abt von Werden.

1770 gründete jedoch der neue Abt in Werden, *Anselm Sonius,* zusammen mit einem Kaufmann in Kettwig eine Schiffahrtsgesellschaft, die einen Pendelverkehr mit Kohlenkähnen von Wehr zu Wehr einrichtete. 1772 entstand in größerem Stil die *Neue Ruhrschiffahrts-Entreprise behufs Transports derer märkischer Kohlen,* deren sechsunddreißig Teilhaber aus Ruhrort, Duisburg, Cleve und Essen waren. Mit Unterstützung der preußischen Regierung wurde auf beiden Ufern ein sogenannter Leinpfad angelegt, auf dem Pferde die Kähne mit fünfzehn Tonnen Ladegewicht an einer langen Leine ziehen konnten, zunächst noch immer im Pendelverkehr. Erst 1780 waren in die sechzehn Wehre des Unterlaufs Schleusen eingebaut, so daß nun ein durchgehender Schiffsverkehr möglich war. Finanziert wurden die Schleusen unter preußischem Druck von den adligen Grundherren, die dafür ein Schleusengeld erheben durften.

Preußen hatte zunächst vor allem das Interesse, Salz aus den Salinen von Unna billig zum Rhein zu transportieren, dann auch Kalk, Steine, Holz und Kohlen aus der seit 1753 preußischen Grafschaft Mark (dem östlichen Anlieger des Ländchens Essen). Friedrich der Große, der nicht nur die Kartoffel, sondern auch die Kohle förderte, setzte 1764 einen Preis von 50 Talern für den aus, der vorschlage, wie die Eisenhämmer der Mark mit Steinkohle statt Holzkohle betrieben werden könnten, und seit 1780 ließ er in Berlin Kommißbrot in Öfen backen, die mit Steinkohle geheizt waren. Zum Leiter des preußischen Bergamts in Wetter an der Ruhr (das 1805 nach Essen verlegt wurde) rückte der sechsundzwanzigjährige Oberbergrat Reichsfreiherr Karl vom und zum Stein auf.

Von 1780 bis 1800 stieg der Kohlentransport auf der Ruhr um das Vierfache, von rund zweitausend Ruhrnachen besorgt, die 1800 insgesamt 267000 Tonnen Kohle beförderten. Davon kam jedoch der Hauptteil aus der preußischen Mark – und auch aus dem Land Werden weit mehr als aus dem Land Essen. Der Schiffahrtsweg war für die Kohle von so überragender Bedeutung, daß über die Abbauwürdigkeit eines Kohlenflözes vor allem seine Nähe zur Ruhr entschied. 1801 wurden in Werden etwa 60000 Tonnen, in Essen 40000 Tonnen Kohle gefördert.

Die Zechen waren noch immer klein, nur die größten beschäftigten mehr als zwanzig Knappen. Und auch an den Abbaumethoden änderte sich nichts. Der preußische Beamte Justus Gruner schrieb 1802, das Stiftsgebiet habe »einen sehr fruchtbaren Boden, welcher Getreide jeder Art liefert, und Steinkohlengebirge hat, die aber bei weitem nicht ertragen, was sie könnten, indem sie nicht regelmäßig gegraben, sondern nur nach dem jedesmaligen Interesse von unstudierten Praktikern willkürlich geraubt werden«.

Voltaire in Westfalen

So war Essen um 1800 ein hinterwäldlerisches Städtchen, in dem fast nichts mehr an den Glanz des Stifts im Hochmittelalter und an das blühende Gewerbe zu Beginn der Neuzeit erinnerte. Über die westfälischen Zustände im allgemeinen haben manche Ausländer im 18. Jahrhundert vernichtende Urteile gefällt. So schrieb Thomas Lediard, Sekretär beim britischen Gesandten in Hamburg, in seinen *Briefen eines durch Westfalen und Niedersachsen reisenden Engländers* über Westfalen im Jahre 1727: »Ich bekam Armut und Elend in den häßlichsten Gestalten zu sehen – ein Land, so voll davon als sonst irgendeins in Deutschland.«

Und der bissige Spötter Voltaire meinte in seiner *Beschreibung einer Reise von Compiègne nach Potsdam* (nämlich an den Hof Friedrichs des Großen, also 1750): »In großen Hütten, die sie Häuser nennen, sieht man Tiere, die sich Menschen nennen und aufs herzlichste mit anderen Haustieren zusammenleben. Die Nahrung der Herren im Hause ist eine Art schwarzer und klebriger Stein, der nach ihrer Auskunft aus Roggen gebacken wird.«

Sehr freundlich dagegen urteilte Goethe 1774 über Elberfeld (das 1929 mit Barmen zu Wuppertal verschmolzen wurde): »Glückliche Tage verlebte ich in dieser betriebsamen Gegend; die Rührigkeit so mancher wohlbestellten Fabriken erfreute mein Herz.«

Was hatten dagegen die Zeitgenossen über Essen zu berichten? In seinen *Ansichten einer Reise durch das Clevische und einen Teil des Holländischen im Jahre 1794* schreibt der preußische Kriegs- und Domänenrat Ch. F. Meyer: »Die freie, unter preußischem Schutz stehende Stadt Essen ist wenigstens noch einmal so groß als Steele, auch besser gebaut, hat viel Gewerbe und führt in ihren Gegenden einen weiten Handel mit Weinen und allen holländischen Waren. Allein da der Stadtmagistrat zu viel willkürliche Gewalt haben soll, welche zu sehr mißbraucht wird, dergestalt, daß alle öffentlichen gemeinnützigen Geschäfte von dem Privatverhältnisse abhangen, so wird auch wenig zustande gebracht, der Ort bleibt unverhältnismäßig teuer, und die nötige Polizeiverfassung den Mitgliedern der Obrigkeit selbstsüchtig überlassen, in welcher Hinsicht viel Schmutz, schlechte Bauart, unansehnliche Häuser, elende Wirtshäuser und Übertreuerung der Reisenden eine nicht unbekannte Sache ist.«

So gut wie nichts hatten Stadt und Stift getan, um für brauchbare Straßen zu sorgen. Die Postverbindung bestand darin, daß seit 1698 Briefe und Pakete zweimal wöchentlich, im Winter einmal wöchentlich, mit dem Postkarren nach Wesel gefahren wurden, wo Anschluß an den preußischen »Hauptpostkurs« Memel–Cleve bestand. 1792 wird in Essen zum erstenmal ein Postamt erwähnt, wahrscheinlich von Thurn und Taxis betrieben. 1778 beantragte der Magistrat, den von Berlin kommenden »Weselschen Postwagen« über Essen zu leiten – vergeblich.

Über die Postverhältnisse von 1800 gibt eine Anzeige in den *Allgemeinen Politischen Nachrichten* Aufschluß:

»Da mir ein Hochachtbarer Magistrat die Postboten-Stelle von Essen nach Mülheim gütigst verliehen haben, so mache ich dieses einem geehrten Publikum hiermit bekannt, mit der Bitte, alle dorthin zu bestellende Briefe und kleine Paquete jedesmahl spätestens Montags und Donnerstags Abends an meiner Behausung auf der Viehofer Straße zu senden. Da ich alle Kräfte aufbieten werde, um meine Sachen accurat und billig zu besorgen, so hoffe ich auch, daß man sich für die Zukunft bloß an mich wenden werde.   *Christian Enkner.*«

Das Kulturleben Essens erschöpfte sich darin, daß die Musik sich einer gewissen Pflege erfreute. Chöre, Bläserchöre und auch Instrumentalorchester traten bei vielen kirchlichen und weltlichen Feiern auf. Es gab einen Kantor, einen Organisten und ein aus der Bürgerschaft gebildetes *Collegium Musicum*. Auf Pfosten über einer Düngergrube am Steeler Tor lag ein sogenannter Theatersaal, in dem wandernde Schauspieltruppen Stücke wie »Der großmütige Seefahrer« aufführten, meist in Abwesenheit der oberen Stände. Doch wurde ausnahmsweise auch »Hamlet« oder »Minna von Barnhelm« gegeben. Schließlich gab es dank der Familie Baedeker eine Zeitung und eine Buchhandlung, die erheblich besser waren als in anderen Kleinstädten von vergleichbarer Ärmlichkeit. Die Äbtissin, deren Hof am ehesten ein geistiger Mittelpunkt hätte werden können, fühlte sich von der Stadt ausgesperrt, ließ ihre Essener Residenz verfallen und lebte meist in Borbeck oder Steele.

Musik und Theater

»Das echte Abbild der Essener Geistigkeit ist die schwere, etwas gedrückte Erdfestigkeit der weiten Halle des Münsters, die unkomplizierte Breite der Marktkirche mit ihrem handfesten Turm, die Rechtkantigkeit der winkligen Fachwerkhäuser in der Stadt«, schreibt Robert Jahn, »die derbe Genußfreudigkeit der Tavernen und der Amtsschmäuse, der rauhe Schlag des Schmiedehammers, der jähe Knall der Pulverladung beim Probieren der Gewehre, die grobe und poltrige Art des Köhlers und der scharfe Geruch der Warenballen aus der Frankfurter Messe, aus Wesel, Amsterdam und Batavia; das Mißtrauen gegenüber allem, was erst schwer beredet werden muß, was die Kräfte sorgsam und haushälterisch abzuwägen und einzuordnen zwingt. Die rheinische Unbekümmertheit war hier so fremd wie die brandenburgisch-preußische Staatskunst des Einbaus aller Kräfte in ein überspanntes Ganzes oder wie der humanistische Erkenntnisdrang.«

So wird man das böse Bild, das der schon mehrfach kurz zitierte *Justus Gruner* von Essen entwarf, nicht falsch, sondern nur übertrieben nennen können – gefärbt von der Ungeduld eines preußischen Staatsbeamten gegenüber allem, was nicht perfekt verwaltet wird. Gruner, später Polizeipräsident von Berlin und von 1814 bis 1816 preußischer Generalgouverneur am Mittelrhein, weilte 1802, kurz vor dem preußischen Einmarsch, als Fünfundzwanzigjähriger »wenige Tage« in Essen, »wo Weisheit und Sittlichkeit nur wenige Freistätten haben«, und berichtete darüber in seinem Buch *Meine Wallfahrt zur Ruhe und Hoffnung oder: Schilderung des sittlichen und bürgerlichen Zustandes Westphalens am Ende des 18. Jahrhunderts:*

Mit den Augen eines Preußen

»Wen aber der Genius der Freundschaft nicht unter seine Fittiche nimmt, der kehre um vor dieser Stadt, oder leiste Verzicht auf reine Freuden, sobald er sie betritt. Echte Geselligkeit ist hier fremd, wie echte Kultur und Humanität ... Auch allen Bequemlichkeiten des Lebens muß man in Essen entsagen. Schmutzigere Gasthöfe, schlechtere Bewirtung und gröbere Wirte trifft man in ganz Deutschland nicht an. Ein hamburgischer Packträger könnte hier für einen Mann von höfischem Weltton gelten ...

Schiefe, schlecht gepflasterte Gassen, altmodische, zum Teil verfallene Gebäude, Unreinlichkeit, Enge und Dunkelheit sind ihre (Essens) Altertumsdokumente ... Die Gassen sind beinahe schlimmer als die Landstraßen; man wagt – bei dem gänzlichen Mangel an Erleuchtung – abends oft im eigentlichsten Sinne des Wortes sein Leben bei einem Besuche, indem sich häufig gerade in der Mitte und an den Seiten des Weges große Pfähle finden, auf die man losrennen muß.«

Diesem zerstörten äußeren Zustand entspreche der »innere zerrüttete öffentliche Zustand der Stadt und Stift Essen«, meint Gruner und fährt fort: »Die Äbtissin ist zugleich Regentin des Landes, welches sich leider! nicht sehr wohl darunter befindet. Die Justiz wird sehr schlecht verwaltet, und an Polizei ist gar nicht zu denken. Die ganze Gegend wimmelt von Vagabunden und räuberischem Gesindel. So scheußlich die Kerker sind, so wenig helfen sie doch für die öffentliche Sicherheit. Vielmehr liegt diese ganz darnieder, und die Industrie geht nicht weiter, als zur Erschwingung der Abgaben erforderlich ist.«

In der Stadt selbst sei es nicht besser: »Arme Diebe läßt man laufen, weil sie zuviel kosten würden und den Richtern die Sporteln nicht bezahlen könnten. Reiche aber straft man entweder mit Geld oder läßt sie nach vorhergegangenen Bestechungen entwischen.«

Werden, wonnetrunken

Freundlicher, ja zum Teil begeistert, äußert sich Gruner dagegen über Werden. »Kaum glaubte ich, daß meine erschöpften Glieder mich noch weitertragen würden, als, gleich einer himmlischen Ahndung, ein kühler Wald uns umfing, der uns allmählich in eine Taltiefe führte und plötzlich sich öffnete; um uns, entzückt von Freude und Überraschung, mit neuer Labung und Stärke zu beseelen. Wie im vollen Reiz der prangenden jugendlichen Schönheit, von der sanften Glut der Scham errötend, traulich die Geliebte sich an den Busen des festeren, sie liebevoll schützenden Mannes lehnt – so lag, umflossen von dem hohen Schimmer der Abendsonne, die Stadt und Abtei Werden, hingelehnt an ein fruchtbar geschmückt sich erhebendes Gebirge, vor uns da. Zu ihren Füßen wälzte sich, wie wonnetrunken, der glühende Strom der Ruhr rauschend durch die ihn sanft einfassenden kühlen Wiesentäler. Neben uns hinab zog sich der waldige Berg in tiefe drohende Felsenklüfte; aus der Nähe und Ferne tönten Mühlenräder und Dorfglocken, auf dem Strome trieben sich eine Menge von Kähnen mit fröhlicher Eile zur Heimat zurück, am Ufer arbeiteten tausend Hände, mit zwiefachem Fleiße, die Tageslast zu vollenden ...

Die Lebensweise der Mönche ist, bei den reichen Einkünften des Klosters, nicht sehr beschränkt. Indeß soll es aber doch einige gebildete Köpfe unter ihnen geben, die ich aber nicht kennenlernte. Die Klosterbibliothek verdient übrigens keiner besonderen Erwähnung...

Die Quadratmeile Land, welche das Werdensche Gebiet umfaßt, ist einer der schönsten Striche des herrlichen Ruhrtals und gewährt ihren Bewohnern einen ebenso angenehmen als segensreichen Aufenthalt. Fruchtbare Wiesen und Felder, Kohlen- und Kalksteinbrüche sind auf diesem kleinen Bezirke die Erwerbszweige, welche von der Natur ein paar tausend Menschen dargeboten und von diesen fleißig benutzt werden. Die Einwohner sind arbeitsam, der Ackerbau blüht, und in der Stadt Werden und dem Flecken Kettwig gibt es bedeutende Tuch- und Wollenmanufakturen. Die Ruhr ist beständig mit kleinen handeltreibenden Fahrzeugen gefüllt, und überall stößt man auf das lachende Bild eines tätigen Wohlstandes.«

Die Straßen, die öffentliche Sicherheit und das Schulwesen findet Gruner auch in Werden zu tadeln. Er schließt: »Im Durchschnitt sind die Werdener wohlhabend und scheinen mit ihrem Schicksal zufrieden, was bei ihrer stetigen Tätigkeit und wenigen Bildung natürlich ist. Auch haben sie es in der Tat noch besser als viele andere geistliche Untertanen. Aber ein guter weltlicher Fürst würde diesen kleinen, glücklich gelegenen Landstrich mit seinen fleißigen Bewohnern zu einem Erdenparadies umschaffen, in dem ich mich dann ansiedeln möchte, um der Natur an einem ihrer schönsten Altäre zu huldigen, den jetzt unnatürliche Gelübde und Handlungen entweihen.«

Ein Trost also für Lokalpatrioten: Selbst der bitter hassende Gruner hätte sich im Raum der heutigen Stadt Essen – nämlich in Werden – niederlassen wollen. Seinen Bericht über das damalige Essen schließt der preußische Beamte mit den Worten: »Die bevorstehende Säkularisation und Teilung Deutschlands ist in der Tat für Essen ein Stern der Hoffnung – der einzige, der Licht und Leben aufs neue über dieses tief sinkende Ländchen wohltätig verbreiten kann. Möge es bald mit dem vollen Glanze überstrahlen, den seine von der Natur schön geschmückte Gegend verdient!«

Die Meinungen über die Annexion waren geteilt. Immerhin machte sie einer fast hoffnungslosen Rückständigkeit und einem mehr als vierhundertjährigen Krieg ein Ende, in dem sich Stadt und Stift gegenseitig aufrieben. Zwei winzige deutsche Länder hauchten ihren Lebensatem aus. »Ein düsterer Traum von Verwesung und Finsternis«, wie Gruner meinte – ein Traum von himmlischer und irdischer Größe, wie einst Altfrid und Theophanu ihn träumten, war ausgeträumt.

III
Schächte und Schlote

1. Kapitel
Die Preußen kommen

Am 3. August 1802 nahmen je zwei preußische Kompanien von den geistlichen Territorien Essen und Werden Besitz. Sie standen unter dem Oberbefehl des damaligen Generalleutnants und Gouverneurs der von Preußen annektierten westfälischen Lande, Gebhard Leberecht Blücher. Die Soldaten entwaffneten die elfköpfige fürstlich-essendische Armee, entfernten die Abzeichen des bisherigen Landesherren von den Plätzen und öffentlichen Gebäuden – »mit Bescheidenheit«, wie ihr Befehl lautete – und pflanzten den preußischen Adler auf.

Das Schicksal der beiden Zwergstaaten an der Ruhr war im Grunde schon 1795 mit dem *Baseler Frieden* besiegelt worden, in dem Preußen aus der antifranzösischen Koalition mit Österreich, England, Holland und Spanien ausschied und seine ohnehin in französischer Hand befindlichen linksrheinischen Besitzungen an Frankreich abtrat. In einem Geheimartikel des Friedensvertrages wurde Preußen dafür von Frankreich eine Entschädigung an rechtsrheinischem Land zugesagt, falls beim allgemeinen Friedensschluß das linke Rheinufer endgültig französisch werden sollte.

Es wurde französisch – im Frieden von *Lunéville* am 9. Februar 1801. Er beendete die französischen Revolutionskriege und praktisch auch die Existenz des Heiligen Römischen Reiches Deutscher Nation ebenso wie die der geistlichen Fürstentümer in Deutschland; denn er bestimmte, daß die erblichen Fürsten, die links des Rheins durch die französische Besitzergreifung Land verloren, im Inneren des Reiches dafür zu entschädigen seien. Napoleon wollte damit offenbar die deutschen Fürsten milde stimmen und zugleich diejenigen Reichsstände abgeschafft sehen, die bisher am treuesten zum deutschen Kaiser gestanden hatten, nämlich die geistlichen Länder.

Welcher Fürst womit entschädigt werden sollte, regelte der *Reichsdeputationshauptschluß* vom 25. Februar 1803. Der in Regensburg tagende Reichstag hatte im August 1802 eine Reichsfriedensdeputation eingesetzt (einen Ausschuß der Reichsstände, also der Landesherren). Diese Deputation beschloß, mit sechs Ausnahmen die Reichsunmittelbarkeit der Reichsstädte und mit drei Ausnahmen alle geistlichen Territorien aufzuheben, nämlich zweiundzwanzig katholische Bistümer, rund achtzig Abteien und über zweihundert sonstige Klöster, vorwiegend in West- und Süddeutschland (die evangelischen Stifte Nord- und

Mitteldeutschlands waren schon im Westfälischen Frieden von 1648 verweltlicht worden). Innerhalb der Territorien war die Enteignung des Kirchenguts gestattet, lediglich mit der Maßgabe, daß aus den beschlagnahmten Kirchengütern die Sorge für den Gottesdienst sowie für die bischöflichen Stühle und Behörden zu bestreiten sei.

Von dieser *Säkularisation* (Verweltlichung, Einziehung von Kirchengut durch den Staat) waren 90 000 Quadratkilometer deutschen Landes (mehr als die Fläche des heutigen Österreich) mit drei Millionen Einwohnern betroffen. Auf Preußen entfielen davon die Bistümer Hildesheim und Paderborn, die Stadt Münster mit dem östlichen Teil des Bistums, die Städte Erfurt, Mühlhausen, Nordhausen und Goslar sowie die Reichsabteien Herford, Quedlinburg, Elten, Essen und Werden. Von den 600 000 neuen preußischen Untertanen trafen 13 000 auf das Land Essen und 7300 auf das Land Werden (davon 3519 auf die Stadt Essen, 2454 auf die Stadt Werden und 1459 auf die Stadt Steele).

Das Ende von Stift und Abtei

Obwohl die Reichsdeputation diese Gebiete erst mit ihrem Hauptschluß von 1803 Preußen zusprach, erfolgte die Besitzergreifung bereits am 3. August 1802, wenige Wochen nach einem neuen Geheimvertrag mit Frankreich, der die Regensburger Beschlüsse vorwegnahm. Die Rechtsgrundlage des preußischen Einmarschs war also höchst anfechtbar. *Beda Savels,* »von Gottes Gnaden Abt des Kaiserlichen und des heiligen römischen Reiches freien und exempten Stifts Werden«, legte feierlich Protest ein, die Essener Fürstäbtissin Maria Kunigunde war schon vor den französischen Revolutionsheeren nach Augsburg geflohen und hatte sich vor dem preußischen Einmarsch aus Berlin bestätigen lassen, daß sie lebenslänglich eine jährliche Abfindung von etwa 6000 Talern bekommen werde.

Die beiden Essener Kapitel der Stiftsdamen und der Kanoniker wurden durch eine preußische Kabinettsorder vom 18. April 1803 (also immerhin *nach* dem Beschluß der Reichsdeputation) aufgehoben, die Stiftsgüter der preußischen Kriegs- und Domänenkammer in Hamm unterstellt. Die *Allgemeinen Politischen Nachrichten* berichteten darüber: »Essen, den 5. Mai. Unter 2. d.M. wurde von der hier anwesenden Königlichen Spezial-Kommission, zuerst dem versammelten gräflichen Damenkapitel, und hiernächst dem zusammenberufenen Kanonichen-Kapitel, bekanntgemacht, daß des Königs Majestät, in Gemäßheit der Allerhöchst denenselben nach dem Reichsfriedensschluß vom 25. Februar zustehenden Disposition, beide Kapitel aufzuheben beschlossen hatten, jedoch dergestalt, daß die jetzigen Mitglieder derselben zeitlebens in dem Genuß ihrer bisherigen Einkommen verbleiben würden.«

Der Stuttgarter Rechtslehrer Johann Jakob Moser hatte sich in seinem vierundzwanzigbändigen Werk *Neues deutsches Staatsrecht* (1766 bis 1782) noch gewundert: »Etwas ganz Besonderes ist es, daß in dem fürstlichen Stifft Essen die erste Classe deren Landstände aus lauter Frauenzimmern besteht.« Nun war es mit diesem verwunderlichen Überbleibsel aus dem Mittelalter vorbei. Die letzte Fürstäbtissin von Essen, Prinzessin von Polen und Litauen, Herzogin von Sachsen, starb, sechsundachtzig Jahre alt, 1826 in Dresden.

Der Abt von Werden erhielt eine jährliche Pension von rund 3000 Talern, die Mönche von 350 Talern sowie das Recht, weiter im Abteigebäude zu wohnen. Sie wurden Weltgeistliche und übernahmen Pfarrer- oder Lehrerstellen. Bei geringeren Verwaltungskosten hatte das Stift Werden zur Zeit der Übergabe höhere Einnahmen als das Stift Essen – wohl eine Folge besserer Verwaltung, sparsamerer Hofhaltung und höherer Einkünfte aus dem Kohlenbergbau, in dem Essen ja zunächst eine geringere Rolle spielte (vgl. Seite 105). Der letzte Abt von Werden starb 1828 in Düsseldorf.

Die *Abteiliche Residenz* zu Werden war, abgesehen von den Kirchen, das prächtigste Bauwerk auf dem Boden des heutigen Essen, vor Schloß Borbeck (vgl. Seite 74), der Jesuitenresidenz am Essener Burgplatz (vgl. Seite 97) und dem 1765 erbauten Waisenhaus in Steele, das einen Residenzflügel für die Äbtissin enthielt. Die ehemalige Benediktinerabtei Werethina war zu Anfang des 18. Jahrhunderts abgebrochen und von 1745 bis 1794 unter vier verschiedenen Äbten durch einen großzügigen barocken Neubau mit prunkvollen Räumen ersetzt worden. Nachdem die preußische Verwaltung das zum Teil kostbare Inventar versteigert und die wichtigsten Bände der Klosterbibliothek nach Münster geschafft hatte, stand das Schloß bis 1811 leer. Dann wurde es in ein preußisches Zuchthaus verwandelt, eine Funktion, die es bis 1928 beibehielt. 1946 nahm die Residenz die Folkwangschulen auf.

Zuchthaus und Tanzsaal

Das Abteigebäude in der Essener Burg war dagegen in so schlechtem Zustand, daß das 1805 von Wetter nach Essen verlegte westfälische Oberbergamt sich weigerte, es zu beziehen, und statt dessen in das ehemalige Wohnhaus der Stiftsdame Gräfin Rietberg einzog. An der Unbrauchbarkeit der Essener Residenz scheiterte auch der Plan, die Regierung der preußischen Provinz Cleve-Mark in Essen zu etablieren; sie kam nach Münster.

So wurde die Abtei, von der aus einst Kriege gegen die Stadt geführt worden waren, der Bürgerschaft ebendieser Stadt für Festlichkeiten freigegeben. In den *Allgemeinen Politischen Nachrichten* – die seit 1802 über den Titel den Vermerk »Mit Allergnädigster Königl. Preuß. Bewilligung« trugen – erschien am 26. Dezember 1805 nicht nur »Noch einiges von der Schlacht bei Austerlitz« (sie hatte vierundzwanzig Tage zuvor stattgefunden), sondern auch das Inserat:

»Mit hoher Bewilligung wird im Saal der vormaligen Abtei, Dienstags den 7ten Jenner, ein Maskenball statt haben. Für Ordnung, gute Musik, Beleuchtung und Bedienung wird bestens gesorgt werden. Anfang Abends 7 Uhr. Entree 24 Stbr. die Person. Masken sind vorrätig. G. Schmitt.«

Die einzige preußische Maßnahme, die allgemein auf Zustimmung stieß, war, daß Essen 1803 an den preußischen Postkurs Berlin–Wesel angeschlossen wurde, worum der Magistrat der halben Reichsstadt Essen die preußische Regierung 1778 vergeblich gebeten hatte. Am 1. Juli wurde das Essener Postamt von Thurn und Taxis aufgehoben und das preußische Postregal eingeführt, und zwei Tage später konnte die Essener Zeitung berichten: »Vorgestern hatten wir das Vergnügen, zum ersten Mal den Berliner Postwagen hier durchfahren zu sehen, der ehemals bekanntlich seine Route durchs Münstersche nahm, nun aber wöchentlich zweimal von Wesel über Essen ... gehen wird.«

Die Postkutsche wurde mit Musikkapellen empfangen und mit Blumen bekränzt, was den Postillion freilich nicht davon abhielt, auf den elenden Zustand der Wege im Essenschen zu schimpfen. Von 1833 an wurde die Strecke Berlin–Essen–Wesel sogar täglich befahren, ebenso die Route nach Düsseldorf; dazu kam viermal wöchentlich eine Verbindung nach Elberfeld.

Strenge Bergordnung Auch sonst tat die preußische Verwaltung manches Nützliche, aber Sympathie gewann sie damit nicht. Waren schon die Truppen recht kühl empfangen worden, so stieß die ungeduldige Fürsorge, die der straff organisierte preußische Staat seinen Untertanen angedeihen ließ, erst recht auf Ablehnung.

Verärgert war die katholische Mehrheit des Stiftslandes, die die Säkularisation als Unrecht empfand und sich einem überwiegend protestantischen Staat einverleibt sah.

Verärgert war, obwohl protestantisch, die Bürgerschaft der Stadt Essen, die einst Friedrich den Großen zu ihrem Helden erkoren hatte: Der Äbtissin hatte sie in ihrem vierhundertjährigen Krieg doch fast die Rechte einer Reichsstadt abgetrotzt, von dem hoffnungslos übermächtigen neuen Landesherrn aber wurde Essen zu einer Landstadt degradiert und, ebenso wie die Städte Steele und Werden, dem Steuerkreis Duisburg zugeschlagen.

Verärgert waren Bürgermeister und Magistrat, denn sie hatten – bei Untersagung der fälligen Neuwahlen – bis 1804 nach preußischem Reglement hart zu arbeiten und wurden dann durch preußische Beamte unter einem ortsfremden Stadtdirektor ersetzt.

Verärgert waren schließlich die Gewerken und Knappen der Kohlenbergwerke: Denn die Einrichtung eines Bergamts in Essen 1803 und die für die Stadt an sich so nützliche Verlegung des Oberbergamts von Wetter nach Essen im Jahre 1805 waren mit der Einführung der preußischen Bergordnung von 1766, also mit Kontrolle und Zwang verbunden. Dem Grundeigentümer wurde das Verfügungsrecht über die Zeche entzogen. Der Staat überwachte den technischen Grubenbetrieb, revidierte das Rechnungswesen, setzte eine Kohlentaxe fest und zwang die Bergleute zu Abgaben für die Knappschaftsversicherung – im ureigensten Interesse der Knappen zwar, aber mit Zwang verknüpft, typisch preußisch. Gewerken, die sich nicht fügen wollten, wurden durch Zwangseinquartierung mürbe gemacht.

Unter der starken Hand des Oberpräsidenten der westfälischen Kriegs- und Domänenkammern, Freiherrn vom Stein, waren die preußischen Reformen organisatorisch bereits 1804 im wesentlichen durchgesetzt. Ehe sie sich freilich praktisch bewähren konnten, zogen die Preußen wieder ab.

Französisches Zwischenspiel Der neununddreißigjährige Reitermarschall Joachim Murat, ein Schwager Napoleons, wurde 1806 vom Kaiser der Franzosen zum Herzog von Berg ernannt. Gegen den Willen Napoleons, der im Interesse seiner Kontinentalsperre Wert auf gute Beziehungen zu Preußen legte, ließ Murat am 28. März 1806 seine Truppen in die preußischen Territorien Essen und Werden einmarschieren, weil er für die Industrie seines Herzogtums die dortigen Kohlenvorkommen brauchte. Zum ersten, nicht zum letzten Mal wurde damals aus Essens Bodenschätzen eine politische und militärische Konsequenz gezogen.

Die Bevölkerung begrüßte die französischen Eindringlinge als Befreier von den lästigen Preußen, und mehrere Kohlengewerken richteten in ihrem Ärger über das preußische System an den Marschall und neuen Landesherrn sogar eine Huldigungsschrift, in der es hieß: »Endlich hat die höchste Vorsehung uns des so lange erseufzten Glückes gewürdigt, uns mit einem neuen Herrscher, unserem teuersten, so milden als gerechten Landesvater zu begnadigen...« Die Buchhandlung Baedeker inserierte: »Bey Unterschriebenem ist zu haben: Porträt Sr. Kaiserl. Königl. Hoheit des Herrn Großherzogs Joachim von Berg, gestochen von Thelott. 1 Rthlr. 74 Stbr.«

Der preußische Stadtdirektor allerdings weigerte sich, die Proklamation über die Besitzergreifung Essens durch Murat anschlagen zu lassen, und eine Woche später, am 4. April 1806, wurden die Plakate wieder entfernt – von einem preußischen Bataillon, das mit Pauken und Trompeten in Essen einrückte. Die Franzosen leisteten nicht etwa Widerstand, sondern legten nur Protest ein und äußerten anschließend den Wunsch, sich als preußische Kriegsgefangene betrachten zu dürfen. Die Preußen wiesen jedoch darauf hin, daß es zwischen Preußen einerseits und Berg und Frankreich andererseits gar keinen Krieg gebe, die Franzosen also besser daran täten, mit den Preußen gemeinsam die Wache zu stellen. Nach einigem Zögern erklärten sich die Franzosen am 18. Mai dazu bereit. Ihre Quartiere bezogen die einstigen und künftigen Gegner vorsichtshalber in verschiedenen Stadtvierteln, mit dem Markt als Demarkationslinie und etlichen preußisch-französischen Wirtshausraufereien. Die Händel zwischen Reichsstadt und Äbtissin hatten eine würdige Fortsetzung gefunden.

Bald zogen die Franzosen ab, die Preußen blieben. Am 22. September 1806 schrieb der Zeitungsverleger Gottschalk Diedrich Baedeker in einem Privatbrief: »In unserer Gegend sieht es sehr kriegerisch aus; man hält den Krieg für unvermeidlich, doch ist unser Ländchen neutral und wird bis zur ausgemachten Sache von einem Ausschuß aus zwei preußischen und einem herzoglich-bergischen Commissarien verwaltet. Bräche der Krieg wirklich aus, so könnte dieses *interregnum* vielleicht von wichtigem Nutzen für uns seyn. Im Bergischen und Clevischen wird jetzt stark ausgenommen; es ist wirklich traurig, daß ein Teutscher die Waffen gegen die anderen ergreifen soll!«

Am 1. Oktober brachen die Feindseligkeiten zwischen Preußen und Frankreich aus. Am 14. Oktober zerschlug Napoleon die preußischen Armeen bei Jena und Auerstädt. Acht Tage später, am 22. Oktober, rückten französische und holländische Truppen in Essen ein, um das Land zum zweitenmal dem Großherzogtum Berg einzuverleiben. Am 30. Oktober erließ der großherzoglich-bergische Generalkommissar Graf von Westerholt-Giesenberg folgende Proklamation: »Seine Kaiserliche Hoheit, der Großherzog von Berg, Prinz und Großadmiral

Das Großherzogtum Berg

von Frankreich, geruhten die Regierung der Länder Essen, Werden und Elten zu übernehmen und mir die Verwaltung derselben interimistisch anzuvertrauen. Ich darf von den mir bekannten patriotischen Gesinnungen aller Einwohner, vorzüglich aber der Beamtenschaft, erwarten, daß sie nach Kräften mein Bestreben, dasjenige herbeizuführen, was den Nutzen, die Ordnung und Ruhe dieser Provinzen befördert, unterstützen werden.«

Die abermalige Neuordnung schien sich jedoch nicht sogleich durchzusetzen; jedenfalls erschien in den *Allgemeinen Politischen Nachrichten* vom 13. November 1806 folgender kurioser Aufruf:

»Wir sehen uns genöthiget, hierdurch öffentlich bekanntzumachen, daß der Chef des General-Stabes der Nordarmee, Herr General Boecop, auf ausdrücklichen Befehl Seiner Majestät des Königs von Holland, das Großherzoglich-Bergische hohe Finanzministerium benachrichtiget habe, daß die Lande Essen und Werden, als zum Großherzogthum Berg gehörig und der Verwaltung der Großherzoglichen Behörden überlassen zu betrachten seyen.

Großherzoglich-Bergische zur Besitzergreifung und Verwaltung
der Lande Essen und Werden Allerhöchst verordnete Commission.«
Essen, den 6ten November 1806

Marschall Murat wurde 1808 zum König von Neapel befördert, und Prinz Louis Napoleon, ein minderjähriger Neffe des Kaisers, trat in Berg an seine Stelle. Die Verwaltung lag in den Händen eines kaiserlichen Regierungskommissars in Düsseldorf. Sie wurde nach französischem Vorbild streng zentralistisch aufgebaut; Essen war Hauptstadt eines Arrondissements, das in die »Kantone« Essen, Werden, Duisburg und Dinslaken zerfiel und seinerseits zum Rheindepartement gehörte. Hatten die Preußen die ständischen Einrichtungen des Mittelalters noch unangetastet gelassen, so hoben die Franzosen nun das Lehnsrecht und die Vorrechte des Adels auf, ebenso die Hörigkeit der Bauern sowie alle Gilden und Zünfte; sie führten Napoleons Zivilgesetzbuch und die bürgerliche Eheschließung ein.

Von den preußischen Einrichtungen dagegen beließ die französische Verwaltung gerade diejenigen, die den Bergwerksunternehmern so großen Ärger machten: das Bergamt und die Bergordnung, der von französischer Seite »langjährige, sehr glückliche Wirkungen« bescheinigt wurden. Waren unter preußischer Herrschaft Gewerken und Knappen wenigstens vom Militärdienst befreit, so hob das Großherzogtum Berg ohne Rücksicht auf die Kohlen Soldaten in großer Menge aus, die in Spanien und in Rußland für Napoleon kämpfen durften.

Und wieder die Preußen — Am 19. Oktober 1813 wurde der Kaiser der Franzosen in der Völkerschlacht bei Leipzig geschlagen. Am 11. November marschierten wieder preußische Truppen in Essen und Werden ein, diesmal ein wenig freundlicher begrüßt als 1802. Zum provisorischen Generalgouverneur der wiedergewonnenen westfälischen Provinzen wurde ein eifriger preußischer Beamter und ausgezeichneter Kenner der Essener Verhältnisse ernannt: Staatsrat Justus Gruner. Er erhielt nun also Gelegenheit, Essen aus dem »düsteren Traum von Verwesung und Finsternis« zu reißen, in dem er die unfreie Reichsstadt 1802 angetroffen zu haben meinte.

Zunächst beschränkte er sich darauf, den französischen Verwaltungseinrichtungen neue Namen zu geben, »um jede gehässige Erinnerung auszulöschen und das öffentliche Vertrauen nicht länger durch fremde Formen zu beleidigen«. Aus dem *Maire* wurde ein Bürgermeister, aus dem *Adjoint* ein Beigeordneter. Das Arrondissement Essen wurde in *Bezirk* umbenannt, sein Verwaltungssitz von Essen nach Dortmund verlegt. Essen wurde nun jedoch, im Unterschied zu 1802, Sitz eines Landratsamts. Die bürgerliche Eheschließung schaffte Gruner wieder ab.

Der Wiener Kongreß (September 1814 bis Juni 1815) sprach Preußen den größten Teil der späteren Rheinprovinz zu. Essen und Werden wurden Grafschaften, von denen Preußen formell am 15. April 1815 Besitz ergriff. »Und so, Ihr Einwohner dieser Länder«, heißt es in einem Aufruf König Friedrich Wilhelms III., »trete Ich jetzt mit Vertrauen unter Euch, gebe Euch Euerm Vaterlande, einem alten deutschen Fürstenstamme, wieder, und nenne Euch Preußen!«

Die preußische Verwaltungseinteilung brachte für Essen eine folgenschwere Entscheidung: Die Stadt wurde, ebenso wie Werden, 1816 der preußischen Provinz Jülich-Cleve-Berg (Regierungssitz Köln) eingegliedert. Diese Provinz wurde 1822 mit der Provinz Niederrhein zur *Rheinprovinz* (Sitz Koblenz) verschmolzen. Während schon Bochum und Gelsenkirchen in der preußischen Provinz Westfalen lagen, gehörte die alte westfälische Stadt Essen von 1816 bis 1945 politisch zum Rheinland – und wird auch heute noch dazu gerechnet, weil im Bundesland Nordrhein-Westfalen die preußische Provinzgrenze von den *Landschaftsverbänden* Rheinland und Westfalen übernommen worden ist. Bis 1823 war Essen eigener Landkreis und gehörte dann bis 1857 zum Landkreis Duisburg. Ab 1857 war Essen wieder eigener Landkreis. Die Stadt Essen bildete ab 1873 einen eigenen Stadtkreis.

Wo endet Westfalen?

Da das Rheinland schon zwei Universitäten besaß (Köln und Bonn), Westfalen aber nur eine (Münster), mußte die 1961 beschlossene Ruhruniversität nach »Westfalen« kommen; so ist sie in Bochum entstanden.

2. Kapitel
Dinnendahls Feuermaschine

Es waren sechsunddreißig »auserlesene Pferde«, mit denen die Industrie in Essen ihren Einzug hielt.

Die *Allgemeinen Politischen Nachrichten* vom 14. September 1808 berichteten: »Am 13 d. wurde der zur hiesigen neu angelegten Feuermaschine gehörige Kessel, welcher circa 15 000 Pf. wiegt, und von einer solchen Größe ist, daß er beim Durchfahren des Limbecker Thores nur 3 Zoll Spielraum hatte, glücklich auf einem besonders dazu eingerichteten Wagen an seinen bestimmten Ort gebracht. Eine ungeheure Volksmenge begleitete diese Kesselfahrt. Die hiebey vorgespannten Pferde gehörten theils Overath, theils Siepmann, theils Vester und theils Kalthof; Overath aber, welcher sich diesen Kessel zu fahren übernommen hatte, brachte denselben, ohne etwas zu zerbrechen, noch binnen dreiviertel Stunden an den Ort seiner Bestimmung, welcher eine halbe Stunde von hier gelegen ist. Am mehrsten war zu bewundern: wenn nach einer kurzen Pause sich die Pferde etwas erholt hatten, dann auf das Wörtchen Nu! (welches Overath aus vollen Kräften rief) dieselben jedesmal zugleich anzogen, und sofort wurde die schwere Last ein Drittel des Weges über ungeackertes Land, und ohnerachtet, daß die Räder zwei bis drei Fuß in die Erde drangen, an Ort und Stelle gebracht.«

Damit die Durchfahrt durch das Limbecker Tor überhaupt möglich war, mußte unter dem Torbogen das Straßenpflaster entfernt werden. Jahrelang blieb die Maschine das Ziel vieler Sonntagsausflügler. Die Zeche *Vereinigte Sälzer und Neuack,* auf der sie installiert war, hieß im Volksmund »die Feuermaschine«.

Der Pferdetreck war der Auftakt zur Inbetriebnahme der ersten Dampfmaschine, mit der der Kohlenbergbau in Essen in größere Tiefen vorstoßen konnte, weil man dank der Absaugung des Wassers mit Dampfkraft nun endlich des Grundwassers Herr wurde. Es war der Auftakt zum großen Kohlenrausch.

Dampfpumpen für Bergwerke

Freilich hinkte Essen damit fünf Jahre hinter Werden, zwanzig Jahre hinter Oberschlesien, fünfunddreißig Jahre hinter dem Saargebiet und nicht weniger als hundertzehn Jahre hinter England her, dem Mutterland der Industrie. Es ist erstaunlich und gar nicht recht im öffentlichen Bewußtsein, *wie* lange nach

Großbritannien auch Deutschland eine Industriemacht wurde und *wie* spät innerhalb Deutschlands jene heute in aller Welt bekannte und weithin sprichwörtliche Ballung von Zechen, Hütten und Fabriken entstand, die wir *Ruhrgebiet* nennen.

Die erste funktionierende Dampfmaschine überhaupt wurde 1690 zwar in Deutschland gebaut, aber von dem französischen Physiker *Denis Papin,* als er Professor der Mathematik in Marburg war. 1698 erhielt der englische Bergwerksbeamte *Savery* ein Patent auf die erste Dampfmaschine, die aus einem Kohlenschacht Wasser fördern konnte. Der erste berühmte Hersteller einer großen Zahl brauchbarer Dampfmaschinen war der englische Schmied *Thomas Newcomen,* dessen Erzeugnisse seit 1711 in vielen Kohlenschächten Englands und Schottlands installiert wurden und so dazu beitrugen, England für ein Jahrhundert in die Werkstatt der Welt zu verwandeln. Newcomen baute sogenannte atmosphärische Dampfmaschinen, bei denen durch Abkühlung des Dampfes im Zylinder ein Sog entstand, der eine langsame, aber für Pumpzwecke brauchbare Bewegung hervorrief.

Genau dreiundsechzig Jahre lang, und zwar von 1698 bis 1761, waren die Dampfmaschinen reine Hilfsmittel des Bergbaus: Sie wurden ausschließlich dazu verwendet, Wasser oder später Kohle aus der Tiefe zu fördern. Von Anbeginn zeigte sich die Wechselwirkung von Kohle und Maschine: Die Maschine half die Kohlenförderung erhöhen, die Kohle heizte die Maschine. Je mehr Dampfmaschinen es gab, desto mehr Kohle *konnte* gefördert werden – *mußte* aber auch gefördert werden, schon um die Dampfmaschinen zu füttern. Der Kohlenverbrauch der frühen, groben Dampfpumpen war enorm: Um eine Leistung von tausend Kilowatt zu erzielen, braucht eine Dampfturbine heute weniger als eine halbe Tonne, während Newcomens Feuermaschinen über zehn Tonnen fraßen.

1761 wurde die erste Dampfmaschine in Betrieb genommen, die nicht dem Bergbau diente: eine Dampfpumpe für die Londoner Wasserversorgung. 1769 baute der Franzose *Cugnot* die erste Dampfmaschine, die sich selbst vorantrieb: einen feuerspeienden Straßendampfwagen. Von 1765 bis 1785 nahm dann der schottische Mechaniker *James Watt* an der Dampfmaschine so entscheidende Verbesserungen vor, daß er noch einmal als der Erfinder dieses Schrittmachers der industriellen Revolution gefeiert werden konnte. Nicht mehr der Unterdruck des abgekühlten, sondern unmittelbar der Überdruck des heißen Dampfes setzte nun die Kolben in Bewegung. Die Welt hatte ihre erste Hochleistungsmaschine. Sie arbeitete auch mit einer weniger billigen Kohle als der englischen rentabel, machte die Installierung in Fabriken lohnend und ließ sich schließlich auf Schienen stellen. Der Mensch verwandelte die Sonnenenergie, die in der Kohle vor Jahrmillionen aufgespeichert worden war, in Feuer zurück und vertausendfachte damit seine Kraft.

Watt und Bückling

Friedrich der Große, schon seit 1764 Förderer der Kohle (vgl. Seite 105), schickte seinen Bergrat *Bückling* nach England, damit er Watts Dampfmaschine studiere; unter Bücklings Leitung wurde die erste Dampfmaschine in Deutschland gebaut und 1785 im Kupferbergwerk von Hettstedt bei Halle in Betrieb genommen. Maschinen, die aus England kamen, wurden (nach einem Versuch von 1722 in Kassel) 1773 im Saargebiet, 1788 im oberschlesischen Erzzentrum Tarnowitz, 1793 im alten Kohlenrevier von Aachen installiert. In Schlesien wirkte auch der erste deutsche »Kunstmeister«, der Dampfmaschinen in größerer Zahl herstellte (fünfzig Stück zwischen 1794 und 1825): August Holtzhausen.

Der Schweinehirt von Steele

Der zweite war *Franz Dinnendahl*, der Stammvater der Essener Schwerindustrie. Sein Weg ist bezeichnend für die unsäglich mühsamen, oft zufälligen und von wenigen Männern auf eigene Faust unternommenen Anläufe, die die Industrie in Deutschland nehmen mußte.

Dinnendahl wurde 1775 als Sohn eines Müllers in Horst bei Steele (im Ostzipfel des heutigen Essen) geboren und wuchs in Steele auf. Über seine Kindheit berichtet er in dem hinterlassenen Fragment einer *Selbst-Biographie des Mechanicus Franz Dinnendahl in Essen:* »Auf meine Erziehung und Bildung konnten meine Eltern durchaus nichts weiter verwenden, als daß sie mich in einer elenden Dorfschule notdürftig lesen und das Alphabet schreiben lehren ließen. Wegen ihrer Dürftigkeit mußte ich mir schon in meinem 12. Jahre durch Schweinehüten mein Brot verdienen. Indessen hatte ich von Kindheit an eine unwiderstehliche Neigung zur Mechanik. Daher schnitzte ich, während des Schweinehütens, allerlei in die Mechanik gehörige Sachen, zum Beispiel: kleine Öl-, Gerst- und Kornmühlen, Eisenhämmer, Wasserkünste, Pumpen und dergleichen. Allein eben dieses war auch die Ursache, daß ich von dem Bauer, dem ich als Schweinehirte diente, als ein zu diesem Geschäft untaugliches Subjekt entlassen wurde, weil ich über meine Schnitzereien die Schweine vergaß und oft des Abends kaum halb so viele wieder mit nach Hause brachte, als ich des Morgens mitgenommen hatte. Ich mußte also wieder die Zuflucht zu meinen Eltern nehmen und mir mit Kohlenschieben etwas zu verdienen suchen ...«

Mit sechzehn wurde Dinnendahl Bergmann, ging dann zu einem Zimmermann in die Lehre und arbeitete drei Jahre lang als Tischler und Baumeister – »als ein Umstand eintrat, der auf einmal meiner Neigung zur Mechanik neues Leben gab und auf mein weiteres Schicksal einen bedeutenden Einfluß hatte. Ich hatte nämlich ... oft bis ein oder zwei Uhr nachts gearbeitet und mir nach und nach eine Wasserkunst im kleinen verfertigt. Da nun gerade damals in meiner Nähe in einem Kohlenbergwerk (der Zeche *Wohlgemuth* bei Kupferdreh) die Wasser nicht gewältigt werden konnten, und eine solche Maschine verfertigt werden sollte, so vertraute man mir die Erbauung derselben an, wiewohl es mir so viele Mühe kostete, mir dieses Zutrauen zu verschaffen, daß ich mehrere Bogen damit würde beschreiben müssen, wenn ich alle die Schwierigkeiten schildern wollte, die ich zu bekämpfen hatte, ehe ich meinen Zweck erreichte, weil die Gewerkschaft größtenteils aus Landleuten bestand, denen ich mehrere Tage lang im Felde hinter dem Pfluge nachlaufen mußte, um sie zu bewegen, mir die Erbauung dieses Kunstwerks zu überlassen.«

Nach seinem ersten Erfolg erhielt Dinnendahl einen zweiten Auftrag für eine *Zeche* handbetriebene Wasserförderungsmaschine, »die ich dann auch zur Verwunde- *Vollmond* rung des Publikums abermals zustande brachte«. Entscheidend für Dinnendahls Weg wurde, daß er in seiner Eigenschaft als Zimmermann das Gebäude für die Dampfmaschine errichten sollte, die 1799 als erste des Ruhrgebiets auf Zeche *Vollmond* bei Bochum aufgestellt wurde. »Diese Maschine war nach dem alten Prinzip in Schlesien gebaut und sollte von einem gewissen Schuhmann aus der dortigen Gegend, der früherhin nur Maschinenwärter gewesen war und überhaupt wenig mechanisches Talent hatte, zusammengesetzt werden. Allein dieser Mann machte bei der Zusammensetzung mehrere Fehler, worauf ich denselben aufmerksam machte. Er sagte mir aber, daß dieses meine Sache nicht sei, und wies mich auf meine wiederholten Erinnerungen endlich mit groben Antworten ab, ohne die Fehler abzuändern.«

In seiner unglaublichen Hartnäckigkeit ging der Zimmermann Dinnendahl daraufhin zum Leiter des Oberbergamts, berichtete ihm von dem Vorfall und erbot sich zugleich, die Maschine in Gang zu bringen. »Er erzählte mir aber dagegen, daß der damalige Herr Berghauptmann Bückling, der lange in England gewesen und dabei noch einen in mechanischen Arbeiten erfahrenen Mann mitgenommen hätte, nicht einmal imstande gewesen wäre, die erste Maschine in Gang zu bringen. Er riet mir, da ich nur ein gemeiner Zimmermann war und in einem Kittel zu ihm kam, also an, nur an meiner Arbeit zu bleiben. So sehr ich demselben auch versicherte, daß ich dennoch eine Feuermaschine zu bauen imstande wäre, wenn man mir nur Zutrauen schenken wolle, so schien ihm dieses dennoch unmöglich zu sein. Ich mußte also unverrichteter Sache abgehen, ging aber von da zu dem jetzigen Herrn Landesdirektor Freiherrn von Romberg. Diesem sagte ich, daß die Maschine nicht gehen würde, wenn die Fehler, welche beim Zusammensetzen von Schuhmann gemacht worden wären, nicht abgeändert würden. Obgleich ich nun zu diesem im leinenen Kittel kam und ihm bisher noch gar nicht bekannt gewesen war, so ehrte er doch gleich in mir den Menschen. Er hörte mir ganz aufmerksam zu, beobachtete mich genau und suchte mich durch seine Herablassung und Freundlichkeit zutraulich zu machen. Hierdurch ermuntert, wurde ich dreister« (noch dreister!), »teilte ihm, soweit ich bei meinem Mangel an Sprachkenntnis dazu imstande war, meine Ideen mit und hatte dadurch das Glück, mir sein Vertrauen zu erwerben.«

Unter Dinnendahls Mithilfe wurde die Maschine tatsächlich in Gang gebracht. Nun hatte er auch beim Leiter des Oberbergamts Glück, der bei ihm eine noch ohne Dampfkraft betriebene »Wasserkunst« für die Zeche *Elisabeth* bei Hörde in Auftrag gab. »Ich erklärte ihm darauf ganz freimütig, daß das für mich eine Kleinigkeit sei, und daß ich, wenn künftig eine Feuermaschine zu bauen wäre, mich unterstände, auch eine solche zu verfertigen. Sosehr ihm dieses auch mißfiel, so faßte er (vielleicht wegen meiner Dreistigkeit) dennoch Zutrauen zu mir und gab mir auf der Stelle einen Brief an einen der Gewerken mit, worin er mich empfahl. So baute ich dann diese Wasserkunst, und es gelang mir damit so gut, daß sie jetzt nach fünfzehn Jahren noch immer gut geht.«

Dampf für Kupferdreh

1801 gelang es dem Zimmermann tatsächlich, den Auftrag zum Bau einer Dampfmaschine zu bekommen – der ersten, die an der Ruhr entstand. Sie wurde von der Zeche Wohlgemuth bei Kupferdreh im damals noch souveränen Stift Werden bestellt, der gleichen, für die Dinnendahl seine erste »Wasserkunst« ohne Dampfkraft gebaut hatte. »Das ganze Personal am Märkischen Bergamte, besonders der Herr p. Crone, selbst fremde Bergleute, welche Dampfmaschinen zu sehen Gelegenheit gehabt hatten, zweifelten daran, daß ich ein solches Werk zustande bringen würde. Einige schwuren geradezu, daß es unmöglich sei, und andere prophezeiten mir, weil es mir als gemeinen Handwerker jetzt wohl ging, meinen Untergang, weil ich mich in Dinge einließ, die über meine Sphäre hinaus gingen. Freilich war es ein wichtiges Unternehmen, besonders, weil in der hiesigen Gegend nicht einmal ein Schmied war, der imstande gewesen wäre, eine ordentliche Schraube zu machen, geschweige andere zur Maschine gehörige Schmiedeteile, als Steuerung, Zylinderstange und Kesselarbeit pp. hätte verfertigen können oder Bohren und Drechseln verstanden hätte. Schreiner- und Zimmermannsarbeiten verstand ich selbst; aber nun mußte ich auch Schmiedearbeiten machen, ohne sie jemals gelernt zu haben.«

Dinnendahl fährt fort: »Indessen schmiedete ich fast die ganze Maschine mit eigener Hand, selbst den Kessel; so daß ich ein bis eineinhalb Jahr fast nichts anders als Schmiedearbeiten verfertigte... Aber es fehlte auch an gut eingerichteten Blechhämmern und geübten Blechschmieden in der hiesigen Gegend, weshalb die Platten zum ersten Kessel fast alle unganz und kaltbrüchig waren. Ebenso unvollkommen waren diejenigen Stücke der Maschine, welche die Eisenhütte liefern mußte; als Zylinder, Dampfröhren, Schachtpumpen, Kolben und dergleichen... Das Bohren der Zylinder setzte mir neue Hindernisse entgegen, allein auch dadurch ließ ich mich nicht abschrecken, sondern verfertigte mir auch eine Bohrmaschine, ohne jemals eine solche gesehen zu haben.«

Und weiter: »So brachte ich es also nach unsäglichen Hindernissen, die vielleicht manchen andern an meiner Stelle abgeschreckt haben würden, endlich so weit, daß die erste Maschine, nach altem Prinzip, fertig wurde (1803). Der Herr p. Crone hatte mir früher erzählt, daß der Herr Berghauptmann Bückling, obgleich er zwei Jahre in England gewesen wäre, seine erste Maschine dennoch nicht in Gang zu bringen imstande gewesen wäre, sondern erst wieder nach England zurückkehren und einen gewissen Richscherd (Richards) hätte holen müssen, von dem sie eigentlich in Gang gebracht worden wäre. Ich war deshalb bei der Erbauung meiner ersten Maschine gar nicht verlegen, und daß ich es auch nicht nötig hatte zu sein, erwies sich, als ich die Maschine zum erstenmal anließ, weil sie im ersten Augenblick ging, welches der jetzt noch lebende Geschworene Herr Engelhard, der dabei gegenwärtig war, wird bezeugen können.«

1803 also, hundertfünf Jahre nach der ersten Dampfpumpe in einem englischen Kohlenschacht, wurde im Ruhrland die erste dort gebaute Dampfmaschine in Betrieb genommen. Erst als er fertig war, hörte Dinnendahl davon, daß es außer dem von ihm angewandten, hundertfünf Jahre alten Prinzip (Sog durch abgekühlten Dampf) schon seit Jahrzehnten ein neues, von Watt erfundenes Prinzip (Druck durch heißen Dampf) gab. Die nächste Maschine dieser Art, 1798 von Bergrat Bückling erbaut, stand in der Saline Königsborn bei Unna. »Ich ging also dahin, nahm die Maschine in Augenschein, und kaum hatte ich dieselbe eine Stunde betrachtet, so war ich mit derselben so bekannt, daß ich mich stark genug fühlte, eine ebensolche Maschine zu bauen.«

In der Tat verfertigte der Mechanicus, der unter Mangel an Selbstvertrauen in keiner Minute seines Lebens zu leiden schien, 1803/04 für ein Bleibergwerk bei Aachen eine Feuermaschine, die sowohl nach der Methode Newcomen wie auch nach der Methode Watt betrieben werden konnte. Zwei weitere Dampfmaschinen baute er 1805 für Kalksteinbrüche in der Nähe von Düsseldorf.

Nun wurde auch Essen auf den »Kunstmeister« aufmerksam: Denn es drohte Kohlenmangel. In den vorhandenen Stollen war die Kohle seitlich und oben abgebaut, unter den Füßen aber so weit gefördert, wie das Grundwasser und die Handpumpen es zuließen. Das 1803 errichtete preußische Bergamt erkannte die Notwendigkeit, das Wasser mit Maschinenkraft abzusaugen und zum Tiefbau überzugehen. *Essen zieht nach*

»Ich wurde daher vom hiesigen wohllöblichen Bergamte aufgefordert, hier bei Essen ... eine 40zöllige Maschine zu bauen. Man setzte von seiten des wohllöblichen Bergamts, unter der Direktion des verstorbenen Herrn Cappel, einen Termin an, zu welchem alle Gewerke verabladet wurden. Auf dem Wege zu diesem Termin (ich wohnte damals noch in einem einsamen Dörfchen, Altendorf bei Hattingen) fiel mir ein, daß es vielleicht möglich sei, mit der anzulegenden 40zölligen Dampfmaschine zur Wältigung der Wasser auch zugleich eine etwa 12- bis 15zöllige Fördermaschine zu verbinden, womit man nicht allein die Kohlen um dreiviertel Unkosten weniger als bei den hier bekannten Förderungsvorrichtungen zu Tage bringen, sondern auch vermittelst derselben so viel fördern könne, als es der Debit erheische, wenigstens in jeder Schicht von acht Stunden 1000 bis 1500 Ringel (75 bis 110 Tonnen). In einer halben Stunde war dieses Projekt, wenigstens in meinem Kopfe, im Reinen, ohne daß ich eine solche Förderungsmaschine jemals gesehen hatte.

Sobald ich in den Termin kam«, erzählt Dinnendahl weiter, »schlug ich dieses dem Herrn Direktor Cappel vor; zeichnete demselben meine Ideen, soweit dieses mit einem Stückchen Kreide auf dem Tische geschehen konnte, vor und ergänzte das Mangelhafte einer solchen Zeichnung durch mündliche Erläuterungen, woraus freilich der Herr Direktor Cappel, wegen meiner damaligen Unvermögenheit, mich überall richtig auszudrücken, nur mit Mühe klug werden konnte. Indessen veranlaßte ich denselben noch dadurch, selbst über die Sache nachzudenken, und als er die Möglichkeit der Ausführung einsah, machte der Vorschlag dem guten Manne so viel Freude, daß er den Termin auf der Stelle vierzehn Tage weiter hinaussetzte ... Ich brachte nach vierzehn Tagen meine Zeichnung mit, nach welcher beide Maschinen aus einem Kessel ihre Dämpfe erhalten sollten. Mein Vorschlag wurde geprüft, angenommen und der Kontrakt geschlossen. Nach diesem Kontrakt sollte ich für die 40zöllige Wasserhaltungsmaschine 14000 und für die damit zu verbindende 15zöllige Fördermaschine 2800 Reichstaler erhalten.

Kaum aber war der Kontrakt abgeschlossen und bekannt geworden, als einige Revierbeamten so zweideutig und bedenklich von der Sache sprachen, die Unkosten, die Unausführbarkeit derselben und dergleichen mit so grellen Farben schilderten, daß durch sie auch die Gewerken verleitet wurden, die Zurücknahme des Kontrakts zu wünschen. Vielleicht wäre es auch dazu gekommen, wenn ich nicht das vollkommene Zutrauen des einsichtsvollen und braven Direktors, des Herrn Cappel, gehabt hätte.«

Der Tiefbau beginnt

Mit einer Kapitalhilfe der Wittib Friedr. Jod. Krupp sel. konnte Dinnendahl 1807 nach Essen übersiedeln und dort eine Maschinenfabrik mit sechzig Arbeitern gründen. Im gleichen Jahr starb Cappel – ein harter Schlag für den Mechanicus. Denn: »Die Schwierigkeiten, welche ich bei der Erbauung dieser Maschine zu bekämpfen hatte, gaben den Revierbeamten ... hinlänglich Stoff, sich an mir zu rächen. Auf alle mögliche Weise wurde ich von denselben bei den Gewerken und dem Publikum verkleinert und in Schatten gestellt. Dies war zum Beispiel der Fall, als die Maschine, welche ich nach dem Kontrakt binnen achtzehn Monaten fertig zu bauen mich verpflichtet hatte, später fertig wurde. Daß ich den ersten Zylinder fünfmal mußte gießen lassen, ehe derselbe die nötige Vollkommenheit hatte, indem noch niemals ein so großes Stück Arbeit auf der Eisenhütte gegossen worden, und derselbe bald zu hart war, bald zu viel Kiß hatte, bald zu enge, bald zu weit war; daß ich denselben aus drei Stücken zusammensetzen mußte, weil der Schmelzofen eine so große Masse von Eisen, als zum ganzen Zylinder erforderlich war, auf ein Mal nicht fassen konnte, und daß darüber, doch ganz ohne meine Schuld, mehr als elf Monate verlorengingen, das alles wurde nicht berücksichtigt ... Die Maschine wurde endlich fertig« – und der Schacht der Zeche *Sälzer-Neuack* konnte auf 42 Meter Tiefe getrieben werden. Doch mit allerlei Pannen, an denen er den Gewerken die Schuld gab, mit gedrückten Preisen und nur teilweise bezahlten Rechnungen hatte Dinnendahl neuen Ärger.

1808 nahm er einen Auftrag Napoleons an, eine Dampfmaschine zu liefern, mit der das dem Bau eines Forts bei Wesel im Wege stehende Grundwasser beseitigt werden sollte. Die Trockenlegung gelang so gut, daß Dinnendahl einen weiteren Auftrag für Metz erhielt, überall die Unterstützung der französischen Behörden fand und es langsam zu Wohlstand brachte. Er liebte es, die schweren Säcke mit den Talern auf dem Hausflur stehenzulassen, damit die Leute sie sehen konnten. 1809 und 1810 baute er wieder mehrere Bergwerks-Dampfmaschinen, 1816/17 stattete er die Zeche *Kunstwerk* mit zwei Wasserhaltungs- und zwei Fördermaschinen unter einem Dach aus, einer Anlage, »wenigstens in hiesiger Gegend einzig in ihrer Art«.

1818 richtete Dinnendahl in seiner Maschinenfabrik eine Gasbeleuchtungsanlage ein, mit der er erneut großes Aufsehen erregte. *Hermann, Zeitschrift von und für Westphalen* berichtete darüber am 27. März 1818: »Aus 18 Pfd. guter fetter Steinkohle gewinnt Herr Dinnendahl so viel Gas und sammelt dasselbe in einen dazu eingerichteten Behälter, daß davon 16 bis 17 Lichter mehrere (4 bis 5) Stunden unterhalten werden können ... Die Lichtflamme ist hell und weiß, dem Tageslicht weit ähnlicher als die unserer Öl- und Talglichter, und der Lichtkegel ist stetig und flimmert nicht. Jeder, der es will, kann sich also nun im Vaterlande und in der Nähe davon überzeugen, daß es wahr ist, was Hr. Flashoff (Franz Wilhelm Flashoff, Apotheker in Essen) schon früher darüber gesagt, nämlich, daß das Steinkohlen-Gas zur Erleuchtung von ganzen Gebäuden und Zimmern sowie zur Straßenbeleuchtung mit geringem Kostenaufwande zu dem dazu nöthigen Apparat benutzt werden könne, und Herr Dinnendahl ist im Stande, diesen Apparat ebensogut, wie ein Engländer, dem Lokal und den Bedürfnissen gemäß, einzurichten. In den ersten 8 bis 10 Tagen war die Schmiede des Herrn Dinnendahl und der Hof um dieselbe jeden Abend voll Zuschauer, die sich an dem Anblick des schönen Lichts ergötzten und zugleich dem Mann ihren Beifall bezeugten, der, durch Herrn Flashoff dazu veranlaßt, diese wichtige Sache zuerst in Ausführung brachte.«

Gaslicht vom Apotheker

Als 1820 die Eisenhütte, von der er seine Gußstücke bezogen hatte, dazu überging, selbst Dampfmaschinen herzustellen, zog Dinnendahl gleich, indem er seinerseits eine Gießerei anlegte und damit warb, daß bei ihm nicht mehr das Rasenerz von der Ruhr, sondern Bergerz vom Oberrhein und aus dem Siegerland verwendet werde. »Bergwerks- und Fabriken-Besitzern können wir uns demnach um so mehr empfehlen, da wir alle und jede Dampfmaschinen-Theile, so wir auch zu Cylindergebläsen, Walzwerken etc. von ein Viertel Pfund bis zu 12–14 000 Pfund in einem Gusse, nach jedem beliebigen Modell oder Zeichnung, rein und schön abzugießen und zu liefern im Stande sind.«

1821 brannte Dinnendahls Fabrik in Essen nieder, so daß er den Betrieb in die Gießerei in Huttrop (östlich der heutigen Altstadt) verlegte. 1826 starb der Pionier der Dampfmaschine, erst einundfünfzig Jahre alt, durch mancherlei Rückschläge seines einstigen Wohlstandes beraubt – da er als Kaufmann nicht so tüchtig wie als Techniker war und der Konkurrenz zweier bedeutenderer Unternehmen erlag: der Gutehoffnungshütte in Sterkrade, die Dinnendahl

Ende in Armut

127

einst mit seinen Aufträgen über Wasser gehalten hatte, und der Maschinenfabrik von Friedrich Harkort in Wetter an der Ruhr. In Rellinghausen ist Dinnendahl begraben. Clemens Küster, ein späterer Mitinhaber der Firma Dinnendahl, schrieb 1863 über ihn: »Wenn die heutige Industrie in unserer Gegend einen so hohen Aufschwung genommen hat, so würde es jeden Grundes entbehren, diesen den Leistungen und Bemühungen Dinnendahls zuschreiben zu wollen. Die Industrie, einmal erweckt, mußte durch die natürlichen Mittel, welche ihr im Ruhrgebiet auch heute noch zu Gebote stehen, sich erheben und einen Glanzpunkt erreichen, auch ohne die persönliche Einwirkung eines einzelnen Mannes. Aber die Behauptung wird man nicht bestreiten können, daß Franz Dinnendahl der erste war, der die bewegende Kraft der Neuzeit im Ruhrtal einbürgerte, daß er den Grund legte zu den großartigen Verhältnissen, die der Bergbau unserer Gegend durch Anwendung der Maschine erlangte.«

Von den Zeitgenossen erkannten das freilich die wenigsten. Die *Kölnische Zeitung* schrieb 1818: »Eine Maschine macht oft die Arbeiten von tausend Menschen entbehrlich und bringt den Gewinn, den sonst alle diese Arbeiter teilen, in die Hände eines einzigen. Mit jeder abermaligen Vervollkommnung einer Maschine werden neue Familien brotlos; jede neuerbaute Dampfmaschine vermehrt die Zahl der Bettler, und es steht zu erwarten, daß sich bald alles Vermögen in den Händen einiger tausend Familien befindet und der übrige Teil des Volkes als Bettler in ihre Dienstbarkeit geraten werden. Muß nicht jeder Menschenfreund schmerzlich ergriffen werden von dem Gedanken, daß es dahin kommen kann und aller Wahrscheinlichkeit dahin kommen muß? Wir sind der Meinung, daß der Schaden, den unsere Gewerbe durch das englische Maschinenwesen erleiden, obwohl er sehr fühlbar ist, bei weitem leichter ertragen werden kann als der Druck, der aus dem Flor der zu sehr durch Maschinen vervollkommneten Fabriken erwachsen würde, die Deutschland mit drei bis vier Millionen Bettlern bevölkern würden.«

Die Luciuskirche in Essen-Werden. Die älteste Pfarrkirche diesseits der Alpen stand außerhalb der Stadtmauern

Der romanische Baustil prägt das Innere der Luciuskirche

Franz Dinnendahl. Er baute die erste Dampfmaschine im Ruhrgebiet und ermöglichte somit den Kohlenabbau in großer Tiefe

Dieser Stich, entstanden um 1860, unterstreicht: In Essen ist man um diese Zeit stolz auf rauchende Schlote.

Der Holzschnitt von 1858 (ganz links) zeigt, etwas beschaulich, den Alltag auf der Zeche Graf Beust. Links das Stammhaus der Krupps, erbaut zu Beginn des 19. Jahrhunderts (Photo: Stammhaus Krupp)

1885. Der Blick vom Rathausturm auf die Kruppsche Fabrik, die das Stadtbild von Essen beherrschte. Schon zu dieser Zeit war die Gußstahlfabrik weltweit die größte ihrer Art (Photo: Krupp)

Solche Wohnsiedlungen wie die Krupp-Siedlung Cronenberg förderten die Bindung der Arbeiter an das Unternehmen. Eine Aufnahme aus dem Jahre 1910 (Photo: Krupp)

Er war zwar nicht der Firmengründer, aber der Begründer der Firmendynastie: Alfred Krupp. Eine Aufnahme aus den siebziger Jahren des 19. Jahrhunderts (Photo: Krupp)

Nach eigenen Entwürfen (links und rechts sind erste Skizzen abgebildet) ließ Alfred Krupp von 1870 bis 1873 die Villa Hügel aus französischem Kalkstein in klassizistischen Formen erbauen (Photo: Krupp)

Familienphoto. Gustav Krupp von Bohlen und Halbach mit seiner Ehefrau Bertha und dreien ihrer acht Kinder. Links der 1907 geborene Alfried, der ab 1943 als fünfter Firmenchef das Unternehmen führen sollte (Photo: Krupp)

Nach dem Tode seines Vaters (1887) übernahm Friedrich Alfred Krupp die Leitung des Unternehmens. Zu dieser Zeit war die Herstellung von nahtlosen Eisenbahnradreifen (unten) für Lokomotiven schon Routine. Es war gerade die Produktion von Eisenbahnteilen, die, neben der von Kanonen, unvorstellbare Renditen einbrachte. Friedrich Alfred Krupp, der 1902 starb, stand zeit seines Lebens im Schatten des Charismas, das sein Vater ausgestrahlt hatte (Photo: Krupp)

Um 1900. Blick in den Speisesaal einer Krupp-Menage. Schon 1856 hatte Alfred Krupp zwei solcher Wohnheime für ledige Arbeiter bauen lassen (Photo: Krupp)

Nicht nur für das leibliche Wohl wurde bei Krupp gesorgt: Die ehemalige Kruppsche Bücherei an der Altendorfer Straße, die nur für Kruppianer zugänglich war (Photo: Krupp)

3. Kapitel
Krupps Bankrott

Hier will ich, hingelehnt an eines Felsen Rand,
In heil'ger Eichen nächtlich dunklem Grau'n,
O holde Phantasie, an deiner Hand
Des schönen Ruhrtals Krümmung überschau'n!
Zu meinen Füßen rauscht, rings vom Gebüsch umkränzt,
Der Strom hinab. Durchs bunte Wiesental
Klingt er dahin; in seinem Spiegel glänzt
Des Waldes Grün, der Fels, der Abendröte Strahl.

So sang der Pfarrer von Kettwig, Krummacher, 1806 im *Westfälischen Anzeiger*. Die Ruhr, obwohl inzwischen von Kohlenschiffen befahren und von Kohlenstollen gesäumt, war noch immer ein idyllischer Fluß und das Gebiet zwischen Ruhr und Lippe ein Wald- und Ackerland, das keine Zuwanderer anzog und dessen erste Zechen, Eisenhütten und Feuermaschinen ihm noch lange nicht den Charakter einer lieblichen, nur mäßig bevölkerten Landschaft raubten. Das jetzige Essener Areal war 1816 von 21 500 Menschen besiedelt, was einer Bevölkerungsdichte von 114 Einwohnern pro Quadratkilometer entspricht – soviel wie heute im Lande Dänemark und weniger als damals schon im Lande Sachsen.

Das damalige Städtchen Essen hatte 4700 Einwohner, vermutlich weniger als um 1600 zur großen Zeit der Büchsenmacher. *Dortmund* war mit 4300 Bewohnern sogar noch kleiner und damit nur ein Schatten der blühenden Reichs- und Hansestadt des 14. und 15. Jahrhunderts, in der 17 000 Menschen lebten. Den ersten Platz in der Ruhrgegend nahm das alte Kohlenhandelszentrum *Mülheim* mit 5200 Einwohnern ein (zur Stadt erst 1808 erhoben); die heutigen Großstädte Gelsenkirchen, Oberhausen, Herne, Wanne-Eickel gab es noch gar nicht. Weit bedeutender als die Städte zwischen Ruhr und Emscher waren die alten Textilzentren *Krefeld* (1805: 13 000 Einwohner) sowie *Elberfeld* und *Barmen*, das spätere Wuppertal (1807: zusammen 31 000 Einwohner). In *Düsseldorf* lebten 20 000 Menschen. *Köln* hatte mit 50 000 Bewohnern seine mittelalterliche Größe zwar übertroffen, war aber nicht mehr Deutschlands größte, sondern nur noch seine sechstgrößte Stadt (nach Berlin, Hamburg, Dresden, Breslau und Königsberg). Mit einem Wort: Das, was heute unter dem Namen *Wirtschaftsraum*

Rhein-Ruhr eine der größten Menschen- und Industrieballungen der Welt ist, hatte 1816 sein Schwergewicht abseits der Ruhr und spielte insgesamt in Deutschland eine relativ geringere Rolle als im Mittelalter. Wohl gab es schon eine deutsche Schwerindustrie – aber in Oberschlesien.

Die ersten Eisenhütten   Dies, obwohl sich der Anlauf zur industriellen Revolution an der Ruhr keineswegs nur in Franz Dinnendahl widerspiegelte. 1741 wurde in Sterkrade an der Emscher (im heutigen Oberhausen) *Raseneisenstein* gefunden (auch Wiesenerz oder Sumpferz genannt): ein unreines Brauneisenerz, das sich auf moorigen Wiesen dicht unter dem Rasen bilden kann, wenn eisenhaltiges Grundwasser mit Sauerstoff in Berührung kommt. Schon vor 1585 bis zum Dreißigjährigen Krieg war im Stift Werden Eisensteinbergbau betrieben worden. Nun aber, 1757, entstand bei Sterkrade die *St.-Antoni-Hütte,* das erste eisenschaffende Werk im Ruhrland. Als Kraftquelle benutzte sie Wasser, als Brennstoff Holzkohle.

Da das Sumpferz bei Sterkrade bald erschöpft war, erhielt die Hütte 1783 von der Essener Äbtissin die Erlaubnis, in Karnap zu schürfen. Von 1790 bis zur Säkularisation war die Äbtissin sogar selbst die Hüttenbesitzerin. 1808 wurde die St.-Antoni-Hütte mit dem ersten Essener Eisenwerk, der 1794 gegründeten Hütte *Neu-Essen,* und der Hütte *Zur Guten Hoffnung,* die von 1800 bis 1808 der Familie Krupp gehörte, zur Firma *Vereinigte Gutehoffnungshütte* verschmolzen. Im gleichen Jahr, in dem Dinnendahl die große Essener Feuermaschine installierte, nahm also auch eines der später größten Unternehmen der deutschen Montanindustrie seine Arbeit auf, mit drei Hütten in den heutigen Städten Oberhausen und Essen. Eisenverhüttung und Eisenindustrie, die seit dem 13. Jahrhundert vor allem im Siegerland und im Sauerland heimisch gewesen waren, wanderten nun auch nach Nordwesten, ins Land zwischen Emscher und Ruhr.

Ebenfalls 1808 wurde die Essener Gewehrfabrikation als französisches Unternehmen wieder ins Leben gerufen. Der allgemeine wirtschaftliche Niedergang, der in Deutschland von 1809 bis 1812 als Folge der napoleonischen Kontinentalsperre und der französischen Zollpolitik eintrat, brachte die Produktion allerdings bald aufs neue zum Erliegen, ebenso die Kaffeemühlen-Industrie (vgl. Seite 103 f.). In Steele ging die Glashütte in Konkurs. Die Tuchmanufakturen in Werden und Steele verloren ihre Rohstoffzufuhren und ihre Absatzgebiete; von dreizehn Werdener Tuchfabriken im Jahre 1805 waren 1812 nur noch vier in Betrieb. Die Gutehoffnungshütte konnte sich jahrelang allein mit Hilfe der zahlreichen Aufträge Dinnendahls auf gußeiserne Maschinenteile behaupten.

Die Kohlenförderung ging, trotz Dinnendahls Maschinen, von 1806 bis 1811 ständig zurück. 1809 wurden im heutigen Essener Areal 200 000 Tonnen Kohle gefördert, und zwar von 71 Zechen mit einer durchschnittlichen Belegschaft von 18 Mann. Im damaligen Essener Stadtgebiet hörte die Förderung 1811 ganz auf. Vom Aachener Revier wurde sogar »Abwerbung« betrieben: »Diejenigen Bergarbeiter, welche Lust haben, jenseits des Rheins, auf der Eschweiler-Kohlenzeche zu arbeiten, können sich sehr vortheilhafter Bedingungen versichern«, heißt es in den Essener *Allgemeinen Politischen Nachrichten* vom 21. Februar 1811. »Ein angemessenes Reisegeld wird ihnen besonders vergütet werden.«

Inmitten dieser Zeit des Niedergangs, der Konkurse, der Arbeitslosen und der Bettler; in einer Gegend, in der nach den Worten Dinnendahls »nicht einmal ein Schmied war, der imstande gewesen wäre, eine ordentliche Schraube zu machen« – ausgerechnet 1811 in Essen also gründete der fünfundzwanzigjährige *Friedrich Krupp* (von der siebenten Krupp-Generation am Platze) eine Werkstatt, die er stolz als »Fabrik zur Verfertigung des englischen Gußstahls und aller daraus resultierenden Fabrikate« bezeichnete.

Englischer Gußstahl

Als er zwanzig war, hatte ihm seine Großmutter, die über alle Maßen tüchtige Wittib Friedr. Jod. Krupp sel., die Eisenhütte *Zur Guten Hoffnung* geschenkt. Als sie 1810 starb, hinterließ sie jedem ihrer drei Enkel ein Vermögen von 40 000 Talern, machte also nach heutigem Geld auch Friedrich Krupp zum Millionär. Als Friedrich mit neununddreißig Jahren starb, war er längst aus der Liste der Steuerzahler gestrichen, seine Fabrik bankrott. Niemand hätte einen Stüber darauf gewettet, daß sie einmal die größte der Welt werden sollte.

Friedrich Krupp war zunächst bei seiner Großmutter in die kaufmännische Lehre gegangen und erwarb sich dann auf der Eisenhütte in Sterkrade einige technische Kenntnisse, wobei er auch mit dem stets unzufriedenen Kunden und säumigen Zahler Franz Dinnendahl in freundschaftlichen Kontakt kam. 1808 heiratete er und inserierte:

> »Heyraths-Anzeige.
> Unseren werthen Verwandten und Freunden machen wir unsere heute vollzogene eheliche Verbindung ergebenst bekannt, und empfehlen uns ihrer Freundschaft bestens.
> Gutehoffnungs-Eisenhütte zu Sterkrath und Essen,
> den 10ten August 1808.
> Friedrich Krupp
> Theresia Krupp geb. Wilhelmi.«

(Gleich darunter stand übrigens zu lesen: »Die Liebe – ein Hymnus von F. A. Krummacher. Preis 30 stbr. Den Freunden der bekannten Krummacherschen Muse braucht nur die Erscheinung dieses Gedichts angezeigt zu werden.«)

Der Flachsmarkt in Essen um 1800. Im zweiten Haus von links wurden Friedrich Krupp, der Firmengründer, und sein Sohn Alfred geboren.

Jung, unternehmungslustig und ein wenig leichtsinnig, wie er war, hatte Friedrich Krupp 1811 den Einfall, sich um eines der großen Geheimnisse seiner Zeit zu bemühen: den *Gußstahl,* den der englische Uhrmacher Benjamin Huntsmann um 1740 in Sheffield erfunden hatte – ein damals konkurrenzloses Material für Werkzeuge, Uhrenfedern, Prägestempel. Da die Engländer das Herstellungsverfahren nicht preisgaben, machte die 1806 verhängte Kontinentalsperre Napoleons gegen England den Gußstahl zu einem jener Artikel, für deren Herstellung auf dem europäischen Festland der Kaiser der Franzosen einen Preis aussetzte. Ein Ersatzprodukt für Rohrzucker sollte mit 200 000 Franken prämiiert werden; Gußstahl war Napoleon nur 4000 Franken wert.

Schmelzbau in Altenessen

Diese 4000 Franken werden es kaum gewesen sein, die den um ein Vielfaches reicheren Erben Friedrich Krupp reizten. Auch war unklar, ob der Preis nicht eher jenen Firmen in Lüttich, Solingen, Remscheid und Schaffhausen gebührte, die angaben, das Problem bereits gelöst zu haben. Aber der Fünfundzwanzigjährige spürte wohl, daß dem Stahl die Zukunft gehörte.

Das Unglück führte ihm zwei Brüder namens von Kechel zu, ehemalige nassauische Offiziere, die angaben, das Geheimnis der Gußstahlbereitung zu kennen. Krupp machte sie zu Teilhabern, nicht wissend, daß ihre Kenntnisse lediglich aus einem Handbuch der Chemie stammten und daß sie bereits in der Eifel einen Unternehmer ruiniert hatten.

Zusammen mit zwei Arbeitern stellten die Brüder in einem von Krupp gemieteten Haus in der Weberstraße zu Essen die ersten Versuche an. Ohne Erfolge abzuwarten, baute Krupp 1812 auf einem Gelände in Altenessen, also außerhalb der damaligen Stadt, einen Schmelzbau und ein Hammergebäude, 1813 Nebenhäuser, Stall und Scheune. Bei der Firma Baedeker ließ er 100 repräsentative Preislisten für »Krupps besten britischen Stahl« herstellen. 1814 hatte er 30 000 Taler in die Fabrik gesteckt und durch den Verkauf von Eisenwerkzeugen, besonders Feilen, 1422 Taler eingenommen; Gußstahl erzeugte er nicht. Dennoch entschloß er sich erst unter dem Druck seiner Verwandten, die er um Kredite angehen mußte, den Gebrüdern Kechel den Laufpaß zu geben.

In die ohnehin mühsamen Anfänge Krupps fiel auch noch der Rückschlag, den für den Essener Raum und für viele deutsche Industriezweige der Zusammenbruch der französischen Kontinentalsperre im Jahre 1813 mit sich brachte, kaum daß man sich ihr unter Schmerzen angepaßt hatte: England überschwemmte den Kontinent mit billigen Eisen- und Stahlwaren von noch immer überlegener Qualität. Eine preußische Kommission, die 1814 einen Platz zur Anlage einer Gewehrfabrik suchte, lehnte Essen »als einen für diesen Fabrikzweig nicht geeigneten Ort« ab. 1824 wurde in der alten Hochburg der Büchsenmacher das letzte Gewehr hergestellt. (Krupp hatte inzwischen allerdings den ersten, wenn auch kleinen preußischen Auftrag zur Anfertigung von Bajonetten aus Gußstahl erhalten.) »Industrie und Handel sind namenlos unbedeutend«, klagte der Essener Magistrat. Und 1826: »Handel und Fabrikwesen sind erbärmlich, und ein Haus stürzt nach dem anderen.«

1815 kam Krupp durch Vermittlung Dinnendahls in den Genuß eines neuen

Die erste Kruppsche Gußstahlfabrik in Altenessen (1812 bis 1839)

Teilhabers, der Friedrich Nicolai hieß, sich im *Westfälischen Anzeiger* als »sehr nützliches Mitglied der menschlichen Gesellschaft« vorstellte und in der Tat im Besitz eines preußischen Patents für die Gußstahlbereitung war. Was ihm ebenfalls völlig fehlte, war die Kenntnis, wie sich Gußstahl in größeren Mengen rationell herstellen ließ. Krupp begann jedoch im Vertrauen auf den neuen Fachmann sogleich damit, weitere Schmelz- und Glühöfen zu bauen. Sie bekamen nichts zu tun. 1816 riefen beide Gesellschafter eine Prüfungskommission des Oberbergamts an, die schließlich feststellte, daß der Gußstahl Nicolais unbrauchbar und er selber des Schmelzens unkundig sei. Der Besitzer des preußischen Patents zur Gußstahlbereitung schied aus der Fabrik aus; die Prozeß- und Schadenersatzkosten konnte er nie bezahlen.

Am 30. Oktober 1816 – Krupp war nun alleiniger Eigentümer der Fabrik – wurde zum erstenmal Gußstahl an einen auswärtigen Kunden geliefert: die Vereinigte Gutehoffnungshütte in Sterkrade. Weitere Abnehmer Kruppscher Bohrer, Feilen und Drehmeißel in Essen, Iserlohn und Altena kamen noch im gleichen Jahr hinzu. 1817 erhielt Friedrich Krupp für seine Arbeit sogar eine öffentliche Anerkennung; das preußische Münzamt in Düsseldorf schrieb in einem Gutachten über den Kruppschen Gußstahl: »Unter allen inländischen

Die ersten Kunden

Stahlgattungen, womit in hiesiger königlicher Münze zur Anfertigung von Münzstempeln mannigfaltige Versuche angestellt worden sind, zeichnet sich der von dem Herrn Friedrich Krupp in Essen verfertigte Gußstahl besonders aus. Wir haben denselben zu dem hier oben angegebenen Gebrauch nicht allein vollkommen bewährt befunden, sondern daran auch solche Eigenschaften wahrgenommen, daß er in mancher Hinsicht dem sogenannten Huntsmannschen vorgezogen zu werden verdient. Dieses der Wahrheit gemäß bezeugend, wünschen wir, daß diese für die hiesige Anstalt so wichtige Entdeckung bald so gemeinnützig werde, als sie es verdient.«

1819 jedoch wurden der Firma von vierzehn Stahlwalzen, die sie der Düsseldorfer Münze geliefert hatte, neun als unbrauchbar zurückgegeben. Der Umsatz an Gußstahl und Werkzeugen, der 1818 immerhin 1400 Taler erreicht hatte, sank 1819 auf 525 Taler ab. Die endlich erreichten Erfolge nämlich waren dem unermüdlichen Plänemacher in den Kopf gestiegen: In Altendorf (westlich der damaligen Stadt Essen) errichtete er 1818/19 mit unverhältnismäßig hohem Aufwand an Zeit und Geld eine Fabrikhalle mit acht Schmelzöfen – »schön und kostspielig«, wie er selber sagte, und erst Jahrzehnte später wirklich ausgelastet.

Das neue Werk hatte den Vorzug, in der Nähe der mit Dinnendahls Dampfmaschine betriebenen Zeche *Sälzer-Neuack* zu liegen, was den Kohlentransport verbilligte. Da es auf dem neuen Gelände jedoch keine Wasserkraft gab und in Deutschland noch niemand daran dachte, Dampfmaschinen als Kraftquelle für Fabriken einzusetzen – in England wurde schon 1783 das erste Walzwerk mit Dampfkraft in Betrieb genommen –, blieb das wassergetriebene Hammerwerk in Altenessen, und die Gußstücke mußten von der einen zur anderen Fabrik gefahren werden.

Dennoch erreichte es Krupp, nachdem der in Jahrhunderten aufgehäufte Kruppsche Grundbesitz vollständig veräußert und die gesamte Verwandtschaft um Kredite angegangen worden war, daß von 1820 an die Einnahmen wieder stiegen, bis auf 4120 Taler im Jahr 1823 – was freilich keineswegs genügte, Verzinsung und Tilgung der Schulden zu decken. In Friedrich Krupps Todesjahr, 1826, ging der Umsatz wieder auf 1245 Taler zurück.

Ende in Armut 1824 hatte der vielgeprüfte, bereits kränkelnde Mann sein schönes Wohnhaus am Flachsmarkt zu Essen verpfänden müssen; er lebte seitdem mit Frau und vier Kindern im Aufseherhäuschen neben dem Schmelzbau, dem »Stammhaus«, wie sein ältester Sohn Alfred es später in trotzigem Stolz nannte und wie es noch heute heißt. Damals wurde Alfred von einem mitleidigen Onkel freier Mittagstisch gewährt.

Am 8. Oktober 1826, kaum zwei Monate nach Franz Dinnendahl und in Armut wie dieser, starb Friedrich Krupp, neununddreißig Jahre alt, im Aufseherhäuschen seines bankrotten Gußstahlwerks an Wassersucht. Er hinterließ eine darbende Familie, zehntausend Taler Schulden und zwei schweigende Fabriken, in denen sieben Arbeiter auf Arbeit warteten. Dinnendahl, der Schweinehirt, der den Bauern in der Ackerfurche nachlief, um sie von seinem techni-

Die zweite Kruppsche Gußstahlfabrik in Altendorf (seit 1819). Links das »Stammhaus«

schen Genie zu überzeugen, und Krupp, der reiche Bürgerssohn, der sein gesamtes Vermögen verwirtschaftete – diese beiden Pioniere des Ruhrgebiets starben in Hoffnungslosigkeit.

Der amerikanische Journalist Norbert Mühlen, der 1960 eine zum Teil boshaft eingefärbte Geschichte des Hauses Krupp vorgelegt hat, bekundet wenigstens gegenüber dem Gründer des Werks eine gewisse Sympathie: »Friedrich Krupp versagte, weil er zu früh den Triumph des Stahls und der Großproduktion vorweggenommen hatte, der erst ein Vierteljahrhundert später kam. Wenn es ihm auch gelang, verschiedene technische Probleme der neuen Industrie zu lösen, so mußte er scheitern, wenn es ans Finanzieren, Verkaufen und Produzieren ging. Deutschland war noch nicht reif für den Aufstieg der Industrie, wie er ihm vorschwebte ... Friedrich Krupp erlebte die Tragödie des verfrühten Pioniers, der in seiner Zeit keine Achtung findet. Aber seine Kinder ernteten die Vorteile seiner Torheit oder, wenn man lieber will, seiner Phantasie.«

Mit mehr Erfolg als in seinem Stahlwerk war Friedrich Krupp, der rastlose und ideenreiche, im öffentlichen Leben Essens tätig: 1812 wurde er Mitglied des Gemeinderats und verstand es, sich bei einer so zeitraubenden und undankbaren Aufgabe wie der Einquartierung der in Essen durchziehenden französischen und preußischen Soldaten die Achtung der Bürgerschaft zu erwerben. Er übernahm das Amt des städtischen Brandoffiziers und reorganisierte die Feuerwehr, und 1823 reichte er einen detaillierten Plan ein, wie die halbverfallenen Stadtmauern als Steinbruch für die überfällige Pflasterung der Straßen verwendet werden könnten; in der Tat wurde ab 1824 so verfahren – wovon allerdings nur die Hauptstraßen profitierten.

Licht nicht gefragt

In der Stadt, in der Krupp und Dinnendahl wirkten, herrschten ja noch immer Zustände, die sich mit den landläufigen Vorstellungen vom Beginn der industriellen Revolution an der Ruhr nur schwer vereinbaren lassen. Der Zustand der Gassen, die Misthaufen vor den Türen, das Diebsgesindel veranlaßten den Magistrat, 1807 zu bestimmen, »daß jeder Eingesessene, auch sonstige in der Stadt sich aufhaltende Person verbunden ist, nach 10 Uhr abends, wenn er auf der Straße geht, es seye im Dunkeln oder bei Mondschein, eine angezündete Laterne bei sich zu haben«. Wer dagegen verstieß, wurde mit 30 Stübern Strafe belegt oder in Arrest genommen.

1808 raffte sich der Magistrat zu dem Beschluß auf, »daß die Mistgruben vor den Häusern und an öffentlichen Straßen nicht geduldet werden sollen«. Selbst an der Limbecker Straße, die auch damals eine belebte Geschäftsstraße war, pflegten die Wohnhäuser noch Scheunen zu haben und die Bürger Kühe und Schweine zu halten.

1809 wurden auf Drängen der bergischen Regierung dreißig Straßenlaternen angeschafft und im Dezember 1810 in Betrieb genommen. Sie sollten nur bis Februar brennen, aber auch dann nicht, »wenn Vollmond oder solch heller Mond sey, daß die Laternenanzündung lächerlich sein würde«. Im Februar 1811 wurde die städtische Straßenbeleuchtung wieder eingestellt, und zwar nicht nur bis zum Dezember, sondern bis 1843. Den hohen Kosten stand kein vergleichbar hohes Interesse der Bürgerschaft gegenüber. Die Laternen wurden abmontiert und verstaubten in einem Winkel des Rathauses, »zum Theil schon zertrümmert, als wenn der Fluch über sie ausgesprochen wäre«. Essen schlief.

Wenigstens lag die Kohlenförderung wieder höher als 1809: »Im Jahre 1824 waren ... in den Fürstentümern (!) Essen und Werden von 114 Zechen 41 in Betrieb«, berichteten die *Allgemeinen Politischen Nachrichten* vom 12. Juni 1825, »welche mit 1037 Bergleuten 635 176 Scheffel Kohlen förderten.«

Und Leben herrschte an der Ruhr, an der Duisburg, Mülheim, Werden, Steele, Witten, Hagen lagen: 1820 gab es 3500 Ruhrkähne, die Kohlen, Holz, Kalk und Steine flußauf und flußab beförderten, gezogen von 500 Pferden. Doch am Ruhrtal beeindruckte die Zeitgenossen noch immer mehr die Lieblichkeit der Landschaft als der rege Verkehr:

»Die Ruhrgegend ist ungemein schön«, schrieb Johann Adolf Engels 1817 in seinen *Denkwürdigkeiten der Natur und Kunst in den Königlich Preußischen niederrheinischen westfälischen Provinzen*. »Aller Trübsinn verschwindet, wenn man diese Gegend mit einem Blicke überschaut, sie lächelt, wenn sie die Sonne bescheint, wie eine liebende Braut, wenn sie der Bräutigam begrüßt.«

4. Kapitel
Der Aufbruch: 1826 bis 1843

Von 1826 an – dem Todesjahr Franz Dinnendahls und Friedrich Krupps – mehrten sich die Zeichen dafür, daß auf Essen und das Land zwischen Ruhr und Emscher eine große Zukunft wartete. Das lag zunächst vor allem an drei Männern – Franz Haniel, Mathias Stinnes und Alfred Krupp – und an drei Ereignissen aus dem Bereich der großen Politik: der Gründung des preußischen Zollvereins, der Schaffung des Deutschen Zollvereins und der Abtrennung Belgiens von den Niederlanden.

1819 hatte Friedrich List, dreißigjähriger Professor der Staatswirtschaft in Tübingen, mit einigen Kaufleuten den *Deutschen Handels- und Gewerbeverein* gegründet, der dafür warb, die Zollschranken innerhalb des Deutschen Bundes aufzuheben, jenes lockeren Zusammenschlusses von vierunddreißig Monarchien und vier Freien Städten, der 1815 aus dem Wiener Kongreß als ein noch schwächerer Nachfolger des Heiligen Römischen Reiches Deutscher Nation hervorgegangen war. Zwischen 1819 und 1826 schloß Preußen Zollverträge mit denjenigen Zwergstaaten ab, die von seinem weitverstreuten Hoheitsgebiet umgeben waren.

Auf Betreiben des bedeutenden preußischen Finanzministers Friedrich von Motz (1775 bis 1830) kam 1828 der erste Vertrag zwischen Preußen und einem nicht von ihm umschlossenen Nachbarstaat, nämlich Hessen-Darmstadt, zustande, der sogenannte *Zollverein*; gleichzeitig mit dem *Süddeutschen Zollverein*, den Bayern und Württemberg bildeten. Am 1. Januar 1834 trat dann der *Deutsche Zollverein* ins Leben, dem die meisten deutschen Staaten angehörten – allerdings ohne Österreich und zunächst ohne die nordwestdeutschen Monarchien Hannover, Oldenburg, Braunschweig und Schaumburg-Lippe, die sich zum *Steuerverein* zusammenschlossen und erst 1851 dem Deutschen Zollverein beitraten. Dennoch wurde das Jahr 1824 zu einem Wendepunkt in der deutschen Wirtschaftsgeschichte: Der überwiegende Teil Deutschlands wuchs zu einem einheitlichen Markt zusammen, ähnlich wie es gegenwärtig mit den Ländern Europas geschieht. Auf einem Gebiet, das größer war als das Deutschland nach der Vereinigung von 1990, stellten sich der Kohle von der Ruhr keine Handelsschranken mehr in den Weg.

Der Deutsche Zollverein

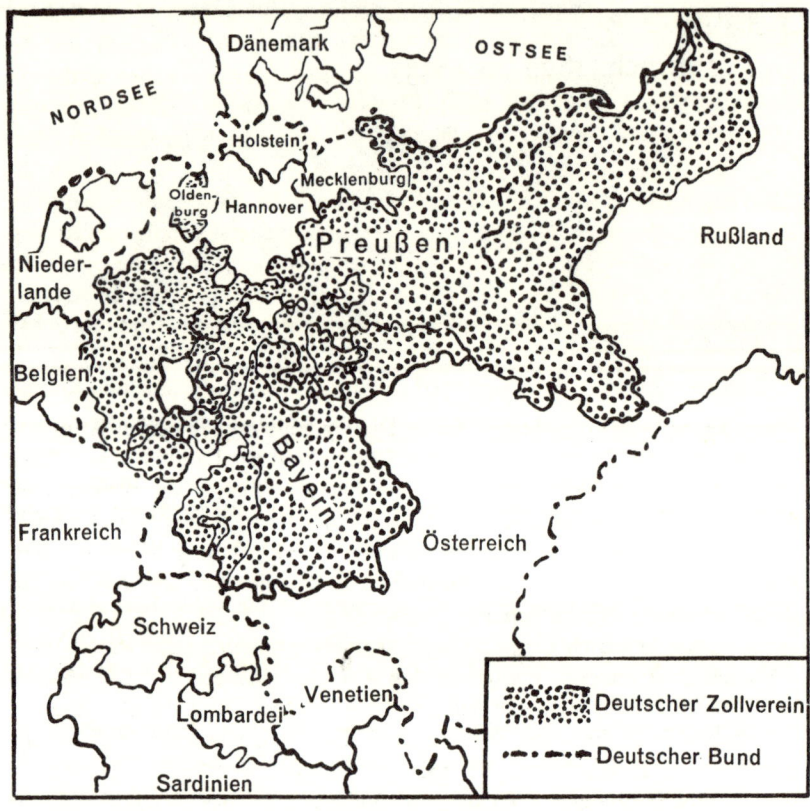

Ja, der beste Abnehmer für Ruhrkohle wurde 1830 plötzlich ein Staat, der weder dem Deutschen Bund noch dem späteren Deutschen Zollverein angehörte: *Holland*. Das Vereinigte Königreich der Niederlande, 1815 vom Wiener Kongreß aus den Nördlichen und den Südlichen Niederlanden sowie dem Fürstbistum Lüttich gebildet, brach 1830 auseinander: Die Südlichen Niederlande und Lüttich rissen sich vom Haag los und nannten sich, nach dem nordgallischen Stamm der Belgen, *Belgien*. Innenpolitisch ging die Revolution auf die Unzufriedenheit von Katholiken wie Liberalen mit dem Haus Oranien, außenpolitisch auf einen Kompromiß der Großmächte zurück: England und die deutschen Fürsten wollten die Angliederung Belgiens an Frankreich verhindern, Frankreich wenigstens wieder die Vereinigten Niederlande zerreißen, die der Wiener Kongreß gegen die französischen Interessen geschaffen hatte.

Damit war das dichtbesiedelte und gewerbereiche, aber an Bodenschätzen arme Holland von dem noch dichter bevölkerten und dabei kohle- und erzreichen Belgien abgetrennt, einem klassischen Land der Schwerindustrie, damals nach England, Frankreich und den USA und noch vor Deutschland dem bedeutendsten Kohle- und Stahlland der Welt. Da für die Holländer Belgien nun Ausland geworden war wie Preußen, ja da sie bis 1839 das abtrünnige

Belgien mit militärischen und wirtschaftlichen Maßnahmen in die Knie zu zwingen versuchten, und da schließlich die Ruhr in den Rhein mündet und der Rhein in zahlreichen Armen durch Holland fließt – lag nichts näher, als daß die Nördlichen Niederlande ihre Kohlen seit 1830 aus Preußen bezogen, auf dem Wasserweg von der Ruhr sogar billiger als früher aus den belgischen Revieren.

Und nun waren es zwei Kohlenhändler von der Ruhr, die, um die holländische Nachfrage befriedigen zu können, mit eigenem Kapital selbständig zum Kohlenabbau übergingen und sich dabei jener revolutionären Methode bedienten, mit der das Ruhrgebiet ein großes Stück vorankam: dem Vorstoß in die große Tiefe. Diese Männer hießen *Franz Haniel* und *Mathias Stinnes*. Und obwohl sie beide nicht in Essen wirkten, wählten sie Essen für ihr Experiment.

Vorstoß in die Tiefe

Haniel war der Inhaber einer 1756 gegründeten Rheinreederei und Kohlenhandlung in Ruhrort und Mitinhaber der 1808 entstandenen *Gutehoffnungshütte*, des größten Eisenwerks im Ruhrland; dafür eine eigene Kohlenzeche zu haben, bot ihm einen weiteren Antrieb. Dort, wo das Kohlengebirge zutage trat, im Süden an der Ruhr, gab es keine reichen Flöze mehr, und ein Mittel, die Kohle unter der Mergelschicht hervorzuholen, die sich nach Norden zu immer dicker über das Karbongebirge legt (vgl. Seite 11f. und 59), hatte man noch nicht gefunden. Es wurden zwar Versuche unternommen, die Kohlenflöze von Süden her durch schräg abfallende Stollen unter der Mergeldecke hindurch zu verfolgen, doch scheiterten sie bald an der Länge und Tiefe der Stollen sowie an den Wassereinbrüchen.

1832 begann Haniel auf der Zeche *Franz* in Schönebeck (heute einem westlichen Stadtteil Essens, damals einem Dorf westlich von Essen am Stadtrand von Mülheim) mit seinem großen Versuch: ob man die Mergelschicht – die bröcklige und nasse Hinterlassenschaft jenes Meeres, das vor achtzig Millionen Jahren das Ruhrland bedeckte – von oben her durchstoßen könne. Dazu bedurfte es eines enormen Kapitalaufwands: Der Schacht mußte in jahrelanger Arbeit in die Tiefe getrieben, ausgemauert und schließlich mit einer starken Dampfmaschine von Grundwasser freigehalten werden – ohne daß man wissen konnte, ob man überhaupt oder ob man in einer noch zu bewältigenden Tiefe auf Kohlen stoßen würde.

Um einen Schacht zu bohren, wurde das Gestein mit der Hacke und kleinen Sprengladungen aus Schwarzpulver (das bei der herrschenden Nässe oft versagte) gelockert und zunächst mit der Hand auf Karren geladen. Als die Arbeiter die Brocken nicht mehr hinaufreichen konnten, luden sie sie in Kübel, die von einer einzylindrigen Dampfmaschine an einem Seil emporgezogen wurden. Über dem Schacht erhob sich ein hölzernes Fördergerüst, daneben standen Schuppen mit Werkstätten und eine kleine Ziegelei, die an Ort und Stelle das Material für die Ausmauerung des Schachts herstellte.

Haniels erste Versuche mußten 1834 und 1835 abgebrochen werden: Beim ersten Schacht wurde man des Wassers nicht Herr, beim zweiten war der Schacht im Verhältnis zu seiner Tiefe für den Grubenbetrieb zu eng. Der Ruhrorter Unternehmer ließ sich dadurch aber nicht entmutigen. Noch im gleichen Jahr 1835 verlegte er seine Versuche in die benachbarte Zeche *Kronprinz von Preußen,* ebenfalls in Schönebeck. 1836, als eine Tiefe von 73 Metern erreicht war, erfolgte ein Wassereinbruch, mit dem die Dampfmaschine nicht fertig wurde; 30 Meter hoch stand das Wasser in der Grube. Eine zweite, stärkere Dampfpumpe mußte herangeschafft werden. Im Juli 1837 stieß Haniel in 110 Metern Tiefe auf Kohle – auf Magerkohle jedoch, die damals nur den halben Handelswert der Fettkohle hatte und für seine Schiffswerft wie für die Gutehoffnungshütte überhaupt unbrauchbar war. »Ich darf versichern«, schrieb Haniel, »daß mir die kostspieligen Anlagen des Dampfschiffbaues und des Puddlingswerkes, die ich veranlaßt und gegründet habe und bei denen meine mitbeteiligten Geschwister wegen der vielen Kosten besorgt waren, bei weitem nicht so viel Sorge wie der obige Bergbau gemacht haben. Dennoch möchte ich gern in meinem achtundfünfzigsten Lebensjahr den glücklichen Erfolg vieler Anstrengungen sehen.«

Im Verlauf des Jahres 1837 stieß Haniel in 130, in 190 und in 196 Meter Tiefe auf weitere Kohlenflöze, wobei über eine 40 Zentimeter dicke Kohlenschicht schon Freude herrschte: denn das 3000 bis 4000 Meter dicke Karbongebirge ist ja nicht nur unter der Mergelschicht begraben, die im Norden Essens schließlich 700 Meter Dicke erreicht, sondern auch innerhalb des schräg abfallenden urzeitlichen Gebirges sind die Flöze nur dünne Schichten zwischen viel dickeren Lagen von Tonschiefer und Sandstein.

Haniel scheitert

1838 war das wichtige Jahr, da zum erstenmal in der Geschichte des Ruhrgebiets Kohle aus großer Tiefe, unter der Mergelschicht hervor, gefördert wurde. Die Ausbeute war jedoch so gering und der Kohlenbedarf der Dampfmaschinen für die Wasserhaltung so hoch, daß nicht weniger als vier Fünftel der geförderten Kohle dafür verwendet werden mußten, die Dampfpumpen in Betrieb zu halten, ohne die der Abbau nicht möglich gewesen wäre. Wenn fast die gesamte Kohlenförderung dazu diente, sich selbst zu ermöglichen, so war freilich mit Mergelzechen kein Geschäft zu machen. Als 1840 das Schachtgestänge der Dampfpumpe brach, stieg das Wasser in achtzehn Stunden neunzig Meter hoch. Da auch die unteren Flöze nur Magerkohle enthielten, endete das Unternehmen für Haniel mit einer finanziellen Katastrophe. Er hatte in die Zechen *Franz* und *Kronprinz* 131 000 Taler gesteckt, nach heutigem Geld also mehrere Millionen Mark und nach den damaligen Kapitalverhältnissen ein noch ungleich größeres Vermögen.

1842, nach vier Jahren, wurde die Förderung auf Zeche *Kronprinz* sogar vollends eingestellt, weil das Bergamt die Bewetterung – das heißt die Zufuhr von Atemluft für die in der Tiefe arbeitenden Bergleute – für mangelhaft befand. Dem Tiefbau stellte sich dann noch ein weiteres Hindernis in den Weg: Nach vier Jahren einer spärlichen Ausbeute stellte die erste Mergelzeche ihren Betrieb wieder ein.

Das Scheitern Haniels änderte jedoch nichts daran, daß die technische Möglichkeit, Kohle unter dem Deckgebirge hervorzuholen, im Prinzip erwiesen war. »Franz Haniel hat das Unternehmen des Durchteufens der Mergelschicht unter großen Opfern als erster zu einem glücklichen Ende gebracht«, schreibt Friedrich Schunder *(Tradition und Fortschritt).* »Sein großes Verdienst liegt nicht so sehr in der gewiß kaum zu unterschätzenden bergmännischen Leistung, sondern in seinem Wagemut, seinem Durchhaltevermögen und seinem klaren Blick für die zukünftige Entwicklung.«

Inzwischen hatte ein anderer kapitalkräftiger Kohlenhändler die Initiative ergriffen: Mathias Stinnes aus Mülheim, der Großvater des berühmten Großindustriellen Hugo Stinnes (1870 bis 1924). Er begann 1840 auf der Zeche *Graf Beust* (nahe dem späteren Essener Hauptbahnhof) mit der Tiefbohrung, wobei er sich auf Haniels Erfahrungen stützte. Er fand die Mergelschicht hier nur 39 Meter dick, stieß auf die begehrte Fettkohle und konnte 1842 – nach einem Kapitalaufwand von 49 000 Talern – die Förderung aufnehmen, die sich bald rentierte, zumal da die Kohle unter dem Deckgebirge sich als die bessere erwies. Bis 1929 blieb die Zeche in Betrieb.

Stinnes hat Erfolg

Dieser eindeutige Erfolg brachte sehr rasch die zahlreichen Spötter zum Verstummen und veranlaßte andere Unternehmer zur Nachahmung. Der Tiefbau schritt voran, der Bergbau konnte von der Ruhr nach Norden wandern, der Kleinbetrieb trat allmählich hinter der großen Kapitalgesellschaft zurück; begünstigt durch die Möglichkeit, Aktiengesellschaften zu gründen, die in Preußen durch ein Gesetz von 1843 geschaffen wurde. Immer mehr Kapital floß vom Rhein zum Land zwischen Ruhr und Emscher, und manches im Essener Kolonialwarenhandel angehäufte Vermögen wurde in eine Mergeldurchbohrung investiert.

Schon 1843, zwei Jahre nach dem Erfolg von Stinnes und ein Jahr nach dem Scheitern von Haniel, gab es im Raum Essen–Mülheim–Werden (neben etwa sechzig Zechen alten Stils) zwanzig Tiefbauzechen mit insgesamt vierundfünfzig Dampfmaschinen für Wasserhaltung und Kohlenförderung, im westfälischen Teil des Ruhrgebiets achtundzwanzig Mergelzechen mit einundvierzig Dampfmaschinen. Eduard Hölterhoff schrieb 1841 in seiner *Vaterlandskunde* über Essen: »Auf einem der dortigen Kohlenlager ist eine 48zöllige, doppelt wirkende Feuermaschine eingelegt, welche als die größte auf dem Festlande in Europa gilt. Sie hat 120 Pferde Kraft und hebt aus einer Tiefe von 350 Fuß in der Minute 19 Kubikfuß Wasser. Die dasige Fördermaschine hebt aus gleicher Tiefe in der Stunde 150 bis 170 Scheffel Kohlen.«

Stollen und Schächte, in denen die Förderung und Entwässerung mit hand- oder pferdegetriebenen Seilzügen erfolgten, blieben jedoch zunächst in der Überzahl; ja, es gab noch immer Bauern und Drei-Mann-Gewerkschaften, die sich im Nebenerwerb ein wenig Kohle aus den Ruhrhängen kratzten. Diese Zustände wurden durch das preußische Bergrecht konserviert, das nicht auf eine möglichst hohe Produktion, sondern auf die staatliche Festsetzung von Mengen, Preisen und Methoden ausgerichtet war. Das Bergamt Essen/Werden äußerte 1841 sogar die Befürchtung, es werde durch die Mergelzechen zu einer Überproduktion von Kohle kommen, so daß dem Bergbau eine Katastrophe bevorstehe, wenn die Behörden nicht zu handeln verstünden.

Zechen und Dörfer Wie überhaupt die Kohle das Gesicht der Landschaft noch keineswegs verwandelt hatte. Die Zechenschornsteine ragten nur vereinzelt (und höchstens dreißig Meter hoch) aus einem nach wie vor ganz überwiegend bäuerlichen Land mit recht langsam wachsenden Kleinstädten hervor. Essen wuchs von 1816 bis 1840 lediglich um 1300 Köpfe, von 4700 auf 6000 Bewohner an. Noch immer blieb es an der Ruhr im wesentlichen bei dem heute kaum glaublichen Zustand, den der schlesische Schriftsteller und Weltreisende Fürst Hermann von Pückler-Muskau in einem Brief von 1826 schilderte, als er sich nach einem Besuch bei Goethe in Weimar nach England begab: »Die Gegenden, durch welche mein Weg führte, gehörten einer anmutigen und sanften Natur an, besonders bei Steele an der Ruhr, ein Ort, für den gemacht, der sich vom Getümmel des Lebens in heitre Einsamkeit zurückzuziehen wünscht. Nicht sattsehen konnte ich mich an der saftig frischen Vegetation, den prächtigen Eichen- und Buchenwäldern, die rechts und links die Berge krönen ... Jedes Dorf umgibt ein Hain schön belaubter Bäume, nichts übertrifft die Üppigkeit der Wiesen, durch welche sich die Ruhr in den seltsamsten Krümmungen schlängelt.«

Über Essen selbst vermeldete das *Neue rheinische Conversationslexicon* von 1833: »Essen, ummauerte Stadt an der Berne, ist Sitz eines Bergamts, Land- und Stadtgerichts. In 816 Häusern wohnen ungefähr 5350 Menschen. Die Stadt hat Tuch- und Leinenmanufakturen, Wollenzeugfärbereien, Vitriolsiederei, Gerbereien, Gewehr-, Eisen- und Stahlfabriken, in welchen letzteren Dampfmaschinen, Apparate zur Hausbeleuchtung, Gußstahl und anderes mehr fabriziert wird. Ferner Ackerbau und Handel mit Colonial- und Materialwaren, Wein, Wolle u. a., sieben Jahrmärkte, in der Nähe mehrere Steinkohlegruben.«

Zweierlei vor allem ist an dieser lexikalischen Auskunft bemerkenswert: Essen wird noch immer als »ummauerte Stadt« bezeichnet, und der Name Krupp kommt, zweiundzwanzig Jahre nach der Gründung der Firma, gar nicht vor – sowenig wie in ähnlichen Werken von 1841 und 1847, als Alfred Krupp bereits einundzwanzig Jahre gewirkt hatte und dicht vor dem Weltruhm stand.

Kleinstadt Essen Was die Ummauerung der Stadt angeht, so muß sie 1833 schon recht lückenhaft gewesen sein: 1803 zwar noch einmal ausgebessert, damit der Magistrat auf alle Waren eine Tor-Akzise erheben konnte, wurde sie seit 1824 als Steinbruch für die Straßenpflasterung verwendet (vgl. Seite 135). Im gleichen Jahr fiel auch das Steeler Tor einer Straßenverlegung zum Opfer. Im ehemaligen Festungsgraben wuchs Gras, Kühe und Ziegen weideten darin; wie im Mittelalter gab es einen Gemeindehirten, der die Kühe und Schweine der Bürger durch die – entsprechend gezierten – Gassen trieb. Selbst 1847 wurden in Essen noch 387 Ställe und Scheunen gezählt.

Der Zustand der Straßen, die immer noch von Unrat, Heuhaufen, Holzstößen, Fässern und überhaupt allem, was man in der Wohnung nicht brauchen konnte, gesäumt waren, besserte sich 1828: Bürgermeister *Konrad Heinrich Kopstadt* erließ eine »Allgemeine Straßenordnung«, die es verbot, Abfälle auf die Gassen zu werfen, sperrige Gegenstände auf ihnen abzustellen und am Straßenrand Düngergruben anzulegen.

Auch die Nachtwächter und die Brandwache auf dem Turm der Marktkirche gab es noch, sie bliesen stündlich ihre Hörner. Bürgermeister *Bertram Pfeiffer* hob 1840 rühmend hervor, »wie dem Unfuge des Bettelns und Stehlens dergestalt gesteuert worden, daß ersteres so gut als gar nicht mehr stattfindet«. Viel buntes und oft zwielichtiges Volk zog durch die aufstrebende Kleinstadt, von Scherenschleifern, Kesselflickern, Korbflechtern über hessische Saison-Maurer, belgische Straßenpflasterer, slowakische Mausefallenkrämer bis zu Seiltänzern, Bärenführern, diebischen Zigeunern und Leierkastenmännern mit Äffchen und Flöhen.

1838 endlich wurde der Stadt eine furchtbare Last abgenommen, die seit hundertneunzig Jahren auf ihr lag: Nach langen Bemühungen des Bürgermeisters Pfeiffer erklärte sich der preußische Staat bereit, Essens Schulden aus dem Dreißigjährigen Krieg zu übernehmen. Sie hatten sich ursprünglich auf 600000 Reichstaler belaufen (vgl. Seite 89) und waren bis 1700 durch Umwandlung, Zusammenlegung und allerlei Manipulationen auf 100000 Reichstaler zusammengeschrumpft. 1803 erklärte Preußen sie zwar zur Staatsschuld, zog indessen die Stadt weiterhin zur Verzinsung und Tilgung heran. 1838 jedoch zahlte der Staat der Stadt 58000 Reichstaler zur Abfindung der Gläubiger und Begleichung der Zinsrückstände. Der Magistrat atmete auf.

Die Schulden von 1846

Von 1840 bis 1842 wurde sogleich ein neues Rathaus gebaut. Friedrich Philipp Funcke, der früheste Historiker Essens, meinte dazu in seiner 1851 erschienenen *Geschichte des Fürstenthums und der Stadt Essen*: »So ehrwürdig der düstere Anblick des kaum noch zu betretenden alten Rathauses war, und so tief es das Gepräge von Essens uraltem Dasein an sich trug, so mußte es doch, da es nun einmal nicht als leeres Denkmal der Vorzeit dastehen konnte, schon seines Verfalls wegen und als Verunzierung des Marktes abgetragen werden.« Zusammen mit dem neuen Rathaus begannen auch andere klassizistische Gebäude die mit Schiefer verkleideten Fachwerkbauten zu verdrängen.

Das Königliche Gymnasium, 1819 aus der Verschmelzung der lutherischen Stadtschule und der katholischen Stiftsschule entstanden, hatte schon 1824 eine würdige Heimstatt erhalten: die ehemalige Jesuitenresidenz auf dem Burgplatz (vgl. Seite 97). Nicht nur der Gegensatz zwischen Katholiken und Protestanten, auch der einst viel härtere zwischen Lutheranern und Calvinisten verlor unter preußischer Herrschaft seine Schärfe: Die lutherische und die reformierte Volksschule wurden 1819 zu einer evangelischen (neben der katholischen) vereinigt. »Selbst die Geistlichen der verschiedenen Konfessionen standen sich freundlich und zuvorkommend zur Seite«, schrieb Funcke. Das kulturelle Leben spielte sich im übrigen vorwiegend in Musik- und Gesangvereinen ab.

1841 wurden eine *Handelskammer* (gemeinsam für Essen, Werden und Kettwig) und die erste Sparkasse gegründet. 1843 leistete sich die Stadt einen Luxus, den sie 1811 schon einmal bereut hatte: Sie führte wieder eine Straßenbeleuchtung ein. Zweiundfünfzig Öllampen wurden an Seilen über die Straßen gehängt; sie brannten natürlich nur im Winter und vor der Zeit des Schlafengehens, bei Mondschein aber nie. Aus der Kennzeichnung Essens in dem

1834 erschienenen Buch *Deutschland* von C. J. Weber: »Stadt und Stift sind traurig und finster« war nun wenigstens das Wort »finster« getilgt.

Schienen und Dampfmaschinen

Weit abseits vom großen Verkehr lag Essen, ja lag der Hauptteil des Ruhrgebiets freilich noch immer. Die deutschen Eisenbahnen nahmen keineswegs dort ihren Ursprung, wo Kohle und Eisen später ihre Hochburg hatten. Nur ein Kuriosum kann der Essener Raum für sich in Anspruch nehmen: den ersten deutschen Schienenweg überhaupt.

Wann eigentlich die Schiene erfunden wurde, läßt sich nicht angeben: Einfach deshalb, weil die Entwicklung in vielen Etappen über Jahrhunderte hin erfolgte. Schon die Griechen versahen ihre Straßen dort, wo sie über Felsboden führten, mit sorgfältig ausgehauenen Rinnen als Gleise für die Wagenräder. Im 16. Jahrhundert kamen in mehreren deutschen Bergwerken (nicht an der Ruhr) Hohlgleise aus Holz oder Eisen auf, in denen die Förderwagen leichter geschoben werden konnten. Ausnahmsweise hatten diesen technischen Einfall die Deutschen vor den Engländern. In England wurden die eisernen Schienen im Lauf des 18. Jahrhunderts allmählich ihrer heutigen Form angenähert, nach wie vor zu dem alleinigen Zweck, Menschen oder Pferden das Ziehen von Kohlenwagen zu erleichtern.

Gegen Ende des 18. Jahrhunderts wurden in England zum erstenmal Dampfmaschinen mit der Schienenbahn kombiniert – jedoch in der Form, daß eine ortsfeste Maschine die Wagen mit Kette oder Seil über eine Steigung emporzog. 1804 stellte der Engländer Trevithick in Wales einen Dampfwagen auf Schienen; die Eisenbahn war geboren. Allerdings erwiesen sich die Schienen als zu schwach für die erste Lokomotive. Von 1813 an bauten schließlich Hedley und der in leichter Übertreibung als Erfinder der Eisenbahn gepriesene George Stephenson brauchbare Bergwerkslokomotiven.

Berühmt wurde Stephenson vor allem dadurch, daß es ihm gelang, die Öffentlichkeit für die Idee des Personentransports mit Dampfkraft zu gewinnen. 1825 fuhr zwischen Stockton und Darlington an der englischen Ostküste die erste Personeneisenbahn der Welt.

Noch während sie sich in Bau befand, erkannte *Friedrich Harkort*, Inhaber der bedeutendsten Maschinenfabrik des Ruhrgebiets (in Wetter an der Ruhr), die Zeichen der Zeit. Am 30. März 1825 – mehrere Jahre, bevor Friedrich List sich für die Schaffung eines deutschen Eisenbahnnetzes einsetzte – veröffentlichte er im *Hermann, Zeitschrift von und für Westphalen*, den ersten öffentlichen Aufruf zum Eisenbahnbau in Deutschland. Unter der Überschrift »Eisenbahnen. (Railroads.)« heißt es darin: »Durch die rasche und wohlfeile Fortschaffung der Güter wird der Wohlstand eines Landes bedeutend vermehrt, welches Kanäle, schiffbare Ströme und gute Landstraßen hinlänglich bewähren ... Größere Vortheile wie die bisherigen Mittel, scheinen Eisenbahnen zu bieten.« Nach einer Darstellung der englischen Projekte rechnet Harkort aus, daß eine Eisenbahn tausend Zentner Kohle in zweieinhalb Stunden von Elberfeld nach Düsseldorf schaffen könne, »mit einem Kohlen-Aufwande von 5 Scheffel für die Reise«. Harkort schließt: »Möge auch im Vaterland bald die Zeit kommen, wo der Triumphwagen des Gewerbefleißes mit rauchenden Kolossen bespannt ist und dem Gemeinsinn die Wege bahnt.«

1827 wurde eine 1450 Meter lange, pferdegezogene Kohleneisenbahn vom Karl-Friedrich-Erbstollen zur Ruhr gebaut, der erste »englische Transportweg« (wie man damals sagte) außerhalb eines Bergwerks in Deutschland. 1828 gründeten ein Schwager Harkorts, Kaufmann in Barmen, und ein Arzt aus Steele einen Aktienverein, der Deutschlands erste größere Eisenbahnstrecke in Angriff nahm: Sie führte von der Zeche *Himmelsfürster Erbstollen* in Steele durch das Deilbachtal über Kupferdreh nach Langenberg (am Südostrand des heutigen Essen). 1830 – im gleichen Jahr wie die zweite englische Personeneisenbahn, die Liverpool und Manchester verband, die damals größten Industriestädte der Erde – wurde die *Deilbachbahn* in Betrieb genommen. Zweck der Bahn war es, den Absatz der Ruhrkohle ins Wuppertal und ins Bergische Land zu fördern, in Gegenden also, die nicht von der Ruhrschiffahrt begünstigt wurden. In Langenberg wurde die Kohle auf Pferdewagen umgeladen.

Erste Eisenbahn

Wäre es nach den Unternehmern gegangen, so wäre die Deilbachbahn mit einer englischen Dampflokomotive betrieben und damit als erste deutsche Eisenbahn berühmt geworden, und schon 1830 hätte sich das Ruhrgebiet an die Spitze des industriellen Fortschritts in Deutschland gesetzt. Hier war jedoch das Königreich Preußen rückständiger als die Königreiche Bayern und Sachsen: Friedrich Wilhelm III. verbot den Dampfbetrieb, und die Züge von je zehn oder zwölf Kohlenwagen (»Hunden«) mußten von sieben Pferden gezogen werden.

Als Grund gaben die preußischen Behörden an, die erste englische Lokomotive habe einen Menschen überfahren. Außerdem machte das angebliche Gutachten eines Königlich-Bayerischen Obermedizinalkollegiums von sich reden, wonach die mit Dampfkraft erreichbare Geschwindigkeit von 50 Stundenkilometern dem Gehirn schaden müsse.

Die wahren Gründe scheinen jedoch andere gewesen zu sein. Die Besitzer der Zechen, die nicht von dem Schienenstrang begünstigt wurden, fürchteten für ihr Geschäft. Die vielen Kohlentreiber, die auf den Zechenbahnen die Wagen schoben oder die Pferde lenkten, fürchteten für ihren Arbeitsplatz. Und vielleicht gab es auch grundsätzliche Widerstände beim Adel, von dem Louis Berger, ein Schwiegersohn Harkorts und Mitglied der Fortschrittspartei, meinte, er fühle instinktiv, »daß die Lokomotive der Leichenwagen ist, auf dem Absolutismus und Feudalismus zum Kirchhof fahren«. Harkort selbst schrieb 1833: »Die Generation nach uns wird sich wundern, wie es möglich war, daß ihre Väter so bedenkliche Gesichter bei einer so einfachen und nützlichen Sache schneiden konnten.«

Prinz Wilhelm von Preußen, ein Bruder des lokomotivenfeindlichen Königs, ließ es sich jedoch nicht nehmen, sich das Wunderwerk der pferdegezogenen Deilbachbahn mit Frau und Kindern anzusehen. In einem Sonderzug von dreißig Hunden, die gründlich gescheuert und mit Teppichen ausgelegt waren, fuhr die königliche Gesellschaft mit Honoratioren und Blasmusik 1831 durchs

Saubere Hunde für den Prinzen

Deilbachtal hinab und an der Ruhr entlang zur Zeche. Der Prinz soll dazu gesagt haben: »Ich bin von der Ruhr auf den Hund gekommen und habe das schöne Essen stehenlassen.«

1835 verkehrte zwischen Nürnberg und Fürth im Königreich Bayern die erste deutsche Eisenbahn mit Dampfbetrieb. 1837 folgte ihr im Königreich Sachsen die zweite, die Dresden mit Leipzig verband. Erst 1838 erhielt Preußen mit der Strecke Berlin–Potsdam einen dampfbetriebenen Schienenweg; die zweite preußische Eisenbahn verband 1841 Düsseldorf mit Elberfeld. Zwischen Ruhr und Emscher blieb es bei den Pferden. Die »deutsche Schlafmützigkeit«, von der Harkort sprach, schien hier noch immer eine Heimstatt zu haben.

Wenn es in diesen Biedermeierjahren an der unteren Ruhr auch mit der Eisenbahn noch nichts werden wollte, so geschah dort dennoch manches, von dem die Zeitgenossen nicht ahnten, daß seine Wirkungen ihr Jahrhundert bei weitem überdauern sollten.

Genau in derselben Zeit, in der Mathias Stinnes auf der Zeche Graf Beust unter dem Mergel nach Kohle suchte, machte sich der Essener Bürgermeister Bertram Pfeiffer an die Gründung einer Sparkasse. Zwischen beiden Ereignissen besteht zwar kein unmittelbarer Sachzusammenhang, und doch sind sie typische Erscheinungen einer Epoche des allgemeinen Aufbruchs.

Regeln für die Zukunft Um diese Zeit, in der die reichen Kohlevorkommen an der Ruhr erschlossen wurden, in der der Deutsche Zollverein einen gemeinsamen Markt von den Alpen bis zur Küste öffnete, in der das preußische Aktienrecht neue Wege der Kapitalbeschaffung erschloß – um diese Zeit, am 12. Dezember 1838, veröffentlichte Preußen sein »Reglement die Einrichtung des Sparkassenwesens betreffend«.

Daß dieses Gesetzeswerk mit dem friderizianisch schnarrenden Titel später etwa in einem Atem mit dem Gesetz über Eisenbahnaktiengesellschaften von 1838 oder dem Aktiengesetz von 1843 genannt werden könnte, dürfte den biedermeierlichen Zeitgenossen schwerlich in den Sinn gekommen sein. Allzu breit erschien die Kluft zwischen den Gesetzeswerken über neue Wege der Kapitalbeschaffung für Großunternehmen auf der einen und den Sparkassen auf der anderen Seite. Sie kamen ja auch wirklich recht bescheiden daher. Das »Reglement« selbst sagte unmißverständlich: ». . . daß die Einrichtung selbst hauptsächlich auf das Bedürfnis der ärmeren Klasse, welcher Gelegenheit zur Anlegung kleiner Ersparnisse gegeben werden soll, berechnet und der Veranlassung zur Ausartung der Anstalt vorgebeugt werde.«

20 Milliarden auf dem Sparkassenbuch Die Beamten des Berliner Innenministeriums, die diesen Text im Herbst 1838 zu Papier brachten, konnten nicht ahnen, welcher Zukunft diese bescheidenen Sparkassen entgegengingen. Die »Einrichtung für das Bedürfnis der ärmeren Klassen« sollte sich in einem Menschenalter zur leistungsstärksten Gruppe von Finanzinstituten im Deutschen Reich auswachsen, in dem Reich, dem 1838 nur Romantikerträume gelten konnten. Und doch sollte es geschehen: Die deutsche Einheit sollte Wirklichkeit werden, und die deutschen Sparkassen sollten 1913 Einlagen von knapp 20 Milliarden Mark verwalten.

20 Milliarden – das war in dem letzten Friedensjahr unglaublich viel Geld. Fast doppelt soviel etwa wie das gesamte eingezahlte Kapital aller deutschen Aktiengesellschaften. Die »kleinen Ersparnisse« waren zu einer Masse angewachsen, die das Großkapital hinter sich ließ. Die Sparkassen aber brachten eine Finanzierungsleistung zustande, die die Gesamtheit der Geschäftsbanken übertraf.

Über die Zukunft der Sparkassen eine Prognose zu wagen, wäre den Beamten des Innenministeriums im Jahre 1838 nicht zuletzt deswegen schwergefallen, weil erst seit jüngster Zeit Daten über die Gesamtheit der preußischen Sparkassen auf ihren Schreibtischen lagen. Lange Zeit hatten sie diese Angelegenheit regionalen oder gar örtlichen Instanzen überlassen, Gemeinden, Landratsämtern, Bezirksregierung und, wenn es hoch kam, den Oberpräsidenten der Provinzen. Erst 1836 hatte das Königliche Ministerium des Innern eine Enquête in die Wege geleitet, um Genaueres über diese Einrichtung zu erfahren, die damals in der preußischen Monarchie nicht einmal ganze zwanzig Jahre alt war.

In der Tat, die erste preußische Sparkasse wurde 1818 in Berlin gegründet. Das geschah zu einer Zeit, in der anderswo in deutschen Staaten bereits ein gutes Dutzend Sparkassen existierte. Ihre Anfänge reichten ins 18. Jahrhundert zurück, aber damals hatte diese Neuerung nur geringfügige Verbreitung gefunden.

Das änderte sich nach 1815. Nach dem Ende einer jahrzehntelangen Kriegsperiode hatten die sozialen Probleme ein solches Ausmaß angenommen, daß die Sparkassen großen Nutzen erhoffen ließen. Zum erstenmal boten sie, seit den ersten Gründungen, auch für die unteren Einkommens- und Gesellschaftsschichten, was bis dahin ein Privileg der Wohlhabenden gewesen war: sichere und ertragbringende Kapitalanlage. Die kleinen Beträge, die sich anderswo nicht unterbringen ließen, waren aber in Notzeiten, in Hungerjahren nach Mißernten, bei Krankheit oder Arbeitslosigkeit der einzige Schutz vor Elend und Hunger. Wo die überkommenen Formen gemeinschaftlicher Daseinsvorsorge im Wandel der Gesellschaft auf dem Weg zur Modernisierung ihre Leistungsfähigkeit eingebüßt hatten und wo die neuzeitliche Sozialversicherung noch in ferner Zukunft lag, war der einzelne auf sich alleine angewiesen. Er mußte sich selbst helfen, und die Sparkassen boten ihm »Hilfe zur Selbsthilfe«. Als erste Institution nahmen sie sich derjenigen bescheidenen Vermögen an, die auch »kleine Leute« um den Preis heroischer Sparsamkeit zusammenbringen konnten.

Ende eines Privilegs

Das Muster der Berliner Sparkasse von 1818 hatte seit ihrer Gründung in allen Provinzen der preußischen Monarchie Nachahmung gefunden. Die Enquête des Innenministeriums wies für 1838 einen Bestand von achtzig Instituten aus. In der Rheinprovinz, zu der Essen gehörte, besaß der Regierungsbezirk Düsseldorf die meisten Sparkassen, fünf an der Zahl.

Sie alle waren entstanden, ohne daß sich die Zentralbehörden des preußischen Staates darum zu kümmern brauchten. Getrost konnten sie die Initiative örtlichen Kräften überlassen, und zu dieser Praxis kehrte die Königlich Preußische Regierung auch wieder zurück, nachdem sie das »Reglement« von 1838 erlassen hatte.

Erkenntnisse eines Bürgermeisters

Um diese Zeit entdeckte der Essener Bürgermeister Bertram Pfeiffer, daß seine Stadt eine Sparkasse brauchte, und er war genau im Bilde, wie eine solche Gründung ablief. Hatte er sich doch in der Nachbarschaft erkundigt, in Hattingen, wo die Stadtgemeinde diese Prozedur durchgezogen und im September 1838 die Genehmigung ihres Sparkassenstatuts erwirkt hatte.

Im Sommer 1840 begab sich Bürgermeister Pfeiffer an die Arbeit, und das hieß: Er begann mit dem Entwurf eines Statuts für seine Sparkasse. Diesen ersten Schritt machte er sich allerdings leicht, denn, wie er selbst bekundete, schrieb er den Hattinger Text größtenteils ab. Dafür hatte er gute Gründe, denn so konnte er hoffen, mit der weitgehenden Übernahme eines bereits von der Aufsichtsbehörde genehmigten Statuts das Gründungsverfahren abzukürzen.

Eile zum Königsgeburtstag

Und es eilte. Der Bürgermeister und der Essener Stadtrat wünschten, »die Sparkasse am 15. k[ünftigen] Monats, als dem Geburts- und Huldigungstag unseres Königs zu eröffnen«. Als diese Zeilen geschrieben wurden, zeigte der Kalender den 17. September 1840. Die Zeit war also äußerst knapp bemessen. Immerhin, sie konnte ausreichen.

Der Essener Stadtrat hatte das Statut bereits am 4. August 1840 genehmigt. Der Landrat als Chef der unteren Verwaltungsbehörde, damals noch mit Sitz in Duisburg, machte auf der ersten Stufe des Dienstwegs keine Umstände und schickte den Entwurf weiter nach Düsseldorf, zur Bezirksregierung, der nächsten Instanz. Sie ließ sich allerdings schon reichlich Zeit, und als sie den Text endlich dem Oberpräsidenten in Koblenz vorlegte, schrieb man bereits den 30. September 1840. Noch rund zwei Wochen also bis zum Königsgeburtstag! Immerhin, es hätte noch klappen können, wenn in Koblenz alles glatt gegangen wäre. Aber mitnichten! Die Provinzialregierung hatte an dem Essener Entwurf dieses und jenes auszusetzen. Und für diese Feststellung ließ sie sich Zeit bis zum 10. Oktober.

Ohne Glockengeläute und Kanonenschläge

Keine Hoffnung also mehr für die Essener, die Gründung der Sparkasse am 15. Oktober gleichzeitig mit der Grundsteinlegung für das neue Rathaus bekanntzugeben. Und dabei wäre alles so feierlich gewesen: »... unter Glockengeläute, Kanonenschlägen, festlichem Aufzug des Bergkorps und der Innungen, Festmahl, Illumination, Feuerwerk und Festball.«

Statt dessen wurde die Essener Sparkassengründung nun eine Abfolge von schlichten Verwaltungsakten. Der Oberpräsident genehmigte das Statut am 28. November 1840. Dann wählte der Stadtrat den »Vorstand« als ehrenamtlich besetztes geschäftsführendes Organ sowie den »Rendanten«, der die praktischen Geschäfte zu erledigen hatte. Am 20. Januar 1841 wurde die Sparkasse eröffnet, der Rendant verbuchte die erste Spareinlage für Angelica Waldthausen, die zehnjährige Tochter eines Essener Kaufmanns.

Für das Amt des Rendanten war der Kaufmann Theodor Sölling gewonnen worden. Er hatte den mißtrauischen Gebräuchen der Zeit entsprechend eine Kaution von 100 Talern zu stellen, eine Menge Geld, dafür mußte ein Bergarbeiter damals ein volles Jahr arbeiten. Sölling dagegen fiel es nicht schwer, diese Summe aufzubringen. Er war ein wohlhabender Mann und übergab der Behörde einfach eine preußische Staatsobligation im Wert von 100 Talern aus seinem Effektenvermögen.

Söllings Wahl für dieses Amt ist ungewöhnlich. Während mit dieser Aufgabe anderswo meistens buchführungskundige Kommunal- oder Finanzbeamte betraut wurden, zuweilen auch Volksschullehrer ihrer schönen Handschrift wegen, entschieden sich die Essener Stadtväter für einen hochangesehenen Bürger. Sölling war Kaufmann und gehörte ohne jeden Zweifel zur städtischen Oberschicht. Immerhin sollte er wenige Jahre später, 1844, zum Präsidenten der Handelskammer gewählt werden.

Ein Präsident als Buchhalter

Wenn er den Rechnungskram der Sparkasse auf sich nahm, dann wollte das schon etwas heißen. Für ihn und seine Mitbürger war die Sparkasse offenbar etwas ganz Besonderes. Ihr sozialpolitischer Gründungsauftrag entsprang hohem Verantwortungsbewußtsein in der städtischen Elite. Und der Sorge um die Zukunft. Daß dazu gerade Essen schon wenige Jahre später guten Grund haben würde, konnte Theodor Sölling freilich noch nicht absehen, als er sich 1840 für das Rendantenamt zur Verfügung stellte.

Damals galt nämlich, zumindest im Prinzip, immer noch die Regel, daß Arme nur in ihrer »Heimatgemeinde« Anspruch auf eine Unterstützung hatten, die sie vor dem Verhungern bewahrte. Wer fortzog und in der Fremde in Not geriet, hatte dort nichts zu hoffen. In einer Zeit aber, in der die Gesellschaft in Bewegung geriet, wurden diejenigen immer zahlreicher, die ihre Heimat verließen, um auswärts Verdienst zu suchen. So ergab sich die Notwendigkeit einer Reform. Sie erfolgte durch ein Gesetz von 1842, das die kommunale Unterstützungspflicht von der »Heimatgemeinde« auf den »Unterstützungswohnsitz« verlagerte.

In der Fremde verhungern

In Essen, in dessen Umgebung schon 1843, zwei Jahre nach dem Erfolg von Mathias Stinnes, zwanzig Tiefbauzechen in Betrieb waren und vierundfünfzig neue Dampfmaschinen bei Förderung und Wasserhaltung arbeiteten, fanden sich in den folgenden Jahrzehnten Zuwanderer in großer Zahl ein. Da konnte eine Sparkasse von höchstem Nutzen sein, die bei der Vorsorge für Zeiten der Not half.

Noch ehe der Kohleboom begann, hatten sich in der unmittelbaren Umgebung Essens auch andere Gemeinden mit dem Sparkassengedanken beschäftigt. In Werden zum Beispiel, damals eine Kleinstadt mit etwas über dreitausend Einwohnern.

Es hätte gar nicht viel gefehlt, daß dort sogar die älteste Sparkasse im heutigen Essener Stadtgebiet entstanden wäre. Ja, es ließe sich sogar ein wunderschöner

Werden: Worüber sich streiten läßt

149

Historikerstreit darüber entfesseln, ob die Werdener Stadtsparkasse nicht sogar tatsächlich die älteste ist. Das aber ist eine lange und höchst komplizierte Geschichte: Angefangen hat sie damit, daß der Oberlandgerichtsassessor Loebbecke im Verlauf des Jahres 1838 begann, sich ernsthaft mit Sparkassen zu beschäftigen. So schrieb er auch an den Bürgermeister von Elberfeld, wo seit Januar 1822 die älteste Sparkasse des Regierungsbezirks Düsseldorf arbeitete. Auch in Hattingen holte er Erkundigungen ein, als dort das Gründungsstatut der Sparkasse von der Aufsichtsbehörde genehmigt worden war.

Am 21. Dezember 1838 waren die Vorbereitungen abgeschlossen. Daher lud der Werdener Bürgermeister Märcker »in den Gesellschafts-Saal bei Herrn Ferber« ein. Sechsundzwanzig Bürger kamen, um über die Gründung einer Sparkasse zu beraten. Sie verloren nicht viel Zeit. Am 23. Dezember 1838 genehmigte der Gemeinderat das Statut, und einen Tag später, am 24. Dezember 1838, am Heiligen Abend, wurde bekanntgegeben, daß die Eröffnung einer Sparkasse in Werden bevorstehe: »Unter Garantie der Stadt mit nachgesuchter höherer Genehmigung.«

»Vorzugsweise für die arbeitende und dienende Klasse« bestimmt, würde sie gleichwohl auch die Gelder anderer Einleger entgegennehmen. Am 19. Januar 1839 sollte der Geschäftsbetrieb beginnen, und künftig würde die neue Sparkasse jeden Sonnabend von fünf bis sieben Uhr abends geöffnet sein.

Daß es am 19. Januar 1839 tatsächlich losging, kann mit Sicherheit festgestellt werden. An diesem Tag wurden tatsächlich die ersten Einlagen in Höhe von 28 Talern verbucht und kurzfristig bei einem ortsansässigen Kaufmann angelegt. Das Sparkassengeschäft hat also in Werden ohne Zweifel eine längere Tradition als im damaligen Essen. Nur: Es war rechtswidrig!

Genehmigungspflichtige Nebentätigkeit

Die in der Ankündigung des Geschäftsgebiets erwähnte »nachgesuchte höhere Genehmigung« lag nicht vor. Das wurde durch einen Zufall bekannt. Im Gegensatz zu den Essenern wählten die Werdener nämlich den künftigen Rendanten ihrer Sparkasse aus dem Kreis, aus dem sich meistens das früheste Sparkassenpersonal rekrutierte. Ein Finanzbeamter, der »Steuereinnehmer« Dieckhoff, sollte diese Aufgabe übernehmen. Als Beamter brauchte er für die Übernahme einer Nebentätigkeit die Genehmigung der Bezirksregierung in Düsseldorf, und dabei kam es heraus. Die Erlaubnis wurde versagt, weil die Statuten der Sparkasse nicht genehmigt waren.

Gab es keinen Rendanten, dann gab es auch keine Sparkasse, und es gab keine Sparkasse, weil es keine Sparkasse geben durfte, die kein genehmigtes Statut besaß. Trotzdem aber hat diese Sparkasse Einlagen entgegengenommen, unter anderem einen stattlichen Betrag von der katholischen Armenverwaltung. Sie hat auch Geld ausgeliehen, mindestens drei Kredite in einer Gesamthöhe von rund 1500 Talern, ungefähr genausoviel wie der Einlagenbestand der Essener Sparkasse am Ende des ersten Geschäftsjahres 1841. Die Sparkasse der Stadt Werden gedieh also auch in der Illegalität. Nur: Das durfte nicht so weitergehen!

Es hätte auch gar nicht in der Illegalität weitergehen müssen, denn der

Oberpräsident der Rheinprovinz genehmigte bereits am 28. Mai 1840 das Statut, das der Gemeinderat am 23. Dezember 1839 verabschiedet hatte. Es ist also ohne jeden Zweifel mehrere Monate älter als das Essener Statut.

Die Werdener Sparkasse konnte nun also mit Fug und Recht weitermachen – und in der Tat: Am 4. Juli 1840 meldete Bürgermeister Märcker, daß die »Sparkassenadministration«, Verwaltungsorgan und Rendant, bestellt sei. Ganz beiläufig ergänzte der Bürgermeister denn noch, man gehe davon aus, daß Rendant Dieckhoff keine Kaution zu stellen habe, da er eine solche ja schon als »Steuereinnehmer« hinterlegt habe.

Das aber war ein Punkt, den die Regierung in Düsseldorf anders sah. Sie beharrte auf der zusätzlichen Kaution, und Dieckhoff beharrte auf seiner Weigerung. Ein weiteres Hindernis kam unversehens hinzu. Plötzlich entdeckten die Mitglieder des Sparkassenvorstandes, daß ihre persönlichen Haftungsverpflichtungen allzu weit gingen, und wollten daher nicht mehr mitmachen.

So kam es zu einem langwierigen Hin und Her zwischen der Aufsichtsbehörde und der Stadt Werden. Argumente wurden hüben und drüben nicht ausgetauscht, sondern hartnäckig wiederholt. Beiden Seiten ging es ums Prinzip. Auch wenn die Sparkasse draufging! Und so kam es denn auch: Am 23. Februar 1842 berichtete der Bürgermeister, daß die Sparkasse obrigkeitlicher Weisung gemäß nunmehr in Auflösung begriffen sei, und er fügte hinzu: »Bedauernswert bleibt die Auflösung dieses wohlthätigen Instituts!«

Das fand denn auch letzten Endes die Regierung oder, genauer gesagt, der Regierungsrat Mathieu, der in Düsseldorf für die Sparkassen zuständig war. Der Zufall wollte es, daß er Ende Februar in der Gegend war, zu der Zeit also, in der die Auflösung der Sparkasse lief. So machte er sich denn auf den Weg nach Werden, um den Renitenten gut zuzureden.

Vom Nutzen einer Dienstreise

Er hatte Erfolg. Die Kautionsfrage wurde durch einen Kompromiß aus der Welt geschafft, und die Sorge der Vorstandsmitglieder wegen allzu weitreichender Haftungsverpflichtungen erwies sich als Mißverständnis. Auf einmal ging alles seinen Gang, der eigentlich längst Verwaltungsroutine war: Erneute Verabschiedung des Statuts im Gemeinderat, Prüfung in Düsseldorf und Genehmigung durch den Oberpräsidenten mit Datum vom 9. Mai 1842, förmliche Eröffnung der Sparkasse am 23. Juni 1842.

Wurde mit diesen Schritten Klarheit geschaffen, so bleibt die Vorgeschichte der Werdener Sparkasse doch in einem Punkte unklar. Einer strengen Weisung der Bezirksregierung folgend hatte der Bürgermeister im Februar 1842 die Liquidation der Sparkasse gemeldet. Indessen, als die Sparkasse ihren ersten offiziellen Jahresabschluß für das Rumpfgeschäftsjahr 1842 vorlegte, wies sie nicht nur die Einlagen und die Ausleihungen aus, die seit der Legalisierung gemacht worden waren, sondern den ganzen Bestand seit den praktischen Anfängen, jenen Bestand also, den es eigentlich gar nicht mehr geben durfte. Die Bezirksregierung in Düsseldorf hat diesen Abschluß geschluckt. Zumindest de facto erfuhr damit die rechtswidrige Tätigkeit der ersten Jahre nachträgliche Legalisierung.

Die vierziger Jahre, die infolge des »Reglements« von 1838 überall eine regelrechte Gründungswelle von Sparkassen erlebten, brachten auch im Essener Raum eine weitere Sparkasse hervor. In Kettwig.

In Kettwig: Einleitung getroffen

Auch dabei hatte der rührige Regierungsrat Mathieu die Hand im Spiel. Während nämlich die Gründungen von Essen und Werden unzweifelhaft durch die Initiative von Ortsansässigen zustande kamen – durch Bürgermeister Pfeiffer in Essen und Oberlandgerichtsassessor Loebbecke in Werden, war es Mathieu, der in Kettwig im März 1842 zur Gründung einer Sparkasse »Einleitung getroffen« hat.

Vielleicht fehlte es dabei aber doch am nötigen Nachdruck, denn um den Gründungsprozeß tatsächlich in Gang zu bringen, bedurfte es im Juli einer förmlichen Regierungsverfügung.

Der Rest lief nach dem gewohnten Schema ab, bis hin zur Genehmigung des Status durch den Oberpräsidenten am 27. Dezember 1842. Ende März nahm die Kettwiger Sparkasse den Geschäftsbetrieb auf.

So entstanden innerhalb weniger Jahre im Essener Raum insgesamt drei Sparkassen. Ihre Gründungen waren Ausdruck jenes vielfältigen Innovationsschubs, der die vierziger Jahre des 19. Jahrhunderts in mancher Hinsicht kennzeichnete. Er sollte binnen kurzer Frist das Gesicht des Ruhrgebietes verändern.

Steele: Nach Schema

Als 1862 in Steele der Gedanke an eine eigene Sparkasse aufkam, hatte das Städtchen schon manches von seiner »heiteren Einsamkeit« verloren, die Fürst Pückler 1826 so gerühmt hatte. Spielte doch unter den Gründungsmotiven bereits die Sorge um die »ständig wachsende Anzahl von Berg- und Fabrikarbeitern« eine Rolle. Es galt nun auch, mehr als bei den früheren Gründungen, mit Sparkassenkrediten dem weit verbreiteten Wucher entgegenzutreten. Schließlich aber ging es auch darum, der Stadt aus den Sparkassen eine Einnahmequelle zu erschließen.

Über die Gründungsprozedur gibt es nichts Ungewöhnliches zu berichten. Sie lief nach dem vertrauten Schema ab: Am 7. August 1863 faßte der Gemeinderat den Gründungsbeschluß, die Zustimmung des Oberpräsidenten zu den Statuten kam am 2. November 1863, und die Eröffnung fand zu Jahresbeginn 1864 statt. Also in der Tat ein glattes Gründungsverfahren.

Und wie denn auch nicht? Die Sparkassen waren über die Phase der ersten Erfahrungen hinaus. Der Alltag war in der Sparkassenaufsicht eingekehrt, Alltag auch im Geschäft der Sparkassen. Insbesondere aber: Sie gehörten nun auch zum Alltag der Menschen in Essen und in denjenigen Kleinstädten der Umgebung, die mehr und mehr zu »Vororten« wurden, zu Vororten einer Stadt, deren Wachstum sich nun immer enger mit dem Schicksal eines bestimmten Unternehmens verbinden sollte ...

5. Kapitel
Der Besessene

Einer, der wenig schlief und dessen Werk mit der Eisenbahn zusammen wuchs, war Alfred Krupp – der Mann, der die väterliche Gußstahlfabrik 1826 als Vierzehnjähriger mit sieben Arbeitern und 10 000 Talern Schulden übernahm und sie 1887 als größte Stahlfabrik der Welt hinterließ, mit 19 000 Arbeitern bei einer jährlichen Produktion von 197 000 Tonnen Stahl und 570 000 Tonnen Kohle. Er wohnte 1826 im Aufseherhäuschen der Fabrik und 1887 in einem Palast, den er untertreibend »Villa Hügel« nannte. 1826 war er ein Kostgänger seines Onkels und ein Kind ohne abgeschlossene Schulbildung, 1887 einer der mächtigsten Männer Deutschlands und einer der reichsten der Welt – besessen von dem einzigen Ehrgeiz, Stahl zu machen.

Seine Arbeiter hüllte er in die Fürsorge eines unerbittlich strengen Vaters ein; seine freiwilligen Sozialleistungen übertrafen fast alles, was irgendein anderer Fabrikherr auf der Welt im 19. Jahrhundert zustande brachte; aber manche Gewerkschaftsfunktionäre sehen in ihm noch heute die Inkarnation des Bösen, jenes Unternehmers, der den Arbeitern Wohltaten erweise, solange sie aufs Wort parierten – zu dem einzigen Zweck, ihre Arbeitskraft bis ins Letzte auszubeuten. Krupp produzierte im Laufe seines Lebens 25 000 Kanonenrohre und müßte doch nicht so sehr »Kanonenkönig« als vielmehr König der Eisenbahnen heißen.

So oder so: Alfred Krupp war eine der faszinierendsten Erscheinungen des 19. Jahrhunderts. Er ist einer der vier, fünf großen Industriebosse, von denen bei der Würdigung der industriellen Revolution in Geschichtsbüchern kommender Jahrhunderte die Rede sein wird. Er war der Pionier, der Essen vom Aschenbrödeldasein in den Weltruhm stieß. Bei seinem Tod arbeiteten fast zwanzig Prozent der Bewohner der Stadt in der Gußstahlfabrik, so daß über sechzig Prozent der Einwohnerschaft direkt von seiner Firma lebten. Aus der Vogelperspektive war Essen nur das Anhängsel eines weit größeren Industriegeländes, über das ein einzelner Mann unumschränkt regierte.

Als Friedrich Krupp am 8. Oktober 1826 gestorben war, verschickte seine sechsunddreißigjährige Witwe folgende Geschäftsanzeige:

»Den geschätzten Handlungsfreunden meines verstorbenen Gatten beehre

Der Vierzehnjährige

ich mich die Anzeige zu machen, daß durch sein frühes Hinscheiden das Geheimnis der Bereitung des Gußstahls nicht verloren, sondern durch seine Vorsorge auf unseren ältesten Sohn, der unter seiner Leitung schon einige Zeit der Fabrik vorgestanden, übergegangen ist; daß ich mit demselben das Geschäft unter der früheren Firma von Friedrich Krupp fortsetzen, und in Hinsicht der Güte des Gußstahls, so wie auch der in meiner Fabrik daraus verfertigten Waaren, nichts zu wünschen übrig lassen werde. – Die Gegenstände, welche in meiner Fabrik verfertigt werden, sind folgende: Gußstahl in Stangen von beliebiger Dicke, desgleichen in gewalzten Platten, auch in Stücken, genau nach Abzeichnungen oder Modellen geschmiedet, z.B. Münzstempel, Stanzen, Spindeln, Tuchscheerblätter, Walzen u. dgl., so wie auch fertige Lohgärber-Werkzeuge. *Wittwe Therese Krupp, geb. Wilhelmi.«*

Der vierzehnjährige Fabrikchef, Geschäftsführer, technische Direktor und Lehrling Alfred Krupp machte sich ans Werk. Was er geerbt hatte, waren immerhin die Kenntnis eines brauchbaren Verfahrens zur Gußstahlerzeugung und eine große Werkstatt, in der sich mehr davon produzieren ließ, als zunächst abgesetzt werden konnte. Unter den sieben Arbeitern befanden sich tüchtige Männer, so der Schmied, von dem Alfred noch zu Lebzeiten seines Vaters angelernt worden war.

Auch wandten die Freunde und Verwandten der Familie, die der pausenlosen Plänemacherei Friedrich Krupps mit zunehmendem Mißtrauen gegenübergestanden hatten, dem halbwüchsigen Sohn ihr Mitleid, ihren Rat und bald ihre Achtung zu, und manche von ihnen wurden seine Kunden. Alfreds Mutter betrieb eine kleine Landwirtschaft, von der sie mit ihren Kindern leben konnte, ein Onkel, Kaufmann in Essen, nahm dem Vierzehnjährigen anfänglich den Schriftverkehr ab, und ein Großvater schoß häufig die Löhne vor.

Alfred Krupp selbst versuchte mit eisernem Fleiß die Fabrik voranzutreiben. Er stand mit den Arbeitern vor den Öfen, am Hammer und an der Drehbank; er schmiedete nachts, weil dann dem Hammerwerk die Wasserkraft der Berne ohne Einbuße durch die bachaufwärtsgelegenen Mühlen zur Verfügung stand; er reiste zu Fuß oder auf geliehenem Pferd nach Barmen und Solingen, nach Hagen und Altena, um von alten Kunden Aufträge einzuholen und neue Kunden zu gewinnen. Zu billiges Material oder technische Fehler brachten Beschwerden und Rückschläge, aber immerhin erzielte die Gußstahlfabrik 1829 einen Umsatz von 3527 Talern, womit sie fast wieder den Stand von 1823 erreichte, Friedrich Krupps erfolgreichstem Jahr.

Im Winter 1829/30, als der Frost das wassergetriebene Hammerwerk stilllegte, richtete der siebzehnjährige Unternehmer eine Dreherei und eine Schleiferei ein, die es ihm ermöglichten, die bis dahin immer nur halbfertig gelieferten Gußstahlwalzen fertig zu schleifen und zu härten. Die Umstellung auf Fertigfabrikate schuf die Grundlage für spätere Merkmale der Gußstahlfabrik: die Qualität ihrer Produkte und die Rentabilität ihres Betriebs.

1831 brachte es die Firma bereits auf neun Arbeiter. Die Münzen von Gotha und Eisenach kauften bei Krupp je ein Paar Ringwalzen für den hohen Preis von

100 Talern; daß sie ihn zahlten, war eine Anerkennung der Kruppschen Qualität. Härte, Feinheit und Haltbarkeit der Essener Stahlwalzen waren bald ohne Konkurrenz. Der Achtzehnjährige verkündete selbstbewußt: »Ich garantiere jede Walze, wenn ich sie selbst bearbeitet und gehärtet habe«, und er berichtete später: »Da kam aber die Walze nicht aus meiner Hand und aus meinen Augen, und sonntags nahm ich sie unfertig mit ins Haus.«

Im Februar 1832, als der Hammer wieder stillag, trat der Neunzehnjährige seine erste größere Reise an: Sie ging über Bonn und Wiesbaden nach Offenbach, wo er ein Lager für Gerbereiwerkzeuge einrichtete, und nach Pforzheim, Stuttgart und Heilbronn, wo er bei Goldschmieden und Juwelieren Aufträge für seine kleinen Gußstahlwalzen einholte. 1833 wuchs die Krupp-Belegschaft auf elf Arbeiter an.

1834 erkannte Alfred Krupp – gerade mündig geworden – sogleich die Chancen, die der am 1. Januar ins Leben getretene Deutsche Zollverein auch seiner Fabrik bot: Er unternahm in einem gemieteten Reisewagen, schwere Kisten mit Musterwalzen im Gepäck, eine zwölfwöchige Fahrt nach Württemberg, Bayern und Sachsen, sprach in Nürnberg mit den Ingenieuren der im Bau befindlichen Eisenbahn nach Fürth und erhielt schließlich in Berlin einen größeren Auftrag von einer Silberwarenfabrik. Insgesamt brachte er von der Reise Bestellungen auf Stahlwalzen im Wert von 6000 Gulden mit. Die Fabrik produzierte in diesem Jahr 14 Tonnen Stahlerzeugnisse und hatte am Jahresende fünfundvierzig Arbeiter. Endlich schienen sich die Mühen zu lohnen, die Friedrich und Alfred Krupp seit dreiundzwanzig Jahren an die Gußstahlerzeugung gewandt hatten.

Die erste Dampfmaschine

Die Verwandtschaft entsetzte der rastlose Arbeiter, kaum von einer schweren Lungenentzündung genesen, allerdings mit einem Vorhaben, das sie an seinen oft weltfremden Vater erinnerte: Er gedenke sich eine Dampfmaschine anzuschaffen, ließ er sie wissen, dazu ein neues Hammerwerk mit drei Hämmern, ein Pochwerk und eine Schleiferei – denn er sei überzeugt, daß er den Bedarf aller deutschen Staaten an Gußstahl decken könne und auch bald zu decken haben werde.

In der Tat erwies es sich als vordringlich, das Hammerwerk nicht noch länger in der Abhängigkeit von der unregelmäßigen Wasserkraft zu lassen, sondern als Kraftquelle für die Fabrik eine Dampfmaschine zu installieren. Mit dem halben Jahrhundert Abstand, das die deutsche Industrie noch immer von der englischen trennte – genau zweiundfünfzig Jahre nach der ersten Dampfmaschine in einem englischen Walzwerk –, legte sich die spätere Weltfirma Krupp 1835 eine Dampfmaschine zu. Die Gutehoffnungshütte lieferte sie; sie hatte zahlreiche Mängel. Ein Maschinenhaus mußte für sie gebaut werden: Es entstand in der 1819 errichteten Fabrikanlage in Altendorf, am heutigen Firmensitz, so daß Schmelzöfen und Hammerwerk nun endlich vereinigt waren. Den von der Berne angetriebenen Hammer in Friedrich Krupps ursprünglicher Werkstatt in Altenessen gab Alfred 1839 auf.

Solche Investitionen konnte der dreiundzwanzigjährige Firmenchef nicht aus

155

eigener Kraft bestritten. Seine Mutter Therese nahm seinen wohlhabenden Vetter Carl Friedrich von Müller, einen Rittergutsbesitzer aus der Eifel, mit einer Einlage von 10 000 Talern als Gesellschafter auf. Alfred Krupps um zwei Jahre jüngerem Bruder Hermann, der schon seit 1831 in der Fabrik mitarbeitete, gelang es, in der Schweiz und in Frankreich Kunden für Kruppstahl zu gewinnen.

Über jene harten ersten zehn Jahre schrieb Alfred Krupp als alter Mann: »Damals lebten wir von der Hand in den Mund; es mußte alles gelingen, wir hatten nicht mehrere Waggons Tonerde vorrätig und nicht drei bis vier Faß Graphit. Ich habe damit angefangen, in Essen drei Zentner Graphit auf einmal zu kaufen, und das war für mich damals ein ganz bedeutendes Unternehmen – was haben die Ladenschwengel stolz auf mich herabgesehen! Aber aus dem kleinen Keim der Fabrik, wo Rohmaterialien en detail gekauft wurde, wo ich Prokurist, Korrespondent, Kassierer, Schmied, Schmelzer, Koksklopfer, Nachtwächter beim Zementofen und sonst noch viel dergleichen war, wo ein Gaul sämtliche Transporte gemütlich besorgte, wo zehn Jahre später das Wasser zur ersten errichteten Dampfmaschine in Ringeln aus dem Teich getragen wurde in den leergepumpten Brunnen, weil eine Röhrenanlage zu teuer war, ist das jetzige Werk hervorgegangen.«

1836 beschäftigte die Fabrik achtzig Arbeiter und lieferte zum erstenmal Stahlwerkzeuge nach Übersee: nach Brasilien. Im gleichen Jahr schuf der inzwischen vierundzwanzigjährige Unternehmer – der ein Reitpferd besaß und von den Essenern respektvoll gegrüßt wurde – die erste jener kaum zählbaren sozialen Einrichtungen, die seinen Lebensweg begleiteten: eine freiwillige Betriebskrankenkasse. Jeder Arbeiter, der sich daran beteiligen wollte, zahlte alle zwei Wochen einen Silbergroschen ein, Krupp schoß jährlich 100 Taler zu. An der Verwaltung der Kasse wirkten die Versicherten mit.

1837 gingen Kruppwerkzeuge nach Indien. 1838 reiste Krupps erster hauptberuflicher Vertreter, Moritz Thies, der in Paris, Lyon, Brüssel und Wien bereits Geschäftsverbindungen angeknüpft hatte, nach Petersburg, wohin schon Friedrich Krupp Münzstempel hatte verkaufen können.

»Werkspionage« in England

Im Juni 1838 trat der Firmenchef eine fünfzehnmonatige Reise nach Belgien, Frankreich und England an, um zu verkaufen und zugleich zu lernen. In Paris lief er allen erreichbaren Goldschmieden, Silberschmieden und Uhrmachern die Werkstatt ein, damit sie Gußstahlwalzen bei ihm bestellten. Dreißig Besuche am Tag, manche im fünften Stock, waren sein Pensum. Paris dürfte selten einen Gast gehabt haben, der so konsequent an sämtlichen Reizen der Riesenstadt vorüberlebte wie dieser sechsundzwanzigjährige Fabrikant aus der preußischen Kleinstadt Essen.

In England wurde es Krupp dank seines sicheren Auftretens, seiner zuvor in Essen planmäßig betriebenen Studien der englischen Sprache und eines Reisepasses, der zur Tarnung auf den Namen *A. Crup* lautete, nicht schwergemacht, Eisenwerke und Gußstahlfabriken von innen zu sehen. Er war ein scharfer und rastloser Beobachter. Auch ein der Kruppfamilie wohlgesinnter Biograph wie

Gert von Klass räumt ein: »In England treibt er unter falschem Namen in voller Gemütsruhe das, was man heute Werkspionage nennen würde. Eine posthume Kritik wird daraus die Bosheit und Verworfenheit des Kruppschen Geistes herauslesen. Jene Zeit ist jedoch der Ansicht, daß es Sache jedes Unternehmens ist, sein Geheimnis zu hüten. Von hysterischen Ängsten ist man noch weit entfernt und sieht mit Gelassenheit dem Spiel der Kräfte zu.«

Krupp selbst schrieb nach Essen: »Gestern habe ich . . . in Sheffield, wohin ich mit Fritz Sölling spazierte« (seinem Jugendfreund und späteren Teilhaber) »ein neues Walzwerk für Kupferplatten, das erst seit kurzem geht und wo niemand hineingelassen wird, ohne alle Empfehlung gesehen. Ich war gehörig gestiefelt und gespornt, und der Besitzer fühlte sich geschmeichelt, daß so ein paar fidele Freunde sein Werk zu besehen würdigten.«

Als Krupp zurückkehrte, änderte er seinen Taufnamen *Alfried* (eine in Essen damals häufige Abwandlung des Namens, den der Stadtgründer Altfrid getragen hatte) in das internationale *Alfred* um; nach dem Urteil eines Vetters sah er »einem englischen Lord gleich«.

Um die Früchte seiner Reise wurde Krupp durch die Wirtschaftskrise betrogen, die Europa 1839 schüttelte. Die Bank von Belgien stellte ihre Zahlungen ein. Das größte Stahlwerk des Kontinents, 1817 von dem Engländer John Cockerill in Seraing nahe dem alten Industriezentrum Lüttich gegründet, brach zusammen. Die Pariser Goldschmiede und Mechaniker machten ihre Bestellungen in Essen rückgängig. Vier Jahre lang erreichte die Kruppsche Gußstahlfabrik nicht mehr den Produktionsstand von 1838.

Walzen in alle Welt

Aber die Erfahrungen, die Alfred Krupp im Mutterland der Industrie gesammelt, die neuen Interessenten, die er gewonnen hatte, erwiesen sich als ein dauerhaftes Kapital. Ein Gewinn für die Fabrik war auch, daß 1839 der jüngste der drei Brüder, Friedrich Krupp jr., zu Alfred und Hermann stieß: Obwohl erst neunzehn Jahre alt, gelangen ihm wesentliche technische Verbesserungen. Entscheidend war er auch an der Konstruktion eines neuartigen Geräts beteiligt, das Löffel und Gabeln mechanisch herstellen konnte, 1500 Stück am Tag. Die Kruppsche Löffelwalze wurde in Fachkreisen weltberühmt und rettete später einmal das Unternehmen vor dem Untergang.

1840 lieferte Krupp an eine portugiesische Firma eine Goldwalze, die bis 1957 in einwandfreiem Zustand arbeitete und damit eine Art Weltrekord aufgestellt haben dürfte. Der Bruder Hermann Krupp schrieb in späteren Jahren aus Paris: »Es ist ein großes Übel, daß unsere Walzen so lange halten. In Paris z. B. ist kein einziges Paar verschlissen.« Bürgermeister Pfeiffer sagte in einem Vortrag vor dem Stadtrat: »Die Fabrikate unserer Kruppschen Gußstahlfabrik gehen nach allen Hauptorten von Europa und selbst bis nach Amerika.« Keine andere Firma erwähnte er namentlich.

Im gleichen Jahr reiste Alfred – »ruhelos wie der ewige Jude«, meinte Sölling – nach Wien und erhielt vom k.u.k. Hauptmünzamt den bis dahin größten Auftrag seines Lebens: Ein Münzstreckwerk zum Preis von 26 000 Gulden. Allerdings hatte er vertraglich garantiert, daß die Metallstreifen für sämtliche

Münzsorten mit den gleichen Walzen ohne Nachbearbeitung hergestellt werden könnten – eine Klausel, von Beamten des Münzamts eingearbeitet, die gute Beziehung zu englischen Lieferanten besaßen. Dennoch versuchte Krupp das scheinbar Unmögliche, lieferte pünktlich, überwachte selbst die Montage, die von Intriganten und Saboteuren monatelang verzögert wurde – und kam schließlich 1842, nach anderthalbjährigem Kampf auf dem Wiener Parkett am Rande des Bankrotts, zu seinem Geld. Nach seinen Berechnungen brachte ihm das unglückselige Unternehmen jedoch einen Verlust von 30 000 Gulden.

1842 erwuchs der Kruppschen Gußstahlfabrik zudem ein schwerer Konkurrent in der Nachbarschaft: Der schwäbische Handwerker Jacob Mayer gründete in Bochum die Gußstahlfabrik Mayer & Kühne, aus der 1854 der *Bochumer Verein für Bergbau und Gußstahlfabrikation* hervorging, die zweite Stahlfirma von Weltruf im Ruhrgebiet und für Krupp zuweilen eine Quelle heftigen Ärgers. Das mit Abstand größte Industrieunternehmen an der Ruhr war noch immer die Gutehoffnungshütte im heutigen Oberhausen.

Auch nach sechzehn Jahren eines pausenlosen Kampfes um Qualität und Kunden sah sich Krupp noch weit vom Ziel. Er wohnte weiter als Junggeselle im Aufseherhäuschen der Fabrik vor den Toren Essens, in der er 1843 neunundneunzig Arbeiter beschäftigte. In einer Bestandsaufnahme des Essener Magistrats über das Wirtschaftsleben der Stadt wurde Krupp 1843 nur summarisch erwähnt: »1 Gußstahlfabrik mit 1 Dampfmaschine«.

An Industrie gab es damals ferner: Eine Eisengießerei, zwei Tuchfabriken, eine Tuchkratzenfabrik, zwei Baumwoll- und fünf Leinenwebereien, eine Glasfabrik, eine Essigfabrik sowie drei Bergwerke mit zusammen sieben Dampfmaschinen; außerdem nicht weniger als zwanzig Brauereien und sechs Schnapsbrennereien, sechs Wassermühlen, eine Windmühle und eine Dampfmühle. In der Stadt lebten 7100 Menschen; viel weniger als heute in Buxtehude. Bald waren es mehr.

6. Kapitel
Die Geburt des Ruhrgebiets

In den langsamen Aufstieg Essens und des Ruhrlands im allgemeinen kommt nun, um die Mitte des 19. Jahrhunderts, endlich etwas Schwung. Die deutschen Zollschranken sind gefallen, der Tiefbau ist aufgenommen, Krupp beliefert halb Europa mit Stahlwaren, die Eisenbahn ruft nach Kohlen, Eisen und Stahl. Schritt für Schritt läßt sich verfolgen, wie das Land zwischen Ruhr und Emscher sich anschickt, die klassischen deutschen Industriegebiete – Oberschlesien, Sachsen und die Saar – einzuholen und schließlich hinter sich zu lassen.

1844: Der Essener Raum erhält seine erste Eisenbahn mit Dampfbetrieb. Es handelt sich allerdings nur um den 1830 eröffneten Schienenweg von Steele nach Langenberg, der mit dreizehnjähriger Verspätung endlich für Dampflokomotiven zugelassen wird. *Krupp baut aus*

Alfred Krupp nimmt seinen alten Freund Fritz Sölling als Teilhaber in die Gußstahlfabrik auf; der bisherige Teilhaber Carl Friedrich von Müller scheidet aus. Söllings Einlage von 54000 Talern ermöglicht es dem Fabrikchef, sogleich einen zweiten Schmelzbau mit vierzehn Öfen, einen Werkstättenbau und für sich ein Wohnhaus zu bauen, das die Verbindung zwischen dem alten Schmelzbau und dem Aufseherhäuschen herstellt, in dem der Firmenchef zwanzig Jahre seines Lebens verbracht hat. Anderswo als auf dem Fabrikgelände zu wohnen, kommt ihm auch jetzt nicht in den Sinn.

Hermann Krupp übernimmt die technische Leitung einer Fabrik für Eßbestecke, die Alfred zusammen mit einem Wiener Großkaufmann in Berndorf bei Wien gegründet hat.

Über seine Arbeiter schreibt Alfred Krupp in einem Brief: »Sie sollen einen außergewöhnlich guten Lohn im Vergleich gegen andere Arbeiter an demselben Orte verdienen, sie sollen... an die Fabrik gekettet sein durch Neigung und Interesse.«

Bei Reichenberg in Böhmen stürmen Arbeiter die Textilfabriken und zerstören die Spinnmaschinen, weil durch sie viele Menschen brotlos würden.

1845: In Chemnitz wird Deutschlands erster mechanischer Webstuhl in Betrieb genommen, in Dresden beendet der zweiunddreißigjährige Hofkapellmeister *Stahl für die Zechen*

Richard Wagner den »Tannhäuser«. In der Stadt Essen wird die Stiftsmauer abgetragen und der alte Stiftsfriedhof planiert – die »Burg« ist damit, zweiundvierzig Jahre nach der Säkularisierung, auch optisch in die Stadt einbezogen. Ein Teil des Burgplatzes erhält Grünanlagen. Schon in den vorangegangenen Jahren wurden mehrere Straßen mit Bäumen bepflanzt, die meisten Gassen sind gepflastert, über hundert bis dahin offene Abtritte und Kloaken hinter Bretterwänden verborgen.

Krupp produziert mit 142 Arbeitern Stahlerzeugnisse im Gewicht von 89 Tonnen – sechsmal soviel wie 1843 – und erzielt einen Umsatz von 44 000 Talern. Von der Pariser Münze erhält er den bis dahin größten Auftrag seiner Laufbahn. In Paris lernt er den bedeutendsten Naturwissenschaftler seiner Zeit kennen, den greisen Freiherrn Alexander von Humboldt. Ohne von dem Wohlwollen des weltberühmten Mannes irgendwie Gebrauch zu machen, reist der dreiunddreißigjährige, schon leicht ergraute Stahlfabrikant nach London und Utrecht weiter, um neue Aufträge einzuholen.

An der Ruhr ist der Bergbau auf den Kruppschen Gußstahl aufmerksam geworden: Die Fabrik liefert Steinbohrer, Hacken und Maschinenteile an zahlreiche Zechen, sogar ins Saargebiet und nach Oberschlesien.

Im damaligen Essener Stadtbereich arbeiten zwei Kohlenzechen mit zusammen 374 Bergleuten – einer Belegschaft, deren Größe das Staunen und Kopfschütteln der älteren Leute hervorruft.

Dürre und Hunger

1846: Essen ist auf 7840 Köpfe angewachsen, hat seine Einwohnerzahl gegenüber 1813 also fast verdoppelt. Im heutigen Stadtgebiet, den ehemaligen Stiftsländern Essen und Werden, leben 39 000 Menschen (gegenüber 21 500 im Jahr 1816). Der Zuwachs liegt über dem deutschen Durchschnitt, hat jedoch durchaus nichts Hektisches an sich; er setzt sich aus Geburtenüberschüssen und einer mäßigen Zuwanderung, überwiegend aus Westfalen und dem Rheinland, zusammen. Noch immer weiß niemand etwas von Städten namens Gelsenkirchen und Oberhausen, kein Ort zwischen Ruhr und Lippe nähert sich auch nur von fern der Großstadt-Grenze, und der Begriff »Ruhrgebiet« ist unbekannt.

Der Sommer 1846 ist so trocken, daß die Ruhrschiffahrt fast völlig zum Erliegen kommt. Da außer der kurzen Strecke zwischen Steele und Langenberg noch immer keine Eisenbahn das Kohlenrevier berührt, ist das für Zechen, Hütten und Tausende von Arbeitern ein harter Schlag. Die Dürre führt in weiten Teilen Deutschlands zu einer Mißernte, die eine Hungersnot und eine allgemeine Wirtschaftskrise zur Folge hat.

Krupp erzielt bei einem Umsatz von 80 000 Talern zwar einen Gewinn, muß aber die Zahl seiner Arbeiter im Laufe des Jahres von 142 auf 108 vermindern.

Die 280 wahlberechtigten Bürger von Essen entscheiden sich für die Steinsche Städteordnung, die der Stadt kurz darauf durch den König von Preußen verliehen wird. Bürgermeister und Stadtrat werden nun nicht mehr von den vorgesetzten Behörden ernannt, sondern von der Bürgerschaft gewählt. Wahlberechtigt ist, wer mindestens 700 Taler Vermögen oder 350 Taler Jahreseinkommen besitzt.

1847: In England wird der Zehn-Stunden-Tag gesetzlich eingeführt. Frankreich schließt die Eroberung Algeriens ab.

Eisenbahn für Altenessen

In Essen bringt die erste Wahl zur Stadtverordnetenversammlung nach der neuen Ordnung überwiegend neue Männer, vor allem Kaufleute und Fabrikanten, ins Rathaus, darunter den Färberei- und Zechenbesitzer Friedrich Wilhelm Waldthausen. Alfred Krupp hat sich nicht zur Wahl gestellt; im Gegensatz zu seinem Vater nimmt er am Leben der Gemeinde nicht das geringste Interesse. Ihn interessiert nichts als Kruppstahl, mit einer Ausschließlichkeit, die ans Manische grenzt.

Krupp beginnt Kanonen zu bauen. Nachdem die Geschützrohre jahrhundertelang aus Bronze gewesen waren und 1845 in England das erste schmiedeeiserne Kanonenrohr hergestellt worden ist, produziert der fünfunddreißigjährige Essener Fabrikant 1847 das erste Gußstahl-Kanonenrohr der Welt. Er schickt es nach Berlin und erhält nach zwei Jahren den Bescheid, daß das Material zwar alles Bisherige übertreffe, aber zu teuer sei und außerdem kein Bedarf an einer Verbesserung der üblichen Geschütze bestehe. Es dauert noch lange, bis Krupp den Kanonenmarkt erobert.

Die Ernährungs- und Wirtschaftskrise von 1846 schlägt sich jetzt in der Bilanz nieder: Die Gußstahlfabrik arbeitet mit einem Verlust von 21 000 Talern. Die Zahl der Arbeiter wird auf sechsundsiebzig verringert, halb soviel wie zwei Jahre zuvor.

Doch bringt das Jahr 1847 für das Kohlenrevier auch einen entscheidenden Fortschritt: Es wird endlich durch eine Eisenbahn mit dem Rhein verbunden. Die *Cöln-Mindener Eisenbahngesellschaft* eröffnet die Strecke Duisburg–Dortmund–Hamm, in Duisburg mit Anschluß an die Rheinstrecke. Aber dieser Schienen-

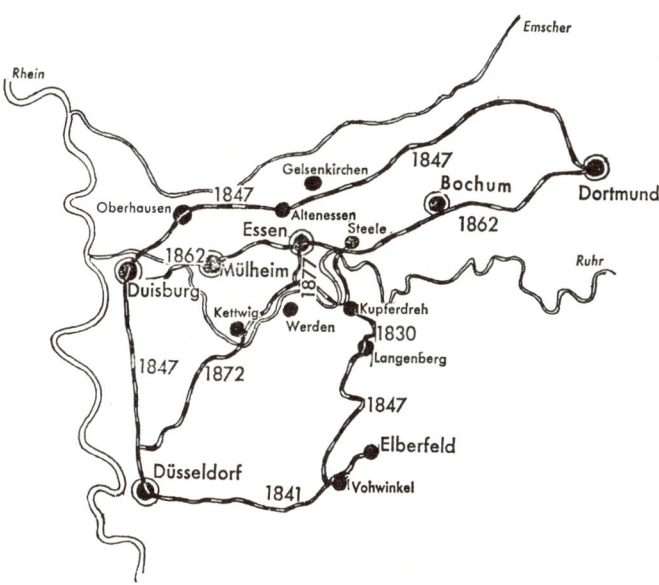

strang führt weder durch das Land der Zechen noch durch Essen, sondern an beiden im Norden vorbei. Dem Schloß Oberhausen und den Dörfern Frintrop, Bergeborbeck, Altenessen und Gelsenkirchen gibt das Dampfroß die Ehre; die größten Städte zwischen Dortmund und Duisburg – Essen, Mülheim, Bochum – werden ausgespart. Alle Bemühungen der Stadtverwaltungen von Essen und Bochum sowie des Bergamts Essen, ja sogar eine Essener Beihilfe von zweitausend Talern bleiben umsonst: Die private Gesellschaft und die staatliche Aufsichtsbehörde ziehen die billigste Linienführung durch das steigungsfreie Tal der Emscher vor. Vielleicht denken sie dabei schon an die Nordwanderung des Kohlenbergbaus, die durch Haniel und Stinnes mit der Durchstoßung der Mergeldecke eingeleitet worden ist; in jedem Fall fördern sie diese Entwicklung.

Am 15. Mai 1847 wird die neue Strecke zum erstenmal befahren. Die *Allgemeinen Politischen Nachrichten* bringen eine »Festnummer« heraus, in der es heißt: »Die Frühlingssonne begrüßte heute ein für unsere Stadt unberechenbar wichtiges Ereignis: Die Eisenbahnstrecke von Duisburg nach Hamm wurde dem öffentlichen Verkehr übergeben. Der von Cöln kommende, von der Locomotive ›Rhein‹ geführte und aus sechs stattlichen Waggons – die Wagen dieser Bahn zeichnen sich durch Schönheit und zweckmäßige Einrichtung rühmlichst aus – bestehende Zug langte, genau nach Vorschrift, 10 Minuten nach 8 Uhr an der ›Station Essen‹ an; und somit sind durch ihn die regelmäßigen Fahrten nach Cöln einer- und Hamm andererseits glücklich eröffnet.«

Zunächst gibt es täglich drei Verbindungen nach Dortmund und zwei nach Duisburg. Den Essenern zum Trost trägt der Bahnhof in Altenessen wenigstens den Namen »Station Essen«; er ist in der Tat von der Stadt Essen erbaut worden, die dafür wie für den Ausbau der Chaussee nach Altenessen sechzehntausend Taler aufgewendet hat.

Noch im gleichen Jahr 1847 wird die alte Deilbach- oder Prinz-Wilhelm-Bahn (von Steele über Kupferdreh nach Langenberg) bis nach Vohwinkel (heute einem Stadtteil von Wuppertal) verlängert und auch für den Personenverkehr freigegeben. Die Fahrt von Steele nach Vohwinkel kostet in der dritten Klasse zehn Groschen, in der ersten das Doppelte. Der Essener Raum ist also auf einen Schlag sowohl mit dem Rhein als auch mit dem gewerbereichen Tal der Wupper durch eiserne Schienen verbunden. Nur Essen selbst bleibt noch immer darauf angewiesen, seine Güter auf Pferdewagen zum nächsten Bahnhof zu befördern, drei Kilometer weit nach Altenessen, sieben Kilometer nach Steele.

Dennoch sind die Verkehrsverhältnisse nun erheblich günstiger als zuvor, auch in Essen bekommt die Wirtschaft das zu spüren. Bei der Eisenbahn wiederholt sich und verstärkt sich die Wechselwirkung mit der Kohle, die schon für die Dampfmaschine kennzeichnend war. Die Schienen erleichtern und verbilligen den Kohlentransport, so daß ein Anreiz zu zusätzlicher Förderung entsteht; die Förderung kann aber nicht nur, sie muß auch gesteigert werden, um den Bedarf der Lokomotiven zu decken.

»Die Eisenbahnen rissen die Nation aus ihrem wirtschaftlichen Stilleben«, schreibt Heinrich von Treitschke in seiner *Deutschen Geschichte im 19. Jahrhundert,* »sie griffen in alle Lebensgewohnheiten so gewaltig ein, daß Deutschland schon in den vierziger Jahren einen völlig veränderten Anblick bot.« Und Krupp meint: »Eine andere Zukunft liegt vor uns. Das Eisenbahnwesen ... fällt in die Stahlzeit, die Bronzezeit ist dahin.«

Auch der Essener Oberlehrer Dr. Funcke ist mit der allgemeinen Entwicklung zufrieden: »Die Bevölkerung Essens sowie des ganzen Stifts hat in der neuesten Zeit einen Hauptzweig der Industrie im Betrieb des Bergbaues gefunden, und einen Wohlstand zu begründen angefangen, wie er in der früheren Ackergegend, was das Fürstentum doch meist war, nicht zu finden gewesen«, schreibt er 1847. »Es ist eine Wonne, die Reihe von Steinkohlenzechen, die sich in hiesiger Gegend dem Auge darbieten, zu überschauen und Tausende von Händen beschäftigt zu sehen, die ohne sie um Arbeit verlegen sein würden.«

1848: Im Januar veröffentlichen die deutschen Emigranten Karl Marx und Friedrich Engels in London ihr *Kommunistisches Manifest,* das das Proletariat zum Klassenkampf gegen die Besitzbürger aufruft. Marx wird danach aus England ausgewiesen und gibt vom 1. Juni an in Köln die *Neue Rheinische Zeitung* heraus.

Revolution und Nationalversammlung

Am 24. Februar bricht in Paris die Revolution aus, König Louis Philippe wird gestürzt, die Zweite Republik errichtet.

Am gleichen Tag wird in Essen der Vertrag unterzeichnet, der Alfred Krupp zum Alleininhaber der Firma macht. Seine Mutter verkauft ihm die Fabrik, die er als ein »Wrack« bezeichnet, für fünfundzwanzigtausend Taler. Die Brüder Hermann und Fritz, denen die Mutter an sich die Fabrik zu gleichen Teilen hatte vererben wollen, erhalten eine Abfindung. Der jüngste von ihnen, der technisch hochbegabte Friedrich, scheidet aus; daß sein Erfinderehrgeiz eigene Wege geht, hat ihn oft in Konflikt mit Alfred gebracht. Die Rechte an der Besteckfabrik in Berndorf bei Wien überträgt Alfred auf seinen Bruder Hermann. Er ist Alleinherrscher – das, was er immer sein wollte.

Am 27. Februar springt die Revolution von Paris nach Deutschland über. Der Burschenschaftler und spätere Reichsminister Heinrich von Gagern fordert in der hessischen Kammer die Schaffung einer deutschen Zentralgewalt mit einer Volksvertretung. Im Rheinland kommt es zu Unruhen. Am 1. März führt der Großherzog von Baden die Pressefreiheit ein.

Am 6. März lehnen die Essener Stadtverordneten in einer außerordentlichen Sitzung mit sieben gegen fünf Stimmen den Antrag ab, daß ein vereinigter preußischer Landtag einberufen werden solle. Von der Bezirksregierung in Düsseldorf erbitten sie die Erlaubnis, in Essen eine Sicherheitswache zu errichten. Denn die Unruhen in Frankreich und Deutschland schlagen sofort auf den Absatz der Fabriken und Bergwerke zurück. Der Magistrat nimmt bei wohlhabenden Bürgern eine Anleihe auf, um einen Teil der herumlungernden Arbeitslosen mit Reparatur- und Verschönerungsarbeiten an Straßen und Plätzen beschäftigen zu können.

Alfred Krupps ältere Schwester Ida schreibt in einem Brief: »Mathias Stinnes,

Besitzer von großen Kohlenzechen, hat nicht allein die Zahlungen eingestellt, wo Wechsel auf ihn für über 700 000 Taler ausgestellt sind, sondern in Ermangelung von Absatz viele Bergleute verabschiedet, sowohl in Essen als in Mülheim, die nun brotlos. Diese sind am meisten zu fürchten, und sind gestern und vorgestern schon Unruhen ausgebrochen, so daß gestern abend noch Militär dorthin gesandt ist.« In Remscheid wird die Eisengießerei von den Arbeitern gestürmt und zerstört.

Auch die Kruppsche Gußstahlfabrik hat weder Aufträge noch Geld in der Kasse. Der Chef hält vor seinen vierundsiebzig Arbeitern eine Rede, über die Ida Krupp berichtet: »Alfred hat gestern abend alle Arbeiter versammelt und sie auf die bewegte Zeit aufmerksam gemacht, ihnen gesagt, daß er von ihnen erwarte, daß sich keiner, falls in Essen Unruhe ausbricht, daran beteilige, sondern sie im Gegenteil, wenn in den Wirtshäusern Rede davon wäre, statt dessen das ihrige dazu beitrügen, daß alles in Ruhe und Ordnung bliebe. Ich glaube, daß dies einen guten Eindruck auf sie gemacht hat.«

Obwohl nichts zu tun ist, müssen die Krupparbeiter in der Fabrik erscheinen und bekommen ihren vollen Lohn ausbezahlt. Um das Geld dafür aufzubringen, läßt Krupp das Familiensilber einschmelzen und verkauft es an die Münze in Düsseldorf. Zwei aufsässige Arbeiter werden auf der Stelle entlassen, darunter der letzte von den sieben, die der Vierzehnjährige 1826 vorgefunden hatte. Ein strenger, aber treusorgender Vater – konsequente Wahrnehmung der wohlverstandenen eigenen Interessen und dabei klarer Nutzen für die vierundsiebzig Menschen, die von ihm abhängen: so machen die Ereignisse von 1848 besonders deutlich, wie schwer dem Phänomen Krupp mit gewerkschaftlichen Schlagworten beizukommen ist.

Am 13. März wird der österreichische Staatskanzler Metternich durch einen Volksaufstand gestürzt und flieht nach England. Am 18. März kommt es in Berlin zu Barrikadenkämpfen, bei denen 187 Menschen den Tod finden. Am 20. März dankt König Ludwig I. von Bayern – wegen der Affäre Lola Montez ohnehin angefeindet – ab.

Am 18. Mai wird in der Paulskirche zu Frankfurt die deutsche Nationalversammlung eröffnet. Heinrich von Gagern ist ihr Präsident. Zu ihren 586 Mitgliedern zählt als Vertreter des Wahlkreises Essen *Jacob Grimm,* der in Berlin wirkende Begründer des Deutschen Wörterbuchs. »Ich bin für ein freies einiges Vaterland unter einem mächtigen König und gegen alle republikanischen Gelüste«, schreibt er bei der Annahme seiner Wahl. Der in Essen ursprünglich gewählte Ernst Moritz Arndt hatte die Wahl nicht angenommen, da er gleichzeitig in Solingen gewählt wurde.

Im Oktober 1848 legte Jacob Grimm sein Mandat nieder, enttäuscht über den Zusammenprall seiner Ideale mit der Politik. Die Fabrikanten und Großkaufleute von Essen, Werden, Mülheim und Bochum sind mit der Vertretung ihres Wahlkreises durch einen ortsfremden Gelehrten ohnedies unzufrieden; einige der bedeutendsten unter ihnen – Franz Haniel, Mathias Stinnes jr., Ernst und Fritz Waldthausen – gründen im Juni den *Berggewerken-Verein zu Essen* und empfehlen den Wahlmännern, einen rheinischen Fachmann in die Paulskirche zu entsenden: einen Assessor vom Essener Berggericht, *Karl Schorn*. Er wird gewählt. Das Unternehmertum erkennt seine Macht und macht von ihr Gebrauch. Nur Alfred Krupp ist nicht dabei; für ihn gilt weiter, was er schon vor Jahren in einem Brief schrieb: »Wir haben keine Zeit für Lektüre, Politik und dgl.«

Krupp produziert auch in diesem turbulenten Jahr dreiundfünfzig Tonnen Stahl. Im Sommer kommt der rettende Auftrag: Ein russischer Unternehmer bestellt ein komplettes Walzwerk zur Herstellung von 120 Dutzend Löffeln pro Tag. Der Bankrott ist abgewendet.

1849: Ein entscheidendes Jahr für die Ruhrindustrie bricht an. Aus Ruhrkohle wird Koks (vom englischen *cokes*) gewonnen. Er macht den Bau großer Hochöfen möglich, revolutioniert die Eisenindustrie und vervielfacht den Bedarf an Kohle. *Koks und Hochöfen*

Im Altertum und Mittelalter wurde das Eisen in Gruben oder Herden mit Holzkohlenglut aus dem Erz geschmolzen. Im 17. Jahrhundert gingen an verschiedenen Stellen Europas die Eisenhütten dazu über, Schmelzöfen von mehr als vier Meter Höhe zu bauen. Nachdem 1713 in England die Umwandlung von Steinkohle in Koks gelungen war, wurde dort 1740 der erste koksbefeuerte Hochofen in Betrieb genommen. Für das waldarme und kohlenreiche England war das ein sensationeller Fortschritt, der den industriellen Vorsprung der Insel vor der übrigen Welt noch vergrößerte. Koks war nicht nur viel billiger als Holzkohle, sondern ermöglichte auch den Bau höherer und damit rationellerer Öfen (heute sind sie bis zu vierzig Meter hoch).

Die unveredelte Steinkohle ist zu weich und verändert während des Brennens ihre Struktur zu sehr, als daß sie die Last der auf ihr ruhenden Erzsäule tragen könnte. Außerdem stört ihre starke Rauch- und Gasentwicklung den Verhüttungsprozeß. Koks dagegen, die entgaste Kohle, ist von großer, bei der Verbrennung gleichbleibender Härte und hohem Brennwert; er brennt zudem fast rauchfrei.

Koks entsteht, wenn Kohle unter Luftabschluß erhitzt wird (früher zwei bis drei Tage, heute etwa zehn Stunden lang); die für Hüttenkoks optimale Härte wird bei einer Temperatur von 800 bis 900 Grad erzielt. Für die Nebenprodukte der Verkokung – Leuchtgas, Teer und unzählige Ausgangsstoffe der chemischen Industrie – begann man sich erst später zu interessieren. Zunächst war der Koks der Schrittmacher der Eisenindustrie und die Eisenindustrie der Antreiber der Kohlenförderung.

Seit 1781 wurden in England die Hochöfen nur noch mit Koks befeuert. Sechsundfünfzig Jahre nach dem ersten Kokshochofen in England, 1796, wurde der erste in Deutschland in Betrieb genommen – natürlich nicht an der Ruhr, sondern im oberschlesischen Gleiwitz. Zwischen 1800 und 1808 machte die Wittib Friedr. Jod. Krupp sel. auf ihrer Eisenhütte *Zur Guten Hoffnung* Versuche mit Koksfeuerung, kam jedoch nicht zum Ziel. Weitere Experimente scheiterten 1843 in der St.-Antoni-Hütte.

Nun aber, 1849, kann Julius Römheld auf der Friedrich-Wilhelm-Hütte in

Mülheim den ersten Hochofen an der Ruhr in Betrieb nehmen, beschickt mit Koks, der aus Ruhrkohle gewonnen ist. Die Fettkohle, die für die Verkokung vorzugsweise in Frage kommt, macht an der Ruhr neunundfünfzig Prozent der Kohlenmächtigkeit aus. Kokereien schießen aus dem Boden, die Kohlenförderung wächst rapide an, am Nachthimmel lodern die Feuerbrände der Hochöfen, das »Ruhrgebiet« ist geboren – wiewohl in einer Schrift von 1857 über das Berg- und Hüttenwesen dieser Begriff noch nicht vorkommt; erst 1867 findet er in die Literatur Eingang. 1938 ist Deutschland der größte Koksproduzent der Welt.

Auch mit der Gußstahlfabrik Fried. Krupp geht es (mit Hilfe eines Kredits des Kölner Bankhauses Oppenheim über 30 000 Taler) wieder aufwärts: Sie erzeugt mit 109 Arbeitern 78 Tonnen Stahl. Und Krupp erhält von der Cöln-Mindener Eisenbahngesellschaft – der gleichen, die zwei Jahre zuvor Essen so schmählich liegenließ – den Auftrag, Stahlachsen für zweihundert und Stahlfedern für fünfhundert Eisenbahnwagen zum Preis von 20 000 Talern zu liefern. Der Bruch der bis dahin verwendeten eisernen Achsen hat mehrfach zu Unfällen geführt. Nun ist die Verbindung des kühnsten Unternehmers seiner Zeit mit der größten Errungenschaft dieser Epoche hergestellt: Krupp und die Eisenbahn – von jetzt an treiben sie einander in die Höhe wie Kohle und Eisenbahn, wie Koks und Eisen. Noch 1849 gehen die ersten Achsen nach Amerika.

Über die Bürgermeistereien Essen und Altenessen wird am 13. Mai 1849 für vierundzwanzig Stunden der Belagerungszustand verhängt. Zwölfhundert Soldaten schlagen auf dem Burgplatz ihre Zelte auf. Der Grund: Essen hat dagegen protestiert, daß vom preußischen König die Landwehr einberufen worden ist, was nach dem Gesetz nur im Fall der Mobilmachung geschehen könnte.

Die britische Regierung setzt die sogenannte Navigationsakte außer Kraft, die Cromwell 1651 erließ, um beim englischen Außenhandel die Bevorzugung englischer Schiffe sicherzustellen. Der Welthandel wird freier.

Das Kohlenzentrum

1850: Trotz Tiefbau, Hochöfen und Koks ist das Ruhrgebiet noch immer unendlich weit hinter England zurück. Das zeigt sich schon in den Einwohnerzahlen der Industriestädte: Essen 9000 Einwohner, Bochum 5000, Steele 2400 – Liverpool 370 000 Einwohner, Glasgow 340 000, Manchester 300 000. In London erscheint 1850 *David Copperfield,* einer jener Romane, in denen Charles Dickens die sozialen Mißstände des englischen Frühkapitalismus anprangert.

Auch innerhalb Deutschlands spielen die Städte des Reviers noch immer eine ganz untergeordnete Rolle: Berlin hat 420 000 Einwohner, Hamburg, Breslau, München sind Großstädte, in Köln leben 97 000 Menschen. Deutschland hat inzwischen sechstausend Kilometer Eisenbahnen, am meisten nächst den USA und Großbritannien – aber in Essen hält kein Zug, und noch immer genügt der Stadt ein einziger Briefträger. Wie schnell Städte wachsen können, zeigt San Francisco: 1848 lebten dort 600 Menschen, 1850 sind es 30 000. Kalifornien wird der einunddreißigste Staat der USA.

Im heutigen Stadtgebiet von Essen werden in 34 Zechen mit 4318 Arbeitern 690 000 Tonnen Kohle gefördert, das sind fünfunddreißig Prozent der Gesamtförderung des Ruhrgebiets. So sehr die Produktion auch in den kommenden

Jahrzehnten steigt, einen derart hohen Anteil an der Förderung des Reviers erreicht Essen nie wieder. Noch kommt keine Zeche an der Ruhr auf eine Jahresförderung von hunderttausend Tonnen.

Die Cöln-Mindener Eisenbahn bestellt bei Krupp 325 Wagenachsen aus Gußstahl, für die er fünf Jahre Garantie leistet. Mit 241 Arbeitern hat die Fabrik ihren bisherigen Höchststand erreicht und ist jetzt der größte Betrieb im Kreis Essen. Als 1841 die Handelskammer Essen gegründet wurde (die auch Werden und Kettwig umfaßte), war die Werdener Tuchfabrik *Forstmann und Huffmann* die größte Firma im Bereich: sie zahlte 48 Taler Gewerbesteuer, Krupp nur 18. Vor ihm hatten 1841 auch noch die zwei Wollgroßhandlungen der Familie Waldthausen, die Buchdruckerei und Buchhandlung Baedeker, ein Weingroßhändler in Essen und eine Tuchfabrik in Kettwig gelegen.

1851. In China bricht der Tai-ping-Aufstand aus, der dreizehnjährige Bürgerkrieg gegen die Vorherrschaft der europäischen Mächte, der die chinesische Wirtschaft auf Jahrzehnte ruiniert. In Paris setzt Prinz Louis Napoleon Bonaparte (der spätere Kaiser Napoleon III.) mit einem Staatsstreich die Verfassung außer Kraft. Hannover, Oldenburg und Braunschweig beginnen mit dem Abbau ihrer Zollschranken gegenüber dem Deutschen Zollverein von 1834 und öffnen der Ruhrindustrie damit neue, höchst günstig gelegene Märkte, die bis dahin England beherrschte.

Weltausstellung in London

In London wird an Stelle der national begrenzten Gewerbeausstellungen, die man bis dahin allein kannte, die »Erste internationale Industrie- und Kunstausstellung«, für die sich allmählich der Name *Weltausstellung* durchsetzt, veranstaltet. Ihr Schauplatz ist der Kristallpalast, ein riesiger, 85 Meter hoher Komplex aus Eisen und Glas im Hydepark (1936 durch Brand zerstört). England, politisch, militärisch, in Industrie und Außenhandel eine Weltmacht ohne Konkurrenz, London, das Herz des britischen Imperiums und mit 2,6 Millionen Einwohnern vor Peking die größte Stadt der Erde, laden die übrige Welt zu einem Fest der Technik, zu einer Lobpreisung des Viktorianischen Zeitalters ein.

Die Produkte dreier Männer aus Preußen erregen in London unerwartetes Aufsehen. Der erste ist *August Borsig*, ein Breslauer Zimmermannsgeselle, der 1837 in Berlin eine Maschinenfabrik gründete, die sich inzwischen zur größten Lokomotivfabrik des Kontinents entwickelt hat. Der zweite ist *Werner Siemens,* ein ehemaliger Hannoverscher Artillerieoffizier, der 1847 in Berlin eine Telegraphenbauanstalt errichtet hat, die erste elektrotechnische Fabrik der Welt (Siemens erfindet später den Dynamo, die elektrische Lokomotive und die elektrische Straßenbahn; er wird geadelt; er trägt entscheidend dazu bei, daß die deutsche Elektroindustrie bis zum Ersten Weltkrieg die größte der Erde ist).

Der dritte heißt *Alfred Krupp* – ein neununddreißigjähriger Junggeselle mit Vollbart und Stirnglatze, der, kaum zu glauben, schon seit fünfundzwanzig Jahren an der Spitze einer Gußstahlfabrik in Altendorf bei Essen steht und sich nun in die Höhle des Löwen wagt: mit Gußstahl nach England. Das ist, als ob ein Portugiese in München eine Brauerei eröffnen oder ein Berliner einem Ruhrkumpel einen Vortrag über Kohle halten würde.

Krupp stellt aus: Erstens einen Gußstahlblock, der aus sechsundachtzig Tiegeln in einem Stück gegossen ist und dreiundvierzig Zentner wiegt – fast doppelt soviel wie das entsprechende englische Ausstellungsstück, mit dem der Hersteller den größten Stahlblock der Welt produziert zu haben hoffte.

Zweitens ein Feldgeschütz mit einem Rohr aus Gußstahl und einer Lafette aus poliertem Edelholz; umgeben von sechs seidengefütterten Kürassen aus Stahlblech, die halb so schwer und doppelt so gut sind wie eiserne Brustpanzer und der Kugel eines Infanteriegewehrs auf zwölf Schritt standhalten (einem Schuß aus der Kanone freilich nicht). Daneben sind noch spiegelblank polierte stählerne Goldwalzen zu sehen sowie eine fast neu wirkende Wagenachse aus Gußstahl, von der ein Schild besagt, daß sie in Amerika unter einem Lokomotivtender 130 000 Kilometer zurückgelegt hat. Über das ganze Arrangement ist ein Baldachin in Form eines preußischen Kriegszelts gebreitet, über dem ein Schild mit der Aufschrift »Deutscher Zollverein« prangt.

Die Damen haben ein Gefühl für die eigentümliche Schönheit dieser Mischung aus stählerner Verherrlichung des Mannesmuts und einfallsreicher Reklame; die Fachleute staunen. Krupp schreibt nach Essen: »Alle anwesenden Fürsten mit Einschluß der Königin von England und Don Miguel von Portugal haben sich an unserer Krämerbude ergötzt.« Eine Fabrik in Birmingham bestellt bei Krupp ein Löffelwalzwerk für 8000 Pfund Sterling. England kauft in Essen! Ein Bürger Essens ist der Star der Weltausstellung! Der Name des alten Städtchens am Hellweg, das noch auf seinen zehntausendsten Einwohner wartet, wird weltbekannt. Für Kanonen erhält Krupp keine Aufträge, aber für das Ausstellungsstück die höchste Auszeichnung, die Council-Medaille. Noch im gleichen Jahr wird die Gußstahlfabrik zum erstenmal eines hohen preußischen Besuchs gewürdigt: Der Handelsminister Freiherr von der Heydt spricht vor.

»Von meinem vierzehnten Jahre an«, schreibt Krupp als Greis, »hatte ich die Sorgen eines Familienvaters und die Arbeit bei Tage, des Nachts Grübeln, wie die Schwierigkeiten zu überwinden wären. Bei schwerer Arbeit, oft Nächte hindurch, lebte ich oft bloß von Kartoffeln, Kaffee, Butter und Brot, ohne Fleisch, mit dem Ernste eines bedrängten Familienvaters, und 25 Jahre lang habe ich ausgeharrt, bis ich endlich bei allmählich steigender Besserung der Verhältnisse eine leidliche Existenz errang. Meine letzte Erinnerung aus der Vergangenheit ist die so lange dauernde drohende Gefahr des Unterganges und die Überwindung durch Ausdauer, Entbehrung und Arbeit, und das ist es, was ich jedem jungen Manne zur Aufmunterung sagen möchte, der nichts hat, nichts ist und was werden will.«

Tabellenplätze: Aufsteiger – Absteiger

Als der bedrängte Familienvater Alfred Krupp nach fünfundzwanzig Jahren den Aufstieg zu einer leidlichen Existenz geschafft hatte, befand sich Essen in vollem Umbruch. Er läßt sich mit besonderer Deutlichkeit, wenn auch aus einer ungewöhnlichen Perspektive, aus amtlichen Zahlenreihen ablesen.

Zu den besonderen Leistungen der preußischen Bürokratie gehört die Statistik. Das »Statistische Bureau zu Berlin« führte gewissenhaft Buch über alles, was sich in der Monarchie zählen ließ. Natürlich auch über die Sparkassen.

Leider bezeugte es ihnen aber nur sporadische Aufmerksamkeit, ein Zeichen für das nach wie vor eher gedämpfte Interesse der Staatsregierung. So brachten die »Tabellen und amtlichen Nachrichten über den Preussischen Staat für das Jahr 1849« eine umfassende Sammlung von Sparkassendaten. Dort ließ sich auch ablesen, wie sich die Sparkassen im Regierungsbezirk Düsseldorf entwickelt hatten. So sah die Rangfolge auf den ersten fünf Plätzen aus:

Sparkasse/Gründungsjahr	Spareinlagen Ende 1849
	Taler
1. Elberfeld/1822	487 726
2. Barmen/1841	205 190
3. Düsseldorf/1825	145 575
4. Krefeld/1840	87 918
5. Kleve	76 758

Eine ähnliche Statistik wurde erst wieder in den siebziger Jahren veröffentlicht. Sie zeigte folgende Zusammensetzung des Spitzenfeldes:

Sparkasse/Gründungsjahr	Spareinlagen Ende 1875
	Mark
1. ESSEN/1841	9 038 713
2. Elberfeld/1822	4 837 022
3. Düsseldorf/1825	4 743 011
4. STEELE/1863	4 715 178
5. WERDEN/1842	3 003 094

An der Tabellenspitze hatte sich also einiges bewegt. Gleich drei Neulinge unter den ersten Fünf: Essen, Steele und Werden. Elberfeld, 1849 einsame Spitze, war auf Platz zwei gerutscht, Düsseldorf hatte sich halten können. Die alte Seidenweberstadt Krefeld hingegen war – ebenso wie Kleve – aus der Spitzengruppe ausgeschieden.

Diese Zahlen sind viel mehr als Sparkassengeschichte. Sie sind Ausdruck eines der wichtigsten Phänomene der deutschen Wirtschaftsgeschichte zwischen 1850 und 1875: Sieg der Schwerindustrie – Aufstieg des »Ruhrgebietes« zur wirtschaftlichen Zentralregion Deutschlands.

Wirtschaftsgeschichte im Sparkassenbuch

Das Essen der Sparkassengründung von 1841 war ein beschauliches Kleinstädtchen mit rund 6500 Einwohnern. Die Sparkasse des Jahres 1875 mit ihren neun Millionen Einlagen dagegen arbeitete in einer Bergbau- und Industriestadt, deren Einwohnerzahl in vierundzwanzig Jahren auf rund 55 000 hinaufgeschossen war, eine Zunahme auf mehr als das Achtfache. Und diese 55 000 brachten fast doppelt soviel Spareinlagen zusammen wie Düsseldorf mit seinen rund 80 000 Einwohnern.

Geld unter die Leute Kein Zweifel: Wo Alfred Krupp und die übrigen »Schlotbarone« Riesenvermögen verdienten, da wurde Wohlstand zum Massenphänomen. Hüttenwerke und Zechen brachten Geld unter die Leute, und die brachten es zur Sparkasse. In Essen ebenso wie in Steele und in Werden.

Seit den Gründungen hatten dort die Spareinlagen von Jahr zu Jahr zugenommen, bis 1848. In diesem Jahr nahmen sie zum erstenmal ab. Nicht allzuviel übrigens, in Essen von 14586 auf 13973 Taler, in Werden von 5308 auf 4918 Taler, daß dieser oder jener im Revolutionsjahr 1848 sein Sparguthaben abhob, war schließlich nicht verwunderlich. Es stand ja auch nicht gut um manchen der Essener Betriebe, die so schnell gewachsen waren. Wenn Alfred Krupp das Familiensilber einschmelzen mußte ...

Ein Jahr später aber ging es wieder aufwärts, in der Industrie ebenso wie in der Sparkasse. Zuerst kamen wohl nur die Guthaben zurück, die besorgte Sparer abgehoben hatten, aber dann folgten ihnen echte Neueinlagen; Jahr für Jahr, bis zu den stolzen Zahlen in der amtlichen Statistik des Jahres 1875.

Nervosität in Krisenzeiten Das bemerkenswerte an diesem Anstieg ist seine Stetigkeit. Er wurde nur zweimal unterbrochen, und jedes Mal lag die Ursache in der Politik. Als 1859 die Einlagen schrumpften, führten Österreich, Frankreich und Sardinien miteinander Krieg. Es ging um die Einigung Italiens. Den zweiten Einbruch gab es 1866, als Preußen und Österreich um die Vorherrschaft in Deutschland kämpften. Der Deutsch-Französische Krieg von 1870/71 dagegen ließ die Sparer unberührt, so nervös sie auch bis dahin auf politische Krisen reagierten. Wirtschaftliche Krisen dagegen konnten sie fürs erste überhaupt nicht verunsichern. Der Konjunktureinbruch des Jahres 1857, den die Ruhrindustrie so deutlich zu spüren bekam, vermochte den Anstieg der Sparkasseneinlagen nicht aufzuhalten.

Kettwiger Rätsel In den Berichten von Aufstieg und Wachstum war immer wieder die Rede von drei Sparkassen, von Essen, Steele und Werden, nicht aber dagegen von der Kettwiger Sparkasse, die 1842 gegründet wurde. In der Tat, die Statistik von 1875 hat sie nicht mehr genannt, 1849 dagegen hatte sie noch Erwähnung gefunden. Mit Einlagen von rund 1200 Talern war sie allerdings eine der kleinsten Sparkassen des Regierungsbezirks Düsseldorf, nur Wermelskirchen verfügte über einen noch kleineren Bestand.

Die Sparkasse der Stadt Kettwig erlebte ein Schicksal, das sich merkwürdig von der Erfolgsstory der anderen Sparkassen des Raumes unterscheidet. Schon in den Anfängen sah die Sparkassenverwaltung Grund zur Klage: »Seit dem letzten Jahresabschluß hat eine Einlage von 28 Rtl [Reichstaler] bei der hiesigen Sparkasse stattgefunden. Daß bisher keine weitere Einlage erfolgte, hat wohl den ... Grund, daß die Fabrikarbeiter mit wenigen Ausnahmen bei den ... herabgesetzten Löhnen und bei der öfters eintretenden Arbeitslosigkeit kaum so viel verdienen, um sich und ihre Familien nothdürftig zu unterhalten.«

Das klingt plausibel. Wenn die Einkommen nur für das Nötigste hinreichen, konnte nicht gespart werden. Es trifft auch zu, daß damals, zu Beginn der vierziger Jahre, die Geschäfte jenes Industriezweigs nicht besonders gutgingen, der Kettwigs Wirtschaft beherrschte: die Tuchindustrie. Sie war dort mit fünf Betrieben vertreten, die rund 450 Arbeiter beschäftigten. Wenn es um die Tuchfabriken schlecht stand, dann hatte ganz Kettwig zu leiden, und die Startchancen der Sparkasse sahen nicht gut aus.

Aber diese Argumentation hat einen Haken: Werden besaß praktisch dieselbe Wirtschaftsstruktur wie Kettwig, drei Tuchfabriken mit 500 Arbeitern, und in Werden florierte die Sparkasse von Anfang an. Es ging in Kettwig auch nicht besser, als die übrigen Sparkassen nach 1848 einen regelrechten Boom erlebten.

Was aber tatsächlich geschehen ist, verschweigen die Akten. Das letzte Schriftstück über die Sparkasse von Kettwig stammt aus dem Jahre 1858. Damals beschäftigte sich der Rendant Dieckhoff von Werden mit der Abwicklung Kettwiger Sparguthaben. Warum er das tat, läßt sich nicht ermitteln. Es gibt auch keine weiteren Informationen über das spätere Schicksal des Instituts. Fest steht nur, daß es eingeschlafen ist. Wann, bleibt ungewiß.

Die Kettwiger Sparkasse zeigt übrigens in ihrer kurzen Geschichte eine Besonderheit, die unter der Gesamtheit der deutschen Sparkassen ungemein selten, wohl aber auch in Werden anzutreffen ist. Beide Sparkassen machten sich nämlich die Anlage ihrer flüssigen Mittel recht leicht.

Kredite für die Industrie

Viele andere Sparkassen standen in ihren Anfängen vor der Frage: Wohin mit dem Geld? Es war keineswegs leicht, allerorten Anlagemöglichkeiten zu finden, die dem Erfordernis maximaler Sicherheit entsprachen. Als sicher konnte ein Kredit zweifellos gelten, wenn nicht nur ein solider Schuldner dafür haftete, sondern wenn obendrein ein womöglich noch soliderer Bürge dafür geradestand. Solche Kredite waren den preußischen Sparkassen seit dem Reglement von 1838 erlaubt, aber sie wurden eigentlich nur selten praktiziert. Vielleicht, weil die ganze Prozedur doch einigermaßen mühsam war und wesentlich mehr Arbeit erforderte als etwa der Kauf festverzinslicher Staatspapiere.

Kettwig und Werden dagegen gingen andere Wege. Beide Sparkassen boten ihre liquiden Mittel den ortsansässigen Tuchfabrikanten als Kredite an. Die Unternehmer fanden die Idee offensichtlich gut, ließen aber durchblicken, daß sie der Sparkasse das Geld eigentlich nur gefälligkeitshalber abnahmen. In der Tat, die Werdener Tuchfabrik *Forstmann & Huffmann*, 1841 das größte Unternehmen im Bezirk der neugegründeten Essener Handelskammer, war als Kreditkunde eine »erste Adresse« und gewiß nicht auf die Sparkasse angewiesen.

Trotzdem machten beide Seiten ein gutes Geschäft. Die Sparkassen brauchten nicht lange nach vielen kleinen Kreditkunden zu suchen, und die Fabrikanten erschlossen sich eine Finanzierungsquelle am Ort. So kam es also, daß diese beiden Sparkassen seit ihren ersten Anfängen im 19. Jahrhundert voll in jenem Industriekreditgeschäft steckten, das sich die meisten anderen Sparkassen erst im 20. Jahrhundert, oft erst mehr als hundert Jahre später, erschließen konnten.

Die Sparkasse der Stadt Essen hingegen hielt es mit dem Üblichen. Als ihr

Aktivgeschäft um 1855 erstmals aktenmäßig dokumentiert wurde, besaß sie ein kleines Portefeuille von Staatspapieren – Aktien kamen natürlich für ein Institut nicht in Frage, dem die Sicherheit oberstes Gebot war. Die Hauptmasse ihrer Mittel aber steckte in Hypothekardarlehen.

Kein Wunder! Hypotheken waren gesucht in einer Stadt, deren Einwohnerzahl sich innerhalb eines Jahrzehnts verdoppelte und wo für manchen Bergmann der Traum vom Eigenheim im »Bergmannskotten« Wirklichkeit wurde.

7. Kapitel
Der Kohlenpott

Die deutsche Schwerindustrie hatte an Qualität 1851 plötzlich die englische erreicht, ja auf einigen Gebieten übertroffen. Ihre Hochburgen waren der Essener Raum und Dortmund. Die Ruhrstädte wuchsen. In den neun Jahren von 1852 bis 1861 verdoppelte sich Essens Einwohnerzahl (von 10550 auf 20800). Im heutigen Stadtgebiet von Essen wohnten 1861 schon 77000 Menschen.

Inzwischen hatte allerdings Dortmund Essen überholt: Die alte Reichsstadt, im Mittelalter viel größer, 1816 aber kleiner als Essen, wurde in den fünfziger Jahren ein Mittelpunkt der eisenschaffenden und eisenverarbeitenden Industrie sowie der Brauereien (heute wird ja in Dortmund, nicht in München, das meiste Bier in Deutschland erzeugt). 1858 waren die größten Städte des Reviers:

Dortmund mit 22 100 Einwohnern
Essen mit 17 200 Einwohnern
Mülheim (Kohlenhandel, Bergbau, Eisenindustrie) mit 12800 Einwohnern
Duisburg (Eisenhütten, Walzwerke, Maschinenbau) mit 12 700 Einwohnern
Bochum (Bergbau, Stahlindustrie) mit 8800 Einwohnern.

Essen und Bochum hatten gemeinsam, daß ihr Erwerbsleben sich fast ausschließlich auf den Bergbau und auf eine einzige Fabrik gründete: auf Krupp und auf den Bochumer Verein. In Werden lebten 1858 knapp 6000, in Steele 2900 Menschen. Gelsenkirchen war ein Dorf mit 1600 Einwohnern, Oberhausen eine Eisenbahnstation mit Häusern ringsumher.

Kurzum: Das Ruhrgebiet war zwar geboren, aber noch weit von jener geschlossenen Landschaft der Großstädte, Zechen, Hochöfen und Fabriken entfernt, die wir heute kennen und die es auch damals anderswo längst gab – in den großen britischen Industriegebieten um Birmingham, Manchester und Glasgow. In der Qualität war die Ruhr Weltspitze, in der Quantität brauchte sie dazu weitere Jahrzehnte. Das Wachstum ging zwar überwiegend auf Zuwanderung zurück, doch kamen die neuen Bewohner nach wie vor aus der Nähe, vor allem aus den Dörfern Westfalens und des Rheinlands, die ihren steigenden Geburtenüberschuß in den Städten abluden.

Bergleute im Eigenheim

Der Entschluß, sich im »Kohlenpott« anzusiedeln, wurde vielen Dorfbewohnern dadurch erleichtert, daß sie sich nicht völlig von der Landwirtschaft zu lösen brauchten. Das Siedlungshaus mit Gemüsegarten und einem Stall für Ziege oder Schwein, der sogenannte Bergmannskotten, war für die Bergleute typisch und ist es weithin noch. Diese Wohnform rührt historisch wohl davon her, daß der Bergbau zunächst als bäuerlicher Nebenerwerb betrieben wurde und später die Kumpels eben zum großen Teil zugewanderte Landarbeiter waren. Begünstigt wurde sie dadurch, daß die Zechen sich meist nicht an Städte oder alte Ortskerne anlehnten, sondern dort entstanden, wo die Kohle günstig lag und ausgedehnte Grubenfelder einen rentablen Abbau für viele Jahrzehnte versprachen, damit der Kapitalaufwand sich lohnte. Für die Bergleute bedeutete dies, daß sie sich in der Nähe der Zeche auf billigem Land niederlassen und sich durch ihre Landwirtschaft einen kleinen Nebenverdienst verschaffen konnten. Daraus wiederum folgte die merkwürdige Siedlungsstruktur des Ruhrgebiets: eine ungegliederte und riesige Flächen umfassende, aber lockere und überwiegend gerade nicht großstädtische Bebauung.

Schließlich bewirkte die Arbeit unter Tage, das harte Leben in Hitze, Schmutz und Finsternis beim Kumpel einen starken Drang nach einem Stückchen Landschaft, nach allem, was grünt und blüht und wächst. Der Vorstoß in die Tiefe hatte die Arbeit ja viel härter gemacht: Nicht mehr zehn oder zwanzig, sondern achtzig oder hundertfünfzig Meter unter der Erde mußte der Bergmann, oft kriechend oder liegend, die Kohle mit der Hacke lösen.

Auch in die Tiefbauschächte stiegen die Kumpels zunächst auf Leitern ab. Vereinzelt seit 1852, mit behördlicher Genehmigung ab 1858 wurden dann die Förderkörbe, die eine Dampfmaschine an einem Drahtseil in die Höhe zog, auch für den Menschentransport verwendet. Die Dampfmaschine außer zur Wasserhaltung für die Kohlenförderung einzusetzen, war schon Dinnendahl gelungen. 1835 brachte die Einführung des Drahtseils eine erhebliche Verstärkung der Förderleistungen.

Unter Tage war das einzige Transportmittel der Förderwagen oder Grubenhund, der von einem Kohlenschlepper zum Schacht und dort mitsamt der Kohle in den Förderkorb geschoben wurde. In den fünfziger Jahren ergab sich für das Pferd, das einst bei vielen Gruben den Göpel im Kreis herumgezogen hatte, eine neue Verwendungsmöglichkeit; Pferde wurden in Förderkörbe geladen und in die Tiefe gefahren, um dort auf den Hauptstrecken die Grubenhunde zu ziehen. Bei Schichtende wurden sie wieder ans Tageslicht geschafft. Später ging man dazu über, unter Tage Ställe zu bauen, so daß die Pferde in ewiger Nacht ein trauriges, noch heute manches Kinderherz rührendes Dasein fristeten (während die herzergreifenden Geschichten von geschundenen »Grubenhunden« Zeitungsenten waren).

Der Boden sinkt

Nicht nur ausländische Geldgeber begannen sich für die Ruhr zu interessieren – auch zwei ausländische Techniker gaben dem Bergbau großen Auftrieb. 1853 ließ der belgische Ingenieur *Chaudron* zum erstenmal einen Stoßbohrer von einer Dampfmaschine antreiben, wodurch die früher allein in Handarbeit vorgenommene Ausschachtung merklich beschleunigt wurde. 1855 führte der irische Ingenieur *William Thomas Mulvany,* der sich ein Jahr zuvor in Düsseldorf niedergelassen hatte, die in England schon gebräuchlichen Tübbings ein: große, aus gußeisernen Segmenten zusammengesetzte Ringe, die beim Schachtbau die billige, aber wasserdurchlässige Holzverkleidung ersetzten oder die langwierige Ausmauerung ersparten. Auch hier griffen Kohle und Eisen wieder ineinander: Beim Bergbau stieg der Eisenbedarf, in den Eisenhütten dadurch der Kohlenbedarf, und dank des Eisens konnte mehr Kohle gefördert werden. Im Oberbergamtsbezirk Dortmund, zu dem Essen gehörte, verdoppelte sich von 1850 bis 1855 die Jahresförderung.

Das rastlose Kratzen und Schürfen Zehntausender von menschlichen Ameisen tief unter der Erde – 1860 gab es im heutigen Essener Raum 8300 Bergleute, im ganzen Revier 29000 – begann auch *auf* der Erde die Landschaft zu verändern. Nicht nur auf dem Umweg über Zechenschornsteine, Fördertürme, Kohlenhalden und Bergmannskotten, sondern ganz direkt dadurch, daß die begehrte Kohle und das unerwünschte Wasser Tag um Tag, Jahr um Jahr aus der Tiefe geholt wurden und dort Hohlräume hinterließen, die langsam einbrachen. Oben, am Tageslicht, gab es plötzlich Risse in den Häusern, Spalten in der Erde, ja mit Grundwasser angefüllte Krater, in denen ein Pferdefuhrwerk versinken konnte.

Wo ein Flöz abgebaut war, schlug der Bergmann das Grubenholz heraus, soweit es noch zu retten war, und überließ den leeren Stollen sich selbst. Die Last der Gesteinsmassen drückte ihn bald ein, und etwa zwei Drittel der Bruchhöhe pflegten sich an der Oberfläche als Bodensenkung abzuzeichnen. Als die Zechen der Schäden und Schadenersatzforderungen nicht mehr Herr wurden, gingen sie dazu über, die durch die Kohlenförderung entstandenen Hohlräume in mühsamer Handarbeit mit den Steinen aufzufüllen, die beim Abteufen des Schachts hatten beseitigt werden müssen. Damit konnten die Bodensenkungen vermindert, aber keineswegs vermieden werden – ein Problem, für das es noch heute keine perfekte Lösung gibt.

Auch die Flächen, die er einbezog, wurden immer größer. Mit den Mergelzechen wanderte der Bergbau nach Norden, von der Ruhr zur Emscher und über die Emscher hinaus bis an die Lippe. Im Werdener Raum, der zu Beginn des 19. Jahrhunderts mehr Kohle als der Essener gefördert hatte, gab es 1862 nur noch vierzehn Zechen mit insgesamt 315 Bergleuten – also überwiegend kleine Gruben alten Stils. 1860 wurde in dem Dorf *Karnap* jenseits der Emscher (heute Essens nördlichstem Stadtteil) mit dem Bohren des ersten Schachts begonnen.

Kohlen aus dem Norden

Westlich von Karnap, in der heutigen Großstadt Bottrop, war der erste Schacht schon 1856 niedergebracht worden, und zwar von der im gleichen Jahr gegründeten *Arenbergschen Actiengesellschaft für Bergbau und Hüttenbetrieb,* deren Initiator Ernst Waldthausen war, der langjährige Präsident der Essener Handelskammer. (Die Gesellschaft fusionierte 1922 mit den Rheinischen Stahlwerken und wurde 1952 als Arenberg-Bergbau-GmbH wieder ausgegliedert.)

Die Wirtschaftskrise, die 1857 als Folge einer internationalen Finanzkrise

Die Zeche Sälzer und Neuack im Jahre 1858

Deutschland erfaßte, traf die im Fieber ihrer ersten Gründerjahre vorwärtseilende Ruhr besonders hart: der Kohlenabsatz stockte, es gab Feierschichten, Arbeitslose und Konkurse. Zu planlos und oft mit zu wenig Kapital hatten sich alte Gewerken und neue Unternehmer in den Kohlenrausch gestürzt. In den letzten drei Jahren waren 96 neue Zechen entstanden: 295 Zechen 1857 – eine Zahl, die trotz einer Vervielfachung der Förderleistung seither nie wieder erreicht worden ist.

So schlossen sich 1858 auf Betreiben des Essener Juristen *Friedrich Hammacher* neunundachtzig Bergbau-Gewerkschaften und -Gesellschaften mit einer Belegschaft von 16 000 Mann zum *Verein für die bergbaulichen Interessen im Oberbergamtsbezirk Dortmund* zusammen, der seinen Sitz jedoch nicht in Dortmund, sondern in Essen nahm – womit Essens Bedeutung als Bergbauzentrum anerkannt und noch erhöht wurde. Zu den Gründungsmitgliedern gehörten neben Hammacher (der später lange Zeit preußischer Landtagsabgeordneter und Reichstagsabgeordneter war) Ernst Waldthausen, der an der Ruhr reich gewordene Ire Mulvany und der zweiunddreißigjährige Friedrich Grillo, der schon zahlreiche Zechen besaß und im Begriff stand, zu einem der größten Ruhrindustriellen aufzusteigen.

Zweck des Bergbauvereins war es, die staatliche Aufsicht über den Bergbau zurückzudrängen, Preis und Absatz zum Vorteil aller Mitglieder zu regeln und schließlich das Monopol der privaten Eisenbahngesellschaften zu brechen, die in Streckenführung und Frachtsätzen den Interessen des Bergbaus gar nicht und denen der Allgemeinheit nur bedingt gerecht wurden. In unermüdlichen Verhandlungen erreichte Hammacher, daß auf bestimmten Eisenbahnstrecken der Einpfennigtarif eingeführt wurde: ein Pfennig für den Zentner Kohle pro deutsche Meile. Binnen vier Jahren versechsfachte sich der Kohlentransport.

Während die Kohlenförderung, von Rückschlägen wie dem von 1857 abgesehen, unablässig stieg, gingen die Eisenvorräte des Ruhrgebiets nach einem

Ein Bild aus der Frühzeit der Photographie: 1864 wird der Heckingturm, der letzte Turm der ehemaligen Stadtbefestigung, abgebrochen

Das alte Essen um 1890: Am Schwarzen Horn

14. Juli 1889. Essen feiert den großen Sohn der Stadt: Das Alfred-Krupp-Denkmal vor der Marktkirche wird enthüllt

Neun Jahre später wird auch des Kaisers gedacht: Grundsteinlegung für das Denkmal Kaiser Wilhelm I. auf dem Burgplatz am 26. August 1898

Zwei Marktansichten um die Jahrhundertwende: Oben der Kopstadtplatz mit dem Vergnügungsetablissement »Colosseum« (rechts), unten Werden Die Städtische Sparkasse Ecke II. Hagen/Trentelgasse (1902)

Das alte (dritte) Essener Rathaus. Eine Aufnahme aus dem Jahre 1898 (heute Markt I)

An der Limbecker Straße stand das Kaufhaus Althoff (1905), Vorgänger des Karstadt-Konzerns

Ein Hauch von Belle Époque: Fußgängerpassage in der Essener Innenstadt um die Jahrhundertwende

Ebenfalls um die Jahrhundertwende entstanden diese zwei Aufnahmen. Sie zeigen das Grillo-Theater, in jener Zeit das Opernhaus der Ruhrmetropole

Zu Beginn des 20. Jahrhunderts gab es in Essen und Umgebung viele solcher mittelständischen Betriebe wie diese Maschinenfabrik in Borbeck

Die Eröffnung des Rhein-Herne-Kanals im Jahre 1914 verbesserte die Verkehrslage enorm. Endlich war Essen, das Herz des Reviers, über den Rhein mit dem Meer verbunden

Während des Ersten Weltkriegs war es durchaus üblich, eigene Stärke zu zeigen, wann immer sich Gelegenheit dazu bot: Beutekanonen auf dem Burgplatz in Essen

Zwei Essener Oberbürgermeister, die die Politik der Weimarer Republik maßgeblich mitbestimmten: Dr. Hans Luther (links) und Dr. Franz Bracht

In der ersten Hälfte unseres Jahrhunderts prägten Zechen wie diese das Bild des größten zusammenhängenden Industriegebiets der Welt. Hier eine Aufnahme der Zeche Viktoria-Matthias (um 1920)

1929. Neben den Zechen waren es auch die Schmiedepressen (diese stand bei Krupp), die den Tagesablauf von Millionen bestimmten (Photo: Krupp)

Abbau-Höhepunkt im Jahre 1860 (227000 Tonnen) allmählich zur Neige. Dem Bedarf der rapiden Industrialisierung waren sie nicht mehr gewachsen. Dabei trat nun eine merkwürdige Verschiebung der Gewichte ein.

Die ältesten Eisenhütten an der Ruhr – voran die St.-Antoni-Hütte bei Sterkrade, gegründet 1757 – waren dort errichtet worden, wo Eisenerz gefunden wurde und Wasserkraft zur Verfügung stand. Als Brennstoff diente Holzkohle; daß das Ruhrland auch Steinkohle produzierte, war für die eisenschaffende Industrie zunächst ohne Interesse und für ihre Standortwahl gänzlich gleichgültig.

Als die Vorräte an Raseneisenstein (vgl. Seite 130) nicht mehr ausreichten, erhielt die Eisenindustrie dadurch neuen Auftrieb, daß in verschiedenen Zechen Kohleneisenstein gefunden wurde (auch Kohleeisen – so genannt, weil es in manche Kohlenflöze eingelagert ist). Neue große Hütten entstanden: 1852 der *Hörder Bergwerks- und Hüttenverein,* aus dem später die Dortmund-Hörder Hüttenunion hervorging, das größte eisenschaffende Werk in Deutschland; im gleichen Jahr errichtete die Firma *Phoenix* Eisenhütten in Borbeck und Kupferdreh. 1857 wurde in Essen die Firma *Schulz, Knaudt & Co.* gegründet, eine Eisenhütte mit einem Walzwerk, das sich auf Dampfkesselbleche spezialisierte. Aus Steele meldete die *Essener Zeitung* 1862: »Seit einigen Tagen leuchtet der riesige Hochofen von Neu-Schottland in das Dunkel, daß der bewölkte Himmel ein ziemliches Stück geröthet ist.«

Zwischen 1860 und 1900 ging der einheimische Erzbergbau nun auf Mengen zurück, die für die Ruhrwirtschaft praktisch ohne Interesse waren, so daß schließlich fast nur noch Eisenerz aus anderen – deutschen und ausländischen – Revieren verarbeitet wurde. Der einzige Grund, aus dem sich im Ruhrgebiet ursprünglich eine Eisenindustrie angesiedelt hatte, entfiel. Dennoch wuchsen in Bochum, Mülheim und Duisburg, bei den Dörfern Oberhausen und Gelsenkirchen neue Hochöfen zum Himmel. Zum Teil entstanden sie schon gar nicht mehr dort, wo es noch Eisen gab.

Warum nun wurde ein Revier mit versiegenden Erzvorräten trotzdem das Zentrum der Eisenproduktion? Weil seit der Einführung von Kokshochöfen im Jahre 1849 zu jeder Tonne Erz mehrere Tonnen Kohle gehörten, um das Eisen aus dem Erz zu schmelzen und es zu veredeln; weil es also viel billiger war, das Erz zur Kohle zu transportieren als umgekehrt.

Um eine Tonne Roheisen zu erzeugen, braucht man zwar im Durchschnitt zwei Tonnen Erz und nur eine Tonne Koks. Jedoch: Um eine Tonne Koks zu produzieren, sind etwa 1,3 Tonnen Kohle als Rohmaterial (und früher dazu die Kohle, die die Kokerei zur Erhitzung brauchte) erforderlich. Handelt es sich um hochwertige Eisenlegierungen wie Manganeisen oder Siliciumeisen, so werden pro Tonne Erz rund zweieinhalb Tonnen Koks, also entsprechend noch mehr Kohlen, verbraucht. Überdies beziehen sich diese Zahlen auf moderne Blashochöfen; in den frühen Hochöfen war der Koksverbrauch weit höher. Schließlich ist zum Umschmelzen von Eisen zu Stahl Kohle nötig, dazu für Walzwerke und Schmieden und seinerzeit besonders viel für die Dampfmaschinen, die bis zum Siegeszug des Elektromotors den Fabriken als alleinige Kraftquelle dienten.

Demgemäß waren auch der Verbrauch von Eisen und seine Absatzchancen nirgends so hoch wie im Kohlenrevier.

Kohlen für die Dampfmaschinen, Dampfmaschinen für Fabriken und Bergwerke, Eisenbahnen für den Kohlentransport, Kohlen für die Lokomotiven, Eisen und Stahl für Schienen und Maschinen, Kohlen, um Eisen und Stahl zu gewinnen, Eisen für die Kohlenschächte, mehr Kohlen dank Eisen und Maschinen, mehr Eisen und Maschinen dank vermehrter Kohlen – dies war das vielfältig verzahnte Getriebe, das das Ruhrgebiet vorwärtszerrte.

Der König der Eisenbahnen

Krupp zerrte kräftig mit. 1852 – die Gußstahlfabrik hatte 345 Arbeiter und erzeugte erstmals über eine Million Pfund Stahl – gelang ihm die größte Erfindung seines Lebens: der nahtlose Radkranz für die Eisenbahn. Die geschweißten Radreifen, die bis dahin üblich waren, erwiesen sich als Hemmnis für eine Erhöhung der Geschwindigkeit und führten zu Unfällen, wenn sie brachen. Nach langen Versuchen gelang es Krupp im Jahr nach der Londoner Weltausstellung, Radkränze ohne die gefährliche Schweißnaht aus einem Stück zu schmieden und zu walzen. Auf der Industrieausstellung zu München erregte er damit Aufsehen unter den Fachleuten aus aller Welt und verkaufte bald 30 000 Stück pro Jahr. Stahlachsen, Stahlfedern, Stahlkränze und ab 1854 ganze Radsätze für die Eisenbahn wurden sein wichtigster Produktionszweig; sie waren es, die seine Fabrik zum Weltunternehmen machten. Drei verschränkte Ringe als Symbol der Radreifen bestimmte Krupp 1875 zum Firmenzeichen. Bis 1914 lieferte er 2,75 Millionen Radkränze in alle Teile der Erde.

Auch die Dampfschiffahrt und Krupp profitierten voneinander. 1852 lieferte die Fabrik die ersten Achsen für Raddampfer auf dem Rhein und im Mittelmeer, bald darauf die erste Schraubenwelle, und zwar für die Luxusjacht des Vizekönigs von Ägypten. »Um Blöcke Gußstahl bis zu 500 000 Pfund Gewicht für schwerste Schiffswellen und sonstige Massenobjekte zu verschmieden«, errichtete Krupp 1861 Essens kleines Weltwunder, den Dampfhammer »Fritz«, den bei weitem größten der Erde. Er hatte ein Fallgewicht von tausend Zentnern und wurde mit dem Dampf von zwölf Kesseln gehoben. Die Hütten- und Fabrikbesitzer des Reviers schüttelten die Köpfe und fragten, ob Krupp nun endgültig verrückt oder größenwahnsinnig geworden sei.

»Selbst Meister und Arbeiter sahen mit ängstlicher Spannung dem Tage des Betriebsbeginns entgegen«, schreibt Diedrich Baedeker in seiner Krupp-Biographie von 1889. »Als dann zum ersten Mal der Hammer vor der erwartungsvoll gespannten Beamten- und Arbeiterschaar, in der der Fabrikherr den vordersten Platz einnahm, langsam in die Höhe stieg, um im nächsten Augenblick mit furchtbarer Vehemenz auf einen mächtigen Gußstahlblock niederzufallen, sprangen die zunächst stehenden Personen entsetzt zurück. Krupp war der Einzige, der ruhig seinen Platz behauptete und unverrückt die großartige Kraftäußerung beobachtete – er war vom Beginn der Verwirklichung des Projektes ab seines Erfolges so sicher gewesen, daß er sich jetzt seines Triumphes in vollem Maaße erfreute.«

Zu dem Riesenhammer gehörte ein Schornstein von zweiundsiebzig Metern

Höhe, mit einer gußeisernen Treppe an der Außenwand und einer Galerie sowie einer eisernen Laterne an der Spitze – jahrzehntelang höchstes Bauwerk und Wahrzeichen von Fabrik und Stadt.

Der Hammer »Fritz« erhielt seinen Namen nach dem siebenjährigen Sohn des Chefs, Friedrich Alfred Krupp. Denn 1853 hatte der Stahlkönig eine Entdeckung gemacht, die er mit einem seiner wenigen gewinnenden Wesenszüge, der gelegentlich durchschimmernden Selbstironie, in die Worte kleidete: »Wo ich glaubte, ein Stück Gußstahl sitzen zu haben, ist ein Herz.« Bei einem seiner seltenen Theaterbesuche in Köln lernte der einundvierzigjährige Hagestolz die zweiundzwanzigjährige Bertha Eichhoff kennen, die auffallend schöne Tochter eines pensionierten Kölner Zollbeamten. Zwei Monate später fand in Essen die Hochzeit statt, mit Fackelzügen, Böllerschüssen und Tanz in der neuen Montagehalle. Die anschließende Hochzeitsreise an den Rhein war für den Mann, der seit siebenundzwanzig Jahren in und mit der Fabrik lebte, der erste Urlaub seines Lebens. Noch im gleichen Jahr ermahnte Krupp seine Frau in einem Brief ohne Punkt und Komma: »Ärmel Chemisetten u. all der Tand der man in Toilette trägt läßt man gern auf Reisen weg so gut wie Gold u. Edelstein; man ist ganz u. einfach u. hat das Bewußtsein ein reines Hemd darunter zu tragen... Jetzt habe ich nichts weiter zu sagen als daß ich Dich eckelig entbehre und verlangend verbleibe Dein Alfred.«

Bertha und Fritz Krupp

Frau und Kind kränkelten, und schrecklich litten sie unter dem Lärm und dem Ruß, in dem sie leben mußten; zunächst in dem Wohnhaus, das 1844 zwischen Aufseherhäuschen und Schmelzbau entstanden war, dann, ab 1860, im sogenannten Gartenhaus, einem freundlichen Bau an einem Teich, jedoch ebenfalls auf dem Fabrikgelände. Wenn der große Hammer Fritz niedersauste, fing der kleine Fritz zu weinen an, im Gartenhaus zerbrach das Geschirr, und noch in Essen zitterten die Häuser. So wollte es Krupp. Er wünschte, »daß selbst die Antipoden aus dem Schlaf schrecken«, wenn sein Fritz zu donnern begann. Dort, wo Krupp ein Herz entdeckt zu haben glaubte, schien eben doch Kruppstahl zu sitzen.

Rücksichtslos trieb er Raubbau mit seiner Gesundheit, steckte er seine Gewinne wieder in die Fabrik, ja nahm er immer neue Kredite von zum Teil bedenklicher Höhe auf, um weitere Hallen und Gießereien, Walzwerke und Hammerwerke zu bauen, auch mit den größten Aufträgen noch unzufrieden und nach größeren spähend, ein lärmender Motor von nie erlahmender Kraft, ein Besessener des Stahls.

Die Wirtschaftskrise von 1857 ließ ihn fast ungeschoren – nur daß er drei stille Teilhaber mit einer Einlage von zusammen 240 000 Talern aufnahm: die Brüder Ernst und Julius Waldthausen sowie den Bankier Niemann aus Steele. 1858 beschäftigte Krupp 1063 Arbeiter (mehr als sechs Prozent der Essener Einwohnerschaft, mit Angehörigen ein Viertel der Stadtbewohner). 1859 bedeckte das Fabrikgelände 18,5 Hektar (fast halb soviel, wie Essens Mauern einschlossen). 1862 stieg die Belegschaft auf 2543 Köpfe an.

Das erste Tausend »Kruppianer«

179

Es gab auch Rückschläge und Ärgernisse: vor allem den ständigen Zwist mit dem tüchtigen Schwaben Jacob Mayer, der 1851 den Stahlformguß erfand und dessen Firma sich 1854 in *Bochumer Verein* umbenannte. In seiner Gedenkrede zur Hundertfünfzig-Jahr-Feier der Firma Krupp im Jahre 1961 erzählte der Schwabe Theodor Heuss nicht ohne Genugtuung die alte Geschichte: »Mayer machte mit einem Freund ein Fabrikle auf und zeigte auf der Pariser Weltausstellung 1855, eine Sensation neben Krupp, Glocken aus Stahl. Alfred Krupp ließ sich zu einer Erklärung hinreißen: das sei Schwindel. Mayer bestand darauf, daß eine der Glocken zertrümmert wurde – Alfred Krupp war vor dem Schiedsrichter der Blamierte.«

Doch es war nicht so, als ob Krupp in Paris nichts zu bieten gehabt hätte: Er zeigte einen Gußstahlblock von hundert Zentnern (mehr als doppelt so schwer wie der vier Jahre zuvor in London) und eine Kanone, deren Rohr zwei Zentner weniger wog als das französische aus Bronze. Er erhielt das Kreuz der Ehrenlegion und von Frankreichs größter Bank das Angebot auf einen Kredit von 30 Millionen Goldfranc – falls er mit seiner Gußstahlfabrik nach Frankreich übersiedle. Er blieb in Essen. Die große Medaille für Waffen ging nach Solingen. Krupps Kanonen wollte niemand haben.

1857 endlich kam der erste Auftrag für Geschütze: der Vizekönig von Ägypten bestellte in Essen zwölf Kanonen aus Gußstahl. Ähnlich kleine Bestellungen aus der Schweiz, Österreich, Frankreich und Rußland folgten. 1858 schrieb Krupp an seinen Gönner Alexander von Humboldt:

»Über die hiesige Tätigkeit will ich mir noch eine kurze Mitteilung erlauben. Dieselbe umfaßt vorzugsweise die Fabrikation von Achsen und Rädern für Eisenbahnen und Dampfschiffe. Neben diesen Werkzeugen für den Verkehr des Friedens werden auch die des Krieges, Geschütze, bedacht. Eine größtmögliche Unverwüstbarkeit ist die Aufgabe; bei Ersteren zum Vortheile der Sicherheit von Gut und Menschenleben, bei Letzteren zur Erhöhung der Zerstörungsfähigkeit. Erstere nimmt den bedeutenderen Rang ein und muß uns ernähren. Letztere cultivire ich für das Interesse des Fortschrittes mit großen Opfern, und sie wird erst dann für mich einen Werth erlangen, wenn ich in Zeit der Not dem Vaterlande damit dienen kann. Auf solche Gelegenheit zum Beweise, was eine vaterländische Industrie vermag und auf den Stolz verzichte ich jedoch gern für den Segen des Friedens.«

Gleichzeitig beschwerte sich Krupp bei dem preußischen Gelehrten über die »unveränderte Beharrlichkeit«, mit der die preußischen Staatsbahnen sich auf minimale Aufträge an ihn beschränkten. »Die Mittel zur Ernährung und Beschäftigung meiner Leute mußte ich zum größten Theile im Auslande bei den natürlichen Gegnern meiner Industrie suchen.« Doch wurde Krupp 1858 immerhin zum königlich-preußischen Kommerzienrat ernannt.

Kanonen für Preußen

Im Mai 1859 – achtundvierzig Jahre nach Gründung der Firma, zwölf Jahre nach Übersendung der ersten Gußstahlkanone nach Berlin – ordnete Prinzregent Wilhelm von Preußen (der spätere Kaiser Wilhelm I.) schließlich an, daß bei Krupp in Essen dreihundert stählerne Kanonenrohre zu bestellen seien. Der

Bann war gebrochen. Die Handelskammer Essen bestätigte Krupp in ihrem Bericht von 1859: »Nichts spricht mehr für die gute Leistung und für den Ruf der Fabrik, als daß die Arbeiten in Zeiten, wo die Industrie im allgemeinen leidet, nicht beschränkt, sondern regelmäßig fortgeführt werden könne.«

In einer *Topographisch-statistischen Beschreibung und Verwaltungsübersicht des Kreises Essen* vom Jahre 1858 wurde der Firma Fried. Krupp bescheinigt, daß sie »ein Etablissement von europäischer Bedeutung« sei. Über die Stadt selbst heißt es darin, sie sei »während eines zehn- bis fünfzehnjährigen Zeitabschnitts hinsichtlich der Bevölkerung, des Wohlstandes und der industriellen Tätigkeit zu einer früher nie geahnten Bedeutung gelangt«. Eine Eisenbahn freilich hatte Essen nicht.

1858 baute Krupp einen privaten Schienenweg, der seine Fabrik an die Strecke Duisburg–Altenessen–Dortmund anschloß und nun endlich vom Überlandtransport durch Pferdewagen unabhängig machte. Auch sieben Kohlenzechen im Essener Raum legten zwischen 1847 und 1861 eigene Anschlußbahnen an. 1858 wurde – jüngste Errungenschaft der Technik im Herzen des aufstrebenden Industriereviers – die *Essener Pferdebahn-AG* gegründet, die einige Zechen mit dem Kohlenumschlagplatz Mülheim und mit der Ruhr verband. 1860 gab es in Deutschland zwölftausend Kilometer Eisenbahn – Essen, Zentrum der Schwerindustrie mit 18 400 Einwohnern, wurde noch immer von keiner öffentlichen Strecke berührt.

Um den 1847 errichteten Bahnhof beim Schloß *Oberhausen* herum hatte sich inzwischen eine Siedlung gebildet, die mit Teilen angrenzender Gemeinden durch eine Kabinettsorder König Wilhelms I. von Preußen am 1. Februar 1862 zur »Bürgermeisterei Oberhausen« (6000 Einwohner) verschmolzen wurde. Ein halb zufällig gewählter Bahnhof, die Eisenhütte *Zur Guten Hoffnung*, ein Zinkwalzwerk und etliche Zechen schufen sich ihre Stadt. Zum erstenmal wurden im Ruhrgebiet Gemeindegrenzen nach den Erfordernissen von Kohle, Eisen und Eisenbahn gezogen. Bisher hatte sich die Industrie in oder bei den Städten gebildet; nun entstanden neue Städte aus der Industrie heraus. (1874 erhielt Oberhausen Stadtrecht, 1915 wurde es Großstadt, 1929 ging die alte Industriestadt Sterkrade, Sitz der St.-Antoni-Hütte, in Oberhausen auf. Heute ist Oberhausen mit rund 220 000 Einwohnern die sechstgrößte Stadt des Reviers.)

Einen Monat nach der Gründung Oberhausens, am 1. März 1862, war es schließlich soweit, daß Essen, die Stadt, die mit Kohle und Stahl die Eisenbahn seit langem vorantrieb wie kaum eine andere in Deutschland, an das Eisenbahnnetz angeschlossen wurde: Die *Bergisch-Märkische Eisenbahngesellschaft* eröffnete ihre Strecke mitten durch das Ruhrgebiet, von Duisburg über Mülheim, Essen, Steele und Bochum nach Dortmund. Die Stadt Essen, die sich mit dreihunderttausend Talern an den Baukosten beteiligt hatte, besaß nun – neben der »Station Essen«, die außerhalb der Stadt in Altenessen lag – einen »Hauptbahnhof«, der aus einem ebenerdigen, unansehnlichen Holzbau bestand. Werden mußte noch weitere zehn Jahre warten, bis es durch die Strecke Düsseldorf–Kupferdreh Eisenbahnverbindung erhielt, und gar erst 1877 wurden die alten Schwe-

Eisenbahn für Essen

sterstädte Essen und Werden durch einen direkten Schienenweg verbunden, in einer großen Schleife an den steilen Ruhrhängen empor, so daß die Lokomotiven heftig schnaufen mußten.

Still ruht die Ruhr

Die Ruhrschiffahrt war der Konkurrenz der neuen Eisenbahnlinien nicht mehr gewachsen. 1860 hatte sie mit einem Güterumschlag von 870 000 Tonnen ihren Höhepunkt erreicht, und die Ruhr wetteiferte mit dem Rhein darin, Deutschlands verkehrsreichster Fluß zu sein.

Aber die an den Ruhrhängen zutage tretenden Kohlenflöze waren allmählich erschöpft, weit größere Zechen im Norden entstanden; der Wasserweg war unzulänglich, meist ein Drittel des Jahres wegen zu niedrigen Wasserstands unpassierbar, und wegen der vielen Schleusen war die Fahrt von Witten nach Ruhrort ein Unternehmen von etwa elf Tagen. Als nun 1862 die neue Eisenbahn Mülheim–Essen–Bochum eröffnet wurde, ging der Schiffsverkehr rasch zurück. Mit der Inbetriebnahme der Ruhrtalbahn von Kupferdreh über Werden und Kettwig nach Düsseldorf (1872) wurde er bedeutungslos, und 1889 fuhr der letzte Kohlenkahn den berühmten und oft verkannten Fluß hinab. Bald schlossen die letzten alten Zechen. Als der Begriff »Ruhrgebiet« populär wurde, war er eigentlich schon falsch.

Das Ruhrtal verwandelte sich allmählich in jene grüne, idyllische Landschaft zurück, als die es noch 1826 von Fürst Pückler gelobt worden war und die es im Essener Raum heute wieder ist, zum Staunen der Fremden.

Ein Bergmann mit 644 Talern

Geschichte »von oben« zu schreiben, ist verhältnismäßig einfach. Die hervorragenden Persönlichkeiten, Unternehmer wie Alfred Krupp zum Beispiel, haben in den Archiven dicke Aktenbündel hinterlassen, Quellenmassen, die es verhältnismäßig leichtmachen, ihren Lebensweg nachzuzeichnen. Zuweilen sogar Tag für Tag.

Ganz anders steht es dagegen mit der Masse der Bevölkerung, mit jenen Millionen, die niemals besonders hervorgetreten sind. So wie Johann Heinrich Montag.

Er lebte Ende der fünfziger Jahre in Essen, war Bergmann und wohnte in der Kapuzinergasse 668. Das steht in dem »Adreß- und Geschäftshandbuch für die Stadt Essen«, jedermann konnte es dort nachlesen. Was aber vielleicht nur ganz wenige über Johann Heinrich Montag wußten, findet sich heute noch im Kontobuch der Städtischen Sparkasse Essen für die Jahre 1857 bis 1863: Am Jahresende 1859 besaß er ein Sparguthaben von 644 Talern.

644 Taler! Das war 1859 für einen Bergmann eine Menge Geld. Um diese Zeit nämlich betrug der durchschnittliche Nettojahreslohn im Ruhrbergbau rund 160 Taler. Vielleicht hatte Johann Heinrich Montag sein stolzes Sparguthaben nur glücklichen Zufällen zu verdanken, vielleicht war er aber auch ganz besonders fleißig und sparsam.

Er war allerdings kein Einzelfall. Der Tagelöhner Daniel Wolter hatte es sogar auf ein Sparguthaben von 700 Talern gebracht. Solche Beträge bildeten nichtsdestoweniger Ausnahmen. Der Polizeidiener Heinrich Renner mit seinen

Ersparnissen von 250 Talern gehörte dem Mittelfeld an, der Postillion Johann Barheyer blieb mit 150 Talern darunter, der Buchdrucker Hermann Flaskamp hingegen näherte sich mit seinen 418 Talern wiederum höheren Rängen. Die Magd Mina Graf besaß ein Sparbuch über 86 Taler. Pastor Peter Beisings Guthaben belief sich nur auf 75 Taler.

Natürlich fehlte es auch nicht an kleinen Guthaben. Der Schneider Pottgießer zum Beispiel hatte nur 26 Taler auf der hohen Kante, und der Oberlehrer Buddeberg konnte sogar nur ganze 3 Taler und 16 Silbergroschen von seinem mageren Gehalt erübrigen.

Solche Kleinbeträge aber waren nur selten im Kontobuch der Essener Sparkasse verzeichnet. Betrug doch das Durchschnittsguthaben am Ende des Jahres 1859 volle 234 Taler, also 54 Taler mehr als der durchschnittliche Jahreslohn eines Bergmanns. Wollte man, trotz erheblicher Bedenken, diese Zahlen auf die Gegenwart übertragen, so ergäbe sich ein Durchschnitt von etwa 50000 DM.

Die Sparguthaben der Essener Sparkasse stammten etwa zur Hälfte von Arbeitnehmern und zu einem Viertel von Selbständigen aus Handwerk und Gewerbe. Unter den übrigen Kontoinhabern spielten Minderjährige die Hauptrolle; viele Eltern legten also etwas für die Zukunft ihrer Kinder zurück.

Jedenfalls steht außer Zweifel, daß Lohnempfänger und kleine Gewerbetreibende in ganz erheblichem Ausmaß über Geldvermögen verfügten. Es war ihnen also gelungen, in ansehnlichem Ausmaß an dem Aufschwung teilzuhaben, der seit dem Beginn der 1850er Jahre nicht nur in Essen, sondern in der gesamten deutschen Industrie stattfand. Damals, so scheint es, vollzog sich der endgültige Übergang Deutschlands von der traditionellen zur industriebestimmten Wirtschaft, und Essen bildete eines der Gravitationszentren dieses Wachstums von neuer Qualität.

Man verdiente damals nicht schlecht an der Ruhr, ja, die Verdienste waren sogar ausgesprochen gut, wenn man sie mit den Gegenden verglich, aus denen damals die meisten Zuwanderer kamen. Sie stammten nämlich größtenteils aus den agrarischen Räumen des nördlichen Westfalens, in denen die sich altüberkommene Leinwandherstellung in hausindustrieller Form der industriellen Baumwollkonkurrenz nicht mehr erwehren konnte. Entbehrung und Hunger gehörten zum Alltag in diesen Gegenden. Wer aber in das neue schwerindustrielle Wachstumszentrum des »Ruhrgebiets« abwanderte, konnte auf einen höheren Lebensstandard hoffen.

Bei Krupp zum Beispiel betrug der Tagesverdienst im Durchschnitt der Jahre 1845/49 0,46 Taler, 1855/59 dagegen erreichte er 0,64 Taler, 19 Silbergroschen. Löhne, die bis dahin über lange Zeiträume gleichgeblieben waren, stiegen nun innerhalb eines Jahrzehnts um 40 Prozent.

Und die Preise? Eine schwierige Frage! Den größten Ausgabeposten einer Arbeiterfamilie bildete damals der Nahrungsaufwand. Die Preise der Nahrungsmittel aber unterlagen großen Schwankungen, je nach Ernteausfall. Das Jahr 1846 zum Beispiel war ausgesprochen schlecht. Regen verdarb das Getreide, und die Kartoffeln, damals oft noch Hauptnahrungsmittel, waren von

Hungern, weil es regnete

Fäulnis befallen. Von Herbst 1846 ab bis zur neuen Ernte des Sommers 1847 stiegen die Preise für Roggen und für Kartoffeln ungefähr auf das Doppelte guter Jahre. Auch um die Mitte der fünfziger Jahre trieben Mißernten wieder die Lebensmittelpreise in die Höhe. Das zwölfpfündige Roggenbrot kostete 1850 in Essen 8 bis 9 Silbergroschen, 1855 dagegen stieg sein Preis ungefähr auf das Doppelte, gegen Ende der fünfziger Jahre lag der Preis dagegen wieder bei 8 bis 10 Silbergroschen. Auch die Fleischpreise schwankten erheblich, wenn auch nicht ganz in demselben Ausmaß wie die Preise der Grundnahrungsmittel.

So kommt es also, daß der Wohlstand einer Arbeiterfamilie in sehr starkem Ausmaß durch die Schwankungen der Lebensmittelpreise bestimmt war und von einem Jahr auf das andere erhebliche Abweichungen zeigen konnte. Immerhin aber darf angenommen werden, daß die Preise der Grundnahrungsmittel vom Ende der vierziger bis zum Ende der fünfziger Jahre nur um rund 20 Prozent gestiegen sind, so daß also der 40prozentige Lohnanstieg keineswegs gänzlich aufgezehrt wurde. Es scheint allerdings, daß die Arbeiterhaushalte sich auch mehr leisteten als früher. Fleisch gab es nun mehrmals in der Woche. In den vierziger Jahren hatte man dergleichen noch nicht gekannt. Alte Arbeiter erinnerten sich um 1900 an die Speisezettel ihrer Jugendjahre:

Rindfleisch statt Speckstreifen

»Rindfleisch gab es in der Regel nur sonntags. In der Woche wurden einige Speckstreifen angeröstet, und mit dem ausgebratenen Fett das Gemüse gefettet. Die Speckstreifen mußten das Fleisch ersetzen.« Der Speck stammte damals übrigens nicht selten aus eigener Schlachtung. Zu der Zeit war es noch üblich, daß auch wenig Bemittelte alle Jahre ein Schwein mästeten oder kauften.

Im Kaufkraftvergleich der Löhne dürfen neben den Lebensmittelpreisen auch die Mieten nicht übersehen werden. Dabei bestehen deutliche Unterschiede zwischen Bergleuten und Fabrikarbeitern. Da sich die Zechen am Rande der Städte oder gar auf dem platten Land befanden, konnten sich die Bergleute ohne sonderliche Mühe in ihrer Nähe ansiedeln. Wenn die Fabrikarbeiter es ihnen gleichtun und in der Nähe ihrer Arbeitsstätte wohnen wollten, waren sie dagegen in viel größerem Ausmaß auf die Städte angewiesen. So ergab sich die rasche Steigerung der Einwohnerzahl Essens, die zwangsläufig auf die Mieten durchschlug.

Um 1840 kostete die übliche Zweizimmerwohnung eines Arbeiterhaushalts eine Jahresmiete von 15 bis 20 Talern. Im folgenden Jahrzehnt mußte sie jedoch schon mit 30 bis 40 Talern bezahlt werden. Dieser Mietanstieg verband sich übrigens mit weitreichenden städtebaulichen Konsequenzen. Zählte man um 1840 noch 7,5 Bewohner auf ein Haus, so ergab sich für die Zeit um 1860 eine Dichte von 12,7 Bewohnern. Die »Mietskaserne« war im Entstehen. Wenn die Arbeiterfamilien ein wenig besser essen wollten und obendrein mehr Miete zu zahlen hatten, dann blieb für Vergnügungen nicht viel übrig. Die Freizeit gestaltete sich denn auch anspruchslos:

Und vielleicht ein Glas Bier

»In den fünfziger Jahren waren die Leute nach Beendigung der Schicht zu müde. Sie blieben des Abends zu Hause und legten sich ziemlich früh zu Bett. Die meisten hatten aber auch ein kleines Gärtchen oder ein Stückchen Land, das durch die Frauen bebaut wurde. Dahin gingen sie des Abends von Zeit zu Zeit und sahen sich die Früchte an. Sonntags wurde dann ein Spaziergang unternommen und vielleicht in einem der damals viel besuchten Sommerlokale ein Glas Bier getrunken. In einem dieser Lokale wurden auch jährlich das landwirtschaftliche Fest und das Bohnenfest gefeiert; beide Feste zogen viele Besucher an sich. Dem alten Essener Gesangverein ›Allgemeine Liedertafel‹ gehörten viele Kruppsche Angehörige an...«

Selbst die gesteigerten Löhne ließen aber kaum etwas zum Sparen übrig, wenn sie den einzigen Unterhalt einer Familie darstellten. Wer Ersparnisse zusammenbringen wollte, vielleicht gar einige hundert Taler, der brauchte ein zusätzliches Einkommen: zumindest die Erträge des Gartens oder zusätzliches Lohneinkommen, das Frau oder Kinder nach Hause brachten. So war es etwa bei Krupp schon in der Frühzeit des Unternehmens nicht selten, daß neben dem Vater auch die Söhne in der Firma arbeiteten. Freilich gab es um diese Zeit auch schon hochbezahlte Meister, »Arbeiteraristokraten«, die um die Mitte der fünfziger Jahre jährlich ihre 300 Taler nach Hause brachten und alleine genug verdienten, um sparen zu können.

Wie auch immer! In Essen, in Werden und später in Steele wurde jedenfalls fleißig gespart. In den sechziger Jahren besaß schon fast jeder zweite Essener Haushalt ein Sparkassenbuch.

Im allgemeinen fanden sich die Sparer jedoch nicht gerade häufig an den ohnehin anfangs recht seltenen Öffnungstagen in der Sparkasse ein. Einzahlungen machten sie nur ein- oder zweimal im Jahr. Dann aber brachten sie zumeist größere Beträge, selten weniger als zehn Taler, also einen Betrag, der fast einem Monatslohn entsprach.

Zinsen wurden gutgeschrieben. Bei größeren Guthaben kam so im Lauf der Zeit schon ein ansehnlicher Betrag zusammen. So konnte beispielsweise der Bergmann Johann Hänsch von 1856 bis 1861 auf seinem Konto fast 20 Taler Zinsen verbucht sehen und erreichte damit ein Gesamtguthaben von 121 Talern und 19 Silbergroschen.

Was mit den Ersparnissen geschah, muß zwangsläufig ungewiß bleiben. Allenfalls bietet sich die Möglichkeit zu begründeten Mutmaßungen. *In Zeiten der Not*

Theodor Lindemann aus Stoppenberg, einer der wenigen Auswärtigen unter den Sparern und ohne Berufsangabe, besaß am Jahresende 1859 ein Sparguthaben von 326 Talern. Im Februar 1860 begann er Monat für Monat kleine Beträge abzuheben, höchstens 15 Taler und mindestens 5 Taler. Das ging so dahin bis zum September 1860. Die Vermutung ist nicht von der Hand zu weisen, daß hier ein Sparkonto als Krisenzubuße genutzt wurde. Vielleicht war Lindemann in dieser Zeit krank, vielleicht arbeitslos...

Ganz anders hielt es der Bergmann Johann Heinrich Montag, von dem mit seinem stolzen Sparguthaben bereits ausführlich die Rede war. Er hat seine 644 Taler am 12. Mai 1860 restlos abgehoben. Auch der Tagelöhner Daniel *Ein Häuschen mit Garten*

Wolter verfuhr so am 12. Dezember 1863 mit seinen 700 Talern. Solche Beträge brauchte man nicht auf einmal, um Erwerbslosigkeit oder Krankheit zu überbrücken. Hinter derartigen Abhebungen muß etwas anderes stecken. Vielleicht brauchten die beiden ihr Geld, weil sie ihr Sparziel erreicht hatten, weil das Guthaben für den Kauf von Haus und Grund ausreichte?

Das könnte in der Tat zutreffen, denn für 650 bis 700 Taler war schon ein Häuschen zu bekommen und auch noch ein Stück Land dazu. Genaue Aufschlüsse über die Essener Grundstückspreise in den fünfziger Jahren bietet das »Protokollbuch« der Sparkasse, in dem die Ausleihungen festgehalten wurden. Bei der Entscheidung über ein Hypothekendarlehen hatten die Herren vom Sparkassenvorstand regelmäßig zu prüfen, ob das Pfandobjekt die nötige Sicherheit bot. Grundstücke beliehen sie bis zu zwei Dritteln, Wohnhäuser bis zur Hälfte des Schätzwertes, und weil sie ihre Aufgabe sehr gewissenhaft erfüllten, ist das »Protokollbuch« eine ungemein aussagefähige Quelle über den Essener Grundstücksmarkt dieser Zeit.

Was dort zu lesen ist, läßt keinen Zweifel daran, daß die Sparguthaben von Johann Heinrich Montag oder Daniel Wolter für das Eigenheim ausreichten. Da findet sich etwa die Angabe, daß ein Grundstück von einem Morgen (rd. 2550 Quadratmeter) für 250 Taler zu haben war. Für ein, offensichtlich bescheidenes, Häuschen wurde ein Schätzwert von 400 Talern protokolliert. Alles zusammen 650 Taler. Daniel Wolter hätte den Betrag bar, in klingender Silbermünze, hinzählen können. Es wäre ihm sogar noch ein Rest übriggeblieben.

Rechenexempel Allerdings, das bleibt einzuräumen, ein Anwesen für 650 Taler war doch recht bescheiden, das Haus muß entweder klein oder in schlechtem Zustand gewesen sein. Für das von der Sparkasse zu beleihende Anwesen des Bergmanns Jacob sah die Wertberechnung folgendermaßen aus:

Haus	900 Taler
Grundstück (3600 Quadratmeter)	384 Taler
Gesamtwert	1284 Taler

Für die Finanzierung eines solchen Grundstücks hätte die Essener Sparkasse damals, Mitte der fünfziger Jahre des 19. Jahrhunderts, folgende Rechnung aufgemacht:

Beleihungsgrenzen	
– Haus (50%)	450 Taler
– Grundstück (66,7%)	256 Taler
Gesamtdarlehen	706 Taler
Eigenkapital	578 Taler

Darauf hätten sich Daniel Wolter oder Johann Heinrich Montag einlassen können. Bei einem Zinssatz von 5 Prozent berechnete sich die jährliche Zinsbelastung auf 35,30 Taler, also etwa auf die Jahresmiete für eine Zweizimmerwohnung. Was sich aus den 3600 Quadratmeter Garten herausholen ließ, war dann ein willkommenes Extra, etwa für die spätere Darlehenstilgung. Regelmäßige Rückzahlungen brauchten nicht in die Berechnung einzugehen, denn die waren nicht üblich. Entweder tilgte man die Hypothek auf einmal oder auch gar nicht. Der Sparkasse war es recht. Sie sah nur auf die pünktliche Zinszahlung.

8. Kapitel
Goldrausch

»Das, was die Grundlage der Arbeit, der Geschäfte und des Wohlstandes der hiesigen Gegend bildet: der Bergbau und die Eisenindustrie, hat unvermeidlich große Unzuträglichkeiten für die Bevölkerung im Gefolge«, sagte Friedrich Hammacher, der Vorsitzende des Bergbauvereins, am 23. Juni 1864 bei der Grundsteinlegung zu Essens Städtischem Garten. »Unsere Stadt und ihre Umgebung hat den landschaftlichen Charakter, den sie noch vor fünfundzwanzig Jahren trug, abgestreift. Überall ragen die Kamine hervor, verursachen die massenhaften Transporte von Kohlen, Eisenstein und Baumaterial einen dem Wohlbefinden oft unerträglichen Staub und Schmutz. In der Umgebung der Stadt zeigen sich nur noch vereinzelt kleinere Partien von Schatten bietenden Bäumen.«

An der Ruhr war der Goldrausch ausgebrochen. Die Einwohnerzahl Essens stieg in zehn Jahren um 150 Prozent: Von 21 000 im Jahr 1861 auf 52 000 im Jahr 1871. Von dem Zuwachs um 31 000 Menschen entfielen 25 000 auf Zuwanderer. Essen, 1858 kleiner als Dortmund, hatte die alte Reichs- und Hansestadt (1871: 44 000 Einwohner) wieder überholt. Die nächstgrößeren Gemeinden des Reviers waren Duisburg, Bochum, Hamm und die Bürgermeisterei Borbeck westlich von Essen, zu der das Kruppgelände in Altendorf gehörte. Essen, Borbeck, Steele, Altenessen, Werden (6700 Einwohner) und die anderen Ortschaften, die heute die Metropole Essen bilden, waren zusammengenommen bereits eine Großstadt mit 138 000 Menschen.

Die Zuwanderer – von denen zwischen 1865 und 1871 die Hessen den größten Anteil stellten, vor Rheinländern, Westfalen und Sachsen – waren zu einem so großen Teil ledige Männer, daß 1864 in Essen auf hundert Männer bloß sechsundachtzig Frauen, 1871 sogar nur achtundsiebzig Frauen kamen. (Noch 1910 lautete das Verhältnis hundert zu dreiundneunzig, und erst der Erste Weltkrieg stellte den Ausgleich der Geschlechter her.) Die damals noch völlige Abhängigkeit Essens von der Schwerindustrie bedeutete, daß es für Frauen fast keine Arbeitsplätze gab. Das begann sich in den siebziger Jahren zu bessern, in dem Maße, wie die neue Menschenballung rund um Altfrids Münster neben der Bauindustrie auch eine Fülle von Versorgungsbetrieben, Lebensmittel- und Bekleidungsfirmen ins Leben rief.

Die Stadt wuchs in die Breite, häßliche Arbeitersiedlungen bildeten sich vor den Toren. »Man muß in die engen, schmutzigen, von Dünsten aller Art geschwängerten Gassen sich bemühen, um Einblick in die sozialen Verhältnisse unserer arbeitenden Bevölkerung zu gewinnen«, berichtete ein Mitarbeiter der deutschen Volkszählung von 1871. Dennoch schalt Alfred Krupp – mit seinen achtundfünfzig Jahren schon ein weißbärtiger Patriarch – 1870 die Essener: »Geld wird wie Dreck angesehen, und die Verschwendungssucht breitet sich wie eine Krankheit aus.« Beides paßte zusammen: Armut und locker sitzende Taler, Baracken und Kneipen – eine Art Wildwest-Atmosphäre, ein Klein-Amerika an der Ruhr.

Krupp selbst allerdings nahm seine Arbeiter weiter in seine ebenso wohltätige wie strenge Obhut und bewahrte die Mehrheit aller Zuwanderer nach Essen damit vor Not, unwürdigen Lebensverhältnissen und asozialen Anwandlungen. Seine Belegschaft wuchs von 1063 im Jahr 1858 binnen dreizehn Jahren auf mehr als das Achtfache, nämlich 8920 Köpfe, an. Damit waren 17,3 Prozent der Bewohner Essens seine Arbeiter und Angestellten – die Angehörigen eingerechnet, war Alfred Krupp also der Brotherr von mehr als der Hälfte der Einwohnerschaft!

Kolonien für Kruppianer

	Essens Einwohner	davon Krupps Belegschaft	Prozent
1830	5450	8	0,15
1843	7100	99	1,4
1852	10500	345	3,3
1858	17200	1063	6,2
1864	31000	6750	21,8
1871	51500	8920	17,3
1875	55000	9997	18,2

Seine 1836 gegründete freiwillige Betriebskrankenkasse hatte Krupp 1853 in eine Kranken- und Sterbekasse mit Beitrittspflicht umgewandelt, wobei er die Zuschüsse der Firma auf die Hälfte der Mitgliedsbeiträge erhöhte. 1855 führte er dazu eine obligatorische Pensionskasse ein. In den Statuten der Krankenkasse hieß es: »Wer sich durch Leichtsinn, Streitigkeiten oder ausschweifenden Lebenswandel Verwundungen, körperliche Gebrechen oder Krankheiten zugezogen hat, verliert nicht allein jeden Anspruch auf Krankengeld, sondern kann noch in eine Strafe bis zu 5 Thalern zum Besten der Kasse genommen werden. Erheuchelung einer Krankheit wird bis zu 10 Thalern zum Besten der Kasse bestraft.«

1856 ließ Krupp in der Nähe der Fabrik zwei »Menagen-Unterkünfte«, also Wohnheime für ledige Arbeiter, bauen, die 1858 eine eigene Bäckerei erhielten. Aus dieser entwickelte sich 1868 die »Konsumanstalt Fried. Krupp«. 1860 entstanden die ersten Werkswohnungen für ganze Familien – eng und durch die Fabriknähe in lauter und rußiger Lage, aber gemessen an englischen Zuständen doch vorbildlich und im übrigen kaum schlechter gelegen als das »Gartenhaus«, das der Fabrikherr als angemessene Unterkunft für sich selbst betrachtete. 1863 wurde mit der Arbeiterkolonie Westend (160 Wohnungen) die erste der vielen geschlossenen Krupp-Siedlungen errichtet. »Niemand macht sich eine Vorstellung von der Not, die eintreten wird, und von den Vorteilen, die wir haben werden gegenüber anderen, wenn wir unseren Leuten ein sicheres Obdach geben«, schrieb Krupp 1865. »Wer weiß denn, ob dann über Jahr und Tag, wenn eine allgemeine Revolte durch das Land gehen wird, wir nicht die einzigen Verschonten sein werden, wenn wir zeitig noch alles in Gang bringen.« Mit der Fabrik ging es steil bergauf.

Bismarck in Krupps Gartenhaus

Krupp 1862: Zweite Londoner Weltausstellung. Die *Times* schreibt: »Wir wünschen Krupp Glück zu der überragenden Stellung, die er in der Welt als Erzeuger der größten und fehlerlosesten Massen von Gußstahl einnimmt.« Bismarcks Hausjournalist Lothar Bucher berichtet aus London: »In Stahl schlagen wir die ganze Welt.« Belgien bestellt 312 Kanonen. Die über hundert Meter lange Halle des neuen Plattenwalzwerks wird mit einem Fest eingeweiht, wobei Krupp seine 2460 Arbeiter mit ihren Frauen bei Musik und Tanz bewirtet.

Krupp 1864: 6750 Arbeiter. 71 neue Dampfmaschinen und das große Schienenwalzwerk werden in Betrieb genommen. Es walzt Eisenbahnschienen aus Bessemer-Stahl, die bald bis nach Amerika geliefert werden. Der englische Ingenieur Henry Bessemer hat 1855 durch ein neues Verfahren die Möglichkeit zur billigen Massenerzeugung von Flußstahl geschaffen. Der Herstellungsprozeß wird dadurch von 24 Stunden auf 20 Minuten verkürzt. Krupp erkennt sofort die Gefahr, daß er mit seinem weit kostspieligeren Tiegelstahlgußverfahren aus dem Rennen geworfen werden könnte, erwirbt 1857 durch seinen Londoner Vertreter von Bessemer die deutschen Rechte und beginnt 1862 im geheimen mit dem Bau einer Bessemer-Anlage.

Die Schienen werden sein größtes Geschäft. Mit der Massenproduktion stählerner Achsen, Räder, Federn, Dampfkesselbleche und Schienen wird Krupp der König der Eisenbahnen. Er geht dazu über, seinen Rohstoffbedarf aus eigenen Gruben zu decken: Die Firma pachtet die Kohlenzeche *Graf Beust* und erwirbt Eisenerzfelder im Lahngebiet.

Der Deutsch-Dänische Krieg im Frühjahr 1864 hat die Überlegenheit der Kruppschen Gußstahlrohre über die Bronzekanonen erstmals auf dem Schlachtfeld erwiesen. Preußen bestellt auf einen Schlag 388, Rußland 224 Geschütze. Weitere 205 Kanonen gehen in die Länder Ägypten, Argentinien, Baden, Bayern, England, Hamburg, Holland, Italien, Schleswig-Holstein, Schweden und die Türkei. Krupp wird der König der Kanonen.

Am 28. Oktober 1864 macht Graf Otto von Bismarck, seit zwei Jahren Ministerpräsident von Preußen, auf der Rückreise von einem Urlaub in Biarritz und nach einem Besuch bei Kaiser Napoleon III. in Paris Deutschlands berühmtestem Industriellen seine Aufwartung. Die beiden vielbewunderten und viel angefeindeten Hartschädel finden Gefallen aneinander. Dem Kruppschen Reitstall zollt Bismarck hohes Lob.

Vier Tage nach diesem prominenten Besuch siedelt Krupp vom »Gartenhaus« zwischen Schmelzbau und Hammer »Fritz« in ein Landhaus auf dem »Hügel« über, auf den bewaldeten Höhen über der Ruhr. Nachdem er vierzig Jahre seines Lebens in der Fabrik gewohnt hat, gönnt er sich und seiner Familie ein ruhiges Quartier. Sein Arbeitszimmer wird in den prächtigen Marstall hineingebaut, weil er Pferdegeruch am Schreibtisch wünscht.

Krupp 1865: 9100 Arbeiter. Überdachte Fabrikfläche: 13,4 Hektar. Fünf Dampfhämmer, 160 Dampfmaschinen. Privateisenbahnen zur Zeche *Graf Beust* und zur 1862 eröffneten Strecke Duisburg–Essen. Europa deckt sich mit Kruppschen Gußstahlkanonen ein: Preußen bestellt 527, England 114, Österreich – ein Jahr später Preußens Kriegsgegner – 24 Stück. Weitere Aufträge kommen aus Schweden, Baden, Württemberg und Bayern.

Kanonen nach England und Österreich

Für eine halbe Million Taler kauft Krupp vom preußischen Staat mit Bismarcks Fürsprache die Sayner Eisenhütte (nördlich von Koblenz), wobei er den ebenfalls interessierten Bochumer Verein um hunderttausend Taler überbietet; dazu die Mülhofer Hütte und weitere Kohlengruben. Damit hat er endlich hochwertiges Eisen aus eigener Produktion. Diese Erwerbungen und dazu die neuen Hämmer, Pressen, Gießereien, Walzwerke und Kanonenwerkstätten verschlingen mehr Geld, als selbst Krupp besitzt. Der preußische Staat gewährt seinem inzwischen wertvollsten Fabrikanten einen Kredit von vier Millionen Goldmark, eine französische Bank vier Millionen Goldfranken zum Zinssatz von zehn Prozent. Noch immer stürmt der Dreiundfünfzigjährige unermüdlich voran. Er erlebt den letzten Höhepunkt seiner Schaffenskraft und steht im Zenit des Erfolges.

1865 besuchen ihn: am 17. April Kronprinz Friedrich Wilhelm von Preußen; am 22. April Kronprinzessin Isabella von Brasilien; am 16. Oktober König Wilhelm I. von Preußen (der sich schon 1861 vom damals ganz neuen Hammer »Fritz« etwas hatte vordonnern lassen); am 20. Oktober wieder der preußische Kronprinz; am 21. Oktober dessen Mutter, Königin Augusta; am 7. November Prinz Alexander von Preußen. Der Stahlkönig hält hof. Essen, obwohl mit 35000 Einwohnern noch weit von Deutschlands neun Großstädten entfernt, ist einer seiner berühmtesten Orte geworden.

Krupp 1866: Umsatz 20 Millionen Goldmark. 6,5 Millionen davon entfallen auf Rüstungsmaterial. 1562 Kanonen werden bestellt, die meisten von Preußen und Rußland. Der preußische Kriegsminister Graf Roon schreibt im März, Geschützlieferungen an Bayern sähe Preußen gegenwärtig lieber unterlassen. Krupp antwortet: »Von den politischen Verhältnissen weiß ich sehr wenig; ich arbeite ruhig fort, und kann ich das nicht ohne Störung der Harmonie zwischen Vaterlandsliebe und Ehrenhaftigkeit, so gebe ich die Arbeit ganz auf, so verkaufe ich meine Fabrik und bin ein reicher unabhängiger Mann.«

Nizzas steinerner Gast

Der unabhängige Mann, der diese Sprache führt, muß im Mai bei Bismarck um zwei Millionen Taler betteln, als Vorschuß auf die preußischen Kanonenaufträge. Er erhält sie nicht. Seine Empörung geht in Verzweiflung über, als der preußische Sieg bei Königgrätz sich als eine Niederlage von Krupp erweist. Den Sieg erringt die preußische Infanterie. In der Artillerie sind die Österreicher mit ihren gezogenen Bronzerohren überlegen. Das Durcheinander in der preußischen Ausrüstung – teils neue Kruppgeschütze, teils alte Kanonen mit glattem Lauf –, die ungenügende Ausbildung und Erfahrung der Offiziere mit der modernen Waffe und die Wahl falscher Geschosse machen die Kruppkanonen für die preußische Armee zu einem Handikap. Und das schlimmste: einige Rohre sind zersprungen. Krupp weist zwar sofort darauf hin, daß die Schuld daran die nicht von ihm gelieferten Verschlußplatten trügen, aber sein Nimbus hat Schaden genommen.

Als auch noch die Cholera nach Essen übergreift, flieht Krupp, dem körperlichen und seelischen Zusammenbruch nahe, mit Frau, Kind und Leibarzt nach Vevey am Genfer See und schließlich nach Nizza, wo er viele Wochen im Bett verbringt. Der Arzt berichtet: »Er war eine sonderbare, überall auffallende Erscheinung, von ungewöhnlicher Körperlänge, dabei von auffallender Magerkeit; seine Züge, einst von großer Regelmäßigkeit und Schönheit, waren früh gealtert, das Gesicht matt, bleich, voller Runzeln, der Kopf mit einem schwachen Rest grauer Haare, die durch eine Perücke ergänzt wurden, bedeckt. Selten belebte ein Lächeln diese Züge, gewöhnlich waren sie steinern ohne jede Regung; daß das Gesicht auch der Sitz einer freundlich lächelnden Heiterkeit sein konnte, habe ich später häufig genug erfahren... Sein Entwicklungsgang hatte das Selbstbewußtsein in ihm bis zu einem Maße gesteigert, daß sein Wesen zuweilen an Größenwahn streifte. Er war gewöhnt, wie ein Fürst aufzutreten, konnte aber daneben kleinliche Züge verraten. Alles in allem aber überwog die Großartigkeit seines Wesens in einem Maße, daß jeder, der ihn kennenlernte, von einer gewissen Ehrfurcht gegen die festgefügte Persönlichkeit erfüllt wurde.«

Die Kurgäste nennen den vierundfünfzigjährigen Greis, den stets mit Millionen verschuldeten Multimillionär, den von Ehrgeiz und Mißtrauen geplagten Menschenfeind knapp den »steinernen Gast«.

»...über allen anderen der Erde« Krupp 1867: Für die zweite Pariser Weltausstellung hat sich der Kranke neue Superlative ausgedacht. Er zeigt wieder einmal den größten Gußstahlblock aller Zeiten und dazu die größte Kanone – »ein Ungeheuer, wie es die Welt noch nicht sah«. Für den Transport hat die Fabrik einen achtachsigen Eisenbahnwagen konstruieren müssen. Der Stahlblock wiegt 800 Zentner, fast zwanzigmal soviel wie der, der ihm sechzehn Jahre zuvor in London zu Weltruhm verholfen hat. Die Kanone ist in mehr als einjähriger Arbeit hergestellt worden, ihr Rohr allein wiegt, bei einem Kaliber von 35 Zentimetern, 50 Tonnen, die Stahllafette weitere 40 Tonnen. Krupp kommt aus Nizza nach Paris, trifft dort König Wilhelm I. von Preußen und macht ihm die Kanone – Herstellungspreis: 150 000 Taler – zum Geschenk.

Die Pariser Zeitschrift *Etendard* (»Standarte«) schreibt über Krupp: »Was uns am meisten auffällt, ist weniger die Herstellung des Geschützes für Festungen oder Schiffe als vielmehr die Summe der technischen Mittel, die Größe und die Kraft der Maschinen, die dazu erforderlich sind. Unter diesem Gesichtspunkt betrachtet, steht das Etablissement des Monsieur Krupp über allen anderen der Erde... Dabei ist zu bedenken, daß die Essener Fabrik nicht etwa das Werk und das Eigentum einer mächtigen Finanzgesellschaft, sondern daß sie durch das Genie und die Kraft eines einzigen Mannes geschaffen worden ist.« Selbst England müsse »die ungeheuren Maschinenteile seiner mächtigen Dampfschiffe« von Krupp beziehen.

Krupp 1868: Ob auch die schweren Geschütze Krupps (stählerne Hinterlader) den englischen (eiserne Vorderlader) überlegen sind, das soll ein Vergleichsschießen in Berlin-Tegel erweisen. Es geht um 41 Kanonen für die preußische Kriegsflotte. Der erste Versuch im März verläuft für Krupp schlecht: Die achtzöllige Panzerwand wird nicht durchschlagen. Der König von Preußen, sämtliche Prinzen, Bismarck und Moltke sind Zeugen. Krupps Experten verweisen darauf, daß das preußische Pulver für die schweren Geschosse zu schwach sei. *Wettschießen in Berlin*

Im Juni ist die Kanonenfabrik des englischen Ingenieurs Sir William George Armstrong an der Reihe. Krupp eilt nach Berlin und bittet den König darum, für seine Geschütze russisches Pulver verwenden zu dürfen. Es wird ihm verwehrt. Armstrong, der englisches Pulver benutzen darf, siegt. Da Krupps Kanone 30000 Taler und Armstrongs offenbar bessere nur 12000 kostet, scheint der Kanonenkönig entthront zu sein. Doch er gibt nicht auf. »Ruhelos wie der ewige Jude« und zäh wie nur Krupp reist er von Berlin nach Petersburg und veranlaßt einen in Fachkreisen berühmten General der russischen Artillerie, nach Berlin zu berichten, welche hervorragenden Ergebnisse die schweren Kruppgeschütze mit russischem Pulver erzielt haben. Einen russischen Auftrag auf weitere 62 Kanonen bringt Krupp – nachdem er mißmutig, aber entschlossen rauschende Feste für russische Artillerieoffiziere veranstaltet hat – mit heim. Die preußische Regierung bewilligt ein neues Vergleichsschießen. Es findet in Anwesenheit Krupps und des Kriegsministers von Roon am 7. Juli 1868 statt. Mit Essener Stahl und russischem Pulver wird Armstrong klar geschlagen, ja deklassiert. Krupp ist doch noch der alte. Er kauft eines der größten Bergwerke des Ruhrgebiets, die Zeche *Hannover* bei Bochum.

Krupp 1869: 6318 Arbeiter, 480 Schmelzöfen. Wie das Bessemer-Verfahren, so führt Krupp auch das neue Siemens-Martin-Verfahren zur Stahlgewinnung als erster in Deutschland ein. Noch immer steht er an der Spitze des technischen Fortschritts. Die neuen Stahlschmelzöfen bieten vor allem den Vorteil, daß sie Flußstahl aus einem Gemisch von Roheisen und Stahlschrott herstellen können. *Der Erfinder der Flak*

Krupp 1870: Die Firma erwirbt die Bendorfer Eisenhütte bei Koblenz und erzeugt 65000 Tonnen Stahlprodukte. Als im Juli der Deutsch-Französische Krieg vor der Tür steht, bietet Krupp dem preußischen Kriegsminister von Roon an, dem Staat Gußstahlkanonen im Wert von einer Million Talern zum Geschenk zu machen. Roon lehnt dankend ab. Krupp weist seine Mitarbeiter an, das Äußerste zu tun, um das Werk zur sofortigen Lieferung von Kanonen in großen Mengen bereitzuhalten.

In der Schlacht von Sedan zeigen die Kruppgeschütze, auf die die preußische Armee inzwischen umgerüstet ist, ihre Überlegenheit über die französischen Bronzekanonen. Sedan ist eine Artillerieschlacht, und neben Moltke heißt der Sieger Krupp. Die Scharte von Königgrätz ist ausgewetzt. Als Bismarck gegen den Willen Moltkes die Beschießung des belagerten Paris durchsetzt, erbietet sich Krupp in einem Brief an Roon, die größte Kanone aller Zeiten zu bauen, einen Sechsundfünfzig-Zentimeter-Mörser für tausendpfündige Granaten, und sechs Stück davon umgehend zu liefern. Roon lehnt dankend ab.

Als aus dem belagerten Paris immer wieder Warmluftballons aufsteigen, teils mit Nachrichten an die noch in der Provinz kämpfenden französischen Truppen, teils mit Menschen (Léon Gambetta, der Führer des Widerstands, verläßt die Hauptstadt auf diese Weise), da konstruiert Krupp ohne Auftrag sogleich eine leichte Kanone, deren Lauf sich senkrecht stellen läßt, und macht sie direkt der preußischen Belagerungsarmee zum Geschenk. Die Flak ist erfunden, die Ballons steigen nur noch nachts auf.

Kanonen nach China

Krupp 1871: Kaum ist der Krieg vorüber, versucht Alfred Krupp der preußischen Regierung klarzumachen, daß sie nun erst recht die neuesten und besten Kanonen brauche, um französische Revanchegelüste im Keim zu ersticken. Sein neues Acht-Zentimeter-Feldgeschütz sei da genau das Richtige. Daraus entspinnen sich langwierige Verhandlungen, die an Krupps Gesundheit zehren, weil er mit seiner störrischen Ungeduld nicht sogleich zum Ziel kommt. Im September sucht er Erholung im englischen Seebad Torquay.

Im übrigen fehlt es nicht an Erfolgen: Österreich beginnt seine Schiffsartillerie auf Kruppkanonen umzustellen, die Türkei bestellt 178 Geschütze, der Kaiser von China 300. Kaiser Pedro II. von Brasilien besichtigt das Werksgelände, auf dem jetzt 8920 Männer tätig sind. Krupp erwirbt die Hermannshütte bei Neuwied am Rhein. Die Gußstahlfabrik ist das größte Unternehmen des Kontinents.

Wettbewerb nun auch im Bergbau

Essen, dieses kleine südöstliche Anhängsel der Kruppschen Fabrikanlagen, hatte Mühe, mit dem stürmischen Vorwärtsdrang des Stahlkönigs im besonderen und der Industrie im allgemeinen Schritt zu halten. Nach fast tausendjähriger Stiftsverfassung hatten die sechzig Jahre seit der Säkularisation genügt, um es in eine rapide wachsende, schwer atmende Goldgräberstadt mit Hunderten rauchender Schlote zu verwandeln.

Unter Bürgermeister *Ernst Heinrich Lindemann* (Amtszeit 1859 bis 1868) wurden ein Stadtbauamt errichtet, der Kopstadtplatz angelegt, viele Straßen verbreitert und mit Gehsteigen versehen. Ein Bebauungsplan für die Stadterweiterung sah rings um die Altstadt ein System sich meist rechtwinklig kreuzender Straßen auf vier Quadratkilometern Fläche vor. 1865 wurde das erste Wasserwerk in Betrieb genommen, das zunächst freilich nur ein Fünftel der Häuser versorgte. Die städtische Beamtenschaft wuchs von fünf auf zwölf Köpfe an. Im Stadtrat dominierten, wie einst die Kaufherren, so jetzt die Pioniere von Kohle und Stahl: Friedrich Grillo, Friedrich Hammacher, Gustav Adolf Waldthausen.

Mit der Politik des preußischen Ministerpräsidenten Bismarck waren sie so unzufrieden, daß der Stadtrat unter dem Druck des drohenden Krieges gegen Österreich am 27. Mai 1866 einstimmig ein Manifest verabschiedete, in dem der König gebeten wurde, Bismarck zu entlassen. Ehe jedoch der Eiserne Kanzler die Feindschaft Essens zu spüren bekam, führte die rasche Kriegsentscheidung von Königgrätz auch an der Ruhr zu einem Sinneswandel.

Bei den Zechenbesitzern hatte sich die preußische Regierung schon 1865 beliebt gemacht: durch den Erlaß des »Allgemeinen Berggesetzes für die preußischen Staaten«, das der staatlichen Reglementierung des Bergbaus ein Ende machte. Der Staat beschränkte sich auf die Bergpolizei; dagegen verzichtete er darauf, Kohlenpreis und Fördermenge festzusetzen. Die technische, wirtschaftliche und personelle Leitung der Zeche wurde dem Grubenvorstand übertragen, die Bergleute, bis dahin vom Staat eingestellt und entlassen, erhielten freie Arbeitsverträge. Das machte sie zu Industriearbeitern – mit höheren Verdienstchancen und größerem Risiko. 1863 hatte Preußen der Essener Handelskammer als erster Kammer in Deutschland das Recht verliehen, Bergwerks- und Hüttengesellschaften aufzunehmen. Durch die Gruben blies die scharfe Luft des Wettbewerbs, der Bergbau nahm einen mächtigen Aufschwung. 1860 wurden im heutigen Essener Stadtgebiet 1,47 Millionen Tonnen Kohle gefördert, 1870 schon 3,39 Millionen. Die Zahl der Bergleute stieg von 8300 auf 13300, während die Anzahl der Zechen von 65 auf 43 zurückging.

Keiner wußte aus der neuen Freiheit soviel zu machen wie *Friedrich Grillo* (1825 bis 1888), Sohn eines Essener Eisenhändlers und Sproß einer aus Italien zugewanderten Familie. Schon in jungen Jahren mehrfacher Zechenbesitzer, verwandelte er zwischen 1866 und 1874 das Dorf *Schalke* nordöstlich von Essen in eine Industriestadt, in der Zechen, Eisenhütten, Blechwalzwerke, chemische Fabriken, Gas- und Wasserwerke, eine Kesselfabrik, eine Seilfabrik sowie eine Glas- und Spiegelmanufaktur entstanden – lauter Firmen, die teils Grillos Namen trugen, teils von ihm gegründet oder mitbegründet wurden. Schalke ging 1903 in Gelsenkirchen auf, wo noch heute ein Denkmal Grillos steht.

Grillo baut Schalke

Während Krupp zäh an seiner Fabrik hing, die er Stück um Stück größer und mächtiger zu machen suchte und um keinen Preis veräußert hätte, war Grillo nicht so sehr Fabrikherr als vielmehr der große Kapitalist und Spekulant, der kaufte und verkaufte, bot und unterbot und die Umwelt sogar durch plötzliche Transaktionen zu überraschen liebte. Wie keiner vor ihm wußte er auf dem Klavier der liberalisierten Wirtschaft zu spielen. Aus dieser neuen Wirtschaftsgesinnung heraus entstand 1865 die Essener Industriebörse (die ihre staatliche Anerkennung allerdings erst 1880 erhielt).

Neue Stahlfabriken wuchsen auf den Kohlenfeldern: Die *Rheinischen Stahlwerke,* deren Sitz heute Essen ist, wurden 1870 von deutschen, französischen und belgischen Geldgebern in Paris unter dem Namen *Société anonyme des Aciéries Rhénanes à Meiderich* gegründet. In Meiderich (seit 1905 einem Teil von Duisburg) errichtete die Firma Stahlgießerei, Walzwerke und Hammerwerk. 1872 wurde auch der Firmensitz nach Meiderich verlegt. In Dortmund entstand 1871 die Stammfirma des Hoesch-Konzerns, das Eisen- und Stahlwerk *Hoesch,* in Mülheim die Keimzelle des Thyssen-Konzerns, das Band- und Stabeisenwalzwerk *Thyssen & Co.*

Der Sieg über Frankreich und die Gründung des Bismarck-Reichs hatten Deutschland zur Vormacht des Kontinents erhoben. Der Nachzügler der industriellen Revolution hatte Frankreich und Belgien überholt und war neben England und den Vereinigten Staaten eines der drei großen Industrieländer der Erde geworden. Das Produktionszentrum des neuen Kaiserreichs war das aus tausend Schloten qualmende Ruhrgebiet. Der Goldrausch verstärkte sich noch – und führte bald zu einem bösen Kater.

9. Kapitel
Katzenjammer

Zum Goldrausch gehört der Zustrom der Berauschten, die in der Fremde ihr Glück machen wollen. Er war schon in den sechziger Jahren lebhaft (25 000 Zuzüge nach Essen zwischen 1861 und 1871, mehr als die Stadt 1861 Einwohner gehabt hatte), verstärkte sich aber noch in den letzten Jahrzehnten des 19. Jahrhunderts und nahm dabei zwei Eigentümlichkeiten an: Die Zuwanderer kamen nicht mehr vorwiegend aus Westdeutschland, sondern aus dem östlichen, teilweise polnischsprachigen Preußen, und die Umsiedlung wurde planmäßig durch Werber gefördert, die von den Ruhrunternehmern ausgesandt waren.

Die Polnischen kommen

Zum erstenmal erschienen solche Werber 1869 im Kohlenrevier des Waldenburger Berglands in Schlesien, um von einem dort ausgebrochenen Streik zu profitieren. Sie brachten rund tausend Bergleute nebst Familien mit. Da die Möglichkeiten, Bergleute abzuwerben, jedoch begrenzt waren, wandten sich die Werber von 1871 an vor allem in die ländlichen Gebiete der Provinzen Posen und Ostpreußen. Sie konnten freie Fahrt für die Ledigen und freien Umzug für die Verheirateten versprechen, dazu ein Handgeld bis zu fünfzig Mark, verbilligte Winterkartoffeln und sofort beziehbare Wohnungen, meist mit lauter Räumen unter zehn Quadratmetern, aber mit Keller, Gemüsegarten und Ziegen- oder Schweinestall (der Ferkelmarkt in Altenessen galt als der größte Deutschlands). Hauseigentümer waren in den siebziger Jahren noch ein Viertel der Bergleute, in den neunziger Jahren nur zehn Prozent.

Manche Zechen warben sogar mit der Güte der Luft: »In rheinländischer Gegend, umgeben von Feldern, Wiesen und Wäldern, den Vorbedingungen guter Luft, liegt, ganz wie ein masurisches Dorf, abseits vom großen Getriebe des westfälischen Industriegebiets, eine reizende, ganz neu erbaute Kolonie der Zeche *Viktoria* bei Rauxel ...«

Im Sonntagsanzug kamen sie dann an, die Landarbeiter, Kleinbauern und nachgeborenen Bauernsöhne, die sich ein weniger kärgliches Leben erhofften als bisher oder wegen der raschen Bevölkerungsvermehrung in der Heimat keinen Erwerb mehr fanden. Mit Bündeln und Pappkartons trafen sie ein, nach zweitägiger Reise als Selbstverpfleger in Waggons vierter Klasse. In Gelsenkirchen, dem großen Umschlagplatz der ostdeutschen Zuwanderer (1875 zur Stadt erhoben), wurden sie von vorausgefahrenen Freunden oder Angehörigen begrüßt, von Beauftragten der Zechen erwartet, von Abwerbern mit Goldstücken angelockt, mit Gesang in die Unterkunft geführt. Und dann lernten sie, was es hieß, Hunderte von Metern unter der Erde halbnackt auf dem Bauch zu liegen, heißen Kohlenstaub zu atmen und das Gold des frühen Industriezeitalters loszuhacken, die Kohle. Aber sie waren viel reicher als einst in Masuren. Pro Arbeitstag verdienten sie 1872 im Durchschnitt 3,31 Mark (1926: 9,00 Reichsmark, 1963: 37,83 Deutsche Mark).

Die genaue Zahl der Einwanderer aus dem Osten ist nie ermittelt worden. Man schätzt, daß zwischen 1865 und 1925 allein aus Ostpreußen rund dreihunderttausend Menschen ins Ruhrgebiet gezogen sind. Da ihre Kinderzahl zumindest in der ersten Generation viel höher lag als die der Einheimischen, ist ihr Bevölkerungsanteil sogar noch größer. Bei einer Umfrage unter Schulkindern, die 1935 in Gelsenkirchen veranstaltet wurde, zeigte sich: nur zwei Prozent von ihnen waren in Ostdeutschland geboren, aber bei einunddreißig Prozent stammten die Großeltern und bei ebenso vielen die Urgroßeltern aus dem östlichen Preußen, was die Zuwanderung zwischen 1870 und 1900 erkennen läßt (der Höhepunkt fiel in die Jahre 1898 bis 1901).

Da unter den Einwanderern die Ostpreußen und unter diesen die Masuren den größten Anteil stellten und in Masuren weniger deutsch als eine Abart des Polnischen gesprochen wurde, machte sich im Ruhrgebiet ein starkes polnisches Element breit, unterstützt auch durch Zuwanderer aus dem russischen Polen. Jeder Fußballfreund weiß, daß die Ruhrkumpels gern und gut Fußball spielen, so daß manche deutsche Nationalmannschaft noch nach dem Zweiten Weltkrieg mit ihren Juskowiak und Szymaniak die ostdeutsche Völkerwanderung vom letzten Drittel des 19. Jahrhunderts widerspiegelte. Und das, obwohl zwischen 1880 und 1935 im Ruhrgebiet dreißigtausend Anträge auf Eindeutschung polnischer Namen genehmigt wurden und davon mit Familien und Nachkommen eine Viertelmillion Menschen betroffen war. 1906 gaben nur 58 Prozent der Ruhrbergleute Deutsch als ihre Muttersprache an.

Hiesige und Fremde

Die Zuwanderung verteilte sich keineswegs gleichmäßig auf das Revier. Die älteste Kohlenabbauzone an der Ruhr selbst, also am Südrand des Industriegebiets (Werden – Steele – Witten – Wetter), war von ihr überhaupt nicht betroffen; dort wurde der allmählich absterbende Bergbau von Einheimischen mit Grundbesitz auf kleinen Zechen betrieben.

In der nördlich anschließenden Zone der größten Städte des Ruhrgebiets am alten Hellweg (Duisburg, Mülheim, Essen, Bochum, Dortmund), gekennzeichnet durch größere Zechen und Eisenindustrie, überwog die Zuwanderung aus Westdeutschland.

Das Emschertal wieder nördlich davon, die jungen und teilweise künstlichen Stadtgebilde Oberhausen, Gelsenkirchen, Wanne-Eickel, Herne, Castrop-Rauxel, seit den sechziger Jahren des vorigen Jahrhunderts die klassische Bergbauzone mit Tausenden von Bergleuten auf jeder Zeche – sie waren es vor allem, die den großen Menschenstrom aus dem Osten aufnahmen.

In den nördlichsten Stadtstreifen schließlich, zwischen Emscher und Lippe (Bottrop, Gladbeck, Recklinghausen), drängten neben den ostdeutschen Zuwanderern auch viele Ausländer, vor allem Holländer und Polen (zwischen 1880 und 1935 beantragten im Ruhrgebiet 21000 Bürger anderer Staaten die deutsche Staatsangehörigkeit). Die Entwicklung dieses Streifens begann erst in den siebziger Jahren, und zwar in dem Maße, wie der Bergbau noch weiter nach Norden vorstieß und später die neue Industrie der Kohlechemie aufblühte, die aus den Abfallprodukten der Verkokung, vor allem dem Teer, Farben, Arzneien und Kunststoffe produziert.

Die Einheimischen unterschieden nun drei Bevölkerungsgruppen: die »Alteingesessenen«, die »Hiesigen« und die »Fremden«. Als »Hiesige« wurden dabei die Zuwanderer aus der näheren Umgebung, also aus Westfalen und dem Rheinland, aber auch aus dem übrigen Westdeutschland betrachtet, als »Fremde« die Ostdeutschen, gleichgültig, ob sie Deutsch oder Polnisch als Muttersprache hatten. Das war zwar ein Werturteil, bedeutete jedoch nicht, daß die Zuwanderer aus dem Osten als unerwünscht oder gar lästig angesehen worden wären.

Die konfessionelle Mischung des Ruhrlands seit der Reformation, die Toleranz zwischen den Konfessionen, die sich zu Beginn des 19. Jahrhunderts herausgebildet hatte, die bedeutende Rolle, die Ausländer wie Mulvany an der Ruhr spielten, die starke Zuwanderung aus weniger fernen Gebieten, die es schon seit den fünfziger Jahren gab – dies alles bewirkte, daß im Kohlenpott nicht die den Westfalen nachgesagte Regel galt, der Auswärtige müsse erst einen Sack Salz mit ihnen gegessen haben, bis sie ihn als Menschen akzeptierten. Zum ersten besoldeten Beigeordneten der Stadt Essen wurde 1873 der gebürtige Ostpreuße Karl König ernannt, dessen Tüchtigkeit und Popularität sich in seinem Spitznamen »König Karl« ausdrückte.

Der damaligen Stadt Essen stellte sich das menschliche und soziale Problem der ostdeutschen Zuwanderer in geringerem Maße: einmal, weil bei Krupp die Westdeutschen eindeutig bevorzugt wurden, zum anderen, weil die heutigen nördlichen Stadtteile Essens im Emschertal – Karnap, Altenessen, Katernberg – damals noch nicht zu Essen gehörten. (In Karnap wurde zeitweilig polnisch gepredigt.)

Im *Landkreis* Essen waren die Zustände demgemäß schlimmer; in seinem amtlichen Bericht von 1883 schreibt der Landrat über die »Verhältnisse der arbeitenden Klasse«: »Üppigkeit mit Roheit gepaart nahmen überhand, die Unreife der gewerbsmäßigen Bildung führte die Arbeiter zur Überschätzung ihrer Fähigkeiten, zum Nichtbeachten der alten bewährten Arbeitsregeln und zur Geringschätzung ihrer Vorgesetzten. Der Überschuß, der vor allem den Unverheirateten nach Bestreitung des Lebensunterhaltes blieb, führte zu unglaublicher Völlerei und Verwilderung der Sitten, so daß vielfach eine Vermehrung der Polizei notwendig wurde. Streitigkeiten mit blitzenden Waffen zwischen den Arbeitern selbst, Angriffe auf harmlose Personen bildeten stehende Vergnügungen einzelner Rotten.«

»Üppigkeit, mit Roheit gepaart«

Alfred Krupp grollte 1885: »Der Luxus ist in allen Klassen und äußerst auffallend in der geringen Klasse gestiegen. Jetzt trägt die weibliche Familie des Tagelöhners Schnürstiefel und jeder dumme Junge Stiefel mit Schäften. Die Weiber legen alles an den Leib, eine Viehmagd will aussehen wie eine Dame, und die Männer verkneipen ihr Geld.«

Menschlich blieb das ostpreußische Element auch im alten und südlichen Essen nicht ohne Einfluß. Die masurischen Zuwanderer waren meist geduldige, anspruchslose Menschen, die den Unternehmern willig folgten, in der ersten Generation aber für gewöhnlich kein Verhältnis zur städtischen Lebensform fanden. Deutlich schlugen sich in Essen viele ostpreußische und einige oberschlesische Dialekteinflüsse nieder; so entstand das »Kumpeldeutsch«, dem vor Jahren Wilhelm Herbert Koch in einem wöchentlichen Zwiegespräch zwischen »Kumpel Anton« und »Cervinski« in Essens größter Zeitung ein treffsicheres und hintersinniges Denkmal gesetzt hat – zum Beispiel ein solches wie auf Seite 201.

Essen modernisiert sich weiter

Das Wachstum der damaligen Stadt Essen verlangsamte sich in den siebziger und achtziger Jahren ein wenig; es blieb hinter dem von Dortmund und Bochum und weit hinter dem von Gelsenkirchen zurück (doch wurde Essen 1873 als erste Stadt des Ruhrgebiets kreisfrei). 1885 waren die größten Städte des Reviers:

Dortmund	78 000 Einwohner
Essen	65 000 Einwohner
Duisburg	48 000 Einwohner
Bochum	41 000 Einwohner
Mülheim	24 000 Einwohner

In Gelsenkirchen und Oberhausen lebten je 20 000 Menschen, in Werden und Steele je 8000. Schneller als Essen selbst wuchsen die später eingemeindeten Bürgermeistereien der Umgebung: Die Einwohnerzahl des heutigen Essener Areals stieg von 138 000 im Jahr 1871 auf 203 000 im Jahr 1885.

Das ehemalige Ackerbürgerstädtchen, das sich in ein rauchendes Industriezentrum verwandelt hatte, modernisierte sich weiter. 1857 hatte es eine Telegraphenstation erhalten, 1886 wurde ein Telephonamt mit zunächst sechsunddreißig Anschlüssen eingerichtet. 1877 wurde die Eisenbahnstrecke Essen–Werden eröffnet, 1879 die letzte Postkutschenlinie eingestellt, die von Essen über Buer nach Dorsten führte; danach war Essen mit einigen Nachbargemeinden durch Pferdeomnibusse verbunden.

Ein Reisender, der 1881 mit der Eisenbahn aus dem ländlichen Westfalen über Steele nach Essen fuhr, schrieb über die Stadt: »Die neben uns vorbeisausenden Züge der hier sich kreuzenden Eisenbahnen, die jeden Augenblick wachsende Zahl dampfender Schornsteine vor uns und zur Seite all das laute, eilige Treiben bringen uns in eine fast ängstliche Unruhe, und wir freuen uns, in dem dem Bergisch-Märkischen Bahnhof gegenüberliegenden Gasthofe Retze wieder etwas zu uns selbst zu kommen« (F. V. Pielert, *Das Ruhrtal*).

»Anton«, sachtä Cervinski für mich,
»Son Schnuppen, mainze, datter watt taucht?«
»N Schnuppen watt taugen«, sarich,
»Hömma, wie sollen Schnuppen watt taugen?«
»Nu, Anton, kumma«, sachter Cervinski,
»Da hasse also n Schnuppen, un watt for ain,
Krankenschein, hin nachen Dokter,
Dä kricht schomma watt dafür,
Un dann inne Appoteeke, kricht auch watt dafür,
Dann alle die Leute, die die Pillen machen,
Un di datt Pappier machen für die Rezepte,
Un alle die Leute, die die Pillen
Inne Appoteeke bringen.
Un dann die inne Drogerie,
Die die Hustenklümpkes machen,
Un dann sinta noch welche,
Die machen datt mit Pülwerkes un mit Tee,
Un dann brauchse n waam Schaal für um Halz,
Anton, die den waam Schaal machen,
Die kriegen auch watt dafür,
Un die, die die Schaafe ham für die Wolle,
Un dann unser dicke Tante Matta, Anton,
Die hatta son altet Hausmittel,
Zwiebelschaln mit Honich kochen,
Anton, die die Zwiebel machen
Un die, die den Honich machen, Anton –
Wennze datt allet bedenx,
Watt fon son Schnuppen inne Welt leept,
Anton, un da soll son Schnuppen nix taugen?
Anton, un dann datt wichtichste,
Geema mitten Schnuppen nach Taumfatters Jupp,
Watti Ärna dich allet kla macht übern Schnuppen,
N dicken Grock un nochen Grock
Un siem, acht Steinhägerkes –
Anton, watt mainze, watti Ärna allet kassiert
Fon dein Schnuppen!
Anton, Schnuppen, datt isne Industrie,
Da is Krupp nix gegen!«

Brahms in Essen 1884 und 1885 dirigierte Johannes Brahms das Amateurorchester des »Essener Musikvereins«. 1887 war nach neunjähriger Bauzeit das neue Rathaus in dem seinerzeit beliebten neugotischen Stil fertig, ein monumentaler Backsteinbau, das dominierende Bauwerk der damaligen Stadt, im *Großen Meyer* von 1907 als »bemerkenswert« bezeichnet. Noch immer gab es freilich kein Theater, kein Museum und keine Bibliothek, und es bedurfte der ganzen Faszination des Namens Krupp, um die bedeutenden Ingenieure und Finanzexperten, die Krupp anwarb, nach Essen zu locken.

1872 gründete Grillo die erste Bank in der Stadt, die *Essener Creditanstalt*. Sie half seine eigenen Zechen- und Fabrikgründungen, aber ebenso andere Unternehmungen finanzieren, als Selbsthilfe der Essener Unternehmer zur Aufbringung von Kapital. 1873 gründete Friedrich Grillo und der Mülheimer Großindustrielle Emil Kirdorf die *Gelsenkirchener Bergwerks-AG,* die heute ihren Sitz in Essen hat und eine der größten Firmen Deutschlands ist (Gelsenberg). Sie wurde anderen Unternehmen vor allem dadurch zum Vorbild, daß sie zielstrebig an die Zusammenlegung von Kohlenfeldern und die immer größere Ausweitung des Besitzes ging, der unrationellen Zersplitterung in der Kohlenwirtschaft also entgegenwirkte.

Die Kohlenförderung im Essener Raum stieg von 1870 bis 1890 von 3,4 Millionen auf 7,2 Millionen Tonnen, die Zahl der Bergleute auf 23 400. Der Absatz der Kohle wurde 1881 durch die Verstaatlichung der preußischen Eisenbahnen wesentlich erleichtert: Der Einpfennigtarif, den Friedrich Hammacher als Vorsitzender des Bergbauvereins einzelnen Eisenbahngesellschaften hatte abhandeln können, galt nun einheitlich für das gesamte preußische Eisenbahnnetz.

Der erste Streik der Bergarbeiter Der wirtschaftliche Aufstieg erlitt in den siebziger Jahren zwei empfindliche Rückschläge: 1872 in Essen durch einen Streik und von 1873 bis 1878 in ganz Deutschland durch die Wirtschaftskrise, die auf das Spekulationsfieber der Gründerjahre folgte.

1863 hatte Ferdinand Lassalle in Leipzig den Allgemeinen Deutschen Arbeiterverein, 1869 hatten Wilhelm Liebknecht und August Bebel in Eisenach die radikalere Sozialdemokratische Arbeiterpartei gegründet. 1869 wurde in Preußen das Koalitionsverbot für gewerbliche Arbeiter aufgehoben, und im gleichen Jahr kam es zu dem Bergarbeiterstreik im Waldenburger Revier, aus dem das Ruhrgebiet durch Abwerbung Nutzen zog.

Am 16. Juni 1872 aber traten mehr als 15 000 Bergleute von vierzig Zechen im Essener Raum in einen Streik, mit dem sie eine Lohnerhöhung um 25 Prozent und den Achtstundentag durchsetzen wollten. »Der außerordentliche Aufschwung, den der Bergbau seit 1867 genommen hatte, mit allen seinen unnatürlichen Auswüchsen, dem Börsenschwindel auf der einen Seite, der wachsenden Begehrlichkeit der Arbeiter auf der anderen Seite, bot der sozialdemokratischen Agitation in der That ein sehr günstiges Feld«, schrieb Diedrich Baedeker in seiner Krupp-Geschichte von 1889.

Die tieferen Ursachen des Streiks lagen in dem 1865 vollzogenen Rückzug des Staates aus dem Bergbau und dem Siegeszug der reinen Unternehmerwirtschaft (vgl. Seite 195). Die Bergleute hatten sich noch nicht damit abgefunden, daß sie nicht mehr Knappen sein sollten, die eine staatlich gesicherte Sonderstellung genossen und nie ohne ein gemeinsames Gebet in die Tiefe fuhren, sondern Arbeiter, die zu immer höheren Leistungen angetrieben wurden und jederzeit entlassen werden konnten. War der Lohn schon Gegenstand des freien Aushandelns, so lag es nahe, Lohnerhöhungen durch eine Gemeinschaftsaktion zu erzwingen.

Fünf Tage vor dem Streikausbruch kündigte Alfred Krupp seinen Arbeitern an, das zu erwartende Ausbleiben der Kohlen treffe die Fabrik nicht unvorbereitet: »Meine Arbeiter können also, möge auch eine andere Klasse von Arbeitern sich ein sicheres Unheil bereiten, trotzdem getrost in die Zukunft sehen.« Als die Agitation der Streikenden auch auf die Gußstahlfabrik übergriff, erließ Krupp am 24. Juli 1872 einen Aufruf, der ein starkes Dokument seiner eisernen Entschlossenheit und seines ungebrochenen Stolzes ist:

»Vor fünfundvierzig Jahren stand ich in den ursprünglichen Trümmern dieser Fabrik, dem väterlichen Erbe, mit wenigen Arbeitern in einer Reihe«, heißt es darin. »Fünfzehn Jahre lang habe ich gerade so viel erworben, um den Arbeitern ihren Lohn ausbezahlen zu können, für meine eigene Arbeit und Sorgen hatte ich weiter nichts, als das Bewußtsein der Pflichterfüllung... Wenn bei Verkehrsstockungen alle Industrien darniederlagen, wenn Bestellungen fehlten, so habe ich dennoch arbeiten lassen, niemals einen treuen Arbeiter entlassen... Die Verwaltung wird mit dem bisherigen als Gesetz bestandenen Wohlwollen fortfahren, die Fabrik zu führen im Geiste meiner Grundsätze, und so lange für meine Rechnung, als ich die Arbeiter nach wie vor in bewährter Treue als die Angehörigen des Etablissements betrachten werde. Daß ich täglich meine Stellung an Andere übertragen kann und daß irgendeine Gesellschaft von Kapitalisten an Wohlwollen und Opferwilligkeit mich nicht übertreffen würde, unterliegt wohl keinem Zweifel.

Es ist im Kreise meiner Unternehmungen dem braven, ordentlichen Arbeiter die Gelegenheit geboten, nach einer mäßigen Arbeitsfrist im eigenen Hause seine Pension zu verzehren – in einem so günstigen Maaße, wie nirgend woanders in der Welt. Ich erwarte und verlange volles Vertrauen, lehne jedes Eingehen auf ungerechtfertigte Anforderungen ab, werde wie bisher jedem gerechten Verlangen zuvorkommen, fordere daher alle diejenigen, welche damit sich nicht begnügen wollen, hiermit auf, je eher desto lieber zu kündigen, um meiner Kündigung zuvorzukommen und so in gesetzlicher Weise das Etablissement zu verlassen, um Anderen Platz zu machen, mit der Versicherung, daß ich in meinem Hause wie auf meinem Boden Herr sein und bleiben will. *Alfred Krupp.*«

Am 28. Juli wurde der Streik erfolglos abgebrochen.

Härter wurden die Essener und das ganze Ruhrgebiet durch die große Wirtschaftskrise betroffen, die 1872 von den Vereinigten Staaten ihren Ausgang nahm und auf dem Wege über das im dortigen Eisenbahnbau investierte europäische Kapital und die Wiener Börse auch Österreich, England, Belgien

Krupp muß verpfänden

und die Wirtschaft des jungen Deutschen Reiches heimsuchte. Hier hatte die französische Kriegsentschädigung von fünf Milliarden Franc die Überkonjunktur noch angeheizt, den Eisenbahn- und Aktienrausch noch hektischer gemacht. Panikartige Aktienverkäufe, Konkurse und Entlassungen kennzeichneten die Lage. Die Kohlenförderung stagnierte, die Rheinischen Stahlwerke waren 1877 dem finanziellen Zusammenbruch nahe, die Einwohnerzahl Essens ging von 1875 bis 1877 erstmals seit Beginn der Industrialisierung zurück (um tausend Köpfe). Erst die vom Reichstag 1879 beschlossenen Schutzzollgesetze brachten die Wende, für die Ruhr vor allem insoweit, als dadurch die Einfuhr allzu billiger Eisenwaren aus England und Belgien beendet wurde.

Sozial wurde der Essener Raum von der großen Krise weniger hart betroffen als andere deutsche und ausländische Industriegebiete: Die an den Zeitumständen gemessen jeweils vernünftige und großzügige Wohnungsbaupolitik der Zechengesellschaften und der Firma Krupp, die Knappschaftsfürsorge und die Kruppschen Sozialleistungen hatten hier ein Elend wie in den englischen Industrierevieren, wie in Teilen Sachsens und Schlesiens, wie in den Mietskasernen und Slums von Berlin, Paris, London und Chicago niemals aufkommen lassen.

Äußerlich kam die Kruppsche Gußstahlfabrik wieder verhältnismäßig gut über die Runden (1873: 16 000 Arbeiter, 1875: 10 000 Arbeiter, 1879 schon wieder 13 400). Doch zahlte Alfred Krupp dafür einen hohen Preis: Nachdem Bismarck und der Kaiser sein Ansinnen, ihm einen Staatskredit zu gewähren, abgelehnt hatten, mußte er sich, »von Fieberangst und Schlaflosigkeit erschöpft«, die Schmach antun, bei den verhaßten Banken einen Kredit von dreißig Millionen Mark aufzunehmen und ihnen dafür die gesamte Fabrik zu verpfänden.

Abfuhr für den Kaiser Nicht nur die Wirtschaftskrise hatte das bewirkt, sondern auch der hohe Aufwand Krupps für den sozialen Wohnungsbau und dazu sein keineswegs erloschener Drang, sein Imperium noch weiter auszudehnen, Rohstoffe nur noch aus eigenen Erz- und Kohlengruben zu beziehen, immer an der Spitze des technischen Fortschritts zu stehen und bei diesem unentwegten Voranstürmen überhaupt keine Rücksicht auf die jeweilige Finanzlage zu nehmen. 1872 erwarb er die Johanneshütte bei Duisburg und Erzgruben bei Bilbao in Spanien, von denen eine eigene Flotte jährlich 30 000 Tonnen Eisenerz heranfuhr. 1873 förderten Krupps Zechen 153 000 Tonnen Kohle, das Fabrikgelände war neunmal so groß wie die gesamte Altstadt von Essen und allein der überdachte Teil davon genauso groß wie diese. Auf der Wiener Weltausstellung wog Krupps Gußstahlblock diesmal 1050 Zentner. In der Fabrik begrüßte Krupp den Schah von Persien.

1874, im Schmerzensjahr der Verpfändung, produzierte die Fabrik 102 000 Tonnen Stahlerzeugnisse und erzielte einen Umsatz von siebenundvierzig Millionen Mark. Als der deutsche Kaiser Krupp bat, er möge keine Kanonen an Österreich verkaufen, erwiderte der Mann, der dreißig Millionen Mark Schulden hatte: »Von Preußen allein können wir nicht leben, wir brauchen in den nächsten zehn Jahren mindestens für fünfzig Millionen Bestellungen. Und wenn die fremden Staaten bestellen, so kann ich doch auch nichts Schlechtes liefern.«

Überdies komme es Preußen zugute, wenn seine Fabrik ihre Massenkapazität behalte. 1876 schrieb der französische Schriftsteller Victor Tissot in seinem deutschfeindlichen Buch *Les Prussiens en Allemagne:* »Die militärische Überlegenheit Deutschlands ist nicht etwa in Berlin, sondern in Essen zu suchen.« Krupp verkaufte Kanonen nach Norwegen und Montenegro, nach Japan und Chile, fast in jedes Land der Erde. Auf der Weltausstellung in Philadelphia 1876 zeigte er die größte Kanone der Kriegsgeschichte Kaliber 35,5 Zentimeter (auf sein Angebot, einen Sechsundfünfzig-Zentimeter-Mörser zu bauen, war Preußen nicht eingegangen). Daneben blieb er bis in die achtziger Jahre einer der Hauptlieferanten für die amerikanischen Eisenbahnen.

1877 wurde bei Meppen in Niedersachsen ein Kruppscher Schießplatz in Betrieb genommen, da der preußische in Tegel für Kruppkanonen zu kurz geworden war. Mit einer Schußlinie von siebzehn Kilometern war es der größte Schießplatz Europas, und er befand sich in Privatbesitz. Am 11. Februar 1879 ließ Alfred Krupp an alle Mitglieder des britischen Unterhauses eine »Denkschrift, betreffend die Entwicklung des Hinterladesystems der Kruppschen Geschütze« verteilen, mit der er den Verdacht zurückweisen wollte, seine Hinterlader seien unzuverlässig. »Als ich zuerst im Jahre 1847 die Anwendung des Gußstahls zu Geschützen beschloß . . .«, beginnt die Lektion für die Abgeordneten. »Wiewohl mein Hinterladungssystem und mein Material jetzt mehrere große Kriege mitgemacht hat . . .«, heißt es darin. »Von fast 18000 an alle Artillerien des Kontinents gelieferten Geschützen sind im ganzen 22 gesprungen; von diesen 22 Fällen gehörten 17 dem alten System an, welches 1870 beiseite geschoben wurde.« Und: »Während des letzten Russisch-Türkischen Krieges hatten die russische, türkische und rumänische Artillerie Gußstahlgeschütze meines Systems.«

Am 25. Oktober 1879 schrieb das New Yorker *Army and Navy Journal:* »Die Ergebnisse der bei Meppen ausgeführten Versuche sind charakteristisch. Die Kruppschen Geschütze haben die gleiche Durchschlagskraft wie die Woolwich-Kanonen von doppeltem Gewicht, so daß man in Zukunft Schiffe, welche die englischen Geschütze ihres Gewichtes wegen nicht zu führen vermögen, mit den leichteren und wirksameren deutschen Kanonen bewaffnen wird. Daraus muß man also die für Amerika sehr bemerkenswerte und für England niederschmetternde Folgerung ziehen, daß ein allein auf seine eigenen Hilfsquellen angewiesener deutscher Fabrikant imstande gewesen ist, nach verhältnismäßig kurzen Versuchen schwere Geschütze herzustellen, die den in der englischen Artillerie eingeführten bei weitem überlegen sind.«

Der König der Kanonen und der Eisenbahnen hatte sich 1874, im Jahr der Schmach, aus der Fabrik zurückgezogen. Zweiundsechzig Jahre alt, weißhaarig, mit vielen Schrullen behaftet und von nahezu krankhaftem Mißtrauen erfüllt, siedelte er ganz in den Palast über, der von 1870 bis 1873 auf dem »Hügel« in Bredeney, hoch über der Ruhr, entstanden war, um den Alleininhaber der größten Stahlfabrik der Welt würdig zu repräsentieren. »Villa Hügel« wurde er getauft – aber das klingt nach Behaglichkeit.

Der Stahlpalast auf dem Hügel

Der Palast hat 220 Räume und besteht aus Stein und Stahl. Holz sollte so wenig wie möglich verwendet werden, nicht für den Bau und nicht einmal zur Zierde – weil es brennen kann; und 1865 war in der Fabrik ein Feuer ausgebrochen, bei dem Kanonen glühten. Gemälde, Wandteppiche und Bücher können brennen, also war ihnen der Palast versperrt. Macht man die Fenster auf, so kann Zugluft entstehen; also waren die Fenster der Villa Hügel nicht zu öffnen, und ein kompliziertes Ventilationssystem sorgte für Ozon. In Verbindung mit einer ebenso diffizilen Heizungsanlage sollte es sommers und winters die immer gleiche Temperatur bewirken, aber schon im ersten Winter fror der Besitzer in seinen steinernen Hallen, er wütete gegen die Handwerker und gegen die Tücke des Objekts, ließ die Klimaanlage umbauen und riß sie nach zehn Jahren wieder heraus, um sie dann durch eine neue zu ersetzen.

Wie den Stahlpalast selbst, so hatte Krupp sogar die übergroßen Baumtransportwagen eigens konstruiert; sie mußten angefertigt werden, damit die Waldstücke, Baumgruppen und Alleen befördert werden konnten, die er in Mülheim, Kettwig, Gelsenkirchen aufkaufte und in den Schloßpark verpflanzte. Um Bäume erst wachsen zu lassen, fühlte er sich zu alt.

So lebte Alfred Krupp, auch im neuen Haus selten und seit einem Zwist im Jahre 1882 gar nicht mehr in Gesellschaft seiner Frau, nur von Dienern und Pförtnern umgeben, kränkelnd, grollend und tyrannisch ein ödes und ruheloses Leben, in einem »pompösen Gefängnis der Ungemütlichkeit«, wie Theodor Heuss es nannte, als Hersteller der größten Gußstahlblöcke und Kanonen der Erde nun auch in ihrem größten Sarg.

Das Jahr 1877 brachte noch zwei glanzvolle Höhepunkte. In der Villa Hügel waren zwei Kaiser zu Gast: Pedro II. von Brasilien, der schon 1871 und 1876 bei Krupp gewesen war, und Wilhelm I., dem in Essen ein jubelnder Empfang bereitet wurde. Für den Fabrikrundgang des deutschen Kaisers hatte Krupp eine Tagesproduktion seines Werkes ausgestellt: 120 Eisenbahnachsen, 320 Räder, 430 Eisenbahnfedern und 1000 Granaten, eingerahmt von 1800 Schienen. Doch schrieb Krupp im gleichen Jahr, nach einundfünfzig Jahren des Dienstes am Stahl: »Ich bin sehr müde, nervös, kaputt und kann so nicht weitermachen.«

Seine Frau Bertha, die ihn 1882 verließ und nach Leipzig übersiedelte, faßte ihre Eheerfahrungen in die schlichten Worte zusammen: »Was man alles erleben kann, ist wirklich fabelhaft.«

Regeln »für alle Zeiten«

Auch mancher Krupp-Arbeiter muß sich das gelegentlich gedacht haben. Am 13. September 1872 erhielt jeder von ihnen ein »General-Regulativ«, unterzeichnet von den fünf Prokuristen und Alfred Krupp. In zweiundsiebzig Paragraphen unternahm der Fabrikherr darin den Versuch, die Grundsätze für Geschäftsführung und Fabrikbetrieb sowie die Rechte und Pflichten jedes Arbeiters und »Beamten« ein für allemal festzulegen. Das war grandios, weil es das Unternehmen über den Unternehmer stellte, der jeden Tag »unvermißt« sollte abtreten können. Doch es war auch phantastisch, weil es gleichsam dem Schicksal verbieten wollte, daß es jemals etwas Unvorhergesehenes geschehen lasse: »Es soll gar kein Fall in Jahren oder einem Jahrhundert vorkommen können, der in dieser Sammlung nicht vorgesehen ist.«

Schon als junger Mann war Alfred Krupp von der fixen Idee besessen, daß er ständig hintergangen werde, menschliche Schwäche aber durch straffe Organisation auszumerzen sei. Als Siebenundzwanzigjähriger schrieb er aus Paris an seinen Bruder Hermann, man müsse unbedingt verhindern, daß die Fabrik abbrenne, und zu diesem Zweck einen Brandwächter einstellen. Und dann kam, 1839 schon, die ganze, den Verfolgungswahn streifende Vertracktheit der Kruppschen Psyche zum Durchbruch: »Man müßte wohl einen zweiten Wächter haben, der den ersten kontrollierte, und einen dritten, der dem zweiten aufpaßte, und am Ende würden gar alle drei zusammen schlafen. Häßlich, daß die Nacht nicht bei Tage ist, weil man nicht weiß, ob die dringendsten Erinnerungen auch nur im entferntesten befolgt werden.«

Auf Reisen und schließlich von seinem Stahlsarg aus versuchte Krupp, durch Briefe, Memoranden, Noten, Zettel und Ermahnungen die Geschicke der Fabrik zu lenken, Nachlässigkeit zu verhüten und dem Zufall keinen Millimeter Raum zu lassen. Über dreißigtausend solcher Zettel sind erhalten. Als er 1871 in dem englischen Seebad Torquay weilte, entwarf er ein umfassendes »Reglement« für die Fabrik und wies seine Prokuristen an, diesen Entwurf zu komplettieren und in eine juristisch einwandfreie Form zu bringen. »Wenn wir nicht ein für allemal Regeln aufstellen«, ermahnte er sie, »so wird die Zeit kommen, wo die Fabrik morgens von neun bis zwölf und nachmittags von drei an regelmäßig tätig sein wird!«

Einen Zwischenfall während der Überarbeitung dieses Gesetzbuchs benutzte Krupp, um die Prokuristen zu vermehrter Eile anzutreiben: »Der nächtliche Einbruch ins Lohn-Comptoir ist ein trauriger Beweis ungenügender Anordnung und schlechter Controlle. Wen trifft die Schuld? Wie der Hirsch nach frischem Wasser, so schrei ich: Reglement! A. K.«

Unter dem nicht ganz so nach Kasernenhof klingenden Titel *General-Regulativ* wurde das Krupp-Gesetz also im September 1872 verkündet.

Die Präambel lautet: »Die wachsende Ausdehnung der Werke und Geschäfte der Firma Fried. Krupp läßt es wünschenswerth, ja nothwendig erscheinen, diejenigen Grundsätze und Rechte zusammenzufassen und zu vervollständigen, unter deren Anwendung der jetzige blühende Stand der Firma erreicht wurde, dabei zugleich die Rechte und Pflichten jedes Amtes und jeder Stellung im Betrieb und in der Verwaltung in sich fest zu stellen und gegeneinander abzugrenzen, um auf diesem Wege, so weit dies thunlich, für gegenwärtige und kommende Zeiten eine gesicherte Ordnung und ein harmonisches Zusammenwirken zu verbürgen, und damit das Gedeihen des Ganzen, wie die Wohlfahrt jedes einzelnen zu sichern. Zu dem Ende ist nachstehendes General-Regulativ: für den Betrieb und die Verwaltung aller Etablissements, Bergwerke, sonstigen Anlagen, Besitzungen und Geschäfte der Firma Fried. Krupp erlassen worden, und wird hiermit zur Nachachtung aller, die es angeht, zur öffentlichen Kenntniß gebracht.«

Politik – für Kruppianer verboten

Unter den zweiundsiebzig Paragraphen heißt der interessanteste: »Ein jeder hat sich ganz und ausschließlich seinem Berufe zu widmen, und wo das laufende Geschäft einmal seine Zeit und Kräfte nicht voll in Anspruch nimmt, diese in anderer Weise der Firma nutzbar zu machen ... Deshalb verbietet sich jede, zumal auf Gelderwerb gerichtete oder für die Öffentlichkeit bestimmte Nebenbeschäftigung.«

Fürwahr eine Ungeheuerlichkeit: Seinen 11000 Arbeitern verbot Essens ungekrönter König, sich öffentlich zu betätigen. Als bei der Reichstagswahl vom Januar 1877 in Essen ein sozialdemokratischer Kandidat durchging, wurde er noch deutlicher. In einer Broschüre, genannt »Ein Wort an die Angehörigen meiner gewerblichen Anlagen«, verkündete er am 15. März 1877:

»Eine ernste Beschäftigung mit der Landespolitik erfordert mehr Zeit und tiefere Einsicht in schwierige Verhältnisse, als Euch zu Gebote steht. Das Politisieren in der Kneipe ist nebenbei sehr theuer, dafür kann man im Hause Besseres haben. Nach gethaner Arbeit verbleibt im Kreise der Eurigen, bei den Eltern, bei der Frau und den Kindern. Da sucht Eure Erholung, sinnt über den Haushalt und die Erziehung. Das und Eure Arbeit sei zunächst und vor allem Eure Politik. Dabei werdet Ihr frohe Stunden haben.«

Und an anderer Stelle dieses Aufrufs heißt es: »Trotz wiederholter Warnung scheint sich unter einem Theile von Euch der Geist der Sozialdemokratie einschleichen zu wollen. Dieser Geist aber ist verderblich, und jeder Verständige muß ihn bekämpfen, der Arbeiter so gut wie der Arbeitgeber ... Was eine fleißige sparsame Familie, was eine Generation ehrlich erworben hat, soll der Faule, Liederliche sich aneignen dürfen und der Unfähige dem Tüchtigen gleich gestellt werden ... Wie ich den Verlust allein tragen muß, so ist auch der Gewinn mein von Rechtswegen, denn ich habe ihn erworben mit meiner Kraft und meiner Sorge.«

Wohltat und Tyrannei

Von seinem Gewinn jedoch steckte Alfred Krupp mehr in freiwillige soziale Zuwendungen als irgendein anderer Großunternehmer des 19. Jahrhunderts. In seinen Motiven spielte die Herrschsucht mit, und bedingungslose Unterordnung war der Preis, den er verlangte, aber mit der gleichen Entschlossenheit wie für die Qualität des Stahls sorgte er dafür, daß niemand darbte, der für ihn tätig war.

Als seine Arbeiter von sich aus Konsumvereine gründeten, verübelte er ihnen dies als Eigenmächtigkeit: »Es soll Sicherheit geboten sein«, verfügte er, »daß niemand, statt auf die Arbeit und die Interessen der Fabrik zu sinnen, sich verleiten lasse, auf Spekulationen in Kaffee, Tabak, Zucker und Korinthen zu grübeln.« 1868 gründete er selbst eine Konsumanstalt zugunsten seiner Arbeiter, zu der später Dampfmühle, Kaffeebrennerei und Schlachthaus kamen.

Während die Villa Hügel entstand, errichtete Krupp massive Wohnungen für dreitausend Familien und für weitere dreitausend Arbeiter Baracken-Unterkünfte. Die Miete kostete für zwei Räume im Durchschnitt 8 Mark, für fünf 18 bis 19 Mark im Monat. Um alle Einzelheiten kümmerte er sich; seine Ideen waren nach damaligen Maßstäben revolutionär: »Daß recht viel Laub und Bäume noch dazu gepflanzt werden«, schrieb er dem Architekten der Siedlung »Kronenberg« (räumlich größer als die Altstadt von Essen), »damit der Garten mit Gras, Blüten und Blättern, Springbrunnen und Sitzen im Schatten jedem eine Lust sei, der hineinkommt.« In jeder Kolonie wurden die notwendigen Handwerker angesiedelt.

Die Kruppschen »Wohnungsverwalter« waren zugleich Sozialfürsorger – wobei es nicht ausblieb, daß manche in den Ruf von Fabrikspitzeln gerieten, die die Enthaltsamkeit von Politik und Korinthenspekulationen zu überwachen hätten. (In der Tat wurde den Inhabern der Werkswohnungen 1887 die Lektüre von Zeitungen der Zentrumspartei verboten; für das Verbot der sozialdemokratischen Zeitungen hatte von 1878 bis 1890 ohnehin der Reichstag gesorgt.) Bei Krupps Tod wohnten von den 73000 Menschen, die von ihm lebten (die Arbeiter und ihre Familien), 24000 in Kruppkolonien zur Miete und 12000 in eigenen Häusern.

1871 richtete Krupp die erste der völlig von ihm finanzierten Volksschulen ein, mit freiem Unterricht für die Kinder der Werksangehörigen. »Übrigens bin ich gar nicht abgeneigt, die Gehälter der Lehrer zu bestreiten«, schrieb er, »eine Aufmunterung für die Eltern, dem Staat recht viele treue Untertanen zu liefern und der Fabrik Arbeiter eigener Race.« 1872 entstand das erste Kruppsche Krankenhaus.

So waren Fürsorge und Tyrannei, Marotte und soziale Tat in Alfred Krupp unlösbar verknüpft. Kein anderer Anführer des Industriezeitalters hat die persönliche Freiheit seiner Arbeiter so gering- und ihr leibliches Wohl so hochgeachtet. Unfähig, über sich selbst hinauszusehen, erwartete er von seinen Männern nicht mehr und nicht weniger als die gleiche Besessenheit vom Stahl, die er selbst besaß. Da er für Kunst, Bildung, Geistesfreiheit kein Organ hatte, glaubte er seinen Arbeitern und »Beamten« nichts vorzuenthalten, wenn er von ihnen dieselbe Einseitigkeit verlangte. Das Theater nannte er »Sinnenkitzel und Hokuspokus«. Über den Komponisten Max Bruch, einen Verwandten seiner Frau, sagte er: »Würde er Techniker geworden sein, so hätte er sich und der Menschheit nützen können, während er als Musiker ein durchaus inhaltloses Dasein führt.« Als seine Frau ihn bat, mit ihr ein Konzert zu besuchen, erwiderte er: »Ich habe zu sorgen, daß meine Schornsteine unter Dampf bleiben. Wenn morgen meine Hämmer wieder gehen, habe ich mehr Musik, als wenn alle Geigen der Welt spielten.« Und sein Kernsatz über die höhere Bildung lautete: »Die Aula der Universität, wo ich meine Bildung genossen habe, war die Schmelzhütte und mein Katheder der Amboß.« Doch stellte er in seinen letzten Lebensjahren den damals noch unbekannten Komponisten Engelbert Humperdinck an, auf daß er ihm mit Klavierspiel die Langeweile vertreibe.

Alfred Krupp war von einer großartigen und erschreckenden Geradlinigkeit; man wird sich immer streiten können, wo zwischen den Extremen der Borniertheit und der Genialität man ihn einordnen will. Tatsache ist, daß Tausende von Arbeitern ihm willig, ja mit unverhohlenem Stolze folgten, ihm Jahrzehnte treu blieben, ihr Fachwissen an ihre Kinder weitergaben und auch diese wieder ein

Dankbare Arbeiter

wenig auf solche Essener herabblickten, die ihr Brot nicht mit Kruppstahl verdienten.

»Man war ›von der Wiege bis zum Grabe‹ Kruppianer«, schrieb Heinrich Heider, der Betriebsratsvorsitzende der Essener Kruppwerke (seit Jahrzehnten Mitglied der IG Metall), 1961 zum hundertfünfzigjährigen Firmenjubiläum. »Man trug die Kruppsche Säuglingswäsche, den Kruppschen Konfirmandenanzug und vor allem den Kruppschen Hut, der nicht nur denselben Schnitt hatte, sondern auch von den engen Spinden her an beiden Seiten hochgebogen war – Kennzeichen eines geachteten Standes. Man ging in den Kruppschen Kindergarten und huldigte später beim Kruppschen Bildungsverein den Musen. Man aß das gleiche Brot und hatte die gleichen Wohnungen. Über allem aber wachte in väterlicher Güte und Strenge der Patriarch. Der Kruppianer war im allgemeinen zufrieden, denn sein Standesbewußtsein als Arbeiter oder ›Beamter‹ war jung, und die Erinnerung an die soziale Not war frisch. Dem väterlichen Bild, das Alfred Krupp verkörperte, brachte er in der Regel eine fast kindlich-naive Dankbarkeit entgegen. Wir müssen dieses Gefühl auch heute noch respektieren. Es wäre falsch, die soziale Tat einer vergangenen Zeit mit jetzigen Maßstäben zu messen.«

Alfred Krupps Tod In den letzten und einsamsten zehn Jahren seines Lebens, von 1878 bis 1887, besuchte Alfred Krupp die Fabrik nur noch selten; er regierte sie mit Zetteln. »Die Zeit der ungeregelten, leichtsinnigen, launenhaften und willkürlichen Betriebsführung muß ein Ende haben!« hieß es da. »An seinem Bett befand sich ständig ein Schreibapparat mit Papier und riesigen Bleistiften, so daß er jeden Gedanken sofort fixieren konnte«, schreibt Diedrich Baedeker. »Am anderen Morgen fanden die Bogen, in seinen energischen, großen, charakteristischen Schriftzügen seine Fragen, Befehle, Anregungen und Erörterungen enthaltend, ihren Weg in die Fabrik. Häufig und gern fügte er Konstruktionsskizzen bei, die er mit rascher und sicherer Hand hinzuwerfen wußte.« Zettel fanden auch die Gäste auf Villa Hügel in ihre Tür gesteckt, mit Ratschlägen für nützliche Tätigkeiten oder zweckmäßige Bekleidung. Im Gespräch jedoch war Krupp noch immer liebenswürdig und im Englischen und Französischen so gewandt wie im Deutschen. Seinen Prokuristen entwickelte der Greis den Plan, alle Arbeiter zu uniformieren, auch nach Feierabend. Als er Ostern 1887 die Fabrik zum letzenmal besuchte, bemerkte er, daß einige Arbeiter Ziegen hielten, die unbefugt Kruppsches Gras fraßen. Die Ziegenhaltung wurde untersagt. Im Mai entwarf er Pläne für die dörfliche Siedlung Altenhof, in der Kruppsche Rentner bis ans Lebensende mietfrei wohnen konnten.

Alfred Krupp starb am 14. Juli 1887, fünfundsiebzig Jahre alt, nach einundsechzig Jahren im Dienst der Fabrik, in den Armen seines Kammerdieners. Die schmähliche Anleihe von 1874 war gerade zurückgezahlt – vor allem mit Hilfe der 170 000 Tonnen Eisenbahnschienen, die jährlich in die USA geliefert wurden. Die Fabrik ging schuldenfrei in die Hände seines Sohnes Friedrich Alfred über, der seit 1882 Prokurist der Firma war und aus dem Sanatorium an das Sterbelager seines Vaters eilte.

In der Essener Stadtverordnetenversammlung des folgenden Tages nannte Oberbürgermeister Zweigert Alfred Krupp »den größten Bürger seit dem Bestehen der Stadt«. Kaiser Wilhelm I., der Kaiser von Brasilien und der König von Belgien schickten Beileidsdepeschen. Die *Deutsche Heereszeitung* würdigte den Verstorbenen als »den König unter den Geschützbauern«, der *Standard*, das Parteiorgan der britischen Konservativen, schrieb: »Durch den Tod Krupps verliert Deutschland einen seiner hervorragendsten Männer, dessen Name untrennbar mit den Triumphen der preußischen Armee verknüpft ist ... England ist das Land des Eisens, Krupp entschied sich für den Stahl.«

Die *Kölnische Zeitung* sprach vom Tod »des Fürsten eines selbstgeschaffenen Staates im Staate« und nannte Krupp »ein leuchtendes Vorbild für die mögliche Lösung sozialer Fragen«. Die *Magdeburgische Zeitung* schrieb: »In keinem großen industriellen Etablissement der Welt ist dem Wohlbefinden und der Sicherstellung der Arbeiter, wie allen Angehörigen derselben unausgesetzt auch nur annähernd die gleiche Fürsorge wie in dem seinigen gewidmet worden, und all die hierauf bezüglichen Einrichtungen seiner Werke müssen als unbedingt mustergültig anerkannt werden. Die soziale Frage würde sich durch die Befriedigung aller von der Arbeiterbevölkerung erhobenen, irgendwie berechtigten Forderungen längst gelöst finden, wofern die von ihm in seinem Etablissement zugunsten seiner Arbeiter und der Familien derselben begründeten Wohlfahrtseinrichtungen eine allgemeine Nachahmung gefunden hätten.«

Die *Rheinisch-Westfälische Zeitung* stellte, die Einwände künftiger Generationen vorwegnehmend, in den Mittelpunkt ihres Nachrufs die Kanonenfrage: »Wie der Name unseres Kaisers und Bismarcks seit den denkwürdigen Kriegen von 1866 und 1870 von den Völkern der Erde mit Ehrfurcht und Preis genannt wird, so der Name Krupps mit Bewunderung und – vielfachem Neid. Gewiß hat neben dem Erfinder des Zündnadelgewehrs niemand zur Vervollkommnung der Kriegswaffen so beigetragen, als Krupp. Eine unberechtigte Empfindlichkeit wäre es jedoch, ihm aus diesem Grunde zu grollen. Die ganze Entwicklung der Eisenindustrie drängte auch die moderne Kriegstechnik zu immer größerer Vervollkommnung. Solange es Kriege in der Welt gibt, wird auch der Wettstreit der Völker wie in der Herstellung von Erzeugnissen, die das Leben im Frieden erhöhen und verschönern, so in der Verfertigung der zum Kriege notwendigen Hilfsmittel nicht aufhören.

Wären es nicht Deutsche gewesen, deren Genie in dieser Beziehung den Sieg davongetragen hätte, würde ein Engländer oder ein Franzose, wenn auch nicht Gleiches, so doch Ähnliches zu erreichen gesucht haben. Darüber zu klagen, daß Krupp die Welt mit Kanonen versorgte, ist gerade so müßig, wie dem Berthold Schwarz die Erfindung des Pulvers vorzuwerfen. Wohl uns Deutschen, daß es ein Deutscher war, dessen geniale Arbeiten auf dem Gebiete der Geschütztechnik unserem Vaterlande auch hier seit langer Zeit den hervorragendsten Rang gesichert und mit in erster Linie seine achtunggebietende Stellung im Rat der Völker erobert haben.

Es ist jedoch nicht richtig, wenn man Krupps Namen fast immer nur mit dem Kriege in Verbindung bringt, ja wenn er oftmals recht eigentlich als der Inbegriff des ganzen Schreckens erscheint, den die Menschheit in denselben legt. Wer die Geschichte der Kruppschen Gußstahlfabrik auch nur oberflächlich kennt, muß zugeben, daß die emsige Tätigkeit des großen Werkes, das an Ausdehnung und Arbeitszahl seinesgleichen in der Welt nicht hat, ebensosehr auf Herstellung von Erzeugnissen des Friedens wie des Krieges gerichtet ist.«

Diedrich Baedeker setzte sich an seine detaillierte Biographie, die 1889 erschien, und zählte auf, daß es in der Gußstahlfabrik 1195 Öfen, 92 Dampfhämmer, 21 Walzenstraßen und 370 Dampfmaschinen gebe, dazu 73 Kilometer Eisenbahn mit 28 Lokomotiven und 992 Waggons, ferner 31 Telegraphenstationen, 140 Kilometer Telephonleitung und 61 Pferde – die elf auswärtigen Eisenhütten und dreiunddreißig Erz- und Kohlengruben nicht gerechnet.

Das Urteil von Theodor Heuss

Der Herr dieses größten Industrieunternehmens auf dem Kontinent, der größten Kanonen- und Schienenfabrik der Welt war tot. Er hat Essen berühmt gemacht – und der Stadt einen Ruf angehängt, unter dem sie nach zwei Weltkriegen schwer zu leiden hatte.

Das Beste über Krupp und die Kanonen hat Altbundespräsident Heuss 1961 in seiner Gedenkrede zum hundertfünfzigjährigen Firmenjubiläum gesagt. Er sprach von dem »schwer erträglichen Pharisäertum, das sich in diesem Bereich festgenistet hat«. Es zeige sich in der Vorstellung, »als ob die Prokura und das Konstruktionsbüro bei Schneider-Creusot, bei Skoda, bei Vickers und Armstrong, bei der Bethlehem Steel Corporation und so fort himmlischen Engeln anvertraut sei, während die entsprechenden Baulichkeiten bei Krupp eine Dependance der teuflischen Hölle sei. Herstellung von Waffen ist durch die Jahrtausende der Menschheitsgeschichte, in der die Erbsünde, solange die Erbsünde ihren Platz behauptet, ein ganz einfacher historischer Tatbestand, den man gewiß bedauern mag. Aber man schafft ihn damit nicht aus der Welt. Und daß der, der in solcher Arbeit steckt, ihre Qualität zu bessern sucht, teilt er mit jeder im Wettbewerb stehenden Branche.«

Als alter Mann schrieb Alfred Krupp: »Ich frage weder Goethe noch irgendein Wesen in der Welt, was Recht ist; das weiß ich selbst, und niemanden stelle ich so hoch, daß er es besser wisse.« Der Kaiser hatte Krupp den Adelstitel angeboten. Er erwiderte: »Ich heiße Krupp – das genügt.«

IV
Geburt und Tod einer Metropole

1. Kapitel
Zwischen Stadt und Steppe

Am 16. September 1892 wurde mit Beethovens Ouvertüre »Die Weihe des Hauses«, einem sinnigen Festspiel über Vater Rheins Wohlwollen gegenüber seiner »ems'gen Tochter Ruhr« und Lessings Lustspiel *Minna von Barnhelm* das Stadttheater Essen eröffnet. Tags darauf berichtete die *Rheinisch-Westfälische Zeitung*: »Ein Meer von Licht überstrahlte den von kunstgeübten Händen herrlich geschmückten Raum, als sich die Pforten des Hauses geöffnet hatten, um den draußen Harrenden Einlaß zu gewähren. Die Eintretenden waren sichtlich überrascht von dem Glanz und von der Pracht, wie sie das Innere dem erstaunten Auge bot. Die Vorhalle hatte in den aus Palmengruppen leuchtenden Büsten des Kaisers und der Kaiserin einen neuen Schmuck erhalten, und auch in den Wandelräumen erfreuten Pflanzengebilde das Auge. Nach und nach füllte sich das Haus mit einer erwartungsvoll festlich gestimmten Menge. Die unteren Plätze waren zum Teil eingeladenen Gästen vorbehalten. In der Mittelloge hatten Platz genommen Se. Exzellenz der Oberpräsident der Rheinprovinz, Nasse, Oberbürgermeister Zweigert und Gemahlin, ferner die Herren Architekt Seeling, der Erbauer des Hauses, und Oberinspektor der Königlichen Theater, Brandt, aus Berlin.«

Die Kohlen- und Stahlstadt im Herzen des Ruhrgebiets hatte nun dokumentiert, daß sie es nicht mit Schächten und Schloten bewenden lassen wollte. Sie gab sich eine Stätte der Kultur. Ihr Stifter war einer der typischsten Vertreter des Hochkapitalismus, Friedrich Grillo.

Schon 1852 hatte sich ein Theaterverein gebildet, der sich 1867 jedoch wieder auflösen mußte, ohne einen Erfolg erzielt zu haben. Eine Essener Bürgervereinigung, Casino-Gesellschaft genannt, baute 1861 einen Festsaal, in dem Wandertruppen, zum Teil aber auch Ensembles renommierter Theater, gastierten, so des Stadttheaters Düsseldorf. Neben das Casino trat 1876 das sogenannte Vaudeville-Theater (Vaudeville: Posse mit Musik, nicht immer schlechter als die Musicals von heute). Der Eigentümer war ein Gastwirt, der den Saal an Schauspieltruppen vermietete. Außerdem gab es noch zwei Varietébühnen, von denen eine den Spitznamen »Chansonetten-Kloster« führte, weil die Damen (unter ihnen Ringkämpferinnen) in dem Haus auch wohnten.

Grillos Theater

Im Oktober 1887 erklärte Grillo in der Stadtverordnetensitzung unter begeistertem Applaus, er wolle Essen ein Theater mit kompletter Austattung zum Geschenk machen. Eine Deputation der Bürgerschaft überreichte dem Industriellen eine Dankadresse, in der es heißt: »Sie befriedigen mit dem Theaterbau ein seit Jahrzehnten allgemein, aber bisher immer ohnmächtig sich regendes Bedürfnis ... Alle Schichten der Bürgerschaft sind durchdrungen von warmer freudiger Dankbarkeit für Ihren hochsinnigen Entschluß.«

Ein halbes Jahr später starb Grillo, dreiundsechzig Jahre alt, in geistiger Umnachtung. Seine Witwe verwirklichte jedoch seinen Plan, und mit Hilfe von Zuschüssen Friedrich Alfred Krupps konnte das Theater 1892 seinen Betrieb aufnehmen, zunächst nur in der Wintersaison. Der Leiter einer im Vaudeville-Theater heimisch gewordenen Schauspieltruppe, Albert Berthold, wurde zum Direktor berufen, mit der Auflage, die Bühne »vermittels einer speziell für das Essener Stadttheater engagierten Gesellschaft in würdiger, den höheren Kunstansprüchen entsprechender Weise zu leiten«. Das Repertoire bedurfte der Zustimmung eines städtischen Ausschusses, der Theaterdeputation, »und darf der Direktor nur solche Stücke zur Aufführung bringen, welche keinerlei Anstoß erregen können«.

Neben das Amateurorchester des Essener Musikvereins trat 1898 ein städtisches Orchester. 1899 entstanden der Kruppsche Bildungsverein und eine Volksbücherei, die zunächst ebenfalls nur »Kruppianern«, später aber der Allgemeinheit zur Verfügung stand. Das erwachende Interesse der Industriestadt an ihrer alten Geschichte hatte sich schon 1880 in der Gründung eines »Historischen Vereins für Stadt und Stift Essen« gezeigt, dessen Vorsitz 1894 der aus Berlin stammende Oberlehrer Konrad Ribbeck übernahm. Er wurde später Professor und Leiter des Stadtarchivs und nahm eine große Geschichte der Stadt Essen in Angriff, die leider ein Fragment geblieben ist.

Oberbürgermeister Zweigert

Von 1886 bis 1906 hatte die Stadt das Glück, von einem fähigen und tatkräftigen Oberbürgermeister regiert zu werden, dem ersten, der den Aufgaben eines aus den Fugen geratenen Gemeinwesens gerecht zu werden vermochte: *Erich Zweigert* aus Neustettin in Pommern, zuletzt Oberbürgermeister von Guben an der Neiße, mit siebenunddreißig Jahren nach Essen berufen. Daß in seiner Amtszeit die Stadt ihre Einwohnerzahl verdreifachte, war zum Teil sein Verdienst, indem er den völlig strukturlosen Essener Raum seinem Zentrum, der Stadt Essen, einzuverleiben begann; es zeigte sich aber auch, mit welchen kommunalpolitischen, finanziellen und sozialen Schwierigkeiten er zu kämpfen hatte.

Die enge, schmucklose und rauchige Stadt litt schwer unter dem gewaltigen Sog der Firma Krupp, die ihr an Macht und sogar an Ausdehnung weit überlegen war und stets der Entwicklung vorausstürmte. Nach Westen war die Altstadt zudem durch das Fabrikgelände völlig abgeriegelt, nach Osten durch eine Kette von Kohlenzechen in der Entfaltung gehemmt, und 1896, noch bevor die Eingemeindungen begannen, wurde Essen Großstadt – 100 000 Einwohner auf dem gleichen Areal, das 1816 von 4700 Menschen bewohnt gewesen war! Das nur wenig größere Dortmund bedeckte eine genau dreimal so große Fläche.

Die alte Reichsstadt war Essen 1894 als erste Großstadt des Reviers vorangegangen, Duisburg und Bochum folgten 1904. Noch immer zählten die großen Städte des Ruhrgebiets damit bei weitem nicht zu den größten in Deutschland: München, Leipzig und Breslau hatten über 400 000 Einwohner, Hamburg 700 000, Berlin 1,9 Millionen.

Der größte Zuwandererstrom ergoß sich in den neunziger Jahren ins Revier. Essen wuchs im letzten Jahrzehnt des Jahrhunderts von 79 000 auf 119 000 Einwohner an, das heutige Essener Stadtgebiet sogar von 240 000 auf 396 000. Von den 119 000 Bewohnern der damaligen Stadt im Jahre 1900 waren nur 46 000 in Essen geboren, in den Altersgruppen von sechzehn bis fünfzig trafen auf einen gebürtigen Essener sogar mehr als drei Zugezogene. Fabriken, Zechen, Kohlen- und Schlackenhalden, Eisenbahngleise, alte Stadt- und Dorfkerne, Bergmannssiedlungen, Reihenhäuser, Baracken, Kokereien hatten das alte Stiftsland Essen zu einem häßlichen, unorganischen Gewirr gemacht, zu einem qualmenden Alptraum irgendwo zwischen pulsender Stadt und garstiger Steppe.

Zur Entwirrung wenigstens der Verkehrsverhältnisse trug die elektrische Straßenbahn bei, die Essen 1893 als erste Stadt des Ruhrgebiets in Betrieb nahm, nun nur noch mit zwölf Jahren Abstand von der Spitze des Fortschritts (die erste der Welt verkehrte 1881 in Berlin, London folgte erst 1905). 1879 war zunächst an eine Pferdebahn gedacht worden, jenes so lange nach Erfindung der Dampflokomotive merkwürdig anmutende Verkehrsmittel, das dennoch 1850 in New York, 1865 in Berlin eingeführt worden war. Im Stadium der Planung wurde das Projekt auf Dampfbetrieb umgestellt, bis man sich 1892 schließlich für Elektrizität entschied. Das lange Tauziehen mit den Nachbargemeinden – deren Geschäftsleute keine zu gute Verbindung nach Essen wünschten, bis Oberbürgermeister Zweigert sich schließlich durchsetzte – hatte also auch sein Gutes gehabt. Die beiden ersten Linien führten, schmalspurig und eingleisig, vom Hauptbahnhof nach Altenessen und nach Borbeck. 1899 stellte der letzte Pferdeomnibus (von Essen nach Stoppenberg) seinen Betrieb ein. 1895 wurde in Essen die zentrale Eisenbahndirektion für das Ruhrgebiet errichtet, eine für die Zukunft bedeutsame Anerkennung der Mittelpunktlage der Stadt.

Essens Gesicht und Charakter im Jahre 1899 hat der damals als Beigeordneter in die Stadt berufene *Paul Brandi* – vorher Amtsrichter in Alt-Landsberg bei Berlin, später Bankdirektor in Essen – anschaulich geschildert. Er schreibt: »Der äußere Eindruck, den Essen bei meinem Dienstantritt auf mich gemacht hatte, bestätigte den Ruf, in welchem Essen damals in Deutschland stand, das heißt den einer wenig anmutenden Industriestadt. Die Enge der Altstadt, deren Radius einen Kilometer nicht überstieg, einerseits und das überschnelle Anwachsen der Einwohnerzahl andererseits hatten bisher eine moderne oder wenigstens sachgemäße Ausgestaltung des Stadtbildes unmöglich gemacht. Die Altstadt enthielt außer der sehr eindrucksvollen und schön gelegenen Münsterkirche und den in ihrer Nähe liegenden, übrigens meist recht bescheidenen

An der Schwelle des 20. Jahrhunderts

Kurien der adeligen Mitglieder des 1802 säkularisierten freiweltlichen Damenstiftes keine Erinnerungen aus älterer Zeit, dagegen war das Städtebild in den engen Hauptstraßen noch durchaus von niedrigen, zum Teil noch schieferbeschlagenen Häusern bergischer Bauart beherrscht, neben denen sich vielfach gräuliche Fassaden von Geschäftshäusern in Zuckerbäckerarchitektur breitmachten. Abgesehen von dem in neuerer Zeit in gotischem Stil erbauten Rathaus existierten in der Altstadt keinerlei monumentale Baulichkeiten...

Ganz überraschend für den mit der Bahn Ankommenden war, daß er sich vergebens nach einem Anzeichen dafür umsehen mußte, daß er sich in der Kruppstadt befand. In der Tat trat dies weder im Stadtbild noch in der Verwaltung selbst erkennbar hervor... Bildete das Werk... einen in sich geschlossenen, aber abseits gelegenen Körper, so trat das gleiche in seiner Verwaltung in Erscheinung und nicht minder in seinen Angehörigen. Die leitenden Beamten wohnten allerdings ausnahmslos in Essen, die mittleren Beamten und Ingenieure zum größeren Teil... Nur ein paar kleine Arbeiterkolonien ältesten Stils, deren Abbruch nur eine Frage der Zeit war, lagen im Stadtbezirk selbst, in welchem ja auch für die Anlage neuer Kolonien der Raum ganz fehlte. So war das Interesse, das die Kruppsche Verwaltung überhaupt an der baulichen Ausgestaltung der Stadt nahm, kein sonderlich großes.

Noch auf einem anderen Gebiet machte sich der Nachteil einer so einseitigen wirtschaftlichen Basis, wie sie die Stadt Essen damals hatte, geltend, das war die Kruppsche Konsumanstalt. Im Stadtbild trat dies in negativer Form hervor, nämlich in der ganz ungewöhnlich kleinen Zahl offener Ladengeschäfte, mit der sich Essen trotz seines großen und kaufkräftigen Hinterlandes von den Nachbarstädten wie Düsseldorf und Elberfeld, selbst Dortmund ungünstig unterschied. Gewiß war die Konsumanstalt für die Werksangehörigen kein geringer Segen, denn sie sicherte beste Warenlieferung und gewöhnte die Werksangehörigen an Barzahlung. Zu Weihnachten schüttete die Konsumanstalt an ihre Warenbezieher die nicht unbedeutende Dividende je nach dem Umfange ihrer Warenbezüge aus.«

Stadt der Millionäre

Über die »Gesellschaft« der Industriestadt schreibt Brandi: »Bei dem großen Festessen« (anläßlich der Enthüllung eines Bismarckdenkmals im Jahre 1899) »trat mir zum erstenmal, und zwar wohltuend, die in der Stadt herrschende bürgerlich-liberale, offenbar jedem Kastengeist abholde Gesellschafts- bzw. Geselligkeitsauffassung entgegen. Das Staatsbeamtentum trat hinter dem unendlich zahlreicheren Privatbeamtentum zurück, Garnison war nicht vorhanden, und die führende Oberschicht, zusammengefaßt unter dem Sammelnamen ›Gewerken‹, das heißt die wohlhabenden, an der Industrie, vor allem am Bergbau beteiligten Kapitalisten, entstammten fast ausnahmslos den eingeborenen bürgerlichen Familien, zu denen mannigfach verwandtschaftliche Beziehungen bestehen geblieben waren. In hohem Ansehen stand aber die Stadtverwaltung selbst, das heißt die wenigen leitenden Herren, in denen die führenden Kreise ihre berufenen Vertreter sahen... Überraschend war für mich als Beamtensohn das ungewöhnlich hohe Einkommen der Angehörigen der führenden Klasse. Wenn auch die Witwe eines Großindustriellen mit einem Jahreseinkommen von über 800 000 Mark [die Witwe Friedrich Grillos] eine Ausnahmeerscheinung war, so waren doch Einkommen zwischen 200 000 und 500 000 Mark öfter vertreten, solche zwischen 100 000 und 200 000 Mark, gemessen an der damaligen Einwohnerzahl, sogar zahlreich zu nennen.«

Von dem sparsamen Millionär Albert von Waldthausen, einem Mitglied der weitverzweigten Essener Familie, erzählt Brandi, er habe der Aufzählung seines Vermögens nachträglich hinzugefügt: »Ach ja, ich unterhalte bei der Disconto-Gesellschaft in Berlin ein täglich verfügbares Guthaben von etwa zwei Millionen, damit ich immer in der Lage bin, eine günstige Anlagemöglichkeit in der Industrie auszunutzen.«

Unbefangen äußert Brandi sein Mißfallen daran, daß Krupps Zuschüsse an Theater und Orchester sich nur auf zusammen 25 000 Mark im Jahr beliefen, wofür das städtische Orchester noch mehrmals in den Grünanlagen der Kruppschen Wohnsiedlungen unentgeltlich habe spielen müssen. »Als ich im Frühjahr 1899 die Steuererklärung des Herrn Krupp erhielt, malte ich mir aus, welche umfassende Förderung die Kunst in jeder Form wohl erfahren würde, wenn ich aus der einen Steuererklärung solche von 200 reichen Bürgern – denn das wäre theoretisch möglich gewesen – machen könnte.« (Krupps Privateinkommen 1902: 21 Millionen Mark.) In ähnlichem Sinn hatte schon die *Essener Zeitung* während der zähen Verhandlungen über die erste Straßenbahn geschrieben, es würde in Essen mehr Unternehmungsgeist geben, »wenn wir statt der einen größten Fabrik der Welt ein Dutzend kleinerer Fabriken hätten«.

Nun, die Kruppfabrik wuchs zwar weiter, aber ihre beherrschende Stellung wurde doch ein wenig eingeschränkt: Denn noch schneller wuchs jetzt Essen, und an Unternehmungsgeist fehlte es nicht.

Zuzug aus Berlin

1890/91 erhielt die Stadt einen bedeutsamen Zuzug aus Berlin: Die 1847 dort gegründete chemische Fabrik *Theodor Goldschmidt* kaufte in Essen das Gebäude eines ehemaligen Walzwerks und verlagerte die Produktion von der Spree an die Ruhr. Der Grund dafür war, daß die Söhne des Firmengründers, Dr. Karl und Dr. Hans Goldschmidt, das erste brauchbare Verfahren zur Weißblech-Entzinnung erfunden hatten. Das klingt nach irgendeiner technischen Spezialität und war doch fast eine Revolution: denn Weißblech – verzinntes Eisenblech – ist das Material, aus dem Milliarden von Konservendosen hergestellt werden; bei den leeren Dosen das Zinn wieder vom Eisen zu trennen, um beide Rohstoffe von neuem verwenden zu können, ist ein Millionengeschäft. An der Ruhr konnte der entzinnte Eisenschrott direkt in die Martinsöfen der Stahlwerke wandern (vgl. Seite 193), und die zum Färben und Drucken von Stoffen verwendeten Zinnpräparate (das ursprüngliche Firmenerzeugnis) hatten in der großen Textilindustrie von Krefeld und Elberfeld einen nahen Absatzmarkt.

Mit ihren Patenten auf die elektrolytische Entzinnung sowie auf die sogenannte Aluminothermie (ein Verfahren zur Herstellung kohlenstoffarmer Metalle und zur Schweißung von Schienen und Stahlgußteilen) machten die Brüder Goldschmidt ihre Firma zu einem Weltunternehmen, mit Zweigbetrieben und

Tochtergesellschaften in Mannheim und Braunschweig, in England, Frankreich und den USA. Nach den Büchsenmachern des 17. Jahrhunderts und der Kruppschen Gußstahlfabrik besaß Essen eine weitere Firma, die in die Welt hinausstrahlte.

RWE und Kohlensyndikat

Noch ein Großunternehmen von heute erblickte 1898 das Licht der Welt – oder umgekehrt, es half dieses Licht erzeugen: Die *Rheinisch-Westfälische Elektrizitätswerk-AG*. Der Anfang war schwer. Als die Gemeinde Altenessen 1884 beim Regierungspräsidenten die Genehmigung für eine elektrische Straßenbeleuchtung beantragte, erhielt sie den Bescheid: »Wenn wir auch ein Bedürfnis zur Beleuchtung der in Rede stehenden Straße nicht in Abrede stellen wollen, so haben wir doch aus den uns gemachten Vorlagen nicht den Eindruck gewinnen können, daß gerade die projektierte elektrische Beleuchtung diesem Bedürfnis in der besten und zweckmäßigsten Weise Abhilfe verschaffen werde.« Petroleumbeleuchtung sei nicht nur billiger, sondern auch deshalb vorzuziehen, weil das elektrische Licht sich bisher nur in Gebäuden oder allenfalls auf umbauten Plätzen bewährt habe.

Unter solchen Umständen dauerte es noch vierzehn Jahre, bis auf Drängen und unter Beteiligung von Oberbürgermeister Zweigert 1898 die Elektrizitätswerk-AG zustande kam. Die übrigen Mitglieder des ersten Aufsichtsrats waren sieben Firmen und Banken aus Frankfurt am Main, zwei aus Mülheim und Gelsenkirchen, der Essener Kaufmann Heinrich Waldthausen und der achtundzwanzigjährige spätere Konzernherr *Hugo Stinnes*, Geschäftsführer der Zeche *Victoria Mathias* an der Viehoferstraße, in deren Nachbarschaft das erste Kraftwerk errichtet wurde. Die Verkaufsumlage des Kohlensyndikats ließ sich dadurch umgehen, daß die Zeche ein eigenes Kesselhaus errichtete, das die stromerzeugenden Dampfmaschinen mit Dampf versorgte. Zum erstenmal wurde die Kohle direkt an der Zeche in elektrische Energie verwandelt, und es zeigte sich bald, daß es weit billiger war, statt der Kohle den Strom über Land zu schicken.

Das *Rheinisch-Westfälische Kohlensyndikat* war 1893 als eine Aktiengesellschaft mit Sitz in Essen ins Leben getreten – ein Verkaufskartell für die Ruhrkohle, das schließlich 99 Prozent der Ruhrkohlenförderung und rund 80 Prozent der gesamten deutschen Steinkohlenproduktion erfaßte und in der ersten Hälfte des 20. Jahrhunderts damit die größte kapitalistische Verbindung in Deutschland war.

Die Absatzkrise der siebziger Jahre hatte das Bestreben der Zechen geweckt, über den 1858 gegründeten *Verein für die bergbaulichen Interessen im Oberbergamtsbezirk Dortmund* hinaus Verkaufsgemeinschaften zu bilden, um die im Bergbau langfristig gebundenen Kapitalien einem geringeren Risiko auszusetzen. 1890 entstanden in Dortmund und Bochum, 1891 in Essen ein Kohlenverkaufsverein. Unter Anführung Emil Kirdorfs von der Gelsenkirchener Bergwerks-AG (vgl. Seite 202) kam 1893 dann das umfassende Syndikat zustande, in der Rechtsform einer Aktiengesellschaft, der die angeschlossenen Zechen ihre gesamte zum Verkauf bestimmte Förderung überließen; sie regelte den Absatz und setzte die Preise fest. Als 1903 auch das Koks- und das Brikettsyndikat dem Kohlensyndikat beitraten, war in Essen eine Wirtschaftsmacht konzentriert, die die Stadt endgültig zur Hauptstadt der Kohle, zur Metropole des Ruhrgebiets erhob. Die Kohlenförderung im Essener Raum stieg zwischen 1890 und 1900 von 7,2 auf 11,2 Millionen Tonnen, die Zahl der Bergleute auf 37000.

Von den 120000 Bergarbeitern des Reviers waren im Mai 1889 rund 90000 in den Streik getreten – den ersten großen Ausstand, der das ganze Industriegebiet, und den zweiten, der Essen erfaßte (vgl. Seite 202). Neben einer Lohnerhöhung um 15 Prozent forderten die Bergleute vor allem, daß der hergebrachte Achtstundentag an der Zeit unter Tage zu messen sei, während die Zechen nur die reine Arbeitszeit berücksichtigten. Bei der Tiefe der Schächte und der Ausdehnung des unterirdischen Stollennetzes, in dem man sich teilweise nur gebückt bewegen konnte, verstrich vom Einfahren bis zur Arbeitsaufnahme oft eine Stunde, so daß der Bergmann zehn Stunden unter der Erde verbrachte. *Der Streik von 1889*

Es kam zu einigen Ausschreitungen, die Unternehmer riefen Militär zu Hilfe, es gab Verletzte. Am 14. Mai 1889 empfing der dreißigjährige Kaiser Wilhelm II. eine dreiköpfige Deputation der streikenden Bergarbeiter. »Wir fordern nur, was wir von unseren Vätern ererbt haben, nämlich die achtstündige Schicht«, sagte ihr Sprecher. »Sprächen Eure Majestät nur ein Wort, so würde es sich gleich ändern, und manche Träne würde getrocknet werden!«

Der junge Kaiser erstrebte die Aussöhnung der Arbeiterschaft mit dem Staat; auf seinen Wunsch hin hob der Reichstag 1890 das Sozialistengesetz von 1878 auf, das sich »gegen die gemeingefährlichen Bestrebungen der Sozialdemokratie« richtete; und dies war für Bismarck der letzte Anstoß, seine Entlassung einzureichen – aber den Ruhrkumpels erklärte Wilhelm II., jeder Sozialdemokrat sei für ihn ein Vaterlandsfeind, und wenn sich die Streikenden mit den Sozialdemokraten verbänden, so würden sie seine unnachsichtige Strenge zu spüren bekommen. Im übrigen sagte er jedoch eine Prüfung der ihm vorgetragenen Beschwerden zu, und an der Ruhr erregte es Aufsehen, daß der deutsche Kaiser überhaupt Arbeiter in Audienz empfing.

Zwei Tage danach hörte sich Wilhelm II. die Gesichtspunkte des Bergbauvereins an, dessen Abordnung von Friedrich Hammacher geführt wurde – mit dem Ergebnis, daß er den Unternehmern empfahl, auf die Wünsche der Bergleute einzugehen, was auch geschah, so daß der Streik nach knapp dreiwöchiger Dauer ein Ende fand. Die Auslegung des Abkommens gab jedoch noch zu manchen Streitigkeiten Anlaß.

Der Erfolg des gemeinsamen Handelns rief nach dem Streik die ersten Gewerkschaften (im neuen Wortsinn) ins Leben. 1889 entstand der »Verband zur Wahrung und Förderung der bergmännischen Interessen im Rheinland und Westfalen«, der Religion und Politik als »total ausgeschlossen« bezeichnete, allmählich jedoch in sozialdemokratisches Fahrwasser geriet und 1891 im »Verband der Bergarbeiter Deutschlands« (Sitz Bochum) aufging. 1890 kam dazu der »Rheinisch-westfälische Bergarbeiterverein Glückauf«, der 1894 in den der Zentrumspartei nahestehenden »Gewerkverein christlicher Bergarbeiter für den Oberbergamtsbezirk Dortmund« überging, beide mit Sitz in Essen, das lange Zeit eine Hochburg der christlichen Arbeiterbewegung blieb.

Friedrich Alfred Krupp

Nicht nur Bismarck, auch *Friedrich Alfred Krupp*, der neue Herr auf dem Hügel, war der Sozialpolitik des jungen Kaisers abhold, darin von seinem Vater nicht verschieden. In einer Audienz im Januar 1890 überreichte er Wilhelm II. ein Gutachten gegen die Bildung von Arbeiterausschüssen; er werde entweder Herr im Hause bleiben wie sein Vater oder die Fabrik verlassen.

Auch eine erhebliche Geschäftstüchtigkeit hatte Friedrich Alfred mit seinem Vater gemeinsam. Äußerlich aber glich der Sohn dem Vater in nichts. Er war unauffällig, trug Schnurrbart und Zwicker und litt von Kindheit an unter Asthma und Rheumatismus, so daß er durch einen Hauslehrer unterrichtet werden mußte. Er war ein sensibler Mensch, der Naturwissenschaft studieren wollte; der Vater verbot es ihm. »Die Wissenschaften kannst du den Angestell-

Ausstellungs-Katalog

der

Gussstahlfabrik

FRIED. KRUPP

Essen a. d. Ruhr

(Rheinpreussen).

World's Columbian Exposition

1893

CHICAGO.

ESSEN a. d. Ruhr.
BUCHDRUCKEREI DER GUSSSTAHLFABRIK VON FRIED. KRUPP.
1893.

ten überlassen, die dafür bezahlt werden«, sagte er. Die beste Vorbereitung aufs Leben sei für den Sohn, vom Vater »alle Schriften zu sammeln und sie zu registrieren, um sie immer wieder finden zu können«. Acht Jahre lang verbot Alfred Krupp seinem mündigen Sohn, die von ihm erwählte Frau zu heiraten, Margarethe Freiin von Ende, die Tochter eines hohen preußischen Beamten.

Nach dem Tod seines Vaters schmückte Friedrich Alfred Krupp den kahlen Stahlpalast mit Büchern, Bildern, Wandteppichen und Holztäfelungen, ließ neue Fenster einbauen, die man öffnen konnte, und riß das ganze Ventilationssystem heraus. Mit großem Gefolge ging der dreiunddreißigjährige neue Fabrikherr sodann auf eine Besuchstournee beim deutschen Kaiser, bei den Königen von Sachsen, Belgien und Rumänien und beim türkischen Sultan. Es galt, sich den besten Kunden vorzustellen, als ein König den Königen.

Die Fabrik schritt nach dem Gesetz fort, unter dem sie bei Alfred Krupp angetreten war – ja die Rüstungspolitik Wilhelms II. und der Aufbau einer großen deutschen Kriegsflotte ließen das Werk noch mächtiger aufblühen. Kruppsche Panzerplatten von einer zuvor nie für möglich gehaltenen Härte eroberten den Weltmarkt. Den gefährlichsten Konkurrenten, die 1869 in Magdeburg gegründeten Gruson-Werke, deren Granaten und Panzertürme sogar den Kruppschen überlegen waren, kaufte der junge Krupp 1893 auf. Ein weiterer Schritt zur Ausdehnung des Konzerns war der Erwerb der Germania-Werft in Kiel im Jahre 1896. Sie wurde bis 1902 so umgebaut, daß sie große Linienschiffe für die kaiserliche Flotte auf Kiel legen konnte. Nach Schiffskurbelwellen, Schiffsgeschützen und Schiffspanzern baute Krupp nun auch die Schiffe selbst.

Am 28. Oktober 1896 stattete Wilhelm II. Krupp und Essen seinen ersten Besuch ab, wobei er mit dem Fabrikchef unangemeldet in der Stadtverordnetenversammlung erschien. Die *Rheinisch-Westfälische Zeitung* schrieb: »Beim gestrigen Diner in der Villa Hügel brachte Herr Geheimrat Krupp ein begeistert aufgenommenes Hoch auf den Kaiser aus. Während des Diners lief ein Telegramm des Vorstandes des Beamtenkasinos des Kruppschen Werks ein, welches das Gelöbnis unwandelbarer Treue zum Kaiser zum Ausdruck brachte.«

1897 wurde in Rheinhausen (auf dem linken Rheinufer gegenüber Duisburg) von Krupp die Friedrich-Alfred-Hütte errichtet, Europas größte Anlage zur Stahlgewinnung nach dem neuen englischen Thomas-Verfahren, das die Verarbeitung von phosphorhaltigen Eisenerzen ermöglichte. Krupp wuchs weit über den Essener Raum hinaus. Essen war am Ende des 19. Jahrhunderts mit seinen 119000 Einwohnern das Zentrum eines Stahlimperiums, wie es noch keins gegeben hatte.

So endete ein Jahrhundert, an dessen Beginn Essen eine halbverfallene dörfliche Kleinstadt gewesen war, ein Städtchen mit einem »Kunstmeister«, der den Bauern auf dem Acker nachlief, um sie für die Industrialisierung zu gewinnen.

Seit die Sparkasse von Steele im Jahre 1864 den Betrieb aufgenommen hatte, arbeiteten in den Grenzen des heutigen Stadtgebietes drei Sparkassen. Offenbar reichte ihre Zahl aus. Das änderte sich jedoch im September 1878. Damals wurde ein neues Statut für die Kettwiger Sparkasse genehmigt, und sie nahm nach zwanzigjähriger Pause die Geschäfte wieder auf, offensichtlich mit Erfolg. Ein neuer Rendant bewies, daß auch in Kettwig eine Sparkasse gedeihen konnte.

Drei waren zu wenig

223

Dabei stand es aber gerade damals nicht sonderlich gut um die kleinen Leute, die immer noch zum weitaus überwiegenden Teil die Sparkassenkundschaft bildeten. Mit mehrjähriger Verzögerung zeigte nun erst die »Gründerkrise« von 1873 ihre ganzen Folgen. Die Wirtschaft steckte in einer tiefen und langanhaltenden Depression. Die Industrie hatte infolgedessen mit Absatz- und Beschäftigungssorgen zu kämpfen, und das bekamen ihre Arbeiter zwangsläufig zu spüren: Die Löhne fielen seit 1874. Krupp zögerte – noch um seiner traditionellen Lohnpolitik willen –, dieser Bewegung zu folgen, mußte aber seit 1876 die Löhne ebenfalls zurücknehmen. Es sollten fünfzehn Jahre vergehen, ehe 1890 das Spitzenniveau von 1875 wieder erreicht war.

Im Jahre 1876 mußte die Essener Sparkasse einen Rückgang der Einlagen hinnehmen, der nicht durch politische Ereignisse begründet war: »Es sind nach Angabe der Sparkassenverwaltung hauptsächlich die kleineren Posten der Berg- und Fabrikarbeiter, welche bei der Minderung der Einlagen und Vermehrung der Rückforderungen eine Rolle spielen. Es ist dies auch wohl begreiflich. Der heutige Lohnertrag reicht eben hin, um die Bedürfnisse des täglichen Lebens zur Noth zu bestreiten; Überschüsse, welche in der Sparkasse angelegt werden können, sind nicht mehr zu erzielen, wohl aber muß in allen Fällen, in welchen außergewöhnliche Ausgaben im Haushalte vorkommen, auf die Ersparnisse der früheren guten Jahre zurückgegriffen werden. Die hiesigen Handwerker im engeren Sinne des Wortes haben von jeher wenig Gebrauch von der Sparkasse machen können, die Einlagen dieser Leute fallen daher bei der jetzigen Geschäftslage wenig ins Gewicht.« Keine guten Zeiten also für neue Sparkassen! Trotzdem hat ihre Zahl im Essener Raum in diesen Jahren zugenommen. Die neue Gründungswelle begann mit der Genehmigung für die Satzung einer Sparkasse in Altendorf. Die Gemeinden Altenessen und Borbeck folgten 1881, und 1882 kam Rellinghausen hinzu.

Die vier neuen Sparkassen wuchsen und gediehen allesamt. Am schnellsten schaffte Altendorf den Aufstieg. Dort betrug der Spareinlagenbestand im Jahre 1889 bereits 10,2 Millionen. Der Neuling war innerhalb von wenigen Jahren unter den örtlichen Sparkassen auf Platz zwei hinter dem Essener Institut vorgestoßen.

Anfang in Essen: Deutsche Sparkasseneinheit!

Um diese Zeit waren die Sparkassen bereits zu einem bedeutenden Faktor der deutschen Kreditwirtschaft herangewachsen. Sie standen aber nicht einmal in lockeren Verbindungen, sondern wirkten jede für sich in vollständiger Isoliertheit. Wenn sie dennoch dann und wann Informationen und Meinungen austauschen, dann geschah das alleine zufallsbestimmt.

Von Essen ging der erste Versuch aus, die Sparkassen aus der Isoliertheit herauszuführen und zu einer Einheit zusammenzuschließen. Am 28. Juni 1881 trafen sich in Essen auf Einladung von Oberbürgermeister Hacke Vertreter von 56 Sparkassen der Regierungsbezirke Düsseldorf und Arnsberg. Dr. Karl Heyden, Syndikus der Handelskammer und Vorstandsmitglied der Essener Sparkasse, referierte über »die Gründung eines Sparkassenverbandes für Rheinland und Westfalen und eines Verbandsorganes: Sparkassenzeitung«.

Am 28. September 1881 wurde auf der Grundlage der Essener Beratungen die Gründung des »Verbandes der Sparkassen in Rheinland und Westfalen« vollzogen. Als sich ihm 1882 die Sparkassen der preußischen Provinz Hessen-Nassau anschlossen, änderte er seinen Namen in »Westdeutscher Sparkassenverband«. Zwei Jahre später kam es zu einer neuen Umbenennung, seit 1884 hieß die Organisation: »Allgemeiner Deutscher Sparkassenverband«.

Der neue Name war Ausdruck eines Programms: Der Verband wollte die Sparkassen des gesamten Deutschen Reiches als Mitglieder gewinnen.

Dieser Gedanke weckte jedoch Widerspruch, denn inzwischen regten sich auch in anderen Teilen Deutschlands Bestrebungen zur Gründung regionaler Sparkassenverbände. Ein reichseinheitlicher Verband wurde von diesen als Konkurrenz empfunden. Obendrein mußte er bei seiner Arbeit auf praktische Schwierigkeiten stoßen. Bestand die Verbandsaktivität doch in diesen Anfangszeiten vor allem in der Interessenvertretung der Sparkassen und zudem in einer gewissen Harmonisierung der Konditionen. Beides aber konnte schwerlich einheitlich für das ganze Reich geschehen, da die Sparkassen – damals wie heute – in Gesetzgebung und Aufsicht den Ländern unterstanden. Sparkassenprobleme konnten daher in Preußen ganz anders aussehen als in Württemberg.

Aber auch innerhalb des preußischen Staates fiel es nicht leicht, die Sparkassen in einer einzigen Organisation zusammenzufassen. Als Hindernis auf dem Wege zur Sparkasseneinheit erwies sich der Gegensatz zwischen dem eher abseits gelegenen Westen der Monarchie und ihren Kernregionen mit dem Zentrum Berlin.

Nach jahrelangen Auseinandersetzungen kam es 1890 zum Kompromiß: Der Deutsche Sparkassenverband wurde zur Dachorganisation der regionalen Sparkassenverbände, zum »Verband der Verbände« und nahm nunmehr seinen Sitz in Berlin.

Verwirklichte sich so die deutsche Sparkasseneinheit auch anders als sie Oberbürgermeister Hacke und Dr. Heyden gewollt hatten, so gilt doch, daß der Einigungsgedanke aus Essen stammt.

Im Städtischen Garten zu Essen versammelten sich am 28. Juni 1881 rheinisch-westfälische Sparkassenmänner und beschlossen die Bildung eines Verbandes und eines Verbandsorgans »Die Sparkassen-Zeitung«

Vom Gründerkrach in bessere Zeiten

Das Wachstum der neuen ebenso wie der alteingesessenen Sparkassen in den achtziger Jahren erklärt sich zu einem Teil durch die anhaltende Bevölkerungszunahme in Essen und in den Vororten. Es kommt hinzu, daß die wirtschaftliche Lage dieses Jahrzehnts nach den wilden Schwankungen der siebziger Jahre eine gewisse Stabilität gewann. Die Löhne, die von 1873 bis 1879 um mehr als 20 Prozent gefallen waren, gingen seit 1880 wieder in die Höhe, zwar nur langsam, aber dafür regelmäßig. Gleichzeitig sanken die Lebenshaltungskosten und brachten den Lohnempfängern zusätzlichen Kaufkraftgewinn. Blieben die achtziger Jahre auch hinter den Wohlstandsspitzen des vorangegangenen Jahrzehnts zurück, so besaßen sie doch eine beruhigende Stetigkeit, die auch den Sparkassen guttat.

Wirklich gute Zeiten, bessere als je zuvor, begannen nach 1890. Die Realeinkommen setzten ihren Aufstieg unvermindert fort: »Die gesamten Wirtschaftsverhältnisse können als derart günstig bezeichnet werden, daß ein gewisser Wohlstand sich herausgebildet hat.«

Dieser neue Wohlstand bot auch den Sparkassen neue Chancen, den bereits etablierten ebenso wie denjenigen, die neu eröffnet wurden: Stoppenberg 1892, Kupferdreh 1893, Königssteele 1894, Kettwig vor der Brücke 1898, Bredeney 1900, Rüttenscheid 1901, Kray 1909, Heidhausen/Werden-Land 1910, Kreissparkasse Essen 1911.

Sparer und Kreditkunden des Essener Raumes hatten nun also eine reiche Auswahl. Die Sparkasse war inzwischen zum unentbehrlichen Bestandteil des Nahversorgungssystems geworden. Es gehörte sich auch ganz einfach, daß jede Gemeinde ihre eigene Sparkasse besaß. Dieses Argument war beispielsweise zu vernehmen, als die damals noch selbständige Gemeinde Rüttenscheid aus dem Verband der Bürgermeisterei Rellinghausen ausschied. Der Antrag auf die Statutengenehmigung für eine flugs projektierte eigene Sparkasse stütze sich ausschließlich auf die Tatsache, »... daß also für die gewaltig aufblühende Bürgermeisterei Rüttenscheid z. Zt. eine Sparkasse nicht besteht.«

Es spielte weder für die Rüttenscheider Gemeindevertreter noch für die Aufsichtsbehörde eine Rolle, daß ja auch nach der kommunalen Neuordnung die Rellinghausener Sparkasse selbstverständlich wie eh und je Rüttenscheider Kunden hätte betreuen können.

Ob das Sparkassennetz nicht inzwischen allzu eng geknüpft war, mußte sich die Verwaltung des Landkreises Essen fragen, als sie 1910 an die Planung einer eigenen Kreissparkasse ging.

Der Landkreis Essen war 1859 aus Teilen des Landkreises Duisburg gebildet worden. Damals gehörte ihm auch noch die Stadt Essen selbst an. Sie wurde jedoch 1873 bei der Bildung des Stadtkreises Essen ausgegliedert. Diese in anderen Teilen des preußischen Staates vollkommen fehlenden relativ häufigen Gebietsneuordnungen auf Gemeinde- und Kreisebene sind übrigens ein deutlicher Ausdruck für die ständigen Wandlungen im Ruhrgebiet. Überkommene Verwaltungsordnungen bedurften da immer wieder der Überprüfung, wo innerhalb weniger Jahrzehnte Kleinstädte oder gar Bauerndörfer zu bedeutenden Siedlungen anwuchsen.

Daß der Kreis Essen eine eigene Sparkasse brauchen könnte, war allem Anschein nach ein halbes Jahrhundert niemandem in den Sinn gekommen. In Essen, wo die Kreisverwaltung ihren Sitz hatte, bestand ja schließlich eine leistungsfähige Stadtsparkasse, und dann waren obendrein noch überall im Land Sparkassen entstanden. Im Kreisgebiet, also ohne den Stadtkreis Essen, zählte man 1910 deren insgesamt elf. Reichlich viele also.

Ängste von Steuerzahlern

Andererseits aber gab es seit jüngerer Zeit Beispiele, die zum Nachdenken anregten. Im nahen Krefeld etwa, das seit 1840 über eine Stadtsparkasse verfügte, hatte der Landkreis Krefeld 1897 eine eigene Kreissparkasse geschaffen. Sie gedieh schnell und zog schon innerhalb verblüffend kurzer Zeit beim Einlagenbestand mit der viel älteren Stadtsparkasse gleich. Diese Erfahrung, die sich auch anderswo bestätigte, sprach also dafür, daß eine Kreissparkasse an demselben Ort gedeihen konnte, an dem bereits seit längerer Zeit eine Stadtsparkasse bestand. Dafür hatte das Essener Landratsamt eine Erklärung bei der Hand: »Diese Erscheinung dürfte ihre Erklärung darin finden, daß im sparenden Publikum noch heute die irrige Meinung weit verbreitet ist, die Sparkasse sei der Steuerbehörde gegenüber zu Auskunft über die Höhe der Guthaben verpflichtet ... Die Sparer in ihrer großen Masse pflegen daher erfahrungsgemäß lieber ihre Gelder bei einer solchen Kasse zu deponieren, die ihrer Überzeugung nach dem jederzeitigen Einblick der für den örtlichen Bezirk zuständigen Steuerbehörde entzogen ist.«

Die Spekulation mit dem schlechten Gewissen der Steuerzahler ging auf. Im Jahre 1913, nur zwei Jahre nach ihrer Gründung, konnte auch die Kreissparkasse Essen bereits Spareinlagen von rund 2,2 Millionen Mark aufweisen.

Allerdings war sie mit diesem Bestand unter den übrigen Sparkassen des Essener Raumes doch noch klein zu nennen. Der Stadtsparkasse, durch Übernahme von Altendorf gestärkt, waren 1913 rund 83 Millionen anvertraut, in Steele betrugen die Einlagen 26 Millionen, in Borbeck 25. Diesen Spitzenreitern folgte die erst seit 1901 arbeitende Sparkasse von Bredeney mit knapp 20 Millionen.

Auch diese Zahlen sind Ausdruck für die wirtschaftliche Entfaltung der Region. Sie zeigen, daß die Sparkassen seit den ersten Gründungen um 1840 zu bedeutenden Finanzinstituten herangewachsen waren. Diese Entfaltung beruhte jedoch nach wie vor auf einem öffentlichen Auftrag, der auch 1913 noch unverändert gültig war. Wie in den Anfängen zur Biedermeierzeit ging es um Hilfe zur Selbsthilfe, um Förderung des Sparens und der Vermögensbildung durch Kreditgewährung.

2. Kapitel
Das Chaos wird gebändigt

Mit dem Eintritt ins 20. Jahrhundert machte Essen als Stadt einen großen Sprung nach vorn: Es begann sich aus seiner drangvollen Enge zu befreien und der chaotischen Industrielandschaft des alten Stiftslandes einen ordnenden Mittelpunkt zu geben. »Man beseitige die Vorortgemeinden, vereinige zu einem kommunalen Gemeinwesen, was ein wirtschaftliches Ganzes bildet!« forderte Oberbürgermeister Zweigert.

Am 1. August 1901 »erwarb« Essen 66 000 neue Bürger und verdoppelte sein Areal: Die Bürgermeisterei *Altendorf* am westlichen Stadtrand mit den damaligen »Bauerschaften« und heutigen Stadtteilen Altendorf, Frohnhausen und Holsterhausen wurde eingemeindet, auf Betreiben Zweigerts und ebensosehr der Firma Krupp, der die Aufteilung ihrer Fabrik- und Siedlungsfläche auf zwei Gemeinden seit langem ein Ärgernis bei der Steuerveranlagung war. Nun erst lag die Kruppstadt wirklich in Essen.

»Über zehn Jahre hatte Essen um die Braut, die weder schön noch wohlhabend war, gefreit«, schreibt der Beigeordnete Brandi. »Daß sich Essen zu dieser Verbindung entschloß, lag, abgesehen von der Tatsache, daß auf diese Weise das Kruppsche Unternehmen in vollem Umfang in das Stadtgebiet gerückt wurde, in dem Bestreben, unter allen Umständen sobald wie möglich in die Familie, also den Landkreis, hineinzuheiraten; denn ohne die Sprengung der Kreisgrenzen, die Essen wie würgende Klammern umschlossen, war ... die Entwicklung der Stadt zu einem Industriemittelpunkt ausgeschlossen. Aber niemals hätte sich der Landkreis Essen bereit gefunden, etwa die schönen Gebiete des Südens, dem die eigentliche Liebe der Stadt Essen naturgemäß galt, herzugeben. So mußte sich Essen entschließen, zunächst den mageren Teil zu wählen, um so wenigstens ... in die als uneinnehmbar geltende Festung eine größere Bresche zu schlagen.«

Die nächste Bresche hieß *Rüttenscheid*; sie öffnete bereits den Weg nach Süden und bezog sogar ein wenig Wald in das Stadtareal ein, der das Kernstück des späteren Stadtwalds wurde. Rüttenscheid, bevorzugte Wohngegend vieler Kruppscher »Beamter«, brachte am 1. Juli 1905 knapp sechs Quadratkilometer zusätzliche Fläche und 22 000 Menschen in die werdende Metropole ein, allerdings gegen das Zugeständnis von neun Sitzen im Stadtrat und einer hohen

Abfindung für den Bürgermeister. Essen hatte mit fünfundzwanzig Quadratkilometern seine Ausdehnung gegenüber 1800 nun verdreifacht, während die Einwohnerzahl auf das Sechsundsechzigfache gestiegen war. Mit 231 000 Menschen stand es jetzt an der Spitze des Reviers. Duisburg hatte durch die Eingemeindung von Ruhrort und Meiderich das alte Dortmund zeitweilig auf den dritten Platz verwiesen, Gelsenkirchen war 1903 durch die Eingemeindung von Schalke Großstadt geworden.

Die größten Städte des Ruhrgebiets von 1816 bis 1905
(Einwohner in 1000)

	1816	1858	1871	1885	1895	1905
Essen	4,7	17,6	52	65	96	231
Duisburg	4,5	12,7	31	48	70	192
Dortmund	4,3	22,1	44	78	111	176
Gelsenkirchen	–	1,6	8	20	32	147
Bochum	2,1	8,8	21	41	53	118
Mülheim	5,2	12,8	14	24	31	94
Oberhausen	–	–	13	20	30	52

Im *Großen Meyer* von 1907 mußte sich Essen jedoch noch mit der Kennzeichnung »ein mächtig aufblühender Fabrikort« bescheiden, unter dessen »industriellen Etablissements die Kruppsche Gußstahlfabrik die erste Stelle einnimmt«. Der französische Reiseschriftsteller Jules Huret wußte in seinem Buch *En Allemagne* (deutsch Leipzig 1907) nur zu berichten: »Essen ist eine Stadt aus Backsteinhäusern, die von Rauch und Staub geschwärzt sind. Der Himmel ist stets schmutziggrau und drohend. Viel Regen. Steckt man die Nase zum Fenster hinaus, immer verfolgt einen der Kohlengeruch.«

Kleiner als Charlottenburg

Die dritte Bresche in den Landkreis wurde 1908 geschlagen, eine kleinere, diesmal nach Osten: Die Bauerschaft *Huttrop* mit 4000 Einwohnern und bedeutender Eisenindustrie kam zu Essen (nachdem die Einverleibung eines schmalen Streifens von Huttrop wie von Altenessen 1897 den Auftakt zu den Eingemeindungen gegeben hatte).

Und schon 1910 folgte der vierte und bis dahin größte Landerwerb: Die Bürgermeisterei *Rellinghausen* im Südosten an der Ruhr, mit Kohlenzechen und Eisenhütten aus der Frühzeit der Industrialisierung, aber auch mit bewaldeten Höhen; dazu *Fulerum* westlich von Rüttenscheid – zusammen elf Quadratkilometer mit 14 000 Menschen.

Essen 1910: 295 000 Einwohner, mit Abstand größte Stadt des Ruhrgebiets, im Deutschen Reich jedoch immer noch erst an dreizehnter Stelle, hinter Städten wie Nürnberg und Charlottenburg. Von der Fläche der alten Stiftsländer Essen und Werden waren nun knapp ein Viertel, von der Einwohnerschaft (1910: 552 000) schon fast drei Fünftel in der Stadt Essen zusammengefaßt. Die Städte Werden, Steele und Kettwig sowie die Bürgermeisterei Altenessen im Norden, Stoppenberg im Nordosten und im Westen die Bürgermeisterei Borbeck mit ihren Eisen- und Zinkhütten, Walzwerken und Kohlenzechen bildeten weiterhin den Landkreis Essen.

Richard Strauss und Gustav Mahler

Unter Oberbürgermeister *Wilhelm Holle* (Amtszeit 1906 bis 1918) nahm der unter seinem Vorgänger Zweigert eingeleitete mächtige kommunale und kulturelle Aufstieg Essens seinen Fortgang. Während Zweigert in Finanzdingen nach der Charakteristik Brandis »nicht frei von Ängstlichkeit war, hatte Holle etwas geradezu Draufgängerisches, finanziell Unbekümmertes«.

1902 entstanden ein würdiger Hauptbahnhof und eine »Öffentliche Bücherhalle der Stadt Essen«, die spätere Stadtbibliothek. 1904 riefen Bürgerinitiative und städtische Zuschüsse das »Museum der Stadt Essen« ins Leben, das sich zunächst auf die lokale Geschichte sowie auf Natur- und Völkerkunde konzentrierte, bald aber aus Bürgerspenden auch bedeutende Gemälde (so von Ludwig Richter, Anselm Feuerbach und Hans Thoma) ankaufte. Die Abteilung Bildende Kunst wurde 1910 unter dem Namen »Kunstmuseum der Stadt Essen« herausgelöst. Wie aufgeschlossen das Museum bald auch der Moderne war, zeigten die Emil-Nolde-Ausstellungen von 1909 und 1912.

1904 wurde der Städtische Saalbau vollendet, der sich als hervorragender Konzertsaal erwies. Zu seiner Einweihung dirigierte Richard Strauss die zweite Aufführung seiner *Sinfonia domestica*. 1906 veranstaltete der Allgemeine Deutsche Musikverein dort sein 42. Tonkünstlerfest, bei dem Gustav Mahler die Uraufführung seiner Sechsten Symphonie dirigierte, mit konzertanter Einbeziehung Kruppscher Schmiedehammerschläge. Auch Richard Strauss stand wieder am Pult; am letzten Tag des Festes starb Oberbürgermeister Zweigert, und Strauss dirigierte ihm zu Ehren Mozarts Maurerische Trauermusik.

An die Spitze des 1898 gegründeten Städtischen Orchesters trat 1911 als Nachfolger des verdienten Hendrik Witte, der vierzig Jahre lang in Essen gewirkt hatte, ein Dirigent, der bald internationalen Ruf erwarb: Hermann Abendroth, später Generalmusikdirektor in Köln und Gewandhauskapellmeister in Leipzig. Es ging nicht mehr an, Essen als eine kulturlose Fabrikstadt zu bezeichnen.

Von 1905 bis 1909 wurden die städtischen Krankenanstalten errichtet. 1908 erhielt Essen eine königlich-preußische Maschinenbauschule und eine Baugewerkschule, dazu eine städtische Handwerker- und Kunstgewerbeschule. Zwischen 1910 und 1912 entstanden zwei großstädtische Hotels, es gab neue Kirchen, eine der größten deutschen Synagogen, repräsentative Gebäude für Justiz und Polizei. Die Stadt, die seit Jahrzehnten der Industrie ächzend gefolgt war, holte auf.

Die Wohnverhältnisse waren dabei keineswegs ideal, aber doch eindeutig besser als in anderen deutschen Großstädten, vor allem durch das Fehlen der für Berlin, Sachsen und Schlesien typischen Mietskasernenviertel.

1905 wohnten im dritten Stock oder höher: in Essen 12 Prozent der Bevölkerung, in Leipzig 32 Prozent, in Breslau 40 Prozent. 1910 hatten in Essen 47 Prozent aller Häuser einen Garten. Es gab schöne Wohnviertel und reiche Bürgerhäuser, teils im klassizistischen Stil der Jahrhundertmitte, teils im später beliebten Stil der italienischen und französischen Renaissance. Unter den unschönen Kindern der industriellen Revolution war Essen keineswegs das häßlichste.

Auch außerhalb der ehemaligen geistlichen Territorien Essen und Werden drängten die Umstände zur Gliederung und Bändigung der uferlosen Industriesteppe, zu Stadtbildungen und regionalen Zusammenschlüssen. Nicht nur im Wohnungs- und Straßenbau, in Verwaltung und Kanalisation hinkten die Behörden notgedrungen hinter der Industrialisierungswelle her; selbst die juristische, also die rein theoretische Erfassung der neuen Wirklichkeiten verzögerte sich derart, daß es zu grotesken Widersprüchen kam: *Hamborn*, die Thyssenstadt, so wie Essen die Kruppstadt und Schalke die Grillostadt war – Hamborn also hatte 1910 schon 100 000 Einwohner und wurde doch erst 1911 zur Stadt erhoben; es war also vermutlich das größte »Dorf«, das es je gegeben hat – vor der Gemeinde *Bottrop*, die 1919 mit 72 000 Bewohnern endlich Stadtrecht erhielt, und der Landbürgermeisterei *Borbeck*, die 1915 mit über 60 000 Einwohnern zu Essen kam. Mit welchen Schwierigkeiten die Gemeinden des Ruhrgebiets zu kämpfen hatten, zeigt auch eine Statistik von 1905: Damals gab es in Hamborn bei 61 000 Einwohnern 40 000 Zuzüge und 32 000 Wegzüge.

Anfänge der Raumplanung

Die Verwaltung wurde noch dadurch erschwert, daß mitten durchs Ruhrgebiet die preußische Provinzgrenze zwischen dem Rheinland und Westfalen läuft und der westfälische Teil außerdem zwei verschiedenen Regierungsbezirken angehört:

Dortmund, Bochum, Herne liegen im Regierungsbezirk Arnsberg; Gelsenkirchen, Recklinghausen, Bottrop im Regierungsbezirk Münster; Essen, Duisburg, Oberhausen, Mülheim im rheinischen Regierungsbezirk Düsseldorf.

Der Regierungspräsident in Düsseldorf berief 1910 einen Ausschuß ein, der einen Grünflächenplan für den rheinischen Teil des Reviers ausarbeiten sollte. Dem Komitee gehörte der Essener Beigeordnete *Dr. Robert Schmidt* an, der 1912 eine Denkschrift vorlegte, worin er eine einheitliche Siedlungs- und Grünflächenplanung für das gesamte Ruhrgebiet über die Bezirksgrenzen hinweg forderte. »Der General-Siedelungsplan stellt einen Organismus dar, dessen einzelne Teile in Wechselbeziehung zueinander alle Bedürfnisse der modernen Massenansiedelung erfüllen müssen«, heißt es in der Denkschrift. »Er soll geben die Lösung der Wohnungsfrage verbunden mit den Erholungsstätten in der erquickenden Natur; die Großarbeitsstätten getrennt von den Wohnstätten, so daß sie sich wechselseitig nicht ungünstig beeinflussen; außerdem muß durch ihn die Regelung der Verkehrsfragen jeder Art erfolgen mit dem Endzweck, ein in allen Teilen und Formen den Bedürfnissen voll entsprechendes Kunstwerk zu formen, dessen Aufbau ohne Zerstörungen, ohne Irrwege stetig fortschreitend möglich ist.«

Damit war die Idee einer Regionalplanung für das Ruhrgebiet geboren. Mit der Verwirklichung konnte erst 1920 begonnen werden. Eine Zusammenarbeit der Gemeinden, Regierungsbezirke und Provinzen – die auch den Eingemeindungswünschen Essens förderlich war – fand jedoch schon vorher statt, erzwungen von einem Stoff, mit dem die Industrie nicht länger Schindluder treiben konnte: vom Wasser.

Ruhr an der Emscher

Die *Emscher* (der Fluß zwischen der Ruhr im Süden und der Lippe im Norden, nach dem das Ruhrgebiet eigentlich benannt werden müßte) war ein träger Wasserlauf mit vielen Windungen und sumpfigen Ufern, die sich lange der Besiedlung widersetzten; noch um die Mitte des 19. Jahrhunderts tummelten sich Wildpferde im Emschertal. Der Vorstoß, den der Bergbau in der zweiten Hälfte des Jahrhunderts von der Ruhr zur Emscher machte, hatte für das Flußtal zwei verderbliche Folgen: Die Emscher wurde mit Abwässern überschwemmt, die bei dem geringen Gefälle nur schlecht abflossen; und die Bodensenkungen, die durch das Herauskratzen der Kohle aus der Tiefe entstehen, verminderten das Gefälle derart, daß sich Abwässersümpfe von faulendem Schlamm bildeten. Das Emschertal war ein Jauchebecken, eine Brutstätte von Typhus, Cholera, Ruhr und sogar Malaria.

In dieser Not erließ der preußische Landtag am 14. Juli 1904 ein Sondergesetz zur Schaffung der *Emschergenossenschaft*, die den Wasserabfluß wieder in Gang bringen und Abwasserreinigungsanlagen errichten sollte. Als Genossen traten ihr die anliegenden Gemeinden bei. Sitz dieser ältesten deutschen Abwässergenossenschaft wurde Essen, ihr erster Vorsitzender Oberbürgermeister Zweigert, der sich um das Zustandekommen der Körperschaft verdient gemacht hatte.

Die Emscher wurde nun begradigt und kanalisiert, gewaltige Kläranlagen wurden gebaut, und Dutzende von Pumpwerken müssen die Niederungen entwässern, die infolge der Bodensenkungen keinen natürlichen Abfluß mehr haben. Ohne die Emschergenossenschaft gäbe es im Mittelstreifen des Ruhrgebiets heute keine Kohlenförderung, ja keine menschliche Siedlung mehr.

Ist die Emscher also zu einem kostspielig unterhaltenden Abwasserkanal geworden, so haben zwei andere bedeutende wasserwirtschaftliche Verbände die *Ruhr* zum großen Wasserversorger des Reviers gemacht: Der *Ruhrtalsperrenverein* und der *Ruhrverband*.

Der Talsperrenverein – 1899 privat gegründet, 1913 zu einer Körperschaft des öffentlichen Rechts erhoben – sorgt dafür, daß die Ruhr genügend Wasser liefert: eine gewaltige Aufgabe, da der Bergbau den Grundwasserspiegel senkt, während die Ballung von Menschen, Zechen, Eisenhütten und Fabriken einen ungeheuren Bedarf zur Folge hat. Um in regenreichen Zeiten das überschüssige Wasser zu sammeln, hat der Verein an der Ruhr und ihren Zuflüssen bisher sieben Talsperren gebaut, von denen die Möhnetalsperre die größte und bekannteste ist.

Wie der Ruhrtalsperrenverein für die Beschaffung der nötigen Wassermengen zuständig ist, so hat der Ruhrverband auf der Grundlage des Ruhrreinhaltungsgesetzes von 1913 die Aufgabe, für die Güte des Ruhrwassers zu sorgen, so daß sie für die Entnahme von Trinkwasser geeignet ist. Zu diesem Zweck hat der Ruhrverband neben zahlreichen Kläranlagen vier Stauseen gebaut, die die Selbstreinigung des Flußwassers fördern. Einer von ihnen, der waldgesäumte

Baldeneysee zu Füßen der Villa Hügel, hat Essen zu einem herrlichen Stück Landschaft innerhalb seiner heutigen Grenzen verholfen.

Seit 1938 sind die Verwaltungen des Ruhrverbands und des Ruhrtalsperrenvereins, die ohnehin beide ihren Sitz in Essen hatten, organisatorisch vereinigt. Essen ist damit der Mittelpunkt eines Wasserwirtschaftssystems, das in Europa nicht seinesgleichen hat und vieles von dem vorwegnahm, was die 1933 gegründete *Tennessee Valley Authority* (in den Vereinigten Staaten) berühmt machte.

Die Ruhr also: kein Abwasser- und Kohlenfluß, sondern ein Trinkwasserlieferant mit großen landschaftlichen Reizen; die Emscher: ein trüber Abwasserkanal. Die Kohlen werden weder auf der Ruhr noch auf der Emscher verschifft, sondern auf der verkehrsreichsten künstlichen Wasserstraße Europas, die der Emscher streckenweise parallel läuft: dem *Rhein-Herne-Kanal*. *Die ersten Kanäle*

Die Schiffahrtswege hatten dem Ruhrgebiet von seinen Anfängen an viel Kummer gemacht: Die Ruhr war ja nur mit Hilfe vieler Schleusen passierbar, die Emscher für Schiffe überhaupt ungeeignet; Abhilfe konnten allein Kanäle schaffen.

Schon 1857 wurde in Essen ein Komitee gegründet, das den Bau eines Kanals vom Rhein durchs Revier zur Elbe fördern wollte. Ernst Waldthausen, Präsident der Essener Handelskammer, und der vielseitige Ire Mulvany, der in seiner Heimat das öffentliche Kanalnetz hatte ausbauen helfen, traten 1873 an die Spitze eines Emscherkanal-Komitees. Ihr ständiges Drängen führte schließlich dazu, daß die preußische Regierung 1877 in einer Denkschrift die Pflicht des Landes anerkannte, Rhein und Elbe durch einen Kanal zu verbinden.

1886 kam ein preußisches Gesetz zustande, das zur Enttäuschung Essens zunächst eine Wasserstraße von Dortmund nicht nach Westen, sondern nach Norden vorsah, nach Emden nämlich. Der *Dortmund-Ems-Kanal* war für die eisenschaffende Industrie im Dortmunder Raum von höchster Bedeutung, nützte unmittelbar aber nur dem östlichen Revier. 1899 wurde er in Betrieb genommen.

Erst 1905 wurde der Bau eines Wasserwegs vom Ruhrgebiet zum Rhein beschlossen und 1914 schließlich der *Rhein-Herne-Kanal* eröffnet. Er beginnt am Rhein bei Duisburg und stößt östlich von Herne auf den Dortmund-Ems-Kanal. Damit war zwar noch keine Verbindung zur Elbe hergestellt, aber das Herz des Ruhrgebiets mit dem Rhein, mit dem Meer verbunden, wie der Südrand des Reviers zur Zeit der Ruhrschiffahrt (von 1780 bis 1889). Nun endlich hatte Essen die Verkehrslage, die seiner Größe und seiner Wirtschaftskraft entsprach.

Die Stadt Essen, die nun durch die Kanalbauten voll in die Infrastruktur des europäischen Massenverkehrs integriert war, bemühte sich schon seit Jahrzehnten, auch durch den Ausbau der eigenen städtischen Infrastruktur, auf der Höhe der Zeit zu sein. Dazu brauchte sie Geld. *Eisenbahnaktien und Wasserleitung*

Bei der finanziellen Ausstattung seiner Gemeinden erwies sich der preußische Staat des ausgehenden 19. Jahrhunderts als großzügig. Seit der umfassenden Finanzreform von 1891 bis 1893 überließ er den Kommunen die beiden großen

»Realsteuern«, Grund- und Gewerbesteuer. Obendrein waren sie auch noch berechtigt, nach Gutdünken Zuschläge zu der staatlichen Einkommensteuer zu erheben.

Dem Essener Stadtsäckel kam somit das industrielle Wachstum durchaus zugute. Nicht selten aber machte die Finanzpolitik den Stadtvätern doch erhebliches Kopfzerbrechen, weil das rasche Wachstum der Einwohner den Zuwachs der Einnahmen überflügelte. Dabei spielte die Tatsache eine Rolle, daß Essen, noch unlängst ein Ackerbürgerstädtchen, mit zunehmender Größe Ausgaben zu leisten hatte, von denen noch vor ein oder zwei Jahrzehnten nicht die mindeste Rede sein konnte. So schrieb der Bürgermeister 1860: »Bekanntlich hat die Stadt in der letzten Zeit in dieser Richtung bedeutende Opfer gebracht, sie hat 300 000 Taler Actien zur Witten-Duisburger Eisenbahn gezeichnet und läßt zur Herstellung einer Wasserleitung die Vorarbeiten vornehmen.«

Zur Wasserleitung, wenn man sie schon baute, gehörten auch die »Canalisations-Anlagen«. Ständig mußten neue Wege und Plätze angelegt werden, und die wachsende Bedeutung der Stadt erforderte auch schon allein um des Prestiges willen die Ansiedlung staatlicher Behörden. Aber auch das ließ die Stadtfinanzen nicht ungeschoren. Wollte Essen etwa Sitz eines Schwurgerichtes werden, dann hatte die Stadt zu den Baukosten des Gerichtsgebäudes beizutragen, volle 10 000 Taler!

Verdientes Geld statt Steuern

Und woher das Geld nehmen, wenn die Steuerbelastung der Essener ohnehin schon höher lag als in den Nachbarstädten? Warum nicht von der Sparkasse? Sie hatte schon bald nach der Gründung Überschüsse gemacht. Das fiel ihr nicht schwer, weil die Einnahmen aus der Zinsdifferenz zwischen den Spareinlagen einerseits und den Ausleihungen andererseits durch Kosten kaum beschnitten wurde.

Rendant Sölling nahm natürlich keine Vergütung, weil er seinen Dienst in der Sparkasse als echtes Ehrenamt betrachtete. Sein Nachfolger F. A. Ueberfeldt, der 1848 an seine Stelle trat und bis 1865 amtieren sollte, tat es ihm nach. Bei soviel Großzügigkeit durfte die Stadt nicht zurückstehen und verlangte für die Räumlichkeiten im Rathaus, zumindest in den Anfängen, keine Miete. Die Kosten der Sparkasse beschränkten sich also auf den geradezu lächerlich geringen Bürobedarf, Rechnungsbücher, Federn, Papier, Heizung und Licht. Daß ein gemeinnütziges Institut keine Steuern zahlte, verstand sich von selbst.

Wachsende Einnahmen und minimale Ausgaben – da konnten Gewinne nicht ausbleiben, und das taten sie auch nicht. Jahr für Jahr behielt die Sparkasse wachsende Summen übrig. Allerdings nicht zum Ausgeben. Schrieb doch schon das »Reglement« von 1838 vor, daß die Sparkassen zur Abdeckung von eventuellen Verlusten Rücklagen bilden sollten. Wieviel? Das blieb offen. Die Essener Stadtväter hatten sich darüber 1860 ihre eigene Meinung gebildet: »Ohne Frage liegt es weit mehr im Interesse der Commune, statt einen hohen Reservefonds anzusammeln, die Überschüsse wenigstens theilweise zu gemeinnützigen Anlagen zu verwenden.«

Die Spareinlagen betrugen damals rund 280 000 Taler, demgegenüber erschien ein »Reservefonds« von 15 000 Talern als voll und ganz ausreichend. Die Stadt zog aus diesen Erörterungen zunächst aber keine praktische Konsequenz. Das tat sie erst 1867. Die nicht ausgeschütteten Gewinne der Sparkasse waren inzwischen auf fast 43 000 Taler angewachsen, während das Reservesoll immer noch 15 000 Taler betrug; 25 000 Taler konnte man also leicht für die Stadt abzweigen, denn sie brauchte dringend Geld.

25 000 Taler für die Realschule

Eine neue »Realschule« sollte gebaut werden, deren Kosten auf 50 000 Taler veranschlagt waren. Da das neue Gebäude obendrein noch als Fortbildungsschule für Handwerker und Bergleute dienen sollte, ließ sich ein Baukostenzuschuß aus Sparkassenmitteln um so leichter als gemeinnützig rechtfertigen.

Das fand denn auch die Bezirksregierung in Düsseldorf und erteilte die notwendige Genehmigung. Damit begann eine Periode, in der Sparkassengewinne regelmäßig zur Deckung städtischen Investitionsaufwandes herangezogen wurden. So erhielt die Stadtgemeinde etwa 1874 rund 29 000 Taler, weil sie erneut erhebliche Baukosten zu bestreiten hatte für Wasserwerk und Gasanstalt, für die Töchterschule, das Rathaus und den Neubau eines Schlachthauses. Natürlich reichte der Beitrag der Sparkasse dafür bei weitem nicht aus, denn der Gesamtaufwand wurde auf fast eine halbe Million Taler beziffert.

Wasserwerk, Gasanstalt und Töchterschule

Solche Beträge überstiegen die Möglichkeiten der Sparkasse, zumindest wenn es um Gewinne ging. Aber die Stadt konnte ja auch Geld bei ihrer Sparkasse leihen. Das tat sie zum Beispiel 1886, als sie für eine Kläranlage 250 000 Mark brauchte.

Hatte Essen sich schon um 1860 das Schwurgericht einiges kosten lassen, so entschloß sich die Stadt in den neunziger Jahren zu bedeutenden Ausgaben, um die »Königliche Eisenbahn-Direction« konkurrierenden Nachbargemeinden abzujagen. Der Sieg aber hatte seinen Preis. Die Stadt mußte nicht nur das Grundstück kostenlos bereitstellen, sondern obendrein auch noch einen kräftigen Zuschuß zu den Baukosten leisten. Alles in allem rund eine halbe Million Mark!

Preis der Eisenbahndirektion

Innerhalb von acht Jahren, so rechneten sich die Stadtväter aus, konnte dieser Betrag mit den Sparkassengewinnen abgedeckt werden. Das aber paßte der Bezirksregierung in Düsseldorf nicht. Die Kosten für die Eisenbahndirektion, so befand sie, gehörten nun wirklich nicht zu jenen sozialen Zwecken, denen Sparkassengewinne in erster Linie gewidmet waren: Arbeiterwohnungen zum Beispiel, Volksbäder, Fortbildungsschulen etc.

Indessen fand sich Rat: Seit Jahren hatte die Stadt aus den laufenden Haushaltsmitteln stolze Summen für derartige Zwecke ausgegeben ...

»Dieselbe hat einen öffentlichen Stadtgarten im schönstgelegenen Theile des Stadtbezirks in Größe von über 8 ha angelegt. Durch diese Anlage ist einem allgemeinen Bedürfnisse abgeholfen, indem der Stadtgarten allen Schichten der Bevölkerung zur Erholung dient ...«

Stadtgarten, Badeanstalt, Arbeiterwohnungen

235

Dann gab es obendrein noch neuerdings die städtische Badeanstalt, wo das »Brause- und Schwimmbad« an zwei Tagen der Woche verbilligt zu haben war, für nur zehn Pfennig. Für ein weiteres Brausebad, das die Krupp-Stiftung plante, wollte die Stadt den Bauplatz unentgeltlich beisteuern. Sie hatte auch zum Bau von Arbeiterwohnungen durch diese Stiftung einen Beitrag geleistet. Obendrein steckte sie jährlich fast 40 000 Mark in die Fortbildungsschulen.

Der Ausweg lag auf der Hand. Wenn die Finanzierung der Eisenbahndirektion auf Bedenken stieß, so sprach nichts dagegen, daß die Sparkasse mit ihren Gewinnen die Zinsen für den Stadtpark abdeckte und obendrein auch noch die Fortbildungsschulen übernahm. Die Stadt machte dadurch Einsparungen, mit denen die Kredite für die Eisenbahndirektion bedient werden konnten. Diese Mittel stammten übrigens nicht von der Sparkasse, obwohl sie wenige Jahre später, 1904, bewies, daß sie auch einen größeren Brocken verkraften konnte. Für den »Bau des neuen Stadtgartensaales und des Restaurationsgebäudes im Stadtpark« lieh sie der Stadt 1,2 Millionen.

Die Sparkasse hat also seit den späten sechziger Jahren für den städtischen Haushalt immer mehr Gewicht bekommen. Sei es, daß sie mit ihren Gewinnen die ordentlichen Einnahmen aufbesserte, sei es, daß sie Kredite gab, zu Marktkonditionen übrigens.

Eigenes Haus

Wachsende Leistungsfähigkeit verband die Städtische Sparkasse von Essen über Jahrzehnte hinweg mit einem höchst bescheidenen Erscheinungsbild. Sechzig Jahre lang begnügte sie sich mit Mietunterkünften, die längste Zeit im Rathaus, seit 1896 in einem Gebäude, das die Stadt von dem Bankier Hirschland gekauft hatte. Erst 1901 bezog sie ein eigenes Domizil, am Theaterplatz, Ecke II. Hagen. Dort sollte sie für fast drei Jahrzehnte bleiben.

Daß sie einen geräumigen Neubau brauchte, hing einerseits mit dem eigenständigen Wachstum in Essen zusammen. Es kam hinzu, daß fast gleichzeitig mit dem Bezug des Neubaus die Essener Stadtsparkasse eine Verdoppelung ihrer Bestände erfuhr: Altendorf wurde eingemeindet und damit auch seine Sparkasse. Die nunmehrige »Zweigstelle I« hatte 1900, im letzten Jahr vor der Übernahme, sogar geringfügig mehr Spareinlagen aufzuweisen als das Essener Institut. Nach der Fusion verfügte dieses über 53 Millionen Mark Spareinlagen. Eine weitere, aber wesentlich kleinere Vorortsparkasse kam 1905 hinzu. Mit der Eingemeindung von Rüttenscheid ging die dortige Sparkasse nach nur dreijährigem Bestand als weitere Zweigstelle an die Essener Stadtsparkasse über. Die dritte Zweigstelle entstand 1910 durch die Eingemeindung von Rellinghausen. Die dort seit 1882 bestehende Gemeindesparkasse wurde nunmehr als Bürgermeisterei-Sparkasse in Heisingen weitergeführt, während die Städtische Sparkasse Essen in Rellinghausen eine neue Zweigstelle errichtete.

Jeder hübsch für sich

Ungeachtet des gewaltigen Zahlenwachstums waren die Sparkassengeschäfte der Jahrhundertwende aber im Prinzip noch dieselben wie vor sechzig Jahren. Auf der »Passivseite« ihres Geschäfts verwalteten die Sparkassen ausschließlich Spareinlagen, und auf der »Aktivseite« widmeten sie sich hauptsächlich den

Hypothekendarlehen, den Krediten an Gemeinden und sonstige öffentliche Körperschaften sowie der Anlage in festverzinslichen Wertpapieren.

Derartig selbstgenügsame Beschränkung auf bestimmte Spezialbereiche galt damals allgemein im Kreditgewerbe. Geschäftsbanken übten sie ebenso wie die Kreditgenossenschaften. Jede Gruppe blieb hübsch für sich. Allerdings zeichnete sich in diesen Jahren vor dem Ersten Weltkrieg ab, daß die Grenzen zwischen den verschiedenen Sparten von Kreditinstituten nicht mehr unüberwindlich waren. So begannen sich die Geschäftsbanken beispielsweise für die großen Spareinlagen zu interessieren und machten erste Versuche, um sie als »Depositen« zu sich herüberzulocken.

In diesem beginnenden Wettbewerb konnten die Banken Sparkassenkunden mit einem Service locken, den die Sparkassen nicht zu bieten vermochten, mit dem »Cheque«. Bargeldlose Zahlung gewann um diese Zeit zumindest für die Gewerbetreibenden allmählich an Bedeutung. Es war eben einfacher, einen Scheck auszuschreiben, als das Geld für Barzahlung zuerst umständlich, vielleicht sogar nach längerer Wartezeit, am Sparkassenschalter abzuheben und es dann auf den Tisch des Hauses zu zählen.

Cheques nicht nur für Banken

Daß die bargeldlose Zahlung auch mit volkswirtschaftlichen Vorteilen verbunden war, machte im Jahre 1907 eine Kreditkrise deutlich. Das Geld wurde schlagartig knapp, und die Reichsbank konnte nicht helfen, weil sie an die strengen Regeln der Goldwährungsordnung gebunden war. »Bargeldschonung« wurde in kürzester Zeit unter Geldleuten zu einem modischen Schlagwort, und der Scheck gewann an Ansehen. Seine Bedeutung wurde so hoch eingeschätzt, daß der Reichstag unverzüglich mit den Beratungen zu einem »Reichsscheckgesetz« begann.

Es wurde 1908 verabschiedet und enthielt eine Neuerung, die fast bis zum letzten Augenblick heftig umkämpft war. Den Sparkassen wurde die »passive Scheckfähigkeit« verliehen. Sie durften nun also ebenfalls Scheckbücher ausgeben, und ihre Kunden konnten seitdem über ihre Sparguthaben »per Cheque« verfügen.

Die Städtische Sparkasse Essen hat diese neue Dienstleistung vom Juli 1911 an eingeführt und entschied sich damit für eine Neuerung, die weit mehr bedeutete als nur eine neue Technik des Zahlungsverkehrs. Sie beendete die Zeit der Spezialisierung auf das traditionelle Sparkassengeschäft. Mit der Übernahme des Scheckverkehrs betrat auch die Sparkasse Essen einen neuen Weg, den Weg zum universell tätigen regionalen Kreditinstitut.

Zukunftsweisende Innovationen aber lassen sich nicht immer auf den ersten Blick erkennen. Daß das neue Geschäft der Essener Sparkasse und auch den übrigen deutschen Sparkassen nur knapp zehn Jahre später über die schwerste Existenzkrise ihrer Geschichte hinweghelfen würde, hat damals wohl kaum jemand geahnt. Der Scheckverkehr nahm jedenfalls höchst bescheidene Anfänge. Am Ende des Geschäftsjahres 1911, des ersten seit seiner Einführung, hatten 120 Kunden von dieser neuen Dienstleistung Gebrauch gemacht, eine winzige Minderheit bei einem Bestand von 72 870 Sparkassenbüchern.

3. Kapitel
Teer, Krupp und der Kaiser

Selbst aus den Abwässern wuchs an der Ruhr eine Industrie. Um den Rhein nicht zu stark mit Giftstoffen zu verschmutzen, mußte die Emschergenossenschaft unter ihren Kläranlagen auch zahlreiche Entphenolungsanlagen in Betrieb nehmen. Phenol, das sich in den Abwässern der Kokereien befindet, ist einer der wichtigsten Ausgangsstoffe für eine Weltindustrie: die Kunstharze, von denen die ersten zwischen den Weltkriegen unter dem Namen *Bakelit* populär wurden.

Als seit 1849 an der Ruhr die Kokereien entstanden, war es nur der Koks, für den man sich interessierte. Es war zwar bekannt, daß sich das Rohgas, welches die Kohle bei der Verkokung abscheidet, für Heiz- und Leuchtzwecke eignet (schon Dinnendahl hatte ja 1818 seine Essener Werkstatt mit Gas beleuchtet), doch entstand im Revier erst spät ein Bedarf an diesem scheinbaren Abfallstoff: während London 1814, Berlin 1826 die Straßenbeleuchtung auf Gas umstellte, brannte auf den Straßen der Ruhrstädte, soweit sie überhaupt beleuchtet waren, im 19. Jahrhundert meist nur Petroleum. Während in England schon 1840 Koksöfen mit ihren eigenen Abgasen beheizt wurden, so daß dafür keine Kohle mehr erforderlich war, setzte sich dieses System im Ruhrgebiet erst am Ende des Jahrhunderts durch.

Soweit Rohgas zum Heizen und Leuchten verwendet wurde, zeigte es einige häßliche Eigenschaften: Sein Gehalt an Teer verstopfte die Rohrleitungen, die Ammoniak-Bestandteile griffen die Rohre an. War ursprünglich das Kokereigas insgesamt als Abfall betrachtet worden, so erwies sich nun, daß man aus ihm wiederum Abfallstoffe ausscheiden mußte. Mit dem Teer war etwas anzufangen, mit dem schwefelsauren Ammoniak zunächst nicht.

Der Wert des Teers wurde schon um die Mitte des 19. Jahrhunderts erkannt: Man verwandte Teeröl zur Imprägnierung hölzerner Eisenbahnschwellen, seit 1856 waren in England die aus Teer gewonnenen Anilinfarben bekannt, und 1863 wurde bei Frankfurt am Main die Teerfarbenfabrik Meister Lucius & Co. gegründet, das Stammhaus der Farbwerke Hoechst.

Eine Großindustrie baute sich auf Teer jedoch erst seit dem Beginn des 20. Jahrhunderts auf: 1902 wurde bei Monte Carlo die erste Teerstraße gebaut, 1905 schloß sich eine Reihe von Kokereien des Ruhrgebiets zur *Gesellschaft für*

Teerverwertung zusammen, die in Meiderich eine große Teerdestillationsanlage errichtete.

Zu Beginn unseres Jahrhunderts fand sich auch für den Ammoniak eine Verwendung: Zur künstlichen Düngung und als Ausgangsprodukt für die Sprengstoffherstellung. Auf beides wartete eine große Zukunft. 1908 wurde die fabrikmäßige Verwandlung von Ammoniak in Salpetersäure und Ammoniumnitrat aufgenommen.

1904 gelang es, mit einem weiteren Rückstand des Kokereigases, Benzol, einen Explosionsmotor anzutreiben – ein Verfahren, das in beiden Weltkriegen, als Deutschland von der Erdölzufuhr abgeschnitten war, höchste Bedeutung erlangte. 1912 wurde aus Rohgas Cumaronharz gewonnen, ein wichtiger Ausgangsstoff für Lacke, Farben und Bindemittel. 1913 erhielt der aus Schlesien stammende, in Essen wirkende Chemiker Professor Friedrich Bergius (Nobelpreis 1931) ein Patent auf die Verflüssigung von Kohle zu Öl und schließlich zu Benzin – womit der Kohlechemie ein neues, ungeheures Feld eröffnet war.

Die Schlüsselrolle der Kohle im modernen Industriestaat war damit noch verstärkt. Jener schwarze Stein, von dem man an der Schwelle der Neuzeit nicht mehr wußte, als daß er stank und gut genug war, den Armen die Stube zu heizen – er diente nun: *Der universale Rohstoff*

1. als Brennstoff für Haushalt und Gewerbe
2. als Feuerung für Dampfmaschinen, das heißt vor allem für Lokomotiven, Schiffe und Kraftwerke (während die Rolle der Dampfmaschinen im Fabrikbetrieb durch den Aufstieg des Elektromotors zurückging)
3. zur Eisenverhüttung und Stahlerzeugung in der Form von Koks
4. für Haushalt, Straßenbeleuchtung und Industrie in der Form von Heiz- und Leuchtgas
5. als universaler Ausgangsstoff für eine gewaltige chemische Industrie, deren Schwerpunkte sich im Norden des Ruhrgebiets, in der Lippezone, bildeten.

Die Entstehung von Konzernen, die Zechen, Kokereien, Eisenhütten, Elektrizitätswerke, gasverbrauchende Industrien und chemische Fabriken umfaßten, wurde durch die zentrale Bedeutung der Kohle geradezu herausgefordert. Während die Kohlenwertstoffe zunächst nur von der Leuchtgasindustrie produziert wurden, die sich der »Abfälle« erwehren mußte, gingen allmählich die Kokereien dazu über, eigene Nebengewinnungsanlagen einzurichten. Schon zwischen der Jahrhundertwende und dem Ersten Weltkrieg waren die Nebenprodukte rentabler als die Kohle selbst, und heute sind sie bei weitem das Wertvollste an der seltsamen Hinterlassenschaft der Urzeit, auf der sich das Revier erhebt.

Das Eisenerz strömte unterdessen von immer weiter her zur Kohle: Von den 18,6 Millionen Tonnen Erz, die das Ruhrgebiet 1913 verarbeitete, kamen nur eine Million Tonnen aus dem Revier selbst – aber 3,7 Millionen Tonnen aus Schweden, 3,2 Millionen Tonnen aus Lothringen, 3,1 Millionen Tonnen aus

Spanien und Portugal und weitere Schiffe und Waggons mit Erz aus Frankreich, Italien, Griechenland und Rußland, ja sogar aus Algerien und den USA.

Kein Fortschritt in der Abbautechnik

Im Essener Raum förderten 1913 rund 57 000 Bergleute 17,6 Millionen Tonnen Kohle – ein Rekord, der in einem Friedensjahr erst 1938 übertroffen wurde. Gegenüber 1850 war die Zahl der Zechen im heutigen Stadtgebiet von 34 auf 27 zurückgegangen; die Zahl der Bergleute war auf das Dreizehnfache, die Fördermenge auf das Fünfundzwanzigfache angestiegen. Allein zwischen 1890 und 1910 verdoppelten sich Beschäftigtenzahl und Kohlenförderung.

In diesen zwanzig Jahren also hatte sich die Förderleistung pro Bergmann nicht steigern lassen; der wachsende Bedarf konnte nur dadurch gedeckt werden, daß immer mehr Menschen in die heiße Finsternis des Bergwerks hinabgeschickt werden mußten, in die lärmenden Labyrinthe von Schächten und Stollen, von Kohle, Stein und Grubenholz, von Pumpen, Kabeln, Seilen und Schienen. In einer Denkschrift von 1902 heißt es: »Die Mittel, welche dem Bergmann zur Gewinnung der Kohle zur Verfügung stehen, sind im wesentlichen noch dieselben wie vor fünfzig Jahren, nämlich die Handarbeit mit der Keilhaue und die Schießarbeit.«

Seit der Jahrhundertwende wurde in manchen Bergwerken die Schrämmaschine eingesetzt, die 1848 von Johann Eickhoff, dem Besitzer einer kleinen Eisenhütte an der Steeler Fähre, erfunden und später in Amerika vervollkommnet wurde. Sie ist eine Art Kohlenhobel, der von unten Einschnitte in die Kohle kerbt, so daß sie in großen Brocken herunterfällt. Eine wesentliche Beschleunigung brachte schließlich der mit Preßluft angetriebene Abbauhammer, der, obwohl seit 1892 bekannt, erst nach dem Ersten Weltkrieg im großen Stil eingeführt wurde. Seit 1905 wurden die handgeschobenen Förderwagen durch Schüttelrutschen, die Pferde auf den Hauptstrecken durch elektrische Lokomotiven abgelöst.

Die Streiks von 1905 und 1912

Nicht die Plackerei unter Tage und auch nicht die Löhne waren es, die im Januar 1905 über siebzig Prozent der Bergleute des Reviers – 195 000 Mann – in den Ausstand trieben. Der Unmut richtete sich vielmehr gegen einige an sich vermeidbare Arbeitsbedingungen: schlechte Behandlung durch die Unterbeamten der Zechen, Nichtanrechnung von Kohlenwagen, in denen die Kohle stark mit Gestein vermengt war, auf den Lohn, und schließlich die im Dezember 1904 auf einer Stinnes-Zeche bei Bochum eingeführte Verlängerung der Arbeitszeit um die »Seilfahrt«. Von dieser Zeche ausgehend, griff der Streik Anfang Januar rasch um sich, und als der Bergbauverein die Forderungen der Bergleute ablehnte, wurde am 16. Januar 1905 auf einer Versammlung in der Tonhalle zu Essen der Generalstreik ausgerufen.

Er endete am 9. Februar, weil die Gewerkschaftskassen leer waren und zugleich weil die preußische Regierung ankündigte, sie werde im Landtag eine Novelle zum Berggesetz einbringen. Das neue Gesetz sah, als einzigen greifbaren Erfolg für die Gewerkschaften, die Einführung von Arbeiterausschüsen vor, einen ersten Schritt auf dem Wege zur Mitbestimmung.

Seit 1930 waren nicht selten NS-Größen zu Gast in der Metropole des Ruhrgebiets. Hier wohnten Hitler und Göring als Trauzeugen der Hochzeit des Gauleiters Terboven in der Münsterkirche bei. Das war im April 1934

Knapp elf Jahre später, im März 1945, ist vom »Tausendjährigen Reich« nicht mehr viel übrig: Die »Freiheit« nach dem letzten schweren Luftangriff (Photo: Willy van Heekan)

Die Demontage der Industrieanlagen (hier bei Krupp) ließ dann nicht mehr lange auf sich warten (Photo: Krupp)

Nach der Währungsreform sind erste Anzeichen einer Normalisierung des Alltagslebens zu beobachten. So auch in der Essener Brandstraße. Ein Gemüsehändler bietet seine Waren an. Im Hintergrund das Rathaus. Aufnahme vom August 1949

Rathaus Essen-Krey. Vier Oberbürgermeister, die nach dem Zusammenbruch von 1945 entscheidend am Aufbau Essens mithalfen. Von links: Dr. Hans Toussaint, Wilhelm Nieswandt, Dr. Gustav Heinemann und Horst Katzor

Alfried Krupp von Bohlen und Halbach erhält als erster den Ehrenring der Stadt Essen. Die Verleihung nimmt Oberbügermeister Nieswandt am 17. November 1961 vor

Anläßlich der Verleihung des Ehrenringes an Horst Katzor durch Oberstadtdirektor Kurt Busch (ganz rechts): Drei Ehrenringträger stellen sich den Photographen. Von links: Berthold Beitz, Horst Katzor und Bischof Dr. Franz Hengsbach

Ein wichtiger Meilenstein in Essens Verkehrspolitik war der Bau der U-Bahn. Hier ein Bild vom Mai 1973: In der Nähe des Bahnhofs sind die Bauarbeiten in vollem Gange

Die führenden Essener Tageszeitungen haben hier ihren Platz: Das Pressehaus von WAZ und NRZ an der Ecke Sachsen- und Friedrichstraße

Das alte und das neue Essen. Links das romanische Mittelschiff der Münsterkirche mit der römischen Säule im Hintergrund, rechts ein Teil der ETEC, des Essener Technologie- und Entwicklungszentrums – sichtbares Beispiel für den wirtschaftlichen Wandel Essens und für die Investition in die Zukunft der Ruhrmetropole

Auch beim Spitzensport hat Essen einiges zu bieten. Nachdem die erfolgreichen Fußballerzeiten der Rot-Weißen um Helmut Rahn fast schon Legende sind, sind es die Handballer von TUSEM, die in den letzten Jahren für Furore sorgen. Rechts Jochen Fraatz beim Torwurf, unten eine jubelnde Mannschaft nach dem Gewinn der zweiten Deutschen Meisterschaft (Mai 1989). Außerdem wurde TUSEM 1988 Europacupsieger der Pokalsieger

Verschiedenes an dem Streik von 1905 war bemerkenswert. Die Gewerkschaften, die nach dem Ausstand von 1889 entstanden waren, prüften zum erstenmal ihre Kraft. Aus Mangel an Geld hielten sie nicht durch, aber in Berlin fanden sie Widerhall. Der Verband der Bergarbeiter Deutschlands (105000 Mitglieder, den Sozialdemokraten nahestehend, aber weniger radikal) und der konkurrierende Gewerkverein christlicher Bergarbeiter (67000 Mitglieder) kämpften Schulter an Schulter. Die Streikleitung setzte Ordnungsmänner ein, Streikbrecher wurden nicht behelligt, es gab keinen einzigen Zwischenfall. Und schließlich hatten die Bergleute die öffentliche Meinung ganz überwiegend auf ihrer Seite, bis weit in bürgerliche Kreise hinein. Das *Reichsarbeitsblatt* schrieb: »Eine Begleiterscheinung des Streikes, die noch bei keinem Arbeiterkampfe in ähnlicher Weise zutage getreten ist, war die rückhaltlose Stellungnahme der öffentlichen Meinung für die Streikenden. Eine tiefe Sympathie, die in werktätiger Opferbereitschaft, in materieller Unterstützung ihren Ausdruck fand, erwuchs aus der Überzeugung von der gerechten Sache der Bergleute in allen Schichten ohne Rücksicht auf die Parteistellung und fand in der Presse Widerhall. Nicht nur unter den Arbeitern, auch in bürgerlichen Kreisen wurde gesammelt, in Wort und Tat traten Politiker und Gelehrte, Geistliche und Geschäftsleute, politische Parteien und private Vereinigungen für die Knappen ein.«

1908 schlossen sich die Bergbauunternehmer zum *Zechenverband* zusammen, dessen ausdrücklicher Zweck der Abwehrkampf gegen die Gewerkschaften war; daß er als Waffe gegen den Streik die Aussperrung vorsah, entfesselte einen Entrüstungssturm. 1909 machten die Gewerkschaften einen Pluspunkt: Nach einem neuen preußischen Gesetz durften die Bergleute unter Tage Sicherheitsmänner wählen, die die Grubensicherung zu überwachen hatten; dies wurde bald eine gewerkschaftliche Schlüsselstellung.

Der nächste große Streik im Ruhrgebiet fand vom 10. bis 19. März 1912 statt, diesmal ohne Unterstützung der starken christlichen Gewerkschaften und dadurch von vornherein zum Scheitern verurteilt. Es kam zu Unruhen, sechstausend Polizisten und Husaren wurden ins Revier geschickt, vier Bergleute fanden den Tod. Der Berliner *Vorwärts* erschien unter der Schlagzeile: »Der Klassenstaat gegen das Bergarbeiterheer«. Das Bochumer *Volksblatt* berichtete: »Vor dem Schöffengericht in Herne hatte sich am 21. März 1912 die Ehefrau des Bergarbeiters Kubla zu verantworten, weil sie in der Streikwoche von ihrem Fenster aus einem vorübergehenden Trupp Arbeitswilliger das Wort ›Streikbrecher‹ zugerufen hatte. Die Frau gab das ›Verbrechen‹ zu; sie habe sich nichts dabei gedacht, die gleichen Rufe seien von der Straße auch gefallen. Der Amtsanwalt beantragte gegen die Angeklagte eine Gefängnisstrafe von zwei Monaten, wobei er ausführte, bei den diesmaligen Streikunruhen seien besonders die Frauen beteiligt gewesen; gerade sie hätten sich bemüht, durch beleidigende Rufe die Arbeitswilligen zurückzuhalten. Das Gericht verurteilte die Angeklagte zu einem Monat Gefängnis.«

Den Gewerkschaften stand nicht nur eine schlagkräftige Unternehmerorganisation, sondern auch eine Reihe gewaltig ausgedehnter Konzerne gegenüber: so

Das RWE und Althoff

die *Gelsenkirchener Bergwerks-AG,* 1873 von Friedrich Grillo und Emil Kirdorf gegründet, 1913 unter Kirdorfs Leitung der größte Kohlenförderer und zugleich Roheisenhersteller Deutschlands, mit 50000 Arbeitern außerdem das zweitgrößte Unternehmen Deutschlands nach Krupp (1913: 77500 Beschäftigte). Ähnliche Dimensionen hatten die *Phoenix-AG für Bergbau und Hüttenbetrieb* (Duisburg) und die *Deutsch-Luxemburgische Bergwerks- und Hütten-AG* (Vorsitzender seit 1907: Hugo Stinnes).

Stinnes und August Thyssen waren seit 1902 die beherrschenden Großaktionäre der 1898 gegründeten *Rheinisch-Westfälischen Elektrizitätswerk-AG* in Essen, deren zwei Tausend-Kilowatt-Dampfmaschinen auf der Pariser Weltausstellung von 1900 bestaunt wurden. Im Geschäftsbericht für 1902/03 stellte die Gesellschaft fest: »Wir betrachten es im Gegensatz zu den meisten Kommunalbetrieben nicht als unsere Aufgabe, unter Ausnutzung unserer Monopolstellung in einzelnen Gemeinden bei geringem Stromabsatz großen Gewinn zu machen, sondern wir gedenken, unsere Aufgabe für uns und die Allgemeinheit so zu erfüllen, daß wir den Konsumenten, insbesondere der Eisenbahnverwaltung und der Industrie, zu den denkbar billigsten Preisen größtmögliche Strommengen zur Verfügung stellen. Infolge rationeller Ausnutzung unserer Kraftstationen und des Kabelnetzes werden wir dann auf die Dauer bei ermäßigten Selbstkosten unsere Rechnung finden.«

1905 erwarben die Städte Essen, Mülheim und Gelsenkirchen Aktien der RWE und entsandten ihre Oberbürgermeister in den Aufsichtsrat. Erzeuger und Abnehmer waren nun in einem Werk vereinigt, das über Essen hinauszugreifen begann. Bis 1914 schlossen sich den drei Städten achtzehn weitere Städte und Kreise an. Abnehmer waren außerdem die meisten Gemeinden und Industriebetriebe der Regierungsbezirke Düsseldorf und Köln. Außerhalb Essens wurden Kraftwerke gebaut oder übernommen, vor allem auf den Braunkohlenfeldern des Kölner Raums. Ein Netz von Hochspannungsleitungen überzog das Revier, und Essen war seine Mitte.

Ebenfalls zu Anfang unseres Jahrhunderts entwickelte sich die Stadt zum Bankenzentrum des Industriegebiets: Neben die 1872 von Grillo gegründete *Essener Creditanstalt,* die führende Bank an der Ruhr (1925 in eine Filiale der Deutschen Bank verwandelt) und eine 1876 errichtete Nebenstelle der *Reichsbank* trat 1908 eine Niederlassung der *Mitteldeutschen Creditbank* (Frankfurt am Main) und 1911 eine Filiale der *Berliner Disconto-Gesellschaft,* deren Leitung der bisherige Beigeordnete Brandi übernahm. Die *Rheinische Bank* verlegte ihren Sitz von Mülheim nach Essen, dazu kam eine Reihe kleinerer Privatbanken. Konzentriert waren die Bankhäuser in der Lindenallee, deren Linden 1888 hatten fallen müssen, um Platz für ein Trottoir zu schaffen – denn in der Altstadt war alles eng.

Auch die Firma *Althoff* trug dazu bei, Essen auf dem Wege zu einem Finanz- und Handelszentrum voranzubringen: Theodor Althoff, der 1885 das elterliche Kurzwarengeschäft in Dülmen bei Münster übernommen hatte, errichtete 1904 in Dortmund sein erstes Warenhaus und 1912 ein großes in Essen, einen Riesen unter den damaligen Geschäftshäusern.

Krupp wuchs weiter. Beim Tod Friedrich Alfred Krupps im Jahre 1902 war die Zahl der Beschäftigten auf 43 000 gestiegen, gegenüber 19 000 beim Tod seines Vaters nur fünfzehn Jahre zuvor. Der Zuwachs war jedoch überwiegend außerhalb Essens, ja des Ruhrgebiets, vor sich gegangen, in immer neuen Zechen und Eisenhütten, in der Fabrik zu Magdeburg und der Werft zu Kiel. Seiner sechzehnjährigen Tochter und Universalerbin Bertha hinterließ Friedrich Alfred Krupp ein Vermögen, das auf nicht weniger als 187 Millionen Goldmark geschätzt wurde. *Der Tod von Friedrich Alfred Krupp*

Die Ursachen und Umstände des Todes, den der reichste Mann Deutschlands im Alter von achtundvierzig Jahren fand, haben unzählige Zeitungs- und Bücherschreiber heftig bewegt. Italienische Boulevardzeitungen, später die katholische *Augsburger Postzeitung* und der sozialdemokratische *Vorwärts* hatten im Herbst 1902 das Gerücht verbreitet, Krupp sei auf Capri, wo er seiner schwachen Gesundheit wegen seit 1898 mehrere Monate des Jahres zu verbringen pflegte, der Mittelpunkt eines homosexuellen Zirkels. Auf die Gerüchte hin eilte Krupp nach Essen, brachte seine Frau in ein Sanatorium und bat um eine Audienz beim Kaiser. Ehe es dazu kam, war Krupp tot. Die Ärzte sprachen von einem Gehirnschlag, Gerüchte von Selbstmord.

Der Kaiser schritt hinter dem Sarg. Am Grabe sagte er, die Sozialdemokraten hätten an seinem Freund Friedrich Alfred Krupp einen intellektuellen Mord begangen. Die *Rheinisch-Westfälische Zeitung* schrieb: »Mit versöhnlichen Worten auf seinen Lippen ist er gestorben, aber nicht kann denen verziehen werden, die ihn in einen vorzeitigen Tod getrieben haben. Ein Bubenstück ohnegleichen ist an einem Mann vollzogen worden, der, ohne ihn zu erheben, den Anspruch besaß, die Liebe seiner Mitbürger zu genießen. Man hat den schwachen und kranken Mann zu Tode gequält.« Die nationale Berliner Zeitung *Der Tag* meinte: »Friedrich Krupp ist zur Strecke gebracht. Er hat nie einem Menschen etwas zuleide getan, aber er war der reichste Mann; er hat Zehntausende gegen Arbeitslosigkeit, Hunger und Elend sichergestellt, aber er war der größte Industrielle Deutschlands. Darum war gegen ihn erlaubt, was gegen andere als Schurkerei gilt.«

In seinem Testament hatte Friedrich Alfred Krupp verfügt, daß die Firma in eine Aktiengesellschaft zu verwandeln sei. Das gesamte Aktienkapital sollte zwar seine Tochter Bertha erhalten (mit Ausnahme von 4000 Mark, die auf die Vorstandsmitglieder verteilt wurden, um dem Aktienrecht zu entsprechen), doch gab es nun neben dem Direktorium einen Aufsichtsrat, der der Witwe und der Erbin zur Seite stehen konnte, und die Zeit des persönlichen Regiments war vorüber. Das Aktienkapital wurde auf 160 Millionen Mark festgesetzt. Die Essener Reichsbanknebenstelle erlebte den Tag, da in ihr 40 000 Tausendmarkscheine aufgeblättert wurden: denn das Gesetz verlangte die Einzahlung von einem Viertel des Aktienkapitals in bar.

1906 heiratete die zwanzigjährige Bertha Krupp den sechsunddreißigjährigen Legationsrat an der preußischen Botschaft beim Vatikan, *Dr. Gustav von Bohlen und Halbach*, dessen Vorfahren Schmiede in Remscheid gewesen waren. Vom *Gustav und Bertha Krupp*

243

Kaiser, der zur Hochzeit auf Villa Hügel erschien, erhielt Bohlen das Recht, sich *Krupp von Bohlen und Halbach* zu nennen. 1909 wurde er Vorsitzender des Aufsichtsrats.

Es zeigte sich, daß, ähnlich wie die männlichen Krupps meist tüchtige Frauen gefunden hatten, nun eine Frau der Familie und der Firma einen tüchtigen Mann zuführte, der sich nicht als neureicher Multimillionär, sondern als Erbe einer verpflichtenden Tradition fühlte und seine Umwelt mit fast noch mehr preußischer Disziplin, Pünktlichkeit und Sparsamkeit durchdrang als Alfred Krupp, der Großvater seiner Frau. Sein Tageslauf und der seiner Familie war auf die Minute eingeteilt, sein Arbeitszimmer wurde auf einer Temperatur von 13 Grad gehalten, um keinen Besucher zu störendem Verweilen einzuladen, und da er um 22.15 Uhr im Bett zu liegen wünschte, wurde den Gästen auf Villa Hügel um 21.45 Uhr bedeutet, daß ihr Wagen vorgefahren sei.

1908 heißt es im *Großen Meyer* über Krupp: »Das Kruppsche System bildet gegenwärtig die Grundlage der deutschen, österreichischen, italienischen und russischen Feldartillerie, und in Deutschland ist die gesamte Ausrüstung der Feld-, Festungs-, Schiffs- und Küstenartillerie mit Geschützrohren aus der Kruppschen Fabrik hervorgegangen.« 1911, nach einem halben Jahrhundert, in dem er Essen zum Erzittern gebracht hatte, wurde Alfred Krupps Hammer »Fritz« durch eine hydraulische Schmiedepresse ersetzt.

Das hundertjährige Firmenjubiläum

Am 20. November 1911 war die Firma Fried. Krupp hundert Jahre alt. Die Familie beschloß jedoch, die Hundertjahrfeier 1912 zu begehen, um mehr des hundertsten Geburtstags des erfolgreichen Alfred Krupp als der Gründung des gescheiterten Friedrich Krupp zu gedenken. Alfred Krupp war zwar am 26. April geboren, die Feier fand aber im August statt; glanzvoll demonstrierte sie die Größe des Stahlimperiums. Die tausend Arbeiter, die schon fünfzig Jahre oder länger bei der Firma waren, erhielten zum Jubiläum jeder eine goldene Uhr.

Im Verlag der sozialdemokratischen Essener *Arbeiterzeitung* erschien kurz vor dem Firmenjubiläum eine anonyme Schrift unter dem Titel *Krupp und die Arbeiterklasse*, in der es hieß: »Es ist Wilhelm II. dringend zu empfehlen, sich von der Höhe der Villa Hügel auch einmal ohne Beiwerk in die ›Niederungen‹ der Kruppschen Arbeiter- und Beamtenschaft zu begeben, um dort zu erfahren, wo die wirklichen Ursachen der unleugbar berechtigten Unzufriedenheit der ›Kruppianer‹ liegen. Wo Rauch ist, da ist auch Feuer. In der Kolonie ›Altenhof‹ besaßen am 31. Dezember vorigen Jahres 276 Pensionäre mit Familie, 36 Witwer und 98 Witwen freie Wohnung. Warum sollte man diese Fürsorge für die Altersschwachen nicht anerkennen? Aber ein groß' Rühmens über dieses Paradestück der Firma zu machen, dazu liegt schon in Anbetracht des Umstandes, daß diese Freiwohnungen nur nach Bedürftigkeit und ›Würdigkeit‹ (!) der Pensionäre vergeben werden und über 3000 Invaliden und Witwen von dieser Fürsorge ausgeschlossen sind, kein Anlaß vor.«

Die Schrift beschuldigte die Firma ferner, sie kenne in einzelnen Betrieben noch immer die Zwölfstundenschicht, sie habe ungewöhnlich hohe Erkrankungs- und Unfallziffern, ihre Wohlfahrtseinrichtungen seien schlechter als die weit ältere Knappschaftsversicherung der Bergleute, und die Verweigerung eines Tarifabkommens für die Krupp-Arbeiter sei ein Skandal.

Nichtsdestoweniger erlebte Essen eine glänzende Feier. »Ein Festtag, wie er im Lande des Eisens und der Kohle zu den Seltenheiten gehört, war heute für die Kanonenstadt angebrochen«, schrieb die *Rheinisch-Westfälische Zeitung* am 8. August 1912. »Das war fast gar nicht zur Ruhe gekommen die Nacht hindurch, dieses Gewimmel und Gewoge auf allen Straßen und Plätzen, dieses frohe Ausschmücken und emsige Vorbereiten an allen Ecken und Enden. Und als der Morgen graute, da stand die Riesenstadt in festlichstem Schmucke. Und aus allen Winkeln der Stadt kam es hervor seit den ersten Morgenstunden: das arbeitsame aber festesfreudige Völkchen der Industriemetropole in frohen sommerlichen Gewändern teils und teils im feierlichen Habit des ›offiziellen Festaktes‹. Der Besuch des Kaisers gilt, wie man weiß, in erster Linie dem Hause Krupp, während die Stadt Essen dabei in den Hintergrund tritt.«

Jubel für den Kaiser

Und weiter: »Nachdem um 10 Uhr 15 Minuten die sämtlichen Kirchenglocken der Stadt ihr feierliches Geläut ertönen ließen, zeigten bald laute Böllerschüsse der erwartungsvollen Menge das Herannahen des Monarchen an. Der Automobilzug mit dem Kaiser und den übrigen Herrschaften passierte um 10 Uhr 45 Minuten die Alfredbrücke ... Der Kaiser, der im zweiten Automobil links neben Herrn Krupp von Bohlen und Halbach saß, wurde von der nach Tausenden zählenden Menschenmenge mit wehenden Tüchern und lauten Hurras freudig begrüßt ... Obgleich kurz vorher ein leichter Regen eingesetzt hatte, fuhr der Monarch in offenem Automobil und dankte, fortwährend leutselig grüßend, für die dargebrachten Huldigungen ... In das Getümmel der Menschen mischte sich der Klang der patriotischen Gesänge, unter denen die Schulkinder in geschlossenen Reihen ihren Rückweg antraten.«

Oberbürgermeister Holle begrüßte den Kaiser mit den Worten: »Euere Majestät sind eingekehrt im Herzen des rheinisch-westfälischen Industriebezirkes, um die schaffende Arbeit zu ehren, die dem Wirtschaftsleben des Vaterlandes täglich Kraft und Nahrung zuführt und viel Tausenden Segen und Gedeihen bringt. Was Euere Majestät aus freudig leuchtenden Augen von jung und alt entnehmen, was Glockengeläute und Geschützdonner verkünden, ich rufe es Euerer Majestät namens der Bürgerschaft zu; ein herzliches und freudiges Willkommen im Lande von Eisen und Kohle. Vor drei Jahrhunderten haben die Hohenzollern mit den ersten Erwerbungen am Niedrrhein die Schirmvogtei über das altehrwürdige tausendjährige Reichsstift Essen übernommen und seit mehr als hundert Jahren ist Essen auf ewig mit Preußens Krone verbunden. Die Vereinigung mit Preußen hat unserem Land die Kraft und Ruhe, dem Bürger Zutrauen zu friedlichem Schaffen gegeben. Auf diesem Boden legte Friedrich Krupp den Grund; da baute mit zäher Tatkraft Alfred Krupp, dessen Andenken wir in diesen Tagen besonders feiern, da arbeiten in hoher Pflichttreue weiter die Nachfolger dieser Männer, alle getragen von dem vornehmsten Streben, den Segen der Arbeit zu verbreiten und das Gemeinwohl zu fördern.«

Wilhelm II. und Alfred Hugenberg   Im Kruppschen Verwaltungsgebäude hielt Wilhelm II. »in gleichmäßigem Tonfall, nicht so energisch satzweise hervorgestoßen, wie der Kaiser sonst spricht«, eine Rede, in der es hieß:

»Kruppsche Geschütze haben in den Linien auf den Schlachtfeldern gedonnert, auf denen Deutschlands Einheit vorbereitet und erkämpft wurde. Kruppsche Geschütze werden auch heute noch vom deutschen Heere und der deutschen Marine geführt, auf Kruppscher Werft erbaute Schiffe führen die deutsche Kriegsflagge, Kruppscher Stahl bewahrt Schiffe und Forts. Zahlreiche Armeen des Auslandes bedienen sich Kruppschen Kriegsmaterials. Aber die waffentechnischen Leistungen des Werkes werden fast noch übertroffen durch Leistungen auf Gebieten, die der friedlichen Entwicklung der Völker dienen. Die gesamte Technik des modernen Verkehrs, die Eisenbahnräder, Achsen, Schienen, die Wellen des Schiffes wie des Kraftwagens, beruhen heute noch auf dem Gußstahl und den genialen Konstruktionen Alfred Krupps. So ist denn auch nicht ein kriegerisches, sondern ein kulturelles Fabrikat, der Radreifen, in der Fabrikmarke und im Familienwappen versinnbildlicht.

Das Kruppsche Werk war nicht nur der erste Großbetrieb Deutschlands, sein großer Leiter war auch der Erste, der in Deutschland die sozialpolitischen Probleme erkannte und zu lösen versuchte, die aus der neuen Betriebsweise erwuchsen. Die Kranken-, Invaliden- und Hinterbliebenenfürsorge der Firma, ihre Konsumanstalten und Fortbildungsanstalten, ihre mustergültige Wohnungspolitik haben in der deutschen Großindustrie bahnbrechend gewirkt und die sozialpolitische Gesetzgebung des Deutschen Reiches vorbereiten helfen... So haben die in Krieg und Frieden dem Vaterlande geleisteten Dienste für dies Werk eine besondere Stellung in meinem Staate geschaffen und durch nunmehr drei Generationen seine Inhaber und ihre Familien zu meinen Vorfahren und mir in ein Verhältnis freundschaftlichen Vertrauens gesetzt.«

Nach dem Kaiser sprach im Namen der Kruppbelegschaft der Geheime Finanzrat Alfred Hugenberg, von 1909 bis 1918 Leiter des Finanzwesens und Vorsitzender des Direktoriums der Firma (später Berliner Zeitungskönig, Gründer der Ufa, Vorsitzender der Deutschnationalen Partei und Reichswirtschaftsminister in Hitlers erstem Kabinett). »Wie wird es nach abermals hundert Jahren hier aussehen?« fragte Hugenberg. Und nach dem Hinweis, daß immer die Friedensproduktion die Grundlage des Unternehmens gewesen sei, gab er die Antwort: »Dürfte man annehmen, daß es nach abermals hundert Jahren keine Kriege und keine Heere mehr gäbe..., so zweifle ich nicht, daß das Werk Krupp sein zweites Jahrhundertfest dennoch in gleicher Größe zu feiern vermöchte wie das erste.«

Die Essener Zeitung merkte dazu an: »Als die Rede auf das mögliche Aufhören von Armee und Marine kam, deutete der Kaiser durch ein Zucken der Mundwinkel an, wessen Meinung er hierüber sei.«

1913 waren in den Kruppbetrieben 77 500 Menschen beschäftigt. Sie erzielten einen Umsatz von 441 Millionen Goldmark, wovon 125 Millionen (28 Prozent) auf Kriegsmaterial entfielen. So endete sie, die gute alte Zeit.

4. Kapitel
Die Franzosen kommen

Die deutschen Armeen kämpften, und im Ruhrgebiet rauchten die Schlote. Schon im August 1914 waren ein Viertel der Bergleute und ein ähnlicher Anteil der Krupp-Arbeiter eingezogen, obwohl der Bedarf an Kohle und Stahl und damit an zusätzlichen Arbeitskräften gewaltig stieg. Frauen und Jugendliche wurden herangezogen. Das schwerste Geschütz der Welt, Krupps 42-Zentimeter-Mörser mit dem Spitznamen »Dicke Bertha«, zerschlug die Panzerforts der Festung Lüttich. 1915 produzierte die Firma 7,6 Millionen Artilleriegeschosse. Bei Krupp arbeiteten 1914 knapp 80000 Menschen, im Herbst 1918 dagegen 167000 (davon 106000 in der Essener Fabrik). Der Zustrom so vieler zusätzlicher Esser erschwerte die Lebensmittelversorgung, die im überbevölkerten Ruhrgebiet im letzten Kriegswinter der Katastrophe nahe war.

Das sogenannte Hindenburg-Programm von 1917, das die Kriegsproduktion aufs äußerste steigern sollte, brachte für die Arbeiter die Aufhebung des Streikrechts und der Freizügigkeit, und der Bergbau wurde einem »Reichskommissar für Kohlenverteilung« unterstellt. Die Rheinisch-Westfälische Elektrizitäts-AG nahm 1918 das größte Kraftwerk Europas in Betrieb. Im Frühjahr 1918 beschossen acht Kruppgeschütze mit der nie zuvor und nie danach erreichten Schußweite von 120 bis 130 Kilometern Paris. Etwa tausend Zivilisten fanden den Tod, der Haß auf Deutschland und Krupp verstärkte sich.

In die Zeit des Ersten Weltkriegs fielen für Essen zwei bedeutende kommunale Ereignisse: Ein Wechsel im Amt des Oberbürgermeisters und die bis dahin bei weitem größte Eingemeindungsaktion. Eine ganze Großstadt mit 129000 Einwohnern wurde 1915 der Stadt Essen einverleibt, bestehend aus dem riesigen Hütten- und Grubendorf *Borbeck* (westlich des Kruppgeländes) mit 60000 Menschen, dem Bergbauzentrum *Altenessen* (einem typischen Stück baumloser Industriesteppe) und dem schönen *Bredeney*.

»Hier war mit entscheidendem Widerstand des Landkreises, dessen Perle eben Bredeney... war, zu rechnen; denn dort hatte die Familie Krupp... ihren Wohnsitz, dort zahlte sie also auch beträchtliche Einkommensteuer«, erzählt Paul Brandi. »Auch die Familie Krupp selbst fühlte sich in der Gemeinde Bredeney sehr wohl und daher nicht veranlaßt, sich unter die Herrschaft des

Borbeck, Altenessen, Bredeney

Essener Oberbürgermeisters zu stellen ... Wir konnten nicht in Zweifel darüber sein, daß die Eingemeindung von Bredeney nicht für sich allein denkbar sei, man vielmehr zu dem guten Fleisch sehr schwere Beilagen, das heißt zugleich auch weniger wertvolle reine Industriegemeinden abnehmen müsse.«

Oberbürgermeister Luther

Das andere für Essen wichtige Ereignis vollzog sich 1918: Die für Oberbürgermeister Holle überraschende Tatsache nämlich, daß er nach Ablauf seiner zwölfjährigen Amtszeit nicht wiedergewählt, sondern durch *Dr. Hans Luther* ersetzt wurde, einen erst neununddreißigjährigen Berliner Juristen, der seit 1913 Geschäftsführer des Preußischen und des Deutschen Städtetages war und »dessen Persönlichkeit, geistige Überlegenheit und überragende kommunale Sachkenntnis auf die Kommission einen tiefen Eindruck gemacht hatten« (Brandi). Am 4. Juli 1918 wurde Luther durch den Regierungspräsidenten von Düsseldorf in sein Amt eingeführt. Am Mittag speiste er in der Villa Hügel – bei dem Mann, der ein Drittel der Stadtverordneten ernannt hatte, da bis 1918 das Dreiklassenwahlrecht galt und ein Drittel der städtischen Steuereinnahmen von Gustav Krupp von Bohlen kam.

Am 9. und 10. September 1918 stattete Kaiser Wilhelm II. Krupp und Essen den letzten seiner zahlreichen Besuche ab. »Am Abend des 9. September gaben Herr und Frau von Bohlen ein Essen, bei dem ich meinen Platz schräg gegenüber dem Kaiser hatte«, erzählt Luther in seinen eindrucksvollen und höchst informativen Aufzeichnungen über seine Essener Amtszeit. »Nach dem Essen, als ich in einem engeren Kreise mit dem Kaiser saß, sprach der Kaiser fast ausschließlich selbst und verhielt sich, als ob alles zum besten stünde – ja, er redete von Kronen, die er verteilen wolle ... Am nächsten Tage hielt dann der Kaiser vor etwa eintausend sorgfältig ausgewählten Kruppschen Arbeitern eine Ansprache, der ich ebenfalls beigewohnt habe. Äußerlich sprach er erregt und stieß häufig mit dem Säbel auf. Innerlich enthält die Rede Sätze, die man auch heute noch mit Bewegung liest ... ›Ihr an eurem Amboß, ich auf meinem Thron wollen kämpfen und durchhalten bis zum letzten. Dazu helfe uns Gott! Wer das will, der antworte mit Ja.‹ Es folgte ein allgemeines lautes Ja. Darauf schloß der Kaiser: ›Ich danke euch; mit diesem Ja gehe ich jetzt zum Feldmarschall.‹ Einige Wochen später gab es in Essen einen Streik der Munitionsarbeiter.«

Das Kriegsende in Essen

November 1918: Am Abend des 8. November beginnen Soldaten ohne Rangabzeichen die regulären Soldaten zu entwaffnen. Sie rufen durch die Stadt: »Der Militarismus ist gestürzt!« und öffnen die Tore des Zuchthauses Werden. Am 9. November wird ein Arbeiter- und Soldatenrat gebildet. Sein Wortführer ist der ehemalige Theologiestudent Fritz Baade (nach dem Zweiten Weltkrieg Bundestagsabgeordneter der SPD, Leiter des Instituts für Weltwirtschaft in Kiel und seit 1961 Direktor des Forschungsinstituts für Wirtschaftsfragen der Entwicklungsländer in Bonn). Ein Ausschuß unter Baades Führung geht zum Oberbürgermeister, dem es gelingt, »den Erschienenen klarzumachen, daß sich ihr revolutionäres Wollen gar nicht gegen die Stadt, sondern gegen den Staat oder das Reich richtete«.

»An den folgenden Tagen bin ich viel durch die Straßen Essens gegangen«, schreibt Luther weiter. »Für mich, der ich das Elend, das unser durch den Zusammenbruch der staatlichen Ordnung wartete, in aller Deutlichkeit kommen sah, war es erschütternd zu beobachten, welch fröhliche Stimmung im allgemeinen auf den Straßen Essens gerade im Anfang herrschte.« Bewaffnete Haufen streifen durch die Stadt, aber zu Plünderungen kommt es kaum.

Der Firma Krupp gelingt es, ihre durch die Rüstungsproduktion aufgeblähte Belegschaft innerhalb weniger Wochen ohne große Störungen um hunderttausend Köpfe zu verringern. Sie beschafft Fahrkarten und Sonderzüge und zahlt Pensionskassenbeiträge zurück. Die aus dem Feld heimkehrenden alten Kruppianer werden alle wieder eingestellt. Am 6. Dezember veranstaltet die Firma unter ihren Arbeitern und Angestellten ein Preisausschreiben: Vorschläge und Entwürfe für neue Erzeugnisse werden prämiiert.

1919: Die Bergleute streiken, auf einzelnen Zechen oder im ganzen Revier. Streiks legen Eisenbahn und Straßenbahn still. Einige leitende Bergbauangestellte werden auf den Zechen mißhandelt. Auf 100 Männer treffen in Essen jetzt 101 Frauen.

Spartakisten und Freikorps

Im März wählt die Stadt eine neue Stadtverordnetenversammlung, in der das Zentrum die stärkste Fraktion bildet. Luther (parteilos, aber den Deutschnationalen nahestehend) stellt sein Amt zur Verfügung und wird einstimmig gebeten, es weiterzuführen. Der vorläufige Reichspräsident Ebert erläßt das Sozialisierungsgesetz und das Kohlenwirtschaftsgesetz: Danach ist das Reich befugt, geeignete Wirtschaftsunternehmungen in Gemeinbewirtschaftung zu übernehmen, der Bergbau wird ein industrieller Selbstverwaltungskörper unter der Hoheit des Reichs. Die Syndikate werden zum *Reichskohlenverband* zusammengeschlossen. An seiner Spitze steht der Reichskohlenrat, von dessen 50 Mitgliedern 18 Bergleute und 15 Zechenvertreter sind. Die Staatsaufsicht war also verstärkt, die von der Linken geforderte Verstaatlichung jedoch ausgefallen.

1. April 1919: Die Reichsregierung verhängt über den Ruhrbezirk den Belagerungszustand, um der Spartakisten und des am gleichen Tag ausgerufenen Streiks aller Bergleute Herr zu werden. Freikorps marschieren in Essen ein. Am 7. April wird Carl Severing zum Reichskommissar für das Ruhrgebiet ernannt. Der Streik endet nach vier Wochen mit dem Zugeständnis der Arbeitgeber, die Arbeitszeit einschließlich Seilfahrt auf sieben Stunden zu verkürzen. Die Förderleistung je Bergmann sinkt auf 186 Tonnen (gegenüber 275 Tonnen 1912).

Juni 1919: Der Vertrag von Versailles tritt in Kraft. Essen gehört zur entmilitarisierten Zone, die neben dem linksrheinischen Deutschland einen 50-Kilometer-Streifen rechts des Rheins umfaßt. Mit Oberschlesien und dem Saarland gehen achtundzwanzig Prozent der deutschen Steinkohlenförderung verloren. Andererseits sind Reparationslieferungen in Steinkohle zu leisten. Für die Ruhr werden 150 000 zusätzliche Bergleute gesucht. Ein Aufschlag auf den Kohlenpreis soll den Wohnungsbau für sie finanzieren. Das RWE stellt sich weitgehend auf Braunkohlenfeuerung um. Krupp nimmt den Bau von Dampflokomotiven, Güterwagen, Lastkraftwagen und Kinovorführgeräten auf.

Vierzig Tote am Wasserturm

1920: Am 13. März besetzt die Brigade Ehrhardt Berlin, die Reichsregierung flieht nach Dresden und Stuttgart, zum Reichskanzler ernennt sich der Generallandschaftsdirektor von Ostpreußen, Wolfgang Kapp. Da die Reichswehr nicht mitzieht und die Gewerkschaften den Generalstreik ausrufen, bricht der Putsch bereits nach vier Tagen zusammen.

Im Industrierevier jedoch hat er schreckliche Folgen: »Denn wie aus der Erde gestampft entstanden, zunächst nicht in Essen, sondern in anderen Teilen des Ruhrgebiets, Teile einer Roten Armee«, berichtet Luther. Am 19. März, zwei Tage nach der Wiederherstellung der Ordnung in Berlin, marschieren bewaffnete kommunistische Haufen in Essen ein, beschießen das Rathaus und erzwingen unter Hinweis auf ihre drückende Überlegenheit die Zusage, daß Polizei und Einwohnerwehr keinen Widerstand mehr leisten. Da aus dem Rathaus noch einzelne Schüsse fallen, setzen die Roten zum Sturm an. Mit ausgebreiteten Armen läuft der Oberbürgermeister ihnen auf der Treppe entgegen und bringt den Angriff zum Stehen.

Die Anweisung des Polizeipräsidenten an Polizisten und Einwohnerwehr, daß nicht gekämpft werden soll, kommt für die Verteidiger des Wasserturms an der Steeler Straße zu spät. Alle vierzig Mann werden von den Roten niedergemetzelt. Ein ähnliches Blutbad wird in der Hauptpost angerichtet. Ein später in Kassel eingesetztes Sondergericht kann die Mörder nicht ermitteln und muß sich mit der Verurteilung der Rädelsführer begnügen. Der Essener Kommunistenführer, Lehrer und Oberleutnant a. D. Wilhelm Zaisser kommt mit vier Monaten Gefängnis davon (im Spanischen Bürgerkrieg wird er Stabschef der internationalen Brigaden, 1950/53 ist er Ulbrichts Minister für Staatssicherheit).

Oberbürgermeister Luther überspielt den kommunistischen »Vollzugsrat«, indem er den Vorsitz seiner Sitzungen übernimmt und mit dreien seiner Mitglieder nach Berlin fliegt, um für Nachschub an Lebensmitteln für das hungernde Revier zu sorgen. Doch tauchen weitere Vollzugsräte auf, deren jeder sich als die rechtmäßige Regierung von Essen bezeichnet. »Von einer Seite wurde angeordnet, daß bei Krupp die unterbrochene Arbeit wiederaufgenommen werden solle, und ein anderer Gewalthaber stellte Maschinengewehre auf, um auf die Arbeitswilligen zu schießen«, berichtet Luther.

Reichswehr und Franzosen

Am 3. April 1920 telegraphiert der Oberbürgermeister an die Reichsregierung, nur die Reichswehr könne noch helfen. Die Regierungstruppen marschieren in die entmilitarisierte Zone rechts des Rheins ein, wobei die Rote Armee ihnen blutige Kämpfe liefert. Luther erzählt: »Der sich verschärfende militärische Druck hatte zur Folge, daß immer neue Wellen von roten Truppen südwärts durch Essen zogen. Jeder dieser Truppenteile richtete neue militärische Kommandostellen in Essen ein. Bezeichnend für die deutsche Geschäftshandhabung, die also selbst in der Roten Armee bestand, war, daß jede solcher Gruppen, sobald sie das Polizeipräsidium besetzt hatten, stets sofort Ausweise für die im Präsidium anwesenden Polizeibeamten ausstellte ... Ich glaube, in einer einzigen Nacht waren es vier Ausweise von vier verschiedenen durchmarschierenden roten Truppenteilen.

Sehr schlimm aber war, daß in dieser Zeit der immer noch in geringem Umfang vorhandene Selbstschutz der Bürgerschaft ganz aufhörte. Besonders die mehrheitssozialistischen Gewerkschaftsmitglieder hatten größte Furcht davor, von der einrückenden Reichswehr im Besitz von Waffen angetroffen zu werden. Schließlich gaben wir die Losung aus, die Bürger sollten sich, wenn auch unbewaffnet, in Massen auf den Straßen zusammenstellen, was vielfach befolgt wurde. Ich habe mich immer wieder gefragt, wo sich das unglaubliche Gesindel, das plündernd und raubend durch die Straßen Essens zog, unter normalen Verhältnissen eigentlich aufhält. Nachher war es wieder wie verkrochen in seinen Löchern. Niemand kannte die Gesichter. Der polizeiliche Zustand in Essen war so, daß, wer etwa trotz allem ein Osterhuhn im Topf hatte, es nur so lange behalten konnte, bis ein Stärkerer kam, der es ihm fortnahm.«

Am 7. April ist die Reichswehr in Essen. Wer Waffen besitzt, wird erschossen. Wegen der Verletzung des Versailler Vertrags besetzen die Franzosen Frankfurt und Darmstadt.

20. Mai 1920: In Essen treffen französische Kontrollkommissionen ein und führen die Aufsicht über die beginnende Demontage der Kruppschen Rüstungseinrichtungen. 9000 Maschinen (vierundvierzig Prozent des Gesamtbestands) und 800 000 Werkzeuge werden zerstört, 22 000 Kubikmeter Mauerwerk eingerissen. Gustav Krupp von Bohlen, dessen Name mit dem des Kaisers und Hindenburgs auf der alliierten Liste der 895 Kriegsverbrecher steht, sorgt unerschüttert und unangefochten für Ordnung. Allen Ratschlägen und Versuchungen, die Fabrik drastisch zu zerkleinern, setzt er entschlossenen Widerstand entgegen. Ins Produktionsprogramm werden Bagger, Spinnmaschinen, landwirtschaftliche Maschinen, Milchkannen, Registrierkassen und Zahnprothesen aufgenommen.

Im Juli beschließen die Siegermächte auf einer Konferenz in dem belgischen Badeort Spa, daß Deutschland monatlich zwei Millionen Tonnen Kohle abzuliefern hat. Für den Fall der Nichterfüllung wird mit Gewalt gedroht. Die Mark hat noch acht Prozent ihres alten Goldwerts.

Mitten in diesen Wirren, am 5. Mai 1920, wird im Kammermusiksaal des Saalbaus zu Essen die erste deutsche Raumplanungsbehörde aus der Taufe gehoben: Der *Siedlungsverband Ruhrkohlenbezirk*. Er schließt achtzehn Stadtkreise (unter denen sich heute zwölf Großstädte befinden), sechs Landkreise und Teile von drei weiteren Landkreisen über drei Regierungsbezirke und zwei preußische Provinzen hinweg zu einer Planungsgemeinschaft zusammen. Über das Ruhrgebiet im engeren Sinne hinaus bezieht er den Raum nördlich von Recklinghausen, südlich von Hagen und vor allem ein großes Stück überwiegend landwirtschaftlich genutzter Fläche links des Rheins bis an die holländische Grenze ein. Krefeld, Düsseldorf und Wuppertal stoßen mit ihrer Nordgrenze an den Südrand des Verbandsbezirks, so daß er von der gesamten Stadtlandschaft Rhein-Ruhr nur den nördlichen Teil umfaßt.

Der Ruhrsiedlungsverband

War schon der erste Anstoß zur Schaffung einer überkommunalen Planungsstelle von Essen ausgegangen (nämlich 1912 von Robert Schmidt, vgl. Seite 231), so ist es nun auch Essens Oberbürgermeister, der die Initiative ergreift, den alten Gedanken mit Hilfe einer Organisation zu verwirklichen. Die zentrale Rolle der Ruhrkohle bei den deutschen Reparationsleistungen, der Zustrom neuer Bergleute und die Wohnungsbauprogramme für sie machen den Versuch, zwischen Zechen, Gleisen, Halden und Kolonien endlich Ordnung zu schaffen, besonders dringend. Luther bittet Oberbürgermeister und Landräte des Reviers zu sich; unter seinem Vorsitz wird ein Ausschuß gebildet, der der preußischen Regierung einen Gesetzesentwurf übermittelt.

»Trotz der vorhandenen grundsätzlichen Zustimmung waren die Widerstände im einzelnen, die sich vielfach ›unter Wasser‹ betätigten, recht stark«, berichtet Luther. »Einer der Widerstandsgründe war, daß von manchen Seiten Essen der zu erwartende Kräftezuwachs nicht gegönnt wurde. Als Vorsitzender des Ausschusses habe ich versucht, durch Schnelligkeit alle Widerstände sozusagen über den Haufen zu arbeiten ... Die Frage des Sitzes des Verbandes ist in den Essener Ausschußberatungen lange offengehalten worden, obwohl ich mir des Wagnisses dieses Verfahrens durchaus bewußt war. Denn wäre zum Schluß die Verwaltung etwa nach Dortmund gelegt worden, wofür viele Kräfte in Bewegung gesetzt wurden, so hätte ja in Essen kein Hund mehr ein Stück Brot von mir genommen. Liebe und getreue Nachbarn im Ruhrgebiet wollten in das Gesetz hineingeschrieben haben, daß der Sitz von der Verbandsversammlung bestimmt werden sollte. Aber es gelang dann doch, im Gesetz die Stadt Essen als Sitz des Verbandes zu verankern. Alle sachlichen Gründe sprachen ja auch dafür, besonders die Tatsache, daß der Bergbauliche Verein und das Kohlensyndikat ihren Sitz in Essen hatten.«

Das preußische Gesetz vom 5. Mai 1920 bestimmt, daß der Ruhrsiedlungsverband unter staatlicher Aufsicht an den Bebauungsplänen für den gesamten Bezirk mitwirken, Fluchtlinien für Verkehrswege von überörtlicher Bedeutung festsetzen, Grünflächen sichern und den Verkehr zwischen den Gemeinden fördern soll. Wohnviertel dürfen nur noch im »Rauchschatten« von Zechen und Fabriken entstehen. Ein Gebiet von 4587 Quadratkilometern mit rund fünf Millionen Einwohnern, einer der am dichtesten besiedelten Räume der Welt und vielleicht überhaupt der vom Menschen am radikalsten verwandelte, hat sich über alle politischen Grenzen und kommunalen Eifersüchte hinweg eine zentrale Schaltstelle geschaffen, in seiner Mitte, in Essen.

Auftrag Lenins für Krupp

1921: Das Deutsche Reich weigert sich, einer Reparationsleistung von 226 Milliarden Goldmark (zahlbar bis 1963) zuzustimmen. Daraufhin besetzen die Franzosen Düsseldorf und Duisburg. Auf dem Kopstadtplatz in Essen kommt es am Ostersonntag zu einer Schießerei zwischen Arbeitern und Polizei. Am 11. Mai nimmt die Reichsregierung das Londoner Ultimatum an, eine Reparationsschuld von 123 Milliarden Goldmark zuzüglich sechsundzwanzig Prozent des Wertes der jährlichen Ausfuhr anzuerkennen, weil andernfalls das gesamte Ruhrgebiet besetzt werden würde.

1922: Im Mai unterzeichnen das Deutsche Reich und die Sowjetunion in Rapallo einen Vertrag, der den Verzicht auf finanzielle Forderungen, die Aufnahme diplomatischer Beziehungen und die wirtschaftliche Annäherung vorsieht. Lenin erteilt Krupp den Auftrag, 250 Quadratkilometer Ödland am Don mit Traktoren, Maschinen und Technikern in ein Weizenfeld zu verwandeln. Die alljährlichen Sandstürme machen das Projekt zunichte; 1927 wird es nach Millionenverlusten aufgegeben.

Im Juli gibt Krupp, im September 1922 auch die Stadt Essen Notgeld aus: Die Notenpressen des Reiches können mit der Inflation nicht mehr Schritt halten. Im Dezember läßt sich Luther als Oberbürgermeister von Essen beurlauben, um als Reichsernährungsminister in das überparteiliche Kabinett des Reichskanzlers Cuno einzutreten.

Vorher hat er noch ein taktisches Meisterstück geliefert: Den Erwerb des *Folkwang-Museums* für die Stadt Essen. Folkwang (Folkvang, Volkwang) – das ist im altgermanischen Mythos der Palast, den Freya, Göttin des Frühlings, der Liebe, der Schönheit und der Fruchtbarkeit, in Walhall bewohnt. Der einer reichen Bankiersfamilie entstammende Kunsthistoriker Karl Ernst Osthaus, Mitbegründer des Deutschen Werkbunds, gab einem privaten Museum, das er 1902 in seiner Heimatstadt Hagen eröffnete, im Geiste Richard Wagners diesen Namen. Es enthielt eine der bedeutendsten Sammlungen französischer und deutscher Malerei und Plastik des 19. Jahrhunderts, mit zum Teil berühmten Stücken von Renoir, Cézanne, Gauguin, Manet, Daumier, Matisse, van Gogh, Corinth, Slevogt und Franz Marc. Als Osthaus 1921 stirbt, findet sich ein Testament, in dem er seine Kunstsammlung der Stadt Hagen zum Geschenk macht, und ein späteres, das den Verkauf im Interesse der Erben vorsieht.

Das Folkwang-Museum

Der Direktor des Kunstmuseums der Stadt Essen, einige wohlhabende Bürger und Oberbürgermeister Luther werden auf den Fall aufmerksam und versuchen, aus Mitteln der Bürger und des Kohlensyndikats die als Kaufpreis geforderten fünfzehn Millionen Mark aufzubringen. Hagen prozessiert gegen Essen, dringt jedoch nicht durch.

»Ein besonderes Hindernis tauchte noch dadurch auf, daß – selbstverständlich! – die Stadt Düsseldorf als Wettbewerber ... auf den Plan trat«, erzählt Luther. »Die Entscheidung auf diesem eigenartigen Kriegsschauplatz fiel in einer für das Zusammenwirken der rheinischen Oberbürgermeister bezeichnenden Art. Über die Frage, wer das Folkwang-Museum bekommen solle, und über eine Reihe anderer Fragen, darunter über den Sitz der für den Westen geplanten Kommunalakademie, hatten der Düsseldorfer Oberbürgermeister Köttgen und ich in einer Unterhaltung in meiner Essener Wohnung versucht, einen Ausgleich zustande zu bringen. Als dies scheiterte, entschlossen wir uns zu einer zweiten Besprechung unter Beteiligung des Duisburger Kollegen Jarres als Unparteiischem. Diese erneute Besprechung fand bei Jarres nicht ohne gleichzeitiges gutes Essen und Trinken statt und endete damit, daß Köttgen Düsseldorfs Erwerbsabsichten auf das Folkwang-Museum aufgab, während ich auf die Kommunalakademie verzichtete ... Die Kommunalakademie habe ich nie ernsthaft für Essen haben wollen, sondern nur als Austauschobjekt gefordert. Jarres begann seinen unverbindlichen Schiedsspruch mit der ebenfalls für den zwischen uns herrschenden Stil charakteristischen Äußerung, nachdem Köttgen und ich die Streitgegenstände vorgetragen hatten: ›Eines will ich Euch vorweg sagen: Kommunale Schweinehunde seid Ihr alle beide.‹«

Noch ein Hindernis gilt es zu überwinden: Die Abneigung einiger führender Männer des Bergbaus gegen manche Stücke »allzu moderner« Kunst, die in der Sammlung Osthaus enthalten sind. Luther berichtet: »So war ich nicht unglücklich, als eine Besichtigungsfahrt mit Vertretern des Bergbaus sich zeitlich so gestaltete, daß mehrere der den größten Anstoß erregenden Bilder zufällig zur Reparatur beiseite gestellt waren. Ein anderes Mal gestehe ich beim Führen durch gewisse Säle die blutigsten Witze erzählt zu haben, die ich mir am Tage vorher von der Berliner Börse besorgt hatte, um die Aufmerksamkeit von gewissen Bildern abzulenken ...«

Am 29. Oktober 1922 kann der Oberbürgermeister das mit dem Essener Kunstmuseum verschmolzene Folkwang-Museum eröffnen. Die Brüder Karl und Hans Goldschmidt, Direktoren des großen Chemiebetriebs, haben ihm ihre benachbarten Zwillingsvillen zur Verfügung gestellt. Mitten zwischen Weltkrieg und Ruhrkrieg hat Essen das Geld und die Tatkraft aufgebracht, in seinen Mauern die erste Kulturstätte von internationalem Rang zu errichten.

Frankreich besetzt das Ruhrgebiet

1923: Auf Befehl des französischen Ministerpräsidenten Poincaré marschieren am 10. Januar 100 000 französische und belgische Soldaten ins Ruhrgebiet ein, mit der Begründung, das Deutsche Reich sei bei seinen Reparationen mit 2,1 Millionen Tonnen Kohle, 20 000 Kubikmetern Schnittholz und 13 000 Telegraphenstangen im Rückstand.

Die Verwaltung des Kohlensyndikats ist mit den wichtigsten Akten nach Hamburg geflohen. Die Firma Krupp ermahnt ihre Belegschaft, bei der Arbeit zu bleiben und der Besatzung mit Ruhe zu begegnen. Die Reichsregierung ruft die Ruhrbevölkerung zum passiven Widerstand auf: Sie soll die Arbeit verweigern oder Arbeit nur vortäuschen, oder sinnlose Arbeit verrichten. Der Reichskohlenkommissar verbietet, Kohlen nach Frankreich und Belgien zu liefern. Die Lebenshaltungskosten sind elfhundertmal so hoch wie 1914.

Am 11. Januar stehen die französischen Truppen vor dem Essener Rathaus. Die Kohlenförderung des Reviers sinkt auf den tiefsten Stand des Jahrhunderts. Zechenbesitzer, Beamte, Bankdirektoren werden verhaftet. Frankreich verbietet jede Ausfuhr aus dem Ruhrgebiet ins übrige Deutschland und blockiert den Bahnverkehr dorthin, wie er innerhalb des Reviers schon von deutscher Seite weithin lahmgelegt worden ist. Reichspräsident Ebert droht jedem Deutschen, der den Franzosen hilft, lebenslängliches Zuchthaus an. Im Stadttheater kommt es beim Rütlischwur des »Wilhelm Tell« zu einer Demonstration, die die Franzosen veranlaßt, das Theater am nächsten Tag mit Panzern abzusperren.

Im März werden der Landgerichtspräsident, ein Reichstagsabgeordneter, fünf Bankdirektoren (darunter der ehemalige Beigeordnete Brandi) und die Vorsteher der Finanzämter als Geiseln für die Tötung eines französischen Soldaten ins Zuchthaus Werden geschafft. »Es bildete sich eine durchaus sympathische, durch gleichartige Interessen geförderte Kameradschaft«, erzählt

Brandi, »die auch dadurch nicht gestört wurde, daß man sich morgens von einem Raubmörder rasieren ließ.« Am 31. März werden die Geiseln entlassen – aber inzwischen ist das gesamte Kruppdirektorium verhaftet worden.

Denn am Morgen dieses Tages – des Karsamstags – haben zwölf französische Soldaten mit einem Maschinengewehr die Kraftwagenhalle der Fabrik besetzt. Die Arbeiter sind empört, weil die Lastautos für Lebensmitteltransporte dringend gebraucht werden. Immer mehr Arbeiter sammeln sich vor der Halle, die Fabriksirenen heulen. Während die Kruppianer in stummem Protest auf die Franzosen starren und Betriebsratsmitglieder für Ordnung sorgen, hämmert das MG los. Dreizehn Arbeiter sind tot (sieben von ihnen in den Rücken geschossen), dreißig verwundet. Der Reichstag hält eine Trauersitzung ab. Gustav Krupp von Bohlen wird von einem französischen Kriegsgericht in Werden zu fünfzehn Jahren Gefängnis und 100 Millionen Mark Geldstrafe verurteilt, seine Direktoren zu zehn bis zwölf Jahren Gefängnis und der gleichen Geldbuße.

Juli 1923: Die Franzosen sperren das Ruhrgebiet in beiden Richtungen vom übrigen Deutschland ab. Für 160 000 Mark kann man einen Dollar kaufen. Im August beschließt der Reichstag die Rhein-Ruhr-Abgabe, einen einmaligen Zuschlag auf die Einkommensteuer zur Finanzierung des passiven Widerstands.   *Luther wird Finanzminister*

Hugo Stinnes gründet mit ungebrochenem Wagemut in Essen die Aktiengesellschaft *Glaswerke Ruhr*. Er vermutet, daß der Kohlenmangel über kurz oder lang in einen Überfluß umschlagen wird, und sieht sich beizeiten nach zusätzlichen Absatzmöglichkeiten für seine Zechen um. Einen sehr hohen Gasverbrauch hat die Glasindustrie; sie kann auch dazu beitragen, die einseitige Wirtschaftsstruktur Essens aufzulockern. Neben der Zeche *Mathias Stinnes* wird eine Glasfabrik gebaut, die 1924 ihren Betrieb aufnimmt.

Reichskanzler Cuno wird von Gustav Stresemann abgelöst, der am 26. September 1923 – für einen Dollar bekommt man 200 Millionen Mark – die Ruhrbevölkerung zur Beendigung des passiven Widerstands aufruft. Die galoppierende Inflation und die anhaltenden französischen Schikanen verhindern jedoch zunächst, daß Hunger, Arbeitslosigkeit, schwarzer Markt, Diebstahl, Plünderung ein Ende nehmen.

Am 6. Oktober ernennt Reichskanzler Stresemann den Essener Oberbürgermeister und bisherigen Reichsernährungsminister Luther zum Reichsminister der Finanzen. In den Tagen des äußersten Chaos – am 10. Oktober steht der Dollar auf drei Milliarden Mark – ist es der Oberbürgermeister von Essen, der zusammen mit Stresemann und dem Reichswährungskommissar Schacht, zum Teil nach den Plänen des deutschnationalen Reichstagsabgeordneten Karl Helfferich, »das Wunder der Rentenmark« vollbringt: Am 13. Oktober wird die Einführung der Rentenmark beschlossen, die durch eine Grundschuld auf den gesamten landwirtschaftlichen Besitz in Deutschland gedeckt ist. Im November wird der Wert der Rentenmark auf eine Billion Papiermark festgesetzt und mit der Ausgabe des neuen Zahlungsmittels begonnen.

Im Oktober ist Gustav Krupp von Bohlen, durch Vermittlung von Papst Pius XI. und König Alfons XIII. von Spanien, nach siebenmonatiger Haft aus dem Düsseldorfer Gefängnis entlassen worden. Sein Schwager Thilo Freiherr von Wilmowsky berichtet, bei einem Besuch im Gefängnis habe der Firmenchef zu ihm gesagt: »Nicht wahr, jetzt darf ich mich doch wirklich mit Recht einen Kruppianer nennen!« Auf dem Fabrikgelände beschlagnahmen die Franzosen gerade fertiggestellte Lokomotiven und Güterwagen. Die Bilanz für das Geschäftsjahr 1922/23 ergibt, auf Goldmark umgerechnet, einen Verlust von 59 Millionen, der im folgenden Jahr auf 125 Millionen steigt.

Oberbürgermeister Bracht

1924: Im April stirbt Hugo Stinnes. Sein ins Uferlose gewachsener Konzern zerfällt, die einzelnen Werke behaupten sich. Im Juni wird der Preis für Ruhrkohle um 20 Prozent gesenkt, ohne daß der Absatz dadurch wesentlich steigt. Nach vielen kleinen Kohlenzechen erliegen nun auch größere der Wirtschafts- und Staatskrise.

Doch gibt es jetzt auch Hoffnungszeichen: Im September heben die Franzosen die Absperrung des Ruhrgebiets vom übrigen Deutschland auf, im Oktober beenden sie den Belagerungszustand. Am 1. Dezember erklärt sich das Reich bereit, dem Ruhrkohlenbergbau und der Hüttenindustrie 413 Millionen Mark als Abgeltung für Reparationsleistungen und Besatzungsschäden zu erstatten.

Am 18. Dezember 1924 wird ein neuer Oberbürgermeister in sein Amt eingeführt, da Reichsfinanzminister Luther nicht mehr beide Ämter zugleich verwalten will: *Dr. Franz Bracht*, zuvor Staatssekretär in der Reichskanzlei, später Reichskommissar für Preußen und Reichsinnenminister. An der Spitze Essens steht also wiederum ein Mann, »der wie Luther aus Berlin kam und mit ihm auch dessen Frische und Projektierungsfreudigkeit teilte« (Brandi). Luther schreibt: »Bracht hatte sich während des Ruhrkampfs und in seinen Ausklängen als Sonderkommissar der preußischen Staatsregierung ausgezeichnet, indem er gewissen Verfallserscheinungen in der Behandlung von Finanzfragen, die sich bei einer Reihe von Gemeinden im besetzten Gebiet zeigten, kräftig entgegentrat.«

Luther wird Reichskanzler

1925: Reichsfinanzminister Luther, ehemaliger Oberbürgermeister von Essen, wird Reichskanzler, Generalfeldmarschall a.D. von Hindenburg Reichspräsident. Gustav Krupp von Bohlen nimmt eine amerikanische Anleihe von 10 Millionen Dollar auf. In der Fabrik läßt er Schilder anbringen mit der Aufschrift, daß der Inhalt der Magazine verpfändet sei. »Tun Sie alles«, sagt er zu seinen Angestellten, »damit die verdammten Schilder so schnell wie möglich wieder verschwinden!«

Im Juli verschwinden die Franzosen. Im Oktober kommt in Locarno der Vertrag zwischen Deutschland, Frankreich, England, Italien und Belgien zustande, der die deutschen Westgrenzen garantiert und Franzosen wie Deutschen verbietet, im Rheinland Militär zu stationieren. Nach zweieinhalb Jahren der Franzosenherrschaft, fünf Jahren des Chaos und einer elfjährigen Periode von Krieg und Kampf kehrt an der Ruhr endlich der Friede ein.

Die größten Städte im Rheinland und in Westfalen 1925

1. Köln   698 000 Einwohner
2. Essen   471 000 Einwohner
3. Düsseldorf   430 000 Einwohner
4. Dortmund   313 000 Einwohner
5. Duisburg   247 000 Einwohner
6. Gelsenkirchen 204 000 Einwohner
7. Barmen   190 000 Einwohner
8. Elberfeld   164 000 Einwohner
9. Bochum   156 000 Einwohner
10. Krefeld   130 000 Einwohner
11. Mülheim   127 000 Einwohner
12. Hamborn   126 000 Einwohner

Reichskanzler Luther sendet am 1. August 1925 an Oberbürgermeister Bracht ein Telegramm, in dem es heißt: »In dieser Stunde der endgültigen Befreiung gehören alle meine Gedanken der Stadt Essen und ihrer Bürgerschaft, mit der ich durch Arbeit in schwerer Zeit und durch so viel mir erwiesene Hilfe und Freundlichkeit für immer auf das innigste verbunden bin ... Auch jetzt noch drückt gerade auf Essen und den Ruhrbezirk schwere wirtschaftliche Not. Aber die endgültige Befreiung sei uns eine Verheißung für weiteres Voranschreiten auf dem mühevollen Weg zu Deutschlands Wiederaufstieg. Essen Glückauf!«

Als Hans Luther seinem Essen solchermaßen Glück wünschte, standen die Chancen für einen neuen Aufstieg nicht übel. Die Wirtschaft hatte sich nach rund sechs Krisenjahren konsolidiert. Der Wiederaufstieg zeigte sich auch in den Geschäftsberichten der Städtischen Sparkasse. Am Ende des Befreiungsjahres hatten die Spareinlagen bereits wieder einen Bestand von 13 Millionen Mark erreicht. Das war wenig im Vergleich zu den letzten Vorkriegsjahren, zumal 1915 noch die staatlichen Sparkassen von Altenessen, Borbeck und Bredeney aufgrund weiterer Eingemeindungen mit der Städtischen Sparkasse von Essen zusammengeschlossen worden waren.

Aber die 13 Millionen von 1925 dürfen nicht mit den Vorkriegseinlagen verglichen werden, sondern mit jenen 2585 Billionen wertgesicherter Spareinlagen, über die die Städtische Sparkasse am Ende des Jahres 1923 verfügte.

Anfang am Ende: 2585 Billionen

2 585 000 000 000 000 Mark des Jahresendes 1923 – das waren ganze 2585 Mark nach den Wertverhältnissen des Jahres 1913 oder 2585 Rentenmark im Jahre 1923. Aber in Essen rechnete man nicht mit Rentenmark, denn die Besatzungsbehörden ließen das neue Geld zunächst nicht zu. So kursierte es denn nur inoffiziell. Aber auch im nicht besetzten Reichsgebiet blieben einstweilen beide Währungen nebeneinander im Umlauf. Anders als 1948 trat bei der Währungsreform von 1923 das neue Geld neben das alte, nicht an seine Stelle. Erst 1924 wurde die zur »Billmark« entwertete Papiermark durch die neue Reichsmark abgelöst.

Die Gründe, die die grundsolide, goldgedeckte Mark der Vorkriegszeit zur wertlosen Papiermark machten, reichen bis in den Sommer 1914 zurück, in die Tage der »finanziellen Mobilmachung«. Damals wurden aus dem Währungssystem jene Schutzmechanismen ausgebaut, die seine Stabilität gewährleisteten. Seitdem konnte die Notenpresse laufen.

Kriegsschatz im Juliusturm und Schaltersturm

Das mußte sie auch. Kein Land der Welt wäre imstande gewesen, aus dem Stand den Finanzaufwand eines modernen Krieges ohne die Notenpresse zu decken. Der »Kriegsschatz«, der als Rest der französischen Kriegsentschädigung von 1871 im »Juliusturm« der Spandauer Befestigungen lagerte, ging schon in den ersten Mobilisierungstagen drauf.

Die Sparer waren in diesen dramatischen Julitagen zutiefst beunruhigt. Seit dem 25. Juli standen sie auch vor den Essener Sparkassenschaltern Schlange. Tag für Tag kam es zu Massenabhebungen, denen die Sparkasse allerdings durch vorausschauende Liquiditätsplanung entsprechen konnte. Nur der ungewöhnliche Arbeitsaufwand mußte bewältigt werden, und deswegen hielt die Sparkasse sogar am Sonntag, dem 29. Juli 1914, offen. Eine Woche später, am Sonntag, dem 2. August, drehte sich die Tendenz. Die Abhebungen schrumpften, und die Einzahlungen übertrafen sie. Ausgerechnet am ersten Mobilmachungstag, ein Tag bevor das Deutsche Reich Frankreich den Krieg erklärte.

Bis Ende August 1914 hatte der Spareinlagenbestand wieder das Niveau vor der Julikrise erreicht, und seitdem ging es regelmäßig nach oben. Es sah ja auch gut aus auf den Kriegsschauplätzen. Immer wieder kamen neue Siegesmeldungen. Zwar hatte sich die Hoffnung nicht erfüllt, daß die Truppen an Weihnachten 1914 wieder zu Hause sein würden, aber ihr Sieg stand außer Zweifel.

Vorschüsse auf den Sieg

So fiel es denn auch nicht schwer, im Frühjahr die erste Kriegsanleihe unterzubringen. Mit 5 Prozent lag der Zinsfuß über dem Vorkriegsniveau, und das »Deutsche Reich« als Schuldner verdiente unbegrenztes Vertrauen. Daher zeichnete die Städtische Sparkasse Essen bei der ersten Kriegsanleihe einen Betrag von 5 Millionen; 4,3 Millionen gab sie an ihre Kunden weiter, 0,7 Millionen übernahm sie in ihr eigenes Portefeuille.

Das war aber nur ein bescheidener Anfang. Das Zeichnungsergebnis steigerte sich von einer der insgesamt neun Kriegsanleihen zur andern. In den Bilanzen der Sparkasse zeigte sich das deutlich. Bei einer Bilanzsumme von 84,6 Millionen Mark hatte die Städtische Sparkasse am Ende des Geschäftsjahres 1914 Wertpapiere im Gesamtumfang von 13,6 Millionen Mark besessen, 16 Prozent der Bilanzsumme. Am Ende des Geschäftsjahres 1918 war die Bilanzsumme auf 187,3 Millionen angestiegen, der Wertpapierbestand aber hatte wesentlich stärker zugenommen: Er betrug nunmehr 93,9 Millionen Mark – das waren knapp über 50 Prozent! Hatte die Kriegswirtschaft mit ihren Verbrauchsbeschränkungen und ihren Lohnzuwächsen in den kriegswichtigen Industrien den Mittelzufluß der Sparkasse gewaltig gesteigert, so war dessen größter Teil der Kriegsfinanzierung zugute gekommen. Die Kriegsanleihen, die die Sparer selbst erwarben, blieben dabei außer Betracht.

Eigentlich waren die Kriegsanleihen dazu bestimmt, den Anteil der Notenpresse an der Kriegsfinanzierung möglichst klein zu halten. Ihr Erfolg war indessen mäßig, weil der Staat ungeachtet der hohen Anleihenerlöse nicht auf zusätzliche Geldproduktion verzichten wollte. So kam es, daß bei Kriegsende die Inflation bereits rund die Hälfte des Geldwertes aufgezehrt hatte. Die Mark von 1918 war nur noch 50 Pfennig des Jahres 1913 wert.

Aber was war dieser Geldwertschwund schon gemessen an dem, den die folgenden Jahre 1919 bis 1923 mit sich bringen sollten? Mal schnell, mal langsam, zuweilen gar rückläufig, griff die Inflation in diesen ersten fünf Nachkriegsjahren so um sich, daß die bis dahin der Astronomie vorbehaltenen Billionen und Trillionen alltägliche Rechengrößen wurden.

Millionen, Milliarden, Billionen

Die Gründe dieser ersten deutschen Währungskatastrophe des 20. Jahrhunderts sind vielfältig. Den Anfang machte zweifellos die Notenpresse schon während des Krieges. Sie kam auch nach dem Waffenstillstand nicht zum Stehen. Im Gegenteil: Politische Ereignisse brachten sie immer wieder auf Touren, zuletzt der Ruhreinmarsch von Franzosen und Belgiern. Der Wechselkursverfall der Mark verteuerte die in den warenarmen Nachkriegsjahren unentbehrlichen Importe. Zu guter Letzt aber entwickelte die Inflation ihre Eigendynamik: Wenn das Geld schon von einem Tag weniger wert war, dann tat man gut daran, es so schnell wie möglich wieder auszugeben, egal wofür. Zusätzliche Nachfrage und weitere Preissteigerungen waren die Konsequenz.

Die sozialen Folgen der Inflation waren katastrophal. Sparer und Sparkassen bekamen sie in aller Härte zu spüren. Seit ihren biedermeierlichen Gründungsanfängen hatten die Sparkassen des Essener Raumes ebenso wie in ganz Deutschland der Vermögensbildung von Unter- und Mittelschicht gedient. Bis 1913 hatten sie sich auf der Grundlage dieses gesellschaftspolitischen Auftrages zu bedeutenden Finanzinstituten entfaltet. Ihre Geschäftszahlen waren ein klarer Indikator dafür, daß Geldvermögen auch an der Basis der Gesellschaftspyramide massenhafte Verbreitung gefunden hatte.

Gerade bei den Essener Sparkassen zeigte sich, daß auch Industrie- und Bergarbeiter an diesem Kapital Anteil hatten. Es bedeutete viel für die Stabilität einer Gesellschaftsordnung, daß in einem revolutionären Umsturz auch »Proletarier« mehr zu verlieren hatten »als ihre Ketten«. Die Inflation hat die Sparer enteignet, kleine wie große. Die Unruhen, die nach dem Krieg im Ruhrgebiet ausbrachen, zeigten mit Brutalität, daß die Gesellschaftsordnung unglaubwürdig geworden war.

Enteignung der Kleinen

Von den Sparguthaben blieb nichts übrig, nichts aber auch von den Kapitalanlagen der Sparkasse. So stimmte sie – nur ein Beispiel – im September 1923 notgedrungen der Löschung von zwei Vorkriegshypotheken im Betrag von 14 500 und 35 000 Mark zu. Der Verwaltungsaufwand lohnte sich nicht mehr, und die Löschungsgebühren von 12 Millionen Mark fielen nicht ins Gewicht. Und obendrein: 12 Millionen waren ein paar Wochen später sowieso nur noch Kleingeld.

259

Allerdings: Die Schuldner freuten sich zu früh, ihre Verbindlichkeiten so billig losgeworden zu sein. Die mit entwertetem Geld zurückgezahlten Hypotheken wurden von 1926 an aufgewertet, ebenso wie die Sparguthaben. Diese Prozedur war freilich ungemein mühevoll und zog sich über Jahre hin. Erst 1930 stand fest, was die Sparer übrigbehalten hatten: 23 Prozent des Goldmarkbetrages ihrer Einlagen.

Wenig genug! Kein Wunder, daß nach der Inflation großer Kapitalmangel herrschte. Wenn selbst Krupp eine Anleihe aus Amerika brauchte...

5. Kapitel
Die Bomber kommen

Am 1. August 1929 trat das preußische »Gesetz über die kommunale Neugliederung des rheinisch-westfälischen Industiegebiets« in Kraft, das die Großstadt Hamborn zu Duisburg, die alte Industriestadt Sterkrade zu Oberhausen, das Riesendorf Buer (mit 99000 Einwohnern) zu Gelsenkirchen schlug, Barmen und Elberfeld zu Wuppertal verschmolz und das Areal der Stadt Essen fast verdoppelte. Der Landkreis Essen wurde (mit Ausnahme von Kettwig) der Metropole einverleibt, die alten geistlichen Territorien Essen und Werden waren vereinigt, Essen erhielt seine heutige Gestalt. Mit 650000 Einwohnern setzte es sich, weit vor Dortmund und Düsseldorf, unter den deutschen Städten auf den sechsten Platz (nach Berlin, Hamburg, Köln, München und Leipzig). Nun war Essen auch nach der Einwohnerzahl in die Kategorie der klassischen Industriezentren wie Manchester, Glasgow, Pittsburgh aufgerückt.

Von den 167000 neuen Essenern brachte 40000 die Stadt *Steele*, 14000 das alte Städtchen *Werden* ein. Karnap jenseits der Emscher kam zu Essen, Katernberg und Stoppenberg im Nordosten, Kray im Osten, Überruhr, Heisingen und Kupferdreh im Südosten. Gern kamen sie nicht: Steele, Werden, Kray und Überruhr stimmten gegen die Eingemeindung; die Stadt Werden strengte sogar eine Klage beim Preußischen Oberverwaltungsgericht in Berlin an, die 1930 jedoch abgewiesen wurde.

Im Norden griff Essen nun über die Emscher, im Südosten und Süden über die Ruhr hinaus. Die Stadt hatte sowohl neue Industrie- und Zechenanlagen erworben (besonders in Karnap und Steele) als auch ihren Siedlungs- und Erholungsraum beträchtlich erweitert, zumal in dem landschaftlich so reizvollen Süden. Nach der Verschmelzung der evangelischen Altstadt mit dem katholischen Stiftsland, der vorwiegend katholischen Zuwanderung aus dem Rheinland und Westfalen, der überwiegend evangelischen aus Hessen und Ostpreußen setzte sich die Essener Einwohnerschaft nun aus vierundfünfzig Prozent Katholiken und einundvierzig Prozent Protestanten zusammen.

Eine merkwürdige und keineswegs selbstverständliche Entwicklung hatte mit der großen Eingemeindung von 1929 ihr Ende gefunden: die Wiederherstellung der alten Stiftseinheit (mit dem Zentrum in der Altstadt von Essen) in einer Zeit, in der das Bewußtsein der historischen Tradition gering war und die Behörden mit der Schaffung mehr oder weniger zufälliger Industriegemeinden nicht zimperlich verfuhren. Das alte Essen war zwar seit 1896 Großstadt und damit die bei weitem größte Gemeinde der beiden ehemaligen geistlichen Territorien an der Ruhr; aber seine nordwestlich angrenzenden Nachbarn, die riesigen Industriesiedlungen Altendorf (mit Krupp) und Borbeck wären am Ende des 19. Jahrhunderts zusammen eine noch größere Stadt als Essen gewesen. Ein wenig behördliche Willkür, wie sie in Oberhausen, Gelsenkirchen, Hamborn waltete – und eine vereinigte Großstadt Altendorf-Borbeck mit ihrem weit überlegenen Industriepotential hätte vielleicht Essen sich einverleibt. Und ebenso hätten die beiden Gemeinden nach Oberhausen oder Mülheim statt nach Essen eingemeindet werden können.

Wenn trotzdem das alte Essen die Kernstadt der Metropole wurde, so spielte wohl vor allem zweierlei mit: die überlegene Tatkraft der Oberbürgermeister Zweigert und Holle, die die Gefahr einer Zersplitterung des Essener Raumes klar erkannten – und der Umstand, daß man sich historischer Gegebenheiten nicht bewußt zu werden braucht und dennoch ihre Wirkung verspüren kann. Das Münster zu Essen war nun einmal seit über tausend Jahren der Mittelpunkt der Landschaft und blieb es auch, als Zechen und Hütten diese Landschaft fast erdrückten. Die gewachsene Stadt zeigte sich den Emporkömmlingen des Industriezeitalters gegenüber in der Wirtschaftsstruktur, in den Wohnverhältnissen und in einer nicht faßbaren Ausstrahlung überlegen. Man sprach seit jeher von »Krupp in Essen«, obwohl man mit dem gleichen Recht »Krupp in Altendorf« hätte sagen können. Auch Bergbauverein, Kohlensyndikat und Industrie- und Handelskammer hatten die traditionsreiche Stadt und nicht ein Hüttendorf zum Sitz gewählt.

Die Folkwang-Schulen

Essen tat das Seine dazu, um sich ein großstädtisches Gesicht zu geben. Schon im Haushalt von 1924/25 war die Hälfte aller Ausgaben für die Schaffung, Verschönerung und Verbreiterung von Plätzen, Straßen und öffentlichen Gebäuden eingesetzt. Der alte Burgplatz wurde planiert und mit repräsentativen Bauten umgeben. 1927 entstand das *Haus der Technik*, das Grillo-Theater wurde zum Opernhaus, das Stadttheater fand in der Volksbühne eine neue Unterkunft.

Zum Folkwang-Museum trat eine weitere bemerkenswerte Einrichtung: Die *Folkwang-Schule für Musik, Tanz und Sprechen*. Der Direktor der Essener Oper, Rudolf Schulz-Dornburg, gründete zusammen mit dem Tanzpädagogen Kurt Jooss und dem Musikerzieher Ludwig Weber (beide von der Akademie für Musik, Sprache und Bewegung in Münster) eine Schule im Geiste des 1921 verstorbenen Museumsgründers Karl Ernst Osthaus.

»Jede Zeit schafft sich die Schule, die sie braucht«, hatte Osthaus geschrieben. »Der vergangenen, einer Zeit der kalkulativen und rivalisierenden Wirtschaft, war die Schule der Mathematik, der Sprachen und der politischen Geschichte angemessen. Die neue, eine Zeit des qualitativen Schaffens, wird sich die Schule der Harmonie, ... der seelischen Vertiefung schaffen müssen ... Körperliche

Arbeit in Werkstatt, Garten und Feld, rhythmische Gymnastik und Musik, Kunstbetrachtung und dramatisches Spiel werden im Vordergrund stehen und die historischen und philosophischen Disziplinen in die Rolle von Nebenfächern zurückdrängen. Aller Unterricht wird darauf eingestellt sein, den Schüler nicht gelehrt oder ›berufstüchtig‹, sondern schöpferisch zu machen.«

Die Verwirklichung seiner erzieherischen Pläne erlebte Osthaus nicht, und die herkömmliche Schulbildung durch Gymnastik und Spiel zu ersetzen, gehörte nicht zu den Zielen der Gründer. Wohl aber: sie zu ergänzen und dabei einerseits von der schulmeisterlich-strengen Trennung der Fächer abzusehen, andererseits die urtümlichen, von der Zivilisation verschütteten Ausdrucksformen des Menschen zu wecken und zu kultivieren.

Die 1908 gegründete Handwerker- und Kunstgewerbeschule der Stadt Essen benannte sich in *Folkwang-Schule für Gestaltung* um. Die eigenwillige, aber fruchtbare Folkwang-Idee fand in Essen nun dreifachen Ausdruck.

1929, im Jahr der großen Eingemeindung, legte sich die Stadt ein Schmuckstück zu, das heute so frisch wie damals glänzt: die *Gruga* – genauer gesagt: die Große Ruhrländische Gartenbau-Ausstellung, die ihre Pforten nie wieder geschlossen hat, sondern ein weiter, herrlicher Blumen- und Erholungspark unweit des Stadtzentrums geblieben ist. 1930 wurde mit der Aufstauung der Ruhr zum Baldeneysee begonnen, der mit den Wäldern seiner steilen Ufer, mit seinen Segelbooten und Gartencafés wohl dasjenige Stück Landschaft ist, das den Fremden im Ruhrgebiet am meisten verblüfft.

Gruga und Baldeneysee

Hügel und Wälder, Oper und Kunstschulen, Parks und Seen – sie bestimmten nun das Gesicht der Stadt nicht weniger als die achtzehn Kohlenzechen, in denen 1930 über 44 000 Kumpels 14,5 Millionen Tonnen Kohle förderten. »Essen ist die bedeutendste Industriestadt Westdeutschlands und der eigentliche Mittelpunkt des gewaltigen Kohlen- und Industriegebiets der Ruhr, auf deren reichen Bodenschätzen seine Bedeutung beruht«, heißt es im *Großen Brockhaus* von 1930. Die Stadt, die bis 1862 von der Eisenbahn so stiefmütterlich behandelt worden war, besaß nun innerhalb ihrer Grenzen das dichteste Schienennetz aller deutschen Städte. Der Essener Hauptbahnhof war 1928 der größte Güterbahnhof Deutschlands, nach der Zahl der ankommenden Züge der zweite (hinter Köln).

Die Kohle rang unterdessen schwer um ihren Markt. In den Jahren 1925 und 1926 wurden an der Ruhr 78 Zechen stillgelegt, wodurch 45 000 Bergleute ihren Arbeitsplatz verloren. Die deutsche Wirtschaft lag darnieder. Dazu zeichneten sich zwei langfristige Entwicklungen ab: Die Schiffahrt ging mehr und mehr zu ölbefeuerten Dampfschiffen oder zu Dieselantrieb über: 1914 wurden 89 Prozent der Welthandelsflotte mit Kohle befeuert, 1929 nur noch 59 Prozent. Außerdem gewann die Braunkohle an Boden.

Ruhrgas und RWE

Um der Kohle neue Märkte zu öffnen, gründete die Mehrheit der im Kohlensyndikat zusammengeschlossenen Zechen 1926 in Essen die Aktiengesellschaft für Kohleverwertung, die sich 1928 in *Ruhrgas-AG* umbenannte und bald das größte Ferngasunternehmen Europas wurde. Statt die Kohle zu den kommunalen Gaswerken zu transportieren, verwandelte man sie nun schon an der Ruhr in Gas, das in Rohrleitungen zu den Abnehmern gepumpt wurde. Die Reichsbahn war beunruhigt, viele städtische Gaswerke fürchteten für ihre Existenz – aber der Bann war gebrochen, als sich 1928 Hannover und 1929 Köln entschlossen, ihr Leuchtgas von der Ruhr zu beziehen.

Im gleichen Jahr machte das Rheinisch-Westfälische Elektrizitätswerk zwei entscheidende Schritte nach vorn: mit der Verbundwirtschaft und mit der Inbetriebnahme des ersten Pumpspeicherwerks. Den Begriff *Verbundwirtschaft* prägte Arthur Koepchen vom RWE für die von ihm betriebene Zusammenschaltung möglichst zahlreicher Kraftwerke, insbesondere der norddeutschen Stromerzeugung aus Stein- und Braunkohle mit der Stromproduktion aus Wasserkraft am Oberrhein und im österreichischen Vorarlberg. Die Kupplung der Wasserkraft des Südens an die Kohle des Nordens hatte für den Norden den Vorteil, daß die billigere Wasserkraft auch ihm zugute kam und Spitzenbelastungen besser ausgeglichen werden konnten, für den Süden, daß Dürrezeiten seine Stromversorgung nicht mehr gefährdeten.

Mit dem ersten Pumpspeicherkraftwerk der Welt in Herdecke am Oberlauf der Ruhr beschritt Koepchen einen revolutionären Weg, der ihm zunächst Hohn und Feindschaft eintrug. Mit Strom, der aus Kohle erzeugt war, wurde Wasser in ein hochgelegenes Staubecken gepumpt, so daß nun ein Wasserkraftwerk zur Verfügung stand. Beim Umweg über das Wasser gingen rund vierzig Prozent der Energie verloren; schlichte Gemüter konnten also wirklich an einen kostspieligen Unfug glauben. Der Witz ist nur, daß das Staubecken mit Hilfe von Strom gespeist wird, der bei Nacht überschüssig ist, durch den Pumpvorgang aber zu sechzig Prozent für den Spitzenbedarf des Tages »aufbewahrt« werden kann.

Die Vereinigten Stahlwerke

1926 entwickelte der Leiter des Kaiser-Wilhelm-Instituts für Kohlenforschung in Mülheim, Professor Franz Fischer, zusammen mit Hans Tropsch ein Verfahren zur Verflüssigung der Kohle, das weit billiger als das 1913 patentierte Bergius-Verfahren war (vgl. Seite 239) und den Rohstoff Kohle in Benzin, Dieselöl, Paraffin und Treibgas zerlegte. Das Fischer-Tropsch-Verfahren, das später den Autarkie-Bestrebungen Hitlers entgegenkam, erhöhte die Bedeutung der Kohleveredelung gegenüber der bloßen Verfeuerung noch weiter. Der berühmte Kölner Betriebswirtschaftler Professor Eugen Schmalenbach kam an der Spitze einer von der Reichsregierung eingesetzten Untersuchungskommission über die Lage des Ruhrbergbaus 1928 zu dem Ergebnis, daß jede Tonne Kohle einen Verlust von 1,25 Mark, jede Tonne Koks aber einschließlich der Nebenprodukte einen Gewinn von 6,96 Mark bringe.

1932 wurde in Katernberg (im Nordosten Essens) die größte und modernste Schachtanlage Europas in Betrieb genommen: die Zeche *Zollverein*. In der Rationalisierung und in den klaren Linien der oberirdischen Architektur war sie lange Zeit Vorbild. Ihr Architekt, der Essener Professor Fritz Schupp, erhielt für seine Industriebauten später den Staatspreis des Landes Nordrhein-Westfalen.

Die Zeche förderte pro Tag 12000 Tonnen, das heißt soviel wie 1850 alle vierunddreißig Zechen des Essener Raums in zwei Monaten.

Die Zeche *Zollverein* gehörte zur Gelsenkirchener Bergwerks-AG – und damit zu den *Vereinigten Stahlwerken*, dem größten Montankonzern Europas, in Deutschland dem zweitgrößten Konzern nach der IG Farbenindustrie-AG. Um der Wirtschaftsdepression durch Zusammenfassung und Rationalisierung Herr zu werden, hatten sich die größten Kohle- und Stahlunternehmen des Reviers – mit Ausnahme von Krupp – 1926 zu den Vereinigten Stahlwerken mit Sitz in Düsseldorf zusammengeschlossen: darunter der Thyssen-Konzern, die Phoenix-Gruppe, die Deutsch-Luxemburgische Bergwerks- und Hütten-AG, die Rheinischen Stahlwerke und der Bochumer Verein. Die Abteilung Bergbau des Konzerns nahm ihren Sitz in Essen. Mit einer Stahlproduktion von 4,9 Millionen Tonnen im Jahr 1929 und einer Kohlenförderung von 24 Millionen Tonnen übertraf der Konzern die Firma Krupp (1,4 Millionen Tonnen Stahl und 6,4 Millionen Tonnen Kohle) bei weitem.

Der Entschluß Gustav Krupp von Bohlens, sich den Vereinigten Stahlwerken nicht anzuschließen, wurde von der Konkurrenz als Hochmut und Größenwahn gewertet. Der Anreiz war jedoch in der Tat für Krupp geringer, weil die Zusammenfassung aller Produktionsstufen vom Erz bis zum Fertigerzeugnis schon unter Alfred Krupp vollzogen worden war, und die Tradition der Firma stand dem Verzicht auf ihre Selbständigkeit unüberwindlich im Wege. Gut ging es der Fabrik aber keineswegs.

Krupps neue Blüte

1926 sank die Belegschaft der Essener Werke auf 20500, die Gesamtzahl der Arbeiter und Angestellten auf 48800 und damit auf den Stand von 1904. Alle Kruppbetriebe arbeiteten mit Verlust. Die Wende kam 1927, als die Rationalisierung ihre Früchte trug und ein deutsches Bankenkonsortium Krupp eine Anleihe von 60 Millionen Goldmark gewährte, mit deren Hilfe die amerikanische Anleihe von 1925 zurückgezahlt werden konnte. Schon 1928 war der Personalstand wieder auf 92000 angestiegen, mehr als 1914. Vom Umsatz entfielen 1913 achtundzwanzig Prozent auf Kriegsmaterial – nun weniger als ein halbes Prozent. Die Umstellung auf Friedensproduktion war gelungen. Das 1930 vollendete Chrysler Building in New York, mit 306 Metern Höhe damals das höchste Gebäude der Erde, besteht in seinen obersten 88 Metern aus 4500 Stahlplatten, die nach dem 1912 patentierten Kruppverfahren zur Herstellung eines rostfreien und säurefesten Chromnickelstahls verfertigt wurden.

1931 starb, siebenundsiebzig Jahre alt, Margarethe Krupp, die Witwe Friedrich Alfred Krupps und Schwiegermutter Gustav Krupp von Bohlens. Dem »Mütterchen«, wie sie im Volksmund genannt wurde, gaben über hunderttausend Essener bei der Fahrt zum Friedhof das Geleit. Sie hatte sich ganz des Kruppschen Sozialwerks angenommen und es mit einer Menschlichkeit erfüllt, die ihm zu Zeiten Alfred Krupps so sehr fehlte.

Ihr bleibendes Denkmal ist die *Margarethenhöhe*: Auf einem grünen Hügelgelände südwestlich der Altstadt wurde aus Mitteln der »Margarethe-Krupp-Stiftung zur Wohnungsfürsorge für Minderbemittelte« von 1910 an eine selbständige Kleinstadt mit 2000 Wohnungen für 10 000 Menschen errichtet. Sie war modern, ja damals revolutionär insofern, als sie grün, freundlich und von der Stadt als eine eigenständige, nur durch eine Brücke mit ihr verbundene Siedlung abgehoben ist. Zum erstenmal wurde im deutschen Städtebau hier der heute so viel gerühmte Gedanke der innerhalb der Großstadt selbständigen, von vornherein mit Geschäften, Werkstätten, Schule, Sportplatz versehenen Kleinstadt verwirklicht. Widerspruch, zumal bei Architekten, fand die Margarethenhöhe damit, daß sie in der Enge der Straßen, der Traulichkeit der Hausformen ein mittelalterliches Idyll darstellen sollte. Umstritten, aber hübsch, ist die Margarethenhöhe ein beliebtes Studienobjekt für Architekten aus aller Welt geblieben.

Die Krise von 1932 Die große Wirtschaftskrise von 1929, die von der Wallstreet aus fast die ganze Welt erfaßte, stürzte das kaum erholte Ruhrgebiet wiederum in tieferes Elend als das übrige Deutschland. Die einseitige Wirtschaftsstruktur des Reviers machte es für Krisen anfälliger als Industrieländer mit stark gemischter Produktion wie Sachsen oder Württemberg. Die Zahl der Erwerbslosen mit Wohlfahrtsunterstützung in Essen stieg von 6000 im Jahr 1929 auf 46 000 im Dezember 1932, mit den Angehörigen also mehr als ein Viertel der Essener Einwohnerschaft. Bei Krupp sank die Zahl der Beschäftigten 1932 wieder auf den Stand von 1926, das heißt, sie halbierte sich binnen vier Jahren.

Im Juli 1932 ging, wie vor ihm Hans Luther (damals Präsident der Reichsbank) auch Oberbürgermeister Bracht in die große Politik: Er wurde von Reichskanzler Franz von Papen zum Reichskommissar für Preußen ernannt, im kurzlebigen Kabinett Schleicher war er Reichsinnenminister. Seine populärste Handlung trug ihm nicht viel Ehre ein: Er setzte seine Unterschrift unter eine preußische Badepolizeiverordnung, die für die Badekleidung beider Geschlechter »angeschnittene Beine und einen Zwickel« vorschrieb. Der Brachtsche Zwickelerlaß wurde in unzähligen Spottversen, Schlagern und Karikaturen aufs Korn genommen.

Der damalige Essener Stadtrechtsrat Dr. Hermann Callies äußerte später die Überzeugung, Bracht würde den entscheidenden Paragraphen zweifellos nicht unterschrieben haben, hätte er ihn nur gelesen – »weil er sofort den Fluch der Lächerlichkeit erkannt hätte«. Bracht habe aber die Gewohnheit gehabt, von seinen Mitarbeitern Schriftsätze von höchstens zwei Seiten Länge zu fordern. Schon in Essen habe er gepredigt: »Wenn Sie mir mehr als zwei Schreibmaschinenseiten vorlegen, lese ich nur die erste und die letzte Seite; entsteht dadurch eine Panne – wehe Ihnen!« Der Zwickelparagraph habe nun, meint Callies, unglückseligerweise weder auf der ersten noch auf der letzten Seite der Badeverordnung gestanden.

Bracht – nach Zweigert, Holle und Luther in ununterbrochener Folge der vierte Essener Oberbürgermeister von überragenden Fähigkeiten – starb im September 1933.

Am Abend des 30. Januar 1933 – in Essen gab es 83 000 Arbeitslose – fand auch in der Ruhrmetropole ein Fackelzug von SA und SS statt. Am 5. März, bei den letzten halbwegs freien Reichstagswahlen, erhielt die NSDAP in Essen 30,6 Prozent der Stimmen (gegenüber 43,9 Prozent im Reichsdurchschnitt). Das Zentrum folgte mit fast dem gleichen Stimmenanteil (30,1 Prozent) vor der KPD (19,9 Prozent) und der SPD (10,8 Prozent). Bei der letzten Wahl zur Stadtverordnetenversammlung, am 12. März 1933, war das Zentrum sogar stärker als die NSDAP: 32 Zentrumsmitglieder und 31 Parteigenossen zogen in das Stadtparlament ein, dazu 12 Kommunisten und 9 Sozialdemokraten.

Zentrum vor NSDAP

Am 4. April reichte Oberbürgermeister *Heinrich Schaefer*, Bürgermeister unter Luther und Bracht und seit Dezember 1932 Brachts Nachfolger, seinen Rücktritt ein (Luther wurde um diese Zeit deutscher Botschafter in Washington). Zuvor hatte Schaefer den Nazis mit der gleichen Unerschrockenheit die Stirn geboten wie 1923 zusammen mit Luther den Franzosen: Als nach der Reichstagswahl vom 5. März die Hakenkreuzfahne auf dem Rathaus flatterte, ließ er sie durch einen städtischen Polizisten einholen. Vor der lärmenden Volksmenge, die das Hakenkreuz sehen wollte, wurden die Tore des Rathauses verschlossen. SA-Männer kletterten am Blitzableiter hoch und brachten die Fahne wieder an, Schaefer beschwerte sich unter Hinweis auf die geltenden »Bestimmungen für die Beflaggung von Dienstgebäuden« beim Kreisleiter, dieser telegraphierte mit dem preußischen Ministerpräsidenten Göring, und der befahl, daß über Essen das Hakenkreuz zu wehen habe.

Zu Schaefers Nachfolger wurde der siebzigjährige Herausgeber der *Rheinisch-Westfälischen Zeitung*, Dr. Theodor Reismann-Grone, ernannt. Er war 1891 als Geschäftsführer des Bergbauvereins nach Essen gekommen und hatte im gleichen Jahr den imperialistischen »Alldeutschen Verband« mitbegründet. Bei seinem Dienstantritt erklärte er, sein Amtszimmer sei kein Briefkasten für Denunziationen, und kommunalpolitisch gesehen war er ein tüchtiger Oberbürgermeister, der sich vor allem mit der Auflockerung der viel zu eng bebauten Altstadt Verdienste erwarb.

Die Selbstverwaltung der Gemeinden wurde 1934 beseitigt, das Folkwang-Museum »von entarteter Kunst gereinigt«, der Folkwang-Schule für Gestaltung vorgeschrieben, daß sie das Hauptgewicht auf die Handwerkserziehung zu legen habe.

Die Arbeitslosen verschwanden von der Straße, die SA ergriff von ihr Besitz. 1936 marschierten deutsche Soldaten in Essen ein, das zu dem durch Versailles entmilitarisierten Rheinland gehörte. 1937 erhielt die Stadt, die zwischen 1584 und 1650 und in späteren Kriegen so viele Einquartierungen erlebt hatte, zum erstenmal eine reguläre Garnison: zwei Batterien eines Flakregiments. Im gleichen Jahr wurde der greise Dr. Reismann-Grone als Oberbürgermeister von *Just Dillgardt* abgelöst, der bis dahin Oberbürgermeister von Duisburg gewesen war.

Wie schon von 1926 bis 1929, so erlebt die Wirtschaft zwischen 1933 und 1939 eine Blüte, die sich wiederum bald als trügerisch erwies. Die Kohlenförderung in Essen stieg 1937 auf 17,5 Millionen Tonnen und erreichte damit fast wieder die Fördermenge von 1913. Das Ruhrgebiet insgesamt hatte diesen Stand längst übertroffen; Essen blieb zwar die größte Kohlenstadt, sein Anteil an der Gesamtförderung jedoch ging zurück. Bochum und Gelsenkirchen waren ihm auf den Fersen.

Die Einwohnerzahl Essens stieg bis 1937 auf 671000 an, im wesentlichen durch den wachsenden Geburtenüberschuß. Die Kinderfreudigkeit der Essener im Vergleich zu anderen Großstädtern zeigte sich schon in einer Statistik von 1933: Fünf und mehr Personen gab es in Berlin in 11 Prozent aller Haushaltungen, im Durchschnitt der deutschen Städte in 17 Prozent, in Essen in 24 Prozent.

Krupp und Hitler

Bei Krupp stieg der Umsatz zwischen 1933 und 1939 von 365 Millionen auf eine Milliarde Mark. Gustav Krupp von Bohlen interessierte sich bis zur Machtergreifung nicht für Hitler. Sogar der Amerikaner Norbert Mühlen räumt ein, das verbreitete Vorurteil, daß Krupp »Hitlers Weg zur Macht mit Geld gepflastert« habe, sei falsch. Die erste Begegnung der beiden Männer fand im Februar 1933 in Berlin statt, wohin der neue Reichskanzler zwei Dutzend Großindustrielle gebeten hatte, um von ihnen Spenden für den Wahlkampf der NSDAP zu den Reichstagswahlen am 5. März zu erbitten. Nach einer geschickten und überraschend maßvollen Rede Hitlers erwiderte Krupp – seit 1931 Präsident des Reichsverbands der deutschen Industrie –, er sei zur Unterstützung des neuen Regimes bereit. 1934 stattete Hitler der Gußstahlfabrik seinen ersten Besuch ab, wie einst Bismarck, zwei deutsche und ein brasilianischer Kaiser und der Schah von Persien.

Zunächst zögernd, jedoch ohne energischen Widerstand gegen Hitlers zunehmenden Druck nahm Krupp die Rüstungsproduktion wieder auf. Vom Gesamtumsatz seiner Betriebe entfielen 1932 nur 7 Millionen Mark auf Kriegsmaterial, 1934 schon 40 Millionen, 1939 schließlich 117 Millionen (immerhin weniger als 1913). 1936 schrieb Gustav Krupp von Bohlen: »Nach der Machtübernahme durch Adolf Hitler hatte ich die Genugtuung, dem Führer melden zu können, daß Krupp nach geringer Anlauffrist für die Wiederwehrhaftmachung des deutschen Volkes ohne Lücken in seinen Erfahrungen bereitstehe – das Blut der Kameraden vom Karsamstag 1923 war nicht umsonst geflossen.« Krupp baute Kanonen, Panzer, Schiffsartillerie, Kreuzer und Unterseeboote.

Freudig erteilte auch das Ausland wieder Rüstungsaufträge, die mit Genehmigung der Reichsregierung ausgeführt wurden, sogar zugunsten der Sowjetunion. Zum Teil erhielten die fremden Armeen sogar bessere Geschütze als die Wehrmacht – worin sich jedoch keine Kruppsche Tücke, sondern ein ausdrücklicher Wunsch des Heereswaffenamts aussprach. Diese Behörde bestand darauf, die deutsche Rüstung nur auf solche Rohstoffe zu stützen, die auch im Kriegsfall verfügbar sein würden.

Das Sewastopol-Geschütz

Wie erinnerlich, ließ der Kriegsfall nicht lange auf sich warten. Die Kruppwerke wuchsen bis auf 277000 Arbeiter im Jahre 1944 an, unter denen sich 55000 dienstverpflichtete Fremdarbeiter befanden. Zunächst hatte sich Gustav Krupp von Bohlen gegen die Einstellung von Fremdarbeitern gesträubt, aber 1941 gab er nach. Die körperlichen und geistigen Kräfte des Firmenchefs, der 1940 seinen siebzigsten Geburtstag gefeiert hatte, waren in raschem Verfall begriffen. Hitler regierte in die Fabrik hinein, in enger Zusammenarbeit mit dem Chefkonstrukteur der Geschützabteilung, Erich Müller, dem er den Titel eines Professors h.c. verlieh (was nicht hinderte, daß man ihn einfach den Kanonen-Müller nannte).

Schon 1936 hatte Hitler den Konstrukteur beauftragt, ein überschweres Geschütz zu entwerfen, das in der Lage sein müsse, die schwersten Festungswerke der Maginotlinie zu zerschlagen. 1940 wurde diese Kanone nicht gebraucht, aber im Frühjahr 1942 half sie die Sowjetfestung Sewastopol auf der Halbinsel Krim zerstören. Wie Krupps Paris-Kanone im Ersten Weltkrieg über die nie wieder erreichte Entfernung von 130 Kilometern schoß, so dürfte Krupps Sewastopol-Geschütz mit seinem Kaliber von 82 Zentimetern die schwerste Kanone der Kriegsgeschichte bleiben – denn inzwischen können einerseits Flugzeuge und Raketen noch schwerere Sprengkörper transportieren, während andererseits die Atomwaffen die Kaliber vermindert haben. Mit seinem vierzig Meter langen Rohr mußte das Sewastopol-Geschütz auf zwei Eisenbahngleisen zugleich fahren. Seine Granaten rissen Trichter von dreißig Metern Tiefe.

1943 wurde auf Wunsch Gustav Krupp von Bohlens die *Lex Krupp* erlassen, ein Sondergesetz, das für die Firma das deutsche Erbrecht außer Kraft setzte, damit sie nach Art eines Erbhofs ungeteilt in das Eigentum eines einzigen Erben übergehen konnte. Von der Aktiengesellschaft wurde die Firma in ein 1-Mann-Unternehmen wie zur Zeit von Alfred und Friedrich Alfred Krupp zurückverwandelt. Erbe und Alleininhaber wurde das älteste der acht Kinder Gustav Krupp von Bohlens und seiner Frau Bertha, der damals fünfunddreißigjährige *Alfried*, dessen Taufpate Kaiser Wilhelm II. war. Nach vierjähriger Ehe mit einer geschiedenen Frau hatte er sich der Drohung seiner Eltern, enterbt zu werden, gebeugt und sich scheiden lassen. Aus der Ehe ging 1938 der Sohn *Arndt* hervor.

Kurz nach dem 20. Juli 1944 wurden Berthas jüngere Schwester Barbara, deren Mann, Thilo Freiherr von Wilmowsky, und der Kruppsche Finanzdirektor Ewald Löser verhaftet. Barbara wurde von einem ordentlichen Gericht freigesprochen, Wilmowsky ins KZ gesteckt, Löser blieb bis Kriegsende im Gefängnis. Er war von der Widerstandsbewegung als Reichsfinanzminister ausersehen. Die Beziehungen, die Thilo und Barbara von Wilmowsky über Löser zu den Männern des 20. Juli unterhielten, waren der Grund ihrer Verhaftung. Der im Februar 1945 hingerichtete Carl-Friedrich Goerdeler, designierter Reichskanzler der Widerstandsbewegung, hatte von 1937 bis 1939, nachdem er sein Amt als Oberbürgermeister von Leipzig hatte niederlegen müssen, im Auftrag Krupps Studienreisen ins Ausland unternommen, wobei er – ohne Wissen seines Auftraggebers – führende amerikanische Politiker für den deutschen Widerstand zu interessieren versuchte (was ihm jedoch nicht gelungen war).

*»Christbäume«
über Essen* Die Gußstahlfabrik hatte sich inzwischen in ein Trümmerfeld verwandelt, in dem mehr repariert als produziert wurde – wie die Stadt Essen überhaupt. Die ersten Bomben krachten im Mai 1940; schon damals also hatte Göring seine Wette, er wolle Meier heißen, wenn auf das Ruhrgebiet eine Bombe falle, verloren. Größere Luftangriffe gab es erst vom März 1942 an, im Juli desselben Jahres begannen die Tagesangriffe, bis zum Februar 1943 kostete der Bombenkrieg 682 Bürgern das Leben.

In der Nacht vom 5. zum 6. März 1943 flog die Royal Air Force – mit der neuen Taktik der »Christbäume«, die den Bombenteppich absteckten – auf Essen den ersten vernichtenden Großangriff. 442 Maschinen warfen binnen fünfundvierzig Minuten 137 000 Brandbomben und 1100 Sprengbomben ab. Das Münster, die Marktkirche und das Rathaus brannten aus, ein großer Teil der Innenstadt und der nördlich davon gelegenen Wohn- und Industriegebiete wurde in Asche gelegt, in verschütteten Kellern und im Feuersturm, der durch die Gassen der Altstadt raste, fanden 482 Menschen den Tod. Am wenigsten litten die Zechen.

Am 17. Mai 1943 zerstörte ein englisches Flugzeug mit einer Spezialbombe die Staumauer der Möhnetalsperre, des größten Staubeckens des Ruhrtalsperrenvereins (vgl. Seite 232). 130 Millionen Tonnen Wasser donnerten durch das Möhnetal zur Ruhr. 1200 Menschen fanden den Tod. Die Ausläufer der Flutwelle rissen die Ruhrbrücken bei Steele und Kupferdreh hinweg und richteten auch in den Stadtteilen Rellinghausen, Heisingen und Werden noch Verwüstungen an.

Insgesamt erlebte Essen 1943 neunundvierzig Luftangriffe, davon einen weiteren schweren in der Nacht zum 26. Juli. Die Einwohnerzahl der Stadt sank auf 427 000. Nach Frauen und Kindern wurden nun auch Betriebe evakuiert. 1944 gingen fünfundfünfzig Bombenteppiche auf Essen nieder. Bergleute gruben für sich und ihre Familien Wohnstollen in die Ruinenfelder.

Im Januar 1945 kamen die Tiefflieger hinzu, die auf Lastwagen, Lokomotiven, Menschenansammlungen Jagd machten. Schon am 9. Februar geriet Essen in den Bereich der alliierten Artillerie, die vor allem aufs Kruppgelände schoß.

*Der schwerste
Angriff des
Krieges* Am 11. März 1945 war die Stadt schließlich das Ziel des furchtbarsten Sprengbomben-Angriffs, der im Zweiten Weltkrieg überhaupt stattgefunden hat: Rund 1100 Bomber warfen über 8000 Sprengbomben schwersten Kalibers ab (bis zu elf Tonnen). Wenn die Verluste mit 897 Toten verhältnismäßig niedrig waren und der Angriff keinen so traurigen Ruhm erlangte wie die Zerstörung Dresdens vier Wochen zuvor, so deshalb, weil die Ruhrmetropole eine nur noch zur Hälfte bewohnte, längst mehrfach umgepflügte Trümmerwüste war, in der der Schutt bloß neu durcheinandergewirbelt werden konnte.

Verheerend an dem Angriff wirkte jedoch zweierlei: Er fiel auf einen so späten Zeitpunkt des Krieges, daß mit Aufräumungsarbeiten kaum noch begonnen werden konnte – die Straßen blieben von Trümmern und Trichter blockiert, die Wasser- und Stromversorgung kam nicht wieder in Gang. Und zum anderen hatten die überschweren Sprengbomben eine Tiefenwirkung, die die

Gas- und Wasserleitungen, die Kanalisation, das Elektrizitäts- und das Telefonnetz mit einer nirgends sonst beobachteten Gründlichkeit vernichteten. So befand sich Essen bei Kriegsende in einem derart chaotischen Zustand wie außer Berlin kaum eine andere deutsche Stadt.

Das Gelände der Kruppschen Gußstahlfabrik, siebenmal so groß wie die Altstadt von Essen, war bis zur Unkenntlichkeit verwandelt. »Die eng zusammengestellten, sehr verschiedenartigen, in über hundert Jahren nacheinander entstandenen... Werkhallen, Verwaltungshäuser, Fabrikationsstätten, Kessel-, Energie- und Verkehrsanlagen boten einen seltsamen Anblick von verbogenen Eisenträgern, zusammengesunkenen Dach- und Gebäudekonstruktionen, verschlungenen und zerfetzten Röhrenleitungen, umgekippten Kränen, verworfenen Schienen, verschütteten Werkstraßen, bloßgelegten Maschinenungeheuern, Betonquadern und Kraterfeldern« (Erich Heyn, Zerstörung und Aufbau der *Großstadt Essen*).

Am 27. März 1945 ließ der Reichsverteidigungskommissar für Essen unter anhaltendem Kanonendonner einen Befehl an die Ruinen schlagen: Die Stadt sei sofort von Frauen und Kindern zu räumen, da mit einem harten Kampf um Essen zu rechnen sei. Sollte der Gegner einrücken, so werde er mit brutaler Härte wieder hinausgejagt werden. Flüchtlingsströme aus Westen und Norden, unruhig werdende Fremdarbeiter verschlimmerten die Panik.

Essens letzte Tage

Da dem Räumungsbefehl nur von einer Minderheit Folge geleistet wurde, drohte der Reichsverteidigungskommissar am 30. März Gewaltanwendung an. Die Stadtverwaltung dagegen erkannte richtig, daß planlose Flucht noch schlimmer gewesen wäre als das Ausharren, und befahl, den anderen Befehl zu ignorieren. In den ersten Apriltagen lag ganz Essen unter Artilleriebeschuß. Weiße Fahnen wurden bereitgelegt.

Am 7. April drangen US-Truppen in den Norden Essens ein. Sie standen unter dem Befehl des Fallschirmjägergenerals Ridgway, der 1951 Oberbefehlshaber in Korea und 1952 Oberkommandierender der NATO wurde. Am 10. April wurde die Innenstadt kampflos besetzt. Soldaten, Fremdarbeiter und Pöbel plünderten. Ein CIC-Kommando fuhr zur Villa Hügel, stürmte am Butler vorbei (»Herr von Bohlen erwartet Sie! Darf ich Sie bitten, näherzutreten?«) in die große Halle und nahm Alfried Krupp von Bohlen fest. (Sein kranker Vater hatte sich auf sein Jagdschloß Blühnbach bei Salzburg zurückgezogen.)

Der Bombenkrieg war endlich vorüber. Essen hatte 1162 Fliegeralarme mit 272 Angriffen erlebt, bei denen 6800 Menschen ums Leben kamen. Sechzig Prozent der Stadt waren vernichtet – ein Zerstörungsgrad, der unter den großen deutschen Städten nur noch von Köln und Dortmund übertroffen wurde. 15,6 Millionen Kubikmeter Schutt – das sechsfache Volumen der Cheops-Pyramide – hatten die Bomben hinterlassen. Von 1090 Kilometern städtischer Straßen waren 700 Kilometer unpassierbar.

Bei Krupp begann zwischen den Ruinen die Demontage. Essen schien am Ende seiner Geschichte angelangt zu sein, wie Karthago, als die Römer den Boden der verhaßten Stadt umpflügten und Salz darauf säten.

Im Keller bei Kerzenschein Auch die Sparkasse hat es schwer getroffen. Seit Mitte 1944 waren die Geschäftsräume in der Hauptstelle und auch in mehreren Zweigstellen nicht mehr benutzbar. Und trotzdem: »Es gelang jedoch immer wieder, den Bedürfnissen der Kundschaft Rechnung zu tragen, selbst unter den primitivsten Verhältnissen, wie Verlegung der Schalter in die Kellerräume und sonstige Nebengelasse, die oftmals nur durch Kerzenbeleuchtung erhellt werden konnten. Die Verbuchung der Geschäftsvorfälle mußte oft wochenlang mangels Kraftstrom hinausgeschoben werden, wodurch naturgemäß größere Arbeitsrückstände und Unstimmigkeiten herbeigeführt wurden, die aber inzwischen größtenteils behoben werden konnten.«

Als die Städtische Sparkasse im Rückblick auf das Geschäftsjahr 1944 diese Erinnerungen festhielt, war alles vorbei. Der Krieg war zu Ende. Unter der Sparkassenbelegschaft hat er 34 Todesopfer gefordert.

Die Arbeit der ersten Nachkriegswochen begann mit Schutträumen, dann kamen Reparaturen, um die Geschäftsräume wieder notdürftig brauchbar zu machen, die Hauptstelle in der Rathenaustraße etwa.

Was einmal ein neues Haus war Sie war gegen Ende der zwanziger Jahre, von 1928 bis 1930, errichtet worden, damals eines der modernsten Bürogebäude in ganz Essen. In diesen Jahren konnte die Städtische Sparkasse es sich leisten, großzügig zu bauen, und sie mußte es auch.

Das Geschäft hatte sich in einem Ausmaß belebt, das noch wenige Jahre vorher für unvorstellbar gehalten wurde. Am Ende des Geschäftsjahres konnten Spareinlagen in Höhe von 70,3 Millionen Reichsmark ausgewiesen werden. Und das nach einem Anfang mit 2585 Billionen Papiermark am Jahresende 1923, die damals 2585 Reichsmark wert waren. Daß die Zeitgenossen noch zum Ende der zwanziger Jahre von einem »Sparwunder« sprachen, läßt sich verstehen.

Plus neun Als die Städtische Sparkasse an die Planung ihres Neubaus heranging, hatte sie indessen nicht nur einem ungeahnten Wiederaufstieg ihres Geschäftes Rechnung zu tragen, sondern sie mußte sich auch noch auf weiteren Zuwachs einstellen. Er kam durch das »Gesetz über die kommunale Neugliederung des rheinisch-westfälischen Industriegebiets« von 1929.

Insgesamt neun bisher selbständige Sparkassen gingen nun aufgrund von Eingemeindungen in der Städtischen Sparkasse von Essen auf: Heidhausen, Heisingen, Kray, Kupferdreh, Steele, Stoppenberg, Überruhr – erst 1925 gegründet –, Werden und Kreissparkasse Essen. Sie brachten Spareinlagen von 29,5 Millionen Reichsmark mit. Das neue Institut besaß damit einen Spareinlagenbestand von knapp 100 Millionen Reichsmark. Spareinlagen aber waren längst nicht mehr die einzigen Kundengelder, die eine moderne Sparkasse verwaltete. Seit der Einführung des Giro- und Kontokorrentverkehrs im Jahre 1911 verwalteten die Essener Sparkassen auch Giroeinlagen und Depositen. Ihr Gesamtbestand betrug in der neuen Städtischen Sparkasse rund 13 Millionen Reichsmark.

Gemessen an fast 100 Millionen Reichsmark Spareinlagen war das ein relativ kleiner Betrag. Im »Sparwunder« waren die Spareinlagen weit über die übrigen Einlagen hinausgewachsen. Die Guthaben auf diesen neuen Kontentypen aber hatten wenig zuvor – in den Zeiten der Inflation – die Existenz der Sparkasse gerettet. Als die Geldentwertung ihr traditionelles Geschäft zerstörte, hätte die Sparkasse schließen müssen, wenn sie nicht auf neue Aktivitäten hätte ausweichen können, auf die »Bankabteilung« und die »Giroabteilung«. Auf der Grundlage der Depositen, vornehmlich von Firmenkunden und der Giroeinlagen, von Firmen- ebenso wie von Privatkunden, lebte die Sparkasse in diesen verrückten Zeiten vor allem vom kurzfristigen Kreditgeschäft. Damit verdiente sie das Geld, um die Gehälter weiterzahlen zu können. Was 1911 eher bescheiden begonnen hatte, erwies sich nun als lebensrettend.

Fähigkeit zum Überleben

Auch in den ersten Jahren nach der Währungsreform vom November 1923 behielten die neuen Geschäftszweige ihre Bedeutung, wurden auch nicht von den wiederauflebenden alten Geschäften überflügelt. Allzu bescheiden waren deren Anfänge. Da zum Beispiel im Jahre 1924 die Hypothekennachfrage bei weitem das Angebot von Spareinlagen übertraf, mußten die Zuteilungen rationiert werden. Zunächst gab es Darlehen nur für die dringendsten Reparaturarbeiten: »Instandsetzungshypotheken« bis 2000 Reichsmark.

Ende der zwanziger Jahre, nach der Wiedergeburt des Sparens, waren diese Schwierigkeiten allerdings überwunden. Damals, als der Neubau der Hauptstelle emporwuchs, hatten die alten Geschäfte die neuen Zweige schon wieder weit übertroffen. Es ging überall aufwärts.

Allerdings bot sich bereits 1928 Grund zu erster Skepsis hinsichtlich der konjunkturellen Entwicklung. Der Aufschwung, zu dem die deutsche Wirtschaft und mit ihr das Ruhrgebiet 1925 angesetzt hatten, war schon Ende 1927 zu Ende gegangen. Die Abschwächung dauerte 1928 fort. Im Oktober 1929 kamen Alarmnachrichten von den USA herüber. Die Börse war zusammengebrochen und drohte die gesamte Wirtschaft mitzureißen. In ihrem Geschäftsbericht für 1929 prognostizierte die Essener Sparkasse: »Die künftige Entwicklung wird in erheblichem Grade davon abhängen, ob in nächster Zeit eine wesentliche Erleichterung am Geldmarkt sich durchsetzt und namentlich, wie weit am Kapitalmarkt eine nachhaltige Entspannung Platz greift.«

Sorgen um die Konjunktur

Diese Entspannung ist ausgeblieben. Im Gegenteil: Im Juli 1931 geriet die deutsche Kreditwirtschaft in die schlimmste Krise ihrer Geschichte. Die Katastrophe begann mit dem Zusammenbruch der hochrenommierten »Darmstädter und Nationalbank«, einer der führenden deutschen Geschäftsbanken, kurz »Danat« genannt. Als sie ihre Schalter schließen mußte, gab es kein Halten mehr: Der »Run« brach aus, der Sturm auf die Schalter aller Kreditinstitute. Die Reichsregierung wußte sich nicht mehr zu helfen und rief »Bankfeiertage« aus, an denen die Kreditinstitute geschlossen blieben, um Atem zu schöpfen. Aber die Pause half nicht viel. Zahlreiche Geldinstitute waren zahlungsunfähig und konnten nur mit staatlicher Hilfe weiterleben.

Bankenkrise

Die Bankenkrise machte alle Hoffnungen auf Konjunkturbelebung zunichte, die die Essener Sparkasse zumindest für ihren Geschäftsbezirk in der ersten Jahreshälfte 1931 hatte ausmachen können. Jetzt ging es erst richtig bergab. Für sich selbst konnte die Sparkasse feststellen, daß sie den Sturm ohne Schaden überstanden hatte. Zwar hatte sie am Ende des Katastrophenjahres 1931 einen Teil ihrer Spareinlagen verloren, aber das führte sie, wahrscheinlich mit Recht, auf die Not der Krisenjahre zurück, vor allem auf die Massenarbeitslosigkeit, die immer mehr um sich griff. Ihr blieb jedoch die Genugtuung, daß sie, im Gegensatz zu vielen anderen Kreditinstituten und auch zu vielen Sparkassen, größere Kreditverluste vermieden hatte. Am Ende des Jahres 1931 vermochte sie sogar die Sicherheitsrücklagen aufzustocken – ein Erfolg, dessen sich damals nur wenige Sparkassen rühmen konnten. In der ersten Jahreshälfte 1932 erlebte der rheinisch-westfälische Industriebezirk die furchtbarste Arbeitslosigkeit aller Zeiten. Es wurden mehr als eine Million Erwerbssuchende gezählt. Die Spareinlagen schrumpften weiter, so wie schon 1931, eine zwangsläufige Folge der Wirtschaftskatastrophe.

Reifezeugnis Während dieser schweren Zeit erlebten die Sparkassen eine der wichtigsten Änderungen seit den Anfängen im 19. Jahrhundert. Die Bankenkrise hatte erwiesen, daß manche Sparkassen, nicht aber die Essener Stadtsparkasse, ihren kommunalen Gewährträgern bei Krediten allzu weit entgegengekommen waren. Da in diesen Tagen manche Gemeinde ihren Zahlungsverpflichtungen nicht mehr genügen konnte, gerieten auch nicht wenige Sparkassen in Schwierigkeiten. Die Reichsregierung, die sich bisher aufgrund der verfassungsmäßigen Kompetenzaufteilung mit den Ländern niemals um die Sparkassen gekümmert hatte, griff nun mit einer »Notverordnung« des Reichspräsidenten ein und bestimmte, daß die Sparkassen künftig eigenständige Rechtspersönlichkeiten werden sollten. Das preußische Landesrecht hat diese Regelung im Verlaufe des Jahres 1932 nachvollzogen, und so kam es, daß auch die Städtische Sparkasse zu Essen in ihrem einundneunzigsten Jahre zu einem selbständigen Unternehmen wurde – nach wie vor aber unter der Gewährleistungsgarantie der Stadt.

Ende der Talfahrt Von Juli 1932 an zeigten sich erste Symptome einer langsamen Besserung. Erstmals seit Beginn der Krise nahmen die Arbeitslosen mit dem Wintereinbruch nicht an Zahl zu, sondern verminderten sich sogar geringfügig. Der Trend wies wieder nach oben.

»Staatsumwälzung 1933« Die Ereignisse des Jahres 1933 haben bemerkenswerterweise in den Geschäftsberichten der Essener Stadtsparkasse nur spärlichen Ausdruck gefunden. So war dort hinsichtlich der »Machtergreifung« nur durch einen indirekten Hinweis auf die »Staatsumwälzung« die Rede. Die Sparkassenleitung zeichnete auch keineswegs das Bild einer schlagartigen Wende unter dem Nationalsozialismus, sondern ließ erkennen, daß die – unzweifelhafte – Lageverbesserung im Jahre 1933 der Fortsetzung eines Trends entsprach, dessen Anfänge die Sparkasse bereits 1932 diagnostiziert hatte: »Es ging im letzten Jahre weiter aufwärts, nicht

in sprunghaftem Tempo – was auch unerwünscht gewesen wäre – sondern langsam und stetig. Große Ersparnisse konnte der einzelne Bürger noch nicht machen, weil vielfach noch Kurzarbeit geleistet und das Bestreben darauf gerichtet werden mußte, durch Einführung weiterer Kräfte in den Arbeitsprozeß die Arbeitslosigkeit zu bannen und einzuschränken.«

Diese Nüchternheit findet sich auch noch in späteren Verlautbarungen der Sparkasse, etwa im Rückblick auf das Jahr 1940:

Infolge Verknappung der Warenläger

»Der Krieg hat sich auf die Bildung des Sparkapitals bisher sehr günstig ausgewirkt. Es ist das aber mehr oder weniger eine natürliche Erscheinung. Infolge Verknappung der Warenläger werden Gelder flüssig, die z.T. bei den deutschen Sparkassen angelegt werden. Die Kontingentierung des Wareneinkaufs hat weiter zur Folge, daß in sehr vielen Familien die ihnen zufließenden laufenden Einnahmen nicht voll oder nicht in dem Ausmaße wie vor dem Kriege für den Lebensunterhalt und für Genußgüter ausgegeben werden.«

Der Anstieg der Spareinlagen während des Krieges war in der Tat beeindruckend, mehr noch als 1914 bis 1918. Am Ende des letzten Friedensjahres, 1938, betrug der Spareinlagenbestand bei der Essener Sparkasse 158,3 Millionen Reichsmark, sechs Jahre später, am Ende des Jahres 1944, erreichte er mit 577 Millionen Reichsmark seinen Höchststand, ein Zuwachs von 264 Prozent! Die sonstigen Einlagen wuchsen mit demselben Steigungsmaß von 25,1 auf 92,2 Millionen Reichsmark.

Durch Kriegsanleihen einen Teil dieses neuen Wohlstands in die Staatskasse zu kanalisieren, kam den Machthabern nicht in den Sinn. Vielleicht befürchteten sie, daß die schlechten Erfahrungen nach dem Ersten Weltkrieg noch nicht vergessen waren. Damals versanken die Kriegsanleihen zunächst in der Bodenlosigkeit der Inflation und wurden später mit einem sehr bescheidenen Satz aufgewertet. Der nationalsozialistische Staat wählte einen anderen »geräuschloseren« Weg der Kriegsfinanzierung.

Alles geräuschlos

In den Bilanzen der Städtischen Sparkasse zu Essen traten merkwürdige Verschiebungen auf. Am Jahresende 1944 ragten auf der »Aktivseite« zwei Posten hervor. »Eigene Wertpapiere« und »Guthaben bei anderen deutschen Kreditinstituten« machten jeweils rund 40 Prozent der gesamten Bilanzsumme aus, zusammen also 80 Prozent. Zehn Jahre früher, am Jahresende 1934, sah es damit ganz anders aus: »Eigene Wertpapiere« besaßen einen Bilanzanteil von 21,4 Prozent, »Guthaben bei anderen deutschen Kreditinstituten« brachten es auf ganze 3,5 Prozent. Den relativ weitaus größten Vermögensposten bildeten 1934 »Langfristige Darlehen gegen Hypothek« mit einem Anteil von 47 Prozent, 1944 dagegen waren sie auf bescheidene 11,4 Prozent geschrumpft. Diese Veränderungen der Bilanzstruktur bedeuteten ein Vorzeichen für das künftige Schicksal der Sparer.

Die eigenen Wertpapiere bestanden nämlich zum allergrößten Teil aus verschiedenen Schuldtiteln des Reiches, die nach Beendigung des Krieges nichts mehr wert waren. Und die Bankguthaben? Sie wurden bei anderen Kreditinstituten unterhalten, die ihrerseits den größten Block ihrer Mittel in Reichspapieren angelegt hatten. Ihr besonders hoher Anteil in Essen erklärt sich übrigens als eine Vorsichtsmaßnahme der Städtischen Sparkasse. Mit der zunehmenden Verschärfung des Bombenkrieges stellte sie sich auf größere Abhebungen ein, und denen konnte sie leichter nachkommen, wenn sie hohe Guthaben unterhielt, die sich im Fall der Not binnen kürzester Frist flüssig machen ließen.

So oder so, in Wertpapieren angelegt oder in Guthaben bei anderen Kreditinstituten, die Essener Spargelder dienten jedenfalls ebenso wie die Guthaben aller deutschen Sparer zur Kriegsfinanzierung. Die »Geräuschlosigkeit« des Systems aber bestand in seiner Unentrinnbarkeit.

Unentrinnbarkeit des Systems Einerseits wuchsen die Sparguthaben im Krieg, weil es nur noch wenig zu kaufen gab. In ihrer Situationsanalyse für 1940 hat die Essener Sparkasse diesen Zusammenhang dargelegt. Andererseits aber wurden für die Sparkassen die Möglichkeiten immer spärlicher, diesen bedeutenden Mittelzuwachs anzulegen. Hypothekendarlehen, die einstmals wichtigste Kreditform, ließen sich kaum noch plazieren, und das hing wiederum unmittelbar mit dem Krieg und der Rohstoffbewirtschaftung zusammen, die natürlich auch Baumaterialien erfaßte. So schrieb die Sparkasse für 1941: »An neu bewilligten Hypotheken wurden 3 946 318 RM ausgezahlt, 3 900 532 RM durch planmäßige und außerplanmäßige Tilgung zurückgezahlt. Im Lauf des Jahres wurden 13 635 680 RM Hypotheken neu bewilligt, wovon jedoch der größte Teil noch nicht zur Auszahlung gebracht werden konnte. Die von uns damit zu finanzierenden Neubauten werden voraussichtlich erst nach Kriegsende zur Ausführung gelangen . . .«

Die Hypothekennachfrage mußte sich also zwangsläufig auf die Kauffinanzierung von Altbauten und Grundstücken beschränken. Die Kommunen aber, einstmals ebenfalls geschätzte Sparkassenkunden, brauchten kein Geld, denn auch sie konnten nicht bauen oder sonstwie investieren.

Was blieb den Sparkassenleitern übrig, als entweder festverzinsliche Effekten, Reichspapiere, zu kaufen oder liquide Mittel bei anderen Banken anzulegen, insbesondere bei der eigenen Girozentrale, die ja zu deren Übernahme verpflichtet war?

V
Das Ruhrwunder

1. Kapitel
Der Schrei nach der Kohle

Der Direktor des Instituts für Weltwirtschaft und Weltpolitik in Moskau, Jewgeni Varga, trat 1943, im dritten Jahr des »Großen Vaterländischen Krieges« der Sowjetunion, mit dem Vorschlag an die Öffentlichkeit, das besiegte Deutschland auf ein Weideland zu reduzieren – ein Land, das sich weder verteidigen noch auch nur ernähren können würde und über kurz oder lang dem Kommunismus in den Schoß fallen müßte.

Der in Rußland geborene Staatssekretär im amerikanischen Finanzministerium, Dexter White, griff den Gedanken Vargas auf und entwarf eine Denkschrift, die sein Vorgesetzter, Roosevelts Finanzminister Henry Morgenthau der Jüngere, sich zu eigen machte und im September 1944 Roosevelt und Churchill bei deren zweiter Konferenz in Quebec (Kanada) vorlegte. Danach sollte Deutschland in ein Agrarland verwandelt, und vor allem sollten an Ruhr und Saar Industrie und Bergbau zerstört werden. Dieses Projekt, das nun *Morgenthau-Plan* hieß, gefiel Roosevelt und Churchill, so daß sie ihre Unterschrift daruntersetzten. Hitler glaubte daraufhin, daß Deutschland von den Westmächten genauso Schlimmes zu befürchten hätte wie von der Sowjetunion, und beschloß, auch im Westen wieder anzugreifen: Im Dezember 1944 kam es in ursächlichem Zusammenhang mit dem Morgenthau-Plan zur Ardennen-Offensive.

Roosevelt starb im April 1945, sein Nachfolger Truman entließ Morgenthau. Dexter White wurde 1948 der Spionage für die Sowjetunion angeklagt und starb kurz darauf aus nicht geklärter Ursache.

»Der sogenannte Morgenthau-Plan für Deutschland imponierte einer Anzahl amerikanischer und britischer Politiker, die weder seinen Ursprung noch seine Folgen erkannten«, schreibt der unverdächtige amerikanische Chronist Norbert Mühlen in seinem Buch über die Krupps. »Sie wollten ganz ehrlich Deutschland von nazistischen und militaristischen Tendenzen befreien ... Viele von ihnen hatten sich überzeugen lassen, daß die Wurzeln von Nazismus und Militarismus die großen Wirtschaftsunternehmungen seien. Diese Theorie stammte aus marxistischen Mißdeutungen und Vorurteilen ... Sie machten sich also daran, die deutsche Industrie in Stücke zu schlagen ... Im Licht der marxistischen Ideologie verwechselten sie wirtschaftliche mit politischer Macht. Sie glaubten, daß die großen Konzerne der Schwerindustrie die wirkliche Macht hinter den Thronen seien, namentlich hinter dem der Nazis ... Jedes Unternehmen, das mehr als bescheidene Mittelgröße hatte, war zu zerstören. In allererster Linie war Essen zu zerstören.«

Gras und Kraut   Am 16. November 1945 wurde das Kruppgelände von britischen Panzertruppen besetzt. Der von der Militärregierung für Krupp eingesetzte *Controller*, Oberst Douglas Fowles, rief das Direktorium und die Abteilungsleiter in das Hauptverwaltungsgebäude und teilte ihnen in deutscher Sprache, mit großer Geste auf die Trümmer der Gußstahlfabrik weisend, mit: »Da draußen, meine Herren, wird nie wieder ein Schornstein rauchen. Wo einmal das Gußstahlwerk stand, werden Gras und Kraut wachsen. Die britische Militärregierung hat beschlossen, mit Krupp für alle Zeit Schluß zu machen. Das ist alles, meine Herren.«

Der Oberst, dem die Geschichte einen so großartigen Auftritt zuwies, hätte gut daran getan, sich zu erkundigen, was Alfried Krupp von Bohlen sieben Monate zuvor prophezeit hatte. Bei seiner Gefangennahme am 10. April 1945 antwortete der Firmenchef dem amerikanischen Leutnant auf die Frage, was für Pläne er für die Zukunft habe: »Ich werde selbstverständlich meine Werke wieder aufbauen und die Produktion aufnehmen. Wie Sie wissen, bin ich ein Geschäftsmann und kein Politiker.«

Die Welt lachte über Krupp und glaubte Fowles. Aber Fowles und die Welt irrten sich.

Der Drang zu den Ruinen   In einem entscheidenden Punkt wurde der Varga-White-Morgenthau-Roosevelt-Plan schon 1945 verwässert: Von der Zerstörung des Bergbaus war nicht mehr die Rede. Essen, auf Kohlen groß geworden und zur Metropole aufgestiegen, verdankte in seinen schwersten Jahren der Kohle – dem Kohlenhunger Deutschlands und der Welt – seine wundersame Rettung.

Es begann damit, daß die Zechen den Bombenkrieg verhältnismäßig gut überstanden hatten, wegen ihrer weit verstreuten Lage und da ihre oberirdischen Anlagen weit kleiner als die unterirdischen sind. So war mehr das allgemeine Chaos schuld daran, daß im April 1945 in Essen nur 11 200 Tonnen Kohle gefördert wurden und die Gesamtförderung des Ruhrgebiets im Jahre 1945 mit 33 Millionen Tonnen auf den Stand von 1890 zurückfiel.

Schon 1947 hatte sich die Steinkohlenförderung gegenüber 1945 verdoppelt, 1949 verdreifacht. Reparationen brauchten im Unterschied zur Zeit nach dem Ersten Weltkrieg in Kohle nicht gezahlt zu werden.

Dennoch konnte der Ruhrbergbau die Nachfrage der deutschen Bevölkerung bei weitem nicht befriedigen. Das lag vor allem daran, daß die Bergleute hungerten, daß es zu wenig Wohnungen für sie gab und, gemessen an der gesunkenen Förderleistung pro Kumpel, auch zu wenig Bergleute. Jeder verlorene Weltkrieg zeigte ja das gleiche Bild: 1912 förderte der einzelne Ruhrbergmann im Durchschnitt 275 Tonnen, 1922 nur 168 Tonnen Kohle; 1937 waren es 416 Tonnen, 1946 wieder nur 170 Tonnen pro Kopf. Zehn bis zwölf Prozent der

Bergleute fielen durch Krankheit aus, fünfzehn Prozent blieben im Durchschnitt unentschuldigt fern – entschuldigt, genauer gesagt, durch Hunger und Not, nicht entschuldigt im arbeitsrechtlichen Sinn.

Der Hunger war in der riesigen Stadtlandschaft des Ruhrgebiets wiederum, wie 1919, ein ärgerer Feind als irgendwo sonst in Deutschland. (Dazu kam anfänglich die hohe Zahl von Fremdarbeitern, die bevorzugt verpflegt werden mußten.) Das Hauptnahrungsmittel war Brot, und davon gab es 1946 und 1947 manchmal nur zwei Pfund pro Woche. Ohne Rücksicht auf den Hunger strömten die evakuierten Essener zu Zehntausenden zurück und verschlimmerten die Not – sie bewiesen aber auch, daß selbst eine so selten gerühmte Stadt wie Essen Anhänglichkeit und Heimatgefühl zu schaffen vermochte und daß sie sogar als Ruinenfeld den Fleischtöpfen Süddeutschlands vorgezogen wurde.

Viel schneller als in Dortmund und Köln vollzog sich die Rückwanderung, zwischen Mai und Dezember 1945 stieg Essens Einwohnerzahl von 285 000 auf 483 000 an, und im Oktober 1945 erließ der Oberpräsident der Nordrheinprovinz (das Land Nordrhein-Westfalen wurde erst 1946 gebildet) wegen der Katastrophenlage ein Zuzugsverbot. 8000 nicht berufstätige Personen wurden bis Mai 1946 wieder evakuiert. Dieser kaum zu bändigende Drang zurück in die Großstadt noch in ihrer elendsten Gestalt widerlegt die beliebten Theorien, daß der Großstadtmensch eine wurzellose Existenz sei, die sich im Grunde nach der »Scholle« sehne, oder daß zumindest eine Industriegroßstadt ihren Bewohnern immer ein wenig fremd bleiben müsse.

Der berühmte Heidelberger Nationalökonom Professor Alfred Weber stellte im Februar 1947, als die Not am größten war und in Essen 540 000 Menschen wohnten, die damals phantastisch klingende Prognose auf, die Stadt werde auf Grund ihrer optimalen Lage inmitten des Reviers bis 1957 auf 800 000 Einwohner anwachsen. Nun, es sind bis 1953 erst 731 000 geworden; aber der Wirklichkeit kam der greise Begründer der »industriellen Standortlehre« doch um einiges näher als jener englische Fachmann, der für 1957 eine Einwohnerzahl von nur noch 250 000 Köpfen voraussagte.

Zu den Heimkehrern aus Evakuierung und Kriegsgefangenschaft kamen die Vertriebenen, von denen es 1946 in Essen schon 10 000 (1971: 83 000) gab. Ende 1946 hatte die Stadt bereits 532 000 Einwohner. Die alten und die neuen Essener machten sich daran, ihre Behausungen notdürftig zu flicken und die Trümmer wenigstens von den Straßen wegzuräumen. Sie bauten in den vielen Kleingärten nur noch Kartoffeln und Gemüse an. Sie ließen sich nicht entmutigen, als im Februar 1946 nach einer Serie von Wolkenbrüchen Ruhr und Emscher über ihre Ufer traten, Brücken einrissen und 3000 Menschen obdachlos machten.

An der Ruhr wurden verfallene Stollen wieder ausgebaut und Kohlen in primitivem Kleinbetrieb wie anderthalb Jahrhunderte zuvor gefördert – Kohlen von ungeheurem Wert, denn sie waren »schwarz« abgebaut, unterlagen also nicht der Bewirtschaftung und waren dadurch noch kostbarer als Zigaretten. Der »schwarze Bernstein« erwies sich als schwarzer Diamant. Hausfrauen und Arbeitslose stahlen Kohlen von Lastwagen und Güterzügen. Der Erzbischof

Care-Pakete für Ruhrkumpels

von Köln, Kardinal Frings, erregte Aufsehen mit seiner Erklärung, dies sei keine Sünde, wenn man seine Familie damit vor dem Erfrieren retten wolle. Der Winter 1946/47 war zu allem Unglück der härteste seit 1942.

In der Kohlenpolitik der westlichen Besatzungsmächte gab es zwei Tendenzen, die einander aufhoben. Einerseits sollte die Kohlenförderung gesteigert werden, da sonst eine allmähliche Wiederbelebung der deutschen Wirtschaft unmöglich war. Andererseits wurde auf Grund der Zwangsvorstellung, daß der Konzern etwas sei, was entflochten werden müsse, der organische Zusammenhang zwischen der Kohle, ihren Hauptanwendungsbereichen und ihren Nebenprodukten zerschlagen – ganz so, als wäre es nichts als deutsche Bosheit, neben die Kohlenzeche eine Kokerei, ein kohlenverbrauchendes Hüttenwerk und ein

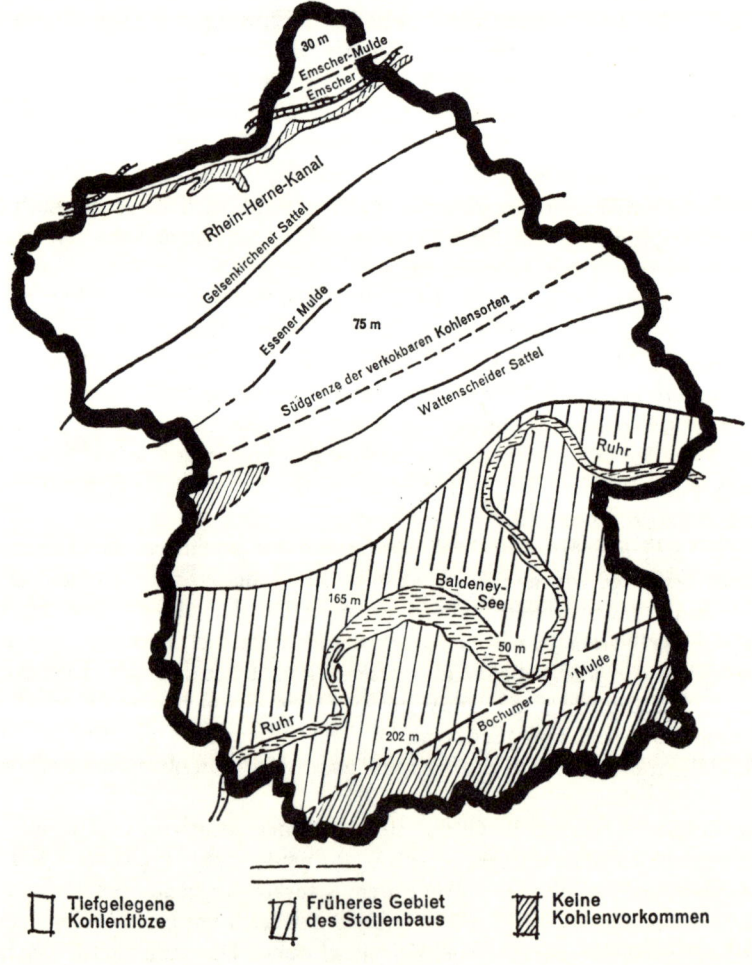

Die Stadt auf der Kohle

mit Kohle betriebenes Kraftwerk zu stellen. Dazu kamen die Auflösung des 1893 gegründeten und bis dahin unter Kaiser und Kanzler bewährten Kohlensyndikats (September 1945), die Beschlagnahme des deutschen Kohlenbergbaus durch Kontrollratsgesetz (Dezember 1945) und die Demontagen bei verschiedenen Zulieferindustrien.

Wenn es mit der Kohle, mit Essen, mit dem Ruhrgebiet, mit der westdeutschen Wirtschaft dennoch aufwärtsgehen sollte, so blieb nur eines: die Arbeitskraft und Arbeitsfreude der Kumpels zu erhöhen und ihre Zahl zu vermehren. Da die Alliierten Hitlers Lohnstopp-Verordnung zunächst in Kraft ließen, bestand erst im November 1946 die Möglichkeit, die Bergarbeiterlöhne heraufzusetzen (um zwanzig Prozent). Da es für Geld wenig oder nichts zu kaufen gab, verkündeten die Alliierten im Januar 1947 ein »Anspornprogramm«: Je nach seiner Leistung erhielt der Bergmann »Punkte«, auf die er Lebensmittel und Verbrauchsgüter beziehen konnte, die also die eigentliche Währung waren. Außerdem wurde die Belegschaft von Zechen, deren Förderleistung eine gewisse Zuwachsrate überschritt, zur Belohnung mit Care-Paketen versorgt.

Diese Vergünstigungen dienten zugleich dem zweiten Zweck: Sie lockten junge Leute aus allen Teilen Westdeutschlands an die Ruhr – dorthin, wo es Punkte und Waren gab. Obwohl drei Viertel aller Freiwilligen berguntauglich waren, konnte der Bergbau seit 1947 auf die ihm eingeräumte Möglichkeit von Dienstverpflichtungen verzichten. Im selben Jahr setzten die britische und die amerikanische Militärregierung die *Deutsche Kohlenbergbauleitung* (mit Sitz in Essen) ein, um einen Teil der Verantwortung für den Bergbau auf deutsche Stellen zu übertragen. Ihr wurde 1948 – als eine Art Nachfolger des Kohlensyndikats – der *Deutsche Kohlenverkauf* (ebenfalls in Essen) angeschlossen.

Dort, wo es die Kohle gab, die begehrter war denn je, konnte man also inmitten von Hunger, Elend und Chaos Hoffnung schöpfen. Der Kohlenpott hatte plötzlich wieder einen goldenen Boden. Essens Einwohnerzahl stieg bis 1948 auf 573 000 an. Die Männer an der Spitze dieser zerstörten, überfüllten, weithin »arbeitslosen« Stadt – Heinemann und Rosendahl – hatten ungeheure Aufgaben zu lösen.

Rosendahl und Heinemann

Zum ersten Oberbürgermeister von Essen hatte die amerikanische Militärverwaltung im Mai 1945 *Dr. Hugo Rosendahl* ernannt, der vor 1933 Oberbürgermeister von Hamborn und später von Koblenz gewesen war. »Wie ein Familienvater die Seinen will ich nach besten Kräften unsere vom Krieg ganz besonders heimgesuchte Stadt betreuen«, schrieb er in einem Aufruf an die Essener. »In der Hoffnung und im Vertrauen darauf, daß alle, die eines guten Willens sind, jeder an seinem Platz, mitarbeiten werden, wollen wir ans Werk gehen. Wiedergutmachung und Wiederaufbau sind das gemeinsame Ziel.«

Nach der Gemeindeverfassung für die Britische Zone – in Essen offiziell am 21. März 1956 verkündet – trat neben den Oberbürgermeister (den Vorsitzenden des Stadtparlamentes und Repräsentanten der Stadt) der unpolitische Oberstadtdirektor, der an der Spitze der Verwaltung steht und die Beschlüsse des Rates ausführt.

Rosendahl wurde daraufhin Oberstadtdirektor. Zum neuen Oberbürgermeister von Essen beriefen die britischen Behörden im Februar 1946 den Kommunisten *Heinz Renner.* Der Stadtkommandant, Oberst Kennedy, führte ihn mit den Worten ein: »Herr Renner ist von der Militärregierung ernannt worden, weil er bewiesen hat, daß er zupacken kann. Die Militärregierung wünscht Essen seine frühere Stellung wiederzugeben. Die politischen Ansichten Renners spielen für die Militärregierung dabei keine Rolle. Wenn Ihnen die Ernennung von Herrn Renner nicht gefällt, können Sie das bei den Wahlen im Juni ändern.«

Zum Stadtdirektor, das heißt zum Vertreter Rosendahls, wurde im März der vierunddreißigjährige, gerade aus der Kriegsgefangenschaft heimgekehrte Dr. Friedrich Wolff, zum Stadtkämmerer der ehemalige Kruppsche Finanzdirektor Ewald Löser ernannt. Der kommunistische Oberbürgermeister unterzeichnete einen Aufruf an die Bürgerschaft, einen Verein zum Wiederaufbau des Essener Münsters zu bilden, »des im Herzen unserer Stadt gelegenen Wahrzeichens, das zu den ... schönsten Baudenkmälern unserer rheinischen Heimat gehört.«

Im Juni warben die Vorsitzenden der im April aus der Taufe gehobenen Sozialistischen Einheitspartei Deutschlands, Wilhelm Pieck und Otto Grotewohl, auf dem Burgplatz zu Essen für den Zusammenschluß von SPD und KPD nach Ostberliner Muster; einige Tage später erteilte der SPD-Vorsitzende Dr. Kurt Schumacher auf dem gleichen Platz diesen Bestrebungen eine scharfe Absage.

Die ersten Wahlen zum Rat der Stadt fanden nicht im Juni, sondern erst im Oktober 1946 statt. Sie brachten der CDU mit 30 von 54 Sitzen die absolute Mehrheit, obwohl sie nur 38,9 Prozent der Stimmen erzielt hatte; das Mehrheitswahlrecht begünstigte die großen Parteien. Renners KPD mußte sich bei 12,1 Prozent der Stimmen mit zwei Ratsherren begnügen. Heinz Renner selbst wurde Sozialminister von Nordrhein-Westfalen und später Bundestagsabgeordneter. Zu seinem Nachfolger in Essen und damit zum ersten gewählten Oberbürgermeister nach dem Krieg bestellte der Rat der Stadt den bisherigen Bürgermeister *Dr. Gustav Heinemann* (CDU), 1947/48 gleichzeitig Justizminister von Nordrhein-Westfalen und 1949 Bundesinnenminister im ersten Kabinett Adenauer, in dem der Essener FDP-Politiker Franz Blücher Vizekanzler war. (Heinemann verließ das Bundeskabinett schon 1950, weil er die Wiederbewaffnung Deutschlands ablehnte, und trat später der SPD bei.) Nach Luther und Bracht war Heinemann der dritte Oberbürgermeister, der von Essen aus in die große Politik gerufen wurde.

Auf und Ab bei Krupp Was Heinemann und Rosendahl am Wiederaufbau Essens fast verzweifeln lassen mußte, war die Krupp-Katastrophe. Für Essen bot die Kohlenkonjunktur nur den schwachen, wenn auch lebensrettenden Ausgleich für die völlige Zerschlagung seiner Stahlindustrie, die 1938 doppelt so viele Arbeitskräfte wie der Bergbau beschäftigt hatte. Mit Krupp verlor Essen zweiundzwanzig Prozent seiner Vorkriegs-Arbeitsplätze. »Nackter Hunger und Wohnungselend, Kälte und Regen zehren die letzten physischen Kräfte der Menschen auf«, heißt es in einer einstimmigen Entschließung der Stadtverordneten vom 15. Januar 1947.

»Hoffnungslosigkeit, Verzweiflung und Kriminalität werden immer größer. Wichtige Betriebe und Behörden können nicht mehr ordnungsgemäß arbeiten. Unsere eigenen Möglichkeiten sind erschöpft.«

Ehe Oberst Fowles am 16. November 1945 sein großes Wort von »Gras und Kraut« sprach, hatte die Lage der Firma Krupp keineswegs verzweifelt ausgesehen. Während das Ausmaß der Totalschäden durch den Bombenkrieg im Stadtkern 90 Prozent, in den Wohnvierteln 40 Prozent betrug, waren auf dem Kruppgelände nur 32 Prozent total zerstört, 39 Prozent der Gebäude aber unversehrt oder nur leicht beschädigt. Darin sprach sich teils die Widerstandskraft der überwiegend aus Stahl und Beton aufgeführten Fabrikanlagen, teils die rege Wiederaufbautätigkeit noch während des Krieges, teils schließlich die Tatsache aus, daß die Industrie lange Zeit gar nicht zu den vordringlichen Zielen der alliierten Luftkriegführung gehörte.

So wurde nach der Besetzung der Stadt durch amerikanische Truppen im April 1945 die Arbeit bei Krupp zunächst wiederaufgenommen. Die Belegschaft wuchs im Sommer auf 15 000 Köpfe an, weitere 5000 »Kruppianer« waren in der Stadt bei Aufräumungsarbeiten tätig. Während 1913 vom Krupp-Umsatz 28 Prozent auf Kriegsmaterial entfielen, waren es 1939 nur 12 Prozent, und noch 1943 war weniger als die Hälfte der Arbeiter in der Rüstungsproduktion beschäftigt. Anders als 1919 erübrigte sich also die mühselige Suche nach Friedensproduktionen; die unzerstörten Werkteile hätten mit dem Bau oder der Reparatur von Lokomotiven, Lastwagen, Maschinen und Spezialstahl spielend ausgelastet werden können.

Da lösten im September 1945 die britischen Truppen die amerikanischen ab, legten das Werk mit wenigen Ausnahmen still und ließen im November ihren Oberst Fowles sein Sprüchlein sagen. In der weltberühmten Stahlfabrik, die seit Alfred Krupps Triumph auf der Weltausstellung von 1851 der britischen Schwerindustrie so viele Niederlagen bereitet hatte, sollte »nie wieder ein Schornstein rauchen«. Selbst das Verwaltungsgebäude stand auf der Vernichtungsliste.

Doch die Verhältnisse, sie waren nicht so. Der Kohlenbergbau – den die Alliierten förderten – rief nach Krupps Widia (einem 1926 erfundenen Metall von extremer Härte, das bei Bohrmaschinen die Diamanten ersetzte). Die Eisenbahn konnte auf Krupps Reparaturwerkstätten für Lokomotiven und Waggons, die Stadt Essen auf seine Energie- und Baubetriebe nicht verzichten. Widerstrebend erteilten die britischen Besatzungsbehörden befristete Arbeitserlaubnis für bestimmte Teile des Werkes.

Unterdessen liefen die Demontagen an, zunächst die für Reparationszwecke. Das fast unzerstörte Kruppsche Hüttenwerk Borbeck – das modernste Stahlwerk Europas – wurde in dreijähriger Arbeit vollständig abgebaut und mit Hilfe von 6000 Kubikmetern Kistenholz auf 6000 Güterwagen in die Sowjetunion verfrachtet, nachdem 35 000 Tonnen Mauerwerk hatten niedergelegt werden müssen. Die berühmte 15 000-Tonnen-Schmiedepresse ging nach Jugoslawien, wo sie verrostete und verschrottet wurde.

Im März 1948 richtete Kardinal Frings auf einer Kundgebung in Essen an die

Die Demontagen beginnen

Briten die Bitte, den Befehl zur Zerstörung der Krupp-Anlagen zu überprüfen, wobei er auf das große soziale Verständnis verwies, das die Firma Krupp von jeher bewiesen habe. Und er sprach den damals verwegen klingenden Satz: Wenn einer das Recht habe, Ehrenbürger von Essen zu sein, dann der Chef des Hauses Krupp. (Gustav Krupp von Bohlen war das Ehrenbürgerrecht 1946 von der ersten Stadtverordnetenversammlung aberkannt worden.)

Alfried Krupp von Bohlen wurde am 31. Juli 1947 von einem amerikanischen Militärgericht in Nürnberg wegen Plünderung und wegen Förderung der Sklavenarbeit zu zwölf Jahren Gefängnis und zur Einziehung seines gesamten Vermögens verurteilt. Sein Vater war im Nürnberger Hauptkriegsverbrecherprozeß angeklagt gewesen, hatte aber Anfang 1945 einen Schlaganfall erlitten und lag fünf Jahre lang auf dem Krankenlager, bis ihn 1950 der Tod erlöste.

Mit Alfried Krupp zusammen saßen zehn Kruppdirektoren auf der Anklagebank. Der Prozeß dauerte acht Monate, das Protokoll war über 13 000 Seiten lang. Von der Hauptanklage, der Vorbereitung eines Angriffskrieges, wurden Alfried Krupp und seine Direktoren freigesprochen. Die Plünderung sah das Gericht darin, daß Krupp im besetzten Frankreich und Holland verschiedene Firmen aufgekauft hatte, die Förderung der Sklaverei in der Beschäftigung von Fremdarbeitern und KZ-Häftlingen und deren Mißhandlung durch die SS.

Clays Trick mit dem Krupp-Vermögen

Der amerikanische Militärgouverneur General Clay bestätigte die Gefängnisstrafe für Alfried Krupp, hob die Einziehung des Vermögens in der vom Gericht verhängten Form jedoch auf. Das hatte eine entscheidende politisch-militärische Konsequenz: Die Einziehung wäre durch den Alliierten Kontrollrat erfolgt, das heißt zu gleichen Teilen zugunsten aller vier Besatzungsmächte, mit dem Ergebnis, daß die Sowjets in Essen hätten Fuß fassen können – und dies, während die Blockade Berlins im Gange war.

»Ich bat Clay darum, das Urteil des Gerichts nicht so sich auswirken zu lassen, daß die Sowjets mit ins Spiel kämen«, berichtete Gustav Heinemann später. Norbert Mühlen schreibt: »General Clay wußte sehr wohl, was geschehen würde, wenn die Tore der Ruhr sich den Russen öffneten. Diese Katastrophe wünschte er zu vermeiden. In einem brillanten Schachzug ordnete er an, daß Krupps Eigentum der Beschlagnahme durch den Befehlshaber derjenigen Besatzungszone unterlag, in der es sich befand.« In der Sowjetzone lag nur das Gruson-Werk in Magdeburg; es wurde von den Sowjets konfisziert. Die drei westlichen Militärregierungen verzichteten auf die ihnen von Clay eingeräumte Möglichkeit, sich des Kruppvermögens, auch de jure, zu bemächtigen.

Der Demontage für Reparationszwecke fügten die britischen Militärbehörden mit dem Liquidationsplan vom Dezember 1948 jedoch die Zerstörung und Verschrottung hinzu, als »Maßnahme zur Vernichtung des deutschen Kriegspotentials«. Es ging abwärts, Jahr für Jahr. Das Kruppgelände war »der gewaltigste Fabrikfriedhof, den es wohl je gegeben hat«, wie der *Münchner Merkur* am 17. November 1948 schrieb. »Wer von München oder Stuttgart nach Essen kommt, ist baß erstaunt über die geringe Bautätigkeit im Ruhrgebiet. Ganz wenige Baugerüste, keinerlei Neubauten ...«

2. Kapitel
Essen muß nachsitzen

Im März 1949 wütete an der Ruhr ein Orkan, der zumal in Essen zahlreiche Ruinen zum Einsturz brachte. Sieben Menschen fanden dabei den Tod, zweiunddreißig wurden verletzt. Anschaulicher läßt sich nicht beschreiben, wie es vier Jahre nach Kriegsende in der zerstörten Ruhrmetropole um Enttrümmerung und Wohnungsbau bestellt war. 1950 waren von 15,6 Millionen Kubikmetern Schutt erst 3 Millionen beseitigt.

Im gleichen Jahr stieg Essens Einwohnerzahl auf 91 Prozent des Vorkriegsstandes an, die sich in 66 Prozent der Vorkriegswohnungen zusammendrängten – der ungünstigste Stand aller Nachkriegsjahre (vorher war die Bevölkerung geringer, später der Wohnungsbau stärker). Nur 21 Prozent der Wohnungen in Essen hatten den Bombenkrieg unversehrt oder leichtbeschädigt überstanden. Zehntausende von alten Essenern, Heimatvertriebenen und angeworbenen Bergarbeitern lebten in Baracken, Schuppen, Garagen, Lauben, Kellern und Ruinen. Die Belegungsdichte von 1,46 Personen je Raum im Jahre 1950 zeigt, daß in Essen zwischen der Wohnfläche und der Anziehungskraft der Stadt ein Mißverhältnis bestand wie kaum sonst in Deutschland.

Erst von 1951 an zeichnete sich eine Entspannung ab. Wurden 1948 in Essen nur 2300 und 1950 rund 4600 Wohnungen gebaut oder instandgesetzt, so waren es 1952 schon 8400 und 1953 sogar 11 100. Allmählich verschwanden die einsturzbedrohten, mit Lumpen verhängten Elendsquartiere.

Der größte Teil des Wohnungsbaus ging auf neuem Bauland in den Außenbezirken der Stadt vonstatten; der Wiederaufbau in den großen Trümmerflächen kam weit langsamer voran. Ursachen dieser städtebaulich unerwünschten Erscheinung waren vor allem der verständliche Wunsch, lieber im Grünen als zwischen Ruinen zu leben, der Umstand, daß es sich großenteils um Wohnungen für alte und neue Bergleute handelte, die nach altem Brauch in der Nähe der Zechen liegen sollten, und vor allem die allzu enge Parzellierung der Innenstadt, die größere Bauvorhaben außerordentlich erschwerte. Die Grundstückseigentümer besaßen meist weder das Geld für den Wiederaufbau noch den Willen, ihren Boden zu verkaufen. Der städtische »Umlegungsausschuß« hatte ein hartes Stück Arbeit zu leisten, ehe es ihm beispielsweise gelang, in dem altstadtnahen Wohnviertel Holsterhausen die juristischen Voraussetzungen für einen Wiederaufbau nach modernen städtebaulichen Gesichtspunkten zu schaffen; 6600 neue Wohnungen konnten dort errichtet werden.

Die für große Teile des Ruhrgebiets typische dichte Vermengung von Wohnvierteln, Zechen und Industrieanlagen wurde durch solche Schwierigkeiten, entgegen der städteplanerischen Absicht, eher noch verstärkt, jedenfalls in der industriellen Nordhälfte der Stadt. Eine wesentliche Besserung brachte später der 1956 beschlossene Bauleitplan.

Den auswärts angeworbenen Bergleuten Wohnungen zu bauen, erschien zunächst als der einzige Weg, sie an der Abwanderung in weniger schwierige Berufe zu hindern, kaum daß sie fertig ausgebildet waren. Viele neue Kumpels kamen nur deshalb an die Ruhr, um erst einmal in der Großstadt Fuß zu fassen und dann so rasch wie möglich dem Bergwerk den Rücken zu kehren. 1952 wurden in Essen 14 000 Bergleute neu eingestellt, 13 000 wanderten ab. Dies war einer der Gründe, warum trotz einer Beschäftigtenzahl, die schon 1947 höher war als 1937, die Fördermenge jenes Vorkriegsjahres nicht wieder erreicht worden ist.

Die Montanunion

Seit Anfang 1949 unterstand das Revier der *Internationalen Ruhrbehörde*, die von den USA, England, Frankreich und den Benelux-Staaten geschaffen worden war und die Verteilung von Kohle, Koks und Stahl auf das In- und Ausland vornahm (die junge Bundesrepublik trat der Behörde im November 1949 bei). Die Konstruktion diente als Ersatz für Frankreichs ursprüngliche Forderung, das Ruhrgebiet ganz aus Deutschland herauszulösen und einer internationalen Verwaltung zu unterstellen.

Unter anderem wohl in der Absicht, Frankreichs Einfluß auf das Herz der deutschen Industrie durch freiwillige Vereinbarungen auch für die Zukunft zu sichern, schlug der Leiter des Planungsamts für die französische Wirtschaft, Jean Monnet, vor, die Grundindustrie der Bundesrepublik, Frankreichs, der Benelux-Staaten und Italiens zu verschmelzen. Der französische Außenminister Robert Schuman trug dieses Projekt im Mai 1950 an die Öffentlichkeit, woraufhin es als *Schumanplan* bezeichnet wurde. Im April 1951 unterzeichneten die sechs Staaten in Paris den Vertrag über die Errichtung der *Europäischen Gemeinschaft für Kohle und Stahl*, »Montanunion« genannt; Jean Monnet wurde der Präsident ihrer Hohen Behörde. Die Internationale Ruhrbehörde stellte damit ihre Tätigkeit ein.

Bevor sich diese Normalisierung abzeichnete, war der Kohle noch ein schwerer Schlag zugefügt worden: Im Juni 1949 verboten die Westmächte die Verflüssigung der Kohle zu Benzin und Öl. Die großartigen Erfindungen von Bergius, Fischer und Tropsch sollten nie wieder angewandt, die Hydrierwerke demontiert werden. Kardinal Frings ordnete öffentliche Gebete für die Abwendung der Demontage an, Kurt Schumacher sprach von einem Versuch, die deutsche Konkurrenz auf dem Weltmarkt auszuschalten, und selbst die *Times* fragte, ob diese Maßnahme wirklich dem Frieden diene – es bestehe vielmehr der Eindruck, daß in Wahrheit eine Schwächung der deutschen Industrie auf den Exportmärkten beabsichtigt sei. Die Arbeiter der betroffenen sechs Fabriken nahmen drohend vor den Werktoren Aufstellung. Doch unter dem Schutz britischer Truppen wurde die Demontage vollzogen. Das ausländische Erdöl eroberte den deutschen Markt mit so niedrigen Preisen, daß eine spätere Wiederaufnahme der Kohleverflüssigung nicht mehr rentabel war. Der Vormarsch des Öls gegen die Kohle begann nicht mit wirtschaftlichen, sondern mit militärischen Mitteln. Erst 1949 erreichte der Wirtschaftskrieg gegen das besiegte Deutschland seinen Höhepunkt.

Vor allem bei Krupp. Während die meisten Städte Westdeutschlands schon kurz nach der Währungsreform aufzublühen begannen und die junge Bundesrepublik sich stürmisch entwickelte, mußte Essen »nachsitzen«, weil die Firma Krupp in seinen Mauern lag. »Krupp war in jenen Tagen der schwere Schatten, der über Essen lastete«, sagte Heinemann. 1949 und 1950 hatte die Stadt ihr »Zeitzeichen«: Jeden Tag um zwölf Uhr dröhnte eine Sprengung über das Häuser- und Ruinenmeer von Essen, wobei nicht selten noch im Rathaus die Fensterscheiben zersprangen. Fünftausend deutsche Arbeiter waren damit beschäftigt, auf dem Fabrikgelände – siebenmal so groß wie die Altstadt von Essen – das meiste von dem zu zerstören oder als Schrott nach England zu schicken, was die Bomben und die Reparationslieferungen noch übriggelassen hatten. 32 Prozent der Werksanlagen hatte der Luftkrieg vernichtet, 40 Prozent fielen der Demontage zum Opfer, die zum kleineren Teil der Reparationsleistung, zum größeren »der Vernichtung des deutschen Kriegspotentials« diente.

Bei Krupp wird gesprengt

Deutsches Kriegspotential wurde in Essen noch zerstört, als Adenauer den Westmächten anläßlich des Koreakriegs einen Wehrbeitrag angeboten und damit ein geneigtes Ohr gefunden hatte (wobei er sich mit Heinemann überwarf). »Deutsches Kriegspotential« – das waren auch die Eisenbahngleise auf dem Fabrikgelände, die Holzbearbeitungsmaschinen, die für den Wohnungsbau so dringend gebraucht wurden; es waren sogar Anlagen zur Herstellung von Spielzeug und Eisenbahnschranken. Den Schrott, einen wertvollen Rohstoff für die Stahlerzeugung, beanspruchten die Engländer als »Kriegsbeute«.

»Die Demontagen stellten eine gefährliche Form anstrengender Arbeit dar«, schreibt Erich Heyn. »Vor allem mit Schweißgeräten und Sprengungen, die jahrelang die gesamte Stadt durch ihren dumpfen Widerhall an diese fragwürdige Art der Zerstörung mahnten, ging man den mehr oder weniger durch die Kriegshandlungen beschädigten Anlagen und Gebäuden zu Leibe. Anstelle der phantastisch gereckten Stahlkonstruktionen, des chaotischen Gewirrs von aufgerissenen Mauern, Trümmern, Betonklötzen, zerfetzten und verbogenen Röhrenleitungen, zerbombten Straßen und Schornsteinen, eingesunkenen Dächern und turmartigen Gebäuderesten trat ein weites, unebenes Trümmerfeld mit Resten von Fundamenten und vereinzelt stehengebliebenen Schornsteinruinen. Ein trauriges Bild einer bis in die Wurzeln gehenden Zerstörung. Die unheimliche Stille dieser Flächen wirkte um so befremdender, als diese sich inmitten der Stadt erstreckten und vor allem zu einem Zeitpunkt entstanden, als der Wiederaufbau der Stadt mächtig einsetzte.«

Alfried Krupps Entlassung   Der Eigentümer dieser stillen Flächen, Alfried Krupp von Bohlen, wurde am 31. Januar 1951 von John McCloy, seit Mai 1949 amerikanischer Hochkommissar für Deutschland, begnadigt, ebenso die übrigen verurteilten Kruppdirektoren. »Ich befasse mich mit dieser Angelegenheit seit etwa acht Monaten«, schrieb McCloy, »und ich erinnere mich nicht, je eine schwierigere Aufgabe gehabt zu haben.«

Am 3. Februar 1951, nach knapp sechs Jahren in amerikanischer Haft, konnte der Erbe der Kruppdynastie die Festung Landsberg verlassen. Den wartenden Reportern – darunter dem Verfasser dieses Buches – versicherte Krupp, er habe nicht den Wunsch und nicht die Absicht, wieder Kanonen zu bauen, »aber ich glaube, dieses Problem wird von der deutschen Regierung gelöst werden und nicht von meinen persönlichen Neigungen«. Krupp begab sich zu seiner Mutter Bertha nach Schloß Blühnbach bei Salzburg, wo ein Jahr zuvor sein Vater gestorben war.

Unmittelbar nach dem Tod Gustav Krupp von Bohlens hatte seine Witwe bei der Alliierten Hohen Kommission beantragt, die Lex Krupp von 1943 zu annullieren, also nicht Alfried nach diesem Ausnahmegesetz zum Alleinerben zu machen, sondern das Vermögen nach dem deutschen Erbrecht auf sie und ihre Kinder zu verteilen. Die Hochkommissare lehnten das Ersuchen ab.

Diesem Versuch der Familie, das Kruppvermögen zu retten, das nach dem von General Clay getroffenen Kompromiß ja noch immer vom Chef der jeweiligen Besatzungszone beschlagnahmt werden konnte, entzog McCloy den Boden, indem er gleichzeitig mit der Gefängnisstrafe die Möglichkeit zur Einziehung des Vermögens aufhob. Verfügen aber konnte Alfried Krupp noch zwei Jahre lang nicht über sein wiedergewonnenes Eigentum, und ebensowenig durfte er die Fabrik betreten. Bis 1953 stand sie unter britischer Kontrolle.

In England rief die Rehabilitierung Krupps einen Entrüstungssturm hervor, in Essen waren die Meinungen gespalten. Auf den Wahlplakaten für die Landtagswahlen von 1951 hieß es bei der FDP: »Gerechtigkeit für Krupp«, bei der SPD: »Planwirtschaft – Sozialisierung«, bei der KPD: »Tod dem Monopolkapitalisten«.

Greinert und Toussaint   Die Stadt beurteilte die Lage kühler. An der Spitze der Verwaltung stand von 1950 bis 1957, nachdem Dr. Hugo Rosendahl in den Ruhestand getreten war, *Hellmuth Greinert*, aus Plauen gebürtig und zuvor Ministerialdirigent im Finanzministerium von Nordrhein-Westfalen.

Schwierig war es 1949 gewesen, nach dem Weggang Gustav Heinemanns einen neuen Oberbürgermeister für Essen zu finden. Im Rat der Stadt saßen sich fünfundzwanzig Vertreter von SPD und KPD und fünfundzwanzig Mitglieder von CDU, Zentrum und FDP unversöhnlich gegenüber. Weder der Fabrikant Wilhelm Nieswandt (SPD) noch der Essener Lebensmittelgroßhändler *Dr. Hans Toussaint* (CDU) konnte jene eine Stimme aus dem anderen Lager gewinnen, die die Entscheidung hätte bringen können. So mußte die Bürgerschaft zur Urwahl aufgerufen werden. Bei einer Wahlbeteiligung von 41 Prozent entschieden sich 68 Prozent für Toussaint (womit die bürgerliche Gruppe auch im

Stadtparlament das Übergewicht erhielt, da der gewählte Oberbürgermeister zwei Stimmen hatte).

Im August 1950 besaß Toussaint den Mut, das zerstörte Essen dem Evangelischen Kirchentag als Tagungsort zur Verfügung zu stellen, gestützt darauf, daß der neue Städtische Saalbau im Rohbau fertig war. Die Stadt zeigte, daß sie sich nicht unterkriegen ließ. 1952 wurde Toussaint wiedergewählt, diesmal vom Rat der Stadt mit vierunddreißig gegen dreißig Stimmen.

Die Ergebnisse der Kommunalwahlen in Essen 1946 bis 1975

		SPD	CDU	FDP	Zentrum	KPD
Februar 1946	(ernannte Ratsherren)	17	23	1	2	17
Oktober 1946	%	34,2	38,9	3,6	11,2	12,1
1948	%	35,1	30,7	4,5	15,4	10,4
1952	%	40,6	35,2	9,0	7,4	6,1
1956	%	51,1	38,4	6,3	3,3	–
1961	%	48,9	43,7	7,1	–	–
1964	%	52,4	42,5	4,8	–	–
1969	%	53,4	40,3	4,8	–	–
1975	%	54,9	38,1	5,7	–	–

Toussaint und Greinert setzten zielstrebig fort, was Rosendahl und Heinemann begonnen hatten: Sie versuchten, der todbedrohten Stadt neue Industrien und Verwaltungen zuzuführen, sie aus der verhängnisvollen Umklammerung durch die Krupptrümmer, aus der einseitigen Abhängigkeit von Kohle und Stahl zu befreien und ihr zum erstenmal seit Beginn des Industriezeitalters ein ausgeglichenes Wirtschaftsgefüge zu geben.

Krisenfeste Industrien gesucht

»Oberstadtdirektor und Oberbürgermeister ziehen an einem Strick, auch wenn der Verwaltungsfachmann Greinert mit dem Vorsitzenden des Rats der Gemeinde, Dr. Toussaint, nicht immer einer Meinung ist«, schrieb die *Frankfurter Allgemeine* am 6. Februar 1954. »Aber die forsche Aktivität, mit der beide an die Bewältigung besonders schwerer Aufgaben gehen, hat jene lebendige Metropole im Mittelpunkt des Ruhrgebiets geschaffen, deren Bedeutung sich nicht mehr nur in Kohle, Krupp und Gruga erschöpft.«

Gleich nach Kriegsende hatte Oberbürgermeister Rosendahl im Rathaus das 1920 gegründete städtische Werbeamt zu einem Amt für Wirtschafts- und Verkehrsförderung erweitert; Wirtschaft und Verkehr bedurften der Förderung in der Tat nirgends mehr als im zerstörten, vom Schatten Krupps verdüsterten Essen. Während die Stadt im 19. Jahrhundert von einzelnen mutigen und kapitalkräftigen Männern auf eigene Faust vorwärtsgestoßen worden war und mithin nie recht Zeit hatte, ins Gleichgewicht zu kommen, sollte sie nun die ordnende Hand spüren.

Dabei standen den Verantwortlichen ganz klare Ziele vor Augen: Es mußte nach Ersatz für Krupp gesucht werden, denn die Fabrik schien dem Sterben nah. Auch wenn Krupp sich noch einmal erholen sollte, durfte Essen sein Schicksal nicht wieder so weitgehend mit dem der einen Fabrik verknüpfen. Die einseitige Montanstruktur mußte aufgelockert werden, damit in Krisenzeiten der Stadt nicht noch einmal weit übler mitgespielt werden könnte als dem übrigen Deutschland. Krisenfeste Klein- und Mittelbetriebe, Konsumgüterindustrie, Rückbesinnung auf den Handel, der vor tausend Jahren den Aufstieg des Städtchens Essen eingeleitet und viele Jahrhunderte lang seinen Wohlstand getragen hatte: das war es, was die schwer verwundete Stadt brauchte, wenn sie weiterleben und dereinst besser leben wollte.

Neues Leben auf dem Kruppgelände

An sich waren die Chancen, neue Betriebe an sich zu ziehen, günstig: Aus den besetzten Ostgebieten und der Sowjetzone wurden zahllose Fabriken und Firmen verlagert, und vor anderen westdeutschen Städten hatte Essen auch im zerstörten Zustand einiges voraus: seine zentrale Lage inmitten des Reviers (ohne dessen Wiederaufstieg an eine neue Blüte Deutschlands nicht zu denken war), seine vorzügliche Verkehrslage (enges Schienennetz, Rhein-Herne-Kanal) und einen großen Stamm hochqualifizierter Facharbeiter.

Für die Ansiedlung neuer Industrien kamen vor allem die Kruppwüste, das Gelände des Stadthafens und der Werkhäfen am Rhein-Herne-Kanal und das Areal stillgelegter Zechen in Frage. Am Stadthafen, der 1946 wieder betriebsfähig war, konnten bis 1970 über fünfzig Betriebe mit etwa dreitausend Beschäftigten ansässig gemacht werden. Aber da das weit größere Kruppgelände bis Dezember 1948 blockiert war, zogen über vierzig Firmen, die Interesse an einer Niederlassung in Essen zeigten, in andere Städte weiter.

Der »Liquidationsplan« der britischen Militärregierung vom Dezember 1948, der die umfangreichsten und widersinnigsten Demontagen erst einleitete, hatte wenigstens den Vorteil, daß er klärte, welche Teile der Gußstahlfabrik *nicht* demontiert werden würden, und damit die Firma das Recht zur Verpachtung und zum Verkauf dieser Teile gab. Als demnach endlich klar war, was die Engländer nicht in die größte Verschrottungsaktion der Weltgeschichte einzubeziehen wünschten, ging auf dem riesigen, zu 70 Prozent zerstörten Kruppgelände zweierlei vor sich: Mehr und mehr einzelne Kruppbetriebe nahmen die Arbeit wieder auf, kein Mitglied der vorläufigen Geschäftsleitung dachte an eine Schließung der Fabrik; und mit Hilfe von Bund, Land und Stadt wurden neue Industriebetriebe angesiedelt.

1949 arbeiteten bei Krupp die Lokomotivfabrik, die Widia-Fabrik, die Elektrowerkstätten und ein Maschinenbaubetrieb sowie die Bergwerke und die meisten Hilfs- und Nebenbetriebe. 9800 Arbeiter waren auf dem Fabrikgelände, 2300 in den Zechen *für* Krupp, 5000 in der Demontage *gegen* Krupp tätig, während für rund 15 000 Krupp-Pensionäre schon ein Jahr nach der Währungsreform die Hälfte der Pensionsauszahlungen aufgebracht wurde. 1950 genehmigte die Besatzungsmacht nach der Reparatur von Lokomotiven auch den Neubau. Außerdem durften eine Gießerei und eine Schmiede errichtet werden.

Wie sinnvoll die bis Ende 1950 betriebene Demontage war, zeigte sich besonders deutlich in folgendem Fall: Krupps Maschinen zur Herstellung von Schweißelektroden wurden abgebaut. Auf dem Kruppgelände mietete sich eine neue Firma ein, die in einer Krupphalle mit den von Krupp übernommenen Arbeitern – Schweißelektroden herstellte.

Zur Neubesiedlung des verödeten Werksgeländes gründeten die Stadt Essen und das Land Nordrhein-Westfalen 1949 gemeinsam die *Industrieförderungsgesellschaft*, wobei die Stadt in Wirtschaftsminister Professor Nölting und im Vorsitzenden des Wirtschaftsausschusses des Düsseldorfer Landtags, Wilhelm Nieswandt, zwei unermüdliche Fürsprecher fand. Da die eigenen Betriebe nur einen kleinen Teil der alten Gußstahlfabrik ausfüllten, war die Firma Krupp gern bereit, der Gesellschaft Teile ihres Bodens zu verkaufen. Sie wurden enttrümmert und dann zu günstigen Bedingungen an interessierte Firmen verpachtet oder weiterverkauft. Von 1950 bis 1956 wurden auf diese Weise fünfzig neue Betriebe mit 12 000 Arbeitsplätzen auf dem Kruppgelände angesiedelt.

Wie nötig das war, zeigen ein paar Zahlen von 1950: Als im Herbst jenes Jahres die Demontagen endlich ausliefen, wurden 5000 Arbeiter brotlos, die bis dahin ihren Lebensunterhalt mit der Zerstörung von Arbeitsplätzen verdient hatten. Die Arbeitslosigkeit stieg auf 5,8 Prozent. Essen hatte wieder 90 Prozent seiner Einwohner von 1939, aber nur 81 Prozent seiner Arbeitsplätze. 1938 waren in der Erzeugung und Verarbeitung von Eisen und Metall 60 000 Menschen tätig, 1950 nur 32 000. Die Differenz von 28 000 – das war »die Krupp-

Beschäftigte in Essen

	1939	1950	1961	1967[1]	31. 12. 1976
Beschäftigte, gesamt	267 352	240 502	340 467	292 700	232 218
davon in % in					
Produktion	66,3	62,7	56,5	50,9	46,8
Verteilung und Dienste	33,7	37,3	43,5	49,1	53,2
darunter in % in					
Bergbau und Energie	17,4	22,8	15,4	10,4	8,9
Verarbeitende Gewerbe	38,3	27,3	29,5	31,9	27,4
Baugewerbe	10,4	12,5	12,9	8,0	10,2
Handel und Geldwesen	14,9	17,1	23,3	20,5	21,3
Verkehr und Nachrichtenwesen	5,2	6,2	6,8	6,0	5,3
Dienste, Gebietskörperschaften, Sozialversicherung	13,6	14,0	17,6	22,6	24,0

[1] errechnet auf Grund der Teilstatistiken einzelner Gewerbezweige und der Ergebnisse des Mikrozensus im Lande Nordrhein-Westfalen.

lücke« (ein Schlagwort, das in den Nachkriegsjahren aus keinem Wirtschaftsgespräch wegzudenken war). Geschlossen wurde sie nach und nach mit Hilfe von Betrieben der veredelnden Industrie, der Feinmechanik, der Kleineisenindustrie, der Elektrotechnik.

Ganz aber brauchte die Lücke in der Metallindustrie nie wieder geschlossen zu werden. Denn sie wurde von anderen Industrien ausgefüllt: Textil- und Bekleidungsindustrie, Glas-, Holz- und Möbelindustrie, Papier- und Druckereibetrieben. Und was auch die neuen Gewerbe nicht aufnahmen, das fand im Handel sein Unterkommen. Nicht der Bergbau und nicht die Metallindustrie – der Handel ist heute der wichtigste Erwerbszweig in Essen.

Arbeit für Frauen

Gegenwärtig ist die Ruhrmetropole also eine gemischte Handels-, Industrie- und Verwaltungsstadt, der so tiefe Stürze wie 1919 und 1946 nach menschlichem Ermessen nicht mehr drohen sollten. Der Anteil der Beschäftigten in der Produktion, der 1900 noch 74 Prozent betrug, ist auf unter 50 Prozent gesunken.

Nutznießer dieser Entwicklung waren vor allem die Frauen. Die Goldgräberstadt des 19. Jahrhunderts hatte einen extremen Männerüberschuß (1871: auf 100 Männer 78 Frauen, oder andersherum: auf 100 Frauen 128 Männer). In der Stahl- und Kohlenstadt zwischen den Weltkriegen war das Verhältnis der Geschlechter zwar annähernd ausgeglichen, doch gab es durch das krasse Überwiegen der Schwerindustrie außerordentlich wenig Frauenarbeitsplätze – mit dem Ergebnis, daß 1938 auf 100 Einwohner im Reichsdurchschnitt 50, in Essen aber nur 42 Erwerbspersonen trafen.

Der Zweite Weltkrieg verursachte einen erheblichen Frauenüberschuß: 1952 entfielen auf 100 Männer in Essen 109 Frauen, bei den Fünfundzwanzig- bis Vierzigjährigen als Folge der Kriegsverluste aber 130 Frauen! Arbeitsplätze für sie zu schaffen, war also eine Lebensfrage, und zugleich war es ein Beitrag zur Auflockerung der Wirtschaftsstruktur. Handel, Textilindustrie und Bekleidungsgewerbe nahmen nach dem Zweiten Weltkrieg einen mächtigen Aufschwung – und der Anteil der Frauen an diesen Berufszweigen betrug (1954) 60 beziehungsweise 68 und 89 Prozent.

1100 Jahre Essen

1951, spätestens aber zur 1100-Jahr-Feier der Stiftsgründung im Juni 1952, war es soweit, daß die todbedrohte Stadt sagen konnte, sie werde am Leben bleiben. Die Kruppdemontagen waren beendet, das Kohlengeschäft blühte, die Zahl der Wohnungen stieg ein wenig schneller als die der Stadtbewohner, und auch die Schaffung neuer Arbeitsplätze schritt nun rascher fort als die Einwohnerzahl. Fleiß, Phantasie und unerschütterlicher Lebensmut hatten ein Wunder vollbracht und die Tür zu einem weiteren Jahrhundert aufgestoßen.

Daß Essen obendrein begann, sich ein gefälligeres Kleid anzulegen, war nicht minder erstaunlich und mag damit zusammenhängen, daß aus dem Stift der »adligen Frauenzimmer« und der qualmenden Stadt der Schmiede und Schwerarbeiter nun, im zwölften Jahrhundert nach der Grundsteinlegung des Münsters, eine ganz normale Großstadt mit ebenso vielen männlichen wie weiblichen Zügen geworden ist.

So schwierig die besonderen Verhältnisse in Essen auch nach 1945 sein mochten, so zögernd sich der Wiederaufbau der geächteten »Kruppstadt« auch anließ, die Währungsreform brachte doch auch hier eine entscheidende Wende in der Nachkriegszeit.

Wie überall im westlichen Deutschland, so wurde auch in der »Trizone«, in Essen am Sonntag, dem 20. Juni 1948, das neue Geld ausgegeben: 40 »Deutsche Mark« als »Kopfquote«. Wer die neuen Scheine abholte, so war den amtlichen Veröffentlichungen zu entnehmen, sollte allerdings zum Umtausch gleich sechzig Reichsmark mitbringen, weil weitere 20 »Deutsche Mark« pro Kopf demnächst ausgezahlt würden. *40 DM pro Kopf*

Der Umtausch wurde in den allseits bekannten Ausgabestellen der Lebensmittelkarten vorgenommen. Trotzdem hielten an diesem regnerischen Junisonntag auch die Kreditinstitute offen, natürlich auch die Städtische Sparkasse zu Essen mit ihren Zweigstellen. Es gab eine Menge zu tun, nicht etwa, weil Vergeßliche noch rasch die nötigen Reichsmark für den Umtausch der »Kopfquote« abheben wollten, sondern weil es Einzahlungen in Hülle und Fülle gab. Das ging so den ganzen Sonntag und auch in der folgenden Woche. Als die Schalter am Samstag, dem 26. Juni, abends geschlossen wurden, hatte mancher Sparkassenmitarbeiter die arbeitsreichste Woche seiner Laufbahn hinter sich.

Was diesen ungeheuren Andrang verursacht hatte, war die Bestimmung, daß nur jene Beträge des alten Geldes in die Umstellung auf D-Mark einbezogen werden sollten, die vorher auf Guthaben eingezahlt worden waren. Allerdings erforderten die Bestimmungen auch eine »Unbedenklichkeitsbescheinigung« des Finanzamts über die Herkunft der eingezahlten Beträge. Es heißt, daß damals mancher Schwarzhändler resignierte, und daß das – alte – Geld zwar nicht auf der Straße, wohl aber im Mülleimer lag, wenn es einen solchen schon wieder gab. *Keine zehn Prozent*

Die »Altgeldbestände« der Essener Sparkasse beliefen sich zum Stichtag der Währungsreform auf 457 Millionen Reichsmark Spareinlagen und 124 Millionen Reichsmark sonstige Einlagen, insgesamt 581 Millionen Reichsmark. Einen Tag später wurden daraus 22,9 Millionen DM Spareinlagen sowie 6,8 Millionen DM sonstige Einlagen, insgesamt 29,7 Millionen DM, rund 5 Prozent des Altgeldbestandes. Mit der in Geldinstituten selbstverständlichen Pfenniggenauigkeit stand dieses Ergebnis allerdings erst Ende 1952 fest, mehr als vier Jahre nach der Währungsreform. Zuvor hatte es vieler komplizierter Rechenarbeiten bedurft, um aus altem neues Geld zu machen. Anfänglich hatte es so ausgesehen, als ob die Umstellung recht einfach sein würde. Aus zehn Reichsmark, so hieß es, sollte eine D-Mark werden. Aber es kam anders – schlechter!

Die erste üble Überraschung erlebten die Sparer, als von ihrem Altgeldguthaben das Neunfache des »Kopfgeldbetrages« abgezogen wurde, pro Person also 9 mal 60 gleich 540 Reichsmark. Eine vierköpfige Familie büßte dabei also auf einen Schlag 2160 Reichsmark ein. Von den 434852 Sparkonten der Essener Sparkasse mit einem Durchschnittsguthaben von 1051 Reichsmark wurde so

295

bereits ein großer Teil eliminiert. In der Tat bestanden 1949 nur noch 173 818 Sparkonten, von denen 105 000 ein Guthaben von weniger als 20,– DM aufwiesen. Zwar läßt sich diese Schrumpfung der Kontenzahl nicht ausschließlich auf das Ergebnis der Umstellung zurückführen, aber die Unterschiede zwischen vorher und nachher sprechen doch für sich.

Auf den übrigen Konten, die diesen ersten Schock überlebten, vollzogen sich mehrere Buchungsschritte. Der verbliebene Altgeldbestand wurde in dem angekündigten Verhältnis von 10:1 umgestellt. Die eine Hälfte dieses Restes stand den Kontoinhabern sofort zur Verfügung, die andere wurde gesperrt. Die ursprünglich vorgesehene Freigabe zu einem späteren Zeitpunkt unterblieb, und statt dessen wurde der Sperrbetrag größtenteils gestrichen.

So kam es also, daß von den Altgeldguthaben bei der Städtischen Sparkasse zu Essen nicht 10 Prozent, sondern nur knapp über 5 Prozent übrigblieben.

Nachholbedarf

Die Währungsreform von 1948 unterscheidet sich in vielfacher Hinsicht von den Vorgängen des Jahres 1923. Der wichtigste Unterschied besteht wohl darin, daß die Reform von 1948 in einem zerstörten Lande stattfand. In dem zerbombten Essen z. B. bestand ein geradezu riesiger Bedarf am Allernotwendigsten.

Nach dem 20. Juni kam es daher, anders als seit dem November 1923, nicht etwa zu einem zaghaften Wiederanstieg der Spareinlagen, sondern das Gegenteil trat ein. Mehr als die Hälfte aller Kunden hob schon bis Dezember 1948 ihre Restspareinlagen ab. Das ging auch im folgenden Jahr so weiter, und daher waren im März 1949 von den ursprünglich 22,9 Millionen DM umgestellter Spareinlagen mehr als 15 Millionen abgehoben. Zwar hatten inzwischen auch wieder Neueinzahlungen von solchen Sparern stattgefunden, die unverdrossen von vorne anfingen, aber dieses bescheidene Rinnsal konnte den Strom der Abhebungen nicht aufwägen.

Furcht vor dem Dritten Weltkrieg

Erst in der ersten Hälfte des Jahres 1950 begannen die Einzahlungen zu überwiegen, der Gesamtbestand der Spareinlagen erreichte wieder das Umstellungsniveau von 22,9 Millionen und wuchs dann sogar darüber hinaus. Aber diese Tendenzwende wurde Ende Juni jäh unterbrochen. Aus Fernost kamen Alarmnachrichten. Truppen des kommunistischen Nordkorea hatten den 38. Breitengrad, die Grenze zur südlichen nichtkommunistischen Landeshälfte, überschritten und schickten sich an, die ganze Halbinsel zu erobern. Da die USA den bedrängten Südkoreanern zu Hilfe kamen und die Russen die Nordkoreaner unterstützten, schien der Dritte Weltkrieg vor der Tür zu stehen.

Der Krieg im Fernen Osten führte zu einer gewaltigen Steigerung des Rohstoffbedarfs und gab dadurch auch dem Wiederaufbau in der Bundesrepublik Auftrieb.

Vielleicht wäre er noch schneller gelaufen, hätte ihn nicht immer wieder drückender Kapitalmangel behindert, so zum Beispiel in Essen. Was dort vor allem fehlte, waren Wohnungen für die Menschen, die ein Dach über dem Kopf brauchten, für die Bergwerke, die nur dann Arbeitskräfte bekamen, wenn diese ein Unterkommen fanden.

Aber die so dringend benötigten Neubauten waren unmittelbar nach der Währungsreform nicht zu finanzieren, da die Ersparnisse ausblieben. Immerhin: Ende 1952 konnte die Sparkasse berichten, daß sie bislang 13,4 Millionen als Hypothekendarlehen für Neubauten zur Verfügung gestellt habe, 80 Prozent davon im Rahmen des »Sozialen Wohnungsbaus«. Konkret bedeutete das einen Beitrag zur Finanzierung von 12 873 Wohnräumen in 944 Häusern. Später, 1954, als der Wiederaufbau in seiner ersten Phase zum Abschluß gekommen war, konnte die Sparkasse stolz darauf verweisen, daß sie an der Finanzierung von 49 Prozent aller im Stadtgebiet von Essen errichteten Neubauten in größerem oder geringerem Umfang mitgewirkt hatte.

Fast die Hälfte aller Neubauten

Langfristiges Leihkapital wurde aber nicht nur im Wohnungsbau gebraucht. Die kommunale Infrastruktur war durch die Fliegerangriffe vielfach beschädigt oder gar zerstört worden. Für ihre Wiederherstellung stellte die Stadtsparkasse Mittel bereit, die 1952 mit 11,1 Millionen DM beziffert wurden. Am Ende des Jahres 1954, als der Wiederaufbau im engeren Sinne als abgeschlossen gelten konnte, betrugen die langfristigen Kommunaldarlehen 17,4 Millionen DM.

Wenn die Demontagen Essens schwerindustrielle Vergangenheit ausradieren wollten, dann mußten Klein- und Mittelbetriebe in die Bresche springen, sollte die Stadt lebensfähig bleiben. Solche Betriebe zu halten und auszubauen, kostete Geld, vor allem Mittel zur Investitionsfinanzierung. Für gewerbliche Finanzierungen stellte die Sparkasse Mittel von kurzer und mittlerer Laufzeit bis zu fünf Jahren bereit. Am Jahresende 1952 machten derartige Forderungen 12,7 Millionen aus. Dabei halfen wieder einmal die Geschäftszweige, die schon in den schweren Zeiten nach dem Ersten Weltkrieg Lücken gefüllt hatten...

Ähnlich wie nach der Währungsstabilisierung von 1923 wuchsen auch nach 1945 die Sicht- und Termineinlagen viel schneller als die Ersparnisse, weil sie unmittelbar aus der wirtschaftlichen Wiederbelebung resultierten. Erst im Verlauf des Jahres 1953, fünf Jahre nach Einführung der D-Mark, haben die Spareinlagen die übrigen Einlagen wieder an Volumen übertroffen. In der Zwischenkriegszeit konnten sie ihr altes Übergewicht schon 1924, im ersten Jahr nach der Stabilisierung, wiedergewinnen. Der Mangel an langfristigem Kapital hielt also nach dem Zweiten Weltkrieg wesentlich länger an.

Dieses war der Grund für neuartige Maßnahmen der Bundesregierung. Sie begnügte sich nicht mehr mit den althergebrachten Formen der Sparförderung, sondern setzte weiterreichende, massive Anreize. Um dem Sparen wieder aufzuhelfen, gelangte zunächst das Instrument der Steuerbegünstigung zum Einsatz. Schon von 1948 an wurde der Abschluß von Kapitalansammlungsverträgen dadurch gefördert, daß die auf den Sparkonten eingezahlten Beträge als »Sonderausgaben« steuermindernd wirkten. Dieses System hatte allerdings einen schwerwiegenden Nachteil: Die von der »Sozialen Marktwirtschaft« angestrebte breite Vermögensbildung wurde dadurch nicht genügend gefördert, wuchs doch der Steuervorteil mit dem Einkommen und den progressiven Einkommensteuersätzen. Wer wenig Steuern zahlte, erhielt auch nur wenig Förderung.

Geld vom Staat

Das »Sparprämiengesetz« von 1959 versuchte es mit einem neuen Weg. Konten- und Wertpapiersparen wurden nunmehr bei längerfristiger Festlegung innerhalb bestimmter Höchstbeträge mit einer nach sozialen Gesichtspunkten gestaffelten Prämie bedacht. Dieses System ist mehrfach modifiziert worden und blieb bis November 1980 in Kraft. Die wachsende Bedrängnis der öffentlichen Finanzen zu Beginn der achtziger Jahre hat dem »Prämiensparen« ein jähes, in seiner Radikalität vielleicht unverdientes Ende gesetzt.

Der Staat griff aber nicht nur fördernd in das Sparen ein, er half auch mit Krediten gegen die Kapitalnot. Die Idee war nicht neu: Kredite aus öffentlichen Mitteln oder Zinsbeihilfen zur Förderung bestimmter Bereiche zur Verfügung zu stellen. Derartiges hatte es schon in der Weimarer Zeit gegeben. Nach 1948 aber fand dieses Instrument Anwendung in einem bis dahin ungeahnten Ausmaß. Aus Mitteln des »Lastenausgleichsfonds« wurden »Aufbaudarlehen« gewährt, für den Wohnungsbau, für die gewerbliche Wirtschaft, für die Landwirtschaft, Existenzaufbaudarlehen und Dauerarbeitsplatzdarlehen.

Auch aus dem »ERP-Fonds« wurden Kredite für Wiederaufbauzwecke gewährt. Sie stammten indirekt aus der amerikanischen Marshallhilfe, dem »European Recovery Program«. Dieses stellte der Bundesregierung für den Kauf von Wiederaufbaugütern in den USA und in Drittländern Dollarkredite zur Verfügung. Die deutschen Empfänger solcher Importe mußten diese bei den Verteilungsstellen in DM bezahlen, die sich in dem »ERP-Fonds« ansammelten und als Kredite zu ermäßigten Zinsen für bestimmte Projekte ausgeliehen wurden.

Die Verwirklichung dieses riesigen Programmes erforderte stets die Mitwirkung eines Kreditinstituts bei der Abwicklung. Es fügte sich als Konsequenz der historischen Entwicklung, daß die Sparkassen besonders stark zu dieser Leistung herangezogen wurden. Als wichtigsten Trägern der traditionellen Wohnungsbaufinanzierung fiel ihnen diese Aufgabe ebenso zu wie in ihrer angestammten Rolle als bevorzugte Partner des mittelständischen Gewerbes. Allerdings brachte diese Tätigkeit eine erhebliche Belastung durch den hohen Beratungs- und Verwaltungsaufwand, mit dem sie zwangsläufig verbunden war.

In welchem Ausmaß die Städtische Sparkasse zu Essen diese neue Funktion wahrgenommen hat, zeigt eine Zahl:

Als Treuhänderin verwaltete sie im Jahre 1954 19,5 Millionen DM dieser »durchlaufenden Kredite«. Das waren rund 20 Prozent aller Ausleihungen, die sie aus eigenen Mitteln tätigte.

3. Kapitel
Die Stadt wächst empor

Genau innerhalb des Stadtwalls von 1244 bildete sich in den fünfziger Jahren Essens neue City – ein Vorgang, der viele Fachleute überraschte. In der Altstadt hatten nur zehn Prozent der Bausubstanz den Krieg überstanden. Manche Experten hielten es für unmöglich, die Innenstadt jemals wieder zum Leben zu erwecken.

Trotzdem wurde der älteste und fast völlig vernichtete Teil der Stadt auch ihr neuester und lebendigster. Lag es daran, daß Altfrids Münster und die Marktkirche der Theophanu selbst als leergebrannte Ruinen noch irrationale Bindungen schufen, daß Überlieferungen und Gewohnheiten auch zwischen Schächten und Schloten ihre heimliche Kraft entfalten? Lag es an der trotzigen Hartnäckigkeit, mit der Essener Geschäftsleute – wie die der meisten zerstörten deutschen Städte – ihre Verkaufsbuden und Behelfsläden genau dort zwischen die Trümmer stellten, wo einst ihr Geschäft gestanden hatte? Oder lag in der Zerstörung der engen und bis zuletzt provinziellen Innenstadt sogar eine Chance, die die richtigen Männer am richtigen Platz zu nutzen verstanden?

Zuständig für den Wiederaufbau Essens war seit 1945 der städtische Baudezernent *Sturm Kegel*, der 1951 zum Direktor des Siedlungsverbandes Ruhrkohlenbezirk berufen wurde. Von 1951 bis 1963 stand Professor *Josef Walther Hollatz* an der Spitze des Bauderzernats, ein Fachmann von internationalem Ruf, mehrere Jahre Präsident der Deutschen Akademie Städtebau und geistiger Vater der »Deutschen Bauausstellung« (Deubau) in Essen.

Kegel und Hollatz planen mit Vernunft und Phantasie

Während in den Wohn- und Industrievierteln Essens manches städtebauliche Konzept durch die Notwendigkeiten der ersten Nachkriegsjahre über den Haufen geworfen wurde, hatten Kegel und Hollatz in der niedergewalzten Stadtmitte Gelegenheit, mit Vernunft und Phantasie ans Werk zu gehen. Nach langem Parteienzwist über den anzustrebenden Charakter der Altstadt setzte sich die SPD als Verfechter einer modernen, weltstädtischen Konzeption – Geschäfts- und Verwaltungszentren mit Hochhäusern in aufgelockerter Bebauung – gegen die konservativen Kräfte durch, die wieder eine flache, enge Wohnstadt wünschten. Während die Außenbezirke heute dichter besiedelt sind als früher, besteht die 1938 noch zu zwei Dritteln bebaute Altstadt nach dem abgeschlossenen Wiederaufbau in den sechziger Jahren nunmehr zu zwei Dritteln aus Verkaufsfläche. Selbst in der Zeit des Goldrausches hat Essen sein Gesicht nicht so rasch gewandelt wie nach dem Zweiten Weltkrieg. Diese Wandlung hielt während der siebziger Jahre an, erreichte bis zum Ende der achtziger mehrere Höhepunkte und setzt sich auch im letzten Jahrzehnt unseres Jahrhunderts weiter fort.

Durch den Verzicht auf schmale mittelalterliche Gassen und die Anlage neuer Plätze wurde der Stadtkern aufgelockert, ohne ihn ganz der winkligen Straßen, der asymmetrischen Plätze und des traulichen Häusergemenges von einst zu berauben. Eingehüllt in einen Hauch von Mittelalter, der von ihrer Anlage und vom Münster her noch immer über der Altstadt liegt, haben die modernen Bauten in ihren Gassen und Plätzen Essen etwas geschenkt, was es nie besessen hat: eine großstädtische City, ein Einkaufs- und Verwaltungszentrum von harmonischer Gestalt und weithin strahlender Kraft.

Zunächst wuchs die City im Süden über ihre Grenzen hinaus. In den sechziger Jahren türmten sich zwischen Bismarckplatz und Freiheit die Hochhäuser: gegenüber dem Rheinstahlhaus (78 Meter) entstand das RWE-Hochhaus (82 Meter). Mit ihnen erhielt Essen einen weltstädtischen Akzent. Nicht weit von diesen beiden Kolossen entfernt wuchs das neue Postscheckamt hoch, einige Jahre Essens höchstes Bauwerk (87 Meter ohne die 30 Meter hohe Antenne). Weitere Verwaltungsbauten und Bankhäuser komplettierten die neue Essener »Skyline« und setzten fort, was 1954 mit dem ersten modernen Großbau der Innenstadt, dem Allianzhaus am Kettwiger Tor (36 Meter hoch), begonnen hatte. Im gleichen Jahr war mit der Gestaltung einer neuen Platzanlage begonnen worden: Im alten Kern der Stadt entstand der Gildenplatz, der im November 1963 in »Kennedyplatz« umgetauft wurde.

Überhaupt wurde die Innenstadt schnell »fußläufig«. Bereits Ende der fünfziger Jahre hatte man begonnen, Fußgängerzonen zu schaffen, erst auf dem oberen Teil der Kettwiger Straße, dann auf der Limbecker Straße. Diese Entscheidung der Stadtverwaltung rief nicht nur Freude hervor. Einige Geschäftsleute befürchteten das Ausbleiben der Kunden. Doch als am 16. Juni 1965 auch der nördliche Teil der »Kettwiger«, der am Burgplatz und am Münster vorbei zur alten Marktkirche führt, als Fußgängerzone übergeben wurde, bestand überall Einsicht. Diese Einkaufsstraßen ohne jeden Autoverkehr, ohne Belästigung durch Lärm und Abgase waren ein früher Beitrag zum Umweltschutz und begründeten Essens Ruf als Einkaufsstadt ebenso mit wie die seit 1950 von Oktober bis Ende Dezember veranstalteten »Essener Lichtwochen«. Hunderttausende Glühbirnen strahlen dann in Ornamenten und Figuren über den Straßen und Plätzen der City. Die Lichtwochen, von vielen Städten kopiert, haben jedes Jahr ein anderes Leitthema. Anläßlich der Eröffnung der 22. Lichtwochen am 16. Oktober 1971 wurde denn auch die Erweiterung der Fußgängerzone übergeben. Sie erfaßte die nördliche City, und zwar den Bereich an der Marktkirche, Viehofer Straße und am Viehofer Platz.

Eine Aufwertung hatte das Altstadtgebiet nördlich der City im Jahr davor erfahren, als das Berufsförderungszentrum zwischen Altenessener und Karolinger Straße eröffnet wurde. Die Baukosten betrugen 26 Millionen DM und waren nur ein Teil einer gewaltigen Finanzierungsmasse, die danach in dieses Gebiet floß. Denn im Bereich zwischen der City und den nördlichen Stadtteilen entstand ab 1972 Essens Universität (vgl. Kapitel 6). Die Stadt nahm dies zum Anlaß, den nördlichen Innenstadtrand und das Nordviertel zu sanieren. Parallel dazu lief endlich die Verwirklichung eines seit über zwei Jahrzehnten geplanten Projekts an: der Neubau des Rathauses. Im März 1971 hatte man die bis dahin verfolgte Konzeption aufgegeben und eine Neuplanung angestrebt. Und schon ein gutes Jahr später wurde Einigkeit erzielt: Am 21. März 1972 billigte der Rat der Stadt die Verträge für den Bau eines neuen Rathauses und des City-Centers. In Verbindung mit dem zwischen Rathaus und City-Center zu errichtenden U-Bahnhof wurde damit die größte Baumaßnahme der Essener Innenstadt eingeleitet.

Baumaßnahmen

Auch für ein Jahrhundertbauwerk wie dieses monumentale Verwaltungszentrum der Großstadt Essen lagen zwischen Planung und Vollendung etliche Hindernisse. Dabei bereitete den Verantwortlichen weniger die Kostenrechnung für das Gebäude als vielmehr seine Umgebung erhebliches Kopfzerbrechen. 150 Millionen DM für das Rathaus einschließlich der Einrichtung und 130 Millionen für das City-Center – so lautete der Planungsstand im Sommer 1974. Die mit dem Bau beauftragte »Neue Heimat« hatte ein absolut weltstädtisches Konzept im Sinn. Der neue Münchner »Stachus«, das Einkaufscenter Spreitenbach bei Zürich oder das Einkaufszentrum »Parly 2« im Westen von Paris dienten als Vorbilder, sollten aber von der Essener Lösung übertroffen werden.

Doch schon bald wurde klar, daß dieses Superzentrum um das neue Rathaus nicht finanzierbar war; die Verwaltung machte sich Gedanken über Übergangs- oder Notlösungen. Aber der Neubau des Rathauses begann, obwohl zu diesem Zeitpunkt noch keine Konzeption von seiner späteren Umgebung vorlag. Jeweils am 1. dreier aufeinanderfolgender Jahre konnte dann die interessierte Essener Bevölkerung feiern: 1975 erster Spatenstich, 1976 Grundsteinlegung, 1977 Richtfest. Und dann wuchs dieser Turmbau zu Babel des Ruhrgebiets Monat für Monat, in den Nachbarstädten des Reviers spöttisch und sogar mit Häme betrachtet, von einem beträchtlichen Teil der Essener Bevölkerung als dauerhaftes Verkehrshindernis verstanden.

Von der ursprünglichen Konzeption dieses Monuments war man im Laufe der Planungen ein Stück abgerückt. Der aus Bochum stammende und in Darmstadt tätige Architekt *Theodor Seifert* hatte den ersten Preis für einen Entwurf bekommen, der mit zwei 126 Meter hohen Türmen beiderseits eines flachen Mittelbaus als Ratstrakt beeindruckte. Auch die Überbrückung des Porscheplatzes sah sein Konzept vor. Aber zwei Türme, das wurde den Kostenrechnern schnell klar, würden den vorgegebenen Finanzrahmen sprengen, und so ließ sich der Rathausarchitekt etwas anderes einfallen. Erst auf dem Reißbrett und nach allgemeiner Zustimmung auf dem vorgesehenen Grundstück entstand so das heutige Rathaus in der Ypsilon-Form, in dem die beiden Türme nahe zusammengerückt, im Winkel zueinander gestellt und durch einen gleich hohen Mitteltrakt miteinander verbunden sind. Und ganz so hoch hinaus wie ursprünglich vorgesehen baute man dann auch nicht, der Turm endete jetzt bei – auch noch stattlichen – 106 Metern. Nur das Drumherum blieb weiter ungelöst. Daß es dennoch eine gemeinsame Lösung gab, war Ereignissen zu verdanken, die die einen als kommunalpolitischen Handstreich, andere als schon lange fälligen Sprung über den Schatten ansahen. Die Stadtverwaltung gab dem Konzept der »Neuen Heimat« im Sommer 1977 einen Korb und ließ einen neuen Träger, die Landesentwicklungsgesellschaft (LEG) in Düsseldorf, planen. Aber auch deren Konzeption stieß auf die geballte Ablehnung von Kommunalpolitikern, Geschäftswelt und Bürgern, so daß guter Rat teuer war. Er wurde es aber nicht, denn über den Umweg eines Auslandsauftrags rettete die Stadtverwaltung ihren künftigen Arbeitsplatz. Die deutsche Tochter eines britischen Großunternehmens, der George Wimpey & Co Ltd. in London, baute schließlich das City-Center so zügig, daß am 7. und 8. November 1979 – »nur« sechs Monate später als geplant – erst das Rathaus und dann die übrige Anlage eingeweiht werden konnten. In die Festreden mischte sich dennoch ein kräftiger Chor kritischer Stimmen; die kamen nicht nur aus dem Revier, sondern auch aus der Bevölkerung der Stadt. Mußte denn die Ruhrmetropole Deutschlands höchstes Rathaus haben und dafür 188,6 Millionen Gesamtkosten aufbringen? Und die nur für das Gebäude, denn das City-Center, wenn auch privatwirtschaftlich finanziert, schlug noch einmal mit 78 Millionen DM zu Buche. Auf einer bis zu 140 Meter breiten und etwa 300 Meter langen Überbrückung des Porscheplatzes – als Zugang zum neuen Rathaus – war ein Einkaufsviertel mit 68 Geschäften des Einzelhandels, der Gastronomie und der Unterhaltung entstanden.

Heute haben sich Essener und Bürger anderer Städte nicht nur an die mattbraune Fassade aus Leichtmetall und Glas gewöhnt, die sich über das Dach der Domkirche erhebt, sondern die Einheimischen sind auch mittlerweile recht angetan von ihrem neuen Verwaltungsgebäude. In den dreiundzwanzig Stockwerken sind 1900 Arbeitsplätze von vierundzwanzig städtischen Dienststellen untergebracht – im alten Rathaus hatten 230 Mitarbeiter Platz –, und die verkehrstechnische Anbindung sichert optimalen Zugang. Von »Gigantonomie« sprach jedenfalls zum zehnjährigen Jubiläum niemand mehr.

Ebenso aufwendig: Die Stadtsanierung

Eine andere, wahrhaft gigantische Aufbauleistung war durch den Medienrummel um Rathaus und City-Center beinahe in Vergessenheit geraten, obwohl es auch hier genügend Diskussionen gegeben hatte: die Stadtsanierung.

Schon Anfang der sechziger Jahre neigte sich der Wiederaufbau Essens dem Ende zu. Die Spuren des Krieges, vor allem die der 272 Bombenangriffe, konnten fast restlos und schneller als erwartet beseitigt werden. Problematisch blieb die Situation auf dem Wohnungsmarkt. So waren Ende 1968 noch 36 000 Wohnungssuchende registriert, obwohl allein seit 1960 bis zu diesem Zeitraum 48 127 neue Wohnungen erstellt worden waren. Eine Gebäude- und Wohnungszählung im Oktober 1968 ergab: Die Durchschnittswohnung des Esseners ist 69 Quadratmeter groß. Jede fünfte Essener Familie lebt in einer Wohnung ohne Bad. Nur knapp ein Viertel der Wohnungen – noch 10 Prozent stammen aus der Zeit vor 1900 – besitzt eine Zentralheizung.

Zehn Jahre später hatte Essen einen Bestand von 286 000 Wohnungen, Ende 1984 waren es 294 516. Fast zwei Drittel, nämlich 65 Prozent, waren nach 1948 gebaut worden. Die Zahlen aus der Volkszählung vom Mai 1987 überraschten dann die Statistiker: 303 100 Wohnungen wurden registriert, soviel hatte man nach Fortschreibung und beobachteter Bautätigkeit nicht erwartet.

Da sich die Einwohnerzahl in die gegensätzliche Richtung entwickelte – vom Höchststand mit 731 000 im Jahre 1963 über 698 434 und damit erstmals unter der 700 000-Grenze im Mai 1970 bis zu den amtlichen 623 427 bei der Volkszählung im Mai 1987 –, nahm der Druck auf den Wohnungsmarkt entsprechend ab. Für 1988 meldeten die Statistiker: Einwohner je Wohnung: 2,10 und Raum je Einwohner: 1,71. Auch hinsichtlich der Qualität der Behausungen hatte sich gegenüber 1968 einiges verbessert. Ein Beispiel verdeutlicht das. Im Juli 1969 beschloß der Rat den Bau von 5200 neuen Wohnungen in Katernberg, Stoppenberg und Schonnebeck. Ungefähr die Hälfte der Neubauten waren als Ersatz für Wohnungen gedacht, die aufgrund von Sanierungen und Verkehrsmaßnahmen aufgegeben werden mußten.

Ähnliches galt für die Sanierungsprojekte der alten Ortskerne von Werden, Steele und Borbeck, die in den sechziger Jahren anliefen, und es gilt für Altenessen, dessen Umgestaltung noch nicht abgeschlossen ist. 1966 wurde der Grundstein für neue Wohngebiete in der Oststadt gelegt, und 1974 gab der Rat grünes Licht für die Nordstadt. Für Bodenordnung, den Bau von Wohnungen, Grünflächen und Erholungsgebieten wurden 280 Millionen DM aus Mitteln des Bundes, des Landes und der Stadt aufgewendet.

Die Sanierung des Stadtteils Steele muß wegen ihrer mit Schwierigkeiten gespickten Geschichte als exemplarisch für ähnliche Vorhaben betrachtet werden. Ihr Ablauf verdient nicht nur wegen des erfolgreichen Abschlusses eine ausführliche Darstellung. *Beispiel Steele*

Der ursprüngliche, von Professor *Willi Bonczek* ausgearbeitete Plan, der die Sanierung von Steele in Verbindung mit der neuen Oststadt vorsah, wurde 1966 modifiziert. Der damalige Oberstadtdirektor *Dr. Karlheinz Rewoldt* folgte den Vorstellungen seines Baudezernenten und übertrug ihm die Durchführung der Sanierung. Im Dezember 1969 erfolgte nach manch harter Diskussion die endgültige Weichenstellung durch den Rat, der den Kernbereich Steeles mit einer Größenordnung von 86 Hektar als Sanierungsgebiet förmlich festlegte. Baudezernent *Dr. Hans Helm* konnte ans Werk gehen.

Mehr als ein Dutzend Jahre bestimmten dann Bagger und Straßenbaumaschinen den Lebensrhythmus der Steeler Bevölkerung. Die Begleitmusik lieferte wie üblich bei Baumaßnahmen solcher Größenordnung der Chor der Kritiker. Nachträglich beurteilen die Bewohner Bebauung, soziale Kontakte, Freizeit- und Einkaufsmöglichkeiten positiv. Und das waren die wichtigsten Stationen einer beispielhaften Sanierung: 1971: Verlagerung der Wisthoffschen Glashütte in die Ruhraue; 1972: Eröffnung des Wertheim-Kaufhauses und des Einrichtungscenters Kröger, Übergabe des evangelischen Krankenhauses »Lutherhaus«; 1973: Baubeginn der Tangentialstraßen; 1974: neues Wohn- und Geschäftshaus der Stolte-Gruppe (Bauregie) am Grendplatz; 1975: Beginn der Arbeiten am Verkehrsplatz; 1976: Übergabe zweier Parkhäuser; 1977: Freigabe der Südtangente und einer Fahrspur der Nordtangente, Umgestaltung des neuen Marktes (Dreiringplatz) beendet, Grundsteinlegung für das Haus der Ärzteversorgung am Isingertor; 1978: Zentralbahnhof, Verkehrsplatz, Bundesbahnbrücke und Nordtangente dem Verkehr übergeben, Beginn Ausbau Fußgängerzone; 1979: Neubau Polizeischutzbereich V und Feuerwache Ruhrbruchshof 2 bezogen, Eröffnung des City-Centers am Kaiser-Wilhelm-Platz, Einrichtung des Kulturforums im ehemaligen Bezirksamt Dreiringstraße; 1980: Erwerb Bundesbahngelände Steele-Süd durch die Stadt; 1981: neue Turnhalle an der Nordtangente, Wohn- und Geschäftshaus der Ärzteversorgung bezogen, neues Pfarrzentrum am Brinkerplatz vollendet; 1982: Straßenbau im Bereich Nord- und Südtangente abgeschlossen; 1983: erster Bauabschnitt der Erholungszone zwischen Ruhr und Henglerstraße beendet.

Die schwierigste Aufgabe der Städteplaner bei diesem Sanierungsprojekt war die Erschließung der Verkehrswege. Die Herausnahme des Durchgangsverkehrs aus dem engen Kernbereich der Stadt und seine Verlagerung auf Tangentialstraßen erforderte langwierige Bauordnungsmaßnahmen. Dennoch: In acht Bauabschnitten entstand im Rahmen des umfangreichsten Straßenbauwerks im Steeler Raum die große Nord-Süd- bzw. Ost-West-Verbindung (die den Verkehrsteilnehmern heute selbstverständlich vorkommt).

Aber nicht nur für Autofahrer geriet Steele zu einem Eldorado. Andere Verkehrsträger stiegen in das Modernisierungskonzept mit ein. So richtete die Bundesbahn einen Zentralbahnhof (früher Steele-West) ein, erweiterte Brückenanlagen und Unterführungen. Allein die Brückenbauten ließ sich die Bahn 40 Millionen DM kosten. Für die S-Bahn (siehe auch Kapitel 4) in Richtung Überruhr/Langenberg und zurück zum Steeler Stadtbahnhof wurde die S-Bahn-Schleife errichtet, um das Wenden der Züge in Steele-Nord überflüssig zu machen. Das insgesamt 350 Meter lange Bauwerk zweigt östlich des neuen Zentralbahnhofs ab, führt auf sieben mächtigen Betonpfeilern über die neuen Verkehrstangenten hinweg und fädelt schließlich in die Eisenbahnstrecke Richtung Langenberg wieder ein.

Eine neue Stadt für 50 000 Menschen

Die auf der grünen Wiese zwischen der Bundesstraße 1 in Kray-Leithe und Steele-Horst errichtete Oststadt war das größte von der Stadt Essen in ihrer jüngeren Geschichte durchgeführte geschlossene Bauprojekt und wurde zu einem neuen Begriff städtebaulicher Planung. Für ihren Schöpfer Professor Bonczek stellten sich aufgrund der Ausgangslage andere Probleme als im Steeler Zentrum. Heute sieht man aus dem Boden gestampfte und in damals rationeller Großbauweise errichtete Stadtteile in einem anderen Licht. Zu Beginn der sechziger Jahre allerdings herrschte in Essen noch Wohnungsnot, und so wurde die neue Ost-

Essener Skyline: Links das Verwaltungsgebäude von Thyssen, im Hintergrund das Postgiroamt, rechts die Hochhäuser der RWE AG

Zu den vielen Gesichtern der Ruhrmetropole gehört auch dieses winterliche Idyll in Essen-Kettwig

Eine selbständige Kleinstadt, enstanden ab 1910: Die Margarethenhöhe, hervorgegangen aus der »Margarethe-Krupp-Stiftung zur Wohnfürsorge für Minderbemittelte«

Ehedem Wohnsitz einer Dynastie, heute Veranstaltungsort von Konzerten und museale Begegnungsstätte: Die Villa Hügel

*Naherholungsgebiet mit hohem Freizeitwert: Der Baldeneysee.
Links im Bild der repräsentative ehemalige Kruppsche Wohnsitz*

Auch der ruhige Betrachter kommt auf seine Kosten: Die Plastik »Knife Edge« des englischen Bildhauers Henry Moore im Grugapark

Die »Motor-Show Essen«. Das Spektakel zieht alljährlich Hunderttausende Zuschauer an

Ruhrlandmuseum. Ein nachgebautes Lohnbüro, das an die Zeit um die Jahrhundertwende erinnert

Deutsches Plakat-Museum. Während einer Ausstellungseröffnung ist eine Auswahl der über 60 000 Exponate zu sehen

stadt für 50 000 Menschen konzipiert. Die Bevölkerungsentwicklung ließ das Projekt dann doch nicht so gigantisch ausfallen. In den 7732 Wohnungen – zu 90 Prozent im sozialen oder steuerbegünstigten Wohnungsbau entstanden und in den Fluren Isinger Feld, Bergmannsfeld und Hörsterfeld gebaut – fanden fast 30 000 Menschen eine neue Heimat. In dieser Stadt der jungen Familien – im Durchschnitt drei bis vier Kinder – sorgte vorausschauende Planung für ein heute noch geschätztes Novum in der ansonsten nicht unumstrittenen Großsiedlung: Durch vollelektrische Versorgung gibt es dort keinen Schornstein und somit auch keine Rauchemissionen. Und nachdem in den siebziger Jahren auch die infrastrukturellen Maßnahmen zu greifen begannen – Bürgerhaus, Gemeindezentren der beiden Konfessionen, Schwimmzentrum und Bezirkssportanlage –, fühlen sich die Bewohner der Trabantenstadt im Grünen noch wohler.

Bis 1975 wurde mit dem Bau dreier Grundschulen auch das Problem des Kinderreichtums in diesem Baugebiet gelöst. Die 1965 in Freisenbruch errichtete Gemeinschaftsgrundschule war übrigens der 75. Schulneubau in Essen nach dem Krieg und zeigt, in welchem Tempo der Wiederaufbau auch anderswo vorangeschritten war. Bereits im Juli des voraufgegangenen Jahres war die Zahl von siebzig neuen Schulen gemeldet worden. Der hundertste Neubau wurde dann am 2. Oktober 1969 gefeiert, als das neue Mädchengymnasium Borbeck seiner Bestimmung übergeben werden konnte.

Die Ruhrmetropole Essen machte sich aber nicht nur um die Ausbildung seiner Jugend verdient – auch die Weiterbildung der Erwachsenen fand bald bahnbrechende Institutionen. Vom Berufsförderungszentrum an der Altenessener Straße wurde bereits gesprochen – im Januar 1971 zogen dort die ersten Umschüler ein. 450 Frauen und Männer können hier in sechzehnmonatigen Lehrgängen für neue Berufe ausgebildet werden. In der Zeit des dramatischen Strukturwandels der Essener Wirtschaft (vgl. Kapitel 5) wurde diese beispielhafte Einrichtung ein wesentlicher Faktor zur Sicherung des Arbeitsmarktes.

Erfolgreiche Erwachsenenbildung

Haus der Erwachsenenbildung – das war zunächst der Name für ein anderes Zentrum, das im Frühjahr 1971 mit Leben erfüllt wurde. Hier fand die Essener Volkshochschule ihr Domizil und konnte nach Fertigstellung des zweiten Bauabschnitts 1975 nahe dem Hauptbahnhof auf 8600 Quadratmetern optimale Möglichkeiten für die Erwachsenenbildung bieten. Aula, Filmsaal und andere gediegene Zweckräume wurden den Ansprüchen und Anforderungen der Weiterbildung in den siebziger Jahren und späteren Jahrzehnten nun gerecht. Die nahezu explosionsartig steigenden Teilnehmerzahlen bestätigten im nachhinein die Richtigkeit der Baumaßnahmen. Wurden 1979 noch 3976 Teilnehmer registriert, kamen 1986 bereits 14 646 Menschen zu den Kursen und Veranstaltungen der Volkshochschule Essen. Das erfolgreiche Konzept ihrer Arbeit (siehe auch Kapitel 6) macht diese Einrichtung zu einem bedeutenden Faktor in der Kulturszene der Stadt.

Ähnliche Rekorde wie auf dem Sektor Schul- und Weiterbildung stellte die Stadt Essen auch beim Bäderbau auf. Lange Zeit galt die Devise: Immer ein Bad im

Freizeit und Gesundheitswesen

305

Bau. Im Frühsommer 1964, als das Grugabad für die Öffentlichkeit freigegeben wurde, fiel quasi der Startschuß zu diesem gewaltigen Bäderbauprogramm. Schon Essens erstes Schwimmparadies konnte sich mit Superlativen schmücken. Die mit drei Becken ausgestattete Anlage in der Gruga war das erste beheizte Freibad weit und breit. Das 18 Millionen DM teure Projekt erfreute sich nicht zuletzt deswegen eines gewaltigen Besucherandrangs.

Vor allem mit der Erstellung neuer Hallenbäder verbesserten die Stadtväter in den Jahren danach das Freizeitangebot für ihre Bürger. In Werden und Kupferdreh wurden 1971 das siebente und achte Hallenbad in Betrieb genommen.

Einen neuen Höhepunkt erreichte man 1975. Am 5. Dezember konnte das »Schwimmzentrum Rüttenscheid« eingeweiht werden. Diese Kombination aus Volksbad – mit den üblichen 25-Meter- und Lehrbecken – und Leistungszentrum – mit der international normengerechten 50-Meter-Bahn – brachte Essen auf den Weg zur Schwimmhochburg. Der für 12,85 Millionen DM erstellten Rüttenscheider Bäderkombination setzte man 1983 noch einen Superlativ drauf. Im Juni wurde in Frohnhausen die »Oase«, das Superbad für jedermann, eröffnet. Auf 2000 Quadratmetern Funktionsfläche und 600 Quadratmetern Wasserfläche kann man sich dort seitdem mit Schwimmen, Springen, Saunen und Trimmen vergnügen. Und das 14-Millionen-DM-Projekt trägt sich. Schon 1985 konnte man es »erfolgreichstes Kommunalbad der Bundesrepublik« nennen. Bei 400 000 Besuchern wies allein die Bilanz für 1984 einen Überschuß von 150 000 DM aus. Und die Bilanzen blieben eindrucksvoll. 1987 vergnügten sich 1,755 Millionen Besucher in dreizehn Hallen- und 0,363 Millionen in acht Freibädern. Für 1989 lauteten die entsprechenden Zahlen: 1,612 Millionen (Hallenbäder) und 0,832 Millionen (Freibäder).

Für Renovierungs- bzw. Neubauarbeiten auf dem Gebiet des Gesundheitswesens wurden noch gewaltigere Investitionen als beim Bäderbau vorgenommen. Und dabei profitierte nicht nur das spätere Klinikum der Gesamthochschule (siehe Kapitel 6). In Werden wurde beispielsweise im November 1973 das neue evangelische Krankenhaus mit seinen 266 Betten eingeweiht (der Kostenaufwand betrug rund 30 Millionen DM). Weltruf erlangte es durch die von seinem Chirurgen Professor Schlegel vorgenommenen Hüftgelenkoperationen. Der Spezialist für künstliche Hüftgelenke zählte 1983 sogar den Saudi-Prinzen Bandar ibn Abdul Fahd, einen Bruder des saudischen Königs, zu seinen Patienten.

Reichlich fließende Fördermittel des Landes sorgten dafür, daß auch Werdens andere klinische Einrichtung, das katholische Krankenhaus St. Josef, auf modernstem Niveau arbeiten kann. Für seine Um- und Ausbauarbeiten stehen rund 20 Millionen DM zur Verfügung – allein der im April 1989 eingeweihte neue Operationstrakt kostete mehr als 6,5 Millionen DM. Für den Herbst jenes Jahres war der Baubeginn für das gemeinsame Zentrallabor der beiden Werdener Krankenhäuser vorgesehen. Auch die Chirurgische Unfallambulanz blieb kein Wunschtraum – die notwendigen 8 Millionen lagen gegen Ende des Jahres bereit.

Die Werdener Krankenhausprojekte stellten nur einen Teil der Sanierung dieses Stadtteils dar, die bis auf das Problem des Durchgangsverkehrs auch abgeschlossen ist. Die Entlastung der Altstadt wird durch einen kurzen Tunnel möglich. Aber er soll nicht vor 1994 fertig werden. Bei allem Sanierungseifer: Die alte Werdener Bausubstanz blieb erhalten. Das ist vor allem ein Verdienst des Heimatschriftstellers Jan Bart (Otto Bartels, NRZ), der unter anderem die Schrift »Die alte Reichsabtei« verfaßt hat.

Die Sanierungen gehen weiter

Das ebenfalls sanierte Borbeck konnte dagegen bereits 1987 aufatmen. Die letzten Autofahrten durch die Innenstadt blieben am 3. September einigen Oldtimern vorbehalten, die anläßlich der Einweihung der neuen Fußgängerzone paradierten. Bis zu diesem Zeitpunkt waren für die Sanierung Borbecks 70 Millionen DM aufgewendet worden.

Knapp ein Jahr später begannen die umfangreichen Arbeiten zur Entlastung der Altenessener Innenstadt. Als erste Maßnahme wurde der Bau einer Umgehungsstraße projektiert. Für die bis Mitte 1991 zu erstellende Verkehrsader stehen 34 Millionen DM zur Verfügung.

In den jahrzehntelang vom Bergbau geprägten Stadtteilen Altenessen und Karnap mußte nach dem Strukturwandel im Gefolge des Zechensterbens (siehe Kapitel 5) auch ein Sanierungsprogramm zur städtebaulichen Neuordnung dieser Gegend aufgestellt werden. Durch Ansiedlung von neuen Betrieben und Schaffung von attraktivem Wohnraum auf den freigewordenen Geländeflächen der früheren Zechen und Industrieanlagen sowie Aufbesserung der Infrastruktur soll der Stadtteil Altenessen neu aufgewertet werden. Erste Maßnahmen konnten schon erfolgreich durchgeführt werden. Das Jugend- und Kulturzentrum im Denkmalbereich der ehemaligen Zeche Karl und das in einer früheren Schule untergebrachte Museum Altenessen (eröffnet 1984) beweisen es. Auf dem Gelände der ehemaligen Zechen Karl und Heinrich sollen Neubaugebiete entstehen, im Bereich des außer Betrieb gesetzten Güterbahnhofs »Altenessen Rheinisch« ist dies zum Teil schon geschehen. Der Bebauungsplan ermöglicht im Sanierungsgebiet noch die Errichtung von circa 1200 Wohnungen. Das würde bei voller Verwirklichung Investitionen in Höhe von etwa 120 Millionen DM bedeuten.

Zunächst wartete man den Abschluß eines aufwendigen Straßenbauprojekts ab. Parallel zur völlig überlasteten Altenessener Straße entstand bis 1990 die neue Hömannstraße, die von ihrer Gestaltung her nicht nur zum Schnellfahren einlädt. Sie ist als innerstädtische Verbindung mit Alleecharakter (Baumbepflanzung) und begrünter Fläche (Mittelstreifen) angelegt, so daß die jeweils zwei Fahrbahnen nicht so ins Auge springen. Bis 1993 soll die Randbebauung entlang der neuen Strecke abgeschlossen sein, womit dann ein weiterer Schritt in Sachen Sanierung Altenessen getan sein wird. Andere Maßnahmen hängen vom Verlauf und Abschluß der Arbeiten an der U-Bahn-Strecke in diesem Stadtteil ab.

Angesichts der beschriebenen Großbauprojekte und der industriellen Vergangenheit der Stadt Essen stellt sich Außenstehenden die Frage nach dem

Es gibt nicht nur die Gruga

Wohnwert in dieser Metropole. Schließlich vermutet man hier kaum Erholungsstätten, was angesichts der tatsächlichen Verhältnisse immer wieder für Überraschungen sorgt. Im Stadtgebiet von Essen gibt es 25 Quadratkilometer Waldungen, wie das in der Amtssprache heißt, und rund 350 städtische Park- und Gartenanlagen (einschließlich der Kleingärten), deren Gesamtfläche auch noch einmal etwa 13 Quadratkilometer umfaßt. Wälder und Parks machen zusammen 18,1 Prozent, die Grünflächen – einschließlich Landwirtschaft, Gärten, Spielplätzen und Friedhöfen – 41,6 Prozent des Stadtareals aus. Eine Aussicht wie die von den Ruhrhöhen in Bredeney über Wälder auf den acht Kilometer langen Baldeneysee haben nicht viele deutsche Großstädte zu bieten.

Weit über die Stadtgrenzen hinaus als Parkanlage bekannt ist eigentlich nur die Gruga. Sie feierte 1969 ihr vierzigjähriges Bestehen und konnte bis zu diesem Zeitpunkt etwa 50 Millionen Besucher registrieren. Bis Ende 1988 strömten circa 90 Millionen Interessierte in den Blumen- und Freizeitpark, der weit beliebter ist als jede andere vergleichbare Anlage des Ruhrgebiets und viel zum Image von einem schöneren, liebenswerteren Essen beigetragen hat.

Die Gruga von heute erinnert zwar noch in manchem an die Gruga von 1929, aber in vielem ist sie doch eine andere, neue Gruga. Als Platz der Bundesgartenschau 1965 wurde sie mit wenig Ehrfurcht umgekrempelt, was allerdings nicht bedeutete, daß kein Strauch neben dem anderen blieb. In der Öffentlichkeit gab es einige Proteste, vor allem wegen des finanziellen Aufwandes, der die Stadtkasse zu stark zu belasten drohte. Die Rathausparteien (siehe auch Kapitel 4) lieferten sich heftige Debatten, aber schließlich setzte sich die SPD-Fraktion durch. Essen erhielt eine neue Gruga. Unter Leitung des damaligen Gartenbaudirektors *Dr. Helmut Klausch* wurde sie von 45 auf 70 Hektar erweitert. Über weite Strecken blieb sie das Blumenparadies, das sich vom Frühjahr bis zum Herbst auf so vielfältige und immer wieder faszinierende Art verändert, aber sie wurde auch – und das vor allem in ihrem neuen Teil – zum zeitgemäßen Freizeitpark. Zum 1. Juli 1983 wurde die ehemalige Abteilung »Gruga« des Grünflächenamtes in eine eigenbetriebsähnliche Einrichtung umgewandelt und mit mehr Entscheidungsfreiheit ausgestattet. Die neue Betriebsform ermöglichte verstärkt und kontinuierlich durchgeführte Baumaßnahmen. Noch im selben Jahr wurde die größte Vogelfreiflughalle der Welt fertiggestellt. Die neue Attraktion der Gruga beherbergt etwa 130 seltene Exemplare aus mehr als 25 Vogelarten.

1986 leistete der Grugapark seinen Beitrag zur Integration behinderter Mitbürger durch die Anlage eines Lehrgartens, des »Gartens der Sinne«. Seine Planung war darauf ausgerichtet, die speziellen Bedürfnisse der Behinderten zu berücksichtigen. Die Eigenart des Gartens soll auch den Nichtbehinderten zur Sensitivierung seiner Sinne anregen, die bei ihm weniger stark ausgeprägt sind als beim Behinderten.

Nach dieser beispielhaften Einrichtung entstand noch die nach klassischem Vorbild gestaltete Orangerie, weil Aquarium und Terrarium aufgrund der schlechten Bausubstanz keinen Anziehungswert mehr hatten. 1987 fand die Serie der Baumaßnahmen ihr Ende mit dem Japanischen Garten und dem neu angelegten Alpinum. Danach war Essens größte Freizeiteinrichtung noch attraktiver und machte ihr Motto »Natur jeden Tag erleben« wahrhaftiger.

Daß neben Freizeitaspekten auch die Kunst ihren Platz in diesem Gelände hat, wird den Besuchern deutlich, die noch genau beobachten können. Denn die Geschichte des Grugapark Essen ist auch die Geschichte der Plastik im Grugapark. Seit der Eröffnung wurden Skulpturen aufgestellt, und heute umfaßt die Sammlung »Skulpturen im Park« achtundzwanzig Objekte, die über das gesamte Gelände verteilt sind. Diese plastischen Werke bereichern nicht nur den Gang durch die Parkanlagen und gestalten diesen im Dialog mit der Natur in eigener Weise mit, sie veranschaulichen auch Stationen regionaler und internationaler Kunstgeschichte und dokumentieren Zeitgeschichte in vielfältiger Weise.

Aber die Stadt investierte nicht nur in die Gruga. Überörtliche Initiativen der Städte Essen, Gelsenkirchen und des Ruhrsiedlungsverbands führten zur Errichtung einer weiteren bedeutenden Freizeit- und Erholungsanlage. Im Sommer 1970 nahm der Revierpark Nienhauser Busch seinen Betrieb auf. Mit einem beheizten Wellenbad, mit Park- und Spielzonen, mit Blumen- und Wasserschau und einem Rodelberg ist Nienhausen der neue Typ des »Parks um die Ecke«. Er liegt auf Gelsenkirchner Gebiet und stößt bei Katernberg an die Essener Stadtgrenze. Von den über 70 000 Menschen, die in einem Umkreis von fünfzehn Fußwegminuten wohnen, sind zwei Drittel Essener, vor allem Bewohner der nördlichen Stadtteile Altenessen und Katernberg. Von den 14,3 Millionen DM Baukosten des 34 Hektar großen Parks übernahm Essen 2,35 Millionen. Der Siedlungsverband trug den größeren Teil, während Gelsenkirchen das Grundstück in diese vorbildliche Partnerschaft einbrachte.

Der Nienhauser Busch und ein neues Programm

Neben der Gestaltung großer Parkanlagen stellte sich für die Verantwortlichen der Stadt aber eine noch größere Aufgabe: die Rekultivierung des Essener Nordens. Die konzeptionslose Mischung von Zechen, Industrieanlagen, Wohnraum und Straßen ließ nur noch kleine, isolierte Restflächen der ursprünglichen Landschaft übrig. Dafür gab es bis zu sieben Hektar große Schlackenhalden, die wohl häßlichste Hinterlassenschaft der Industrielandschaft. Ihre Umwandlung in begrünte und damit begehbare Flächen war eine erste frühe Initiative der Stadtplaner, und es entstanden – wie in Bergeborbeck – durchaus reizvolle Anlagen. Zwischen 1960 und 1968 wurden durch die Aktion »Grün für den Norden« mehr als dreißig Hektar begrünt. Das reichte zwar längst nicht aus, aber es war ein Schritt, dem weitere folgten. In Karnap, Essens nördlichem Zipfel, entstand der Emscherpark. Aus Anlaß der Diskussionen um eine Bundesgartenschau 1981 im Bereich des herrlichen Borbecker Schloßparks entstand die Idee der »grünen 14«, die anstelle der aufwendigen Schau an vierzehn Stellen des Essener Nordens begrünte Erholungsflächen vorsah. Dieses Programm ist mittlerweile zur »grünen 50« geworden. Es umfaßt für den Essener Norden über 400 Hektar Fläche, die mit einem Kostenaufwand von rund 145 Millionen DM für Grunderwerb und Ausbau als Grünflächen zurückgewonnen werden. Zu einem großen Teil handelt es sich um Brachflächen auf ehemaligem Zechen-, Industrie- und Aufschüttungsgelände. Außerdem werden naturnahe Restflächen saniert und behutsam für naturbezogene Erholung erschlossen. Mit diesem Programm, das bis 1995 verwirklicht werden soll, wird das Kernstück des Grünflächensystems im Essener Norden geschaffen. Die Schaffung von Waldflächen sehen die Planer dabei als ihr Ideal an. Anknüpfend an vorhandene kleine Waldbestände in diesem Gebiet und nicht anderweitig benutzbare Flächen sollen langfristige Aufforstungen den Waldbestand von derzeit 125 Hektar auf rund 300 Hektar vergrößern. Darauf wird der Norden der Stadt aber noch eine Weile warten müssen.

Naturschutz wird großgeschrieben

Eine wichtige Ergänzung des flächenbezogenen Grünsystems sind die Straßenbäume, insbesondere dort, wo keine Grünflächen existieren. Der Essener Bestand von rund 40 000 Bäumen wird kontinuierlich vergrößert. Seit 1981 läuft ein Programm zur Baumbeete-Erweiterung, mit dem die Lebensbedingungen der Straßenbäume verbessert werden. Ebenso wird Naturschutz in der Großstadt Essen mit großem Engagement betrieben. Im Dezember 1986 wurde der 19 Hektar große Strunksbusch in Karnap vom Kommunalverband Ruhrgebiet für 650 000 DM erworben und gleichzeitig unter Naturschutz gestellt. Das ökologisch wertvolle Gelände konnte so dem Zugriff von Industrieunternehmen entzogen werden und dient weiter als Naherholungsgebiet. Neben den Hülsenhainen im Schellenberger Wald, der Heisinger Aue, dem Ziegeleigelände Asey und den Schönebecker Siepentälern ist der Strunksbusch Essens fünftes Naturschutzgebiet. Damit sind 222 Hektar oder 1,05 Prozent der Stadtfläche als Naturschutzgebiete ausgewiesen.

Bei Realisierung des Landschaftsplanes für die Stadt Essen wird sich die Flächenbilanz der Schutzgebiete erheblich verbessern: Die Gesamtfläche von Naturschutzgebieten wird auf über 350 Hektar vergrößert, mit den ebenfalls sehr restriktiv geschützten Landschaftsbestandteilen beläuft sie sich dann auf mehr als 395 Hektar, was ungefähr 1,9 Prozent der Stadtfläche entspricht.

Die Väter der fünftgrößten Stadt Deutschlands haben also nicht nur an eine ständig steigende Attraktivität des Zentrums gedacht, obwohl sich für Einwohner und Besucher Essens Wachstum gerade dort in augenfälliger Weise manifestiert. Was sich bis zum Beginn der neunziger Jahre in der City abspielte, kann man nur mit dem Begriff atemberaubend beschreiben ...

Ein Architekt und Soziologe setzt Signale

Es begann im Oktober 1984, als den Essenern mit der Wiedereröffnung der Theaterpassage ein neues Schmuckstück der Innenstadt präsentiert wurde, die anderen modernen Passagen in nichts nachsteht. Der vier Straßen (Kapuzinergasse, Hirschlandplatz, Theaterplatz und Rathenaustraße) umschließende Gebäudekomplex wurde zu einem mustergültigen Beispiel postmoderner Architektur. Er ist in seinem Ursprung eine Schöpfung des Darmstädter Architekten und Soziologen *Georg Metzendorf*, der besonders als Erbauer der Gartenstadt Margarethenhöhe in Essen bekannt ist. In der Innenstadt gestaltete er den Komplex mit der alten Hauptverwaltung der Stadtsparkasse Essen an der Rathenaustraße – vollendet 1930 –, die nun das Kernstück der Theaterpassage bildet.

Die Besitzverhältnisse – Eigentümer sind je zur Hälfte die Sparkasse und die Stadt – bildeten für die Umgestaltung kein Hindernis. So konnte das Geldinstitut als Bauträger fungieren und in Zusammenarbeit mit einem Architektenbüro und der eigenen Bauabteilung eines der architektonisch interessantesten Essener Bauwerke einer neuen Nutzung zuführen. Auf einer Fläche von 4300 Quadratmetern zogen siebenundzwanzig Geschäfte des gehobenen Genres ein, vier gastronomische Betriebe sorgen auf 500 Quadratmetern für das leibliche Wohl. Darüber hinaus sind bedeutende kulturelle Einrichtungen wie das Casa Nova und das Deutsche Plakatmuseum (siehe Kapitel 6) über die Passage zu erreichen. Eine Geschäftsstelle der Sparkasse Essen (650 m^2) mit modernem Foyer, die Techniker-Krankenkasse (1130 m^2) sowie das Kreiswehrersatzamt haben dort ebenfalls ihren Platz. Die 23 Millionen DM Umbaukosten haben die Essener Innenstadt auf jeden Fall um ein attraktives Ziel bereichert.

Das wird vom danach vollendeten Großprojekt der City vielleicht erst in einigen Jahren gesagt werden, wenn die Geburtswehen abgeklungen sind. Das im November 1987 nach zweijähriger Bauzeit eröffnete Gildehof-Center hat nämlich seitdem vor allem in der Lokalpresse für negative Schlagzeilen gesorgt. Waren es zunächst die Baukosten von über 100 Millionen DM, die für Aufregung garantierten, fanden hernach geschäftliche Nutzung und bauliche Ungereimtheiten mit entsprechenden Folgen ihre Kritiker.

Das dreizehn Etagen hohe Bauwerk zwischen Haus der Technik und Volkshochschule ist Erlebnisbad, Tiefgarage, Stadtbibliothek und Büroturm in einem. Die gesamte Nutzfläche beträgt 50 000 Quadratmeter. Eigentümer ist die Tochtergesellschaft einer Frankfurter Bank, Hauptmieter des Komplexes die Stadt Essen. Sie muß für Erlebnisbad (Gesamtfläche 6600 m^2, Wasserfläche 800 m^2, Sporthalle 550 m^2), Stadtbücherei und Büroräume (zusammen 16 400 m^2) jährliche Mietkosten in Höhe von 6 Millionen DM aufbringen. Die Verträge laufen über fünfundzwanzig Jahre.

Bei der Eröffnung verteidigte der damalige Oberbürgermeister *Peter Reuschenbach* das Engagement der Stadt mit der Situation des Bäderwesens in der Stadt, bei dem seit langem eine Abkehr vom traditionellen Schwimmbecken zu verzeichnen sei. Diesem geänderten Freizeitverhalten sei die Schaffung eines neuen Badezentrums entgegengekommen. Wenn es wie die »Oase« in Frohnhausen angenommen wird, kann die Stadt schwarze Zahlen schreiben. Voraussetzung: 355 000 Besucher im Jahr. Doch die wurden bis Ende 1989 nur zur Hälfte erreicht.

In unmittelbarer Nachbarschaft des Gildehof-Centers entstand bis zum Spätsommer 1990 der Baukomplex der »Hypothekenbank in Essen AG«. Nach dem ersten Spatenstich (Februar 1989) dauerte es nicht lange, bis der fünfgeschossige Winkelbau bezogen werden konnte. Das sechzehngeschossige Hochhaus – mit etwa 60 Metern unter Essens höchsten Bauwerken gut plaziert – wurde im September 1990 mit Leben erfüllt.

Der Zankapfel Gildehof, der die letzte große Baulücke der Innenstadt zwischen Bernestraße und Gildehofstraße schloß, milderte ein wenig die Debatte um das gerade angelaufene Projekt »Neugestaltung der City«. Der erste Teil wurde im Spätsommer 1989 praktisch abgeschlossen: die Umgestaltung des Kennedyplatzes. Es fehlte nur noch der City-Brunnen, der im Laufe des folgenden Jahres 1990 dann sprudeln sollte.

Die Planungen gehen weiter
Urbanes Flair heißt das Stichwort, unter dem die Innenstadtsanierung in den nächsten Jahren verlaufen soll. Sie ist beschlossene Sache und wird entlang der Alten Marktkirche zum Flachsmarkt und nordwärts zur Viehofer Straße voranschreiten. Erst danach soll die Neugestaltung von Kettwiger und Limbecker Straße sowie der des Bahnhofsvorplatzes erfolgen. Der Kennedyplatz, mit seiner aus Natursteinen und Platten verschönerten Oberfläche, mit Kugel-Ahornbäumen und kugelrunden Laternen sowie den Treppenstufen an der Ost- und Westseite, macht der Bevölkerung jedenfalls Appetit auf mehr. Daß soviel Attraktivität auch ihren Preis hat – knapp 8 Millionen DM kostete die Umgestaltung – ficht heute niemanden mehr an. Zumal die unter der Oberfläche geschaffene Parkmöglichkeit – eine Tiefgarage mit 500 Stellplätzen – mit 12,8 Millionen DM Kosten noch ganz anders zu Buche schlug. Was man bequem erreichen kann, muß eben in einer Welt der totalen Motorisierung selten Kritik einstecken.

Mit dem Bau eines Parkhauses begann im Frühjahr 1989 auch eine weitere Sanierungsmaßnahme. Der Startschuß zum Umbau des Deutschlandhauses zur künftigen »Lindengalerie« fiel mit den ersten Arbeiten auf der vorhandenen Parkpalette an der Ecke Waldhausenpark/Lindenallee. Dort entstand ein Parkhaus auf sieben Ebenen für 374 Einstellplätze. Die Baukosten von 11 Millionen DM mußte aber nicht die Stadtkasse tragen. Sie wurde vielmehr noch mit 13 Millionen DM gefüllt, weil das stadteigene Grundstück für ebendiese Summe an den Investor, eine Kölner Unternehmensgruppe, verkauft werden konnte. Die Kölner Kaufleute investieren noch einmal stolze 22 Millionen DM in das Objekt, um dann im zur Ladenpassage umgebauten Komplex »Geschäfte zu machen«. In der »Lindengalerie« sollen auf 3000 Quadratmeter Verkaufsfläche fünfundzwanzig Geschäfte des gehobenen Bedarfs untergebracht werden. Damit wird eine sinnvolle Ergänzung zur Theater-Passage geschaffen. Architekt *Dieter Genheimer*, der auch diesen Komplex konzipierte, hat die neue Galerie auf zwei Ebenen untergebracht, die in der Mitte von einem gläsernen Kuppeldach gekrönt werden.

Mit einem ähnlichen Konzept hatte man bereits gute Erfahrungen gemacht. Als das zum Hertie-Konzern gehörende Kaufhaus Wertheim Ende Juli 1986 schloß und dann abgerissen wurde, entstand an dieser Stelle mit dem Objekt »Markt 1« ein attraktives Geschäftszentrum, das die Innenstadt als Einkaufsziel bereicherte.

Alle anderen Maßnahmen zum neuen Gesicht der City befanden sich bis Sommer 1990 noch im Stadium der Planung. Nach Vorstellungen der Mehrheitspartei SPD soll mit der Umgestaltung der Viehofer Straße begonnen werden. Gedacht ist dabei an eine Öffnung der Innenstadt nach Norden und an einen freien Übergang zwischen der Viehofer und der Kettwiger Straße. Ein Charakteristikum der Planung ist die Markthalle am Viehofer Platz als Magnet für die nördliche Innenstadt. Ein Brunnen an der Fontänengasse sowie Bäume im Zuge der Viehofer Straße sind weitere Elemente. Der Investor für das Zukunftsprojekt schien 1989 schon gefunden, sprang aber wieder ab, so daß noch im Sommer 1990 alles offen war. Wie ein anderer Vorschlag auch: Den südlichen Eingang zur City soll nämlich ein Platz zwischen Hauptbahnhof, Handelshof und Post bilden, wobei der Blick in die Kettwiger Straße frei werden soll. Interessant dürfte auch die Lösung für die I. Dellbrügge werden. Als Allee gestaltet, soll sie den Blick auf den Vorplatz des Grillo-Theaters lenken, der ebenfalls von Bäumen beherrscht wird. Den Burgplatz trennt – zumindest nach Vorstellung des planenden Architekten – von der Kettwiger ein niedriges Mauer-Pergola-Element. Die Limbecker Straße wird nicht als Vollpassage gestaltet, da Sicherheitsgründe hier eine Rolle spielen. Allerdings sollen an den Hauswänden »witterungsunabhängige Zonen« geschaffen werden, die durch transparente Dächer geschützt sind. Der verantwortliche Planer sieht darüber hinaus eine Glaspassage zum Kennedyplatz vor. Am Ende und am Anfang der Limbecker Straße sind zudem »Märkte« vorgesehen. Ein Pavillon auf dem Limbecker Platz ist inzwischen Realität.

Rat und Verwaltung sind jedenfalls fest entschlossen, auch die anderen ehrgeizigen Projekte zu verwirklichen. Stattliche 54 Millionen DM stehen bereit, die Essener Innenstadt noch attraktiver zu machen. Auf festem Fundament steht seit Herbst 1990 auf jeden Fall ein neues Wahrzeichen der Stadt: der Fernmeldeturm, der hinter dem Erweiterungsbau des Fernmeldeamtes an der Münchener Straße mit 158 Metern emporragt. Der neue Turm nimmt auf zwei Plattformen in 100 und 108 Metern Höhe Antennenanlagen auf, die den Erfordernissen der heutigen Zeit entsprechen und von der vorhandenen Anlage der Post nicht mehr bewältigt werden konnten. In 128 Metern Höhe schließt sich ein 30 Meter hoher Antennenmast an, ebenfalls für Fernmeldedienste. Das neue Essener Millionending – allein die Baukosten betrugen 6,55 Millionen DM – wurde aus Ortbeton in Kletterschalung erstellt. Damit es nicht als trist-grauer Finger in den Himmel ragt, übernahm *Friedrich Ernst von Garnier*, ein in der Nähe von Kreuznach lebender Künstler, die äußere Farbgestaltung. Seine braunen, beigen und ockerfarbenen Rechtecke und Quadrate reizen zu nachdenklichen Betrachtungen. Von oben wird man zur Jahrtausendwende jedenfalls eine Essener City erblicken, deren Wandel seit den sechziger Jahren des 20. Jahrhunderts alles Dagewesene in den Schatten stellt.

Im April 1975 zog die Essener Sparkasse um. Die Hauptstelle wurde von der Rathenaustraße 4 in den III. Hagen 43 verlegt. 550 Mitarbeiter bekamen einen neuen Arbeitsplatz.

Was die Kunden auf den ersten Blick in der neuen Halle sehen konnten, war eine grundsätzliche Neuerung: Zehn Universalkassen für alle Zahlungsgeschäfte bildeten den »Schnellbedienungsbereich«. Daneben war der »Beratungsbereich« entstanden, in dem sich Raum für ausführliche Kundengespräche bot.

Marktorientierung

Mit diesen Innovationen unterschied sich die neue Kundenhalle nicht nur von dem Aufbau in der alten Hauptstelle, sondern auch von dem Bild, das

Verwaltungsgebäude der Sparkasse Essen (Photo: Sparkasse Essen)

damals noch viele deutsche Sparkassen boten. Dort dominierte der »Tresen« mit »Schaltern« für die verschiedenen Geschäftssparten.

Die neue Innenarchitektur drückte einen ungemein tiefgreifenden Wandel aus. Er zielte nicht nur auf die optimale, »marktorientierte« Organisation des Geschäftsbetriebs, sondern zog auch die Konsequenz daraus, daß dieser Geschäftsbetrieb selbst ein anderer geworden war. Neben die Aufgaben, bei denen es vor allem auf zügige Erledigung ohne lange Wartezeiten ankam, waren solche getreten, die das ausführliche Beratungsgespräch erforderten.

Zur Modernität des neuen Hauses gehörte auch, daß es mit einer mehrgeschossigen öffentlichen Tiefgarage ausgestattet wurde.

Der von den Architekten Hentrich, Petschnigg & Partner errichtete Bau stellte über die funktionale Zweckmäßigkeit hinaus schwierige Anforderungen an die einheitliche künstlerische Gestaltung im Innern. Der Bauhausmeister Herbert Bayer verband »Licht und Farbe« zu einem Generalthema, das in vielfältigen Variationen einheitliche Verwirklichung fand. Adolf Luther schuf Spiegelobjekte für den großen Sitzungssaal und Heinz Mack eine Lamellenwand für das Foyer. Die zweistöckige Kassenhalle hat Raum für zwei kinetische Objekte von Tomitaro Nacki.

Das Sparkassengeschäft in der Zeit des Wiederaufbaus beruhte auf der erfolgreichen Wiederbelebung überlieferter Aktivitäten. Sie reichten entweder, so wie Spareinlagen und Hypotheken, in die Gründungsanfänge zurück oder waren im späteren Verlauf der Entwicklung hinzugekommen. Für die Entstehung derartiger Ergänzungen war ausschlaggebend, daß sich die kreditwirtschaftlichen Bedürfnisse innerhalb jener Zielgruppen gewandelt hatten, denen sich die Sparkassen ihrem ursprünglichen Gründungsauftrag gemäß widmen sollten. Diese Regel sollte sich auch nach 1948 erneut bestätigen.

Die Sparkassengeschichte in der zweiten Hälfte des 20. Jahrhunderts begann fürs erste mit einer gewaltigen zahlenmäßigen Ausdehnung. Die Bilanzsumme wurde am Jahresende 1952 mit 139,5 Millionen DM ermittelt, zehn Jahre später betrug sie 866,7 Millionen und 1975, im Jahr des Umzugs der Hauptstelle, machte sie 2721,4 Millionen aus. Am Tag nach der Währungsreform, am 21. Juni 1948, waren 363 Mitarbeiter in der Sparkasse tätig, 1975 war ihre Zahl auf 1437 angestiegen. *Große Zahlen*

Diese Zahlen sind nicht nur Ausdruck von Veränderungen in den Quantitäten des Sparkassengeschäfts. Es hatte auch eine andere Qualität angenommen. Zahlreiche Ereignisse trugen dazu bei: Im Jahre 1967 endete ein Kapitel in der Geschichte der deutschen Kreditwirtschaft, das 35 Jahre zuvor begonnen hatte, in den dreißiger Jahren. Die Bankenkrise vom Sommer 1931 hatte im folgenden Jahr 1932 zu allgemeinen Zins- und Wettbewerbsregelungen unter staatlicher Mitwirkung geführt. Daraus wurde 1936 ein Abkommen über Soll- und Habenzinsen, das alle deutschen Kreditinstitute umfaßte. Es bedeutete praktisch die Aufhebung des Konditionenwettbewerbs.

Diese Einschränkungen der Marktwirtschaft behielten drei Jahrzehnte lang Gültigkeit. Als sie am 1. April 1967 außer Kraft traten, setzte in der Kreditwirtschaft eine Periode des Wettbewerbs ein, die vieles in Bewegung brachte. Aber schon vorher war einiges geschehen. Gegen Ende der fünfziger und zu Beginn der sechziger Jahre kam es zum Bruch mit einer Tradition, die auf Jahrtausende zurückblicken konnte.

»Als es nun Abend geworden war«, so heißt es im Matthäusevangelium, »sagte der Besitzer des Weinbergs zu seinem Verwalter: Ruf die Arbeiter und zahl ihnen den Lohn aus...« *Lohntüte am Zahltag*

Diese Praxis blieb bis um 1960 in Kraft. Nach getaner Arbeit wurde der Lohn ausgezahlt, wenn schon nicht jeden Abend, so doch jede Woche. Genau abgezählt und säuberlich verpackt in der »Lohntüte«. Je nach Betrieb hatte diese unterschiedliches Format, am häufigsten ungefähr Postkartengröße.

Am Zahltag stellten sich die Lohnempfänger an der Kasse an, nahmen ihre Tüte entgegen und machten sich auf den Heimweg. Oft allerdings nicht, ohne sich zunächst ein Glas Bier in den Kneipen am Zechen- oder Werktor zu gönnen. Zuweilen blieb es auch nicht bei einem Glas oder zweien, und deswegen fingen manche energische Ehefrauen die Ernährer der Familie schon gleich hinter dem Tor ab, um sich das Haushaltsgeld für die kommende Woche zu sichern.

Die bare Lohnauszahlung besaß bei aller traditionellen Selbstverständlichkeit beträchtliche Nachteile. So verbanden sich der Transport von Lohngeldern und die regelmäßige Aufbewahrung hoher Kassenbestände vor den Zahltagen mit

Gefahren. Die Kriminalgeschichte weiß von zahlreichen Überfällen und Einbrüchen zu berichten. Zudem machte das Geldzählen beträchtliche Mühe, aber man fand sich damit ab, da es ja an Alternativen fehlte.

Zwar hatte sich für Beamte und manche Gruppen von Angestellten schon zwischen den beiden Weltkriegen die Praxis der bargeldlosen Gehaltszahlung durch Überweisung von Konto zu Konto eingebürgert, aber ihre Ausdehnung auf die Gesamtheit der Arbeitnehmer begegnete erheblichen Schwierigkeiten, nicht zuletzt bei diesen selbst.

Widerstände gegen Neues Einerseits spielte dabei der Gedanke eine Rolle, daß Männerprivilegien in Gefahr waren, weil sich bei der Lohnüberweisung auf das Konto wohl schwerlich vermeiden ließ, daß nun die Ehefrau genaueste Kenntnis über das bis dahin zuweilen sorgfältig geheimgehaltene Einkommen des Ehemannes gewann. War doch zu erwarten, daß meistens die Frauen den Weg zum Kreditinstitut zu machen hätten. Aber es war auch eben dieser Weg, der den Arbeitnehmern die bargeldlose Lohnzahlung verleidete: Warum zusätzliche Mühe auf sich nehmen, wenn mit der Lohntüte alles viel einfacher war?

Daß der Druck zur Verbreitung der bargeldlosen Lohn- und Gehaltszahlung dennoch immer mehr zunahm, hatte seinen Grund vor allem in den unabweisbaren Rationalisierungsvorteilen für die Arbeitgeber.

Unter den Kreditinstituten gab es manche, die sich nicht für das Lohnkonto begeistern konnten, versprach es doch allenfalls Arbeit und Kosten, nicht aber zusätzliche Geschäfte. Wenn sich die deutschen Sparkassen schon früh für die bargeldlose Lohnzahlung engagierten, so verliehen sie mit der Bereitschaft zu dieser neuen Dienstleistung ihrem alten gesellschaftspolitischen Gründungsauftrag einen neuen Inhalt.

Diese neue Aufgabe gewann rasch an Umfang. Betreute die Essener Sparkasse 1953 etwa 27758 Girokonten, so waren es 1963 bereits 71631 und 1973 201000. Bis zum 30. Juni 1990 ist ihre Zahl auf 218505 angewachsen.

Revolution über Konten Es ist nicht übertrieben, diesen Wandel des Zahlungsverkehrs als »revolutionär« zu bezeichnen. Jetzt erst, mit der massenweisen Ausdehnung, konnte der bargeldlose Zahlungsverkehr seine vollen Auswirkungen entfalten, und diese Auswirkungen stehen auch heute noch, nach mehr als einem Vierteljahrhundert, erst in ihren Anfängen. Werden sie einmal zu voller Entfaltung gelangen, dann können sie wohl nur mit der Idee einiger cleverer kleinasiatischer Griechen verglichen werden, denen es im 7. vorchristlichen Jahrhundert zu lästig wurde, bei jeder Zahlung Edelmetall abzuwiegen. Als sie statt dessen das Gewicht mehr oder minder runder Silberstücke mit einem Prägestempel garantierten und damit die Münze erfanden, waren sie sich wohl auch kaum der ungeheuren Konsequenzen dieser recht bescheidenen neuen Bequemlichkeit bewußt. Wie rasch die ersten Konsequenzen des neuen Zahlungsmittels vor rund zweieinhalbtausend Jahren eintraten, ist ungewiß. Die massenweise Verbreitung der bargeldlosen Zahlung dagegen, das steht fest, führte schon rasch zu wichtigen Folgeinnovationen.

Schon 1965 schrieb die Stadtsparkasse Essen in ihrem jährlichen Geschäftsbericht, daß sie neuerdings den Inhabern von Lohn- und Gehaltskonten ohne größere Formalitäten automatisch Kredite einräume und dabei die besten Erfahrungen gemacht habe. Von diesen ersten Versuchen war es in Essen nur noch ein kurzer Weg zu dem »Dispositionskredit«, kurz »Dispo-Kredit« genannt. Seit 1968 wird er jedem Kunden eingeräumt, der auf seinem Girokonto regelmäßige Einkünfte zu verzeichnen hat.

Mit dieser Neuerung erreichte die Einstellung zum Privatkredit eine Phase, die sich radikal von der Vergangenheit unterscheidet.

Schuldaufnahme galt nicht nur in unserem Kulturkreis, sondern bereits im alten Testament als ein Übel. Daß Moses verbot, von Glaubens- und Volksgenossen Zins zu nehmen, erscheint als radikale, aber zwingende Konsequenz dieser Einschätzung. Auch als sie in einem ungemein mühevollen Prozeß in Europa am Beginn der Neuzeit allmählich überwunden, und die Zinszahlung moralisch legitimiert wurde, blieb die Schuldaufnahme ein Übel, ein notwendiges, wenn sie von drückender Not erzwungen wurde, ein verwerfliches, wenn sie leichtfertig erfolgte. Ein privates Darlehen aufzunehmen, stand im bürgerlichen Milieu mit seiner strengen Wirtschaftsmoral nur dann außerhalb jeden Vorwurfs, wenn es in Form der Hypothek zur Finanzierung von Haus- und Grunderwerb erfolgte.

Moses und der Dispokredit

Die Zwischenkriegszeit, die so viele einstmals unerschütterliche Normen in Zweifel zog, hat auch diese altehrwürdigen Regeln angekratzt und etwa dem Ratenkauf, dem »Abstottern«, zu einer mehr oder weniger halbherzigen Anerkennung verholfen. Der große Durchbruch kam aber erst nach dem Zweiten Weltkrieg.

Bei der Deckung des dringendsten Bedarfes lebenswichtiger Konsumgüter konnten und wollten etwa Fliegergeschädigte und Flüchtlinge nicht warten, bis sie den Kaufbetrag auf dem Sparbuch hatten. Dabei durften sie sich sogar der Ermutigung von höchster Stelle erfreuen. Auf dem deutschen Sparkassentag von 1954 forderte kein anderer als Wirtschaftsminister Ludwig Erhard den »Mut zum Konsum«, und er riet, den Kreditkauf »nicht unter allen Umständen als etwas Fluchwürdiges« zu verwerfen.

Ludwig Erhard: Mehr Mut!

Diese Verhaltensänderung ist verhältnismäßig rasch eingetreten. Seit Ludwig Erhard versucht hatte, den Konsumkredit von seinem schlechten Image zu befreien, verging nur wenig mehr als ein Jahrzehnt, ehe die Essener Sparkasse ihre ersten größer angelegten Versuche mit dem problemlosen Kredit an Girokonteninhaber unternahm.

Als dann auf breiter Front der »Dispokredit« folgte, trat er mit einer gleichzeitigen Neuerung in Verbindung: Die »Scheckkarte« erschloß der bargeldlosen Zahlung neue Dimensionen. Seit 1968 gewährte die Sparkasse Essen für die Einlösung von Schecks mit Scheckkarte eine begrenzte Garantie: Bis zur Höhe von 200,-- DM. Anfänglich zögerten die Kunden ein wenig bei der Über-

Begrenzte Garantie

317

nahme dieser Neuheit, aber dann, seit den siebziger Jahren, fand sie rasche Verbreitung.

Sie bildete die logische Ergänzung der bargeldlosen Lohn- und Gehaltszahlung. Diese war bis dahin nur als eine Verlagerung der Barzahlung erschienen, von der Lohnkasse des Betriebes zum Schalter des Kreditinstituts.

In der Tat hatten viele Kunden allenfalls größere Zahlungen bargeldlos vorgenommen und ihre Guthaben auf den Lohn- und Gehaltskonten oft schon bald großenteils wieder in bar abgehoben, weil das Bargeld im Alltag unentbehrlich blieb. Allerdings bot die Essener Sparkasse seit 1960 den Dauerauftrag für die Überweisung von Mieten oder ähnlichen regelmäßig wiederkehrenden Zahlungen als Dienstleistung an und reduzierte dadurch den Bargeldbedarf. Die massenweise Verbreitung der bargeldlosen Zahlung konnte aber erst nach Einführung der Scheckkarte verwirklicht werden. Erst von diesem Augenblick an war das Lohn- und Gehaltskonto zur Grundlage eines Dienstleistungsangebots geworden, das gegenüber der alten Barzahlung eine Fülle von echten Fortschritten bot.

Die Wohlstandsgesellschaft verlangte aber auch nach anderen Dienstleistungen, die bis dahin nur spärlichen Zuspruch gefunden und das Vorrecht höherer Einkommens- und Gesellschaftsschichten gebildet hatten, Effektenbesitz zum Beispiel.

Die Forderung der Sozialen Marktwirtschaft nach breitester Vermögensbildung hatte in den Jahren des Wiederaufbaus und des »Wirtschaftswunders« zunächst überwiegend in herkömmlichen Formen Verwirklichung gefunden. Neben dem Kontensparen wurden vor allem das Bau- und Versicherungssparen bevorzugt, die zwischen den beiden Kriegen in der deutschen Sparkassenorganisation eingeführt worden waren. Das Wertpapier, seit 1948 in die staatliche Sparförderung einbezogen, konnte aber zunächst nur wenig Interesse wecken.

Durchbruch mit VW Das wurde gegen Ende der fünfziger Jahre anders. Die Bundesrepublik Deutschland verfügte als Erbin des Deutschen Reiches und Preußens über einen bedeutenden Industriebesitz. So gehörte ihr etwa die »Preußag« mit ihren zahlreichen Berg- und Hüttenwerken.

Derartige Staatsbetriebe waren mit den Grundüberzeugungen der Sozialen Marktwirtschaft unvereinbar. Sie zumindest teilweise in privaten Besitz zu überführen, erschien dringend geboten. Und wenn das schon geschah, dann konnte man mit einer Klappe gleich zwei Fliegen schlagen: Privatisierung und Vermögenspolitik in einem durch die »Volksaktie«.

Mit der Teilprivatisierung der »Preußag« wurde 1959 der Anfang gemacht, und der war ein voller Erfolg. Für sich alleine gesehen zumindest, bescheiden dagegen im Vergleich mit der folgenden Privatisierung: Im Jahre 1960 wurde die Teilprivatisierung des Volkswagenwerkes angekündigt. Durch den »Käfer« zu gewaltiger Popularität gebracht, regte dieses Prestigeunternehmen der deutschen Nachkriegswirtschaft die Phantasie an. Und dann war es soweit: Wer als Lediger nicht mehr als 8000, als Verheirateter nicht über 16 000 DM verdiente, damals die Obergrenze mittlerer Einkommen, durfte bis zu einem Nennwert von 500,- DM »VW-Aktien« zeichnen. Das Ergebnis übertraf die Erwartungen bei weitem. Rationierte Zuteilungen ließen sich nicht vermeiden. Dabei wurde von dem Emissionskurs in Höhe von 350,- DM ein Sozialbonus abgezogen. Wer ihn in Anspruch nahm, durfte seine Aktien zwei Jahre lang nicht veräußern, wollte er diese Preisermäßigung nicht verlieren.

Allerdings erlebte das Papier alsbald einen geradezu hektischen Kursanstieg, der den Verlust des Sozialbonus bei einem eventuellen Verkauf reichlich kompensierte. Trotzdem vermochte die Stadtsparkasse Essen 1961 zu berichten: »Zum Jahresende konnten wir feststellen, daß etwa 85% der bei uns registrierten Käufer ihre VW-Aktien noch im Besitz hatten. Ein großer Teil von ihnen hat darüber hinaus noch andere Wertpapiere hinzugekauft.«

Versuchung

Offensichtlich war damit zu Beginn der sechziger Jahre ein Durchbruch gelungen, der als Epocheneinschnitt der Vermögensgeschichte gelten darf. Hatte die Spareinlage in der ersten Hälfte des 19. Jahrhunderts eine Entwicklung eingeleitet, in der der Besitz von Geldvermögen zur Massenerscheinung werden sollte, so kam mit der »Volksaktie« und vor allem mit der »VW-Aktie« das Effektenvermögen zur Massenverbreitung. In der Sozialgeschichte der Bundesrepublik begann ein neues Kapitel.

Ein neues Kapitel begann aber auch in der Sparkassenarbeit. Zum erstenmal wurden Sparkassenkunden in größerer Zahl zu Effektenbesitzern. Zwar hatte sich die Essener Stadtsparkasse schon in der Zeit zwischen den Kriegen in Kundenauftrag mit Effektentransaktionen beschäftigt. Aber diese Dienstleistung beschränkte sich doch auf relativ bescheidene Ausmaße. So verwaltete die Sparkasse 1935 5546 Kundendepots. Nach der Währungsreform war diese Zahl merklich reduziert, 1954 unterhielten 3438 Kunden ein Depot bei der Sparkasse. 1963 dagegen wurde deren Bestand mit 9346 angegeben, Ende Juni 1990 belief er sich auf 69 372.

Schon ehe Preußag-, VW- und wenig später Veba-Aktien den Wertpapierbesitz populär machten, hatte in der Bundesrepublik eine neue Anlageform Eingang gefunden: 1950 ist der erste »Investmentfonds« angeboten worden. Die Sparkassenorganisation entschloß sich, 1956 diese Neuerung zu übernehmen und legte ihren »Dekafonds«, einen reinen Aktienfonds auf, 1962 folgte »Arideka«, ein gemischter Aktien- und Rentenfonds. Später kamen weitere Fonds unterschiedlicher Struktur hinzu.

Ein weiteres Produkt bot die Stadtsparkasse Essen im März 1968 an, den »Sparkassenbrief«. Er füllte eine Angebotslücke zwischen der Spareinlage und dem festverzinslichen Wertpapier. Drei Jahre später, 1971, fand er Ergänzung durch die »Sparkassenobligation«.

Trend zum Brief

Im Jahre 1986 ging die Sparkasse Essen noch einen Schritt weiter und bot eigene Inhaberschuldverschreibungen an. Dieses neue börsenfähige Wertpapier wurde im Mindestbetrag von DM 1000,- für Depotstücke und mindestens DM 10 000,- für »lieferbare Stücke« auf den Markt gebracht. Die ersten beiden Emissionen hatten eine Laufzeit von 5 und 10 Jahren. Sie boten eine Nominal-

verzinsung von 6,0 Prozent und 6,5 Prozent. Als wesentliche Vorteile gegenüber Sparkassenbrief und -obligation verbindet die Inhaberschuldverschreibung der Sparkasse einfache Übertragbarkeit mit größtmöglicher Liquidität.

Der Sparkasse Essen fiel der Übergang zu einem börsenfähigen Wertpapier um so leichter, als sie – für eine Sparkasse höchst ungewöhnlich – seit März 1981 mit eigenen Händlern an der Rheinisch-Westfälischen Börse zu Düsseldorf vertreten war und dementsprechend über Erfahrung im Börsenhandel verfügt.

Die Struktur des Passivgeschäfts war in Bewegung gekommen. Erstmals seit den Anfängen des Scheck- und Giroverkehrs hatte sich die Sparkasse neue Quellen der Refinanzierung erschlossen. Sparkassenbrief, -obligation und Inhaberschuldverschreibung sind gleichzeitig Erscheinungsformen einer einheitlichen Tendenz, die nicht nur die deutsche Kreditwirtschaft erfaßt hat, sondern

*Die Kettwiger Straße, »Herz« der
»Einkaufsstadt des Ruhrgebiets«*

*Mustergültiges Beispiel postmoderner
Architektur: Die im Oktober 1984
eröffnete Theaterpassage in der Innenstadt,
unter anderem Heimat der Casa Nova
und des Deutschen Plakat-Museums
(Photo: Sparkasse Essen)*

Essen-Segeroth. Das weitläufige Gelände der Universität-Gesamthochschule Essen. Zu Beginn des Wintersemesters 1989/90 waren dort in 14 Fachbereichen über 17 000 Studenten immatrikuliert. Wirtschaftswissenschaften und Medizin sind die Fächer, die am stärksten belegt werden

1989 wurden zum vierzigsten Male die »Essener Lichtwochen« veranstaltet. Sie finden alljährlich von Ende Oktober bis Mitte Januar statt und haben stets ein wechselndes Thema

*Zwei Architektur-Welten: Links die Alte Synagoge,
rechts das 1979 fertiggestellte neue Rathaus am Porscheplatz.*

*Blick in die Alte Synagoge. Das jüdische Gotteshaus,
das vor der Zerstörung in der Pogromnacht vom 9. zum 10.
September 1938 als eines der schönsten seiner Art in
Deutschland galt, dient heute als Mahn- und Gedenkstätte*

Tage der offenen Tür (15./16. September 1990) im zum Raumtheater umgebauten Grillo-Theater. Eine Woche später, am 22. September, fand dann die Eröffnung mit Shakespeares »Sommernachtstraum« statt, inszeniert von Hansgünther Heyme

Knapp zwei Jahre zuvor, am 25. September 1988, wurde mit Wagners »Meistersingern von Nürnberg« das Aalto-Theater eröffnet

*Lichter einer Großstadt: Die Essener
Stadtautobahn bei Nacht in der Nähe des Hauptbahnhofs*

auch in den übrigen westlichen Industriestaaten festzustellen ist. Die wachsende Neigung zur Verbriefung von Forderungen und damit auch die Neugestaltung der Refinanzierung von Kreditinstituten steht möglicherweise erst in den Anfängen.

Zuerst war es die bargeldlose Lohn- und Gehaltszahlung, dann aber mehr und mehr die rasch wachsende Vielzahl von Finanzdienstleistungen. Die Wirkung blieb gleich: Immer häufiger brauchten die Kunden ihre Sparkasse. *Neues nicht ohne Folgen*

Ähnliches war, aus völlig anderen Gründen, schon um die Jahrhundertwende geschehen und hatte damals bewirkt, daß immer mehr Sparkassen gegründet wurden. Mit den ersten Fusionen verwandelten sich diese bis dahin selbständigen Institute in Zweigstellen der Städtischen Sparkasse. Nach dem Ersten Weltkrieg wurden zusätzlich insgesamt neun sogenannte »Annahmestellen« errichtet. Neben den damals sechs Zweigstellen, die alle auf ehemals selbständige Sparkassen zurückgingen, hatten sie beschränkte Aufgaben zu erfüllen, die Annahme von Einzahlungen auf Spar- und Girokonten. Die Eingemeindungswelle von neun brachte die Städtische Sparkasse darüber hinaus in den Besitz von neun weiteren Zweigstellen.

Dann brach die Bankenkrise herein. Sie veranlaßte die Reichsregierung zu einer umfassenden Erhebung über das deutsche Kreditwesen und dabei stellte sich heraus, daß es viel zu viele Geschäftsstellen gab. Infolgedessen verbot der Reichswirtschaftsminister 1934 die Errichtung neuer Zweigstellen. Ausnahmegenehmigungen waren kaum zu bekommen. Immerhin konnte die Essener Stadtsparkasse ihr Betriebsstellennetz noch ein wenig erweitern, und so umfaßte es 1941 neben der Hauptstelle 21 Hauptzweigstellen, 3 Nebenzweigstellen und 9 Annahmestellen. Nach dem Zweiten Weltkrieg war dieser Bestand erheblich reduziert, auf 17 Hauptzweigstellen, 1 Nebenzweigstelle und 3 Annahmestellen. Dieses Netz mit den Fortschritten des Wiederaufbaus und der Bevölkerungszunahme in der Stadt Essen wieder auszudehnen, fiel deswegen nicht leicht, weil die Vorschriften von 1934 grundsätzlich weiterbestanden und die Neuerrichtung einer Zweigstelle jeweils von dem Ergebnis einer Bedarfsprüfung durch die Aufsichtsbehörde abhängig machten. So ergab es sich, daß die Stadtsparkasse 1958 ein Betriebsstellennetz besaß, das den Stand von 1941 nur geringfügig übertraf, um ganze vier Betriebsstellen. Fünf Jahre später dagegen hatte sich deren Zahl um 15 vermehrt.

Inzwischen war Wichtiges geschehen, in erster Linie aber nicht in Essen, sondern in Karlsruhe. Das Bundesverfassungsgericht hatte 1958 in einem Rechtsstreit zu entscheiden, der nicht das geringste mit Sparkassen zu tun hatte. Es ging vielmehr um Apotheken, um die Frage, ob die Errichtung einer neuen Apotheke von dem Ergebnis einer Bedarfsprüfung abhängig gemacht werden dürfe. Die Richter mit der roten Robe urteilten, daß dem nicht so sein dürfe, weil die Bedarfsprüfung dem Grundgesetz widersprach. Ihr Spruch hatte ungemein weitreichende Folgen, überall da, wo bis dahin die Bedarfsprüfung gegolten hatte. Also auch bei den Zweigstellen von Kreditinstituten. *Karlsruhe und die Apotheken*

Das war der Auftakt zu einem regelrechten »Zweigstellen-Boom«, nicht aber sein wahrer Grund. Dieser lag vielmehr darin, daß inzwischen der Bedarf an Finanzdienstleistungen, vor allem durch den Übergang zur bargeldlosen Lohn- und Gehaltszahlung ungemein angewachsen war. Da diese Expansion in ganz besonderem Maße die traditionelle Sparkassenkundschaft betraf, bekam die Sparkassenzweigstelle einen neuen Stellenwert, sie wurde nun zu einem Bestandteil der Infrastruktur für den alltäglichen Bedarf. Alltäglichen Bedarf aber sollte man ohne lange Wege decken können. Die Sparkassengeschäftsstelle »um die Ecke« wurde deshalb zur Selbstverständlichkeit. Essens Sparkasse bekam das dichteste Geschäftsstellennetz in der ganzen Region, sie ist insgesamt siebzigmal im Stadtgebiet vertreten.

Im Jahre 1976 kam es zu einer erneuten Erweiterung des Geschäftsbezirks. Wiederum bot dazu eine kommunale Neugliederung Anlaß. Sie führte 1975 zur Eingemeindung von Kettwig. Zum 1. Juli 1976 wurde infolgedessen die Stadtsparkasse Kettwig von der Sparkasse Essen übernommen. Ausgenommen blieb die Zweigstelle Mintard, die auf die Stadtsparkasse Mülheim überging.

Kapital und Chance

Zum Aufbau eines Unternehmens gehört die Innovation, die Idee, etwas anderes oder etwas anders zu machen. Zur Durchführung der Innovation gehören Kapital und Kredit, aber das genügt noch nicht zur Sicherstellung des Erfolges. Von dieser Erkenntnis ausgehend hat die Sparkasse Essen 1984 neue Wege der Existenzgründungs- und Innovationsförderung betreten. Sie hilft bei der mittelständischen Unternehmensgründung und -erweiterung durch Beratung, Sonderkredite und sogar durch eine zeitlich begrenzte Kapitalbeteiligung.

Immobilien-Center

Da die Sparkasse Essen seit ihrer Gründung in der Immobilienfinanzierung tätig ist, verfügt sie über Erfahrungen und Kenntnisse, die seit 1989 auch in einem neuen Geschäftszweig Anwendung finden. Sie hat dafür eine eigene Tochtergesellschaft gegründet, die »Wert-Objekt- Immobilien GmbH & Co KG«.

Manager statt Beamte

In der Geschäftsleitung der Sparkassen war hinsichtlich der Organisation ungeachtet aller Neuerungen alles beim alten geblieben. Eigentlich bestanden dort immer noch Strukturen, die sich nicht allzusehr von den Gründungsanfängen im 19. Jahrhundert unterschieden.

Damals hatte der »Vorstand«, das Gremium der ehrenamtlichen »Administratoren«, die Sparkasse geleitet. Dem »Rendanten« oblag die Abwicklung des praktischen Geschäftsbetriebes ohne die Möglichkeit zu eigenverantwortlichem Handeln. Das konnte so sein, weil die Sparkassengeschäfte recht einfach waren und über mehr als ein halbes Jahrhundert hinweg nach kaum veränderter Routine abliefen.

Eine erste, wirklich einschneidende Änderung trat erst im Jahre 1932 ein, als die Sparkassen nach der Bankenkrise aus der unmittelbaren, weisungsgebundenen Abhängigkeit der Kommunen herausgenommen und zu selbständigen Unternehmen gemacht wurden.

Damals kam es auch zur Einführung des »Sparkassenleiters« mit weitreichenden Kompetenzen in der Geschäftsführung. Auch er aber unterstand immer noch den Weisungen und der Kontrolle des »Vorstandes«, denn dieser bildete nach wie vor die oberste Geschäftsführung der Sparkasse.

Verfügten seine wie eh und je ehrenamtlich wirkenden Mitglieder auch neben gründlicher Ortskenntnis oft über reiche praktische Erfahrung in der Kreditwirtschaft, so waren sie doch keine Fachleute und konnten es auch gar nicht sein.

Diese sogenannte »Organverfassung« der Sparkasse blieb in Nordrhein-Westfalen bis 1958 unverändert. Dann führte das neue Sparkassengesetz zu einer grundlegenden Änderung. Es übertrug die Geschäftsleitung einem kollegial zu besetzenden »Vorstand«. Damit wurde ein Organ geschaffen, das ausschließlich mit Fachleuten besetzt, alle Managementfunktionen wahrnahm. Der »Sparkassenrat« setzte die Tradition ehrenamtlicher Tätigkeit fort und fungierte als oberstes sparkasseninternes Aufsichtsorgan und erhielt zudem die Kompetenz, Richtlinien der Geschäftsführung zu bestimmen. Eine Novellierung des Sparkassenrechts führte in NRW zum Ersatz des »Sparkassenrats« durch den »Verwaltungsrat«, dem seitdem auch Personalvertreter angehören. Nach dem Grundsatz der »Drittelparität« werden von den fünfzehn Mitgliedern des Verwaltungsrates der Sparkasse Essen fünf von deren Mitarbeitern gestellt.

4. Kapitel
Essen macht mobil

Parallel zu Wiederaufbau und Sanierung stellte sich den Stadtplanern eine weitere gewaltige Aufgabe: Neue Verkehrswege mußten konzipiert und geschaffen werden. In einem Rückblick auf diese Leistungen der Stadt hieß es dazu: »Schon im Mai 1951 war mit der Zulassung des 20 000. Kraftfahrzeugs ein Signal für die künftige Autolawine gesetzt. Ein Markstein dieser Entwicklung, aber auch für das Bedürfnis der Fußgänger, war die Sperrung der Innenstadt für Pferdefuhrwerke Ende 1954. Essen schickte sich an, die ersten Fußgängerstraßen zu bauen, während die großen Verkehrsadern um die Altstadt herum und an ihr vorbeigeführt wurden. Dem Ruhrschnellweg, dessen Ausbau als Autobahn in Gang kam, mußte Mitte der fünfziger Jahre der alte Friedhof an der Freiheit geopfert werden. Die Gräber der Krupp und vieler anderer alter Essener Familien mit bedeutenden Namen wurden verlegt. Auch der Eisenbahnverkehr hielt mit: Im Juni 1957 eröffnete die Bundesbahn den elektrischen Zugbetrieb.«

Der Ruhrschnellweg – so hieß schon jenes Stück der einstigen Reichsstraße 1, später die berühmt-berüchtigte B 1, heute die A 430 – wurde schon zwischen den Weltkriegen unter Leitung des Siedlungsverbandes Ruhrkohlenbezirk zur Hauptschlagader des Reviers ausgebaut. Duisburg, Mülheim, Essen, Bochum und Dortmund waren durch eine Schnellstraße miteinander verbunden, die den damaligen Anforderungen des Verkehrs entsprach, in den späten dreißiger Jahren aber schon überlastet war. Bald nach dem Krieg hieß die Verbindung zwischen den Revierstädten bei vielen nur noch »Ruhrschleichweg«. So begann 1953 der Ausbau dieser wichtigen Verkehrsader.

In Essen wurde die Hauptschlagader des Ruhrgebietes zu einer kreuzungsfreien Stadtautobahn. Für die 11,6 Kilometer benötigte man eine Bauzeit von vierzehn Jahren. Der östliche Teil zwischen Kray und der Innenstadt war relativ schnell fertig, im Juli 1965 konnte auch der Westabschnitt an der Berliner Straße für den Verkehr freigegeben werden, und im Dezember 1967 folgten die in zwanzigmonatiger Bauzeit errichteten Helbingbrücken.

Beeindruckende Zahlen Als historisches Datum ging dann der 25. September 1970 in die jüngere Essener Geschichte ein. Bundespräsident *Gustav Heinemann* und Oberbürgermeister *Horst Katzor* gaben den letzten Teil der Stadtautobahn mit dem 1020 Meter langen City-Tunnel und dem sich östlich anschließenden 462 Meter langen Verbindungsstück mit der Helbingbrücke und dem Damm bis zur Steeler Straße frei. Seitdem rollt der Verkehr kreuzungsfrei durch Essen. Exakt 289,6 Millionen DM waren in den vierzehn Jahren verbaut worden. Der Tunnel war zum Zeitpunkt der Eröffnung Deutschlands längste unterirdische Straßenführung und für Essen das bis dahin kostspieligste und technisch schwierigste Stück Straße. Die Erbauer berücksichtigten Erfahrungen des Tunnelbaus aus der ganzen Welt, rüsteten die Tunnelröhre mit vierundzwanzig Fernsehkameras aus und mit einem Leitstand, der Tag und Nacht besetzt ist und von dem aus bei einer Störung auf einer der Fahrspuren sofort Hilfsmaßnahmen eingeleitet werden können. Der Tunnel berührt den Südrand der City, und es gibt mehrere Ab- und Zufahrten, über die der Autofahrer – vor allem der Fremde – vom Ruhrschnellweg schnell in das Zentrum gelangen kann. Tunnelbau und Verlegung der Fernstraße in die Nähe der Innenstadt bewiesen erneut, wie sehr den Essenern ihre City am Herzen liegt und wie bewußt das Image von der Einkaufsstadt gepflegt wird.

An die weitere Lösung ihrer vielschichtigen Verkehrsprobleme ging die Stadt Essen dann nicht ohne Plan heran. Die Verwaltung ermittelte 1961 die Daten für einen Generalverkehrsplan. Denn die Stadt, Schwerpunkt des industriellen Ballungsraumes Ruhrgebiet, hat einen mehr als dreimal so starken Durchgangsverkehr wie eine isoliert gelegene Stadt gleicher Größenordnung. Die Zählung von 1961 zeigte: Von den berufstätigen Essenern hatten 280 000 ihren Arbeitsplatz in anderen Stadtbezirken, 30 000 sogar in einer der Nachbarstädte. Von den innerstädtischen Pendlern fuhren 19 000 mit der Bundesbahn, 120 000 benutzten Busse oder Straßenbahnen und 60 000 kamen mit dem eigenen Auto zur Arbeit. Immerhin noch 80 000 legten den Weg zu Fuß zurück. Neun Jahre später hatte sich die Zahl der Essener, die beruflich in eine andere Stadt pendelten, auf 33 400 erhöht, dafür kamen in diesem Jahr 1970 aber 47 200 Personen nach Essen zur Arbeit, und zwar vor allem aus Gelsenkirchen (16,9 Prozent), Mülheim (12,3) und Bottrop (10,5 Prozent).

Mit Beginn der siebziger Jahre nahm die Motorisierung auch der Essener Bevölkerung lawinenartig zu. Am 1. Januar 1971 zählte man 126 114 zugelassene Pkw, 1974 waren es 140 229, 1979 schon 207 294 und 1988 dann gar 230 919. Dazu müssen noch Lkw und Kräder, wenn auch nicht in derartigen Stückzahlen, gerechnet werden.

Ob die Planer im Rathaus und den übergeordneten Planungsbehörden zu Beginn der sechziger Jahre mit einer derartigen Verkehrslawine rechnen konnten, muß dahingestellt bleiben. Auf jeden Fall konzipierten sie das Straßennetz in und um Essen für damalige Verhältnisse schon recht großzügig. Im Süden der Stadt wurde 1966 die vierspurige Schnellstraße Richtung Düsseldorf fertig, die heutige A 52. Sie hieß zunächst noch B 288 und konnte mit der 1800 Meter weit gespannten Mintarder Brücke die damals längste Straßenbrücke Deutschlands vorweisen. Die Anbindung dieser Straße an den Ruhrschnellweg stellte in den Folgejahren die technisch aufwendigste Leistung neben dem Ruhrschnellweg-

Brücken und Straßen

tunnel selbst dar. Im September 1969 begannen schließlich die Bauarbeiten zwischen Gruga und Kaiserhofbrücke. Allein dieser nur 5,5 Kilometer Restabschnitt der damaligen B 288 kostete 77 Millionen DM. Zwölf Brücken überspannen diese Tiefstraße, die durch Wohnviertel und Grünzonen führt. Nach den langwierigen Bauarbeiten gab es dann endlich eine direkte Autobahnverbindung zwischen Essen und Düsseldorf.

Auch an anderen, dem Verkehr nicht mehr gewachsenen innerörtlichen Bundesstraßen wurde ab Mitte der sechziger Jahre fleißig gebaut. Ab Sommer 1968 begann das Landesstraßenbauamt Essen mit dem vierspurigen Ausbau der neuen Brücke über die Bundesbahnstrecke Essen–Kupferdreh und über die Ruhr im Zuge der B 227 in Kupferdreh. Schon zwei Jahre später erfolgte die Verkehrsfreigabe, die den Weg zwischen Heisingen und Kupferdreh bedeutend schneller machte. Die Baukosten betrugen 25 Millionen DM. Ebenfalls 1970 wurde das Werdener Brückenbauwerk in der Ruhrtalstraße fertiggestellt, es kostete den Steuerzahler »nur« 6,5 Millionen DM. Da auch noch im Dezember dieses Jahres das mit bis dahin 13 Kilometer längste Teilstück des Emscherschnellweges zwischen Gladbecker Straße, zugleich Bundesstraße 224, und der Bundesstraße 226 in Wanne-Eickel dem Verkehr übergeben wurde, ging es als denkwürdig in die Verkehrsgeschichte der Stadt ein. Der heute als A 42 bestens bekannte Emscherschnellweg, die »Autobahn im Essener Norden«, nahm in den folgenden Jahren immer mehr Gestalt an. Seit 25. April 1975 war die Straße zwischen dem Herner Kreuz und Duisburg auf einer Länge von 31 Kilometern durchgehend befahrbar. Allein der an diesem Tag freigegebene Teil zwischen Essen-Altenessen und der Stadtgrenze Duisburgs (6,4 Kilometer) kostete 92 Millionen DM. Nur wenig später konnte die neue Autobahn zwischen Dortmund und Duisburg befahren werden und brachte dem Ruhrschnellweg die gewünschte Entlastung.

In welchen Dimensionen sich Straßenbauer Mitte der siebziger Jahre bewegten, machen zwei Beispiele von Maßnahmen in der Stadt deutlich. Im Juli 1976 wurde eine neue »Ruhrbrücke« als Verbindung der »Ruhrhalbinsel« mit der Innenstadt freigegeben. Das 2,4 Kilometer lange Teilstück im Zuge der L 441 zwischen den Ortsteilen Rellinghausen und Überruhr kostete 22,9 Millionen DM. Gar 66 Millionen mußten für die 2,8 Kilometer im Zuge der B 227 quer durch Kupferdreh und Heisingen aufgewendet werden. Die Bauzeit für das im Dezember 1977 freigegebene Stück betrug fünf Jahre.

Die Schiene zieht nach Außer den Straßenbauern zeigte sich auch die Bundesbahnverwaltung in diesen bewegten sechziger Jahren sehr aktiv. Der Verkehrsweg Schiene bedeutete angesichts der wachsenden Autolawine eine echte Alternative. Bereits seit Jahrzehnten träumten Verkehrsplaner von einer Schnellbahn als Städteverbindung im Ballungszentrum Ruhrgebiet. Aber erst unter dem Eindruck der Kohlenkrise erfolgten die entsprechenden Maßnahmen zur Einbeziehung des öffentlichen Personennahverkehrs in die notwendigen Umstrukturierungsprozesse des Wirtschaftsraums an Rhein und Ruhr.

So wurde im »Entwicklungsprogramm Ruhr« des Landes Nordrhein-Westfalen von 1968 als eine der vordringlichsten Aufgaben der Aufbau eines regionalen Schnellbahnnetzes dargestellt. Durch ein System, das aus dem S-Bahn-Netz der Deutschen Bundesbahn und einem ergänzenden Stadtbahnnetz besteht, sollte der öffentliche Nahverkehr den Mobilitätsanforderungen der Bevölkerung im Ruhrgebiet angepaßt werden. Ziel war eine »kreuzungsfrei« geführte Personennahverkehrsbahn mit innerörtlicher und »städteverbindender« Aufgabe. Landesregierung, Bundesbahn und kommunale Planungs- und Verkehrsträger kamen in einem Generalverkehrsplan überein, ein etwa 230 Kilometer langes »Stadtbahnnetz Ruhr« zu konzipieren. Fast die Hälfte der geplanten Essener U-Bahn-Strecken wurden darin übernommen.

Aber soweit war es in diesem Jahr 1968 natürlich noch nicht. Immerhin erlebten die Essener am 26. Mai die Premiere des S-Bahn-Verkehrs von ihrem Hauptbahnhof aus, als zum erstenmal die S-Bahn-Strecke nach Düsseldorf befahren wurde. Das weiße S im grünen Kreis wurde Verkehrsteilnehmern seither auch auf anderen Stationen vertraut. Insgesamt siebzehn S-Bahnhöfe hatte die Bundesbahn der Stadt zugesagt.

Zur Koordinierung aller in Zusammenhang mit der Stadtbahn stehenden Aufgaben haben sich die von der Landesverkehrsplanung einbezogenen Gemeinden zu Stadtbahn-Gesellschaften zusammengeschlossen. Im Ruhrgebiet erfolgte dieser Schritt im Jahre 1969, als die Stadtbahn-Gesellschaft Ruhr mit Sitz in Gelsenkirchen an die Arbeit ging. Mit Verabschiedung des »Nordrhein-Westfalen-Programms 1975« durch die Landesregierung wurde dann das für das Ruhrgebiet vorgesehene Schnellbahnnetz durch Einbeziehung der Bereiche Duisburg und Düsseldorf auf das Rhein-Ruhr-Gebiet ausgedehnt. Gründungsmitglied 1969 waren natürlich auch die Essener Nahverkehrsbetriebe (EVAG). Bevor diese ihre ersten neuen Wagen in Essen fahren lassen konnte, mußten allerlei Hürden auf Verwaltungsebene genommen werden. Die entscheidende war sicher die der Finanzierung des in Essen geplanten neuen Verkehrsmittels U-Straßenbahn. Vom Beginn der Bauarbeiten im Jahre 1964 an wurde es begleitet von etlichen Gesetzesänderungen in Sachen Gemeindefinanzierung, bis endlich im Dezember 1974 die Verteilung der Kosten auf Bund, Land und Stadt endgültig feststand.

Dabei hatte man in Essen zunächst bescheiden, wenn auch an der technisch kompliziertesten Stelle, mit der Realisierung des Unternehmens U-Strab begonnen. So hieß das Verkehrsmittel jedenfalls noch in der Vorlage für den Rat, der am 26. Juni 1963 zugestimmt wurde und die, so wörtlich, »gleichzeitig den Ausbau des 1. und 2. Bauabschnittes im Zusammenhang mit den Bauarbeiten für die Unterflurstraße des Ruhrschnellweges« vorsah. Was im Verwaltungsdeutsch etwas verwirrend klang, hieß nichts anderes als: Unter dem Autotunnel mußte eine zweite Röhre gegraben werden, und zwar die für die Bahn. Sie war von Beginn an nicht so sehr als die klassische »Untergrundbahn« konzipiert, sondern vielmehr als »unabhängige Schienenbahn«, die kreuzungsfrei auf einem eigenen Gleiskörper fährt. Weil sie im Verlauf der verschiedenen Ausbauphasen aber viele Kilometer unter der Erde verläuft, ist sie nicht nur für die Essener schon lange »ihre U-Bahn«.

Auch in der Terminologie der Verwaltungsbeschlüsse schlug sich die fortschreitende Entwicklung nieder. Firmierten die zwei 1963 vom Rat beschlossenen 3,7 Kilometer langen Abschnitte noch als »U-Straßenbahnnetz«, hieß die durch Ratsbeschlüsse von 1968, 1969 und 1972 auf 15 Kilometer ausgedehnte Anlage dann »U-Stadtbahnnetz«. Die ersten Schilder – blaues Viereck mit weißem U – standen im Herbst 1967 am Saalbau, wo der damalige Oberbürgermeister *Wilhelm Nieswandt* am 5. Oktober die erste Haltestelle der U-Bahn eröffnete. Über die 600 Meter »echter« U-Bahn, die damals nach »Stadtbahnvorlaufbetrieb« vom Bahnhof Saalbau aus in Betrieb genommen wurden, können die Verantwortlichen im Rathaus heute noch schmunzeln. Denn als »richtiger« Beginn des U-Bahn-Zeitalters in Essen gilt der 29. Mai 1977, von dem an in der Innenstadt keine Straßenbahn mehr oberirdisch fuhr. Am Hauptbahnhof, an der Freiheit und am Porscheplatz verkehrten die Bahnen unter der Erde. In diesem Jahr wurde auch die Stadtbahn-Modellstrecke vom U-Bahnhof Hirschlandplatz bis zur Stadtgrenze Essen/Mülheim in Betrieb genommen, die am Schluß oberirdisch verläuft. Seitdem arbeitet auch die erste zentrale Leitstelle der Stadtbahn Rhein-Ruhr in der U-Bahn-Station Essen Hauptbahnhof.

In den folgenden Jahren verlief dann alles planmäßig. Die zuständigen Stellen hatten ein Betriebskonzept erarbeitet, das vom Rat im Januar 1978 abgesegnet wurde. Dieses Konzept teilte zunächst 30 Kilometer des vorgesehenen Gesamtnetzes der Essener U-Bahn in sieben Stufen ein, die in einem überschaubaren Zeitraum in Betrieb genommen werden sollten. Die praktische Umsetzung erfolgte genauso zügig wie die Planung, und so konnten Essener Bürger und Gäste der Stadt 1981 vom Bahnhof Bismarckplatz bis Margarethenhöhe bzw. vom Hirschlandplatz zur Universität bereits per U-Bahn fahren. Mit Inbetriebnahme der Südstrecke (Bredeney, Gruga) im Mai 1986 waren dann zwei Drittel der 1978 vom Rat beschlossenen 30 Kilometer fertiggestellt. Bis dahin rollte der Verkehr durch achtzehn U-Bahn-Stationen.

In den letzten Jahren ging es dann ein wenig langsamer, was vor allem auf unerwartete Probleme mit der Beschaffenheit des Erdreichs zurückzuführen ist. Die sogenannte Ost-West-Spange mit der Verkehrsführung Porscheplatz über Rheinischen und Berliner Platz bis Rampe Altendorfer Straße wird dennoch 1992 freigegeben werden können und den Berliner Platz dann zum bedeutenden U-Bahn-Knoten auf drei Ebenen machen. Anfang 1986 wurde mit dem vorerst letzten Bauabschnitt begonnen, der Nordstrecke, die von der Universität bis Bahnhof Altenessen Mitte der neunziger Jahre realisiert sein soll. Die Trasse verläuft im Zuge der Altenessener Straße. Nach Fortfall der oberirdischen Straßenbahn und Verlagerung des Hauptverkehrs auf die neue Hömannstraße soll die damit erreichte Verkehrsberuhigung den geplagten Anwohnern des Altenessener Zentrums eine erhebliche Verbesserung ihres Wohnumfeldes bringen. Wann diese U-Bahn-Linie wie geplant bis zur Rampe Neuessener Straße hinter dem Bahnhof Karlsplatz verlängert wird, ist derzeit schwer abzusehen. Optimisten im Rathaus sprechen von 1998. Noch nicht zu terminieren dagegen ist der Beginn der Umspurungsarbeiten für die 3,2 Kilometer lange oberirdische Strecke von der Rampe Neuessener Straße bis zur Stadtgrenze

Essen/Gelsenkirchen-Horst. Die derzeit befahrbaren rund 19 Streckenkilometer haben eine deutlich spürbare Verbesserung des öffentlichen Nahverkehrs in Essen gebracht, was von der Bevölkerung auch geschätzt wird. Man ist eben baustellenbewußt geworden, man hat eingesehen, daß es zuerst in die Tiefe gehen muß, damit es mit dem Verkehr wieder bergauf gehen kann.

Der höchste Verkehrswert wird jedoch erst mit Fertigstellung des gesamten U-Bahn-Netzes erreicht. Die Planer möchten das Betriebskonzept daher durch Aufnahme weiterer Linien nach Altendorf/Borbeck, Stoppenberg/Katernberg, Steele und Kray fortschreiben. Ein 1979 erstelltes Gutachten über die zukünftige Verkehrsnachfrage in Essen gibt ihnen dafür die Argumente. Denn die Kernaussage dieses Papiers lautete, »daß die ausgewiesenen Zuwächse in der Fahrgastzahl nur bei Realisierung des geplanten Angebotes an störungsfrei geführten Verkehrslinien mit dichten Zugfolgezeiten und damit einer hohen Attraktivität erreicht werden können. Bei einem Beibehalten der heutigen Angebotsqualität im öffentlichen Nahverkehr muß dagegen mit einem weiteren Absinken der Fahrgastzahlen gerechnet werden.«

Der entscheidende Aspekt aller Perspektiven in Sachen Nahverkehr bleibt aber die Finanzierung. Für das zunächst projektierte 30-Kilometer-Netz hat der Rat 1985 Gesamtkosten von 1,697 Milliarden DM festgelegt. Davon wurden bis 1985 ziemlich genau 1,045 Milliarden verausgabt. Ab Januar 1986 konnten folglich noch 652 Millionen verbaut werden. Nach dem geltenden Finanzierungsschlüssel beträgt der Anteil der Stadt im Mittel 15 Prozent. Den großen Rest bringen Bund und Land auf.

Der U-Bahn-Bau ist für die Stadtkasse aber bei weitem kein Faß ohne Boden. Im Gegenteil: Durch Steuereinnahmen von etwa 2,5 Prozent an den Gesamtherstellungskosten wird ein erheblicher Anteil der städtischen Eigenmittel abgedeckt, und der Steuerrückfluß – so Stimmen aus dem Rathaus – über die Ausgaben für den Lebensunterhalt der Beschäftigten im U-Bahn-Bau ist kaum erfaßbar. Daher sind es nicht wenige, die damit ihre Existenz zumindest vorübergehend sichern. Großaufträge für den Rohbau wurden ausschließlich an Firmen vergeben, die in Essen die Hauptverwaltung, die Hauptniederlassung oder zumindest eine Zweigniederlassung haben und damit überwiegend auch Arbeitskräfte aus Essen beschäftigen. Beim Innenausbau sind zum größten Teil mittlere und kleinere Unternehmen sowie Handwerksbetriebe beteiligt, die zu etwa 80 Prozent aus der heimischen Wirtschaft kommen. So dürften nicht wenige U-Bahn-Benutzer heute beim Passieren bestimmter Strecken oder Bahnhöfe mit einigem Stolz daran denken: Hier habe ich mitgearbeitet.

Der U-Bahn-Bau hat aber nicht nur im unmittelbaren Bereich Arbeitsplätze geschaffen, sondern auch zahlreiche städtebauliche Maßnahmen ausgelöst und andere stark beeinflußt. Genannt werden müssen etliche im Bereich südlich und nördlich des Hauptbahnhofs sowie unter der Hauptbahnhofsunterführung entstandene Baukomplexe: Hauptverknüpfungspunkt zwischen U-Bahn, Omnibus, S-Bahn und Fernbahn am Hauptbahnhof; attraktive Umgestaltung der Haupteingänge des Hauptbahnhofs; großzügige Gestaltung des südlichen Eingangsbereichs zum Einkaufszentrum der Essener Innenstadt, des sogenannten

Kettwiger Tores, als Fußgängerzone; Anpassung des Kaufhauses Horten an die U-Bahn durch Abbruch des alten Gebäudes und Errichtung eines Neubaus mit Anschluß an das zusammen mit der U-Bahn erbaute Basement über den U-Bahn-Tunnel (Investitionen von etwa 30 Millionen DM); die beiden Hochhäuser des Postscheckamtes und der RWE-Verwaltung südlich des Hauptbahnhofs (Investitionen von etwa 300 Millionen DM); Neugestaltung der Kreuzung Kronprinzen/Friedrichstraße mit Huyssenallee und Rüttenscheider Straße (hier verläuft die U-Bahn-Südstrecke unterirdisch).

Ein Gefährt namens Unterpflasterstraßenbus

Die achtziger Jahre bescherten den Essenern aber nicht nur große Fortschritte durch den U-Bahn-Bau, sie wurden noch mit einem weiteren neuen Verkehrsmittel vertraut gemacht. Im Sommer 1985 begannen die Bauarbeiten an der Betonstrecke des ersten Spurbusses. Dieses Vehikel moderner Verkehrstechnik wird in Essen als Pilotprojekt vom Bundesforschungsministerium finanziert. Die Kosten betragen etwa 10 Millionen DM. Zunächst wurde eine Strecke zwischen dem Steeler Wasserturm und der Brückenplatte in Kray für diesen sogenannten Dual-Mode-Bus zementiert. Das Gefährt kann wahlweise mit Strom oder Dieselkraftstoff betrieben werden und auch durch die Tunnel der Stadtbahn fahren. Im Herbst 1988 ging der erste dieser »Unterpflasterstraßenbusse«, wie er von Offiziellen auch genannt wurde, auf seine Jungfernfahrt.

Bestehende und geplante Verkehrsentlastungen

Dies wurde mit der gebührenden Aufmerksamkeit zur Kenntnis genommen, aber aufregender fanden die motorisierten Essener – und das sind ja nicht wenige – die Inbetriebnahme des Parkleitsystems für die Innenstadt vier Wochen später. Über 200 Wechselverkehrszeichen weisen seit dem 26. Oktober 1988 den Parkplatzsuchenden computergesteuert den schnellsten Weg ins nächste freie Parkhaus. Nach jahrelanger Wühlerei in der Innenstadt kam damit die große Befreiung.

Außerhalb des Zentrums muß man auf diese noch etwas warten. Immerhin hat die Landesregierung verkehrsgeplagten Anwohnern in Essener Außenbezirken Hilfe bis zum Ende des Jahrhunderts zugesagt. So soll der Deckel über der A 430 in Frohnhausen/Holsterhausen bis 1995 gebaut werden, und auch der Tunnel unter der Ruhrallee soll bis zum Jahre 2000 fertig werden. Dann wäre die tägliche Verkehrslawine unter die Erde verbannt und könnte bis zur A 52, zum Frillendorfer Kreuz und von dort irgendwie in den Essener Norden (geplante Verlängerung A 52) oder nach Osten (Ruhrschnellweg) rauschen. Vom Werdener Tunnel wurde bereits kurz gesprochen, er dürfte auch nicht vor 1995 fertig werden. Klar ist derzeit nur, daß eine Entlastung der Straße unterhalb von Kirche und ehemaliger Abtei notwendig ist. Ein Tunnel, hinter der Abtei vorbeigeführt, wird von den Planern favorisiert. Vorsichtig wurden schon einmal Kosten von 60 Millionen DM ins Gespräch gebracht.

Von Hans Luther bis Annette Jäger

Die gewaltigen Aufbauleistungen der Stadt Essen sind eng mit den Namen ihrer jeweils führenden Kommunalpolitiker bzw. Verwaltungschefs verbunden. An ihre bedeutenden Oberbürgermeister erinnern sich auch heute noch viele

Bürger der Stadt. Zum Beispiel an *Dr. Hans Luther*, Oberbürgermeister von 1918 bis 1924. Sein Name ging in die Geschichte aber vor allem wegen seiner Leistungen in der Weimarer Republik ein, der er als Ernährungsminister, Finanzminister und Reichskanzler diente, später als Präsident der Reichsbank. Nach dem Krieg bekleidete er das Amt des Vorsitzenden des Ausschusses zur Neugliederung der Länder in der Bundesrepublik (ab 1953). Am 11. Mai 1962 starb er in Düsseldorf. Bei der Trauerfeier wurde Luther als »Oberbürgermeister des Ruhrgebiets« in dessen schwerster Zeit gewürdigt. *Dr. Friedrich Wolff*, Sohn eines »Kruppianers«, nach dem Krieg in Essen zunächst Stadtkämmerer und dann Stadtdirektor (1957 bis 1964), sagte an der Bahre Luthers, dieser habe in Essen Spuren hinterlassen, »die sich auch in Generationen nicht verwischen werden«. Das war keine bloße Redensart. Zwei bedeutende Essener Einrichtungen verdanken wenn nicht ihre Existenz, so doch ihren Standort dem Oberbürgermeister Luther: der Siedlungsverband Ruhrkohlenbezirk und das Museum Folkwang.

Essens erster nach dem Krieg gewählter Oberbürgermeister bleibt ebenfalls unvergessen. *D. Dr. Dr. W. Gustav Heinemann* bekleidete das Amt von 1946 bis 1949. Er engagierte sich dann in der Landes- und Bundespolitik und wurde NRW-Justizminister, erster Bundesinnenminister und 1966 Bundesjustizminister. Schließlich wählte ihn die Bundesversammlung am 5. März 1969 zum Bundespräsidenten. Die Stadt Essen verlieh ihrem berühmten Bürger am 29. August jenes Jahres ihren Ehrenring, den bis dahin nur Alfried Krupp tragen durfte. Heinemann starb am 7. Juli 1976.

Noch im gleichen Jahr, am 13. Dezember, starb auch Dr. Wolff, in dessen Amtszeit als Oberstadtdirektor unter anderem die Entscheidungen für den U-Bahn-Bau, das Rathaus und die Oststadt fielen.

Ein Jahr später trauerte Essen erneut um einen verstorbenen Ex-Oberbürgermeister. Am 12. Juni 1977 war *Dr. Hans Toussaint*, Stadtoberhaupt von 1949 bis 1956, verstorben. Der Heinemann-Nachfolger auf dem OB-Stuhl ging ebenso wie dieser danach in den Bundestag, blieb seiner Stadt aber als Ratsherr politisch verbunden. 1970 erhielt er ebenfalls den Ehrenring der Stadt.

Mit ihm war – wie in anderen Städten des Ruhrgebiets auch – die Ära der CDU als führende Kraft in der Kommunalpolitik zu Ende gegangen. Dafür wurde im November 1956 der in Ostpreußen geborene Sozialdemokrat *Wilhelm Nieswandt* mit 39 Stimmen bei 27 Enthaltungen zum neuen Essener Oberbürgermeister gewählt. 1949 und 1952 war er dem CDU-Kandidaten Toussaint noch unterlegen gewesen.

Nieswandt hatte 1923 in Essen die Meisterprüfung im Schmiedehandwerk abgelegt. 1932 zog er als Ratsherr für die SPD ins Stadtparlament ein. Ein Jahr später wurde er von den neuen Machthabern festgenommen; nach seiner Freilassung gründete er eine Stahlbaufirma. Nieswandt gehört zu den »Männern der ersten Stunde« in Essen. Als Oberbürgermeister regierte er dreizehn Jahre (bis 1969). Er verblüffte immer wieder durch seine pragmatische Verhandlungsführung sowie durch seine Beharrlichkeit, wenn es um das Wohl der Stadt ging – und durch seinen ausgeprägten Sinn für das, was gerade getan werden mußte. Darüber gibt es zahlreiche Anekdoten – wie etwa die folgende: Bei einem Empfang in der kanadischen Stadt Windsor für den deutschsprachigen Männerchor »Teutonia«, an dem auch der Essener Schubert-Bund sowie OB Nieswandt teilnahmen, wurden die Anwesenden aufgefordert, sich zu Ehren der englischen Königin und des amerikanischen Präsidenten (die keineswegs anwesend waren) von den Plätzen zu erheben. Die deutschen Gäste aber schien man übergehen zu wollen. Da meldete sich Wilhelm Nieswandt zu Wort: »Als Oberbürgermeister der größten Industriestadt des Ruhrgebietes bitte ich jetzt die Anwesenden, sich zu Ehren des deutschen Bundespräsidenten von den Plätzen zu erheben.« Die Kanadier standen auf und mußten minutenlang so verharren. Selbstverständlich durfte auch Nieswandt die höchste Auszeichnung der Stadt Essen in Empfang nehmen. Im Jahre 1970 verlieh ihm sein Nachfolger auf dem Posten des Oberbürgermeisters den Ehrenring. Wilhelm Nieswandt verstarb am 5. Juni 1978 im Alter von achtzig Jahren.

Das zweite sozialdemokratische Stadtoberhaupt in der langen Geschichte Essens war seit 1969 *Horst Katzor*. Kein Essener Oberbürgermeister der Nachkriegszeit war länger im Amt als er. Wilhelm Nieswandt hatte es auf dreizehn Jahre gebracht, Katzor übertraf seinen Vorgänger noch um zwei Jahre. Und wenn seine Gesundheit es zugelassen hätte, wäre ihm eine weitere Amtsperiode sicher gewesen. Als er am 20. September 1984 seine letzte Ratssitzung leitete und als Stadtoberhaupt Abschied nahm, konnte er die Gewißheit mitnehmen, hochgeehrt und voller Verdienste abzutreten. Jahrhundertbauwerke wie das neue Rathaus und das damals fast fertige Aalto-Theater werden mit seinem Namen verknüpft bleiben. Doch der Oberbürgermeister der fünftgrößten Stadt Deutschlands muß sich nicht nur an den baulichen Giganten seiner Amtszeit messen lassen. Da verbinden sich unzählige Aktionen mit dem ganzen Habitus, den dieser Mann auf die Waagschale der Stadtpolitik zu bringen hatte. Für viele Bewohner der Stadt Essen war er so etwas wie eine Vaterfigur.

Auch Horst Katzor stammt, wie so mancher anderer Bürger der Ruhrmetropole, aus dem Osten; er kam 1945 als heimatvertriebener Pommer in die Stadt. In der Kommunalpolitik war er so aktiv, daß er spätestens ab 1964 in der eigenen Partei als Kronprinz galt. In jenem Jahr wurde er auf den Posten eines Bürgermeisters und damit zum Stellvertreter Nieswandts gewählt. Als dieser fünf Jahre später das Amt aufgab, konnte Katzor einen großen Wahlerfolg verzeichnen. Am 29. November 1969 wurde der Einundfünfzigjährige einstimmig zum Oberbürgermeister gewählt. Auch die politischen Gegner aus dem vorausgegangenen Wahlkampf versagten ihm die Stimme nicht.

Sein Nachfolger trat also ein in jeder Hinsicht schweres Erbe an. Er hieß *Peter Reuschenbach* und wurde am 19. Oktober in Essens höchstes repräsentatives Amt gewählt. Der in Oberhausen geborene Politiker hatte dem Stadtparlament schon einmal von 1969 bis 1972 angehört, machte sich aber vor allem in der bundespolitischen Szene einen Namen. So war er zwischen 1970 und 1972 als Referent des ehemaligen Bundeskanzlers Willy Brandt aktiv. Danach gelang ihm der Sprung in den Bundestag.

Den Kontakt zum Revier hat er jedoch nie schwächer werden lassen, so daß ihn seine Partei guten Gewissens für das kommunale Spitzenamt in Essen vorschlagen konnte. Man ging mit ihm auch in die Kommunalwahlen des Herbstes 1989 und konnte wiederum die absolute Mehrheit im Rat gewinnen, wenn auch knapper als zuvor.

Bei der Wahl des Oberbürgermeisters gab es dann einen Eklat. Peter Reuschenbach erhielt aus seiner Fraktion nur 35 von 43 möglichen Stimmen und trat angesichts dieses Resultats das Amt nicht wieder an. So wurde die an zweiter Stelle der Vorschlagsliste stehende Annette Jäger neues Stadtoberhaupt. Die zweiundfünfzigjährige Kommunalpolitikerin ist seit 1966 SPD-Mitglied und gehört dem Rat der Stadt seit 1984 an.

Die erste Frau auf dem OB-Sessel der Stadt Essen machte bei einer Fülle anschließender Repräsentationsaufgaben eine gute Figur. Schon im Monat ihrer Wahl in dieses Amt konnte sie die Bundestagspräsidentin und den Bundeskanzler in Essen begrüßen, die sich zur Eröffnung des Kongresses »40 Jahre Sozialstaat Bundesrepublik Deutschland« eingefunden hatten.

Essens Öffentlichkeit gewöhnte sich seit diesen Oktobertagen 1989 schnell an das weibliche Element an der Stadtspitze.

Die Ergebnisse der Kommunalwahlen in Essen 1946 bis 1989

		SPD	CDU	FDP	Zentrum	KPD	GAL	Sonstige
Februar 1946	(ernannte Ratsherren)	17	23	1	2	17	–	–
Oktober 1946	%	34,2	38,9	3,6	11,2	12,1	–	–
1948	%	35,1	30,7	4,5	15,4	10,4	–	–
1952	%	40,6	35,2	9,0	7,4	6,1	–	–
1956	%	51,1	38,4	6,3	3,3	–	–	–
1961	%	48,9	43,7	7,1	–	–	–	–
1964	%	52,4	42,5	4,8	–	–	–	–
1969	%	53,4	40,3	4,8	–	–	–	–
1975	%	54,9	38,1	5,7	–	–	–	–
1979	%	54,1	38,3	4,8			–	2,8
1984	%	52,3	35,6	2,7			8,8	0,6
1989	%	50,5	32,4	5,2			9,8	2,1

5. Kapitel
Vom Hammerschlag zur Zukunftstechnologie

Wenn früher von »Essen« die Rede war, dann dominierten Begriffe wie Kohle und Stahl, Schlote, Maloche und Staub. Man dachte an einen grauen bis schwarzen Industriehimmel, an einen ungefügten Siedlungsbrei unter dem Firmenschild des Stahlkönigs Krupp. Das hat sich mittlerweile grundlegend geändert. Die Ruhrmetropole Essen bietet sich heute als Stadt mit völlig neuer wirtschaftlicher Struktur dar, in der der Krupp-Konzern – immer noch bedeutend, weltbekannt und einer der großen Arbeitgeber – dennoch nur einer unter vielen anderen Großen ist. Der Wandel der Firma Krupp von der »Waffenschmiede der Nation« zu einem der bedeutendsten Unternehmen der europäischen Investitionsgüterindustrie ist symptomatisch für die wirtschaftliche Umgestaltung in der Stadt Essen.

Zwei Namen, ein Programm: Alfried Krupp und Berthold Beitz

Im März 1953 durfte Alfried Krupp nach achtjähriger Zwangspause zum erstenmal wieder das Essener Stammwerk betreten, um die Leitung der zunächst unter alliierter Kontrolle gestellten Werke zu übernehmen. Möglich wurde das durch den Abschluß eines Vertrags mit den drei westlichen Besatzungsmächten, der nach zähen Verhandlungen von dreiundzwanzig Monaten Dauer am 4. März 1953 in der amerikanischen Hohen Kommission zu Mehlem bei Bonn unterzeichnet wurde. Danach übernahm der Firmenchef zwei Verpflichtungen: erstens, bis Januar 1959 diejenigen seiner Betriebe zu verkaufen, die Kohle fördern und Stahl produzieren, und zweitens mit dem ihm zufließenden Verkaufserlös nicht im Montanbereich tätig zu werden, also andere Zechen oder Hüttenwerke zu erwerben. Um diese zweite Klausel des »Mehlemer Vertrages« war besonders hart gerungen worden. Im November 1952 fand darüber sogar eine Aussprache der drei Hohen Kommissare mit Bundeskanzler Adenauer statt; denn die Besatzungsmächte verlangten nicht mehr und nicht weniger als einen Verstoß gegen das Grundgesetz, das allen Bürgern der Bundesrepublik die gleichen Rechte garantiert, also nicht einen einzelnen Bürger ausschließen kann – etwa von dem Recht, Stahl zu produzieren. Der »Mehlemer Vertrag« hatte zugleich festgelegt, daß Alfried Krupp, nach bestimmten Leistungen an Familienmitglieder, Alleineigentümer des verbleibenden Vermögens war. Jetzt stellte sich für ihn, der seit der Entlassung aus alliierter Haft das Werk noch nicht wieder betreten hatte, die Aufgabe des Neubeginns. Tatkräftige Unterstützung fand er dabei und für die Folgezeit in einem Ruhrgebiets- und Branchenfremden, in *Berthold Beitz*. Der vierzigjährige Versicherungskaufmann aus Demmin (Pommern) nahm seine Tätigkeit am 1. November 1953 auf. Der vormalige Generaldirektor der Iduna-Germania-Versicherungs-AG stand zunächst gemeinsam mit Dr. Friedrich Janssen und seit 1955 als persönlicher Generalbevollmächtigter des Firmeninhabers über dem die Geschäfte führenden Direktorium. Mit seinem Namen ist die Reorganisation des Konzerns in der Nachkriegsgeschichte untrennbar verbunden.

Krupp hatte schon 1951 erklärt, er sei nicht daran interessiert, jemals wieder Waffen herzustellen. Aus den nach Krieg, Demontage und Entflechtung verbleibenden Unternehmensteilen entstand nun ein völlig neu strukturierter Konzern mit zahlreichen Einzelbetrieben aus den verschiedensten Fertigungsbereichen. Den Schwerpunkt bildete der Anlagenbau, für den bereits seit Mitte der fünfziger Jahre in den Ostblock- und Entwicklungsländern neue Absatzgebiete erschlossen wurden. Krupp selbst trug mit Beitz durch zahlreiche Auslandsreisen dazu bei, dem Unternehmen dort Vertrauen zurückzugewinnen und zugleich jene Absatzmöglichkeiten zu erweitern. Da die für den Krupp-Montanbereich ausgesprochene alliierte Verkaufsauflage nicht erfüllt werden konnte, faßte Krupp schließlich im Jahre 1960 die noch unter Verkaufsauflage stehenden verbliebenen Montanbetriebe zusammen und verbreiterte diese Basis 1965 durch den Erwerb des Bochumer Vereins für Gußstahlfabrikation. Insgesamt hat die schwebende Verkaufsauflage eine umfassende und langfristige Investitions- und Strukturpolitik des Unternehmens bis zu ihrer Aufhebung im Jahre 1968 verhindert.

Welcher Anachronismus mit ihr im Zeitalter des Zusammenwachsens der Märkte noch Bestand hatte, zeigte die Einschätzung durch Repräsentanten des öffentlichen Lebens in der Bundesrepublik. Im November 1961 sagte Theodor Heuss in Essen, es sei »hohe Zeit, daß die noch mit Ungewißheit drohenden Rechtsvorbehalte oder Rechtseingriffsmöglichkeiten (der Westmächte gegen Krupp) endlich auch formal gestrichen werden«. Bei der gleichen Gelegenheit der Kruppschen Hundertfünfzigjahrfeier – meinte der damalige Vizekanzler Ludwig Erhard: »Ich bin der festen Überzeugung, daß die Verkaufsauflage einen Anachronismus darstellt und daß sie durch nichts gerechtfertigt ist.« Und Fritz Berg, der Präsident des Bundesverbandes der deutschen Industrie, erklärte deutlich: »Ich weiß, daß sich kein deutscher Unternehmer bereitfindet, sich zum Helfershelfer einer Enteignung zu machen, und ich hoffe, daß sich auch kein Unternehmer der westlichen Welt hierzu bereitfinden wird.«

Der Altbundespräsident und die anderen Fürsprecher gehörten zu den zweitausend Ehrengästen, die sich am 21. November 1961 in einer Traglufthalle auf dem Kruppgelände versammelt hatten, um des Tages vor einhundertfünfzig Jahren zu gedenken, an dem der vierundzwanzigjährige Kaufmannssohn Friedrich Krupp mit zwei Arbeitern und zwei Dilettanten in der Weberstraße zu Essen eine Werkstatt »zur Verfertigung des englischen Gußstahls« einrichtete. Alfried Krupp, der Urenkel des Gründers, sagte in seiner Jubiläumsrede: »Mehr als eine halbe Million Menschen haben in eineinhalb Jahrhunderten allein in unseren Essener Werken Arbeit und Brot gefunden. Sie haben ihr Schicksal mit den Erfolgen und Sorgen der Firma geteilt.«

Und sie sorgten mit großem Fleiß auch dafür, daß es mit »ihrer« Firma schnell wieder bergauf ging. 1954 hatte Krupp beim gleichen Beschäftigungsstand wie 1952 (80 900 Mitarbeiter) den Umsatz von 1,9 Milliarden auf 2,3 Milliarden DM gesteigert. 1958 erzielten 106 000 Beschäftigte einen Umsatz von 4,1 Milliarden DM (jeweils unter Einschluß der zum Verkauf stehenden Berg- und Hüttenwerke). 1962 gab es 111 400 Mitarbeiter (freiwillige Sozialzuwendungen an diese: 100 Millionen DM) und einen Umsatz von 5,2 Milliarden DM.

Die Abschwächung der Stahlkonjunktur, die auch Krupp zu spüren bekam, macht dieses Wunder nicht geringer. Man muß sich vor Augen führen: 1913, zur Zeit der größten Blüte, erzielte die Firma einen Umsatz von 441 Millionen Goldmark, wovon 28 Prozent auf Kriegsmaterial entfielen. 1920 wurden 44 Prozent aller Maschinen demontiert. 1939, als das Werk nur noch zu 12 Prozent Rüstungsmaterial herstellte, lag sein Umsatz mit einer Milliarde Reichsmark – selbst bei Berücksichtigung des Währungsverfalls – höher als 1913. Der Zweite Weltkrieg ließ nach Bombardierung und Demontage vom Stammwerk nur ein Viertel übrig, und erst 1953 konnte die Produktion wieder voll aufgenommen werden – bis schließlich die Verkaufsauflage den Konzern in zwei Hälften spaltete.

Die Stadt Essen würdigte die Verdienste ihres bedeutenden Bürgers ebenfalls noch im Jubiläumsmonat. Am 17. November 1961 verlieh der Rat der Stadt in einer Festsitzung Alfried Krupp von Bohlen und Halbach den neu gestifteten »Ehrenring der Stadt Essen«.

Krupp wird eine Kapitalgesellschaft

Die Gesamtentwicklung des Unternehmens verlief – entsprechend der allgemeinen Wirtschaftssituation – bis Mitte der sechziger Jahre positiv, von einem kurzen Rückgang 1962/63 unterbrochen. Dann, 1967, ergaben sich durch die großen Exportaufträge Finanzierungsbedürfnisse, die den Rahmen des Gegebenen sprengten. Zur Behebung der Schwierigkeiten gewährte die Bundesregierung eine Bundesbürgschaft in Höhe von 300 Millionen DM und ein Bankenkonsortium 100 Millionen DM Sonderplafonds. Krupp konnte die Exportkredite jedoch vorzeitig zurückzahlen. Die Bundesbürgschaft selbst wurde nicht in Anspruch genommen, so daß der Einsatz öffentlicher Mittel für das Unternehmen nicht erfolgte. Der damalige Finanzminister Franz Josef Strauß hatte zu dem Vorgang in einem Rundfunkinterview unter anderem erklärt: »Es zeigt sich heute, daß eine reine Personenfirma den Kapitalbedürfnissen des modernen Wachstums, vor allem auf dem Gebiet der Exportfinanzierung, aus eigener Kraft und ohne die Möglichkeit, auf den Kapitalmarkt zu gehen, nicht mehr gewachsen ist. Die Bundesregierung hat großen Wert darauf gelegt, daß diese Exportaufträge mit einem Gesamtvolumen von über einer Milliarde DM auch tatsächlich bewältigt werden können. Es handelt sich hier nicht um eine Liquiditätshilfe für Zahlungsschwierigkeiten, sondern es handelt sich um eine Verbesserung der Exportfinanzierungsmöglichkeiten ... Diese

Exportaufträge müssen bewältigt werden. Die Firma würde sicherlich auch ohne diese Exportaufträge überleben, aber mit diesen Exportaufträgen ist die Sicherung von Tausenden von Arbeitsplätzen verbunden. Mit diesen Exportaufträgen ist auch der Goodwill der Firma Krupp verbunden. Ich glaube, wir haben ein gutes Gemeinschaftswerk, eine andere Form der konzertierten Aktion, bewältigt.«

Bedingung für die Bürgschaften war allerdings die Umwandlung der Einzelfirma Fried. Krupp in eine Kapitalgesellschaft. Unabhängig davon hatte Krupp bereits Mitte der fünfziger Jahre mit seinem Generalbevollmächtigten Überlegungen im Hinblick auf die Umwandlung des Unternehmens angestellt, unter anderem, um es damit den modernen wirtschaftlichen Erfordernissen besser anzupassen. Diese Überlegungen wurden Mitte der sechziger Jahre in konkrete Pläne umgesetzt. Im Frühjahr 1967 kündigte Krupp die bevorstehende Umwandlung des Unternehmens in eine Kapitalgesellschaft an, deren Geschäftsanteile bei einer gemeinnützigen Stiftung liegen sollten. Im Juli 1967 stirbt Alfried Krupp von Bohlen und Halbach. Er hat testamentarisch die Errichtung einer Stiftung verfügt, die nach dem Erbverzicht seines Sohnes Arndt Alleinerbin seines privaten und des in der Firma Fried. Krupp zusammengefaßten Vermögens wird. Krupp konnte seine Entscheidung noch vor seinem Tode persönlich bekanntgeben. Zur fünfzigsten Jubilarfeier der Firma Fried. Krupp am 1. April 1967 sagte er: »Ich habe mich deshalb entschlossen, die Firma über eine Stiftung, die Ausdruck der dem Gemeinwohl verpflichteten Tradition des Hauses Krupp sein soll, in eine Kapitalgesellschaft umzuwandeln. Diesen Weg zu gehen ermöglicht mein Sohn Arndt durch seinen Erbverzicht. Für seine verantwortungsbereite Einsicht möchte ich ihm auch vor aller Öffentlichkeit ausdrücklich danken.« Der Sohn, Arndt von Bohlen und Halbach, erlag übrigens im Mai 1986 in München einem langjährigen Krebsleiden.

Alfried Krupp hatte mit seiner Entscheidung die im Grundgesetz verankerte Sozialverpflichtung des Eigentums in einer Form praktiziert, die für die Wirtschaftsgeschichte Deutschlands beispielhaft sein dürfte: Das Unternehmen wird auf privatwirtschaftlicher Grundlage geführt, und seine Erträge kommen der Allgemeinheit zugute. 1968 wird die Firma Krupp in eine Kapitalgesellschaft umgewandelt und als Fried. Krupp GmbH mit einem Stammkapital von 500 Millionen DM in das Handelsregister des Amtsgerichts Essen eingetragen. Die Geschäftsführung der Gesellschaft liegt in den Händen des Vorstands, dessen Befugnisse und Verantwortung denen des Vorstandes einer Aktiengesellschaft entsprechen. Sämtliche Geschäftsanteile liegen bei der Alfried Krupp von Bohlen und Halbach-Stiftung, die die Einheit des Unternehmens wahren und gemeinnützigen Zwecken dienen soll. Berthold Beitz ist Vorsitzender des Kuratoriums der Stiftung und verwaltet das Vermächtnis des letzten Alleininhabers der Firma Krupp in dessen Sinne. Auf der erwähnten Jubilarfeier hatte Krupp seinem langjährigen Generalbevollmächtigten ausdrücklich das Vertrauen ausgesprochen und die Zukunft des Unternehmens mit seinem Namen verknüpft. Beitz wurde so Mitte 1970 zum Vorsitzenden des Aufsichtsrats der Fried. Krupp GmbH berufen und führte das Unternehmen in dieser Funktion bis 1988. Eine seiner Hauptaufgaben war die Weiterentwicklung der Unternehmensstruktur.

Bereits für das Geschäftsjahr 1968 war die Bilanz wieder ausgesprochen günstig ausgefallen, die Liquidität zurückgewonnen. 1969 wurden die Kohlebergwerke in die Ruhrkohle AG eingebracht und damit aus dem Konzern ausgegliedert. In den folgenden Jahren wird dann der Unternehmensbereich Industrieanlagen schwerpunktmäßig ausgebaut. Im Unternehmensbereich Stahl bedeuten der Erwerb der Mehrheitsbeteiligung und die nachfolgende Übernahme der Stahlwerke Südwestfalen AG eine Ausweitung des Edelstahlsektors, anknüpfend an die Vorkriegstradition. Ein immer größeres Gewicht erhalten die Arbeitsgebiete Maschinenbau und Elektronik. Dabei liegt die Elektronik schwerpunktmäßig bei der – seit 1983 rechtlich selbständigen – Krupp Atlas Elektronik GmbH.

Der Wandel eines Konzerns

Um dem Unternehmen eine stabilere Eigenkapitalbasis zu geben, wird der Staat Iran 1974 zu 25,04 Prozent am Stammkapital der Fried. Krupp Hüttenwerke AG beteiligt, 1976 gehen 25,01 Prozent der Geschäftsanteile der Fried. Krupp GmbH ebenfalls an den Staat Iran über, das Stammkapital wird bis Sommer 1978 auf insgesamt 700 Millionen DM erhöht. Die Anteilseigner sind damit heute wie folgt beteiligt: Gemeinnützige Alfried Krupp von Bohlen und Halbach-Stiftung mit 74,99 Prozent, Islamische Republik Iran mit 25,01 Prozent.

Im Geschäftsjahr 1977 präsentierte sich Krupp mit einem Konzernumsatz von 11,2 Milliarden DM und 86500 Beschäftigten. Der bemerkenswerte Aufstieg war Folge der neuen Unternehmensstruktur. War Krupp in den fünfziger Jahren noch so etwas wie ein »großes Warenhaus« mit einem breitgefächerten Produktions- und Handelsprogramm, so stellte es sich 1978 als ein in fünf Geschäftsbereiche – Stahl, Schiffbau, Industrieanlagen, Maschinenbau sowie Handel und Dienstleistungen – klar strukturiertes, international operierendes Unternehmen dar.

Heute gehört Krupp zu den größten Unternehmen der europäischen Investitionsgüterindustrie. Der Konzern ist in 140 Ländern mit eigenen Ingenieur-, Vertriebs- und Servicegesellschaften vertreten. Die wesentlichen Produktionsstandorte befinden sich in Westeuropa, Brasilien und Indien. 63 000 Mitarbeiter in den Unternehmensbereichen Maschinenbau, Anlagenbau, Elektronik, Stahl und Handel erwirtschafteten 1988 einen Umsatz von rund 14,7 Milliarden DM. Ein Auslandsanteil von rund 40 Prozent am Umsatz ist der Beweis für weltweite Akzeptanz. In der Krupp-Heimat Essen wurde 1990 an sechzehn verschiedenen Standorten in ebenso vielen Unternehmen des Konzerns gearbeitet, während sich die Beschäftigtenzahl für Essen bei rund 9000 eingependelt hat. Die folgende Tabelle gibt einen Überblick über die Entwicklung der Firma Krupp als Arbeitgeber in der Stadt Essen.

Jahr	Einwohner in Essen	davon Krupp-Belegschaft	Prozent
1812	ca. 4150	2	0,05
1820	ca. 4750	8	0,17
1840	ca. 6200	60	0,97
1860	ca. 19600	1758	9,0
1865	ca. 33500	8000	23,9
1870	ca. 48500	7172	14,8
1875	ca. 55000	9997	18,2
1890	ca. 78700	15936	20,2
1910	ca. 294600	36041	12,2
1915	ca. 360000	69447	19,3
1920	ca. 445000	54995	12,4
1930	653375	29678	4,5
1940	638650	76629	12,0
1945 (Februar)	323751	110739	34,2
1945 (Herbst)	483107	34179	7,1
1950	610293	29469	4,8
1970	696753	18104	2,6
1980	655161	10511	1,6
1990	627636	9098	1,4

In den letzten Jahrzehnten hat sich die Struktur des Konzerns durch technische Kreativität und konsequente Unternehmenspolitik entscheidend gewandelt. Durch steigende Investitionen in modernste Produktionsverfahren, vor allem im Maschinenbau, wurden Produkte und Marktpositionen stark ausgebaut. Innovationen auf vielen Technologiefeldern sichern den Vorsprung. Besonders bemerkenswert sind die Wachstumsraten in der Elektronik. Eigene Entwicklungen auf Spezialgebieten führten zu einem technologischen Vorsprung, zum Beispiel bei Systemen der Navigation und Schiffsführung, der Simulation und Senderprogrammsteuerung. Aktuelles Beispiel für den hohen technischen Standard ist die Mitwirkung von Krupp an der Entwicklung des europäischen Superrechners »Suprenum« in Bonn.

Erfolgreich durch technische Innovationen ist Krupp im Maschinenbau, besonders mit der Werkzeugtechnik und Kunststofftechnik. Werksysteme für die flexible automatisierte Fertigung stellen einen wesentlichen Beitrag zur Fabrik der Zukunft dar. Eine weitere bedeutende Position nehmen Maschinen von Krupp zur Herstellung von Kunststoffbehältern auf dem Weltmarkt ein. Krupp hat auch federführend an der Entwicklung des Triebkopfes für den Hochgeschwindigkeitszug ICE mitgewirkt, mit dem die Deutsche Bundesbahn eine neue Ära im Schienenverkehr einleiten wird.

Die Schwerpunkte des Anlagenbaus sind Fördertechnik, der Chemieanlagenbau und die Energietechnik. Weltweiten Ruf genießt Krupp außerdem beim Bau von Zementfabriken. Vielversprechende Perspektiven eröffnen sich mit dem von Krupp entwickelten Prenflo-Verfahren zur Kohledruckvergasung. Prenflo erreicht den bisher höchsten Wirkungsgrad bei der Umwandlung von Kohle in Energie und wird Herzstück des Kohlekraftwerks der Zukunft sein.

Der hohe technische Standard, den Krupp auf vielen Gebieten erreicht hat, ist nicht zuletzt das Ergebnis intensiver Forschung und Entwicklung. Rund 300 Millionen DM werden jährlich in diesen Bereich investiert. Das geschieht einmal im zentralen Krupp-Forschungsinstitut in Essen und zum anderen in den Entwicklungsabteilungen der einzelnen Konzernunternehmen. Dort werden Mittel etwa in gleicher Höhe noch einmal für auftragsbezogene Entwicklungen aufgewandt.

So bleibt der Name Krupp auch an der Schwelle des nächsten Jahrhunderts ein Sinnbild für unternehmerischen Pioniergeist, technischen Fortschritt und wirtschaftliche Bedeutung – aber auch sozialer Verantwortung. Nicht nur Erfahrung und Tradition, sondern Ideen und Problemlösungen für viele Bereiche unseres Lebens – das ist Krupp heute und das ist die Leistung der Männer, die nach dem Tod des letzten Krupp sein Vermächtnis in dieser Form verwaltet haben. An erster Stelle ist hier natürlich Berthold Beitz zu nennen.

Seit 1. März 1989 ist Dr. Gerhard Cromme Vorsitzender des Vorstandes der Fried. Krupp GmbH. Der Manager, 1943 geboren, hatte im Oktober 1986 den Vorsitz des Vorstandes der Krupp Stahl AG in Bochum übernommen und war mit Wirkung vom Dezember 1988 zum ordentlichen Mitglied des Vorstandes der Fried. Krupp GmbH bestellt worden.

Die Krupp-Stiftung Berthold Beitz, der im Dezember 1983 als zweiter »Kruppianer« nach Firmenchef Alfried den Ehrenring der Stadt Essen erhielt, womit seine Verdienste um die Ruhrmetropole gewürdigt wurden, konzentriert seine Kräfte nach dem Ausscheiden aus der Konzernspitze ganz auf die Aufgaben als Vorsitzender des Kuratoriums der Krupp-Stiftung. Wie vom letzten Alleininhaber Alfried im Testament bestimmt, dient die Stiftung mit den ihr aus dem Unternehmen Friedrich Krupp GmbH anfallenden Erträgen ausschließlich und unmittelbar gemeinnützigen Zwecken. Sie fördert aus ihren Mitteln Projekte im In- und Ausland aus fünf Bereichen. In den ersten zwanzig Jahren ihres Bestehens hat sie rund 360 Millionen DM bereitgestellt. Davon entfielen auf Wissenschaft 116 Millionen, Bildung und Ausbildung 68 Millionen, Gesundheitswesen 125 Millionen, Sport 14 Millionen und Kultur 37 Millionen. Die fördernde Tätigkeit der Stiftung erfolgt auf Grundlage eigeninitiierter und ausgeschriebener Projekte. Die Stiftung legt Wert darauf, flexibel zu arbeiten. Ihre Verwaltung wird bewußt klein gehalten. In einzelnen Bereichen helfen Beiräte bei der Entscheidungsfindung.

Die enge Verbindung des Namens Krupp mit der Stadt Essen und dem Ruhrgebiet findet ihren Ausdruck in entsprechender Förderung. So wahrte die Stiftung mit der Übernahme der 1870 gegründeten Kruppschen Krankenanstalten und dem 1980 vollendeten Neubau unter dem Namen »Alfried-Krupp-Krankenhaus« die Kontinuität sozialer Verantwortung in zeitgemäßer Form. Ausschlaggebende Unterstützung gab es auch beim Neubau des Museums Folkwang (1975), zur Restaurierung der Abtei Essen-Werden für die Folkwang-Hochschule (1984) sowie zum Umbau des Essener Theaters (1987). Mit der Förderung der Kulturstiftung Ruhr (1984) wurde schließlich ein umfassender kultureller Akzent gesetzt, um die Rolle Essens und des Ruhrgebietes als einer eigenständigen Kulturlandschaft in Europa zu stärken (vgl. Kapitel 6). Ferner geht die Gründung des Sportmedizinischen Institutes Essen im Jahre 1985 auf eine Initiative von Berthold Beitz zurück. Bundesinnenministerium, Nationales Olympisches Komitee, die Spitzenverbände des deutschen Sports, das Land Nordrhein-Westfalen, die Universitäts-Gesamthochschule Essen sowie die Stadt schlossen sich an. Die Krupp-Stiftung hatte als Starthilfe ein restauriertes Fachwerkhaus auf dem Gelände des Alfried-Krupp-Krankenhauses sowie medizinische Grundausstattung gestellt. Durch seine hochqualifizierte Arbeit hat das Institut in kürzester Zeit sehr viel Zuspruch seitens der Sportler erhalten. So ist auch zu erklären, daß es schnell an die Grenzen seiner räumlichen und personellen Kapazität stieß. Die Krupp-Stiftung hat daher 1987 zusätzlich rund 800000 DM für die räumliche Erweiterung bewilligt.

Daß die Stiftung auch auf aktuelle Probleme reagieren kann, bewies sie im Februar 1990, als ein Modellvorhaben für sechs DDR-Kliniken in Gang gesetzt wurde. »Unbürokratisch und schnell«, so Kuratoriumsvorsitzender Beitz, wurden 3 Millionen DM als Soforthilfe für die medizinische Grundversorgung der Bevölkerung der DDR zur Verfügung gestellt. In sieben Fahrzeugen wurde medizinisch-technische Ausrüstung auf den Weg in die Krankenhäuser im Bezirk Neubrandenburg gebracht. Vor Ort leisteten mitgereiste Mediziner und Fachpersonal direkte Hilfe bei der Betreuung von Patienten und Einweisung in die gelieferte medizinische Technologie.

Von den einst tragenden Säulen Kohle und Stahl, die fast ein Jahrhundert Essens Wirtschaft gestützt haben, ist der Bereich Kohle heute nur noch indirekt vorhanden. Seit Dezember 1986 kommt in der ehemals größten Bergbaustadt des europäischen Kontinents kein »schwarzes Gold« mehr zutage. Auf der Katernberger Zeche »Zollverein«, der letzten von einst dreiundzwanzig auf Essener Gebiet, wurde am Tag vor Heiligabend die Kohleförderung eingestellt. Damit endete die große Bergbautradition einer Ruhrgebietsmetropole.

Abschied vom »schwarzen Gold«

Auf Zeche »Zollverein«, deren Gründung auf einen der großen Pioniere des Reviers, Fritz Haniel, zurückgeht, wurde seit 1851 Kohle gefördert. Die in den zwanziger Jahren errichtete Zentralförderanlage »Zollverein Schacht 12« repräsentierte den Höchststand technischer Leistungsmöglichkeiten des Bergbaus in der Zeit um 1930 und galt stets – insbesondere wegen ihrer von den Baumeistern Fritz Schupp und Martin Kremmer entworfenen Architektur – als Renommierkulisse im Revier. Die gesamte Anlage wurde deshalb vom Land Nordrhein-Westfalen erworben und unter Denkmalschutz gestellt.

Im Sommer 1988 machte »Zollverein« dann noch einmal Schlagzeilen. In ihren Stollen wurde die erste Untertagedeponie in einer deutschen Steinkohlenzeche eingerichtet. Rund 150000 Kubikmeter ungefährlicher Kraftwerksabfälle werden seitdem in vier- bis siebenhundert Metern Tiefe gelagert. Das Schicksal der letzten Essener Zeche ist beispielhaft für eine Entwicklung, die zwischen den Polen Kohlenkrise und Strukturwandel verlief und an deren Ende die erfolgreiche Umgestaltung der Essener Wirtschaft stand.

Die Förderleistung der dreiundzwanzig in Essen betriebenen Zechen betrug 1949 stolze 11 306 752 Tonnen. Davon kamen von »Zollverein« allein 2 258 950 Tonnen. Und es ging zunächst stetig aufwärts. Mitte der fünfziger Jahre wurde auf noch zweiundzwanzig Schachtanlagen Kohle gefördert, und Essen galt als größte Bergbaustadt auf dem Kontinent. Zu Recht: Hier brachten 60 000 Bergleute in einem Jahr über 13 Millionen Tonnen Kohle zutage. 1956 erreichte die Gesamtförderung der in Essen betriebenen Zechen mit exakt 13 860 606 Tonnen ihren höchsten Stand.

Nichts deutete in diesen für den Bergbau goldenen fünfziger Jahren auf einen Abschwung hin. Schließlich war erst 1952 mit Schaffung zweier neuer Institutionen ein zukunftsweisendes Organisationskonzept des Bergbaus verwirklicht worden. Zunächst wurde am 6. Mai der Unternehmensverband des Ruhrbergbaus gegründet, zu dessen Aufgaben die Wahrnehmung der allgemeinen Belange des Steinkohlebergbaus und die Vertretung seiner Unternehmungen als Arbeitgebervereinigung und Tarifpartner gehörte. Dann erfolgte am 12. August die Gründung des Steinkohlebergbauvereins, der sich die Förderung des Steinkohlebergbaus einschließlich der Steinkohleveredelung und -verwendung auf technischem und wissenschaftlichem Gebiet zur Aufgabe gemacht hatte. Schließlich schien mit Gründung der Firma »Ruhrkohlenkontor« im Jahre 1956 in Essen, deren Hauptaufgabe die Vorausschätzung von Absatzmöglichkeiten und Kohleverkauf an Großabnehmer war, die Zukunft des Energieträgers Kohle organisatorisch endgültig gesichert.

Um so heftiger traf die Verantwortlichen die plötzliche Absatzkrise, die verheerende Folgen für den Kohlebergbau hatte. In Essen gab es bereits 1958 die ersten Feierschichten infolge der Absatzschwierigkeiten bei Hausbrandkohle auf den Zechen »Katharina« und »Heinrich-Theodor«. Ein Jahr später erfolgten die ersten Stillegungen. Die Kleinzeche »Jungmann« und die zum Bergwerk »Victoria-Mathias« gehörende Kokerei »Friedrich-Ernestine« in Stoppenberg stellten den Betrieb ein. Im gleichen Jahr sank die Gesamtbelegschaft im Essener Bergbau unter 50 00 Beschäftigte (auf 46 242). Und es ging immer weiter bergab. Hatten 1957 noch 54 413 Essener Bergleute Kohle abgebaut, waren Ende 1966 nur noch 28 927 damit beschäftigt. Von einst dreiundzwanzig fördernden Schachtanlagen waren am Ende des folgenden Jahres noch ganze sechs in Betrieb.

Die Fördermengen gingen allerdings in den ersten Jahren der Kohlenkrise bei weitem nicht in dem Maße zurück wie die Belegschaftszahlen. Die über 54 000 Kumpel hatten 1957 weit über 12 Millionen Tonnen des »schwarzen Goldes« zutage gebracht, ihre nur noch knapp 29 000 übriggebliebenen Kollegen schafften 1966 immerhin auch noch 11 Millionen Tonnen ans Tageslicht. Mit fast halber Belegschaft wurde beinahe die gleiche Fördermenge erreicht; die Leistung pro Mann und Schicht hatte sich nahezu verdoppelt.

Das fortschreitende Zechensterben in der einst bedeutenden Bergbaustadt Essen machte dem Leistungswillen der Kumpel dann aber endgültig den Garaus. Denn das waren die letzten Stationen der Essener Bergbaugeschichte:

1973 ist die Zahl der fördernden Schachtanlagen von dreiundzwanzig im

Jahre 1950 auf nunmehr drei gesunken. Gleichzeitig ging die Förderleistung von damals über 13 Millionen Tonnen auf 4 246 031 Tonnen zurück. Die Zahl der Beschäftigten erreichte mit 9353 einen weiteren Tiefpunkt. 1974 ist die Zeche »Zollverein« mit 5210 Beschäftigten und einer Förderleistung von 2 863 319 Tonnen die letzte noch in Betrieb befindliche Schachtanlage der Stadt. Zum 1. Januar 1975 werden die Bergämter Essen und Bochum zusammengelegt. Damit stellt das Bergamt Essen, das letzte von ursprünglich vier Ämtern auf Essener Gebiet, seine Tätigkeit ein. Mit nur noch 4022 erreicht die Zahl der Beschäftigten auf der Zeche »Zollverein« 1979 ihren absoluten Tiefstand. Die Förderung ist in diesem Jahr wieder auf 3 003 074 Tonnen angewachsen.

Die folgende Tabelle gibt einen Überblick über die Entwicklung des Essener Bergbaus in unserem Jahrhundert. Die Zahlen geben jeweils den Stand am Jahresende an.

Jahr	Anzahl der Zechen	Förderung in t
1900	36	11 428 312
1910	33	14 210 825
1920	33	13 058 676
1930	22	14 517 655
1940	22	16 517 894
1945	20	3 953 320
1950	23	11 725 926
1955	22	12 860 484

Beginn des »Zechensterbens«

1960	15	11 800 998
1965	14	13 303 841
1966	9	11 220 227
1967	6	8 636 276
1968	5	8 306 390
1972	5	6 964 413
1973	3	4 246 031
1974	1	2 863 319
1979	1	3 003 074
1986	1	2 706 529

Im einzelnen verlief das sogenannte Zechensterben in Essen in den folgenden Etappen:

Jahr	Stillgelegte Schachtanlagen	Ort	Förderung in t[1]	Belegschaft[2]
1959	Jungmann	E.-Überruhr	21 119	49
1960	Wolfsbank[6]	E.-Borbeck	25 937	
	Christian-Levin	E.-Bergeborbeck	355 000	647
	Friedrich-Ernestine[3]	E.-Stoppenberg	466 798	
1962	Wohlverwahrt	E.-Steele-Horst	36 936	149

343

Jahr	Stillgelegte Schachtanlagen	Ort	Förderung in t[1]	Belegschaft[2]
1965	Victoria- Mathias	E.-Mitte	562 990	1627
	Helene	E.-Stoppenberg	692 364	1261
1966	Langenbrahm	E.-Rellinghausen	406 518	1214
	Joachim-Hubert	E.-Rellinghausen	365 566	814
	Sälzer-Amalie	E.-Borbeck	1 212 685	3100
1967	Ludscheid	E.-Überruhr	27 495	
	Bonifacius	E.-Kray	847 060	1500
	Emil-Emscher und Fritz-Heinrich[4]			
	Pörtingsiepen und Carl Funke[5]			
1968	Heinrich	E.-Überruhr	959 295	1911
1972	Katharina	E.-Kray	709 952	1450
	Mathias-Stinnes	E.-Karnap	1 401 637	2183
1973	Pörtingsiepen/Carl Funke	E.-Heidhausen	904 394	1917
	Emil-Fritz	E.-Altenessen	2 354 383	3166
1986	Zollverein	E.-Katernberg	2 706 529	4319

1) Jahresförderung des Vorjahres
2) Belegschaft (Arbeiter und Angestellte zum Zeitpunkt der Stillegung)
3) Zusammengelegt mit Victoria-Mathias
4) Zusammengelegt mit Emil-Fritz
5) Zusammengelegt zu Pörtingsiepen/Carl Funke
6) Zusammengelegt mit Sälzer-Amalie

Der Untergang ihres neben der Firma Krupp wichtigsten Arbeitgebers hat Essens Bevölkerung und die von ihr gewählten politischen Repräsentanten jahrelang in Atem gehalten. Denn während sich unter dem Stichwort Rationalisierung der Ruhrbergbau insgesamt »gesundschrumpfte«, wirkte sich das »Gesetz zur Förderung der Rationalisierung im Steinkohlebergbau« vom 1. September 1963 für Essen wie ein Kahlschlagbefehl aus. Fünf seiner Zechen wurden daraufhin nämlich bis zum 31. Oktober 1964 beim Rationalisierungsverband des Steinkohlebergbaus zur Stillegung angemeldet. Unruhe, Proteste und Betriebsversammlungen auf den Schachtanlagen sind die ersten Reaktionen. Zehntausend Bergleuten droht die Entlassung. In den Familien sorgt man sich um künftige Arbeitsplätze der Männer und Söhne. Die jüngeren unter den Kumpels denken an Umschulung. Der Rat der Stadt beschließt im November 1964 einstimmig eine Denkschrift, die Bundestag und Landtag, Bundesregierung und Landesregierung zugestellt wird. Der Rat weist darauf hin, daß die Zechenstillegung die Wirtschaftskraft und damit auch die Steuerkraft der Stadt schwächen. Von Bund und Land wird dringend Hilfe für die Verbesserung der Essener Wirtschaftsstruktur gefordert.

Krisen über Krisen ... Essen überstand diese erste Kohlenkrise dank eigener Initiativen besser als befürchtet, wurde aber von der zweiten Phase der Stillegungen wieder voll erwischt. Am 1. Juli 1971 erschreckten die Tageszeitungen ihre Leser und vor allem die Bergleute mit Schlagzeilen wie dieser: »Vier Essener Zechen schließen« – »12 000 Bergleute sind betroffen« – »Nur eine Zeche bleibt«. Am Tage zuvor war entschieden worden: Nur durch weitere Rationalisierung könne der

Ruhrbergbau gesunden, einige Schachtanlagen müßten darum zusammengefaßt, andere stillgelegt werden.

Die Wogen der Erregung gingen hoch. »Nicht eher werden wir dem Aufsichtsrat unsere Zustimmung geben, bevor nicht für den letzten Mann gesorgt ist«, sagte der Betriebsratsvorsitzende einer der betroffenen Essener Zechen. »Wir werden mit der Stadt in Verbindung treten, damit auf dem großen Grundbesitz der Zechen neue Betriebe angesiedelt und neue Arbeitsplätze geschaffen werden können.«

Der machtvollen Worte des Interessenvertreters der Arbeitnehmer hätte es nicht bedurft, denn im Essener Rathaus waren längst die Zeichen der Zeit erkannt worden. Parallel zu den Hilfeersuchen an Bund und Land liefen Eigeninitiativen mit dem Ziel Schaffung neuer Arbeitsplätze. Das Gelände früherer Zechen und Schwerindustriewerke bot sich dafür in idealer Weise an.

... Chancen über Chancen

Bereits im August 1969 legte Oberbürgermeister Katzor den Grundstein für einen gemeinsamen Betriebshof der Städtischen Werke und des Stadtreinigungsamtes auf dem ehemaligen Gelände der Zeche »Langenbrahm« in Rellinghausen. Nach einjähriger Bauzeit wurden dort die vorher noch auf verschiedene Stützpunkte des Essener Südens verteilten zweihundert Dienstkräfte mit ihren etwa fünfzig Fahrzeugen untergebracht.

Aber die Stadt wollte natürlich auf den brachliegenden Industriegeländen nicht nur für Eigennutzung investieren. In einer Kampagne Ende der sechziger Jahre präsentierte sie sich als günstiger Standort neuer Unternehmen. Das Ziel dieser Anstrengungen: Industrieansiedlung. Einer der Aktivisten in Sachen Wirtschaftsförderung und Messeaufbau war Stadtdirektor Heinrich Spies. »Durch den Strukturwandel in der Grundstoffindustrie stehen für neue Betriebe auch genügend tüchtige Arbeitskräfte zur Verfügung«, hieß es in einer Broschüre des Amtes für Wirtschaftsförderung aus dem Jahre 1968. »Essen hat Ihnen viel zu bieten: Grundstücke für Industrie und Gewerbe in jeder gewünschten Größe, eine günstige Verkehrslage mit hervorragenden Straßenverbindungen, ein gut ausgebautes Eisenbahnnetz, schnell erreichbare Flughäfen in Essen-Mülheim und Düsseldorf-Lohausen, einen stadteigenen Hafen am Rhein-Herne-Kanal, vielseitig ausgebildete Arbeitskräfte und eine allen Anforderungen gerechte Energieversorgung. Nicht zuletzt aber garantieren Ihnen der Rat und die Verwaltung der Stadt, die aus langer Erfahrung heraus Verständnis für alle industriellen Bedürfnisse haben, weitgehende Unterstützung und Zusammenarbeit.« Es stand nicht in dieser Broschüre, daß es die Stadt viel Geld kostete, die Grundstücke einiger Zechen im Essener Norden zu erwerben und neu zu erschließen. Industrieansiedlung ist ein saurer Apfel, der erst nach langer Reife süß wird.

Man mag über dieses zeitgeschichtliche Dokument heute schmunzeln – und doch: Die Wirtschaftswerbung à la 1968 zeitigte für die Stadt schon Ende der sechziger Jahre einen ersten großen Erfolg. Auf dem Gelände des nach dem Krieg demontierten Kruppschen Hüttenwerkes in Borbeck entstand eine Aluminiumhütte. Die Stadt hatte der Leichtmetall-Gesellschaft (Gemeinschaftsgründung der Unternehmensgruppen Metallgesellschaft AG und Schweizerische Aluminium AG) ein Areal von 1,5 Millionen Quadratmetern zur Verfügung gestellt. Im Januar 1971 nahm die Aluminiumhütte die Produktion auf, im Juli 1973 war sie nach Vollendung ihrer ersten Aufbaustufe mit 360 Elektrolyseöfen in drei Hallen von je 700 Metern Länge voll in Betrieb. 1977 arbeiteten dort etwa tausend Menschen und erzeugten jährlich 130000 Tonnen Hüttenaluminium. Die Gesellschaft hat in das Werk kräftig investiert und es zu den modernsten und größten Aluminiumwerken Europas gemacht. In der einstigen Stahlstadt Essen wird also nunmehr Aluminium geschöpft – ein markantes Beispiel für den geglückten Strukturwandel.

Die städtischen Investitionen durch den Ankauf von ehemaligen Industriegeländen zahlten sich tatsächlich schnell aus. Allein auf dem Boden der ehemaligen Schachtanlage »Katharina« in Kray siedelten sich achtundzwanzig Firmen neu an und schufen etwa tausend neue Arbeitsplätze. Unter dem Stichwort der Re-Industrialisierung wurden so auch an den Standorten der früheren Zechen »Friedrich-Ernestine«, »Wolfsbank« und »Emil-Emscher« neue Gewerbeflächen für kleinere und mittlere Betriebe geschaffen, die für den Arbeitsmarkt der Stadt wertvolle Impulse brachten. So konnte man nachträglich Erschließungskosten von 80 DM je Quadratmeter wie im Falle »Emil-Emscher« doch auf der Habenseite verbuchen.

Die Ruhrkohle AG

Obwohl im Laufe der Jahre fast alle Zeugnisse einer einst imposanten Bergbaukulisse verschwanden, kann sich Essen auch heute noch als die größte Kohlenstadt des Kontinents bezeichnen. Denn in ihren Mauern befindet sich der Sitz eines Unternehmens, das 94 Prozent der Kapazität des Ruhrbergbaus vereinigt: die Ruhrkohle AG.

Der Gründungsvertrag für diesen Bergbauriesen war im Sommer 1969 unterzeichnet worden, doch schon vorher, im Februar dieses Jahres, war die Eintragung ins Handelsregister erfolgt. Vorausgegangen waren über zwei Jahre gehende zähe Verhandlungen für die so lebenswichtige Neuordnung des Ruhrbergbaus. Die Versuche einzelner Bergwerksgesellschaften, die Förderung zu reduzieren, waren ungeordnet und deshalb ohne Erfolg verlaufen. So war denn die Gründung der Ruhrkohle AG 1968/69 eine notwendige Antwort auf die Krise, die schon zehn Jahre andauerte. Zuerst traten neunzehn Bergbauunternehmen der neuen Gesellschaft bei – sie repräsentierten 73 Prozent der Ruhrgebietsförderung. 1969 kamen weitere sieben Bergwerksgesellschaften hinzu. Von den Mitgliedern beteiligten sich vierundzwanzig als sogenannte Muttergesellschaften am Grundkapital der neuen Aktiengesellschaft.

Die neugegründete »Einheitsgesellschaft« des Ruhrkohlebergbaus stand vor einem Berg von Aufgaben: Die gesamte Förderung mußte den geringer gewordenen Absatzmöglichkeiten angepaßt werden, die unterschiedlich rentabel arbeitenden Betriebe mußten ihre Ertragskraft verbessern, technische Erneuerungen vornehmen oder überalterte Anlagen stillegen. Zur wichtigsten Aufgabe wurde für die Ruhrkohle AG aber zunächst die Personalpolitik. Gestützt auf Sozialpläne, wurden die Belegschaften verringert. Jedoch wurde niemand in die

Arbeitslosigkeit entlassen: Vorruhestand und Umschulung hießen vielmehr die Maßnahmen.

Daß sie griffen, konnte die RAG zum zwanzigjährigen Jubiläum 1989 bekräftigend feststellen. Die Zahl der Schachtanlagen war von zweiundfünfzig auf nur noch zwanzig verringert worden, und auch die Zahl der sogenannten Abbaubetriebspunkte war erheblich zurückgeschraubt worden: von 392 auf 124. Als Folge technischer Rationalisierungsmaßnahmen erhöhte sich die tägliche Kohleförderung je Abbaubetriebspunkt aber von 819 auf 1752 Tonnen – das »schwarze Gold« wird heute voll mechanisch abgebaut. Auch seine Weiterverarbeitung wurde rationalisiert, so daß derzeit nur noch acht von einst neunundzwanzig Kokereien übriggeblieben sind.

In den Betrieben der RAG arbeiteten im Jubiläumsjahr 103 300 Menschen, 1969 hatte die Zahl noch bei 180 200 gelegen. Dennoch wurde seit diesem Jahr die Produktion auf Rekordhöhe gebracht. Knapp eine Milliarde Tonnen Kohle, nahezu 350 Millionen Tonnen Koks und fast 19 Millionen Tonnen Briketts konnten abgesetzt werden.

So gilt denn die RAG nach zwanzigjährigem Bestehen als leistungsfähigstes Unternehmen des Steinkohlebergbaus in Westeuropa und sorgt mit jährlichen Investitionen in mehrstelliger Millionenhöhe für die Sicherung dieses Status. Allein im Jubiläumsjahr wurden eine halbe Milliarde Mark in Bergwerke und Kokereien investiert.

Die Stadt Essen ist aber nicht ausschließlich wegen der Ruhrkohle AG nach wie vor mit dem Steinkohlebergbau eng verbunden. Essen ist Sitz und Standort weiterer wichtiger Organisationen dieser Branche. Dazu gehören der Gesamtverband des deutschen Steinkohlebergbaus, der Unternehmensverband Ruhrbergbau, der Verein für bergbauliche Interessen, der Rationalisierungsverband des Steinkohlebergbaus, die Notgemeinschaft Deutscher Kohlenbergbau GmbH, der deutsche Ausschuß für Grubenrettungswesen, der Bergwerksverband GmbH, die Studiengesellschaft Kohlegewinnung Zweite Generation e.V. und der Steinkohlebergbauverein mit der Bergbau-Forschungs GmbH als dem gemeinschaftlichen Forschungsinstitut des deutschen Bergbaus.

Die Arbeit dieser Institution hält den Namen der Stadt Essen als Bergbaumetropole weiter hoch. Bei der Bergbauforschung in Essen-Kray hat man nicht nur raucharmen und umweltfreundlichen Formkoks entwickelt, die Labors haben auch entscheidende Momente für neue Verwendungsformen der Kohle gesetzt. Die Stichworte lauten hier Kohlevergasung und -verflüssigung. Die Fortschritte der Forscher in Kray haben somit der Kohle als zukünftigen Energieträger einen neuen Stellenwert verschafft.

Neben den unmittelbar dem Bergbau zuzurechnenden Einrichtungen haben auch zahlreiche bedeutende Bergbauspezialgesellschaften und Zuliefererfirmen ihren Sitz in Essen. Dies ist ein Zeichen dafür, daß dieser Industriezweig nach wie vor von großer Bedeutung für die Stadt ist. Jeder Arbeitsplatz im Bergbau sichert einen weiteren Arbeitsplatz in vor- und nachgelagerten Wirtschaftsbereichen. Vom Bergbau und seinen Forschungseinrichtungen gehen nämlich bedeutende Innovationsimpulse auf die Wirtschaft des gesamten Reviers aus. Er hat damit eine wichtige Funktion für die Unterstützung des Strukturwandels auch für den Bereich der Stadt Essen.

Die Verlagerung des Bergbauwesens mit Förderung und Weiterverarbeitung der Kohle auf die Verwaltungsebene hat für Essen einen bemerkenswerten Nebeneffekt gebracht, der besonders von der Bevölkerung hoch eingeschätzt wird. Die Belastung der Luft durch Staub und Schwefeldioxyd nahm um Rekordwerte ab. Das bekommen die Essener Bürger amtlich und aus erster Hand seit 1963 bestätigt, denn seitdem mißt die »Landesanstalt für Immissionsschutz«, wie das Land Nordrhein-Westfalen seine Umweltbehörde nennt, die Qualität des »Himmels über der Ruhr«. Daß die Landesregierung diese Institution in Essen, genauer im südlichen Stadtteil Bredeney ansiedelt, war kein Zufall. Schließlich galt die Bergbau- und Hüttenstadt als eine der mit Staub und Abgasen besonders belasteten Gegenden von Nordrhein-Westfalen.

Energie-
metropole
Essen

Über der gewandelten Essener Wirtschaftsszenerie wölbt sich also nicht nur symbolisch ein blauer Himmel. Die Entwicklung der einstigen Zechenstadt zur sauberen Energiezentrale der Bundesrepublik macht Beteiligte und Bürger dieser Kommune heute sehr stolz. Alle fünf großen Energieträger sind jetzt hier zu Hause. Neben der RAG noch das Rheinisch-Westfälische Elektrizitätswerk (RWE), der größte Stromerzeuger Europas, die Ruhrgas AG, der größte Gasimporteur der Welt, die STEAG, ein Pionier der umweltfreundlichen und dazu wirtschaftlichen Fernwärme und die VEBA-Tochter DEMINEX, eines der führenden Unternehmen für die Erkundung und Erschließung neuer Erdölquellen in der Nordsee und anderen Teilen der Welt.

Sogar aus Müll wird in Essen noch Energie gewonnen. Nach dreijähriger Bauzeit, während der etwa tausend Arbeitsplätze sicher waren, wurde im November 1987 das modernste europäische Müllheizkraftwerk in Karnap seiner Bestimmung übergeben. Aus den jährlich verbrannten 560 000 Tonnen Haus- und Gewerbemüll gewinnt die 430 Millionen DM teure Anlage Energie für das Fernwärmenetz.

Das neue
Gesicht
des RWE

Von den großen Energieträgern hat das RWE in Essen die längste Vergangenheit. Seit seiner Gründung 1898 ist es hier beheimatet. Seine nicht zu übersehende Zentrale ist das RWE-Hochhaus, das durch Erweiterungen bis an die Huyssenallee, wo eine zweite Hochhaus-Dominante entstand, zeitweilig der größte Verwaltungsbau der Stadt war. Bei seiner Gründung vor über neunzig Jahren erzeugte das RWE gerade 200 Kilowatt Strom, 1908 immerhin schon 15 000 Kilowatt. Besonders in den beiden letzten Jahrzehnten erreichte der Stromabsatz fast schwindelerregende Höhen: von 69 Milliarden Kilowatt 1970 über 114 Milliarden 1980 zu 120,6 Milliarden im Geschäftsjahr 1988/89.

Das RWE hat sich in seiner über 90jährigen Geschichte von einem lokalen Stromversorger zu einem leistungsfähigen und vielseitigen Versorgungs-, Dienstleistungs- und Technologieunternehmen entwickelt. Denn abgesehen von seinem Engagement in der Strom-, Gas- und Wasserversorgung stellt es für Millionen von Kraftfahrern Mineralölprodukte bereit, baut medizinische Geräte ebenso wie weltbekannte Druckmaschinen, setzt neue Maßstäbe im High-Tech-Bereich und in der Entsorgung. Investiert wird besonders in die beiden letzterwähnten Bereiche, da der Essener Technologiekonzern die erforderliche Kompetenz aufweist, um an der Lösung drängender Probleme unserer Industriegesellschaft aktiv mitzuarbeiten. Ziel dieser Diversifikation ist es, das Fundament für Erträge und Gewinne zu verbreitern und die rund 80 000 Arbeitsplätze auch in Zukunft zu sichern.

Im Geschäftsjahr 1988/89 betrug der Konzernumsatz rund 39 Milliarden DM. Damit stand das RWE auf Platz acht in der Rangliste der bundesdeutschen Industrieunternehmen. Die Entwicklung machte es notwendig, dem RWE auch organisatorisch eine entsprechende, klar nach Sparten gegliederte Unternehmensstruktur zu geben. Das Konzept wurde von der Hauptversammlung im Januar 1990 gebilligt, ebenso der neue Firmenname RWE Aktiengesellschaft, der nunmehr für einen Konzern mit den beschriebenen vielfältigen Aktivitäten steht.

Wie das RWE als größter Stromerzeuger des Kontinents, so hat sich auch die 1926 gegründete Ruhrgas AG über den Zweiten Weltkrieg hinweg als größter deutscher Gaslieferant behauptet. Die wachsende Akzeptanz des Energieträgers Gas bei der Kundschaft in Industrie sowie privaten und öffentlichen Haushalten verhalf der Essener Firma zu ständig steigenden Absatzquoten. Allein zwischen 1975 und 1980 wuchs die abgegebene Gasmenge um fast 200 Milliarden Kilowattstunden. Das Unternehmen ist eng verbunden mit dem internationalen Erdgasgeschäft und hat durch geschickte Einkaufspolitik seine Marktposition stets behauptet. Dabei mußten manchmal wirtschaftliche gegenüber politischen Entwicklungen sorgfältig abgewogen werden. Gehörten früher Algerien und der Iran zu den Lieferanten des Essener Unternehmens, so dominieren heute eigene und westeuropäische Quellen beim Bezug von Erdgas: 28 Prozent entfallen auf inländische Förderung, 26 Prozent kommen aus den Niederlanden, 15 Prozent aus Norwegen und ein Prozent aus Dänemark. Der große Rest von 30 Prozent wird aus der UdSSR bezogen. Die deutsche Gaswirtschaft lieferte dem Verbraucher in der Bundesrepublik 1988 insgesamt 585 Milliarden Kilowattstunden Gas. Davon entfielen auf die Ruhrgas AG 442,4 Milliarden, also rund 75 Prozent. Die Entwicklung des Gesamtabsatzes des Essener Unternehmens zeigen die folgenden Zahlen (Angaben in Mrd. KWH):

Die Ruhrgas AG

1975: 265,4 – 1976: 288,7 – 1977: 305,8 – 1978: 350,6 – 1979: 408,0 – 1980: 424,6 – 1981: 396,8 – 1982: 370,7 – 1983: 362,9 – 1984: 396,8 – 1985: 407,0 – 1986: 409,2 – 1987: 459,4 – 1988: 442,4

Zur Lieferung derartiger Gasmengen gehört ein entsprechendes Verbundsystem. Die Ruhrgas AG baute es ständig aus und kam bis Ende 1988 auf ein Leitungsnetz von 8579 Kilometern Länge. Die Umsatzerlöse der Ruhrgas AG beliefen sich 1988 auf 7,4 Milliarden DM, der Konzern erzielte einen Umsatz von 8,6 Milliarden DM. Die Zahl der Mitarbeiter der im Ruhrgas-Konzern verbundenen Unternehmen erhöhte sich 1988 auf 8322. Mit einer österreichischen und einer schweizerischen Gesellschaft konnten in jenem Jahr auch langfristige Lieferverträge abgeschlossen werden, die Gas aus Essen nunmehr in diese Länder strömen lassen. Am Firmensitz Essen baute die Ruhrgas AG schon früh ein neues und architektonisch sehr interessantes Verwaltungsgebäude, das zu den markantesten (und höchsten) Bürogebäuden in der Ruhrmetropole zählt.

Konzerne prägen das Bild der Stadt

Der neue Wohlstand der Stadt wird aber nicht nur durch die Höhe der Verwaltungsbauten repräsentiert, von denen das Rheinstahl-Haus (jetzt Thyssen-Haus) am Bismarckplatz das erste Bürohochhaus des Ruhrgebiets war (bezogen 1961). Essen ist auch Sitz zahlreicher Umsatzmilliardäre und war 1990 sechsmal auf der Liste der fünfzig umsatzstärksten Unternehmen der Bundesrepublik vertreten (nur Hamburg rangierte mit neun derartigen Firmensitzen noch davor). Und von den großen Firmen der Bundesrepublik haben fast ein Dutzend ihren Schreibtisch in Essen – genannt seien neben den bereits erwähnten Energie-Giganten noch die Thyssen-Industrie, Ferrostaal, der Heizölgroßhandel Raab Karcher und die Hochtief AG.

Sie alle haben den Namen der Stadt auf ihre Weise bekannt gemacht, wobei die Baumeister von Hochtief besondere Akzente setzen konnten. Das Unternehmen und die Stadt gehören zusammen, seitdem es 1922 an die Ruhr zog, um dort Fuß zu fassen. Damals war es bereits annähernd ein halbes Jahrhundert alt. Heute steht Hochtief gleichsam mit zwei Beinen auf Essener Boden: mit der Hauptverwaltung und mit der Niederlassung Ruhr. Letztere hat die Stadt, wie sie sich gegenwärtig darstellt, und ihr weitläufiges Umland an vielen Punkten entscheidend mitgestaltet. Und mit Erfolg, wie der Augenschein bestätigt. Die Hauptverwaltung des weltweit über 30 000 Mitarbeiter zählenden Unternehmens, das zu den führenden der europäischen Bauindustrie zählt, wirkt überregional und hat den Namen Essen durch spektakuläre Vorhaben in aller Welt bekannt gemacht.

Die Liste solcher Aktivitäten umfaßt von Afghanistan bis Venezuela fünfzig Länder aller Kontinente und so ungewöhnliche Aufträge wie das Versetzen und damit die Rettung der 3200 Jahre alten Felsentempel von Abu Simbel vor dem Wasser des Assuan-Stausees, den Bau der zwei Kontinente verbindenden Brücke über den Bosporus, der Stauwerke von Cabora Bassa (Mozambique) und Mossul (Irak) oder der schlüsselfertige Bau des internationalen Großflughafens Jeddah (Saudi-Arabien) auf 105 Quadratkilometer Wüstenboden.

Der Wandel in Handel, Wirtschaft und Verwaltung

Die Palette der Essener Wirtschaft bietet sich heute insgesamt sehr bunt und vielseitig dar, ist aber von einer bemerkenswerten Verlagerung des Schwerpunktes gegenüber der Vorkriegszeit gekennzeichnet. Wo früher überwiegend körperliche Arbeit geleistet wurde, liegen heute fast zwei Drittel der Arbeitsplätze im Dienstleistungs- und Verwaltungsbereich. In den sechziger Jahren zeichnete sich ab, daß für Essen der sogenannte tertiäre Bereich (Handel, Verkehr, private und öffentliche Dienstleistungen, Banken und Versicherungen) immer mehr an Bedeutung gewinnt. Für die beiden anderen Bereiche (Landwirtschaft und Bergbau = primär, Industrie und produzierendes Gewerbe = sekundär) gingen die Vergleichszahlen in ähnlichem Umfang zurück. Während 1939 von 267 352 Beschäftigten 66,3 Prozent in der Produktion und 33,7 Prozent im Bereich Verteilung und Dienste arbeiteten, hatte sich dieses Verhältnis 1961 bereits deutlich verschoben. Immer mehr Beschäftigte verdienten im tertiären Bereich ihr Geld. Und so ging es weiter. 1970 waren es schon etwas mehr als die Hälfte und 1987 bald drei Viertel, die nicht mehr produktiv im klassischen Sinne tätig waren. Im einzelnen ergab sich bei den Arbeitsstättenzählungen der Stadtverwaltung folgendes Bild:

	1939	1950	1961	1970	1987
Beschäftigte, gesamt	267 352	240 502	340 467	303 728	255 447
davon in % in					
Produktion	66,3	62,7	56,5	49,6	28,3
Verteilung und Dienste	33,7	37,3	43,5	50,4	71,7
darunter in % in					
Bergbau und Energie	17,4	22,8	15,4	8,4	0,9
Verarbeitende Gewerbe	38,3	27,3	29,5	29,5	20,1
Baugewerbe	10,4	12,5	12,9	11,3	6,7
Handel und Geldwesen	14,9	17,1	23,3	22,1	21,6
Verkehr und Nachrichtenwesen .	5,2	6,2	6,8	5,4	6,5
Dienste, Gebietskörperschaften, Sozialversicherung	13,6	14,0	17,6	22,9	43,5

Essen kann auf dem Gebiet der Verwaltung einige gewichtige Institutionen vorweisen, die die Stadt als Zentrum regionaler Aufgaben für das Revier kennzeichnen. Seit Anfang der fünfziger Jahre streiten Lokalpatrioten mit Düsseldorf um den Anspruch, »der Schreibtisch des Ruhrgebietes« zu sein. Die Rivalität der beiden großen und kraftvollen Gemeinden ist in dieser Hinsicht schon alt. Über die Zustände um 1920 gibt es eine Notiz des damaligen Essener Oberbürgermeisters Luther: »Der wirkliche Gegner der Städte des Industriebezirks im Ringen um die Sitze der Hauptverwaltungen war Düsseldorf.« Sein Kontrahent auf dem OB-Stuhl der Stadt am Rhein habe versucht, »die eine oder andere Essener Firma durch persönliche Besuche und verlockende Anerbieten nach Düsseldorf zu ziehen.« Daraufhin habe er, Luther, seinem Kollegen gesagt, »wenn er einmal wieder mit seinem Düsseldorfer Musterköfferchen die Stadt Essen bereisen wolle, so würde ich ihm gern meinen Wagen zur Verfügung stellen, das würde bei den Firmen einen besseren Eindruck machen...«

Wer heute immer noch aufrechnen will, muß objektiverweise feststellen, daß es zwei Verwaltungsschwerpunkte gibt. Während in Düsseldorf die Wirtschafts- und Berufsverbände der eisenschaffenden und metallverarbeitenden Industrie residieren, haben sich die der Kohle in Essen niedergelassen. Mit dem Kommunalverband Ruhrgebiet – vormals Ruhrsiedlungsverband – kann Essen immerhin den ältesten deutschen Kommunalverband in seinen Mauern vorweisen. Der 1920 in Essen gegründeten Körperschaft gehören elf kreisfreie Großstädte und vier Landkreise an. Darüber hinaus haben in der Ruhrmetropole noch ihren Sitz: der Ruhrverband, der Ruhrtalsperrenverein, der Lippeverband, die Emschergenossenschaft (alle vier tätig für die Wasserwirtschaft), das Wetteramt für Nordrhein-Westfalen, der Bundesverband der Technischen Überwachungsvereine, die Industrie- und Handelskammer für Essen, Mülheim und Oberhausen, das mit seinen Prognosen und Analysen häufig zitierte Rheinisch-Westfälische Institut für Wirtschaftsforschung, um nur die wichtigsten zu nennen. In ganz Nordrhein-Westfalen ist Radiohörern auch folgender Satz geläufig: »Und nun der Bericht des Wetteramtes Essen ...«

Bekannt ist die Ruhrmetropole auch als eine der großen Zeitungs- und Druckerstädte. Einmal durch den Axel Springer Verlag, der seine Heimstätte ab Oktober 1946 in der Sachsenstraße hatte und dann ein neues Domizil im Ruhrtal bezog. Das in Kettwig entstandene und 1973 in Betrieb genommene neue Verlags- und Druckhaus sorgte für eine neue Dimension in der Essener Zeitungslandschaft.

Heute werden dort täglich 1,3 Millionen *Bild-* und 180 000 *Welt*-Exemplare gedruckt, dazu kommen wöchentlich 2,5 Millionen Exemplare der *Bild am Sonntag*, 200 000 der *Welt am Sonntag* und 120 000 des im Lohndruck hergestellten *Rheinischen Merkurs.*

Ein Schatten auf Essens Verlagsszenerie fiel 1988 durch den Konkurs des Verlags Girardet, der unter anderem die Illustrierten *Neue Revue* und *Quick* in wöchentlicher Millionenauflage gedruckt hatte. Die Folgen werden die Gerichte noch lange beschäftigen. So klagten 1989 in erster Instanz 550 ehemalige Mitarbeiter wegen noch ausstehender Lohngelder und Mittel für den Sozialplan in mehrfacher Millionenhöhe.

Der Ruf Essens als Medienstadt wird neben dem Springer Verlag heute im wesentlichen durch den WAZ-Konzern geprägt, der durch seine Expansionspolitik zu einem der größten Unternehmen der Branche in der Bundesrepublik geworden ist. Der Grundstein zu seiner heutigen Größe wurde 1976 gelegt, als die Zeitungsverlag Niederrhein GmbH entstand, eine Gemeinschaftsgründung der selbständigen Verlage WAZ und NRZ Essen. Damit entstand eine Zeitungsgruppe, zugleich größte Zeitungsgesellschaft im Verbund, in dem die rheinischen Ausgaben der WAZ und die Lokalausgaben der NRZ, unter völliger Beibehaltung der redaktionellen Unabhängigkeit der NRZ, zusammengeschlossen wurden. Die NRZ war bereits 1946 von ihrem Herausgeber Dietrich Oppenberg gegründet worden, der Erich Brost von Hamburg nach Essen holte, ihn zum ersten Chefredakteur der NRZ bestellte und Jakob Funke zum ersten Lokalchef der Essener Redaktion berief.

Neben den Keimzellen *Westdeutsche Allgemeine Zeitung* und NRZ werden vom Verlag in der Sachsenstraße heute auch die *Westfälische Rundschau* und die *Westfalenpost* mit einer Gesamtauflage von über einer Million Exemplaren herausgegeben; dazu kommen über fünfzig Anzeigenblätter sowie mehrere Frauen- und Spezialzeitschriften. Seit 1988 ist der Verlag auch an österreichischen

Tageszeitungen beteiligt und engagiert sich stark im Bereich der sogenannten Neuen Medien.

Einen Titel trägt Essen heute völlig unbeanstandet: den der »Einkaufsstadt des Ruhrgebiets«. Als man sich 1930 erstmals so bezeichnete, um zum Ausgleich für die notleidende Industrie den Handel anzukurbeln, mochte man darüber noch streiten. Als Oberbürgermeister Toussaint das Schlagwort 1950 wieder aufgriff und es in riesigen Leuchtbuchstaben auf dem Dach eines Hotels am Bahnhofsvorplatz anbringen ließ, war dies bereits ein mutiger Vorgriff auf die Zukunft. Die »Stadt ohne Läden«, wie Paul Brandi sie um die Jahrhundertwende erlebte, entwickelte sich in den fünfziger Jahren zu einer der größten Einzelhandelsstädte der Bundesrepublik. Ihre Textilgeschäfte konnten die höchsten Umsätze unter allen westdeutschen Städten vorweisen. Die nur acht Meter breite Limbecker Straße erzielte neben der Hohen Straße in Köln und der Kalverstraat in Amsterdam unter den Städten Europas die höchsten Umsätze auf kleinem Raum. Schon 1959 wurden je 33 Prozent der gesamten Groß- und Einzelhandelsumsätze des Ruhrgebiets in Essen getätigt. Über 30 Prozent der Käufer kamen von auswärts, und in der Vorweihnachtszeit lag diese Zahl noch höher. 1962 gab es in der Essener City bereits 750 Läden – von Fachgeschäften verschiedener Größen bis zu Kaufhäusern.

Einkaufsstadt des Ruhrgebiets

Essens City – von den Essenern, diesen Stadtteilmenschen und Vorstadtbewohnern, einfach »die Stadt« genannt – hat sich zu einem innerstädtischen Shopping-Center entwickelt. Vor allem die Schaffung der Fußgängerzonen wirkte sich anziehend auf ständig wachsende Käuferströme aus. Selbst heute noch schreiten ausländische und deutsche Planergruppen und Ratsdelegationen über Essens Einkaufsstraßen und sind voll des Lobes über soviel vorbildliche Planung.

Ende der sechziger Jahre erstreckte sich die Verkaufsfläche der Einkaufsstadt Essen über 220 000 Quadratmeter. Ein Schweizer Wirtschaftsforschungsinstitut untersuchte Anfang der siebziger Jahre die Struktur des Einzelhandels und kam zu folgender Prognose: Die Verkaufsfläche der Warenhäuser würde bis 1975 auf 76 000 Quadratmeter (1970: 65 000), die der Kaufhäuser auf 99 000 (1970: 84 000) und die der Fachgeschäfte auf 63 000 (1970: 61 000) anwachsen.

Die Voraussagen der Schweizer wurden um ein Vielfaches übertroffen. Heute bietet der Essener Einzelhandel seine Waren auf einer Verkaufsfläche von über 700 000 Quadratmetern an. Diese verteilt sich aber über das gesamte Stadtgebiet. Die eigentliche City hat nur noch einen Anteil von 29 Prozent, daneben spricht man in Essen heute von dreiundzwanzig weiteren Einkaufsschwerpunkten. Damit hat sich auch die Sorge von Vertretern des Einzelhandels über die ungesunde Struktur der Branche in ihrer Stadt etwas gemindert. Man hatte darauf verwiesen, daß in anderen mit Essen vergleichbaren Großstädten der Anteil der Kauf- und Warenhäuser höchstens bei 50 Prozent liegt, während er in der Einkaufsstadt Essen 65 Prozent erreicht hatte.

Diese Entwicklung Essens zu einem bei Waren- und Kaufhauskonzernen äußerst beliebten Platz setzte schon vor dem Zweiten Weltkrieg ein. Nicht von ungefähr legte Karstadt seine Hauptverwaltung und seinen Zentraleinkauf dorthin. 1969 zog die Karstadt-Zentrale in ein modernes, durch seine Architektur bemerkenswertes Verwaltungsgebäude in Bredeney. Der Komplex an der A 52 hat eine Nutzfläche von über 65 000 Quadratmetern und kostete 75 Millionen DM.

Von allen Ursachen dieses Erfolgs ist Essen nur die zentrale Lage inmitten der riesigen »Ruhrstadt« in den Schoß gefallen: Im Umkreis von 75 Kilometern um Altfrids Münster wohnen rund 15 Prozent der deutschen Bürger. Eifer, Phantasie und ein klarer Blick für künftige Entwicklungen holten aus dieser Lage das Äußerste heraus. So war Essen in den zwanzig Jahren nach 1950 nie eine Einzelhandels-Idylle, denn immer wehte der rauhe Wind des Wettbewerbs. »Nirgendwo in der Bundesrepublik ist der Wettbewerb so scharf und so stark wie im Mittelpunkt des Ruhrgebiets, in der Einkaufsstadt Essen«, sagte Richard Neuhaus, Vorsitzender des Essener Einzelhandels-Verbandes, im November 1970 in einem Zeitungsinterview. »Wenn heute Kunden aus den umliegenden Städten, die selbst attraktiv geworden sind, nach Essen kommen, so liegt das daran, daß durch den Wettbewerb die Preise in Essen an der untersten Grenze liegen.«

Weitere zwanzig Jahre später ist die Attraktivität des Einkaufszentrums Essen eher noch gestiegen. Mit über fünf Milliarden DM weist der Einzelhandel einen allseits bestaunten Umsatz auf. Eine im Juni 1987 veröffentlichte Untersuchung belegt: Essen hat von allen Städten in Nordrhein-Westfalen den Einzelhandel mit der höchsten Umsatzsteigerung. Seit 1979 stieg der Umsatz um fast 25 Prozent. Konkurrierende Handelszentren wie Köln (plus 17), Düsseldorf (plus 14) und Dortmund (plus 12) wurden deutlich distanziert.

Die positive Entwicklung setzt sich fort

Das Ergebnis zweier anderer Untersuchungen der Wirtschaftskraft von Großstädten, die ebenfalls 1987 veröffentlicht wurden, stellt Essen ebenfalls das beste Zeugnis aus. So betrug die Bruttowertschöpfung im Bezirk der IHK Essen rund 32 Milliarden DM. Damit liegt der Wert aller erzeugten Waren und Dienstleistungen je Erwerbstätigen weit über dem Landesdurchschnitt. Eine Studie der Europäischen Gemeinschaft ergab, daß Essens Wirtschafts- und Verkehrsstruktur zu den besten Europas zählt. Noch vor London und Paris rangiert Essen im internationalen Vergleich auf Platz fünf, im nationalen hinter Köln auf Platz zwei.

Ein weiterer Beweis für die Leistungsfähigkeit der Ruhrmetropole ist die Entwicklung des 1913 gegründeten Unternehmens Messe Essen. Im Jubiläumsjahr 1988 konnte endgültig bilanziert werden, daß sich das Zentrum im Ruhrgebiet einen wichtigen Platz unter den führenden deutschen Messe-, Tagungs- und Kongreßstädten gesichert hat. Oberbürgermeister Reuschenbach dazu in seiner Festrede: »Die Messe Essen hat in der Oberklasse der internationalen Messeplätze eine starke Position errungen. Ihr Aufstieg ist, was vergleichbare Messe-Unternehmen betrifft, zumindest in der Bundesrepublik ohne Beispiel.«

Eine ausgewogene Messepolitik, die sowohl technische Fachmessen wie publikumswirksame Freizeitthemen umfaßt, führte zuletzt fast zwei Millionen

Besucher aus dem In- und Ausland auf das Messegelände am Grugapark. Da die vorhandenen Kapazitäten einem derartigen Ansturm von Ausstellern und Interessenten nicht mehr gewachsen sind, wird das Ausstellungsgelände von 72 Hektar erweitert. Mitte der neunziger Jahre dürfte man bei fast 90 000 Quadratmetern angekommen sein. In den sechzehn Hallen und dem Messehaus wird dann, statistisch gesehen, wieder jeden dritten Tag Messe- oder Konferenztag sein, so wie 1988 und 89, als an über hundert Tagen Ausstellungen mit den sie begleitenden Veranstaltungen stattfanden.

Den Andrang locken unter anderem folgende Messeknüller an: die internationale Fachmesse »Schweißen & Schneiden«, die größte deutsche Baufachmesse DEUBAU, die Internationale Sicherheitsfachmesse SECURITY, die Fachausstellung »Sanitär, Heizung, Klima«, die Umweltschutz-Fachmesse »Entsorga« (mit einer Steigerung von 63 Prozent bei den Ausstellern und 78 Prozent bei den Besuchern 1988 übrigens absoluter Rekordhalter bei den Zuwachsraten in der Essener Messegeschichte). Internationaler Publikumsrenner bei den Hobby- und Freizeitmessen ist seit langem die EQUITANA, die Weltmesse des Pferdesports. Ihr stehen »Camping & Touristik«, der Caravan-Salon, die Motor-Show Essen, eine internationale Sport- und Rennwagen-Ausstellung, Mode-Heim-Handwerk und die »Internationale Pflanzenmesse« aber nur wenig nach.

Das Erfolgsteam unter Führung von Messechef Günther Claassen offeriert dabei ständig neue Projekte. So gab es allein 1989 drei Messepremieren. Es begann mit der Wanderausstellung »Markt – Schau«, Internationale Fachausstellung für Reise-, Markt- und Schaustellergewerbe. Dann folgte mit »Techno-Classica« der Versuch, Liebhaber von Autos über die Internationale Börse für Kraftfahrzeug-Ersatzteile und -Restaurierung nach Essen zu holen, und schließlich kamen Liebhaber von hochwertigen technischen Spielzeugen zu ihrem Recht, als die »Hobby-Tec« ihnen einen entsprechenden Überblick gab.

Aber nicht nur auf dem Messegelände hat die Zukunft für Essens Wirtschaft schon begonnen. »Essen auf dem Weg zur High-Tech-Metropole« jubelte die Öffentlichkeit im Oktober 1986, als die neue Geschäftsstelle der bekannten Computerfirma Nixdorf an der Ruhrallee eröffnet wurde. In dem für 22 Millionen DM in der Rekordzeit von vierzehn Monaten errichteten »Computerpalast« fanden zunächst 204 Menschen einen neuen Arbeitsplatz. Die veränderte Marktlage mit der Übernahme Nixdorfs durch Siemens Anfang 1990 brachte der Stadt in ihrem Bemühen um Teilhabe an Zukunftstechnologien aber keinen Rückschlag. Im Gegenteil: Mit Start des Projekts Essener Technologie- und Entwicklungs-Zentrum (ETEC) im Sommer 1985 ist Essen endgültig Wegbereiter für die Technologie von morgen.

Die Träger des ETEC sind die Stadt Essen, eine Beteiligungsgesellschaft der Sparkasse Essen mit dem Schwerpunkt Existenzgründungen und der Verein zur Förderung der Essener Wirtschaft, ein Zusammenschluß von namhaften Industrieunternehmen, Banken, der Industrie- und Handelskammer sowie der Universität Essen. Der notwendige Gebäudekomplex wurde in Rekordzeit auf dem Gelände der ehemaligen Firma »Koch & Sterzel« am Ruhrschnellweg errichtet. Bis Ende 1990 sollte der vierte und vorerst letzte Bauabschnitt vollendet sein. Das ETEC bietet Platz für etwa achtzig Firmen mit über tausend zukunftsorientierten Arbeitsplätzen. Sein Angebot richtet sich an Neugründungen im Hoch-Technologie-Bereich, an Mitarbeiter, vor allem Wissenschaftler, von größeren Unternehmen, die – mit oder ohne Förderung der »Mutterfirma« – ein neues Produkt entwickeln und herstellen sowie an kleinere Entwicklungsgruppen, die von etablierten Firmen ausgelagert werden. Im ETEC finden sie neben dem kompletten Büroserviceangebot Beratung durch die engagierte übrige Wirtschaft und Vorteile durch Kommunikationsmöglichkeiten untereinander. Gerade Technologiezweige, die für die dichtbesiedelte Region Ruhrgebiet von besonderer Bedeutung sind – wie Umwelt-, Energie- und Medizintechnik – sollen dort ihren Platz haben. Vor allem für Innovatoren, die bereits in einem Unternehmen tätig sind und sich selbständig machen wollen, bietet ein Platz im ETEC eine große Chance. Der Andrang von Interessenten ließ auch nichts zu wünschen übrig, so daß ETEC tatsächlich, wie erhofft, einer der Motoren des Strukturwandels in der Essener Wirtschaft werden wird.

Start in die Zukunft: 1937

In der Städtischen Sparkasse zu Essen hat die technologische Zukunft vor mehr als fünfzig Jahren begonnen. Im Jahre 1937 beschloß nämlich die Sparkassenleitung, einen Versuch zu wagen, einen Versuch mit dem »Hollerith-Verfahren«.

Dieses Verfahren wurde nach seinem Erfinder, dem Deutschamerikaner Hermann Hollerith, genannt. Er hatte sein erstes Patent 1889 für die Idee bekommen, bei der Auswertung des Ergebnisses einer Volkszählung »Lochkarten« einzusetzen. Der Grundgedanke war einfach: Auf einem Blatt aus dünnem, aber festem Karton wurden in vorbereitete Felder statt handschriftlicher Zahleneintragungen Löcher gestanzt. Die »Lochkarte« war da. Sie ließ sich nach bestimmten Gesichtspunkten maschinell sortieren und in weiteren Arbeitsgängen auch rechnerisch auswerten.

In den folgenden Jahrzehnten wurde dieses Verfahren technisch so verbessert, daß es sich für die Durchführung massenhafter Buchungsvorgänge nutzen ließ. Einige deutsche Sparkassen begannen in den 1930er Jahren mit der Erprobung dieser neuen Technik, und die Essener Stadtsparkasse war unter den ersten. Im Rückblick auf das Jahr 1938 konnte sie berichten:

»Seit Anfang des Jahres 1938 wird bei der Hauptstelle die Kontrolle für die Buchhaltung des Sparverkehrs nach dem Hollerith-Verfahren vorgenommen. Außer der Kontrolle für die Kapitalbewegungen ist in diesem Verfahren auch die Zinsenrechnung und die Zinsenkontrolle für den Sparverkehr eingeschlossen.«

Daß damals in Essen die Zukunft begonnen hat, ist keine Rhetorik, sondern, im Gegenteil, eine Tatsachenfeststellung. Damals begann die Automation, und der Automation gehörte die Zukunft.

Schreibmaschine statt Schönschrift

Der epochenbestimmende Charakter dieser Neuerung wird durch einen Rückblick in die Vergangenheit deutlich. Bis um die Jahrhundertwende arbeitete die Sparkasse in Essen ebenso wie die Vorortinstitute mit einer Technik, die sich nur in Details von den Gründungsanfängen unterschied. Buchungsvorgänge und Rechenoperationen wurden ausnahmslos von Hand vorgenommen.

Und wie denn auch anders? Mit Maschinen? Die gab es noch nicht. Die erste Maschine, die kurz nach 1900 in der Städtischen Sparkasse zu Essen zum Einsatz kam, war eine Schreibmaschine. Ihre Einführung war ein Ausdruck des Mutes zu Neuem. Das Büro des Oberpräsidenten der Rheinprovinz in Koblenz sollte erst Jahre später mit diesem neumodischen Gerät ausgestattet werden. Während in der Essener Sparkasse schon längst eine Schreibmaschine klapperte und gleichzeitig mit der Reinschrift auch einen Durchschlag produzierte, schrieben die Koblenzer Kanzlisten immer noch die Konzepte ins Reine. Sie produzierten solchermaßen zwar wunderschöne Schriftstücke, brauchten aber dafür auch eine Menge Zeit, die sich eine kostenorientierte Sparkasse nicht mehr leisten konnte.

Kostendenken bewog denn auch die Städtische Sparkasse zum nächsten Modernisierungsschritt, zur Einführung von Rechenmaschinen. Das ist kurz vor dem Ersten Weltkrieg geschehen.

Das Funktionsprinzip dieser Geräte wurde in den folgenden Jahren ständig verbessert, unter anderem durch die Einführung des elektrischen Antriebs. So entstanden die »Saldiermaschinen«. Das waren im Prinzip besonders leistungsfähige, elektrisch betriebene Registrierkassen. Sie erfaßten die Ein- und Auszahlungen und erleichterten den Tagesabschluß. Anfang der dreißiger Jahre, noch kurz vor den Hollerith-Experimenten, stattete die Essener Sparkasse noch ihre »Bankabteilung« mit neuen Saldiermaschinen aus. In vielen deutschen Sparkassen sind sie bis Anfang der sechziger Jahre in Betrieb geblieben. In Essen wurden sie bald überflüssig.

Maschinen, mit denen man rechnen kann

Auf dem Höhepunkt ihrer Entwicklung verkörperten sie eine Technologie, die mit jenen Werkzeugmaschinen verglichen werden konnte, die während des 18. Jahrhunderts in der Warenproduktion Eingang gefunden hatten und seitdem fortschreitend perfektioniert wurden. Sie erleichterten die Arbeit, erforderten aber die dauernde intelligente Bedienung.

Der technologische Sprung, den die »Hollerith-Maschinen« verkörperten, bestand in dem Übergang zur Automatisation ganzer Arbeitsabläufe, sie erleichterten nicht nur die Arbeit, sondern ersetzten sie in gewissem Maß. Dabei zeigte sich die Lochkarte umso leistungsfähiger, als die ursprüngliche mechanische Bearbeitung durch den Übergang zu elektromagnetischen Verfahren verbessert werden konnte. Sie erreichte dadurch einen solchen Grad der Vollkommenheit, daß die meisten deutschen Sparkassen den Weg über die Lochkarte nahmen, als sie sich in der zweiten Hälfte der fünfziger Jahre zur Automatisierung entschlossen.

Maschinen, die alleine rechnen

Für die Essener Sparkasse stand jedoch um 1960 fest, daß sie sich zum Vorstoß in eine neue technologische Dimension entschließen mußte. Dazu zwangen sie vor allem zwei Gründe: Zum einen war die Verbreitung der bargeldlosen Lohn- und Gehaltszahlung mit einem gewaltigen Zuwachs des Buchungsaufwandes verbunden. Betrug die Zahl der Buchungsposten im Spargiroverkehr 1953 rund 1,4 Millionen jährlich, so steigerte sie sich bis 1963 auf 6,1 Millionen, mehr als das Vierfache. Zum anderen zeigte sich in diesen Jahren auch in Essen eine Erscheinung immer deutlicher, die damals das wirtschaftliche Wachstum in der Bundesrepublik zunehmend erschwerte: der Mangel an freien Arbeitskräften. So mußte denn auch die Stadtsparkasse feststellen, daß die Personallage »angespannt« sei. Es wurde daher zur Unmöglichkeit, das wachsende Geschäfts- und Buchungsvolumen einfach durch die Einstellung zusätzlicher Arbeitskräfte zu bewältigen. So, wie das bisher geschehen war:

Arbeitsplatz Sparkasse

Im Jahre 1902 waren in der Städtischen Sparkasse zu Essen 22 Mitarbeiter tätig. Sie betreuten etwa 50 000 Kunden mit 29 Millionen DM Spareinlagen. Seitdem stieg der Personalbestand immer mehr an. Im Verlauf des Jahres 1934 übersprang er die Dreihundert-Schwelle und wuchs von 299 auf 321 Beschäftigte. Inzwischen hatte die Essener Stadtsparkasse obendrein durch zahlreiche Fusionen beträchtlichen Zuwachs erfahren.

In den folgenden Jahren nahm das Personal nur noch wenig zu. Während der Kriegs- und Nachkriegsjahre bestand ja eine rigorose Rationierung von Arbeitskräften, die jede Aufstockung des Bestandes von einem komplizierten Genehmigungs- und Zuteilungsverfahren abhängig machte.

Dann aber, mit der Liberalisierung des Arbeitsmarktes und mit dem rasch wachsenden Geschäftsumfang, kam es ständig zu Neueinstellungen, und 1964 überstieg die Beschäftigtenzahl die Tausendermarke.

Das Magnetband

Wenn sich die Rationalisierungsreserven der Lochkarte erschöpften und das Angebot am Arbeitsmarkt immer spärlicher wurde, ergab sich der Zwang zu neuen Verfahren. Um diese Zeit, zu Anfang der 1960er Jahre, kam ein neuer Datenträger auf den Markt: das Magnetband. Es verband höhere Speicherkapazitäten mit rascherem Datenzugriff.

Im Verlauf des Jahres 1963 zog die Essener Sparkasse die Konsequenz und beschloß den Übergang zu dieser neuen Technologie, zu einer elektronischen Rechenanlage, einer IBM 1401. Ihre Installation erfolgte 1964. Auch diese Maschine kam allerdings noch nicht ohne die Lochkarte aus. Sie blieb der primäre Datenträger. Abgelochte Informationen wurden in die neue Rechenanlage eingelesen und dann auf dem Magnetband weiterverarbeitet.

Diese Technik erforderte unter anderem den ständigen Transport der Lochkarten von den Arbeitsplätzen in das Rechenzentrum. Das änderte sich 1970. Damals führte die Essener Sparkasse die Datenfernverarbeitung ein. Die Arbeitsplätze in der Hauptstelle und in den Zweigstellen standen nun durch Telefonleitungen mit der Rechenzentrale in Verbindung.

Die Lochkarte konnte sich auch bei diesem neuen Verfahren noch für kurze Zeit halten. Dann, 1973, wurde sie überflüssig. Neue Datenerfassungsgeräte erlaubten seitdem die unmittelbare Datenübertragung auf Magnetband.

Aufgrund der rasanten Entwicklung in der EDV wurde im Oktober 1972 ein eigenes Rechenzentrum der Sparkasse in der Bert-Brecht-Straße bezogen.

Die Kunden hatten in all diesen Jahren unmittelbar wenig von der neuen Technologie zu sehen bekommen. Sie blieb im Hintergrund, so sehr sie auch inzwischen die Arbeit in der Sparkasse revolutionierte. Allenfalls nahm der Kunde wahr, daß seine altvertraute Kontonummer geändert wurde. Obendrein gab es auch gelegentliche kleine Pannen, die die Mitarbeiter der Sparkasse mit dem verlegenen Hinweis auf die EDV zu entschuldigen wußten.

Bargeld am Sonntagnachmittag

Erst 1979 bekam der Kunde in der Essener Stadtsparkasse den ersten direkten EDV-Kontakt: In Borbeck und in Kettwig wurden Geldausgabeautomaten aufgestellt. Sie waren allerdings noch weit entfernt von der Perfektion der heutigen ec-Automaten, denn sie erlaubten zunächst nur Abhebungen von Konten bei der Sparkasse in Essen. Immerhin eine wunderbare Sache, wenn man am Sonntagnachmittag Bargeld brauchte. Erst 1984 kam die ec-Karte mit Magnetstreifen, die überall im Bundesgebiet und in Westberlin Barabhebungen an den Geldautomaten erlaubt.

In den unmittelbar kundenbezogenen Tätigkeiten der Sparkasse tritt immer deutlicher eine Zweiteilung zutage.

Auf der einen Seite stehen die Routinegeschäfte, die weitgehend durch elektronischen Maschineneinsatz abgewickelt werden können. Die Sparkasse darf hier stellvertretend als ein typisches Dienstleistungsunternehmen angesehen werden. Daher gilt für sie, was auch für den »tertiären Sektor« in seiner Gesamtheit zutrifft: Die Grenzen der Technik sind sicher noch nicht erreicht. Vielmehr wird die Maschine in Zukunft noch mehr Platz einnehmen. »Electronic Banking« bringt alle Möglichkeiten der modernen Datenverarbeitung in das Wechselspiel zwischen Kunde und Sparkasse.

Auf der andern Seite aber erheben sich Zweifel: Im gesamten Kreditgewerbe haben immer persönliche Beziehungen eine besondere Rolle gespielt. Die Sparkassen orientierten sich seit den Gründungsanfängen im Essener Raum ebenso wie überall in Deutschland an Kundenbeziehungen, in denen dieses persönliche Element ausschlaggebendes Gewicht besaß.

Alte Freundschaft

Kundenbeziehungen konnten Generationen überdauern, weil sich die Sparkasse immer wieder veränderten Bedürfnissen anpaßte. Wo die Großeltern nach der Währungsreform mit einem Sparkonto begonnen hatten, richteten die Eltern um 1960 ihr Lohnkonto ein, und da geht die EDV-begeisterte Generation von heute zum Geldausgabeautomaten und zum Kontoauszugsdrucker. Aber sie schließt mit den Maschinen keine Freundschaft, tritt zu ihnen nicht in jene Beziehung, die Großeltern und Eltern mit »ihrer« Sparkasse und »ihren« Sparkassenmitarbeitern verband und auch noch verbindet.

So steht denn die Sparkasse im Zeitalter der Automation vor einer Aufgabe, die einerseits neu, andererseits aber auch sehr alt ist; daher sucht sie die Beziehung zu den Menschen. Der Computer gibt den Mitarbeitern die Zeit, solche Beziehungen zu schaffen und zu pflegen.

359

6. Kapitel
Zentrum von Kultur und Wissenschaft

»Überwiegend monokulturell festgeschrieben« – so lautete das Urteil noch in den sechziger Jahren, wenn über Essens Kulturszene berichtet wurde. Es gab da einen festen Bestand von Museen, Theater- und Musikspielstätten, etwas künstlerische Ausbildung und eine Stadtbibliothek. Ein solides Angebot inmitten einer Industrielandschaft – mehr nicht. Und heute? Nicht nur bewunderte Neubauten wie das Aalto-Theater zeugen vom Wandel eines monokulturell angelegten Angebots zum beachteten Zentrum von Kunst und Bildung. Der Name der Stadt Essen hat in der einschlägigen Szene einen guten Klang bekommen – man ist dort dabei, etwas zu schaffen, was noch vor kurzem undenkbar erschien: eine Kulturstadt.

Das Museum Folkwang Am stärksten ist in den letzten Jahren die Museums- und Theaterlandschaft verändert worden. Dafür steht zunächst einmal der Name Folkwang. Der Stuttgarter Schriftsteller Wilhelm Westecker ernannte es in seinem Buch »Die Wiedergeburt der deutschen Städte« seinerzeit zum schönsten Museum der Bundesrepublik. Das war zu Beginn der sechziger Jahre, als die Sammlungen ein neues Domizil gefunden hatten. Inzwischen ist durch Erweiterungsbauten daraus ein interessantes, modernes Museumszentrum geworden.

Doch zur Chronologie. Den Grundstock für den reichen Besitz bildeten die Verbindung der seit Anfang des 20. Jahrhunderts zusammengetragenen Bestände des städtischen Kunstmuseums mit der berühmten Kunstsammlung »Folkwang« des 1921 verstorbenen Hagener Industriellen *Karl-Ernst Osthaus*. Sie wurde ein Jahr nach dessen Tod auf Initiative einer Stiftergruppe, dem späteren Folkwang-Museumsverein, erworben, was der Gesamtsammlung fortan ihren Namen gab (»Folkwang« vom alten nordischen »folkvangr«, Halle der Frühlingsgöttin Freia in Walhall, auch Volksgefilde).

Die würdige Heimstätte dieser durch rege Sammlertätigkeit ständig vergrößerten Kunstsammlung, ein in den Jahren 1927 bis 1929 entstandenes Gebäude, wurde ein Opfer des Bombenkrieges. Aber nicht der Krieg schädigte die Bestände, sondern der vorangegangene Bildersturm der Nationalsozialisten, die in diesem bedeutenden Museum moderner Kunst besonders heftig wüteten. 145 Gemälde wurden enteignet und überwiegend nach Amerika verkauft – so

Franz Marcs berühmte »Rote Pferde« und wertvolle Werke von Chagall, Cézanne und Matisse (einige konnten nach dem Krieg aus städtischen und privaten Mitteln zurückgekauft werden).

Zahlreiche Neuerwerbungen haben in den vergangenen Jahren dem Museum Folkwang seinen einstigen Rang zurückgegeben. Die Sammlungen sind heute umfangreicher und bedeutender als jemals zuvor. Das Museum blieb seinem Prinzip treu: die europäische Malerei des 19. und 20. Jahrhunderts in typischen und hervorragenden Stücken vorzustellen, in farbigem Kontrast zu einer Sammlung antiker und außereuropäischer Plastik und Keramik.

Anstelle des kriegszerstörten Domizils konnten die Sammlungen 1960 ein nach mehrjähriger Bauzeit fertiggestelltes neues Gebäude beziehen, einen hellen, weiträumigen Flachbau, der von außen gefällig wirkt, ohne den Betrachter zu faszinieren. Innen aber gibt es Säle, Passagen, Durchblicke, die stark beeindrucken. Keine Wand, kein Raum ist etwa mit Gemälden »vollgehängt«. Man geht nicht einfach durch eine Bildergalerie, sondern gleichsam durch ein lichtes Schloß mit herrlichem Schmuck an den Wänden, mit Statuen, Vitrinen und kostbaren Teppichen, mit Raumfolgen, die in Farbe und Dimensionen spannungsreich wechseln, mit zwei grünen Gartenhöfen und einem gläsernen Saal zwischen ihnen, der düstere Museumslabyrinthe als Alptraum erscheinen läßt. Gemälde und Plastik sind so gehängt und gestellt, daß jedes Stück für sich und in einem in Licht und Farbe genau darauf abgestimmten Raum zur Geltung kommt – eine Rarität im internationalen Museumsbetrieb. Man ist gewillt, die Begeisterung des Stuttgarter Reiseschriftstellers nachzuempfinden.

Elf Galerieräume beherbergen die eindrucksvolle Gemäldesammlung mit Werken vorwiegend der französischen und deutschen Malerei des 19. und 20. Jahrhunderts. Darunter finden sich alle großen Namen der Kunstrichtungen dieser Epoche, wie Caspar David Friedrich, Renoir, Cézanne, van Gogh, Nolde, Chagall, Kokoschka, Picasso. Hinzu kommt Plastik europäischer Meister des 19. und 20. Jahrhunderts mit ihren Repräsentanten Rodin, Barlach, Moore und Arp (neben anderen). Weiter gibt es eine umfangreiche Sammlung an Druckgraphik des 19. und 20. Jahrhunderts, Beispiele exotischer Kunst und klassischer Antike sowie die berühmte Abteilung der Geschichte der bildnerischen Photographie des 19. und 20. Jahrhunderts. Die photographische Sammlung unter Leitung von *Ute Eskildsen* ist ihren Beständen nach eine der bedeutendsten in Europa. Es ist die Dokumentation der Geschichte der Photographie von ihren Anfängen bis zur Gegenwart. Die Sammlung umfaßt circa 20 000 Photographien.

Mit der Eröffnung des Erweiterungsbaus im Oktober 1983 wurden die Möglichkeiten der Präsentation für das Museum Folkwang noch attraktiver. Ein Ausstellungsraum für die graphische Sammlung und die beiden je 800 Quadratmeter großen Säle für Wechselausstellungen und die Kunst nach 1960 kamen hinzu. So dient der Neubau nun der Konfrontation des Besuchers mit den wechselnden Aktivitäten sowie der Kunst der unmittelbaren Gegenwart, die sich einer historischen Aufreihung noch widersetzt und dabei mehr als Situation gezeigt und begriffen werden sollte. Der Ausstellungsraum ist weit und offen gehalten und erlaubt Durchblicke und Vergleiche. Man wird hier, entsprechend dem Gesicht der jeweiligen Entwicklung unserer Zeit, ebenso mit einem häufigen Wechsel der Exponate wie einer Änderung der gerade dargestellten Situationen zu rechnen haben. Aber das reizt auch zu häufigen Besuchen.

Der Erfolg der jährlichen Wechselausstellungen, in denen zum Teil auch die eigenen Bestände gezeigt werden, spricht für das Gesamtkonzept. Gerade in den letzten Jahren gab es ausgesprochene Publikumsrenner. Man denke an die Edvard-Munch-Ausstellung 1987, die fünfundsiebzig Meisterwerke des Malers aus Europa und Übersee nach Essen brachte, oder die große Schau von über dreihundert Arbeiten des nicht minder renommierten Christian Rohlfs im Jahr darauf. Ein großer Wurf gelang Museumsleiter *Georg W. Költzsch* dann im Sommer 1990 mit der Ausstellung »Vincent van Gogh und die Moderne«. Költzsch war im September 1988 in dieses Amt eingeführt worden. Sein Vorgänger, Professor *Paul Vogt*, übernahm nach vierunddreißigjähriger überaus erfolgreicher Arbeit im Museum die Position des geschäftsführenden Vorstandsmitglieds der Kulturstiftung Ruhr. Der neue Mann auf dem Direktionssessel hatte nur fünfzehn Monate Zeit, um die Ausstellung vorzubereiten, die den Zeitraum der europäischen Avantgarde von 1890 bis 1914 umfaßte. Költzsch zu seinen Intentionen: »Grundlage des Konzepts war für uns die Frage: Was hat van Gogh mit seinen Malereien bewirkt? Sie schließt die jungen Expressionisten, die Fauves, die jungen Holländer der Zeit, auch einzelne Künstler aus Österreich und der Schweiz ein.« Die Präsentation ging von Essen aus nach Amsterdam, wo sie als Retrospektive mit weiteren Bildern aus dem Besitz des dortigen Museums gezeigt wurde. Folkwang leistete damit einen bedeutenden Beitrag zum Gedenken an van Gogh, dessen Todestag sich am 29. Juli 1990 zum hundertsten Mal jährte.

Seit der Wiedereröffnung hat das Museum Folkwang in der Öffentlichkeit starke Resonanz gefunden. Diese bestätigt ebenso nachdrücklich wie Wünsche der Fachleute die Notwendigkeit des damaligen Bauprojekts. Das Museum Folkwang hat sich stets als Bindeglied zwischen Kunst und Künstlern und der Öffentlichkeit verstanden, und es hat diese Aufgabe sehr ernst genommen. Der Kunstring Folkwang, durch Vertrag mit dem Museum eng verbunden, führt ein umfangreiches Programm an Veranstaltungen durch. Es besteht aus etwa dreißig Vorträgen im Jahr zu allen Gebieten der Bildenden Kunst von der Antike bis zur Gegenwart. Dazu gibt es zahlreiche Kurse zu Fragen alter und zeitgenössischer Kunst. Ein breites Angebot von Exkursionen ermöglicht den Besuch von Ausstellungen in der näheren Umgebung sowie im Ausland. Ein »Museumspädagogischer Dienst« bietet Schulen Unterrichtsprogramme, Vereinen und Bürgergruppen Führungen und Fortbildungsprogramme an. Der Museumsverein als Miteigentümer arbeitet ständig daran, durch Stiftungen den Bestand dieser Kulturstätte zu erweitern. Kuratoriums-Vorsitzender war mit Berthold von Bohlen und Halbach lange ein Mitglied der Krupp-Familie, jetzt hat NRZ-Herausgeber *Dietrich Oppenberg* diese Aufgabe inne.

Seit Oktober 1984 bilden Folkwang und Ruhrlandmuseum nach entsprechenden Erweiterungsbauten ein Museumszentrum. Der Neubau ist mehr als eine Art lebendiges Kulturzentrum denn als reiner Museumsbau geplant worden. Er enthält neben den Sammlungsräumen für die Bestände des Ruhrlandmuseums und dessen Aktivitäten alle Möglichkeiten für jene Dienste, die heute ein Museum selbstverständlich für die Öffentlichkeit leistet: Film-, Vortrags- und Kursräume, ein Videostudio für Künster, die neue Bibliothek beider Museen mit circa 40000 Bänden, Museumscafé, Depots und Werkstätten.

Das 1904 auf der Grundlage einer frühen naturkundlichen Sammlung Essener Bürgervereine gegründete Ruhrlandmuseum war durch einen im Dezember 1963 bezogenen Neubau bereits guter Nachbar von Folkwang. Seit der Wiedereröffnung im Museumszentrum ist es auf vergrößerter Ausstellungsfläche (jetzt 4500 Quadratmeter) ein historisches Regionalmuseum mit umfassender Konzeption. Sie verknüpft die Geologie des Ruhrgebiets mit der Sozialgeschichte der Industrialisierung dieser Region. Die geologische Abteilung der neuen Dauerausstellung »Vom Ruhrland zum Ruhrgebiet« präsentiert die bedeutende Sammlung des alten Ruhrlandmuseums unter dem Aspekt, daß die in Millionen von Jahren gebildeten Bodenschätze die wichtigste Voraussetzung für die rasante industrielle Entwicklung dieses Naturraumes zu dem Ballungsraum Ruhrgebiet mit den heute über vier Millionen Einwohnern waren. Die sozialgeschichtliche Abteilung zeigt in erzählenden Bild-Räumen die Alltagsgeschichte der Menschen im Ruhrgebiet in der Phase der Hochindustrialisierung um 1900. Die Ausstellung ROTE ERDE war ein vielbeachteter Auftakt. Darüber hinaus hat das Ruhrlandmuseum in den Stadtteilen Fuß gefaßt: In ehemaligen Schulgebäuden werden Sammlungsbestände thematisch konzentriert dargeboten. So ist in der Altenessener Straße in enger Zusammenarbeit mit dem Fachbereich Geschichte der Universität Essen das Museum Altenessen als kulturgeschichtliche Schau entstanden. Auf 650 Quadratmetern werden Fundstücke von der Altsteinzeit bis in die Tage Karls des Großen ausgestellt. Das archäologische Museum – eröffnet im September 1984 – versucht, die Menschheitsgeschichte an heimischen und überregionalen Beispielen darzustellen. In Kupferdreh findet man das Mineralogische Museum, eingerichtet aufgrund von Initiativen der dortigen Bürgerschaft und privater Stifter. Das Ruhrlandmuseum kann hier seine geologischen Kostbarkeiten ebenso wirkungsvoll präsentieren wie in Altenessen die Bestände seiner ehemaligen archäologischen Abteilung.

Das vielschichtige Ruhrlandmuseum

Großgeschrieben wird auch hier wie beim Nachbarn Folkwang die Museumspädagogik. Mit viel Phantasie wird Kindern und Jugendlichen spielerisch der Weg in das Verständnis für Zeit-, Kultur- und Kunstgeschichte gewiesen, eine Brücke vom Gestern zum Heute geschlagen. Eine Museumspädagogin erläuterte die Konzeption wie folgt: »Unsere Arbeit zielt darauf, durch interessante Angebote unterschiedlicheBesuchergruppen zu eigenständiger Auseinandersetzung mit Geschichte und ihrer musealen Präsentation zu motivieren. Darum haben die museumspädagogischen Teams des Ruhrlandmuseums und des Museums Altenessen ein differenziertes und lebendiges Angebot von vielfältigen Arbeits- und Aktionsformen entwickelt. Museumsgespräche, historische

Rollenspiele, Kurse, Aktionsnachmittage, Exkursionen und Projektwochen gehören zum Alltag der Bildungsarbeit des Ruhrlandmuseums.« Dem ist eigentlich nichts mehr hinzuzufügen, man muß es aber kommentieren: Kann in einer Stadt mehr für die kulturelle Einbindung seiner Bewohner getan werden?

Mahnmal und Wegweiser   Ähnliche Arbeit wird ja auch noch an anderer Stelle geleistet. Zum Beispiel in der Alten Synagoge. Sie wurde von Professor *Edmund Körner* zwischen 1911 und 1913 erbaut und galt als eine der größten und prächtigsten diesseits der Alpen. Bis zu ihrer Zerstörung durch die Nationalsozialisten in der Nacht vom 9. zum 10. November 1938 diente sie einer aktiven jüdischen Gemeinde als Gotteshaus. Das 1959 von der Stadt übernommene Gebäude wurde am 9. November 1980 als Mahn- und Gedenkstätte der Stadt Essen eröffnet. Das historisch-politische Dokumentationszentrum arbeitet mit der ständigen Ausstellung »Widerstand und Verfolgung in Essen 1933–1945« das unheilvolle Geschehen, die Hintergründe und Folgen jener schrecklichen Jahre auf und versucht, in pädagogischer Arbeit Bewußtseinsbildung und Handlungsperspektiven für heute und morgen zu entwickeln. Nach weiteren Umbauarbeiten wurde die Alte Synagoge am 9. November 1988 – fünfzig Jahre nach der Pogromnacht – wiedereröffnet.

Plakative museale Angebote   Eine Botschaft will auch ein anderes junges Objekt der Essener Museumsszene vermitteln. Im mit einer Ausstellung internationaler Plakatkunst im Oktober 1970 eröffneten Plakatmuseum – neben dem in Warschau in Europa einzigartig – will man das Plakat durchaus nicht nur in seiner Eigenschaft als »schöne Graphik« zeigen. Bewußt ist die konkrete Aussage für unsere Gesellschaft in den Vordergrund gestellt: politische und soziale Zustände und Ziele, Konsumverhalten und Lebensgefühl werden plakativ dargestellt.

Der aus verschiedenen Kollektionen zusammengesetzte Grundstock des Museums ist beachtlich. Etwa vierhundert französische Plakate aller Sachgebiete zwischen 1875 und 1908, eine Sammlung unter dem Thema »Welt des Zirkus und des Varietés« von 1880 bis 1920 sowie achthundert Plakate aus Deutschland, Frankreich, England, der Schweiz, Österreich, Belgien, Holland und der UdSSR (aus der Zeit vor 1925) bilden die wertvollsten Darstellungen. Achthundert Plakate verschiedener Herkunft aus der Zeit von 1933 bis 1945, zwölfhundert polnische aus jüngster Zeit (zwischen 1945 und 1965) sowie achttausend zeitgenössische Plakate sind dort vertreten. Insgesamt beläuft sich die Sammlung auf circa 50 000 historische und zeitgenössische Plakate, die das Museum zu einer einzigartigen Einrichtung machen. Es wurde im Jahre 1974 von der Stadt Essen übernommen und als selbständige Institution dem Museum Folkwang angegliedert.

Das Spektrum des Essener Museumsangebotes wird nachhaltig ergänzt durch das Designinstitut Haus Industrieform, das Laternen- sowie das Kirmesmuseum und die sakraler Kunst vorbehaltenen Sammlungen in der Münsterkirche bzw. der Abtei Werden.

All diese Einrichtungen verzeichnen ein regelmäßiges Besucherinteresse, werden an Anziehungskraft jedoch weit von einer Institution übertroffen, die auf einer beherrschenden nördlichen Anhöhe hoch über dem Baldeneysee liegt ...

Als das Museum Folkwang noch nicht wieder über ein eigenes Haus verfügte, konnte es im Mai 1953 einige seiner Exponate in der Krupp-Villa im Rahmen einer Ausstellung präsentieren, die Kunstwerke aus Kirchen-, Museums- und Privatbesitz sowie den Essener Münsterschatz zeigte. Über 400000 Besucher strömten zu dieser Ausstellung, sicher auch deshalb, weil die Villa Hügel zum erstenmal für die Allgemeinheit zugänglich wurde. Der Komplex war 1868 bis 1872 von Alfred Krupp nach eigenen Entwürfen erbaut worden und diente der Familie Krupp bis 1945 als Wohnsitz und Repräsentationsgebäude. Am 15. Juli 1945 wurde die während des Krieges weitgehend unzerstört gebliebene Villa Hügel von den Alliierten beschlagnahmt und zunächst Sitz der britischen, dann der britisch-amerikanischen Kontrollkommission. Sieben Jahre lang, bis zur Freigabe am 31. Juli 1952, arbeiteten hier etwa 170 Alliierte und weitere rund 1100 Mitarbeiter. Bereits während dieser Zeit setzten Überlegungen über die zukünftige Nutzung der Anlage ein, da feststand, daß die Familie Krupp nicht mehr dort wohnen würde. Die unterschiedlichsten Möglichkeiten wurden erwogen, unter anderem die Nutzung für die Wissenschaft, zum Beispiel durch die Max-Planck-Gesellschaft, durch wissenschaftliche Verbände oder durch die Forschungseinrichtungen des Bundes, wurde die Nutzung für die Industrie, zum Beispiel als Gästehaus der Ruhrindustrie, oder die Nutzung für die Essener Museumseinrichtungen in Erwägung gezogen.

Die Villa Hügel

Noch bevor eine grundsätzliche Entscheidung getroffen wurde, fand auf Anregung von Berthold von Bohlen und Halbach im Großen Haus 1953 die erwähnte Ausstellung statt. Im gleichen Jahr veranstaltete das Essener Folkwangorchester sein erstes Konzert in der Villa Hügel. Es war der Wunsch von Bertha Krupp von Bohlen und Halbach (Gustav Krupp war 1950 verstorben), den Besitz Villa Hügel der Allgemeinheit zur Verfügung zu stellen und hier in erster Linie »Künsten, Wissenschaften und anderen kulturellen Zwecken«. Sie erklärte sich bereit, die Villa zu diesem Zweck in eine Stiftung einzubringen, jedoch scheiterten die Pläne, eine Stiftung unter Beteiligung auch von öffentlichen Körperschaften und von Verbänden zu gründen. 1954 wurde daher, angeregt von Berthold Beitz, die von der Firma Krupp finanziell abgesicherte gemeinnützige Hügel e. V. gegründet. Sie hat den satzungsmäßig festgelegten Zweck, die Villa Hügel zu einem »über die örtlichen Grenzen von Essen hinausgehenden Kulturzentrum des Ruhrgebiets zu gestalten« und war bis 1985 Organisator der berühmt gewordenen Weltkunstausstellungen im Großen Haus der Villa Hügel. Das Kleine Haus beherbergte zunächst ab 1954 die ständige Ausstellung »Industrieform«, und nach deren Verlegung in das Stadtzentrum richtete man eine ständige Präsentation zur Geschichte von Familie und Firma Krupp ein (seit 1955 befindet sich dort auch das Historische Archiv Krupp). Nach dem Tode von Alfried Krupp wurde das ehemalige Gästehaus im Park der Villa Hügel Sitz der Krupp-Stiftung. Berthold Beitz gründete 1984 die »Kulturstiftung Ruhr« mit Sitz in der Villa Hügel. Sie hat die satzungsmäßige Aufgabe,

»dem kulturellen Leben im Ruhrgebiet neue Impulse zu geben«. Zugleich setzt sie die Tradition der Kunstausstellungen in der Villa Hügel fort und fördert – in enger Verbindung mit der Alfried Krupp von Bohlen und Halbach-Stiftung – verschiedene Projekte zur Geschichte des Ruhrgebiets und zu seiner Präsentation als Gesamtheit.

Die Villa Hügel ist seit 1986 in die Denkmalliste der Stadt Essen eingetragen. Sie als Baudenkmal und Zeugnis einer vergangenen Epoche, zugleich aber als Kulturzentrum im Ruhrgebiet zu erhalten, hat das Unternehmen Krupp sich zur Aufgabe gemacht.

Die schloßartige Anlage der Villa erhielt ihr heutiges parkartiges Erscheinungsbild im Vorfeld des 150jährigen Jubiläums der Firma Krupp 1961. Haupthaus, Verbindungstrakt und Kleines Haus liegen im auf 28 Hektar reduzierten Park mit seinen vielen seltenen Gehölzen. Von der ursprünglich reichen Ausstattung sind als wesentlichste Teile die Wandteppiche, darunter ein Zyklus nach Entwürfen Raffaels, und – aus der ehemaligen Gemäldesammlung – Porträts der Familienmitglieder sowie von deutschen Kaisern zu besichtigen. Hinzu kommen einige Sitzgruppen, Schränke und Truhen aus verschiedenen Zeitabschnitten. Sofern nicht anders angegeben, befinden sich die Räume im Bau- und Ausstellungszustand von 1914.

Zu den Weltkunstausstellungen in den Räumen des Großen Hauses strömten ungeahnte Besuchermengen. Alle sind für die Betrachter von hohem Erinnerungswert, einige dürften als glanzvolle Höhepunkte unvergessen bleiben. So sahen unglaubliche 485 000 Menschen die Ausstellung »Götter Pharaonen« im Jahre 1978, und seit 1984 gab es keine Schau mit weniger als 110 000 Besuchern. Als die Reihe »Europäische Metropolen« 1986 mit der Ausstellung »Barock in Dresden« eröffnet wurde, sahen 334 000 Interessierte, was die DDR noch nie in derartigem Umfang jenseits der eigenen Grenzen präsentiert hatte.

Auf etwas weniger Resonanz stieß die zweite Ausstellung der Reihe, die unter dem Titel »Prag um 1600« Kunst und Kultur am Prager Hof Rudolfs II. zeigte. Mehr als hundert Leihgeber schickten aus aller Welt ihre kostbaren Exponate nach Essen, wo sie 130 000 Neugierige anlockten.

Die neunziger Jahre begannen in der Villa Hügel dann mit einem wahren Paukenschlag. Unter dem Titel »St. Petersburg um 1800« gab es eine Ausstellung zu sehen, die es bisher selbst in der Sowjetunion in diesem Umfang noch nicht gegeben hat. Noch nie zuvor war die Hochblüte von Kunst und Kultur in der Regierungszeit der Zaren Paul I. und Alexander I. im Zusammenhang dargestellt worden. 555 Leihgaben aus dem Eremitage-Museum von Leningrad dokumentierten, daß die Metropole des Zarenreiches damals zu Recht als »Hauptstadt des Empire« galt und zogen wieder riesige Besuchermassen zur Villa Hügel.

Am Anfang war das Grillo-Theater

Eine ähnlich vehemente Entwicklung wie im Museumsbereich hat es auch in der Essener Theaterszene gegeben. Sie lag lange Zeit in einer Art Dornröschenschlaf, aus dem sie aber Ende der siebziger Jahre dann doch erwachte. Bis dahin mußten Freunde dieser Muse mit dem Grillo-Theater – 1892 eröffnet, durch

Bomben zerstört und 1950 nach einem beispiellosen Aufbau wiedereröffnet – auskommen. Zwischen den beiden Weltkriegen gab es zwar noch ein eigenes Schauspielhaus, und nach dem letzten Inferno wurde die Humboldt-Aula zu einem »kleinen Haus« umfunktioniert, doch in beiden Fällen handelte es sich um Ausweichmanöver. Das große Warten auf einen die Lage von Grund auf verbessernden Theaterneubau bestimmte die Szene.

Essens Theaterfreunde kannten ihre Lage. Einige von ihnen gründeten 1955 eine Fördergesellschaft, die sich mit wechselndem Erfolg für einen Neubau engagierte, über eine Million Mark an Spenden einsammelte und die Stadt schließlich zur Ausschreibung eines Wettbewerbs für den Neubau eines Opernhauses bewegen konnte. Diesen gewann der finnische Architekt Alvar Aalto wegen der »hervorragenden künstlerischen Qualität« (Jury-Urteil) mit großem Abstand vor den übrigen Teilnehmern. Die Pläne blieben aber vorerst in der Schublade. Schließlich hatte die Stadt wichtigere Aufbauarbeiten zu leisten.

Die lange Geburt eines architektonisch aufsehenerregenden Neubaus

Immerhin sorgte die Gesellschaft zur Förderung des Theaterneubaus dafür, daß Aaltos Entwurf für ein neues Musiktheater am Stadtgarten ständig neu diskutiert wurde. Im Oktober 1969 fiel im Rat der Stadt eine Grundsatzentscheidung für den Bau der neuen Spielstätte. Und es kam zu einem Vertragsabschluß mit Alvar Aalto, dem weltberühmten Architekten. Mit einem Kostenaufwand von 3 Millionen DM wurden die Pläne baureif gemacht, wobei etliche Änderungen der ursprünglichen Konzeption in Kauf genommen wurden. Noch zu Beginn der siebziger Jahre war Aaltos Entwurf – die Baumasse mittlerweile um ein Drittel reduziert, die Zahl der Sitzplätze von 1400 auf 1100 verringert – ein ernsthaftes Diskussionsthema. Vor der schnellen Verwirklichung stand nur die leidige Finanzierungsfrage (geschätzte Baukosten 1971: 55 Millionen DM). Auch nach Aaltos Tod im Jahre 1976 blieb bei vielen Bürgern der Stadt die Hoffnung auf Realisierung seines planerischen Erbes erhalten. Und diese trog sie nicht. Nachdem der Rathausneubau stand, beschloß der Rat im Juli 1979, das Theater nach den Plänen des Finnen zu errichten. Zwei Jahre später wurde die Gemeinnützige Theater-Baugesellschaft Essen gegründet, die in ihrer Eigenschaft als Bauherrin des Theaters nun Planungsbüros beauftragte, um den Entwurf von Alvar Aalto unter künstlerischer Beratung seiner Frau Elissa fortzuführen. Diese, ebenfalls Architektin, trug dafür Sorge, daß die 1981 unter veränderten Bedingungen weiterlaufenden Planungen sich strikt an den ästhetischen Vorstellungen und Vorgaben ihres Mannes orientierten. Dabei erwies es sich als Glücksgriff, den Münsteraner Architekten Professor *Harald Deilmann* mit den weiteren Planungsarbeiten zu betrauen. Mit Geschick und Einfühlungsvermögen hat Deilmann Aaltos Ideen nicht nur mit den neuen Anforderungen in Einklang gebracht, sondern auch gegen allerlei tagesaktuelle Überlegungen die künstlerischen Vorgaben für Aaltos Spätwerk durchgesetzt, dessen Vollendung ihm übertragen worden war.

So ist das Essener Opernhaus heute nicht nur eine repräsentative Spielstätte, sondern auch eine architektonische Sehenswürdigkeit von internationalem Rang. Schon jetzt gilt das Aalto-Theater in der Fachwelt als prägnantes Beispiel für die Baukunst der jüngeren Architekturgeschichte. Alvar Aalto, der wie Gropius, Mies van der Rohe, Frank Lloyd Wright und Le Corbusier zu den bedeutendsten Repräsentanten der Architektur des 20. Jahrhunderts zählt, hat in Essen sein Konzept der »Humanen Architektur« konsequent vom Grundriß bis zum Portal verwirklicht. Es basiert auf der Überzeugung, daß die vom Architekten gewählte Form aus den Lebensvorgängen begründbar sein soll. So entstand ein Kunstwerk in harmonischen Proportionen, das hohen Komfort und modernste Theatertechnik vereint und seine gewaltigen Dimensionen in vielen ästhetisch gelungenen Einzelheiten auflöst. Und die Dimensionen sind beträchtlich: Der mit 190 000 Quadratmetern angegebene umbaute Raum entspricht der Fläche von 350 Einfamilienhäusern.

Kein Wunder, daß Essens Bevölkerung das Wachsen dieses Projekts vom »ersten Spatenstich« im November 1983 über die Grundsteinlegung im Mai 1984, das Richtfest im August 1985 bis zur Fertigstellung im September 1988 mit großem Interesse verfolgte. Am »Tag der offenen Tür« (15. September 1988) nahmen 80 000 Menschen die Gelegenheit wahr, das neue Theater kennenzulernen. Die feierliche Eröffnung erfolgte genau zehn Tage danach am 25. September im Beisein des finnischen Staatspräsidenten Rauno Koivisto, des Bundespräsidenten Richard von Weizsäcker, des NRW-Ministerpräsidenten Johannes Rau und des Oberbürgermeisters Peter Reuschenbach. Gespielt wurde die Wagner-Oper »Die Meistersinger von Nürnberg«.

Angesichts der Begeisterung in der Öffentlichkeit – bereits in den ersten zwölf Monaten nach der Eröffnung nahmen circa 10 000 Besucher die Möglichkeit von fachkundigen Führungen durch das Haus wahr – trat die sonst bei Projekten dieser Größenordnung oft heiß diskutierte Kostenfrage fast in den Hintergrund. Obwohl auch auf diesem Gebiet Großartiges geleistet wurde. Vor Baubeginn waren die ermittelten Gesamtkosten, prognostiziert auf den Fertigstellungstermin, mit 151 Millionen DM angegeben. Diese Summe konnte um mehr als zehn Prozent unterschritten werden, so daß letztlich Gesamtkosten für das vollständig eingerichtete Theater einschließlich aller Werkstätten und Büros in Höhe von 135 Millionen DM abgerechnet wurden.

Das neue Haus erlebte vom ersten Tage an einen ungeahnten Besucherandrang. Nach 100 Tagen, im Januar 1989, hatten bereits 50 000 Musikinteressierte die Kassen des neuen Hauses passiert. Und der Boom ging in dieser Größenordnung weiter. Aus allen Teilen des Landes strömen die Menschen nach Essen; wer Karten haben will, benötigt Glück und Stehvermögen. Dabei bildet die imposante Kulisse des Aalto-Theaters einen Anziehungspunkt. Der andere liegt in der künstlerischen Qualität des Angebots, für das *Heinz Wallberg* als Generalmusikdirektor und *Guido Ajmone-Marsan* als leitender Operndirigent sorgen. Ihr Engagement, verbunden mit einer glücklichen Hand bei der Verpflichtung großer Stimmen, hat Essen auf den Weg in die Gesellschaft der großen Opernhäuser gebracht. Daß die beiden hocheingeschätzten Künstler – Wallberg gilt als einer der besten Strauß-Dirigenten nördlich der Alpen – mit Beginn der neunziger Jahre Essen wieder verlassen, wurde mit der Verpflichtung eines hochrangigen Nachfolgers gemildert. Ab Sommer 1991 steht

Wolf-Dieter Hauschild als Generalmusikdirektor am Pult des Aalto-Theaters. Sein Dienstbeginn dort wurde bereits auf den 1. Januar 1991 festgesetzt, da Ajmone-Marsan bereits Ende 1990 ausschied und der Übergang bis zu Wallbergs Abschied am Ende dieser Spielzeit 1990/91 gleitend geschehen sollte. Hauschild hat sich als Leiter des Leipziger Rundfunkchores und schließlich als Chef des dortigen Rundfunk-Sinfonieorchesters einen Namen gemacht. Bei der Eröffnung der Semper-Oper in Dresden war ihm die Ehre zuteil geworden, die Premierenvorstellung – Webers »Freischütz« – musikalisch zu betreuen. Kurz darauf wechselte er in die Bundesrepublik über, wo er erfolgreich weiterarbeitete. Die Stuttgarter Philharmoniker führte er zu einem international gefragten Klangkörper.

Aber nicht nur im musikalischen Bereich macht Essens Theaterszene seit einiger Zeit Furore. Mit der Verpflichtung des Stuttgarter Schauspieldirektors *Hansgünther Heyme* gelang es den Essener Bühnen im Januar 1985, eine hochkarätige Größe für den forcierten Aufbau der Theaterarbeit zu gewinnen, die mit der Eröffnung des umgebauten Grillo-Theaters im Herbst 1990 einen ersten großen Höhepunkt hatte.

In die Theaterszene kommt Leben

Dort hatte *Dr. Erich Schumacher* als Generalintendant von 1956 bis 1974 Pionierarbeit geleistet. Unter seiner Ägide verschob sich der Schwerpunkt von der Oper zum Schauspiel. Seine Maxime lautete: zu unterhalten, aber auch herauszufordern und zeitgenössisches Theater zu spielen. Mit Brecht (schon in den fünfziger Jahren eifrig gespielt), mit Hochhuths »Stellvertreter« oder Fortes »Luther« hat sein Ensemble auch unbequeme Stoffe auf die Essener Bühne gebracht und sich damit gegenüber Bochum und Düsseldorf behauptet.

International bekannte Regisseure wie Piscator und Barrault inszenierten in Essen, und Gastspiele in Paris, Warschau, Barcelona und Triest brachten dem Ensemble des Grillo-Theaters auch im Ausland Anerkennung ein. Dies alles wurde mit einem Etat erreicht, der erheblich unter dem lag, was andere Städte für ihre Theater ausgaben. Nachfolger von Dr. Schumacher war bis Ende der Spielzeit 1977/78 *Dr. Jürgen-Dieter Waidelich*. Danach übernahm dann *Ulrich Brecht* das Amt des Essener Generalintendanten.

Sein Nachfolger Heyme hatte als neuer Schauspieldirektor – auch in Essen arbeiteten die Sparten Musiktheater und Schauspiel inzwischen selbständig – einen fulminanten Einstand. Für die Lohenstein-Inszenierung »Sophonisbe« erhielt der Ex-Stuttgarter im Dezember 1985 hymnische Kritiken. Seine weiteren Anstrengungen verhalfen dem Essener Schauspiel schnell zu hohem Ansehen, und die Bemühungen um eine würdige Spielstätte hatten ebenfalls Erfolg. Im Mai 1987 beschloß der Rat der Stadt die Sanierung des Grillo-Theaters für 8,8 Millionen DM. Diese sogenannte »kleine Lösung« stieß in der Öffentlichkeit auf herbe Kritik, viele hatten wie im Falle Aalto-Theater auf einen Neubau gehofft. Einen Monat später verlängerte Heyme seinen Vertrag bis ins Jahr 1992. Mit Beginn des Wintersemesters 1987/88 wurde er darüber hinaus zum Professor und Leiter der Schauspielabteilung der Folkwang-Hochschule ernannt. In diesen Junitagen 1987 wurde auch die weitere Finanzierung des jüngsten Theaterprojektes der Stadt gesichert. Neben den von der Stadt zur Verfügung gestellten Mitteln kamen noch 1,6 Millionen DM von der Krupp-Stiftung und 1,2 Millionen vom Städtebauministerium in Düsseldorf.

Während der nach den Plänen des Architekten *Werner Ruhnau* laufenden Umbauarbeiten fand das Schauspiel im Aalto-Theater eine vorübergehende Spielstätte, bis es mit Heymes Inszenierung des »Sommernachtstraums« von Shakespeare im September 1990 eine neue Ära in Essens Theatergeschichte einleitete. Der Umbau ist Theater wie einst und doch anders. Wie gehabt existiert eine Guckkastenbühne, aber daneben gibt es die Möglichkeit, Raumtheater zu machen, die Spielfläche zu erweitern, das Publikum mehr in das Geschehen hineinzuziehen. Der Rang ist wesentlich kleiner als im alten Haus. Insgesamt gibt es etwa 400 Plätze, dazu im Obergeschoß ein Studio mit 99 Plätzen. Wo im alten Haus das Foyer war (erste Etage) lädt nun eine Cafeteria ein, Treffpunkt der Künstler mit dem Publikum.

Das neue Haus Damit haben nun alle Sparten der Essener Bühnenlandschaft eine eigene Spielstätte, die, jede für sich, zudem eine bautechnische Attraktion darstellt. Dazu zählt auch die lange als Kinder- und Jugendtheater firmierende Bühne in der Theaterpassage, die mit geringem Vorsprung vor Oper und Schauspiel ein festes Domizil erhielt. Die Casa Nova ist heute über die Stadtgrenzen hinaus ein fester Begriff.

Vor vielen Jahren residierte dort ein Varieté und Nachtlokal, das nach dem berühmt-berüchtigten italienischen Frauenhelden »das Casanova« hieß. Diese Räumlichkeiten wurden im November 1977 nach Umbauarbeiten wiedereröffnet und von den Städtischen Bühnen als Spielort für Kinder- und Jugendtheater, aber auch des Schauspiels genutzt. Der vertraute Name blieb dabei zumindest vom Klang her erhalten. Aber aus dem italienischen Namen wurde eine lateinische Begriffsbezeichnung, nämlich »die Casa Nova«, auf deutsch: das neue Haus. Und weil dieses das Herzstück der Mitte der achtziger Jahre fertiggestellten Einkaufsattraktion in der Essener City bildet, erhielt das Gesamtprojekt deswegen auch seinen Namen: Es wurde zur Theaterpassage.

Die Casa Nova ist die vielseitigste Spielstätte des Essener Theaters: Bühne und Zuschauerraum bilden eine Einheit, lassen sich in unterschiedlicher Weise verwandeln und den Anforderungen der jeweiligen Inszenierung optimal anpassen. So sind hier Theatervorstellungen möglich, die sich als Guckkasten- oder Arenabühne, im Boxring, im Manegenrund oder in der Caféhaus-Atmosphäre präsentieren. Experimentierfreudigkeit zeichnen das Haus, die Aufführungen und die überwiegend jungen Besucher aus. Mit Beginn der Spielzeit 1987/88 hat das Kinder- und Jugendtheater der Essener Bühnen die Casa Nova als feste Spielstätte erhalten.

Seine Leiterin *Hildegard Bergfeld* konnte somit kurz vor ihrem Ausscheiden aus dem aktiven Dienst die Krönung ihrer allseits bewunderten Arbeit erleben. Mit ihrem kleinen Team hat sie Ungeahntes geleistet, indem sie 132 stationäre und 118 mobile Vorstellungen auf die Beine stellte – innerhalb eines Jahres wohlbemerkt. Ab August 1988 arbeitete sie noch ein Jahr mit ihrem Nachfolger,

Professor *Jürgen Schwalbe*, zusammen, der im Sommer 1989 die Leitung des Theaters übernahm. Der vom Hamburger Staatstheater nach Essen gewechselte Theatermann – unter anderem lehrte er zehn Jahre an der Hochschule für Musik und Theater in Hannover – gab seinem neuen Arbeitsplatz den Namen »Junges Theater Casa Nova«. Der steht auch für sein Programm: Theater für junge und junggebliebene Leute, das unterhaltend, vergnüglich, auch kulinarisch und auf jeden Fall ohne vorschmeckende Moral sein soll. Schon nach seiner ersten Spielzeit hatte er mit der eigenständigen Kinder- und Jugendbühne entscheidende Akzente gesetzt.

Daß sich Essens Kulturszene derart positiv entwickeln konnte, dafür sorgte eine weit vorausschauende Planung im Rathaus. Um Kosten und organisatorische Notwendigkeiten in den Griff zu bekommen, wurden Theater und Orchester privatisiert. Die Lösung hieß »Theater- und Philharmonie GmbH« und existiert seit August 1984. Alleingesellschafter und natürlich auch Geldgeber ist die Stadt, die sich seitdem aber auch öffentliche Kritik an der Etatplanung für dieses Gebilde gefallen lassen muß. Zwischen 40 und 50 Millionen DM läßt sich der Kämmerer jährlich das Bühnengeschehen kosten – und das scheint manchem Kommentator noch nicht genug.

Planung und Engagement

Künstlerischer Gesamtleiter der TuP, wie die GmbH kurz genannt wird, ist bis Mitte 1992 Professor Manfred Schnabel, der dann in den Ruhestand geht. Seine Position soll nicht neu besetzt werden. Die einzelnen Sparten im künstlerischen Bereich – Musiktheater, Schauspiel, Ballett, Junges Theater und Orchester – sollen selbständig arbeiten. Die personellen Voraussetzungen dafür sind langfristig gesichert. Der Vertrag mit Wolf-Dieter Hauschild als Operndirektor und Künstlerischer Leiter des Musiktheaters wurde von 1992 bis 1997 datiert; wie bereits erwähnt, wird Hauschild schon Mitte 1991 Orchesterchef als Nachfolger des dann in den Ruhestand gehenden Professor Heinz Wallberg. Schauspieldirektor bleibt über 1992 hinaus Hansgünther Heyme. Der Aufsichtsrat der GmbH verlängerte dessen Vertrag bis 1995. Und *Heidrun Schwaarz,* deren Choreographien – ob klassisch oder modern – für Ballettfreunde immer eine Reise ins Essener Theater wert sind, wird als Leiterin dieses Genres der Ruhrmetropole ebenfalls noch einige Zeit erhalten bleiben.

Kultur an der Ruhr – von Außenstehenden vor noch nicht allzu langer Zeit belächelt – hat durch Anstrengungen der Verantwortlichen im Rathaus der Stadt Essen einen hohen Stellenwert erreicht. Das zuständige Amt mit seinem langjährigen engagierten Leiter *Rolf Schwebke* hat der kulturellen Landschaft Essens in ständiger Zusammenarbeit mit Beteiligten ein neues Profil gegeben, an das man in den sechziger Jahren nicht zu denken wagte. Die Aufmerksamkeit der Mitarbeiter in der Stadtverwaltung galt ja bei weitem nicht nur der Entwicklung des Bühnenwesens. Kleinarbeit war auch über viele Jahre angesagt. Zum Beispiel mit der Förderung von Projekten privater Kulturträger, von denen heute etwa 450 als Partner gelten, oder mit der Ankurbelung von Stadtteil-Kulturprojekten oder mit der Umwandlung des Wasserschlosses Borbeck zum kulturellen Bürgerzentrum.

Seit 1985 leistet sich die Stadt auch ein eigenes Kulturprojekt. Pate stand die Folkwang-Idee von Karl Ernst Osthaus, deshalb firmiert das alle zwei Jahre ablaufende Spektakel auch unter dem Namen »Folkwang '85, '87, '89« usw. Zwei Wochen Kunst und künstlerische Aktion in der Stadt, gespickt mit Höhepunkten auf den Bühnen – das Projekt hat schon nach der dritten Auflage entsprechende Beachtung im Revier.

Die gegenwärtige Projektarbeit bzw. Kulturförderung, so Rolf Schwebke in einer Zwischenbilanz, umfaßt neben solchen zweijährigen Höhepunkten eine Vielzahl und Vielfalt anderer Projekte – wie Neue Musik, Literaturkongreß, Internationales Fest für Ausländer und Deutsche, Stadtteilfeste, Multimediale Veranstaltungen im ehemaligen Baldeneybad (wie »Vollmond« und »Sommernachtstraum«). Allen Veranstaltungen gemeinsam: Die Künstler entwickeln und gestalten miteinander und mit dem Kulturamt die jeweiligen Feste und Projekte.

Der Wille der Stadt zur Förderung von Künstlern wurde durch die Schaffung von drei Kulturpreisen bekräftigt, die im jährlichen Wechsel vergeben werden. Sie wurden 1978 durch Ratsbeschluß gestiftet. In jenem Jahr wurde der »Allgemeine Kulturpreis der Stadt Essen« erstmals verliehen, es folgten der »Preis der Stadt Essen zur Förderung junger Künstler« 1979 und der »Preis der Stadt Essen für Plakatgestaltung« 1980. Das Spektrum der bisherigen Empfänger reicht von Bürgern aus Essen, die sich um ihre Stadt verdient gemacht haben bis zu Künstlern, die aus Übersee eingeflogen wurden. Die Preise haben auf jeden Fall einen Zweck erfüllt: Sie sind ein weiterer Markstein auf dem Weg Essens zur Kulturstadt.

Bildungs-einrichtungen en masse

Zur Stätte wissenschaftlicher Ausbildung und Forschung ist die frühere Industriemetropole Essen spätestens seit Gründung der Universität geworden. Hochschulausbildung gab es aber bereits vorher, und sie war – wie könnte es wohl anders sein – mit dem Namen Folkwang verbunden. Die beiden Folkwang-Schulen hatten sich seit 1948 in den kaum beschädigten Werdener Abteigebäuden eingerichtet. Preußische Zuchthausanbauten, die im Zuge der Sanierung Werdens wieder abgebrochen wurden, hatten die fürstäbtliche Residenz entstellt, der Verfall ging um, das mächtige Gemäuer war kaum zu heizen, und die Raumaufteilung war für Unterrichtszwecke durchaus nicht ideal. Aber in unaufhörlichen Aus- und Anbauarbeiten gelang es, den Schulen in der Abtei ein Heim zu geben, mit manchen Stilbrüchen zwar, aber doch in einer Atmosphäre von Tradition und alter Baukunst eingehüllt.

Im März 1963 wurde zwischen dem Land Nordrhein-Westfalen und der Stadt Essen ein Vertrag unterzeichnet, der die Folkwang-Schule für Musik, Tanz und Sprechen zu einer Hochschule erhob, mit dem offiziellen Namen Folkwang-Hochschule für Musik, Theater, Tanz: Sechsunddreißig Jahre nach ihrer Gründung widerfuhr dieser Schule also eine Anerkennung, durch die ihre Qualität betont wurde. Das wurde denn auch mit einem Festakt im Mai 1963 gebührend gefeiert. Die Anhebung bedeutete aber auch Spaltung, denn die Folkwang-Schule für Gestaltung – obwohl vom gleichen Geist beseelt und im selben

Gebäude heimisch – blieb Werkkunstschule. Im September 1968 erfolgte eine weitere Aufwertung. Die Folkwang-Hochschule für Musik, Theater und Tanz wurde Staatliche Hochschule und rückwirkend zum 1. Januar 1967 in die alleinige Trägerschaft des Landes Nordrhein-Westfalen übernommen. Was für die weitere Entwicklung – vor allem in finanzieller Hinsicht – nicht von Nachteil war. Dennoch stritt man danach wiederholt für eine »Wiedervereinigung« beider Schulen. Diese Einheit der Folkwang-Idee lag aber mehr Essener Lokalpatrioten am Herzen denn Düsseldorfer Kulturbürokraten. Immerhin nahm das Land im August 1971 auch die Folkwang-Schule für Gestaltung nach vorheriger Erhebung zur Fachhochschule für Design unter seine Schulfittiche. Und wenig später wurde sie in den Fachbereich IV der neuen Gesamthochschule Essen integriert, wo sie mit der Kunsterziehung einen adäquaten Partner hat. Im Essener Sprachgebrauch blieben die beiden Institutionen aber die »Folkwang-Schulen«. Denn die Essener wissen sehr wohl, was sie durch ihre »Folkwang-Schulen« haben: zuweilen weltweiten Ruhm.

Solches kann die Volkshochschule der Stadt nicht von sich behaupten, obwohl sie die anderen Bildungseinrichtungen um ein stattliches Alter übertrifft. Die VHS Essen gibt es, in der Zeit der Diktatur zwischen 1934 und 1945 unterbrochen, seit 1919. Heute sorgt sie, gemäß dem Weiterbildungsgesetz des Landes Nordrhein-Westfalen von 1974, wonach die Volkshochschulen als kommunale Pflichteinrichtungen der Erwachsenenbildung fester Bestandteil des öffentlichen Bildungssystems sind, für ein breit und attraktiv gefächertes Programm. Die Dienstleistungspalette umfaßt sowohl »typisierte und kombinierbare« Lernangebote als auch eine »offene Volkshochschule« mit flexiblen Veranstaltungsformen, besonders der politischen und kulturellen Bildung.

Abgestützt und mobilisiert durch die Übernahme ihres nach zwei Bauabschnitten 1975 fertiggestellten zentralen »Mutterhauses« an der Hollestraße (vgl. Kapitel 3), konnte die VHS ihr Weiterbildungsangebot erfolgreich ausbauen. Bestanden 1976 nur 10 Prozent des Programms in Form von Außenarbeit, so liegt das Programmangebot für die Stadtteile mittlerweile bei 30 Prozent. Im Jahre 1980 wurden von 14 243 eingeschriebenen Personen 19 547 Kursbelegungen vorgenommen. 1988 buchten 16 136 Personen 26 608 Kursbelegungen. Darüber hinaus wurden im Statistikstichjahr 1988 bei den Veranstaltungen der »offenen Volkshochschule« 66 381 Besucherinnen und Besucher gezählt, 9 068 mehr als im Jahre 1980. Die städtische Entwicklungsplanung für die Volkshochschule sieht konsequent bis zum Studienjahr 1991/92 eine bedarfsgerechte Erweiterung des Programmvolumens auf 65 000 Unterrichtsstunden vor; das bedeutet eine Steigerung der Dienstleistungskapazität um rund 20 000 Unterrichtsstunden innerhalb von fünfzehn Jahren.

In einer Bürgerumfrage aus dem Jahre 1989 schneiden Profil und Programm der Essener VHS »sehr gut« ab. Ihr Team erfüllt unter ihrem 1978 als Nachfolger von *Dr. Wilhelm Godde* berufenen Leiter *Gerd Hergen Lübben* mit Verve und Kompetenz seinen öffentlichen Auftrag als kulturelle Lernwerkstatt und als kommunales Zentrum für qualifizierende Maßnahmen der Aus- und Weiterbildung und orientiert sich dabei an den Anforderungen der Arbeitswelt sowie an den veränderten und erweiterten Freizeitbedürfnissen der Menschen. Dabei ist die VHS nach der Vorstellung von G. H. Lübben – der übrigens »nebenher« eine Neuausgabe ausgewählter Schriften des seinerzeit als »Krupp der Logik« apostrophierten Essener Philosophen Ernst Moses Marcus (1856–1926) ediert hat – so etwas wie ein Kultur- und Bildungs-»Akku«, spannend geladen für Belange der Arbeitswelt, der Kommunikation, der Kreativität und kritischer Urteilskraft.

Die Kultur-pflege kann sich sehen lassen ...

Aber nicht nur der Erwachsenenbildung, sondern auch der Kunstpflege und Kulturarbeit an den allgemeinbildenden Schulen hat sich die Stadt in vorzüglicher Weise angenommen. Als eine herausragende Aktion sei dafür das seit nunmehr zwölf Jahren ausgerichtete Schul- und Amateurtheater-Festival genannt.

Von Schul- und Kulturdezernent Dr. Godde wurde bereits Mitte der achtziger Jahre die Zielprojektion einer Schulkultur so formuliert: »Die Schulen sind, zumal im Zuge zurückgehender Schülerzahlen, entsprechend umzubauen und auszustatten: Szenische Werkstätten, Musikinstrumente, Ausstellungsräume, Videowerkstätten, Integration von Bezirks- und Schulbibliotheken und so weiter. Verbindungen mit den städtischen Kulturinstituten, ihren kulturpädagogischen Diensten, den Kultur- und Sportvereinen und der bezirklichen Kulturarbeit sind netzwerkartig anzulegen und zu verstärken.«

Was derartig konzipierte Kulturarbeit an den Schulen hervorbringen kann, hat die Öffentlichkeit im Juni 1987 bewundern können, als Essen Schauplatz der Zentralveranstaltung »Schulkultur 86/87 NW« war. Zweiundvierzig Schulen aus achtzehn Städten des Landes zeigten mit eigenen Projekten Phantasie und Kreativität junger Menschen auf. Musische Angebote sind bei Jugendlichen ohnehin wieder stark gefragt. So hat sich die Jugendmusikschule zur Folkwang Musikschule entwickelt und betreut inzwischen fast fünftausend Schülerinnen und Schüler. Musikalische Früherziehung, Grundausbildung, Gruppen- und Einzelunterricht sowie vorberufliche Fachausbildung bestimmen das Angebot. Zu Hause ist die Schule im Zentralgebäude in der Nähe des Saalbaus und des Aalto-Theaters sowie an sechsundfünfzig weiteren Stätten im Stadtgebiet. Wenn die aktuelle Arbeit dieser Institution auch wenig spektakulär erscheint, leistet sie auf jeden Fall wertvolle Zubringerdienste: Von dort kommt ein großer Teil des Kulturpublikums von morgen.

... und die Wissenschaft holt auf

Das Attribut Kulturstadt hat sich Essen nicht nur wegen der hohen Investitionen in diesen Bereich also verdient. Wie steht es aber mit der Wissenschaft? Auf diesem Gebiet ist Essen ein echter Nachzügler, hat aber durch das Tempo der späteren Entwicklung viel Boden gegenüber den Nachbarn an Rhein und Ruhr wettgemacht.

Der letzte deutsche Kaiser wünschte keine Universität im Ruhrgebiet. Nur Unruhe würde sie unters Volk bringen, so seine Meinung. Vergingen deswegen mehr als sechzig Jahre des 20. Jahrhunderts, bis in Bochum und Dortmund endlich Universitäten entstehen konnten? In Essen dauerte es bekanntlich noch länger. Hier beschied man sich notgedrungen lange Zeit mit einer Gastrolle. Als im Oktober 1963 das Klinikum der Städtischen Krankenanstalten für zunächst fünf Jahre als zweites Klinikum an die Universität Münster angegliedert und damit Hochschuleinrichtung wurde, feierte man das als großen Fortschritt in Sachen Wissenschaft. Anläßlich des zehnjährigen Jubiläums konnte man dann stolze Zahlen präsentieren: 1700 Medizinstudenten waren seit 1963 in Essen eingeschrieben gewesen, 700 bestanden ihr ärztliches Staatsexamen, 34 Hochschullehrer habilitierten in Essen in diesem Zeitraum.

Dennoch – von einer »richtigen Uni« war man in den sechziger Jahren noch weit entfernt. Statt dessen konnte man auf eine stark frequentierte Pädagogische Hochschule verweisen, die seit Juni 1964 mit ihrem Neubau in Rüttenscheid auch optisch hervorstach. Und ab August 1971 existierte immerhin eine Fachhochschule Essen, gegründet aus den Ingenieurschulen für Bauingenieurwesen und Maschinenbau, Teilen der Folkwangschule sowie den höheren Fachschulen für Wirtschafts- und Sozialwesen. Die neue Fachhochschule nahm im Herbst dieses Jahres mit etwa 3000 Studenten ihren Studienbetrieb auf.

Voraussetzung war das im Mai 1971 verabschiedete Fachhochschulerrichtungsgesetz, das ausdrücklich die spätere Einbeziehung der Fachhochschulen in integrierte Gesamthochschulen vorsah. Signale und Beschlüsse der Landesregierung hatten bereits in den Jahren davor die Planungen für einen Universitätsstandort Essen in Gang gesetzt. Ministerpräsident Heinz Kühn hatte sich erstmals im Oktober 1969 für Essen als dritte Universitätsstadt des Ruhrgebiets ausgesprochen, das »Nordrhein-Westfalen-Programm 70« legte dieses ein Jahr später dann endgültig fest. Daraufhin bestellte der Rat der Stadt noch im März 1970 einen »Sachverständigenrat für Fragen der Errichtung, Entwicklung und Koordinierung von Hochschuleinrichtungen auf Essener Gebiet«, der als der beste seiner Art in der Bundesrepublik galt. Außerdem nahm eine »Arbeitsgemeinschaft Integrierte Gesamthochschule Westliches Ruhrgebiet« ihre Arbeit auf. Gutachter wurden bestellt und verschiedene Versuche unternommen, Essens Bevölkerung in die allgemeine Diskussion einzubeziehen. Die Sachverständigen empfahlen schließlich im Januar 1971 die City Nord als Universitätsgelände. Auch die meisten Gutachter hatten sich für diesen Standort ausgesprochen.

So wuchs in den folgenden Jahren Essens Uni im Segeroth, dem nördlichen Randviertel der City, empor, und zwar auf einem etwa achtzig Hektar großen Gelände, auf dem ursprünglich ein neuer Großmarkt mit Schlachthof geplant war. Die Entscheidung fiel in Essen also gegen die lange Zeit als Ideallösung angesehene Universität auf der grünen Wiese. Hier wurde dennoch von Beginn an nicht Isolierung vom, sondern Integrierung in das Stadtleben angestrebt. Vor allem in den ersten Jahren nach der offiziellen Gründung fand diese angesichts der Raumsituation noch zwangsläufig statt.

Der Gründungsakt fand am 1. August 1972 statt. Ministerpräsident Heinz Kühn eröffnete die Universität Essen als erste der fünf neu zu gründenden Gesamthochschulen des Landes. Diese neue Hochschule trat an, den Anspruch des damaligen NRW-Wissenschaftsministers Johannes Rau zu erfüllen, nämlich »die bestehende Hochschulstruktur mit all ihren Mängeln, mit ihren Versäumnissen und ihren Abschottungen aufzubrechen«. Rau sprach kurz vor der Eröffnungsfeier in der provisorisch hergerichteten Mensa der Pädagogischen Hochschule, wo sich der Gründungssenat der neuen Uni konstituierte. Beim anschließenden Festakt im Saalbau kündigte Oberbürgermeister Horst Katzor das schnelle Ende der Provisorien an. Er nannte die Gründung der Universität »eine Jahrhundertaufgabe für die Stadt Essen« und kündigte »gewaltige Investitionen zur Schaffung einer entsprechenden Infrastruktur« im Umland der Hochschule an. Dazu bedürfe es aber wirksamer Hilfe von Bund und Land.

Der Gründungsakt der neuen Essener Universität faßte zunächst alte, bereits bestehende Einrichtungen zusammen: das Klinikum Essen, zuletzt der Ruhr-Universität Bochum angegliedert, die Abteilung Essen der Pädagogischen Hochschule Ruhr und die Fachhochschulen in Essen mit den Bereichen Ingenieurwesen, Kunst und Design (Folkwang-Hochschule), Sozialwesen und Wirtschaft. Ziel dieses in der Hochschulgeschichte Deutschlands ungewöhnlichen Zusammenschlusses war, die bisher in den traditionellen Universitäten getrennten wissenschaftlichen und praxisnahen Studiengänge in einem »integrierten Studiensystem« miteinander zu verbinden. Die bildungspolitische Absicht der neuen Universität ließ sich so zusammenfassen: mehr Praxisbezug in das wissenschaftliche Studium und mehr Wissenschaftlichkeit in die praxisnahe Ausbildung zu bringen.

Die Erfüllung dieses schwierigen Anspruchs bereitete dem Gründungssenat unter Leitung des ersten Rektors der Universität Essen in den ersten Jahren doch einige Probleme, obwohl mit dem zum Gründungsrektor berufenen 34jährigen Professor *Dr. Walter Kröll*, bis dahin Prorektor der Ruhr-Universität Bochum, ein Wissenschaftler der neuen Generation entsprechende Impulse gab. Dabei mußten sich die Gründungsväter mit zunächst provisorischen Dienstsitzen abfinden. So fanden Rektorat und Verwaltung ihr Domizil vorerst in einem ehemaligen Werksgelände in Altenessen, bis zur Fertigstellung des Verwaltungszentrums blieb die Exekutive der Hochschule in diesem Gelände. Für den Gründungssenat wurde eine Etage in einem Bürohochhaus in der Essener City angemietet.

An Essens Uni war im Gründungsjahr eben vieles ungewöhnlich. So konnten die etwas über 6000 Studenten des Wintersemesters 1972/73 am 24. Oktober 1972 auch den »ersten Spatenstich« für ihre neue Hochschule auf der Hauptbaufläche im Segeroth miterleben. Rektorat und Zentralverwaltung zogen dann im März 1974 in das erste fertiggestellte Gebäude des Aufbau- und Verfügungszentrums ein. Es heißt Bargmann-Haus, benannt nach dem früheren Essener Beigeordneten Jochen Bargmann, der auch als Landespolitiker, besonders als Vorsitzender des Kulturausschusses im NRW-Landtag, entscheidende Vorarbeiten für die Essener Hochschule geleistet hatte. Bargmann war wenige Tage vor Beginn der Baumaßnahmen im Herbst 1972 bei einem Verkehrsunfall tödlich verunglückt.

Das nach einer Bauzeit von nur fünfzehn Monaten vollendete erste Hochschulgebäude war für die Aufnahme von 1800 Studenten und Bediensteten geplant und nahm fast alle Bereiche der Geisteswissenschaften auf. Die Bauarbeiten auf dem Universitätsgelände gingen so zügig voran, daß im Februar dieses Jahres 1974 nach nur neunzehn Monaten Bauzeit Richtfest für die Gebäude der Institutsgruppe 1 der theoretischen Medizin gefeiert werden konnte. Das Hochhaus am Nordrand der Gruga erweiterte die Studienmöglichkeiten im Klinikum derart, daß die Aufnahme der vorklinischen Studien möglich wurde. Ein gutes Jahr vorher war der entscheidende Schritt zur rasanten Entwicklung des Klinikums der Universität Essen zu einer weltweit beachteten Stätte der Wissenschaft erfolgt. Mit Wirkung vom 1. Januar 1973 ging es in die Trägerschaft des Landes Nordrhein-Westfalen über, das die Kosten für diesen Teil der Essener Hochschule seitdem voll übernimmt. Der Haushalt der Stadt wird dadurch um 30 Millionen DM entlastet.

In der Folgezeit zog die wissenschaftliche Arbeit des Klinikums, vor allem durch einige medizinische Pioniertaten, die Aufmerksamkeit der Öffentlichkeit auf sich und drängte die Entwicklung anderer Bereiche der neuen Universität etwas in den Hintergrund. Hier einige dieser Stationen:

August 1973: Zum erstenmal wird in Essen einem Patienten ein Atomschrittmacher zur Regulierung von Herzrhythmusstörungen eingebaut. Die Abteilung Herz- und Thoraxchirurgie unter ihrem Direktor *Professor Reidemeister* hatte kurz zuvor vom Regierungspräsidenten die Erlaubnis zu solchen Implantationen erhalten.

September 1974: In einer Feierstunde wird die neue Rheinische Landes- und Hochschulklinik für Psychiatrie übergeben.

Mai 1977: Dr. Mildred Scheel, Gründerin der Deutschen Krebshilfe, übergibt das neue »Westdeutsche Tumorzentrum« Essen am Klinikum, eine der größten internationalen Krebsforschungsstätten, seiner Bestimmung. Ihm angeschlossen ist das größte Krebsregister der Bundesrepublik, das sowohl für die Forschung wie für die Verlaufskontrolle einer Krebskrankheit von eminenter Bedeutung ist.

Februar 1980: Der Wissenschaftsminister teilt mit, daß an der Universität Essen ein »Lehrstuhl für experimentelle Krebsforschung (Chemotherapie)« eingerichtet wird.

März 1981: Im Klinikum wird der erste in der Bundesrepublik entwickelte Tomograph für Ganzkörperuntersuchungen übergeben. Das Gerät, von der Firma Siemens entwickelt, braucht für eine Untersuchung nur 2,5 Sekunden.

Oktober 1981: Auf die sichtbaren Erfolge bei der Bekämpfung von Leukämie weist Professor *Dr. C. G. Schmidt,* Direktor der inneren Klinik, bei der Übergabe der neuerbauten Knochenmarks-Transplantationseinheit im Klinikum hin. Danach können bereits 65 Prozent aller Patienten geheilt werden. Das neue Gebäude dient seiner Klinik als Behandlungszentrum zur Durchführung von Knochenmarks-Transplantationen bei Leukämie-Patienten.

August 1987: Die erste Herztransplantation im Klinikum Essen ist nach einer fünfstündigen Operation ohne Schwierigkeiten gelungen.

September 1987: Im Essener Klinikum wird zum erstenmal eine Leber transplantiert. Die Operation unter Leitung des Chirurgen *Prof. Dr. Friedrich-Wilhelm Eigler* dauert elf Stunden.

August 1988: Im Transplantationszentrum der Universitätsklinik wird die eintausendste Niere verpflanzt. Seit ihrer Gründung 1972 gehört die Essener Station zu den größten ihrer Art im Bundesgebiet.

Juni 1989: Das Operative Zentrum II am Uni-Klinikum wird eingeweiht.

Für Außenstehende klingt der letzte Punkt lapidar, aber hinter diesem Projekt verbirgt sich das größte Essener Bauvorhaben der zweiten Hälfte der achtziger Jahre, weitaus kostspieliger als das Aalto-Theater. Die für alle Beteiligten »unendliche Geschichte« dieses Projekts reicht bis ins Jahr 1969 zurück, als erstmals Pläne über Schreibtische wanderten. Nach fünfzehnjährigem Ringen konnte erst im Mai 1985 durch NRW-Finanzminister Posser der Grundstein gelegt werden. Seine Kollegin aus dem Wirtschaftsministerium, Anke Brunn, feierte mit den Essenern exakt ein Jahr später Richtfest, und am 1. Juni 1989 erfolgte dann die Schlüsselübergabe durch *Friedrich Werkshage,* Chef des Stadthochbauamtes Essen.

Der Superbau an der Virchowstraße stellt indes nur die sogenannte »kleine Lösung« dar. Ursprünglich sollte es ein gigantisches Bauwerk mit 625 Betten für über 300 Millionen DM werden. Nun hat das Haus 240 Betten und kostete 174 Millionen DM. Auf den 16000 Quadratmetern Nutzfläche fanden die Allgemeine Chirurgie, die Unfallchirurgie, die Neurochirurgie und die Intensivtherapie Platz. Weiter Röntgendiagnostik, Anästhesie, Physikalische Therapie, Blutspendedienst, Bereitschaftslabor und ein Hörsaal mit 180 Plätzen. Auf dem Dach gibt es einen Hubschrauberlandeplatz, von dem aus schwerverletzte Patienten transportiert werden können. Die Voraussetzungen für weitere Schlagzeilen im Zusammenhang mit dem Klinikum Essen sind also auch für die neunziger Jahre gegeben.

Nicht ganz so schlagzeilenträchtig, aber deswegen nicht weniger eindrucksvoll verlief die Entwicklung der anderen Universitätsbereiche um das Klinikum herum. Bereits im Dezember 1972 war durch einen Erlaß des Wissenschaftsministers die Weichenstellung erfolgt. Vom Wintersemester 1973/74 an sollten danach erste integrierte Studiengänge in Mathematik, Physik, Chemie und Wirtschaftswissenschaften angeboten werden. Das geschah dann auch, und der Gründungssenat entwickelte dafür besondere Prüfungs- und Studienordnungen – ein wichtiger Schritt in Richtung Studienreform auch an anderen Hochschulen.

Im September 1974 genehmigte das Wissenschaftsministerium die Studiengänge für das Lehramt an berufsbildenden Schulen. Eingerichtet wurden daraufhin Studiengänge für die Fachrichtungen Biotechnik, Chemietechnik, Gestaltungstechnik, Metalltechnik und Wirtschaftswissenschaft. Und die Studenten nahmen das Angebot der neuen Uni in immer größerer Zahl an. Im Sommersemester 1973 hatten sich 6304 eingeschrieben, ab Herbst 1974 waren es 8000, ein Jahr später 8800. Der überwiegende Teil der Studierenden kam aus dem unmittelbaren regionalen Einzugsbereich der Universität – auch ein Beweis für die Richtigkeit des Standorts Essen. Ein weiteres gestecktes Ziel wurde ebenfalls erreicht: Die Zahl von Studierenden aus Arbeiterfamilien konnte, vor allem im Vergleich mit traditionellen Universitäten, erheblich gesteigert werden. Von den rund 7000 im Sommersemester 1974 eingeschriebenen Studierenden hatten etwa 25 Prozent einen Arbeiter als Vater. An dieser Relation dürfte sich bis heute wenig geändert haben (Datenschutzgründe verhinderten weitere Untersuchungen dieser Art), wenn man aus dem Herkunftsort der Uniabsolventen Rückschlüsse zieht: Im Wintersemester 1989/90 kamen 67,1 Prozent der 17 326 Eingeschriebenen aus dem Ruhrgebiet.

Der Sommer 1977 hatte für die Universität Essen eine entscheidende Verbesserung gebracht. NRW-Finanzminister Halstenberg übergab im Juni dem Rektor in einer Feierstunde in den Räumen der neuen Mensa den symbolischen Schlüssel für die »Baustufe 75«, den neuen Gebäudekomplex mit mehr als 80 000 Quadratmetern Nutzfläche und 4000 Räumen. Dieser Bauabschnitt hatte etwa 300 Millionen DM gekostet. Insgesamt waren damit rund 150 000 Quadratmeter Geschoßfläche der neuen Universität fertiggestellt und boten Platz für knapp 10 000 Studenten. Doch die Anziehungskraft der Hochschule erwies sich als stärker. Das Wintersemester 1977/78 begann mit mehr als 11 000 eingeschriebenen Studierenden. Den größten Anteil stellten die Lehramtsstudenten mit 3500 Studierenden, gefolgt von den 3200 Studenten in integrierten Studiengängen.

Zum Jahresende 1978 stellte Gründungsrektor Professor *Walter Kröll* sein Amt zur Verfügung. Er erklärte: »Die Gründungsphase ist vorbei. Meinen Auftrag habe ich erfüllt, so gut ich konnte. Die Essener Hochschule ist auch wissenschaftlich respektabel etabliert. Ich habe alles mit Hingabe getan, aber man muß sich auch von einem Amt trennen können.«

Die darauffolgenden Schritte waren nur noch Routine. Aus dem Kreis der von der Hochschule vorgeschlagenen Kandidaten ernannte Wissenschaftsminister Jochimsen den Geologen *Prof. Dr.-Ing. Peter Neumann-Mahlkau* zum neuen Gründungsrektor. In einer ersten Stellungnahme nannte dieser die Weiterentwicklung der Essener Ansätze zu Studienreformen, insbesondere den Zugang zur Gesamthochschule ohne Abitur, als Schwerpunkte künftiger Arbeit. Bei der Amtsübergabe im Januar 1979 fügte er hinzu, sich verstärkt um die praxisbezogenen Studiengänge bemühen zu wollen. Den dort tätigen Hochschullehrern solle klargemacht werden, daß sie einen wichtigen Teil der Hochschule repräsentierten. Wissenschaftlichkeit und Praxisbezug müßten in gleicher Weise gefördert werden. Mit dem bis dahin Erreichten zeigte sich auch der Wissenschaftsminister zufrieden, der beim Übergabeakt feststellte, der neue Hochschultyp habe sich bewährt und die Richtung stimme noch immer.

Das blieb auch in den achtziger Jahren so. Im Oktober 1981 beschloß der Senat, ein Institut für Migrationsforschung, Ausländerpädagogik und Zweisprachendidaktik als zentrale wissenschaftliche Einheit zu gründen. Damit gab er dem »Essener Konzept zur Lehrerausbildung für Gastarbeiterkinder« einen festen organisatorischen Rahmen. Das gleichzeitig beginnende Wintersemester 1981/82 brachte einen neuen Rekordandrang auf die Studiengänge in Essen.

Nach mehr als 3000 Neuimmatrikulationen drängten sich 16 376 Studienwillige auf dem Campus. Dadurch wurde die Universität-Gesamthochschule Essen die zweitgrößte nach dem Krieg gegründete Hochschule in der Bundesrepublik. Die Zahl 17 000 für Studierende wurde bereits ein Jahr später übertroffen und hat sich seitdem – zumindest für die Wintersemester – dort eingependelt.

Denn Essen bietet an seiner Gesamthochschule ständig etwas Neues. Im Sommer 1985 wurde der erste Lehrstuhl für Verkehrserziehung in der Bundesrepublik ebendort eingerichtet. Vom ökonomischen Fahrverhalten über Gefahrenwahrnehmung bis hin zur Psychologie des Autofahrens wird seitdem alles rund um die Bezinkutsche wissenschaftlich unter die Lupe genommen.

Als der neue Rektor der Essener Uni im Herbst 1988 sein Amt antrat, richtete auch er den Blick nach vorn. Der Naturwissenschaftler *Prof. Dr. Christian Streffer* hatte sich zuvor als zweimaliger Dekan der Medizinischen Fakultät der Universität-Gesamthochschule Essen verdient gemacht. »Die Hochschule weiter auszubauen und im wissenschaftlichen Bereich zu konsolidieren« – mit dieser Maxime trat er sein Amt an. Und sein Optimismus war berechtigt. Im Rahmen der Zukunftsinitiative Montanregion (ZIM) erhielt die Universität mehr als fünf Millionen DM Startgeld für ein neues Institut für Umweltanalytik. Und die Stiftung Volkswagenwerk bewilligte eine einmalige Starthilfe von 4,5 Millionen DM für ein Institut für experimentelle Mathematik, das im April 1989 an der Essener Hochschule gegründet wurde. Es ist in Europa nur noch mit einer ähnlichen Einrichtung in Paris vergleichbar.

Wie sich das Interesse der in Essen Studierenden auf Fächer verteilt, zeigt die folgende Tabelle für das Wintersemester 1989/90.

Fachbereich	Deutsche	Ausländer	Gesamt
1. Philosophie, Religions- und Sozialwissenschaften	1651	44	1695
2. Erziehungswissenschaften	1314	35	1349
3. Literatur- und Sprachwissenschaften	1523	70	1593
4. Gestaltung – Kunsterziehung	1045	21	1066
5. Wirtschaftswissenschaften	2896	179	3075
6. Mathematik	332	11	343
7. Physik	329	27	356
8. Chemie	751	70	821
9. Architektur, Bio- und Geowissenschaften	1782	74	1856
10. Bauwesen	882	159	1041
11. Vermessungswesen	442	3	445
12. Maschinentechnik	528	69	597
13. Energie-, Verfahrens- und Elektrotechnik	737	45	782
14. Medizin	2165	162	2327
Summe	16357	969	17326

Das »Ruhrbistum« und »sein« Bischof

Träger kulturellen Lebens sind in Essen auch die beiden großen Religionsgemeinschaften. Seit 1958 ist die Ruhrmetropole katholischer Bischofssitz. Bis dahin war das Ruhrgebiet unter die Bistümer Köln, Münster und Paderborn aufgeteilt, deren Grenzen seit dem preußischen Eingemeindungsgesetz von 1929 in Oberhausen, Gelsenkirchen und Duisburg mitten durch die Städte verliefen. Schon damals ergriff der Nuntius im Deutschen Reich, Eugenio Pacelli (der spätere Papst Pius XII.), die Initiative zur Errichtung eines Ruhrbistums, fand jedoch bei den preußischen Behörden, die nach dem Konkordat zustimmen mußten, kein Interesse vor.

Erst als das Land Nordrhein-Westfalen sich 1950 eine Verfassung gegeben hatte, konnte das alte Projekt wiederaufgenommen werden. 1956 unterzeichneten der Apostolische Nuntius in der Bundesrepublik, Erzbischof Muench, und NRW-Ministerpräsident Steinhoff den Vertrag über die Errichtung eines Bistums Essen. Es wird im Volksmund »Ruhrbistum« genannt, obwohl es sich mit dem Ruhrgebiet nicht deckt (aber auch das Gebiet der Ruhr deckt sich ja nicht mit dem »Ruhrgebiet«, sondern bildet nur dessen Südrand). Das Bistum Essen umfaßt die Großstädte Bochum, Bottrop, Duisburg, Essen, Gelsenkirchen, Mülheim und Oberhausen, vom engeren Revier also nicht Dortmund, Hagen, Herne und Recklinghausen. Statt dessen sind die nicht zum Ruhrgebiet gezählten damaligen Ennepe-Ruhr-Kreis und Landkreis Altena (heute zum Großteil Märkischer Kreis) zugeschlagen. Räumlich ist es die kleinste deutsche Diözese, nicht jedoch nach der Zahl der Gläubigen.

Zum ersten Bischof von Essen wurde 1957 der Weihbischof und Domdechant von Paderborn, *Dr. Franz Hengsbach,* ernannt. Am 1. Januar 1958 fand die offizielle Errichtung des Bistums und die feierliche Inthronisation des »Ruhrbischofs« in seiner Kathedrale, dem uralten Münster zu Essen, statt. »Der Raum unseres neuen Bistums ist überreich an schicksalsschweren Fragen, Fragen des wissenschaftlichen Fortschritts, der sozialen Struktur, der politischen Zukunft unseres Volkes, ja der Volksgemeinschaft«, sagte Bischof Hengsbach in seiner ersten Predigt. Im August 1968 war der Bischofssitz Essen der Ort für den 82. Deutschen Katholikentag, der sich bewußt abhob von früheren traditionsbezogenen Katholikentagen. Ein anderes Signal für das sich wandelnde Bewußtsein in der Kirche wurde im Oktober 1970 gesetzt: Essen legte als erstes Bistum nach dem 2. Vatikanischen Konzil ein einheitliches Gesangbuch vor.

Vorher war jedoch ein Zeichen für bischöfliche Tradition gesetzt worden. Im März wurde an der Domkirche vor den Eingang zur Schatzkammer ein Denkmal zu Ehren des Heiligen Altfrid enthüllt. Es stellt St. Altfrid als Bischof dar, der das Modell der Kirche zu Essen trägt.

Lebhafte Kontakte zu seinen Amtsbrüdern brachten für Dr. Hengsbach im September 1978 einen Besuch des Kardinals Karol Woityla aus Krakau. Drei Wochen später wurde er zum neuen Papst Johannes Paul II. gewählt. Ein polnischer Würdenträger, Erzbischof Malerski aus Warschau, führte auch die Reihe der Gratulanten zum fünfundzwanzigjährigen Bestehen des Bistums am 1. Januar 1983 an. Höhepunkt des Festtages war ein Pontifikalamt, an dem Kardinal Höffner und zahlreiche prominente Gäste aus Politik und Wirtschaft teilnahmen.

Das folgende Jahr brachte dem Bistum mehrere Höhepunkte. Im Mai wurde die »Liudgertracht«, eine seit 250 Jahren gepflegte Tradition, zum 1175. Todestag des Heiligen wieder aufgegriffen. Die Prozession zieht den Weg, auf dem am 26. April 809 die Gebeine Liudgers auf einem Ochsenkarren von unsichtbarer Hand nach Werden geleitet worden waren. Im Juni erhielt Bischof Hengsbach als sechste Persönlichkeit des öffentlichen Lebens den Ehrenring der Stadt Essen. Einen Monat später zelebrierte der Primas der katholischen Kirche Polens, Kardinal Josef Glemp, in der überfüllten Münsterkirche die Heilige Messe.

Auch im folgenden Jahr erfreuten sich die Bischofsstadt und ihr Oberhirte mehrfach öffentlicher Aufmerksamkeit. Im August 1985 begründete Bischof Franz Hengsbach mit dem »Solidaritäts-Taler« einen Hilfsfonds für arbeitslose Jugendliche. Für den Erlös sollten fünfzig Arbeitsplätze im kirchlichen Bereich geschaffen werden. Im September wurde in Werden zum 800. Male das Ludgerusfest begangen. Im silbernen Tragschrein wurde der heilige Ludgerus, Gründer von Stadt und Kloster Werden, bei einer feierlichen Prozession durch die Stadt getragen. Am 10. September beging Ruhrbischof Dr. Franz Hengsbach seinen 75. Geburtstag. Der passionierte Bienenzüchter, Motorradfahrer und Wildhüter, Hirte über 1,2 Millionen Katholiken, wurde dabei auch als Vater der Kollekte Adveniat gerühmt (seit 1961 konnten etwa zwei Milliarden DM für notleidende Kirchen in der Dritten Welt gesammelt werden).

Den Höhepunkt seines Pontifikats erlebte Franz Hengsbach dann am 2. Mai 1987. Zum erstenmal besuchte ein Oberhaupt der katholischen Kirche Essen. Papst Johannes Paul II. landete am Mittag dieses Tages mit einer Staffel von fünf Hubschraubern im Grugastadion, wo er sich in das Stahlbuch der Stadt eintrug. Anschließend fuhr er mit dem »Papamobil« bei strömendem Regen über die Rüttenscheider Straße zum Burgplatz. Hier hielt er eine kurze Ansprache und segnete die versammelten Gläubigen. Am frühen Nachmittag, nach einem Gebet vor der Goldenen Madonna, ging es wieder zum Grugastadion, von wo er per Hubschrauber nach Gelsenkirchen flog. Am Abend begleiteten rund dreitausend Werdener mit brennenden Kerzen in der Hand Johannes Paul II. zum Priesterseminar, seiner Übernachtungsstätte. Am folgenden Morgen flog der Papst dann nach München weiter.

Religionszugehörigkeit der Essener Bevölkerung

	1939	1950	1968	1987
Katholisch	53,9%	53,4%	51,0%	46,4
Evangelisch	38,9%	41,3%	43,6%	36,0
Sonstige	7,6%	5,3%	5,4%	17,6

Ein Jahr darauf, im Juni 1988, rückte Ruhrbischof Franz Hengsbach in den Kreis der Purpurträger auf. Der Papst ernannte ihn zum Kardinal. Die Goldene Madonna, der auch Johannes Paul II. seine Reverenz erwiesen hatte, stand dann 1990 im Blickpunkt der Gläubigen. Die älteste vollplastische Mariendarstellung wurde mit Sicherheit tausend Jahre alt, und so beging man 1990 als Jubiläumsjahr, in dem zahlreiche Interessierte das Kunstwerk in einer Seitenkapelle der Essener Domkirche besuchten.

Das Herzstück des evangelischen Essen, die Marktkirche, wurde im Unterschied zu Altfrids Münster nach dem Bombenkrieg nicht wieder in seiner ursprünglichen Form aufgebaut. Der Beschluß, die Kirche überhaupt an der alten Stelle neu zu errichten, kam erst 1950 nach längeren Verhandlungen zustande, da sie, ähnlich der Gedächtniskirche in Berlin, kostbaren Platz auf einer Drehscheibe des Verkehrs in Anspruch nahm. Wie in Berlin fiel die Entscheidung in Essen für das, was Dauer hat – mit der Einschränkung, daß die Marktkirche nur in halber Größe wiederaufgebaut wurde. Der Neubau – 1952 eingeweiht – mußte mitsamt den zwei Pfeilern der Urkirche, die er noch enthält, auf starke Betonriegel gestellt werden, da tief unter ihm die Kohlenflöze von drei Zechen zusammenstoßen.

1963 beging die evangelische Gemeinde Essens die Vierhundertjahrfeier der Reformation. Als Auftakt zu den Jubiläumsfeierlichkeiten hielt Bischof Dibelius einen Vortrag im Städtischen Saalbau. Am 2. Mai 1963, vierhundert Jahre nach dem Tag, an dem Pfarrer Heinrich Barenbroch in der Marktkirche zum erstenmal das Abendmahl »in beiderlei Gestalt« ausgeteilt hatte, spielte vor dem Kirchlein im Herzen des alten Kaufmannsstädtchens Essen ein Posaunenchor, und ein langer Zug von Pastoren und Ratsherren, an der Spitze Oberkirchenrat Stöver und Oberbürgermeister Nieswandt, schritt aus dem Rathaus in die Kirche, zur Erinnerung daran, daß der Rat der »unfreien Reichsstadt« Essen es war, der der Reformation zum Durchbruch verhalf.

Bürgernähe wie bei solchen Ereignissen haben Stadtoberhaupt und Verwaltung in Essen immer wieder demonstriert. Denn sie wissen: Ohne gegenseitigen Ansporn hätte die gewaltige Aufbauleistung seit 1945 nicht geschafft werden können. Auch heutzutage ist die Meinung der Bürger zu den Entscheidungen im Rathaus bei den Verantwortlichen gefragt. Im November/Dezember 1988 führte das zuständige Amt für Stadtforschung, Statistik und Wahlen eine telefonische Umfrage bei Essener Bürgerinnen und Bürgern durch. Aus 731 auswertbaren und repräsentativen Interviews konnten sich die Verantwortlichen im Rathaus ein Meinungsbild der Bevölkerung in bezug auf die Bedeutung und Qualität der Stadt als wirtschaftlichen, kulturellen und sozialen Lebensraum machen.

Die befragten Einwohner urteilten sehr differenziert über einzelne Umstände ihrer täglichen Umgebung, gaben aber überwiegend positive Einschätzungen ab. Gemessen an der Wohndauer wurde ein hoher Identifikationsgrad mit ihrer Stadt festgestellt. Durchschnittlich wohnten die Befragten 40 Jahre im Ruhrgebiet, 37 Jahre in Essen und 23 Jahre im Stadtteil. Noch wichtiger aber: 91 Prozent gaben an, gern in Essen zu wohnen. Insgesamt konnten die Auswerter feststellen, daß Essen nach Auffassung der Mehrheit der Befragten bei seinen Bürgerinnen und Bürgern ein hohes Ansehen genießt. 62 Prozent urteilten mit »gut« oder »sehr gut«, die Durchschnittsnote lag bei 2,4.

Daß man sich im Rathaus auf dieser Bewertung nicht selbstgefällig ausruhen wird, dafür sorgten auch kritische Antworten der Befragten. In Sachen Gildehofbad oder Aalto-Theater wurde zum Beispiel für Einsparungen ein eindeutiges Votum abgegeben. Der Essener beobachtet also genau, wie die von ihm gewählten Vertreter tätig sind. Deshalb braucht in dieser Kommune, die seit 1896 Großstadt ist, keinem vor der Zukunft bange zu sein.

Als die ehemalige Kohle- und Stahlmetropole zu einem überregionalen Zentrum von Wirtschaft, Verwaltung, Kultur und Wissenschaft aufstieg, sah sich auch die Essener Sparkasse vor neuen Aufgaben. Sie paßte sich diesem Wandel nicht allein an, sondern trug in zunehmendem Maße aktiv dazu bei. Seit dem Ende der siebziger Jahre gewannen diese Leistungen immer mehr an Umfang und gaben so der Sparkasse ein neues Erscheinungsbild in der Öffentlichkeit.

Kammermusik in der Kassenhalle

So treten in der Kassenhalle der Hauptverwaltung Kunst und Geldgeschäfte in eine zeitweilige Symbiose. Das ist ganz wörtlich zu nehmen, denn seit 1981 finden dort regelmäßig Konzerte statt – vom Sonatenabend über Kammermusikprogramme bis zur Jazzveranstaltung. Sie haben inzwischen im Essener Musikleben ihren festen Platz.

In der Tat eignet sich die Kassenhalle mit ihrer Weiträumigkeit und den vielen Besuchern in besonderer Weise als Ausstellungsraum. Das Gespräch mit dem Kundenberater wird so zum Ausgangspunkt einer Begegnung mit verschiedensten Themen; schon seit über zwei Jahrzehnten läuft ein vielfältiges Ausstellungsprogramm, in dem die Bereiche Kunst (Bilder, Plastiken, Ikonen), Handwerk (Spezialpräsentationen der einzelnen Innungen), Sozialarbeit (caritative Einrichtungen) oder Historie (Zeit um die Jahrhundertwende) angesprochen wurden. Einen der Schwerpunkte stellten geschäftsspezifische Darstellungen heraus, wie zum Beispiel Energiesparmaßnahmen-Modelle – wenn's um Baufinanzierung, Autos und Motorräder – wenn's um Anschaffungsdarlehen geht.

Nicht nur, wenn's um Geld geht

Damit war ein Anfang gemacht, der sich inzwischen zur Tradition ausbildet. Auch in den Geschäftsstellen werden immer wieder Ausstellungen mit lokalem Bezug gezeigt – Ausdruck eines neuen Selbstverständnisses der Sparkasse. Sie sieht sich nicht mehr allein als Marktpartner mit dem Angebot vielfältiger Finanzdienstleistungen, sondern hat auch dann Auftritte in der Öffentlichkeit, wenn's nicht um Geld geht... Etwa bei Oper, Schauspiel, Ballett und Konzert, so wie es Essens Rang als Theaterstadt angemessen ist. Daher wird die »Theater und Philharmonie GmbH« regelmäßig von der Sparkasse gefördert. Essen ist auch eine Museumsstadt. Ihr Folkwang-Museum zum Beispiel hat internationalen Rang, unter anderem durch seine Nolde-Gemälde.

Emil Nolde im Folkwang-Museum

»Wie sehr sich im Laufe der letzten Jahre der einst so spröde Essener Boden künstlerischen Bewegungen erschlossen hat, lehrt dieser erste Tag der Nolde-Ausstellung. Denn eine ganze Anzahl der Bilder dürfte in Essen bleiben.«

Mit dieser Vorhersage hatte der *Essener General-Anzeiger* vom 6. Januar 1913 recht. Es blieben in der Tat eine ganze Reihe von Noldes Bildern in Essen, vor allem im Folkwang-Museum. Dann aber brach der Bildersturm der NS-Zeit über die »entartete Kunst« herein. Nolde wurde geächtet, und seine Bilder verschwanden. Nach dem Zweiten Weltkrieg bemühte sich die Museumsleitung immer wieder, für diesen Verlust Ersatz zu finden. Im Jahre 1983 bot sich eine Chance. Aus einer privaten Sammlung erwarb die Sparkasse Essen sieben Nolde-Bilder und übergab sie als Dauerleihgabe dem Folkwang-Museum.

Das Folkwang-Museum verdankt der Sparkasse auch ein Mappenwerk des Photokünstlers Man Ray, abstrakte Photographien mit der Sammelbezeichnung »Champs délicieux«, die zu Beginn der zwanziger Jahre entstanden.

Dem Engagement der Sparkasse für die Kunst begegnen die Essener aber nicht nur im Museum. Der Brunnen auf dem Hirschlandplatz mit den Bronzeplastiken von Bernhard Kleinhans ist eines ihrer Geschenke an die Bürger ihrer Stadt.

Am Beginn der Sparkassengeschichte in Essen stand eine sozialpolitische Verpflichtung. Später, als die Sparkasse zu einem respektablen Unternehmen herangewachsen war, fand sie Ausdruck in der Verwendung der Sparkassengewinne für zahlreiche soziale Einrichtungen in der Stadt.

Dieser Tradition ist die Sparkasse auch in der Gegenwart treu geblieben. 1978 schuf sie eine Stiftung für Alte und Behinderte; 1984 wurde der Stiftungszweck um den Bereich Jugendförderung erweitert. Ihr Schwerpunkt liegt unter anderem in der Unterstützung von Maßnahmen zur Errichtung von Altenpflegeplätzen in Essen. Als die Stiftung 1988, nach zehnjährigem Bestand, eine Bilanz ihrer Leistungen zog, konnte sie feststellen, daß sie 10,6 Millionen DM für über 1300 Altenpflegeplätze zur Verfügung gestellt hatte. Die wöchentlich erscheinende Tonbandzeitung für blinde Mitbürger wird seit 1979 aus den Stiftungsmitteln unterstützt, bis 1988 mit einem Gesamtaufwand von rund 500 000 DM. *Pflegeplätze und Tonbandzeitung*

Auch gegenüber der Essener Universität sieht sich die Sparkasse in gesellschaftlicher Verantwortung. Daher vergab sie 1989 zum erstenmal Preise für herausragende Studienabschlußarbeiten und Habilitationsschriften. Sie wollte damit einerseits die wissenschaftliche Arbeit fördern, andererseits verstärkte sie damit auch die Verbindung zwischen der Universität und der Stadt Essen. *Preise für die Wissenschaft*

Seit 1979 ist die Sparkasse Essen als »Sponsor« mit dem TUSEM Essen verbunden, dem mehrfachen deutschen Handballmeister und Europapokalsieger. »Sponsoring« – der Name verweist auf die Ursprünge in den USA – hat seit den ausgehenden siebziger Jahren rasant zugenommen. Dabei handelt es sich nicht um Förderung traditioneller Art, um Mäzenatentum, sondern um eine Partnerschaft mit Leistung und Gegenleistung: Die TUSEM-Spieler tragen das Sparkassen-S und den Namenszug »Sparkasse Essen«, und tragen so durch umfangreiche Bildberichterstattung in der Presse zur Öffentlichkeitsarbeit bei. *TUSEM Essen*

Europa wächst zusammen. Auch die Sparkassen bereiten sich auf den Tag vor, an dem der Binnenmarkt für die Europäische Gemeinschaft Wirklichkeit wird. Die Sparkasse Essen hat bereits Partner für die gemeinsame Zu- *Kooperationen* kunft gewonnen und mehrere Kooperationsabkommen abgeschlossen: mit der »Caisse d'Epargne Ecureuil d'Angers Saumur« in Frankreich, der »Caixa de Barcelona« in Spanien und der »Allgemeinen Spar- und Rentenkasse« in Belgien.

Die mit den Ereignissen vom Herbst 1989 eingeleitete Wiedervereinigung Deutschlands hat die Sparkasse Essen zu einer neuen Leistung eigener Art bewogen: Die wirtschaftliche Umgestaltung der DDR erfordert ein leistungsfähiges kreditwirtschaftliches System, das dort bisher nicht existierte. Zwar gibt es in der DDR Sparkassen, aber ihre Tätigkeit hat unter den Zwängen der Planwirtschaft eine drastische Beschneidung erfahren. Wollen sie dennoch in einer künftigen Marktwirtschaft bestehen, müssen sie sich an deren Erfordernisse anpassen, und dazu haben sie nicht viel Zeit.

Deshalb brauchen sie Hilfe. Die Sparkasse Essen arbeitet dabei mit. Sie ist mit der Sparkasse von Frankfurt/Oder eine Partnerschaft eingegangen, um ihr die Umstellung auf neue Aufgaben leichter zu machen. Sparkassenmitarbeiter aus Frankfurt kommen zur Schulung nach Essen, und Essener gehen ihrerseits an die Oder, um dort kreditwirtschaftliches »Know-how« zu vermitteln.

Schritte auf dem Weg zur Corporate Identity

Die Sparkasse Essen hat in der zweiten Hälfte der achtziger Jahre ein umfangreiches Programm eingeleitet, das die Frage nach der Identität, nach dem Selbstverständnis und damit nach der »Persönlichkeit« des Unternehmens beantwortet. Umfangreiche Enquèten und Workshops führten zu der Formulierung von Leitsätzen, die u. a. herausstellen, daß die Sparkasse
- Geschäftspolitik in Essen und für Essen macht, sich dieser Region verpflichtet fühlt und für sie Initiative ergreift,
- ihre Mitarbeiter als wichtigsten Aktivposten ansieht,
- alle Kunden der Region erreicht und sich auf deren individuelle Ansprüche einstellt.

Ein permanentes Aktivierungsprogramm macht diese Grundsätze jederzeit erlebbar und führt zu jenem Wir-Gefühl, das die Grundlage des geschäftlichen Erfolges bildet.

Im Jubiläumsjahr 1991 hat sich die Sparkasse Essen ein neues Erscheinungsbild, ein Corporate Design gegeben. Es ging darum, neben den Begriffen Seriosität und Kompetenz auch Fortschrittlichkeit und Kundennähe auszudrücken.

Neben einer eigenständigen Schriftmarke wurde auch das Sparkassenemblem überarbeitet und in ein neues Beziehungsfeld gestellt, in dem neben den Farben Grün und Blau mehr Dynamik kommuniziert wird. Es kennzeichnet Hauptverwaltung und Geschäftsstellen, Geschäftsberichte und Drucksachen. Durch diesen neuen durchgängigen Stil soll auch etwas Unternehmenskultur mitschwingen. Denn Kultur ist mehr als ein schönes Wort. Sie ist an Handlungen, an sichtbaren Verhaltensweisen festzumachen. Ein Beispiel hierfür ist das Gesamterscheinungsbild, welches kommuniziert, daß ein Unternehmen in seiner Einbettung in das Umfeld wirtschaftlicher und gesellschaftlicher Rahmenbedingungen richtig positioniert ist.

Sympathie und Antipathie werden stark mitbestimmt von Glaubwürdigkeit und Wirksamkeit einer Gesamterscheinung. Dabei sind die Marke, Schrift, Farben und Formen nur Mosaiksteine einer Identität, die visuell ablesbar sein muß in einer klaren und direkten Sprache.

In einer Zeit, in der Kunden immer mehr nach Orientierung verlangen, ist es notwendig geworden, in einer sorgfältig angewandten Artikulation einer Sprache aus Bildern und Formen Individualität einzunehmen und damit dem Verlangen nach Unverwechselbarkeit zu entsprechen.

Anhang

Essens Einwohnerzahl

Jahr	Fläche qkm	Einwohner im damaligen Stadtgebiet	Einwohner im heutigen Stadtgebiet
1380		3 000	
1600		5 000	
1800	8,8	3 500	
1816	8,8	4 660	22 000
1846	8,8	7 840	40 100
1852	8,8	10 500	
1861	8,8	20 800	78 500
1871	8,8	52 000	139 000
1880	8,8	57 000	179 500
1890	8,8	79 000	242 500
1896	8,8	100 000	313 000
1900	9,7	119 000	400 000
1901	19,4	185 000	409 000
1905	25,4	231 000	469 000
1910	39,3	295 000	556 000
1925	98,2	471 000	634 000
1930	188,4	653 000	657 000
1937	188,4	671 000	675 000
1945 (April)	188,4	285 000	290 000
1945 (Dezember)	188,4	483 000	488 000
1947	188,4	551 000	556 000
1950	188,4	610 000	615 500
1954	188,4	676 000	682 000
1958	188,4	720 000	726 000
1963	188,4	731 000	738 000
1967	188,4	714 000	721 000
1970	194,8	–	696 753
1977	210,2	–	668 458
1980			655 161
1987			623 427
1989 (31. 12.)			625 581

Die Eingemeindungen

Jahr		qkm	Einwohner
1897	Teile von Altenessen und Huttrop	0,85	900
1901	Altendorf	9,4	66 000
1905	Rüttenscheid	5,9	22 000
1908	Huttrop (Rest)	2,9	4 000
1910	Rellinghausen, Teile von Fulerum	11,0	14 000
1915	Altenessen, Borbeck, Bredeney, Haarzopf	59,2	129 000
1929	Landkreis Essen (außer Kettwig) mit den Städten Werden und Steele	93,1	167 000
1970	Altendorf/Ruhr als Burgaltendorf	6,2	7 402
1975	Kettwig	15,4	19 731

Zeittafel zur Essener Geschichte

Um 700	Fränkische Burg auf dem linken Ruhrufer bei Werden
738	Karl Martell legt die Burg Essen an
Zwischen 796 u. 800	Liudger gründet das Kloster Werden
801	Bau der Abteikirche in Werden begonnen
852	Bischof Altfrid von Hildesheim gründet das Frauenstift Essen und legt den Grundstein zum Münster
938	König Otto I. hält Hoftag in Steele
946	Essens Münster durch Brand zerstört
947	Das Stift Essen wird direkt dem Heiligen Stuhl unterstellt
971–1011	Äbtissin Mathilde (Enkelin Ottos I.)
974	Werden erhält das Marktrecht
993	König Otto III. in Essen
998	Stift Rellinghausen gegründet
1039–1058	Äbtissin Theophanu (Enkelin Ottos II.)
1041	König Heinrich III. in Essen. Das Marktrecht wird bestätigt
1073	Kirche von Stoppenberg geweiht
1225	Der Vogt von Essen erschlägt den Erzbischof von Köln
1231	Die Äbtissin von Essen und der Abt von Werden werden Reichsfürsten
1244	Der Erzbischof von Köln annektiert Essen und Werden. Die Stadt Essen wird befestigt
1275	Essens Münster zum zweitenmal durch Brand zerstört
1290	König Rudolf I. bestätigt dem Stift Essen die Landeshoheit über die Stadt
1292–1309	Der Erste Äbtissinnenstreit
1317	Erste Erwähnung von Steinkohle in Essen
1336	Die Stadt Essen wählt ihren Bürgermeister selbst
1347	Erste Nachricht über den Bau einer Mauer
1349	Kaiser Karl IV. verleiht der Äbtissin von Essen das Bergregal
1377	Kaiser Karl IV. in Essen: Er erkennt Essen als Reichsstadt an
1426–1434	Der Zweite Äbtissinnenstreit
1438	Essen brennt zur Hälfte nieder
1470	Anfänge der Büchsenmacherei in Essen
1488	Essen wird von Kaiser Friedrich III. als Reichsstadt behandelt
1489–1504	Der Dritte Äbtissinnenstreit
1498	Werden brennt nieder
1561	Der Rat der Stadt Essen betrachtet sich als Landesherr und führt die Reformation ein
1563	Die Marktkirche wird evangelisch
1568	Die Äbtissin verklagt die Stadt beim Reichskammergericht
1584	Erste Besetzung Essens durch die Spanier

1587	Arndt Krupe zieht nach Essen
1598	Zweite Besetzung Essens durch die Spanier
1614–1644	Äbtissin Maria Clara von Spaur
1620	Die Schmiede von Essen produzieren 14 000 Gewehre und Pistolen
1628	Die Äbtissin ergreift mit Hilfe italienischer Soldaten wieder von der Marktkirche Besitz und setzt den evangelischen Magistrat ab
1630	Die Marktkirche wird endgültig evangelisch
1646–1688	Äbtissin Anna Salome von Salm-Reifferscheidt
1650	Die letzten Landsknechte ziehen ab
1655	Die Stadt Essen gesteht den Calvinisten die Freiheit der Religionsausübung zu
1662	Die Äbtissin läßt die Stadt von Bauern stürmen
1670	Urteil des Reichskammergerichts nach 102jährigem Prozeß
1673	Französische Truppen ziehen siebenmal durch Essen
1730	Die Äbtissin schickt pfälzische Truppen gegen die Stadt vor
1738	Die erste Essener Zeitung erscheint
1757	Das erste eisenschaffende Werk im Ruhrgebiet
1780	Die Ruhr wird schiffbar gemacht
1802	Preußen annektiert Essen und Werden
1803	Stift und Reichsabtei werden säkularisiert
	Franz Dinnendahl baut die erste Dampfmaschine im Ruhrgebiet
1806	Marschall Murat verleibt Essen und Werden seinem Großherzogtum Berg ein
1809	Erste Förderdampfmaschine des Ruhrgebiets in Essen in Betrieb
	Der Tiefbau wird aufgenommen
1811	Friedrich Krupp gründet die Gußstahlfabrik
1813	Essen und Werden wieder preußisch
1816	Krupp stellt zum erstenmal Gußstahl her
1824	Essens Stadtmauer wird in Straßenpflaster verwandelt
1826	Der vierzehnjährige Alfred Krupp übernimmt die Gußstahlfabrik
1830	Pferdeeisenbahn von Steele nach Langenberg
1838	Die Kohlenförderung unter der Mergelschicht beginnt
	Der preußische Staat übernimmt Essens Schulden aus dem Dreißigjährigen Krieg
1841	Handelskammer für Essen, Werden und Kettwig gegründet
1847	Eisenbahn für Altenessen
1848	Alfred Krupp wird Alleininhaber der Fabrik
1849	Aus Ruhrkohle wird Koks gewonnen
1851	Londoner Weltausstellung: Alfred Krupp wird berühmt
1852	Krupp erfindet den nahtlosen Radkranz für die Eisenbahn
1858	Verein für die bergbaulichen Interessen im Oberbergamtsbezirk Dortmund gegründet
1859	Erster preußischer Kanonenauftrag an Krupp
1860	Die Ruhrschiffahrt auf dem Höhepunkt
1861	König Wilhelm I. von Preußen bei Krupp
1862	Eisenbahn für Essen
1864	Bismarck bei Krupp. In der Fabrik arbeiten 22 Prozent der Essener Einwohner
1872	Der erste Streik in Essen
	Eisenbahn für Werden
1884	Brahms dirigiert in Essen
1887	Alfred Krupps Tod
1889	Die Ruhrschiffahrt wird eingestellt
	Der erste große Bergarbeiterstreik an der Ruhr
1892	Stadttheater Essen eröffnet
1893	Kohlensyndikat gegründet
	Essens erste Straßenbahn
1896	Essen ist Großstadt
	Kaiser Wilhelm II. in Essen

1898	Rheinisch-Westfälische Elektrizitäts-AG gegründet
1899	Ruhrtalsperrenverein gegründet
1901	Die Eingemeindungen beginnen
1902	Friedrich Alfred Krupp gestorben
1904	Emschergenossenschaft gegründet
1905	Zweiter großer Bergarbeiterstreik an der Ruhr
1906	Richard Strauss und Gustav Mahler dirigieren in Essen
1909	Gustav Krupp von Bohlen und Halbach wird Vorsitzender des Aufsichtsrats der Fried. Krupp AG
1912	Krupps Hundertjahrfeier
	Dritter großer Bergarbeiterstreik an der Ruhr
1913	Ruhrverband gegründet
1914	Rhein-Herne-Kanal eröffnet
1915	Altenessen, Borbeck und Bredeney eingemeindet
1918–1924	Oberbürgermeister Luther
1920	Bürgerkrieg in Essen
	Die Kruppdemontagen beginnen
	Siedlungsverband Ruhrkohlenbezirk gegründet
1922	Folkwang-Museum in Essen eröffnet
1923	Die Franzosen besetzen das Ruhrgebiet. Dreizehn Krupp-Arbeiter erschossen
1925	Die Franzosen ziehen ab
1929	Werden und Steele kommen zu Essen. Die Eingemeindungen sind beendet
1943	Bomben zerstören Münster und Marktkirche
1945	Essen zu 60 Prozent zerstört
1946	Bei Krupp beginnen die Demontagen
1950	Die Demontage wird eingestellt
1952	1100-Jahr-Feier der Gründung des Stiftes Essen
1953	Alfried Krupp betritt die Fabrik wieder
1958	Bistum Essen errichtet
1959	Stillegung der ersten Zeche
1961	Hundertfünfzigjahrfeier bei Krupp
1963	Folkwang Hochschule für Musik, Theater und Tanz
1965	Erweiterung der Gruga und Bundesgartenschau
1967	Errichtung der Krupp-Stiftung
	Eröffnung der ersten U-Bahn-Haltestelle
1969	Gründung der Ruhrkohle AG
1970	Ruhrschnellwegtunnel fertig
1972	Essen wird Universitätsstadt
1974	Iran steigt bei Krupp ein
1975	Erweiterung der VHS abgeschlossen. Neubau der Sparkasse Essen
1977	Beginn des U-Bahn-Betriebes
1979	Einweihung des neuen Rathauses
1980	Dritter Kulturpreis der Stadt vergeben
1983	Erweiterung des Museums Folkwang
1984	Eröffnung der Theaterpassage
1985	ETEC nimmt die Arbeit auf
1986	Letzte Zeche in Essen stillgelegt
1987	Gildehof-Center eröffnet
1988	Aalto-Theater nimmt Spielbetrieb auf
1989	Operatives Zentrum II fertiggestellt
1990	Umgebautes Grillo-Theater eröffnet

Literaturverzeichnis

Abkürzungen:

Bearb. = Bearbeiter
Ess.Beitr. = Beiträge zur Geschichte von Stadt und Stift Essen
Hrsg. = Herausgeber: oder Herausgegeben von ...

»Alles über Essen – Tel Adress« 1963/64–1988/8. Essen 1963 ff.
Amtsblatt der Stadt Essen. Essen 1962–1970.

Baedeker, Diedrich: Alfred Krupp und die Entwicklung der Gußstahlfabrik zu Essen. Essen 1889.
Bandmann, Günther: Die Werdener Abteikirche. Bonn 1953
Bart, Jan [D.i. Otto Bartels]: Die alte Reichsabtei. Bilder aus Werdens Geschichte. Essen 1963.
Bartels, Otto, s. Bart, Jan.
Beiträge zur Geschichte von Stadt und Stift Essen. Hrsg. vom Historischen Verein für Stadt und Stift Essen. Essen 1–85 (1881–1970).
Berdrow, Wilhelm: Alfred Krupp. Bd. 1–2. Essen 1927.
Berdrow, Wilhelm: Die Familie Krupp in Essen 1587–1887. Essen 1931.
Berdrow, Wilhelm (Hrsg.), s. Krupp, Alfred.
Bergmann, Kurt: Die wirtschaftsgeschichtliche Entwicklung des Ruhrkohlenbergbaus seit Anfang des 19. Jahrhunderts. Köln 1937.
Berichts-Sonderheft vom Deutschen Turnfest in Essen 1963. Frankfurt/Main. Deutsches Turnen, Deutsche Turnzeitung 108 (1963) Nr. 15/16 und 17/18.
Bevölkerung, Wohnungen und Kriegsschäden in Essen. Hrsg. vom Statistischen Amt der Stadt Essen. Essen 1945.
Bloemers, Kurt: William Thomas Mulvany. Ein Beitrag zur Geschichte der rheinisch-westfälischen Großindustrie und der deutsch-englischen Wirtschaftsbeziehungen im 19. Jahrhundert. Essen 1922.
Borbeck, Stadtteil mit Zukunft. Essen-Borbeck 1967.
Brandi, Paul: Essener Arbeitsjahre. Ess.Beitr. 75 (1959).
Bredt, Johann Viktor: Die Polenfrage im Ruhrkohlengebiet. Leipzig 1909.
Brepohl, Wilhelm: Zur Volksgeschichte des Ruhrarbeiters. In: Zeitschrift für Wirtschaftskunde 4 (1939).
Bundesgartenschau 1965 Essen. Im Grugapark 29. April bis 17. Oktober. Sonderausgabe der Essener Woche 15 (1965) Nr. 18.

Clemen, Paul (Hrsg.), s. Kunstdenkmäler ...
Corsten, Hermann: Bibliographie des Ruhrgebiets. Essen 1943.
Croon, Helmuth: Städtewandlung und Städtebildung im Ruhrgebiet im 19. Jahrhundert. In: Aus Geschichte und Landeskunde. Bonn 1960.

Däbritz, Walther: Friedrich Grillo. Münster 1934.
Deger, Fritz W.: Steele gestern und heute, Band 3. Bocholt 1984.
Denkschrift über die Auswirkungen der Bergbaukrise in der Stadt Essen. Hrsg. von Rat und Verwaltung der Stadt Essen. Essen 1965.
Deubner, Ludwig: Kosmas und Damian. Leipzig 1907.
Deutsches Turnfest Essen. 15. bis 21. 7. 1963. Turnfest-Mitteilungen. DTB. Essen Nr. 1–18. Dezember 1961 bis Juli 1963.
Dinnendahl, Franz: Selbstbiographie des Mechanicus Franz Dinnendahl in Essen. In: Ess. Beitr. 26 (1905).
Dokumentarreihe der Stadt Essen. Hrsg.: Amt für Wirtschafts- und Verkehrsförderung der Stadt Essen. Essen 1–10 (1965–1969).

Effmann, Wilhelm: Die karolingisch-ottonischen Bauten zu Werden. Straßburg 1899.
Ehlgötz, Hermann (Hrsg.): s. Essen 1925.
Eine Stadt bahnt sich den Weg. 20 Jahre U-Bahn-Bau in Essen. Berlin–Wien 1986. Hrsg.: Stadt Essen.
Elbern, Victor H.: Der Münsterschatz von Essen. Mönchengladbach 1959.
Elsen, Oswin: Essen-Rüttenscheid, eine wirtschafts- und sozialgeographische Untersuchung. Essen 1962/63.
Engelmann, Bernt: Krupp, Legenden und Wirklichkeit. München 1969.
Essen. Hrsg. von Hermann Ehlgötz. 2. Aufl. (Deutschlands Städtebau) Berlin 1925.
Essen. 350 Jahre Druckerstadt, 225 Jahre Essener Presse. Essen 1965.
Essen bringt 8 wesentliche Voraussetzungen mit. Aktuell für Gespräche über Standortprobleme. Essen 1968.
Essen: 100 Jahre Stadtvermessung. Essen 1966.
Essen, die Metropole des Ruhrgebietes, der richtige Standort für Ihr Unternehmen. Möglichkeiten für Industrie und Gewerbe im Herzen des Ruhrgebiets. Hrsg. von der Stadt Essen. Essen 1967.
Essen. Die Stadt. Essen 1983. Hrsg.: Amt für Stadtwerbung und Bürgerinformation der Stadt Essen.
Essen, soziale Groß-Stadt von morgen. Hamburg 1962.
Essen, starkes Herz der deutschen Lande. Essen 1952.
Essener Bürgerillustrierte. Hrsg.: Presse- und Informationsamt der Stadt Essen. Essen Juni 1966 bis Mai 1970.
Essener Heimatbuch. 2. Aufl. Hrsg. von Heinrich Wefelscheid und Otto Lüstner. Essen 1938.
Essener Revue. Zeitschrift für das Leben an der Ruhr. Essen 1–11 (1960–1970).
Essener Revue. Zeitschrift für Essen. Essen 12–30 (1971–1989).
Essener Stadtillustrierte. Essen 1969–1970.
Essener Woche. Die Zeitschrift der Ruhrmetropole. Neue Folge. Essen 1–20 (1951–1970).

Feldens, Franz: 75 Jahre Städtische Bühnen Essen. Geschichte des Essener Theaters 1892–1967. Essen 1967.
Festausgabe zum Deutschen Turnfest Essen 15. bis 21. Juli 1963. Frankfurt/Main. Deutsches Turnen, Deutsche Turnzeitung 108 (1963) Nr. 13/14.
Fischer, Wolfram: Herz des Reviers. 125 Jahre Wirtschaftsgeschichte des Industrie- und Handelskammerbezirks Essen–Mülheim–Oberhausen. Essen 1965.
die folkwangschule für gestaltung der stadt essen. Hrsg.: Amt für Wirtschafts- und Verkehrsförderung der Stadt Essen. Essen 1962.
Franke, Eberhard: Das Ruhrgebiet und Ostpreußen. Essen 1936.
Friedensburg, Ferdinand: Kohle und Eisen im Weltkrieg und in den Friedensschlüssen. München 1934.
50 Jahre Fachmessen und Ausstellungen in Essen. Hrsg. von der Gemeinnützigen Ausstellungsgesellschaft mbH Essen. Essen 1963.
Funcke, F. Philipp: Geschichte des Fürstentums und der Stadt Essen. Elberfeld 1847.

Gebhardt, Gerhard: Ruhrbergbau. Geschichte, Aufbau und Verflechtung seiner Gesellschaften und Organisationen. Essen 1957.
Göpel, Otto: Essen. Montanindustrielle Entwicklung und Aufbau der Ruhr-Emscher-Stadt. Essen 1925.

Haase, Carl: Die Entstehung der westfälischen Städte. Münster 1960.
Hasselkuß, Heinz: Besinnen, Planen, Arbeiten, Leben. Eine Chronik zum 125jährigen Bestehen der Stadtsparkasse Essen. Essen 1966.
Hegel, Eduard: Kirchliche Vergangenheit im Bistum Essen. Essen 1960.
Heimatblätter. Monatsschrift für das niederrheinisch-westfälische Land, besonders für das Industriegebiet. Essen, Dortmund 1–6 (1919–1926).
Heimat-Kalender für Essen Stadt und Land. Hrsg. von Essener Künstlern. Essen 1 (1926).
Heimatkalender der Stadt Essen. Später: Heimatkalender für Stadt und Landkreis Essen. Zuletzt: Heimatkalender für Groß-Essen. Essen 1–4 (1939–1942).
Heimatstadt Essen s. Jahrbuch »Die Heimatstadt Essen«.
Heinrichsbauer, August: Industrielle Siedlung im Ruhrgebiet in Vergangenheit, Gegenwart und Zukunft. Essen 1936.
Heinrichsbauer, August: Der Ruhrbergbau in Vergangenheit, Gegenwart und Zukunft. Essen 1948.
Heuss, Theodor: 150 Jahre Krupp. Gedenkrede zur 150-Jahr-Feier 1961. Tübingen 1962.
Heyn, Erich: Zerstörung und Aufbau der Großstadt Essen. Bonn 1955.
Hübinger, Egon: 1100 Jahre Stift und Stadt Essen. Ess. Beitr. 68 (1952).

125 Jahre Industrie- und Handelskammer zu Essen. Sonderausgabe der Essener Woche 15 (1965) Nr. 47.
Imme, Theodor: Alte Sitten und Gebräuche im Essenschen. In: Ess. Beitr. 34 (1912), 35 (1913), 37 (1918), 39 (1921).
Imme, Theodor: Kulturbilder aus dem alten Essen. In: Heimatblätter 1 (1919/20).
Informationen über den Krupp-Konzern. Seine Geschichte, seine Erzeugnisse, seine Leistungen. Essen 1963.

Jahn, Robert: Essener Geschichte. 2. Aufl. Essen 1957.
Jahn, Robert: Das gotische Silberbuch. In: Münster am Hellweg 9 (1956).
Jahrbuch »Die Heimatstadt Essen«. Essen 1–31 (1948–1980/81).
Jahrbuch Essen 1988. Essen 1987.
Jahrbuch Essen 1989. Essen 1988.
Jahresbericht. Unternehmensverband Ruhrbergbau in Essen. Essen 1953/54 bis 1958/60.
Jugendzentrum Essen. Zur Eröffnung am 9. Januar 1964. Essen 1964.

Kahrs, Ernst: Aus der Vorzeit. In: Essen 1925.
Kellen, Tony: Friedrich Grillo. Essen 1913.
Kellen, Tony: Die Industriestadt Essen in Wort und Bild. Essen 1902.
Kirche vor Ort. Zehn Jahre Bistum Essen. Hrsg. vom Bischöflichen Generalvikariat. Essen 1968.
Klass, Gert von: Die drei Ringe. Lebensgeschichte eines Industrieunternehmens. Tübingen 1953.
Klass, Gert von: Aus Schutt und Asche. Krupp nach fünf Menschenaltern. Tübingen 1961.
Köhler, Hans-Georg: Essen, Geschichte der Städtischen Werke. Essen 1969.
Köhn, Heinz: Der Essener Münsterschatz. Essen 1955.
Koepchen, Arthur: Das RWE in der deutschen Elektrizitätswirtschaft. Essen 1930.
Körholz, Franz: Die Säkularisation und Organisation in den preußischen Entschädigungsländern Essen, Werden und Elten 1802–1806. Münster 1907.
Kreuz über Kohle und Eisen. Hrsg. im Auftrag des Bischofs von Essen. Essen 1958.
Krupp, Alfred: Briefe 1826–1887. Hrsg. von Wilhelm Berdrow. Essen 1928.
Kulturzentrum Villa Hügel. Recklinghausen 1968.
Die Kunstdenkmäler der Stadt und des Kreises Essen. Hrsg. von Paul Clemen. Düsseldorf 1893.

Lagarie, Gerd, und Agnes Singendonk-Holtwick: Essen – Gesundheit vor allem. Essen 1966.
Lappenbusch, Adolf: Essen als Handelsstadt. Essen 1937.
Lüstner, Otto (Hrsg.), s. Essener Heimatbuch.
Luther, Hans: Zusammenbruch und Jahre nach dem Ersten Krieg in Essen. Ess. Beitr. 73 (1958).

Manchester, William: Krupp. Zwölf Generationen (Originaltitel: The Arms of Krupp 1587–1968). München 1968.
Die Marktkirche in Essen. Festschrift der evangelischen Kirchengemeinde Essen-Altstadt. Essen 1952.
Matschoß, Conrad: Die Entwicklung der Dampfmaschine. Bd. 1–2. Berlin 1908.
Matschoß, Conrad: Franz Dinnendahl. Münster 1932.
Mews, Karl: Stadt und Stift Essen in den Berichten von Geographen und Reisenden vergangener Zeiten. In: Ess. Beitr. 34 (1912).
Mews, Karl: Der Werdegang der heimischen Industrie. In: Essener Heimatbuch. 1938.
Mönnich, Horst: Aufbruch ins Revier. München 1962.
Mückeley, Oskar: Die Masuren im rheinisch-westfälischen Industriebezirk. Gelsenkirchen 1910.
Mühlen, Norbert: The Incredible Krupps. Deutsch: Die Krupps. Frankfurt 1960.
Das Münster am Hellweg. Mitteilungsblatt des Vereins für die Erhaltung des Essener Münsters. Essen 1–23 (1948–1970).
Muthesius, Volkmar: Ruhrkohle 1893–1943. Aus der Geschichte des Rheinisch-Westfälischen Kohlensyndikats. Essen 1943.

Pieler, Franz Ignaz: Das Ruhrtal. Reise auf der Ruhrtaleisenbahn mit Ausflügen in die Umgegend. Werl 1881.
Presser, Diether: Essen – Kultur in Vergangenheit und Gegenwart. 3. Aufl. Essen.

Raphael, Gaston: Hugo Stinnes. Berlin 1925. 1971.
Ribbeck, Konrad: Geschichte der Stadt Essen. Bd. 1. Essen 1915.
Ribbeck, Konrad: Die Vereinigung des Stiftes und der Stadt Essen mit dem preußischen Staate. Essen 1902.
Rothert, Hermann: Westfälische Geschichte. Bd. 1–3. Gütersloh 1949.
Ruhrschnellweg – Bundesstraße 1 Ortsdurchfahrt Essen. Dokumentation über Planung und Bauausführung ... von der Hamburger Straße an der Stadtgrenze Mülheim bis zum Knotenpunkt Ruhrschnellweg (B 1)/B 288. Essen 1970.

Sabel, Karl: Essen, wie es fiel und sich wieder erhob. Artikelserie in: Westdeutsche Allgemeine Zeitung. Essen 1961.
Sammlung industrieform. Essen, Steeler Straße 29, Am Porscheplatz. Essen 1963.
Schäfer, Heinrich: Die Kanonissenstifter im deutschen Mittelalter. Stuttgart 1907.
Schröder, Ernst: Krupp, Geschichte einer Unternehmerfamilie. Göttingen 1957.
Schröer, Alois: Chronologische Untersuchungen zum Leben Liudgers. Münster 1948.
Schröter, Hermann: Die Firma Friedrich Krupp und die Stadt Essen. In: Tradition, Zeitschrift für Firmengeschichte und Unternehmerbiographie. 6 (1961).
Schunder, Friedrich: Tradition und Fortschritt. Hundert Jahre Gemeinschaftsarbeit im Ruhrbergbau. Stuttgart 1959.
Sellmann, Wilhelm: Bibliographie zur Geschichte der evangelischen Kirche im Raum der Stadt Essen. Zum 400jährigen Bestehen der evangelischen Gemeinde in Essen. 1563–1963. Essen 1962.
Sellmann, Wilhelm: Die gemeinnützigen Wohlfahrtsverbände, Gesellschaften und Stiftungen in der Stadt Essen in Vergangenheit und Gegenwart. Essen 1967.
Sellmann, Wilhelm: 162 Dissertationen über den Raum der Stadt Essen. Aus: Münster am Hellweg 15 (1962).
Sellmann, Wilhelm: Das öffentliche Sozialwesen der Stadt Essen in Vergangenheit und Gegenwart. Essen 1967.
Serlo, Walter: Westdeutsche Berg- und Hüttenleute und ihre Familien. Essen 1938.
Der Siedlungsverband Ruhrkohlenbezirk. Essen 1955.
Singendonk-Holtwick, Agnes, s. Lagarie, Gerd.
Spethmann, Hans: Die ersten Mergelzechen im Ruhrgebiet. Msc. Essen 1947.
Spethmann, Hans: Das Ruhrgebiet im Wechselspiel von Land und Leuten, Wirtschaft, Technik und Politik. Bd. 1–3. Berlin 1933–1938.
Spethmann, Hans (Hrsg.), s. Die Stadt Essen.

Die Stadt Essen. Das Werden und Wirken einer Großstadt an der Ruhr. Hrsg. von Hans Spethmann. Berlin 1938.
Steinhauer, Gerhard: Essen – Stadt zwischen Schächten und Wäldern. Münster 1958.
Steinhauer, Gerhard: Das Revier – Profil einer ungewöhnlichen Landschaft. Essen 1957.

Die Verwaltung der Stadt Essen im 19. Jahrhundert. Bd. 1. Hrsg. von Erich Zweigert. Essen 1902.

Waechtler, Karl: Die Geschichte der evangelischen Gemeinde in Essen. Essen 1896.
Wagner, Georg: Einführung in die Erd- und Landschaftsgeschichte. Öringen 1950.
Wefelscheid, Heinrich (Hrsg.), s. Essener Heimatbuch.
Weis, Dieter: Essen – Im Spiegel von Wort und Zahl. 2. Aufl. Essen 1970.
Weis, Dieter: Die Großstadt Essen. Bonn 1951.
Westecker, Wilhelm: Die Wiedergeburt der deutschen Städte. Düsseldorf 1962.
Wilmowsky, Tilo von: Rückblickend möchte ich sagen ... An der Schwelle des 150jährigen Krupp-Jubiläums. Oldenburg 1961.
Wirtschaft und Kammer. Essen 1970ff. Hrsg.: Industrie- und Handelskammer Essen.
Woischnik, Bernhard: Alfred Krupp, Meister des Stahls. Bad Godesberg 1957.

Zehn Jahre Grugahalle Essen. Essen 1968.
Ziegler, Siegfried: Die Stadt Essen. Essen 1929.
Zimmermann, Walther: Das Münster zu Essen. Essen 1956.

Sämtliche über den Raum der Stadt Essen genannten Schriften sind in der Heimatgeschichtlichen Abteilung der Essener Stadtbibliothek, in der »Essener Bibliographie«, enthalten und können entliehen werden.

Namen- und Sachregister

Aachen 20, 31, 60, 125, 130
Aalto, Alvar 367f.
–, *Elissa* 367
Aalto-Theater 332, 360, 367ff., 378, 384
Abendroth, Hermann 230
Abtei Werden 30, 115, 340, 364, 372
Abteikirche Werden 23, 27, 87
Äbtissinnenstreit 42f., 54ff., 77
Adenauer, Konrad 284, 289, 334
Agricola, Georg (Georg Bauer) 60
Ajmone-Marsan, Guido 368f.
Aktien 318f.
Akzisen 53f., 66, 71, 103
Albertus Magnus 24
Alexander I. (Zar) 366
Alexander von Preußen 191
Alfons XIII. von Spanien 256
Alfried-Krupp-von-Bohlen-und-Halbach-Stiftung s. Krupp-Stiftung
Allgemeine Politische Nachrichten 99, 104, 106, 114f., 130, 136, 162
Allgemeiner Deutscher Sparkassenverband 224f.
Allianzhaus 300
Alteburg 13, 23
Altena 42, 154, 381
Altendorf (Stadtteil von Essen) 134, 155, 167, 224, 227f., 236, 262, 329
Altendorf (bei Hattingen) 125
Altenessen (Stadtteil von Essen) 28, 132, 155, 162, 166, 181, 188, 197, 199, 220, 224, 229, 247, 257, 307, 309, 328, 344, 363
Altfrid, Bischof von Hildesheim 15f., 18, 21ff., 29, 36, 64, 95, 103, 109, 188, 354, 381
Althoff, Theodor 242
Aluminium 345f.
Aluminothermie 219
Ammoniak 238f.

Anilinfarben 238
Anselm Sonius 95, 105
Arbeiterbewegung 163, 202, 222, 240
    s.a. SPD, Zentrum, Gewerkschaften und Streik
Arbeitslosigkeit 170, 176, 266f., 274, 283, 293, 344f.
Arenberg-Bergbau-GmbH 175
Armstrong, William George 193
Arndt, Ernst Moritz 164
Arnsberg 231, 235
Arnsbergische Actiengesellschaft für Bergbau und Hüttenbetrieb s. Arenberg-Bergbau-GmbH
Arp, Hans 361
Augsburg 66, 69, 114
Augsburger Religionsfrieden 76
August der Starke 95
Autobahnen 324ff., 330
Axel Springer Verlag 352

Baade, Fritz 248
Bäder 235, 305f.
Baedeker, Buchhandlung 99, 117, 132, 167
–, *Diedrich* 178, 202, 210, 212
–, *Gottschalk Diedrich* 99f., 117
–, *Karl* 99
–, *Zacharias* 99
Baldeneysee 28, 233, 263, 365
Banken:
    Berliner Diskontogesellschaft 242
    Deutsche Bank 242
    Essener Creditanstalt 202, 242
    Hypothekenbank in Essen AG 311
    Mitteldeutsche Creditbank 242
    Reichsbank 242
    Rheinische Bank 242
    Sparkasse Essen s. Sparkasse

403

Bankenkrise 273f., 315, 321f.
Barenbroch, Heinrich 77, 383
Bargmann, Jochen 376
Barlach, Ernst 361
Barmen 106, 129, 145, 154, 169, 257f.
Bartels, Otto (Jan Bart) 307
Baseler Frieden 113
Bayer, Herbert 314
Bayern 145f., 146, 155, 190f.
Bebel, August 202
Bedarfsprüfungen 321
Beitz, Berthold 335, 337, 340f., 365
Belgien 137ff., 156, 256, 259, 288, (389)
Bendorfer Eisenhütte 193
Benzol 238
Berg, Fritz 335
Berg, Herzogtum 68, 87, 117ff.
Bergamt 104f., 115f., 118, 125, 140, 162
Bergbau 12, 58f., 61, 104, 115ff., 142, 160, 163, 173ff., 188, 197ff., 280 s. auch Kohle
Bergbauverein 164, 176, 188, 202, 220f., 240, 252, 309, 343
Berge, Elisabeth vom 83
Bergeborbeck (Stadtteil von Essen) 162
Berger, Louis 145
Bergerz 127
Bergfeld, Hildegard 370
Berggewerken-Verein zu Essen s. Bergbauverein
Bergisch-Märkische Eisenbahngesellschaft 181
Bergius, Friedrich 239, 264, 288
Bergleute 140, 195, 283, 287
-, Arbeitsbedingungen 240
-, Wohnverhältnisse 174, 197
Bergordnung 60, 104, 116, 118
Bergwerksverband GmbH 347
Bergzehnt 59f., 104
Berlin 116, 129, 146f., 155, 161, 164, 166, 205, 217, 230, 238, 240, 250, 254, 261, 286
Berlin-Tegel 193, 205
Bernardina Sophia von Ostfriesland und Rietberg 94
Berndorf 159, 163
Berne 17, 142, 155
Bertha von Arnsberg 42f., 45
Berthold, Albert 216
Berufsförderungszentrum 301, 305
Bessemer, Henry 190, 193
Besteckfabrikation 157, 159, 163, 168
Bildzeitung 352
Birmingham 168f.

Bismarck, Otto von 190f., 193, 195, 204, 211, 218, 221f., 268
Blücher, Franz 284
-, *Gebhard Leberecht* 113
Blühnbach 271, 290
Bocholt 68
Bochum 89, 98, 104, 119, 123, 162, 166, 173, 177, 181, 188, 193, 198, 201, 217, 220f., 229, 231, 240, 257, 268, 301, 324, 340, 343, 374, 381
Bochumer Verein 158, 173, 180, 191, 265, 335
Bodensenkungen 174f.
Bohlen und Halbach, Arndt von 269, 337
-, *Berthold von* 362, 365
- s.a. Krupp, Gustav und Krupp, Alfried
Bombenkrieg 21f., 270f., 280, 336
Bonczek, Willi 303f.
Bonifatius IX. 54
Bonn 67, 119, 155, 334
Borbeck (Stadtteil von Essen) 96, 107, 177, 188, 224, 229, 231, 247, 257, 262, 285, 303, 305, 307, 329, 343ff., 359
-, Schloß 74, 82, 92, 115, 371
Borsig, August 167
Bottrop 175, 199, 231, 325, 381
Bracht, Franz 256f., 266, 267, 284
Brahms, Johannes 202
Brandenburg 57, 66, 90
Brandi, Paul 217ff., 228, 230, 242, 247, 254ff., 353
Brandt, Willy 333
Braunkohle 11, 242, 249, 263
Braunschweig 137, 167, 220
Brecht, Bertolt 369
-, *Ulrich* 369
Bredeney (Stadtteil von Essen) 29, 38, 41, 60, 205, 226, 247, 257, 308, 328, 354
Bremen 52
Breslau 69, 129, 166f., 217
Brost, Erich 352
Bruch, Max 209
Brunn, Anke 378
Bucher, Lothar 190
Büchsenmacherei 64ff., 82ff., 86f., 102, 129, 220 s.a. Gewehrfabrikation
Bückling, Bergrat 121, 123ff.
Buer 201, 261
Bundesstraßen 304, 325f.
Bundesverband der Technischen Überwachungsvereine 352
Büssenschmid, Laurenz 77

Caesar, Julius 13
Callies, Hermann 266

Calvinismus 86, 90f., 143
Care-Pakete 281f.
Casa Nova 311, 370
Casino-Gesellschaft 215
Castrop-Rauxel 198
CDU 284, 289f., 331, 333
Cézanne, Paul 253, 361
Chagall, Marc 361
Chansonetten-Kloster 215
Chemieindustrie 165
Chotusitz 98
Christianisierung 13, 25, 27, 29
Christine v. Schweden 26
Christlich-Demokratische Union s. CDU
Churchill, Winston 279
City 299ff., 311ff., 353
City Center 301f., 325
Claassen, Günther 355
Clay, Lucius D. 286, 290
Clemens XIV. 97
Cleve, Herzogtum 43, 54, 57, 90, 105f., 119
Cockerill, John 157
Codex argentus s. Silberne Bibel
Cöln-Mindener Eisenbahngesellschaft 161, 166f.
Corinth, Lovis 253
Corporate Identity 386
Cromme, Gerhard 340
Cuno, Wilhelm 255

Damenstift 15ff., 218
Dampfhammer »Fritz« 178f., 191, 244
Dampfmaschine 61f., 120f., 124, 134, 140ff., 155, 158, 162, 174, 177ff., 191, 239, 242
Dänemark 66, 102
Darmstadt 251, 301
Daumier, Honoré 253
Deilbachbahn 145f., 162
Deilmann, Harald 367
DEMINEX 348
Demontage 251, 271, 283, 285f., 289, 292f., 297, 336
Deutsch-Dänischer Krieg 190
Deutsch-Französischer Krieg 170, 194
Deutsch-Luxemburgische Bergwerks- und Hütten-AG 242, 265
Deutsche Kohlenbergbauleitung 283
Deutsche Kohlenverkauf 283
Deutscher Ausschuß für Grubenrettungswesen 347
Deutscher Zollverein 137, 146, 155, 167f.
Dibelius, Friedrich Karl Otto 383

Dicke Bertha 247
Dieckhoff, Rendant 150f., 171
Dillgardt, Just 267
Dinnendahl, Franz 47, 120, 122ff., 130, 132, 134f., 137, 174, 238
Dinslaken 118
Diokletian 15
Dorsten 201
Dortmund 31f., 40, 52, 68f., 76, 89, 119, 129, 161f., 173, 176f., 181, 188, 195, 198, 201, 216, 218, 220, 222, 229, 231, 242, 252, 257f., 271, 281, 324, 354, 374, 381
Dortmund-Emskanal 233
Dortmund-Hörder Hüttenunion 177
Dreißigjähriger Krieg 25, 66f., 78f., 84ff., 143
Dresden 114, 129, 146, 159, 250, 270, 366, 369
Duden, Heinrich 60
Duisburg 17, 31f., 59, 76, 89, 98, 105, 116, 118f., 136, 148 161f., 173, 177, 181, 188, 195, 198, 201, 204, 217, 223, 226, 229, 231, 242, 252f., 257f., 267, 324, 326f., 381
Düsseldorf 59, 115f., 118, 125, 129, 144, 146ff., 150, 163, 169f., 181f., 215, 218, 224, 231, 235, 242, 251ff., 257f., 265, 302, 327, 345, 351, 354, 373

Eberhard, Herzog von Franken 28
Eberhard von der Mark 42
Ebert, Friedrich 249, 254
Ebo von Hildesheim 15
EDV 358
Ehrenring der Stadt Essen 336, 340, 382
Eickhoff, Johann 240
Eingemeindungen 29, 228f., 236, 247, 261, 272, 321
Einquartierungen 82ff., 85ff., 93f.
Einwohnerzahlen 69, 129, 158, 160, 166, 173, 188, 216, 229, 257, 268
Eisenbahn 144, 146, 153, 155, 159, 161, 166f., 178, 181, 191, 205
Eisenbahndirektion 217, 235
Eisenerz 176f.
Eisenhütte Zur Guten Hoffnung s. Gutehoffnungshütte
Eisenindustrie 58, 127, 130, 142, 158f., 165, 173, 175, 177f., 188, 239
Elberfeld 106, 116, 129, 144, 146, 150, 169, 218f., 257f.
Elektromotor 177, 239
Elisabeth von Manderscheid-Blankenheim 78
Elisabeth von Nassau 52f.

Emscher 13, 17, 28, 59, 82, 129f., 137, 141, 146, 159, 162, 175, 198f., 232, 261, 281
Emschergenossenschaft 232, 238, 352
Emscherpark 309
Emscherschnellweg 326
Engelbert von Berg 40f.
Engels, Friedrich 163
Engels, Johann Adolf 136
England s. Großbritannien
Entflechtung 282, 335
Erhard, Ludwig 317, 335
Erster Schlesischer Krieg 98
Erster Weltkrieg 167, 247f., 258
Erwachsenenbildung 305, 373
Erzbergbau 177
Eschweiler 60, 130
Eskildsen, Ute 361
Essendische Zeitung von Kriegs- und Staatssachen 99
Essendisches Gesangbuch 98
Essener Beichtspiegel 36
Essener General-Anzeiger 324
Essener Musikverein 202, 216
Essener Technologie und Entwicklungszentrum (ETEC) 355f.
Essener Zeitung 177, 219
Europäische Gemeinschaft 386
EVAG 327
Ezzo von Lothringen 34f., 37

Farbwerke Hoechst 238
FDP 289, 290, 333
Ferdinand II. 85
Fernmeldeturm 313
Ferrostahl 350
Feuerbach, Anselm 230
Feuermaschine s. Dampfmaschine
Finanzreform 233
Fischer, Franz 264, 288
Fischer-Tropsch-Verfahren 264
Fischlaken (Stadtteil von Essen) 28
Flashoff, Wilhelm 127
Flüchtlinge 271
Folkwang-Museum 253f., 262, 267, 331, 340, 360ff., 365, 385
Folkwang-Schulen 115, 262f., 267, 369, 372
Fowles, Douglas 280, 285
Franken 13, 21, 29, 74
Frankfurt (Main) 31, 107, 220, 251
Frankfurt (Oder) 389
Frankreich 113, 117, 138, 156, 161, 194, 170, 220, 251, 256, 259, 286, 288, 386
Franziska Christina von Pfalz-Sulzbach 95

Freie Demokratische Partei s. FDP
Freikorps 249
Freisenbruch 305
Fremdarbeiter 269, 271, 281, 286
Friedrich I. (Barbarossa) 59
Friedrich II. 41f.
Friedrich II. der Große 95, 98, 105f., 116, 121
Friedrich III. 54
Friedrich Graf von Berg-Altena-Isenberg 40f.
Friedrich Wilhelm I. 103
Friedrich Wilhelm III. 119, 145
Friedrich Wilhelm von Brandenburg 90f., 93f.
Friedrich Wilhelm von Preußen 191
Friedrich, Caspar David 361
Friedrich-Alfred-Hütte 223
Friedrich-Wilhelm-Hütte 165
Frings, Josef Kardinal 281f., 286, 288
Frintrop (Stadtteil von Essen) 162
Frohnhausen (Stadtteil von Essen) 228, 306
Fulerum (Stadtteil von Essen) 229
Funcke, Friedrich Philipp 143, 163
Funke, Jakob 352
Fürth 146, 155
Fußgängerzonen 300, 312

Gagern, Heinrich von 163f.
GAL 333
Galen, Jan van 92
Gambetta, Léon 194
Garnier, Friedrich Ernst von 313
Gartenhaus 179, 190
Gauguin, Paul 253
Gegenreformation 83
Geldausgabeautomat 359
Gelsenberg s. Gelsenkirchener Bergwerks AG
Gelsenkirchen 119, 129, 160, 162, 173, 177, 195, 197f., 201, 220, 229, 231, 242, 257ff., 268, 309, 325, 329, 381
Gelsenkirchener Bergwerks AG 202, 220, 241, 265
General-Regulativ 206f.
George Wimpey & Co Ltd. 302
Germanen 13, 27
Germania-Werft 223, 243
Gernheimer, Dieter 312
Gerswida 16, 18, 95
Gertrud von Nivelles 32
Gertrudiskirche s. Marktkirche
Gesamtverband des deutschen Steinkohlebergbaus 347
Gesellschaft für Teerverwertung 238

Gewehrfabrikation 130, 132, 142
Gewerkschaften 153, 221, 241, 250f.
Gewerkschaften (frühere Wortbedeutung) 60, 141
Gewerkverein christlicher Bergarbeiter 221, 241
Gildehof-Center 311, 384
Gilden 66, 68, 70, 98, 118
Girardet-Verlag 352
Girokonten 272f., 316
Gladbeck 199
Glasgow 166, 173, 261
Glaswerke Ruhr 255
Godde, Wilhelm 373f.
Goerdeler, Carl-Friedrich 269
Goethe, Johann Wolfgang von 78ff., 106, 142, 212
Gogh, Vincent van 253, 361f.
Goldene Madonna 38, 382f.
Goldschmidt, Hans 219, 254
Goldschmidt, Karl 219, 254
Goldschmidt, Theodor 219
Göpel 60f., 174
Göring, Hermann 267, 270
Gregor IX. 41f.
Greinert, Hellmuth 290f.
Grillo, Friedrich 176, 194f., 202, 215ff., 219, 231, 241f.
Grillo-Theater 215, 262, 313, 366f., 369 s. a. Stadttheater
Grimm, Jakob 164
Gropius, Walter 368
Großbritannien 60, 113, 120f., 122, 132, 134, 138, 144, 155f., 161, 164ff., 173, 190f., 211, 220, 238, 256, 288
Grotewohl, Otto 284
Grubenpferde 61, 174
Grubensicherung 241
Gruga 263, 291, 306, 308, 328, 355, 377
Gruner, Justus 81, 105, 107f., 119
Grünflächen 231, 308ff.
Gruson-Werke 223, 286
Gunthar, Erzbischof von Köln 16
Gustav Adolf 87
Gußstahl s. Stahlindustrie
Gutehoffnungshütte 127, 130f., 133, 139, 155, 158, 165, 181
Gymnasien 97f.

Hache, Gustav 224f.
Hafen 292
Hagen 136, 154, 251, 253, 360, 381
Hamborn 231, 257ff., 283
Hamburg 31, 52, 69, 129, 166, 190, 217, 261, 352, 371
Hamm 17, 42, 161f., 188
Hammacher, Friedrich 176, 188, 194, 202, 221
Handel 31f., 46, 67, 102, 137, 294, 353
Handelskammer 143, 149, 175, 181, 195, 233
Haniel, Franz 137, 139ff., 162, 164
Haniel, Fritz 341
Hannover 137, 167, 264, 371
Hänsch, Johann 185
Hanse 33, 68, 188
Harkort, Friedrich 128, 144ff.
Hattingen 98, 148, 150
Hauptbahnhof 181, 230, 263, 313
Haus der Erwachsenenbildung s. Volkshochschule
Haus der Technik 262, 311
Hauschild, Wolf-Dieter 369, 371
Heider, Heinrich 210
Heidhausen (Stadtteil von Essen) 272, 344
Heilbronn 155
Heinemann, Gustav 283, 286, 289ff., 324, 331
Heinrich I. 31, 34
Heinrich II. 34
Heinrich III. 31, 34, 39
Heinrich V. 40
Heinrich VII. 40f.
Heinrich Raspe, Landgraf von Thüringen 42
Heisingen (Stadtteil von Essen) 28, 261, 270, 272, 326
Helfrich, Karl 255
Heliand 27
Hellweg 11, 14, 17, 32, 67, 198
Helm, Hans 303
Hengsbach, Franz Kardinal 381f.
Herdecke 264
Hermann, Zeitschrift für Westphalen 127, 144
Hermannshütte 194
Herne 129, 198, 231, 241, 326, 381
Hessen-Darmstadt 137
Heuss, Theodor 180, 206, 212, 335
Heyden, Karl 224f.
Heydt, Freiherr von der 168
Heyme, Hansgünther 369ff.
Heyn, Erich 271, 289
Hildesheim 15, 31, 36, 64, 114
Hindenburg, Paul von 247, 251, 256
Hinkmar von Reims 16
Hirschland, Bankier 236
Historischer Verein für die Stadt Essen 216
Historisches Archiv Krupp 365

407

Hitler, Adolf 246, 264, 268, 279, 283
Hochofen 165 f., 177
Hochtief AG 350
Hochuth, Rolf 369
Hoeschkonzern 196
Höffner, Josef Kardinal 381
Holland s. Niederlande
Hollatz, Josef Walter 299
Holle, Wilhelm 230, 245, 248, 262, 266
Hollerith, Hermann 356
Holsterhausen (Stadtteil von Essen) 228, 287
Holte, Beatrix von 43
Hölterhoff, Eduard 141
Holtzhausen, August 122
Holzkohle 58, 60, 104, 130, 165
Hörde 123, 177
Hörder Bergwerks- und Hüttenverein s. Dortmund-Hörder Hüttenunion
Horst 28, 122, 304, 329, 343
Hügel E. V. 365
Hugenberg, Alfred 245 f.
Humboldt, Alexander von 160, 180
Humperdinck, Engelbert 209
Hungersnot 160, 280 f., 284
Hünninghausen, Albert 105
Huntsman, Benjamin 132, 134
Huret, Jean 229
Huttrop (Stadtteil von Essen) 127, 229
Huyssen, Familie 68, 101

IG Farben 265
Immobilien 186
Industrialisierung 120 ff., 153
Industrieansiedlung 293, 345 f.
Industrieform 364 f.
Inflation 258 f.
Innozenz IV. 42
Internationale Ruhrbehörde 288
Iran 338
Irmgard von Diepholz 55 ff., 77, 80
Isabella von Brasilien 191
Isabella von Spanien 85 f.
Italien 190, 256

Jäger, Annette 333
Jahn, Robert 21, 57, 85, 92, 107
Janssen, Friedrich 335
Jantzen, Hans 20
Jarres, Karl 253
Jesuitenresidenz 97, 115, 143
Jochimsen, Reimut 379
Johann II. von Cleve 56
Johann Wilhelm von Cleve 83
Johannes Paul II. 381 f.

Johanneshütte 204
Johanneskirche 37, 74
Joseph II. 95
Junius, Franciscus 26

Kaffeemühlen 103, 130
Kalifornien 166
Kanalisation 231, 234
Kapp, Wolfgang 250
Kapp-Putsch 250
Karbonzeit 11
Karl der Große 14 ff., 23
Karl der Kahle 16
Karl Martell 15
Karl IV. 52 ff., 59, 78
Karl V. 79
Karl-Friedrich-Erbstollen 145
Karlsruhe 321
Karnap (Stadtteil von Essen) 28, 130, 175, 199, 261, 307, 309 f., 344, 348
Karstadt 354
Kassel 122, 250
Kassenhalle, Ausstellungen in der 385
Katernberg (Stadtteil von Essen) 199, 261, 264, 303, 309, 329, 341, 344
Katzor, Horst 324, 332, 345, 376
Kaufgilden 68 ff., 102
Kechel, Brüder von 132
Kegel, Sturm 299
Kettwig (Stadtteil von Essen) 105, 109, 129, 143, 152, 167, 170 f., 182, 223, 226, 229, 261, 322, 352, 359
Kettwiger Straße 300, 312 f.
Kiel 223, 243
Kirdorf, Emil 202, 220, 241
Klass, Gert von 157
Klausch, Helmut 308
Kleve 169
Kleinhans, Bernhard 385
Klinikum 306, 375 ff.
Klock, C. 66
Klosterbibliothek Werden 25, 109, 115
Koblenz 96, 99, 119, 148, 191, 193, 283, 357
Koch, Wilhelm Herbert 200
Kohle 58 ff., 137 f., 159, 165 f., 177 f., 238 f., 249, 252, 263, 280 ff., 291, 294
Kohlechemie 199, 239
Kohledruckvergasung 339
Kohleeisenstein 177
Kohleförderung 125, 130, 136, 141, 167, 174, 176, 202, 204, 240, 267 f., 280, 334, 342
Kohlenhandel 129, 139, 173, 181
Kohlenkrise 343 f.

Kohlensyndikat 220f., 249, 252ff., 263, 282
Kohlenverkaufsverein 220
Kohletiefbau 12, 126, 139ff., 149, 159, 162, 174ff.
Kohletransport 63, 104f., 176
Kohleveredelung 165, 264, 342, 347
Kohleverflüssigung 239, 264, 288f., 347
Kohlevergasung 347
Kohlewirtschaftsgesetz 249
Kokoschka, Oskar 361
Koks 165f., 177, 238f., 264, 282
Köln 21, 31, 36, 39ff., 43, 46, 52, 59, 67, 69, 71, 82ff., 86, 89, 91, 93, 98, 162, 119, 129, 162f., 166, 179, 230, 242, 257f., 263f., 271, 281, 354, 381
Költzsch, Georg W. 362
Kommunale Neugliederung 1929 261
Kommunalverband Ruhrgebiet 310, 351 s.a. Siedlungsverband Ruhrkohlenbezirk
Kommunalwahlergebnisse 291, 333
Kommunistische Partei Deutschlands s. KPD
König, Karl 199
Königgrätz 192, 194f.
Königssteele (Stadtteil von Essen) 105, 226
Konrad II. 33
Konrad von Hochstaden 21, 41ff.
Konstantinopel 25, 98
Konsumanstalt 189, 208, 218
Kontinentalsperre 116, 130, 132
Kontrollrat, alliierter 283
Kopstadt, Konrad Heinrich 142
Koreakrieg 289, 296
Körner, Edmund 364
Kosmas und Damian 15, 18, 29, 31, 38, 45f.
KPD 267, 284, 289f.
Krankenhäuser 230, 306f., 377
Krankenkasse 156, 189
Kray (Stadtteil von Essen) 28, 226, 261, 272, 304, 324, 329, 344, 346f.
Kredite 317
Krefeld 129, 169, 219, 227, 251, 257
Kreissparkasse 226f.
Kremmer, Martin 341
Kriegsanleihen 258f.
Kriegsfinanzierung 275f.
Kriegsflotte 223
Kröll, Walter 376, 379
Krummacher, F. A. 129, 131
Krupe, Anton s. *Krupp, Anton*
Krupe, Arndt s. *Krupp, Arndt* 68

Krupe, Fam. s. *Krupp, Fam.* 89
Krupp Atlas Elektronik GmbH 338
Krupp, Firmengeschichte:
1811–1826 131ff.
1827–1843 153ff.
1844–1851 159ff., 162ff.
1852–1859 178ff., 189
1860–1871 189ff.
1872–1887 203f.
1888–1900 222ff.
1901–1913 243ff.
1914–1925 252ff., 257ff.
1926–1931 265ff.
1932–1945 269, 279ff.
1946–1971 289ff., 334ff.
Krupp, Rüstungsproduktion 15ff., 153, 161, 168, 180, 204f., 211f., 246, 268, 336
–, Sozialwerk 153, 156, 204, 208, 211, 244, 246, 265, 286
–, Umgestaltung 243, 269, 337f.
Krupp, Fam. 66, 89, 92, 101, 130 s.a. Bohlen und Halbach
Krupp, Alfred (2. Firmenchef) 131, 134, 137, 142, 153f., 156ff., 159f., 163, 165, 167f., 170, 178ff., 182, 195, 199, 202, 203, 205ff., 224, 244ff., 265, 269, 285
Krupp, Alfried (5. Firmenchef) 269, 271, 280, 286, 290, 331, 334, 336f., 340, 365
Krupp, Anton (2. Kruppgeneration in Essen) 88, 101
Krupp, Arndt (1. Kruppgeneration in Essen) 68, 88, 92, 101
Krupp, Arnold (4. Kruppgeneration in Essen) 101
Krupp, Barbara s. *Wilmowsky, Barbara von*
Krupp, Bertha (Frau Alfreds) 179, 206
Krupp, Bertha (Tochter Friedrich Alfreds) 269, 290, 365
Krupp, Friedrich (Firmengründer) 47, 101, 130, 132ff., 137, 153, 155, 163, 245
Krupp, Friedrich (jüngerer Bruder Alfreds) 157
Krupp, Friedrich Alfred (3. Firmenchef) 179, 210, 216, 219, 222ff., 243, 265, 269
Krupp, Friedrich Jodocus (5. Kruppgeneration in Essen) 101
Krupp, Georg Diederich (4. Kruppgeneration in Essen) 101
Krupp, Gustav (von Bohlen und Halbach, 4. Firmenchef) 243, 245, 248, 251, 255f., 265, 268, 271, 286, 290, 365
Krupp, Helene Amalie (Wittib Jod. Krupp sel.) 101, 126, 131, 165

409

Krupp, Henrich Wilhelm (5. Kruppgeneration in Essen) 101
Krupp, Hermann (jüngerer Bruder Alfreds) 156f., 159, 163, 207
Krupp, Ida (Tochter des Firmengründers) 163f.
Krupp, Margarethe (Frau Friedrich Alfreds) 222, 265
Krupp, Matthias (5. Kruppgeneration in Essen) 92, 101
Krupp, Therese (Frau des Firmengründers) 131, 154, 156
Krupp-Stiftung 337ff., 365
Kruppkolonien (s.a. Wohnungsbau) 209
Kruppscher Bildungsverein 216
Kühn, Heinz 375
Kulturförderung 372
Kulturpreise 372
Kulturstiftung Ruhr 340, 362, 365
Kulturzentrum Zeche Karl 307
Kumpeldeutsch 200f.
Kunigunde von Berg 51
Kunstharze 238
Kupferdreh (Stadtteil von Essen) 122, 124, 145, 162, 177, 181f., 226, 261, 270, 272, 306, 326, 363
Küster, Clemens 128

Landschaftsverbände 119
Langenberg 145, 159f., 162, 304
Lassalle, Ferdinand 202
Le Corbusier 368
Lediard, Thomas 106
Leinpfad 105
Leipzig 118, 146, 206, 347, 230, 261, 269, 369
Leithebach 16, 304
Lenin, Wladimir Iljitsch 252f.
Lessing, Gotthold Ephraim 215
Leuchtgas 165 s.a. Straßenbeleuchtung
Lex Krupp 269, 290
Lichtwochen 300
Liebknecht, Wilhelm 202
Limbecker Straße 136, 312f.
Lindemann, Ernst Heinrich 194
Lindemann, Theodor 185
Lindengalerie 312
Liphausen, Johannes 67, 69, 74
Lippe (Fluß) 13, 82, 129, 160, 175, 199, 232
Lippeverband 352
List, Friedrich 137, 144
Liudger Bischof von Münster 23f., 26f., 29, 382

Liudolf von Schwaben 35
Liverpool 145, 166
Locarno 256
Lochkartensystem 356
Loebbecke, Assessor 150f.
Lohn- und Gehaltszahlungen, bargeldlose 316, 321, 357
Lokomotiven 144f., 178, 292
London 27, 98, 160, 166, 217, 238, 354
Loser, Erwin 269
Löser, Ewald 284
Lotterie 100f.
Lübben, Gerd Hergen 373f.
Lübeck 52, 67, 69
Lucius von Chur 27f.
Luciuskirche 27f., 87
Ludgeruskirche s. Abteikirche Werden
Ludwig der Bayer 51
Ludwig der Deutsche 16, 22, 25, 27
Ludwig der Fromme 27
Ludwig I. von Bayern 164
Ludwig III., der Jüngere 16, 25
Ludwig XIV. 78, 93f.
Luftbelastung 348
Luther, Hans 248f., 252ff., 257, 266f., 284, 331, 351
Luther, Martin 25, 76, 81
Luthertum 81, 86, 88, 90, 97, 143
Lüttich 103, 138, 157
Lützen 87

Mack, Hans 314
Magdeburg 87, 223, 243, 286
Magnetbandsystem 358
Mahler, Gustav 230
Maina von Oberstein 55ff.
Manchester 145, 166, 173, 293
Manet, Eduard 253
Marc, Franz 253, 361
Märcker, Theodor 150f.
Marcus, Ernst Moses 374
Margareta von Österreich 40
Margareta-Elisabeth von Manderscheid-Gerolstein 78
Margarethenhöhe 265f., 310, 328
Maria Clara von Spaur 78, 83ff., 91
Maria Kunigunde von Polen und Litauen 95f., 114
Maria Theresia 95
Maria von Spiegelberg 76
Marienturm 24
Mark (Grafschaft) 54, 57, 72, 115
Marktkirche 32f., 44, 72, 76f., 85ff., 107, 143, 270, 299, 383
Marktrecht 31, 33, 39

Markuskapelle 29
Marshallhilfe 313
Martin, Baumeister 21
Marx, Karl 163
Masuren 198
Mathieu, Regierungsrat 151 f.
Mathilde (Äbtissin) 28, 35, 37 f.
Mathilde (Stiftsdame) 34 f., 37
Mathilde von Rennenberg 43
Matisse, Henri 253, 361
Maximilian I. 57
Mayer, Jakob 158, 180
McCloy, John 290
Meiderich 195, 229, 238
Meppen 205
Mergelzechen s. Kohletiefbau
Merian, Matthäus 64
Messen 354 f.
Metternich, Klemens Fürst von 164
Metzendorf, Georg 310
Meyer, Ch. F. 106
Mies van der Rohe, Ludwig 368
Mintard 322
Möhnetalsperre 232, 270
Moltke, Hellmuth von 193 f.
Monnet, Jean 288
Montag, Johann Heinrich 182 ff.
Montanunion 288
Moore, Henry 361
Morgenthau, Henry 279
Morgenthau-Plan 279 f.
Moritz von Oranien 83
Moser, Johann Jakob 114
Moskau 279
Motz, Friedrich von 137
Muench, Erzbischof 381
Mühlen, Norbert 135, 268, 279, 286
Mülheim/Ruhr 60, 71, 89, 102, 107, 129, 136, 139, 141, 162, 164, 166, 173, 177, 181, 196, 198, 201, 220, 229, 231, 242, 257, 262, 322, 325, 345, 352, 381
Mülhofer Hütte 191
Müller, Carl Friedrich von 156, 159
Müller, Erich 269
Mulvany, William Thomas 175 f., 199, 233
Munch, Edvard 362
München 27, 119, 166, 173, 217, 261, 301, 382
Münster 23, 31, 69, 84, 93, 114 f., 231, 242, 262, 375, 381
Münsterkirche 15, 18 ff., 23 f., 35, 37, 52, 54, 73 f., 107, 188, 217, 270, 284, 299, 354, 364, 381
Münsterschatz 37 f., 85, 364 f.
Murat, Joachim 116 ff.

Museen 230, 307, 311, 362 ff. s. a. Folkwang-Museum

Nacki, Tomitari 314
Napoleon I. 47, 113, 116 f., 126, 132
Napoleon III. 118, 167, 190
Nationalsozialismus 267 ff., 274
Nationalversammlung 164
Naturschutzgebiete 310
Neu-Isenburg 41 f.
Neue Rheinische Zeitung 163
Neueste Essendische Nachrichten von Staats- und Gelehrtensachen 98
Neumann-Mahlkau, Peter 379
Newcomen, Thomas 121, 125
Nicolai, Friedrich 133
Niederlande 66, 113, 137 f., 190, 286, 288
Niederländischer Freiheitskrieg 66, 78
Nieswandt, Wilhelm 290, 293, 328, 331 f., 383
Nikolauskapelle 28
Nixdorf 355
Nizäa, Konzil zu 26
Nizza 191 f.
Nolde, Emil 230, 361, 385
Nölting, Ernst 293
Nordischer Krieg 66, 78
Nordrhein-Westfalen 119, 264, 281, 284, 290, 293, 352, 368, 373, 376, 380
Nordstadt 303
Notenpresse 258 f.
Notgemeinschaft deutscher Kohlenbergbau GmbH 347
NRZ 307, 352, 362
NSDAP 267
Nürnberg 52, 66, 69, 146, 155, 229

Oase 306
Oberhausen 16, 129 f., 158, 160, 162, 173, 177, 181, 198, 201, 229, 231, 261 f., 332, 352, 381
Oberschlesien 60, 120, 122 f., 159 f., 249
Opernhaus 262
Oppenberg, Dietrich 352, 362
Osemund-Eisen 65
Österreich 83, 113, 137, 170, 191, 194 f., 204
Ostgoten 25
Osthaus, Karl Ernst 253 f., 262 f., 360, 372
Ostpreußen 198, 200, 250
Oststadt 304 f.
Otto I., der Große 19, 28, 34 f., 38
Otto II. 19 f., 35
Otto III. 19, 34 f.

Otto Herzog v. Schwaben und Bayern 35, 38
Otto von der Mark 46

Pacelli, Eugenio s. Pius XII.
Pädagogische Hochschule 375 f.
Paderborn 114, 381
Papen, Franz von 266
Papin, Denis 121
Pappenheim, Gottfried Heinrich 87
Papstbesuch 382
Paris 156 f., 160, 163, 207, 247, 288, 301, 354
Paul I. (Zar) 366
Pedro II. von Brasilien 194, 206, 211
Personennahverkehr, öffentlicher 326 ff.
Pest 51, 73, 82
Petersburg 156, 193, 366
Peterskirche 24, 27
Pfeiffer, Bertram 143, 146, 148, 157
Pferdebahn 217
Phenol 238
Phoenix AG für den Bergbau und Hüttenbetrieb 177, 242, 265
Picasso, Pablo 361
Pieck, Wilhelm 284
Pietismus 97
Piscator, Erwin 369
Pius VII. 97
Pius XI. 256
Pius XII. 381
Platt, westfälisches 69
Platte, Arnold 56
Poincaré, Raymond 254
Post 106, 115 f., 201
Postscheckamt 300, 330
Potsdam 103, 146
Prag 26, 366
Prämiensparen 313
Prenflo-Verfahren 339
Preußag 318
Preußen 47, 100, 113 ff., 138, 145 f., 167, 170, 180, 190 f., 194, 197, 204 f.
Privatisierung 318
Preutaeus, Hugo 83, 87
Pückler-Muskau, Hermann von 142, 152, 182
Pumpspeicherwerk 264

Quedlinburg 38, 114

Raab Karcher 350
Radreifen 178, 246
Raffael (Raffaello Santi) 366
Rapallo 252
Rasenerz 127, 130, 177

Rathaus, altes 143, 202
Rathaus, neues 301 f., 332, 367
Rationalisierungsverband des Steinkohlenbergbaus 347
Rau, Johannes 368, 375 f.
Rauxel 197
Ray, Man 385
Recklinghausen 17, 199, 231, 251, 381
Reformation 33, 76 ff., 95, 199, 383
Regensburg 31, 113
Regionalplanung 231
Reglement, die Einrichtung des Sparkassenwesens betreffend 146, 151, 170, 185
Reichsdeputationshauptausschuß 113 f.
Reichskammergericht 77 ff., 86, 92, 94
Reichskohlenverband 249
Reichsscheckgesetz 237
Reichsstadt 47, 51, 53, 55, 64, 76, 81, 90, 92, 95, 113, 173, 188, 217
Reichsunmittelbarkeit 52 f., 53, 57, 86, 113
Reismann-Grone, Theodor 267
Rekultivierung von Industrieflächen 309
Rellinghausen (Stadtteil von Essen) 28 f., 94, 128, 224, 229, 236, 270, 326, 344
Remscheid 164, 243
Rendant 148, 150 f., 171, 223, 234, 322
Renner, Heinz 284
Renoir, Auguste 253, 361
Rentenmark 255, 257
Reparationen 249, 252, 254, 280, 285 f.
Reparationen, französische 204
Restitutionsedikt 85
Reuschenbach, Peter 311, 332 f., 354, 368
Revierpark Nienhauser Busch 309
Revolution 1848 163 ff.
Rewoldt, Karlheinz 303
Rhein 139, 215, 233 f.
Rhein-Herne-Kanal 233, 292, 345
Rheinhausen 223
Rheinisch-Westfälische Elektrizitätswerk-AG s. RWE
Rheinisch-Westfälische Zeitung 99, 211, 215, 223, 245, 267
Rheinisch-Westfälisches Institut für Wirtschaftsforschung 352
Rheinisch-Westfälisches Kohlensyndikat s. Kohlensyndikat
Rheinische Stahlwerke 175, 195, 204, 265
Rheinischer Merkur 352
Rheinland 21, 29, 119, 160, 173, 188, 231
Rheinstahlhaus s. Thyssen-Haus

Ribbeck, Konrad 216
Richard von Cornwall 42
Richter, Ludwig 230
Rodin, Auguste 361
Roheisen 177
Rom 13, 23, 271
Romberg, Freiherr von 123
Römheld, Julius 165
Roon, Albrecht Graf 191, 193f.
Roosevelt, Franklin 279
Rosendahl, Hugo 283f., 290f.
Rote Armee 250
Rudolf I. 42, 47, 52f.
Rudolf II. 366
Ruhnau, Werner 370
Ruhr 12f., 28, 40, 62, 74, 82, 87f., 93, 108f., 129f., 137, 140ff., 146, 158, 160, 175f., 181, 195, 215, 219, 232, 281
Ruhrbesetzung 252, 254, 257, 259
Ruhrbistum 22, 380ff.
Ruhrgas AG 263, 348f.
Ruhrkohle AG 338, 346ff.
Ruhrkohlenkontor 342
Ruhrort 102, 105, 139, 229
Ruhrschiffahrt 59, 104f., 136, 145, 160, 182, 233
Ruhrschnellweg 324f., 330, 355
Ruhrsiedlungsverband s. Siedlungsverband Ruhrkohlenbezirk
Ruhrtalsperrenverein 232, 270, 352
Ruhruniversität Bochum 119, 376
Russisch-Türkischer Krieg 205
Rußland 66, 190
Rüttenscheid (Stadtteil von Essen) 226, 228, 236
RWE 220, 241f., 247, 249, 263f., 348f.
RWE-Gebäude 300, 330, 348

S-Bahn 304, 327
Saalbau 230, 251, 291, 383
Saargebiet 120, 122, 159f.
Saarland 249, 279
Sachsen 13f., 21, 29, 145f., 155, 159, 188, 230, 266
Sachsenmission 13, 23, 25, 28
Säkularisation 109, 114, 160, 194, 218
Saldiermaschinen 357
Salm-Reifferscheid, Anna Salome von 80, 91, 93f., 97
Sauerland 65, 130
Savels, Beda 114f.
Sayner Eisenhütte 191
Schaefer, Heinrich 267
Schalke 195, 231
Schankkonzession 53

Schaumburg-Lippe 137
Scheel, Mildred 377
Schienen 144, 178, 190, 210
Schleicher, Kurt von 266
Schlesien 197, 230
Schmalenbach, Ernst 264
Schmeller, Johann Andreas 27
Schmidt, C. G. 377
Schmidt, Robert 231, 251
Schmiedehandwerk 59, 65, 67, 90, 102
Schnabel, Manfred 371
Schönebeck (Stadtteil von Essen) 139f.
Schorn, Karl 165
Schriver, Johann 56
Schulkultur 374
Schulz-Dornburg, Rudolf 262
Schumacher, Erich 369
Schumacher, Kurt 284, 288
Schuman, Robert 288
Schumanplan 288
Schunder, Friedrich 141
Schupp, Fritz 264, 341
Schutzzölle 204
Schwaarz, Heidrun 371
Schwalbe, Jürgen 371
Schwanhild (Äbtissin) 28
Schwarzburg, Günther von 53
Schwebke, Rolf 371f.
Schweden 26, 190f.
Schwimmzentrum Rüttenscheid 306
SED 284
Sedan 194
Seifert, Theodor 301
Sergius II. 15
Severing, Carl 249
Sheffield 132, 157
Siebenjähriger Krieg 95
Siedlung »Altenhof« 210, 244
Siedlung »Kronenberg« 209
Siedlungsverband Ruhrkohlenbezirk 232, 251f., 309, 324, 331, 352
Siegerland 65, 127, 130
Siemens, Werner 167
Siemens-Martin-Verfahren 193, 219
Silberne Bibel 23, 25f.
Slevogt, Max 253
Société anonyme des Aciéries Rhénanes à Meiderich s. Rheinische Stahlwerke
Soest 31, 40, 69, 76, 88
Soester Fehde 43
Solingen 154, 164
Sölling, Fritz 157, 159
Sölling, Theodor 149, 234
Sophia von Gleichen 28, 54
Sowjetunion 252, 279, 285f.

Sozialdemokratische Arbeiterpartei s. SPD
Spanien 66, 83, 113, 204, 386
Spanischer Erbfolgekrieg 66
Sparförderung 297 f.
Sparkasse 143, 146 ff., 168 ff., 182 ff.,
  234 ff., 257 ff., 272 ff., 295 ff., 311, 313 ff.,
  356 ff., (387 ff.)
Spartakusbund 249
SPD 202, 221, 241, 244, 248, 261, 267,
  284, 290, 299, 308, 312, 331 f., 333
Speyer 31, 77 f., 93
Spies, Heinrich 345
Sportmedizinisches Institut Essen 341
Spurbus 330
St.-Antoni-Hütte 130, 165, 177, 181
St.-Johann-Baptist 37
St.-Quintins-Kapelle 18
St.-Walburgis-Kapelle 37
Stadtbahn 327
Stadtbefestigung 43 f., 51, 142
Stadtbibliothek 99, 202, 216, 230, 311, 360
Städtischer Garten 188
Städtisches Orchester 216, 219
Stadtsanierung 302 ff., 307
Stadttheater 254, 370
Stahlindustrie 132 ff., 142, 153 ff., 159 f.,
  173, 177 f., 180, 190, 192, 194, 219, 239,
  284, 334, 341
Stahlwerke Südwestfalen AG 338
STEAG 348
Steele 28, 66, 82, 84, 96, 106 f., 115 f.,
  122, 130, 136, 142, 145, 152, 159 f.,
  162, 166, 169 f., 179, 181, 185, 188, 198,
  201, 229, 240, 261, 270, 303, 304, 329,
  343
Stein, Karl Reichsfreiherr vom und zum 105, 116
Steinhoff, Fritz 381
Steinkohle s. Kohle
Steinkohlebergbauverein 342
Stephenson, George 144
Sterkrade 127, 130, 133, 177, 181, 261
Stiftung für Alten-, Behinderten- und
  Jugendfürsorge 385
Stinnes, Hugo 141, 220, 242, 255
Stinnes, Mathias 137, 141, 146, 149, 162 f.
Stinnes, Mathias jr. 164
Stockton 144
Stoppenberg 28, 54, 185, 226, 229, 261,
  303, 329, 342 f., 344
Straßenbahn, elektrische 217
Straßenbau 231
Straßenbeleuchtung 136, 143, 220, 238 f.
Strauss, Richard 230, 368

Strauß, Franz Josef 336
Streffer, Christian 380
Streik 202, 221, 240 f., 248 ff.
Stresemann, Gustav 255
Strukturwandel 350
Studiengesellschaft Kohlegewinnung
  Zweite Generation e. V. 347
Stuttgart 155, 250, 286, 369
Sueß, Eduard 11
Synagoge 230, 364

Tausendeinhundert Jahrfeier 294
Teer 165, 238
Teerfarbenfabrik Meister Lucius & Co
  238
Telegraph 201
Telephon 201
Terentianus Maurus 25
Textilindustrie 67, 102, 109, 130, 142,
  158, 171, 219
Theater 107, 209, 219, 254, 340, 370 s. a.
  Grillo-Theater
Theater und Philharmonie GmbH 371,
  385
Theaterpassage 310 f., 370
Theaterverein 215
Theoderich der Große 26
Theophanu (Äbtissin) 20 ff., 31, 34 f., 37,
  39, 102, 109, 299
Theophanu (Kaiserin) 20, 34 f., 37
Thies, Moritz 156
Thoma, Hans 230
Thomas von Aquin 24
Thomas-Verfahren 223
Thyssen, August 231, 242
Thyssen-Haus 300, 350
Thyssen-Konzern 196, 265, 350
Tiefbau 12, 126, 139 ff., 159, 162, 166,
  174 f.
Tilly, Johann Graf von 87
Tissot, Victor 205
Torf 58
Torquay 194, 207
Toussaint, Hans 290 f., 331, 353
Treitschke, Heinrich von 163
Trockenlegung 127
Tropsch, Hans 264, 288
Truman, Harry S. 279
Turenne, Henri Vicomte 93 f.
TUSEM Essen 385

U-Bahn 327 ff.
Überruhr (Stadtteil von Essen) 261, 272,
  304, 326, 343 f.
Ueberfeldt, F. A. 234

Universität 301, 328, 363, 372, 374ff., 379ff., 385
Unna 17, 105, 125
Unternehmensverband Ruhrbergbau 342, 347
Uppsala 26
Urban VI. 36
Ursinus, Johannes 61
Urteil von 1770 80, 93f.
USA 138, 166, 203, 210, 220, 233, 260, 273, 288
Utrecht 23, 160

Varga, Jewgeni 279
Variskische Alpen 11f.
Varus, Quintilius 13
Vaudeville-Theater 215f.
VEBA 348
Verband der Bergarbeiter Deutschlands 221, 241
Verbundwirtschaft 264
Verein für bergbauliche Interessen 347
Verein für die bergbaulichen Interessen im Oberbezirk Dortmund (Bergbauverein) 176
Vereinigte Stahlwerke 264f.
Verhältnisse, soziale 189, 199, 204
Verkehrswege 144, 324, 345
Versailler Vertrag 249, 251, 267
Verschuldung 89
Vertriebene 281, 287
Villa Hügel 153, 205ff., 210, 223, 233, 243, 248, 271, 365f.
Vogt, Paul 362
Vogtei 33f., 40ff., 46, 83, 90
Vohwinkel 162
Völkerschlacht bei Leipzig 118
Völkerwanderung 25
Volkshochschule 305, 311, 373
Voltaire 106

Wagner, Richard 160, 253, 368
Währungsreform 289, 293, 295f., 319, 359
Waidelich, Jürgen-Dieter 369
Waldenburger Bergland 197, 202
Waldthausen, Familie 101, 167
–, *Albert von* 219
–, *Angelica* 148
–, *Ernst* 164, 175f., 179, 233
–, *Friedrich Wilhelm* 161, 164
–, *Gustav Adolf* 194
–, *Heinrich* 220
–, *Julius* 179
–, *Justus* 101

–, *Wilhelm* 101
Wallberg, Heinz 368f., 371
Wanne-Eickel 129, 198, 326
Warenkontrolle 72
Warschau 364, 381
Wasser 61, 120, 123f., 125, 139ff., 232
Wasserleitung 73, 234
Wasserwerk 194
Watt, James 121, 125
WAZ-Konzern 352
Weber, Alfred 281
–, *C. J.* 144
–, *Ludwig* 262
Webstuhl, mechanischer 159
Wein 17, 67
Weißblech-Entzinnung 219
Weizsäcker, Richard von 368
Welt 352
Weltausstellungen 167, 180, 190, 192, 204, 205, 242, 285
Weltkunstausstellungen 366
Wenzel 53f.
Werden 13, 23ff., 33f., 36, 41ff., 46f., 58, 60, 74f., 83, 87f., 89, 94f., 103, 118, 120, 136, 141, 143, 149, 151f., 160, 169ff., 173, 175, 181f., 185, 188, 198, 201, 226, 229, 231, 248, 261, 270, 272, 303, 306f., 326, 340, 382
Werkshage, Friedrich 378
Wermelskirchen 170
Wertpapiere 319f.
Wesel 59, 67, 76, 84, 89, 95, 100, 102, 106f., 116, 127
Westecker, Wilhelm 360
Westerholt-Giesenberg, Graf 117
Westfalen 21, 23, 29, 60, 69, 82, 87, 119, 160, 173, 188, 231
Westfalenpost 352
Westfälische Rundschau 352
Westfälischer Anzeiger 129, 133
Westfälischer Friede 88, 90, 114
Westgoten 25
Wetter an der Ruhr 105, 115, 128, 144, 198
White, Dexter 279
Widerstand 254f., 269
Widia 285, 292
Wiederaufbau 287ff., 295, 318, 321
Wiederbewaffnung 284
Wiedervereinigung 389
Wien 66, 102, 156f., 159, 163
Wiener Kongreß 119, 137f.
Wiesbaden 155
Wilhelm I. 145, 180f., 192, 204, 206, 211

Wilhelm II. 221, 223, 243 ff., 248, 251, 269, 374
Wilhelm von Hessen-Kassel 87
Wilhelm von Holland 42
Wilmowsky, Barbara von 269
Wilmowsky, Thilo Freiherr von 256, 269
Wirtschaftsförderung 345 f.
Wirtschaftskrisen 157, 160 f., 175 f., 179, 202 ff., 224, 266 s. a. Bankenkrise
Wisthoffsche Glashütte 304
Wißmann, Johann Heinrich 98
Witte, Hendrik 230
Witten 136, 198
Wittenberg 76
Wittgen, Eberhard 83, 87
Wohnungsbau 189, 204, 208, 231, 235, 249, 252, 265 f., 296 f., 303
Wohnverhältnisse 71, 184, 230, 287
Woityla, Karol s. Johannes Paul II.
Wolff, Friedrich 284, 331
Worms 31, 79
Worringen, Schlacht bei 42
Wright, Frank Lloyd 368
Wulfila (Ulfilas) 25 f.
Wuppertal 106, 129, 145, 162, 251, 261
Württemberg 155, 191, 266

Xanten 13

York 23, 26 f.

Zaisser, Wilhelm 250
Zechen:
  Bonifacius 344
  Carl Funke 344
  Christian-Levin 343
  Elisabeth 123
  Emil-Emscher 344, 346
  Emil-Fritz 344
  Franz 139 f.
  Friedrich-Ernestine 346
  Fritz-Heinrich 344
  Graf Beust 146, 190 f.
  Hannover 193
  Heinrich 307, 344
  Heinrich-Theodor 342
  Helene 344
  Himmelfürster Erbstollen 145
  Joachim Hubert 344
  Jungmann 342 f.
  Karl 307
  Katharina 342, 344, 346
  Kronprinz von Preußen 140
  Kunstwerk 127
  Langenbrahm 344
  Ludscheid 344
  Mathias Stinnes 255, 344
  Pörtingsiepen 344
  Sälzer-Amalie 344
  Sälzer-Neuack 120, 126, 134, 176
  Victoria-Mathias 220, 342, 344
  Viktoria 197
  Vollmond 123
  Wohlgemut 122, 124
  Wohlverwahrt 343
  Wolfsbank 343, 346
  Zollverein 264 f., 341 f., 343 f.
Zechensterben 263, 307, 341 ff.
Zechenverband 241
Zeiller, M. 87
Zeitungen 98 f.
Zentrumspartei 221, 249, 267, 290
Zoll- und Münzhoheit 33
Zukunftsinitiative Montanregion (ZIM) 380
Zünfte 70, 118
Zuwanderung 173 f., 183, 188, 197 ff., 217
Zweigert, Erich 211, 215 f., 220, 228, 230, 232, 262, 266
Zweiter Weltkrieg 21 f., 267 ff.
Zwickelerlaß 266